Kristina Rzehak

Macht und Literatur
bei Timuriden und Habsburgern

RELIGION UND POLITIK

Herausgegeben vom
Exzellenzcluster „Religion und Politik"
der Westfälischen Wilhelms-Universität Münster

www.religion-und-politik.de

Band 19

ERGON VERLAG

Kristina Rzehak

Macht und Literatur
bei Timuriden und Habsburgern

Politischer Übergang und kulturelle Blüte
in den Selbstzeugnissen
Baburs und Maximilians I.

———————

ERGON VERLAG

Gedruckt mit freundlicher Unterstützung des Exzellenzclusters
„Religion und Politik in den Kulturen der Vormoderne und der Moderne" an der
Westfälischen Wilhelms-Universität Münster aus Mitteln
der Exzellenzinitiative des Bundes und der Länder.

Umschlagabbildungen:

http://digi.ub.uni-heidelberg.de/diglit/jbksak1888/0034
© Universitätsbibliothek Heidelberg

Zahir al-Din Muhammad Babur (1483–1530),
acquired by Henry Walters.

D 6

Bibliografische Information der Deutschen Nationalbibliothek
Die Deutsche Nationalbibliothek verzeichnet diese Publikation in der
Deutschen Nationalbibliografie; detaillierte bibliografische Daten sind im
Internet über http://dnb.d-nb.de abrufbar.

www.ergon-verlag.de

ISBN 978-3-95650-499-0 (Print)
ISBN 978-3-95650-500-3 (ePDF)
ISSN 2195-1306

Inhalt

Vorwort

Im Wintersemester 2017/2018 hat diese Arbeit der Philosophischen Fakultät der Westfälischen Wilhelms-Universität vorgelegen und wurde als Dissertation angenommen. Für die Drucklegung wurde sie überarbeitet.

Bei der Entstehung dieser Dissertation haben mich viele Leute unterstützt, bei denen ich mich herzlich bedanken möchte.

An erster Stelle gebührt mein großer Dank meinem Erstgutachter Prof. Dr. Tomas Tomasek. Als ich während meines Studiums begann, für die von ihm geleitete Germanistische Institutspartnerschaft des Germanistischen Instituts der Universität Münster mit dem Lehrstuhl für Deutsche Philologie der Nationalen Universität Usbekistans in Taschkent zu arbeiten, konnte ich noch nicht ahnen, wie sehr mich die Geschichte und Sprache Usbekistans begeistern und beschäftigen würden. Herr Tomasek ließ mir für meine Forschungen stets große Freiheiten und begleitete meine Arbeit mit großem Interesse und zahlreichen Hinweisen, die mich zum Weiterdenken aufforderten und zur kritischen Auseinandersetzung reizten.

Mein großer Dank gebührt ebenfalls meinem Zweitgutachter Prof. Dr. Thomas Bauer, der mich stets unterstützte und der mir sowohl in zahlreichen persönlichen Gesprächen als auch durch seine Vorträge und Veröffentlichungen wichtige und grundlegende Denkanstöße für meine Arbeit lieferte.

Durch viele Jahre meiner Arbeit an der vorliegenden Dissertation habe ich große Unterstützung aus dem Exzellenzcluster Religion und Politik der Universität Münster erhalten, an dem ich zudem drei Jahre als wissenschaftliche Mitarbeiterin der Graduiertenschule großartige Forschungsbedingungen genießen durfte. Meiner Mentorin Dr. Stefanie Rüther habe ich viel zu verdanken, ebenfalls der Doktorandinnen- und Doktorandengruppe „Old Europe", von denen ich mich besonders bei Merle Marie Schütte und Dr. Megumi Hasegawa bedanken möchte. Dr. Julia Simoleit gebührt mein herzlicher Dank für ihre große (und stets gutgelaunte) Unterstützung nicht nur bei organisatorischen Fragen, ebenso Vít Kortus. Mein Dank gilt dem Exzellenzcluster auch für die Übernahme der Kosten für die Drucklegung meiner Dissertation.

Seit meiner Zeit als studentische Hilfskraft und über die Jahre der Entstehung meiner Dissertation habe ich viel fachliche und ermunternde Unterstützung von den Mitgliedern des Lehrstuhls von Herrn Tomasek erfahren. Christina Segeler, Dr. Heike Bismark, Dr. Frank Schäfer, Dr. Elmar Schilling, Dr. Ute Nanz und Daniela Riegermann sei hier namentlich gedankt. Über den Lehrstuhl hinaus habe ich aus dem Germanistischen Institut der Universität Münster viel Unterstützung erfahren, für die ich mich bedanken möchte: Mit Dr. Elmar Neuß habe ich stets die Begeisterung für Usbekistan geteilt, Dr. Rudolf Suntrup gab mir wertvolle Anregungen für meine Arbeit.

Mein Dank gebührt ebenso zahllosen Gesprächspartnern auf Tagungen, bei Vorträgen und in Arbeitsgruppen, die mir viele hilfreiche Hinweise gaben.

Schließlich wäre diese Dissertation wohl nie vollendet worden ohne die liebevolle Unterstützung meiner Familie, besonders meiner Eltern Erika und Franz Rzehak, und vor allem von Dr. Heiko Stache, dem ich für sein Interesse an der Arbeit und meinem emotionalen Wohlergehen ganz herzlich danken möchte. Ebenso sei ihm für die gemeinsame Besichtigung zahlreicher Habsburger Kulturdenkmäler gedankt!

Bielefeld, im Oktober 2018

1 Einleitung

Wenn aktuell in der medialen Berichterstattung das Verhältnis zwischen den Staaten des Westens und der islamischen Welt des Ostens thematisiert wird, geraten vor allem Themen in den Fokus, die die beiden Kulturräume voneinander trennen. Auseinandersetzungen und Konflikte beziehen sich zumeist auf die vermeintlichen Unterschiede zwischen den prägenden Religionen der Kulturräume, dem Christentum und dem Islam. Eine historische Zäsur stellen in diesem Zusammenhang die Anschläge des 11. Septembers 2001 dar, die zahlreiche Folgeereignisse nach sich zogen.

Dass beide Kulturräume auch eine gemeinsame Geschichte und zahlreiche Ähnlichkeiten vorzuweisen haben, gerät häufig aus dem Blick: Das gemeinsame antike Erbe und die gemeinsame Geschichte von al-Andalus und Sizilien sind hier etwa zu nennen. Der Wille, stattdessen die trennenden Elemente der beiden Kulturräume zu betonen, äußert sich oft in Vorwürfen oder der Feststellung von Leerstellen und Mängeln, die die Geschichte des anderen Kulturraums beträfen. Die Ignoranz gegenüber geschichtlichen Entwicklungsbedingungen führt dazu, dass als Folge dieser Verkürzung die gegenwärtige Situation als negativer Ausnahmezustand empfunden wird, mit dem sich Ängste schüren lassen.

Die Richtung, aus der Vorwürfe gegen den anderen Kulturraum geäußert werden, verläuft meist von Westen nach Osten: Die islamisch geprägten Staaten hätten in ihrer Geschichte keine Entwicklung durchlebt, die mit einer Renaissance europäischer Art zu vergleichen sei. Zudem fehle es an einer geistigen Bewegung der Aufklärung (westlichen Zuschnitts) und einer Trennung der Sphären von Religion und Politik.[2]

Blickt man jedoch näher auf die Situation in der islamischen Welt, lassen sich durchaus Entwicklungen ausmachen, die den genannten ähneln und sogar mit der gleichen Bezeichnung versehen werden: So ist etwa zeitgleich mit der Strömung der Renaissance im Heiligen Römischen Reich auch im Herrschaftsgebiet der Timuridendynastie von einer Renaissance die Rede.[3] Und auch Ähnlichkei-

---

[1] Zitiert nach Browne, *A Literary History of Persia Bd. 3*, S. 439.
[2] Vgl. Merkel, *Religion, Fundamentalismus und Demokratie*, S. 78; vgl. Schmidt, *Sind die Türken Europäer?* S. 162.
[3] Bouvat überträgt diese Epochenbezeichnung 1927 wohl als erster auf die Zeit der Timuriden. Vgl. Bouvat, *L'Empire mongol*, S. 201. Ihm folgen Grousset 1929, vgl. *Les civilisations de L'Orient I*, S. 282, und ders. 1939 vgl. *L'Empire des steppes*, S. 546, sowie Roemer 1986, vgl. *The Successors of Tīmūr*, S. 142. Gegen die Verwendung dieser Bezeichnung für die Timuridenzeit argumentiert Aubin 1957. Vgl. Aubin, *Le mécénat timouride à Chiraz*, S. 72.

ten zu Machiavellis Denken, der oft als entscheidender politischer Theoretiker der Renaissance gesehen wird, sind in dieser Dynastie auszumachen: Das Handeln des letzten Timuridenherrschers Babur wird in einen Zusammenhang mit den Maximen Machiavellis gebracht.[4]

Auch wenn im Einzelnen überprüft werden muss, in welchem Maß die Bezeichnung als Renaissance und der Vergleich mit Machiavelli gerechtfertigt sind, ist erst einmal festzuhalten, dass hier auf gleicher Zeitstufe im Westen wie Osten offenbar ähnliche Phänomene zu finden sind: Baburs angeblich machiavellistisches Handeln und die sogenannte timuridische Renaissance erscheinen als zeitgleiche Phänomene zur Renaissance im Reich unter Kaiser Maximilian (die später als die italienische erfolgte) und zur Fertigstellung des *Principe* Machiavellis (1513). Dies rechtfertigt einen näheren Blick auf die Dynastien der Timuriden. Schnell lässt sich feststellen, dass die geschichtlichen Entwicklungen ebenfalls zahlreiche Ähnlichkeiten aufweisen, die den Schluss nahelegen, dass die Unterschiede zwischen den Kulturräumen geschichtlich doch nicht so prägend erscheinen, wie dies aktuell oft kolportiert wird. Ein Vergleich erscheint daher reizvoll.

1.1 Fragestellung

Ideale Ansatzpunkte für eine vergleichende Analyse stellen die volkssprachigen Selbstzeugnisse der beiden Herrscher Kaiser Maximilian I. und Zahiruddin Muhammad Babur dar, die um die Jahre 900 bzw. 1500[5] die Geschicke der beiden genannten Dynastien lenkten: *Freydal*, *Theuerdank*, *Weißkunig* und *Baburnama*. Die Fragen, die auf Basis dieser Analyse und im Rahmen dieser Arbeit geklärt werden sollen, lauten: Welche prägenden Ähnlichkeiten der Herrscherselbstdarstellungen lassen sich ausmachen und woher rühren diese? Lassen sich Unterschiede feststellen, die einen Hinweis auf eine (Wieder-)Auseinanderentwicklung der beiden Kulturräume nach 900/1500 geben?

Die Analyse der Selbstzeugnisse der beiden genannten Herrscher ist zur Beantwortung dieser Fragen insbesondere geeignet, weil sich die Perspektive der Herrscher und politischen Gestalter in den Texten niederschlägt. In ihnen geben sie einen Überblick über die politische Lage und ihre geschichtliche Dimension. Auch ist die Literatur in dieser Zeit als vorherrschendes Kommunikationssystem anzusehen, sodass zentrale Botschaften vor allem in ihr zu erwarten sind. In den Selbstzeugnissen spiegelt sich das politische, literarische und – allgemein – kulturelle Streben der beiden Herrscher wider, bei dem Merkmale einer Renaissance erkennbar sein müssten, wenn die Zuschreibungen der Forschung stimmen. Über die Bereiche von Politik und Literatur (die sich im Genre des Herrscherselbst-

---

4 Vgl. Forster, *The Emperor Babur*, S. 292; vgl. Rushdie, *Introduction*, S. xii.
5 Der islamischen Zeitrechnung ist in dieser Arbeit stets auch die christliche beigefügt, um einen schnellen vergleichenden Blick zu ermöglichen.

zeugnisses naturgemäß schneiden) hinaus ist erwartbar, auch andere Ambitionen der Herrscher auszumachen: Wissenschaftliche, religiöse oder wirtschaftliche Bestrebungen können ebenfalls literarisch verarbeitet worden sein.

Die Analyse der Selbstzeugnisse ermöglicht eine Rekonstruktion der Sichtweise beider Herrscher. Ihre Erkenntnisse über die sie umgebende Gesellschaft und die Bedingungen ihrer Herrschaft sollen aufgezeigt werden. Es können jedoch nicht nur die der geschichtlichen Entwicklung geschuldeten Ähnlichkeiten, die sich literarisch niederschlagen, sondern möglicherweise auch überzeitliche und kulturübergreifende Phänomene herausgestellt werden. Ebenso können Unterschiede festgestellt werden, die auf Differenzen in der geschichtlichen und kulturellen Entwicklung hinweisen. Auch wird bei dem Vergleich die Rolle der Literatur deutlich, die nicht nur als sinnkonservierendes Medium fungiert, sondern als eigenes Sinnproduktionssystem Muster für die Darstellung neu zu bewältigender Situationen bereithält. Die Analyse der literarischen Selbstzeugnisse ermöglicht den Zugriff auf die Wunschvorstellungen der Herrscher, ihren Anspruch und ihr Herrschaftsideal.

Der Zeitraum der Jahre um 900/1500, der für den Vergleich ausgewählt wurde, wird in beiden Kulturräumen als Schwellenzeitraum angesehen, in dem die Basis für völlig unterschiedliche Entwicklungen in der Folgezeit gelegt wurde, die zu diesem Zeitpunkt wieder viele Gemeinsamkeiten aufwiesen.[6] Die Analyse der Texte aus diesem Zeitraum kann daher Aufschlüsse darüber liefern, welche Weichenstellungen aus dieser Zeit zu unterschiedlichen Entwicklungen geführt haben. Mit Hilfe des Vergleichs kann ein tieferes Verständnis der Zeit um 900/1500 erzeugt werden, in der es in beiden Dynastien in den Bereichen der Politik, Religion, Wissenschaft und Kunst zu neuartigen Strömungen kommt. Auf der Schwelle zur Neuzeit formt sich hier eine Gemengelage, die unterschiedliche Entwicklungsrichtungen präfiguriert. Aufgrund dieser zeitlichen Schlüsselposition der Texte kann diese Arbeit einen Beitrag dazu leisten, die sich zeitlich anschließende westliche Kolonisation des sogenannten ‚Orients‘ (neu) zu beurteilen. Außerdem kann sie zu einem intensiveren gegenseitigen Verständnis der jeweiligen Traditionen beitragen, die Christentum und Islam bis heute in geistiger wie gewalttätiger Auseinandersetzung trennt.

Bei der Suche nach den Ursachen dafür, dass sich Westen und Osten seit 900/1500 in einem so großen Ausmaß auseinanderentwickelt haben, wie es im Augenblick den Anschein hat, haben viele Wissenschaftler nach Ereignissen im

---

[6] Nach einer gemeinsamen antiken Vergangenheit hatten sich beide Kulturräume zum ersten Mal auseinanderentwickelt: Während die antike Stadtkultur im Osten fortbestand und unter den Abbasiden eine Blütezeit erlebte, kommt es in Westeuropa zu einem Bruch zwischen Antike und Mittelalter. Zur Zeit des Spätmittelalters und der Renaissance hatte der Westen um 900/1500 (z. T. mit Hilfe islamischer Gelehrter) wieder auf dieses Niveau aufgeschlossen, sodass in beiden Kulturräumen von vielen Gemeinsamkeiten und ähnlichen Bedingungen ausgegangen werden kann. Vgl. Bauer, *Kultur der Ambiguität*, S. 394f.

Westen gesucht, die in positiver Weise die Entwicklung des Westens von der islamischen Welt absetzten. Vorschläge hierfür sind etwa die Marktwirtschaft, der
Individualismus, die Arbeitsteilung, der Säkularismus und die Ausdifferenzierung
gesellschaftlicher Teilsysteme.[7]

In seiner Monographie *Die Kultur der Ambiguität* weist Bauer 2011 unter Bezug
auf die Thesen Toulmins (*Kosmopolis*) darauf hin, dass die Sichtweise auch umgekehrt funktioniert, dass also Entwicklungen im Westen zu einer defizitären Situation des Westens geführt haben können. Bauer ist der Meinung, dass dieses Defizit in der Ambiguitätsintoleranz liegen könnte, die sich im Westen als Folge der
zunächst in die Wissenschaft einkehrenden Rationalität entwickelt habe, die sich
dann in alle Bereiche ausbreitete. Diese Ambiguitätsintoleranz sei im Verlauf der
Kolonisation in den islamischen Osten transferiert und durch ihn übernommen
worden und präge ihn bis heute, während der postmodern geprägte Westen sich
wieder entgegengesetzt hin zur Ambiguitätstoleranz entwickelt habe.[8]

Diese Thesen bilden den Hintergrund der vorliegenden Arbeit, in der in
Betracht gezogen wird, dass erste Hinweise auf diese Entwicklung bereits in den
Herrscherselbstzeugnissen Baburs und Maximilians zu finden sind. Der Begriff
der Ambiguität wird beim Vergleich der Herrscherselbstzeugnisse als ein zentraler
Begriff verwendet, auf den immer wieder Rückbezüge stattfinden werden.

1.2 Ähnlichkeiten der geschichtlichen Situation

Ausgangspunkt der Überlegungen, einen Vergleich von Herrscherselbstzeugnissen anzustellen, ist die gemeinsame Epochenbezeichnung Renaissance und die
Feststellung, dass sich in der geschichtlichen Entwicklung der beiden Dynastien
der Timuriden und Habsburger zahlreiche Ähnlichkeiten finden lassen, die einen
Vergleich rechtfertigen.

Die Timuridendynastie, die von 771–913/1370–1507[9] regierte, wurde durch ihren berühmtesten Vertreter und Namensgeber, den Eroberer Temür Beg[10] (736–

---

[7] Diese Aufzählung ist entnommen aus Bauer, *Die Kultur der Ambiguität*, S. 389.

[8] Vgl. Bauer, *Die Kultur der Ambiguität*, S. 394-399.

[9] Die Angaben zur Dauer der Dynastie schwanken leicht. Entnommen sind diese Zahlen der
Encyclopedia of Islam², in der die Machtergreifung Temürs als Anfangspunkt und die Erobe-
rung Herats durch Shaybani Khan als Endpunkt der Machtperiode angenommen werden.
Vgl. Manz et al., *[Art.] Timurids*, S. 513.

[10] Die Umschrift aus dem Tschagataischen wird in der Forschung uneinheitlich vorgenommen. Ein Standard hat sich bisher nicht durchgesetzt. Bei direkten Zitaten in Tschagataisch
folge ich der Umschrift in lateinischer Schrift der dreisprachigen Ausgabe des *Baburnama*
von Wheeler M. Thackston aus dem Jahr 1993 (*Zahiruddin Muhammad Babur Mirza. Baburnama. Chaghatay Turkish Text with Abdul-Rahim Khankhanan's Persian Translation*). Eigen-
namen, Buchtitel und geographische Namen werden gemäß der englischen Übersetzung
des *Baburnama* von Wheeler M. Thackston aus dem Jahr 1996 wiedergegeben (*The Baburnama. Memoirs of Babur, Prince and Emperor*). Diese englische Übersetzung wird ebenfalls für
die Wiedergabe direkter Zitate in Übersetzung verwendet. Durch den Rückgriff auf die

807/1336–1405) gegründet, der in Europa auch unter dem Namen Tamerlan bekannt ist. Sein Reich erstreckte sich von Russland bis nach Indien und von Kleinasien bis nach China. Da das Erbrecht der Timuriden die männlichen Nachkommen der Herrscherfamilie mit dem Recht auf Herrschaft ausstattete,[11] setzte in der Nachfolge Temürs eine politische Fragmentierung des Großreiches ein, da die erbberechtigten Söhne und Enkel Temürs in beständigen Kämpfen untereinander versuchten, ihre jeweiligen Territorien zu behaupten und zu vergrößern.[12] Als letzter großer Timuridenherrscher gilt Zahiruddin Muhammad Babur (888–937/1530–1483), der nach mehrjähriger Qazaqlıq[13] ein Herrschaftsgebiet erobern und seine Macht darin festigen konnte. Unter dem militärischen Druck des Usbekenherrschers Shaybani Khan musste er jedoch aus dem angestammten Timuridengebiet weichen. Er eroberte Kabul, danach Agra und Delhi und gilt schließlich als Begründer des indischen Großmogulreichs.[14]

Die Geschichte der Habsburger lässt sich bis in das 10. Jahrhundert zurückverfolgen, urkundlich wird jedoch erstmals Graf Otto II. 1108 „comes de Hauichburch" genannt.[15] Mit Rudolf I. wird 1273 ein Habsburger zum römisch-deutschen König gewählt, der aber keinen Nachfolger als König etablieren kann. Erst mit Albrecht II., dem Schwiegersohn des Kaisers Siegmund, besteigt 1438 wieder ein Habsburger den deutschen Thron. Sein Nachfolger Friedrich III. erreicht als letzter Herrscher eine Kaiserkrönung in Rom. Diesem Kaiser gelingt im

---

Ausgaben Thackstons kann Einheitlichkeit und Eindeutigkeit bei den Bezeichnungen gewährleistet werden. Dieser Vorteil wiegt die Fehlerhaftigkeit der lateinischen Umschrift des Tschagataischen bei Thackston auf, auf die Mano hinweist (*Introduction of the First Volume*, S. xli). Im Deutschen eingeführte und gängige Begriffe (*Koran, Dschihad*; auch geographische Bezeichnungen) werden in deutscher Schreibung wiedergegeben. Die Folioangaben folgen der kritischen Ausgabe von Eiji Mano (*Ẓahir Al-Dīn Muḥammad Bābur: Bābur-Nāma (Vaqāyiʿ). Bd. 1: Critical Edition Based on Four Chaghatay Texts with Introduction and Notes*).

11 Dieses erbrechtliche Konzept wurzelt in turkomongolischen Traditionen. Vgl. Subtelny, *Timurids in Transition*, S. 36.

12 Die Teilterritorien des ehemaligen Großreichs Temürs wurden – bedingt durch das timuridische Erbrecht – in jeder neuen Generation unter den männlichen Erben erneut aufgeteilt und wurden dadurch immer kleiner.

13 Als Qazaqlıq wird die Phase im Leben eines Herrschaftsberechtigten bezeichnet, bevor dieser an die Macht gelangt und sich in einem Herrschaftsgebiet etablieren kann. Diese Phase wird von einem rauen, entbehrungsreichen Lebensstil geprägt. Der zukünftige Herrscher und seine Gefolgsleute leben in dieser Zeit von Räubereien und Plünderungen. Vgl. Subtelny, *Timurids in Transition*, S. 30; vgl. Dale, *The Garden of the Eight Paradises*, S. 98f. Zu dieser Phase vor dem Machterwerb eines Herrschers gehören auch Baburs kriegerische Versuche, Städte zu erobern und diese Eroberungen zu etablieren und zu verteidigen, wie sie zahlreich im *Baburnama* beschrieben werden. Zur Entstehung und Entwicklung und insbesondere zu den Phasen der Qazaqlıq vgl. Lee, *Qazaqlïq, or Ambitious Brigandage, and the Formation of the Qazaqs*, bes. S. 48-50, S. 66-73.

14 ‚Mogul' ist eine Arabisierung des Stammesnamen der Mongolen. Babur stammt väterlicherseits von Temür Beg, mütterlicherseits vom Mongolenherrscher Genghis Khan ab. Vgl. Schimmel, *Im Reich der Großmoguln*, S. 7.

15 Vgl. Scheibelreiter, *[Art.] Habsburger*, Sp. 1815.

Jahr 1477 eine Vermählung seines Sohns Maximilian I. (1459–1519) mit der burgundischen Erbtochter Maria, die zu einer Verbindung der habsburgischen mit den reichen burgundischen Ländereien führt. Maximilian verfolgt diese Art der Hochzeitspolitik weiter und legt damit den Grundstein für einen internationalen Aufstieg seines Hauses.

In beiden Dynastien sind auffällige analoge Entwicklungen in den Herrschaftsgebieten festzustellen, die in zeitlicher Koexistenz, also in der Zeit um 900/1500, stattfinden. Die Epoche der Timuriden unter Babur und die der Habsburger unter Maximilian I. wird in der Forschung vielfach als Übergangszeit etikettiert,[16] die sich auf beiden Seiten durch Instabilität innen- wie außenpolitischer Art auszeichnet. Innenpolitisch kämpfte Maximilian gegen die Opposition von Seiten der Stände, während Babur mit eigenen Dynastiemitgliedern rang, die – wie er – versuchten, Macht und Territorien zu erobern und zu etablieren. Den innenpolitischen Schwierigkeiten versuchte man in beiden Dynastien mit Zentralisierungsbestrebungen zu begegnen. Im Falle der Timuriden ging freilich dieses Bemühen nicht von Babur, sondern vom Hof seines Cousins Sultan-Husayn Mirza aus. Die Zentralisierungsbewegungen verliefen jedoch schleppend: Bei den Timuriden sperrte sich die turkomongolische Elite gegen die Reformbewegungen, die ein bürokratisches, zentralistisches (,persisches') Modell zum Ziel hatten.[17] Maximilian versuchte anhand umfassender Reichsreformpläne, die Stände zu entmachten und eine stärkere Kaisergewalt durchzusetzen.[18] Auch dies nur mit mäßigem Erfolg.

Außenpolitisch bildete sich unter Maximilian eine Erzfeindschaft zu Frankreich heraus, die fast die gesamte Regierungszeit des römischen Kaisers prägte. Aber auch mit Italien, den Eidgenossen und Ungarn kam es zu Auseinandersetzungen. Als Baburs Erzfeind kann der Usbeke Shaybani Khan bezeichnet werden, vor dessen militärischer Überlegenheit Babur zurückweichen musste. Im Verlauf seiner Eroberungen führte Babur darüber hinaus gegen zahlreiche andere außenpolitische Gegner Krieg. Dazu gehörten etwa die Afghanen in der Region von Kabul. Gemein ist der Außenpolitik der Herrscher weiterhin, dass sie beide einen ,Heiligen Krieg' planten: Während Maximilian zeit seines Lebens zwar Propaganda gegen die Osmanen betrieb, es dann aber doch nicht zu einer kriegerischen Auseinandersetzung kam, führte Babur seine Leute gegen die Hindus siegreich ins Feld.

---

[16] Vgl. den Titel der Monographie von Subtelny *Timurids in Transition* oder des fünfbändigen Opus' von Wiesflecker *Kaiser Maximilians I. Das Reich, Österreich und Europa an der Wende zur Neuzeit.* Beim Zitieren aus diesem fünfbändigen Werk werden im Folgenden ergänzend die Bandangaben angegeben, um sie von der gleichnamigen einbändigen Veröffentlichung Wiesfleckers zu unterscheiden, die folglich ohne Bandangabe zitiert wird.

[17] Vgl. Subtelny, *Timurids in Transition*, S. 8.

[18] Vgl. Wiesflecker, *Kaiser Maximilian I.*, S. 255ff.

Die Zeit des politischen Übergangs ist in beiden Kulturräumen gekennzeichnet durch einen innenpolitischen Entwicklungsprozess zwischen einem feudalistischen und einem zentralistischen System und durch Konflikte und Konfrontationen außenpolitischer Art. Inhärent ist diesem Übergang das Ringen um Macht durch die Herrscher sowohl im Kampf gegen die außenpolitischen Gegner als auch in der Auseinandersetzung mit den eigenen Gefolgsleuten.

Eine zeitweise Handlungsohnmacht beider Herrscher, die auch ihre politischen Bestrebungen lähmte, resultierte aus ihren fortwährenden wirtschaftlichen Nöten. Steuereinnahmen aus ihren Herrschaftsgebieten, aber auch Beutewirtschaft in den Kriegsgebieten sollten die größten Finanzlöcher bei den Herrschern und ihrem Kriegsgefolge, das mit der Beute belohnt wurde, füllen. Nach der Eroberung Indiens verfügte Babur immerhin schließlich über ein recht wohlhabendes Herrschaftsgebiet. Maximilian hatte in Jakob Fugger einen Kreditgeber, der ihm immer wieder Devisen verschaffte, seine finanzielle Situation blieb jedoch trotzdem zumeist prekär.

Krisensymptome prägten auch den religiösen Hintergrund der beiden Herrscher: Die islamische Glaubensspaltung führte im timuridischen Herrschaftsgebiet zu Konflikten. Ressentiments, die Schiiten und Sunniten gegeneinander hegten, werden auch unter Baburs Herrschaft deutlich. Unter Maximilian deutete sich eine Spaltung der Kirche zunächst nur an. Dass Martin Luther mit seinen Thesen, die er 1517 in der Spätzeit Maximilians veröffentlichte, eine Spaltung der christlichen Kirche in Europa erreichen würde, war zu Lebzeiten des Kaisers noch nicht abzusehen. Gleichwohl mochte die generell krisenhafte Stimmung, die den Glauben umgab, auch die private Glaubensform der Mystik befördert haben, die in beiden Herrschaftsgebieten einen Aufschwung erlebte.

Innere Widersprüche ergaben sich in den beiden Dynastien durch die unterschiedliche kulturelle Prägung ihrer Eliten. Die turkomongolische, eher nomadisch lebende Kriegerelite und die persoislamischen Gelehrten, die vor allem sesshaft lebten, bildeten unter den Timuriden Bevölkerungsgruppen, die nicht immer leicht in Einklang zu bringen waren. Ein Pendant fand diese Zusammensetzung unter Maximilian, der die alte adlige Ritterelite zum einen und die Gelehrten, die sich zunehmend aus bürgerlichen Schichten rekrutierte, zum anderen in seinen Herrschaftsdiensten benötigte.[19]

Neben den Brüchen, die die genannten Bereiche der Politik, der Wirtschaft, der Religion und der Gesellschaft prägten, kam es in anderen Bereichen wiederum zu einer ‚Glanzzeit': Die Naturwissenschaften etwa erlebten eine Blüte, für die Vertreter verantwortlich waren, die noch heute berühmt sind. Auf timuridischer Seite ist der Astronom und Mathematiker Ulughbeg Mirza zu nennen, der in Samarkand eine Medrese und ein Observatorium errichtete und sich mit Jahresberechnungen und der Erstellung eines Sternenkatalogs beschäftigte, der noch

---

[19] Vgl. Müller, *Gedechtnus*, S. 34-37.

lange Zeit Standards setzte. Der Erzhumanist Konrad Celtis befand sich in den Diensten Maximilians und unterstützte den Kaiser bei der Gründung des Collegium Poetarum et Mathematicorum, in dem neben der Dichtung auch die Mathematik besonders gefördert wurde. Johannes Stabius, ebenfalls am Hofe Maximilians, erbrachte große Leistungen auf dem Gebiet der Kartografie. Auch den Bereichen der Astronomie und der Medizin galten die besondere Aufmerksamkeit und die Förderung des Kaisers.

Bedeutsam für die vorliegende Arbeit ist vor allem die Blüte im Bereich der Kunst, von der in beiden Dynastien gesprochen werden kann. Sowohl timuridischen als auch habsburgischen Herrschern war die Förderung der Künste ein besonderes Anliegen. Musik und Malerei, für letztere seien Albrecht Dürer und der persische Miniaturmaler Bihzad genannt, vor allem aber die Literatur sorgten für die Sichtbarkeit herrscherlicher Macht – oder halfen diese gar erst zu generieren.

Im Zusammenhang mit den Übergangserscheinungen ist die Raummetapher der ‚Schwellen-‘ oder ‚Grenzfigur‘ zu sehen, mit der die beiden Herrscher beschrieben werden:[20] Mit ihr wird die Situation des Übergangs zwischen zwei Zuständen zum Ausdruck gebracht: Babur wird an der Schwelle zwischen zwei bedeutenden Herrscherdynastien seines Kulturraums verortet. Er gilt als der letzte große Timuridenherrscher und damit als Beschließer dieser Herrschaftsperiode. Gleichzeitig wird er als der erste der Großmoguln bezeichnet, da er mit seinen Eroberungen in Indien den Grundstein für die Herrschaft dieses neuen bedeutenden Geschlechts legte. Maximilian wird vor allem als ‚Grenzfigur‘ zwischen zwei Epochen gesehen: Die Bezeichnung „letzter Ritter“, die ihm in der romantischen Rezeption des 19. Jahrhunderts verliehen wurde, weist ihn als noch dem Mittelalter zugehörig aus.[21] Gleichzeitig wird er jedoch als Herrscher der Neuzeit dargestellt, der sich neuen Strömungen wie dem des Humanismus gegenüber offen zeigte und auch seine Kriegstechnik auf dem neuesten Stand hielt.

Auf phänomenologischer Ebene lassen sich zahlreiche Ähnlichkeiten der Epochen unter den beiden Herrschern aufzeigen. Einige davon können als Brüche oder Übergangserscheinungen bezeichnet werden, während sich andere als einer Blütezeit zugehörig präsentieren. Dass sich kulturraumübergreifend und ohne nennenswerten Kontakt zueinander so viele Ähnlichkeiten in zeitlicher Koexistenz finden lassen, kann zwar als Zufall gewertet werden, der jedoch nicht als ursachelos angesehen werden muss: Eher ist davon auszugehen, dass ein gemeinsames antikes Erbe, vergleichbare gesellschaftliche Konstellationen oder kulturel-

---

[20] So geht es etwa aus dem Titel der Monographie Hollegers hervor: *Maximilian I. (1459–1519). Herrscher und Mensch einer Zeitenwende.* Müller bezeichnet die Zeit Maximilians als „Epochenschwelle zur frühen Neuzeit" [Art.] Kaiser Maximilian I., Sp. 205. Babur wird sowohl als letzter unabhängiger Timuridenherrscher (vgl. Dale, *Steppe Humanism*, S. 40) als auch als erster Großmogul bezeichnet (vgl. Lamb, *Babur – The Tiger. First of the Mughals*).

[21] Graf Auersperg schrieb unter dem Pseudonym Anastasius Grün ein Werk über Maximilian, das 1830 erschien, und das er *Der letzte Ritter* betitelte.

le oder anthropologische Konstanten wirkten. Die Frage nach den Ursachen der Gleichzeitigkeiten darf also gestellt werden.

1.3 Kontakte

Die zahlreichen aufgezählten Ähnlichkeiten sind kein Ergebnis eines intensiven Austausches zwischen den Dynastien: Direkte Kontakte auf politischer Ebene gab es zwischen diesen beiden räumlich weit voneinander entfernt wirkenden Herrscherhäusern – soweit bekannt – nicht, weder literarischer[22] noch persönlicher Art.[23] Eine indirekte Verbindung zwischen Osten und Westen stellte über die Jahrhunderte hinweg die alte Wirtschaftsverbindung der Seidenstraße dar, über die nicht nur Waren, sondern auch Religionen, Erzählungen, Krankheiten und Ideen transportiert wurden. Sie spielte jedoch zu der Zeit von Babur und Maximilian keine Rolle als mögliche Verbindung, da sie bereits aufgrund der vorteilhaften Seewege bedeutungslos geworden war.

Vor allem Babur verbrachte lange Zeit seines Lebens auf Kriegszügen und besaß keine feste Hofhaltung, die dauerhafte Handelsbeziehungen und Gesandtschaften erlaubt hätte. Auch war er als timuridischer Herrscher lange Zeit nur einer von vielen mit einem ähnlichen Machtstatus und wäre daher als Kontakt für den Habsburger Kaiser eher uninteressant gewesen. Einflussreicher auf den europäischen Kulturraum war hingegen sein dynastischer Vorfahr Temür Beg. Überliefert sind Kontakte aus dieser Zeit an den französischen und den kastilischen Hof.[24] Zudem liegt ein Reisebericht des bayrischen Adligen Johannes Schiltberger vor, der während eines Kreuzzugs in den Diensten Siegmunds von Ungarn 1396 in Gefangenschaft geriet. Der Adlige wurde von den Osmanen als Geschenk weitergereicht und erreichte auf Umwegen den Hof Temür Begs. Ihm gelang von dort die Flucht und er kehrte 1427 in seine Heimat zurück.[25] Schiltbergers Reisebericht

---

[22] Durišin unterscheidet literarische Kontakte in direkte und vermittelte. Als Bedingung für einen direkten Kontakt setzt er den Kontakt mit dem Original voraus, während der vermittelte Kontakt über Mediatoren (etwa publizistische Äußerungen, wissenschaftliche Studien oder literarische Übersetzungen) verläuft. Vgl. Durišin, *Die wichtigsten Typen literarischer Beziehungen*, S. 51; vgl. Zelle, *Komparatistik und comparatio*, S. 17.

[23] Vgl. auch die Feststellung Seybolds, dass kein „Abendländer" über den Konflikt von Safawiden, Osmanen und Mamluken hinaus auf den Kulturraum der Timuriden, später der Usbeken, blickte. Seybold, *Leonardo da Vinci im Orient*, S. 334.

[24] Vgl. Moranvillé, *Mémoire sur Tamerlan par un dominicain, en 1403*; vgl. González de Clavijo/Markham, *Narrative of the embassy of Ruy Gonzalez de Clavijo to the court of Timour at Samarcand*.

[25] In seinem Bericht zeichnet Schiltberger ein düsteres Bild von Temür: Er beschreibt etwa, wie der Dynastiebegründer bei der Belagerung von Damaskus 30.000 Menschen in einen „Tempel" sperren ließ, diesen anzündete und dann aus den Schädeln der Leichen Türme errichtete. Vgl. Schiltberger, *Reisebuch*, o. S. Das Motiv der Schädelpyramiden wird auch von Babur aufgegriffen, geht aber im Ursprung wohl auf mongolische Bräuche zurück, derer sich Temür hier bediente. Vgl. Kapitel 7.2.2.2.

erfreute sich großer Beliebtheit: Aus dem 15. Jahrhundert sind mindestens drei, aus dem 16. Jahrhundert mindestens sechs Druckauflagen bekannt, dazu kommt die ältere handschriftliche Überlieferung.[26] Durch die Verbreitung und den Druckort Augsburg einer der Auflagen könnte die Kenntnis des Berichts Schiltbergers auch an den Habsburger Hof Maximilians gelangt sein.

Temür Beg erscheint in der europäischen Geschichtsschreibung als durchaus schillernde Figur. Enea Silvio Piccolomini sieht ihn als göttlich gesandten Krieger, der dem Christentum mit seinem Sieg gegen die Osmanen 805/1402 zu Hilfe geeilt sei.[27] Auch andere Humanisten schreiben über Temür, sodass ein relativ fester Stoffbestand über ihn entstand, der aber immer wieder neu arrangiert oder motiviert wurde.[28]

Die beiden Herrscher Babur und Maximilian I. scheinen indes nicht Gegenstand literarischer Vermittlung gewesen zu sein. Jedoch gab es mit der Osmanendynastie eine Berührungsstelle, über die ein indirekter Einfluss wirksam wurde. Zunächst einmal waren die Osmanen als ein gemeinsamer Feind der Habsburger und der Timuriden zu sehen: Temür Beg fügte ihnen in der Schlacht von Ankara 805/1402 eine empfindliche Niederlage zu, die das aufstrebende Reich für einige Jahre entscheidend schwächte. Auch Babur stand ihnen zunächst feindlich gegenüber, da der Osmanen-Sultan Selim I. Baburs Feind, den Usbeken Ubaydullah Khan, im Kampf gegen Babur mit Waffen unterstützte. Als im Jahr 919/1513 die Gefahr für die Osmanen wuchs, dass Babur sich den Safawiden anschließen könne, gegen die sie Krieg führten, versöhnten sie sich mit Babur und sandten ihm Waffenexperten aus den eigenen Reihen, die ihn bei seinen Eroberungen unterstützten. Im *Baburnama* spiegeln sich vor allem diese militärisch-kooperativen Kontakte mit den Osmanen wider.[29]

Nachdem die Osmanen nach der Niederlage gegen Temür Beg wieder erstarkten, gelang ihnen 857/1453 die folgenreiche Eroberung Konstantinopels. Dieses Ereignis löste in Europa und damit auch im Heiligen Römischen Reich die sogenannte ‚Türkenfurcht‘ aus: Die Osmanen und der muslimische Glaube wurden als Bedrohung des christlichen Abendlandes angesehen. Maximilian beteiligte sich maßgeblich an der antitürkischen Propaganda und plante zeit seines Lebens

---

26   Vgl. Geck, *Buchkundlicher Exkurs*, S. 16.
27   Piccolomini betrachtet Temür Beg durchaus differenzierter. Vgl. dazu die Zusammenfassung von Textstellen und Themen bei Voegelin, *Das Timurbild der Humanisten*, S. 160-174.
28   Voegelin nennt weitere Fundstellen von Timurbeschreibungen bei Poggio, Sacchi, Cipelli, Fregoso, Giovio, Mexias, Cambini, Le Roy und in der Chronik der Palmieri. Vgl. Voegelin, *Das Timurbild der Humanisten*, S. 153-178; vgl. Nagel, *Tamerlan im Verständnis der Renaissance*, S. 203-212.
29   Weitere timuridische Kontakte zu den Osmanen in Form von Korrespondenz und Geschenken, später auch von Zuflucht vor den Usbeken erwähnt Browne, *A Literary History of Persia Bd. 3*, S. 398f. Unter anderem sei Jami bei den Osmanen hochgeschätzt gewesen. Vgl. ebd., S. 422f. Auch Nawaʾi habe großen Einfluss auf die osmanischen Dichter ausgeübt. Vgl. ebd., S. 439.

einen Kreuzzug gegen die Osmanen, musste dieses Unterfangen jedoch wegen fehlender Unterstützung und mangelnder Geldmittel aufgeben. Nach Maximilians Tod belagerten die Osmanen 936/1529 zum ersten Mal Wien, konnten jedoch abgewehrt werden. In den Maximilianischen Texten, vor allem im *Theuerdank* und im *Weißkunig*, werden die Osmanen als ‚Ungläubige‘ und als Feinde der Protagonisten bezeichnet, die es zu bekämpfen gilt. In der historischen Realität gestaltete sich die Lage komplexer, da Maximilian zwar stets seine Forderung nach einem religiös motivierten Krieg gegen sie aufrechthielt, jedoch die realpolitischen Möglichkeiten und Zwänge immer berücksichtigte. Daher schloss er oft Waffenstillstände und Verträge mit den Osmanen, verhandelte also diplomatisch mit ihnen, anstatt den angedrohten Krieg zu führen.[30] In der Zeit, als das Osmanische Reich in Auseinandersetzungen gegen Shah Ismail gebunden war, hoffte Maximilian anscheinend darauf, sich mit dem Shah gegen die Osmanen verbünden zu können.[31] Wäre dieser Wunsch nicht ungehört verhallt, hätte das zu der Situation geführt, dass Maximilian und Babur mit demselben Bündnispartner (Shah Ismail) koaliert hätten.

Die Motive der Feindschaft zwischen Timuriden und Osmanen auf der einen Seite und Habsburgern und Osmanen auf der anderen Seite werden also teilweise unterschiedlich dargestellt: Während die Habsburger vor allem aus religiösen Gründen eine Abgrenzung von den Osmanen anstrebten, eint die Habsburger und die Timuriden unter Temür Beg der Versuch, das Expansionsstreben der Osmanen einzudämmen.[32]

Über die Vorstellungen, die sich die Herrscher jeweils über die Lebenswelt des anderen machen mochten, kann wenig gesagt werden: Eine ‚Orient‘-Rezeption Maximilians kann über die mittelalterliche Literatur erfolgt sein, etwa über die *Reisen* Mandevilles, die sich in der Bibliothek des Kaisers befanden. Spuren des ‚Orients‘ finden sich in den von ihm in Auftrag gegebenen Werken.[33] Eine Funk-

---

30 Der diplomatische Verkehr zwischen Maximilian und den Osmanen wurde jedoch offenbar nach Möglichkeit geheim gehalten. Als Grund dafür vermutet Wiesflecker, dass die Verhandlungen zwischen einem christlichen Kaiser und den Andersgläubigen als anstößig galten. Vgl. Wiesflecker, *Kaiser Maximilian I. Bd. 4*, S. 224.

31 Vgl. Wiesflecker, *Kaiser Maximilian I. Bd. 4*, S. 222.

32 Einen Einfluss, den die Osmanen sowohl auf die Habsburger als auch die Timuriden ausübten, stellt eine Kriegstechnik dar, die sich in den Herrscherselbstdarstellungen beider Dynastien beschrieben findet: Eine Unterzahl der eigenen Truppe kann dadurch kompensiert werden, dass eine Anzahl zusammengebundener Karren für zusätzliche Deckung sorgt.

33 So wirken einige Mummereien im *Freydal* fremdländisch inspiriert. Die *Ehrenpforte* präsentiert Osiris als Ahnen von Maximilian und spiegelt auch das zeittypische Interesse an ägyptischen Hieroglyphen wider. Auch die Moriskentänze, die am Goldenen Dachl in Innsbruck abgebildet sind, können durch ‚orientalische‘ Einflüsse entstanden sein. Franke und Welzel sind der Meinung, mit dem Bau des Goldenen Dachls in Innsbruck habe Maximilian auf eine Beschreibung Marco Polos vom Besuch beim Großen Khan in China reagiert. Vgl. Franke/Welzel, *Morisken für den Kaiser*, S. 22.

tion seiner Orientrezeption mag gewesen sein, sich mit ihr „den Glanz des Besonderen"[34] zu verleihen.

Im *Ambraser Heldenbuch*, das Maximilian in Auftrag gab, ist eine Erzählung über den legendären Priesterkönig Johannes eingefügt, der auch in Mandevilles *Reisen* eine Rolle spielt und der die Vorstellungen des Kaisers von der fremden Welt des Ostens beeinflusst haben konnte. Die Motivation für den Kaiser, ausgerechnet diese ansonsten thematisch wenig passende Geschichte in das *Heldenbuch* aufzunehmen, wird in der Forschung als Indiz für seine Weltherrschaftsambitionen angesehen: Ähnlich wie der Priesterkönig Johannes strebe auch Maximilian an, als gleichzeitig geistliches wie weltliches Oberhaupt zu regieren.[35]

Über die Vorstellungen Baburs vom europäischen Kulturraum ist leider nichts bekannt, jedoch ist er überzeugt davon, dass die Reichweite timuridischer Entdeckungen sich auch bis dorthin erstreckt: Dem Sternenkatalog Ulughbeg Mirzas jedenfalls bescheinigt er, auf der ganzen Welt gültig zu sein.[36]

1.4 Kulturelles Erbe: Die Antike und ihre Herrschervorbilder

Während also die Kontakte um 900/1500 zwischen Babur und Maximilian als gering und auch die Vorstellungen über die gegenseitigen Lebenswelten teilweise als diffus oder irreführend zu bezeichnen sind, verbleiben für die zahlreichen Ähnlichkeiten im geschichtlichen und literarischen Kontext der Herrscher vor allem drei Erklärungen, die sich aus der Historie speisen: das gemeinsame kulturelle Erbe der Antike oder überzeitliche und überkulturelle Konstanten, die dadurch entstanden sein könnten, dass ähnliche Voraussetzungen Mechanismen in Gang setzten, die sich zu ähnlichen Phänomenen auswirkten. Schließlich kommt die historische Verbindung der beiden Kulturen über die alte Seidenstraße als vermittelnder Kontakt in früheren Zeiten[37] in Betracht.

Antike Einflüsse machen sich in den beiden Kulturräumen bemerkbar. Allgemein wird von einer merklichen Kontinuität der antiken Einflüsse insbesondere im islamischen, aber auch im christlichen Kulturraum ausgegangen. Für die Zeit nach der Annahme des christlichen und des muslimischen Glaubens rücken deren Glaubensdoktrinen in den Vordergrund und die ‚heidnische' Antike wird teilweise nunmehr ablehnend betrachtet. Zu einem vollständigen Abbrechen des

---

[34] Franke/Welzel, *Morisken für den Kaiser*, S. 33. Das impliziert auch, dass nicht immer nur religiöse, also aus Maximilians Sicht feindliche Vorzeichen mit der ‚orientalischen' Kultur verbunden waren. Vgl. ebd., S. 38.

[35] Vgl. Amann, *Kaiser Maximilians erfolgreiches* alter ego *im Kampf um weltliche und geistliche Macht*, S. 145. In seiner Genealogie verknüpfte sich Maximilian mit dem Priesterkönig Johannes und erhob auf diese Weise auch Herrschaftsansprüche auf Spanien und Portugal. Vgl. ebd.

[36] Vgl. Thackston, *The Baburnama*, S. 85 [fol. 46b].

[37] Vgl. Kapitel 1.3.

antiken Einflusses ist aber weder für den christlichen und noch weniger für den islamischen Kulturraum auszugehen, auch wenn im christlichen Kulturraum Europas ab dem 14. Jahrhundert von einer ,Wiedergeburt' der Antike – der Renaissance – gesprochen wird, so sehr waren die antiken Einflüsse zeitweise in den Hintergrund geraten. Im christlichen Europa lebt die Antike in zahlreichen Geistesströmungen auch während des Mittelalters weiter. Über die arabische Literatur, die aus antikem Gedankengut schöpft und in Übersetzungen im christlichen Kulturraum zirkuliert, werden Einflüsse der Antike sowohl im christlichen als auch islamischen Kulturraum vermittelt. Zu nennen sind hier beispielhaft Averroës (Ibn Ruschd) oder Avicenna (Ibn Sina).[38] Für den islamischen Kulturraum kann insgesamt in einem weit höheren Maß von einem Fortleben der Antike ausgegangen werden, als dies im christlichen Mittelalter der Fall war.[39]

Ein spezifischer Einfluss auf Babur und Maximilian könnte aus Herrschervorbildern herrühren. Eine antike Herrscherfigur, die Westen und Osten nachhaltig beeinflusst hat und auch in den literarischen Werken Baburs und Maximilians erwähnt wird, ist Alexander der Große. Bereits in den Jahrhunderten vor dem Wirken dieser beiden gehört die Figur Alexanders zum festen Stoffbestand mittelalterlicher deutscher und persischer Literatur[40] und erscheint zudem in der Geschichtsschreibung. Babur und Maximilian waren seine Taten und Leistungen bekannt.

Neben der Figur Alexanders gehört auch die alttestamentarische Figur König Davids zum kulturellen Erbe beider Kulturräume. Im mittelalterlichen Christentum wird er aufgrund seiner Gabe zu dichten und aufgrund seines Kampfesmutes verehrt. Im Islam ist er als Sänger und Waffenschmied überliefert. In beiden Kulturräumen gilt er als vorbildlicher Herrscher.

Ein ähnliches Bild lässt sich vom alttestamentarischen König Salomo zeichnen, der ebenfalls in beiden Kulturräumen große Bekanntheit erlangte. Im Christentum gelangte er aufgrund seiner Weisheit zu Ruhm, die durch das ,salomonische Urteil' sprichwörtlich geworden ist. Im Islam werden ihm übernatürliche Kräfte nachgesagt, die ihn etwa mit Tieren sprechen lassen. Auch er gilt in beiden Hemisphären als vorbildlicher Herrscher.[41]

---

[38] Avicenna findet in Maximilians *Theuerdank* Erwähnung und wurde ebenso im Umfeld Baburs rezipiert. Im *Theuerdank* bezieht sich der Arzt, der den Ritter behandelt, auf die medizinische Lehre Avicennas. Vgl. Pfintzing, *Theuerdank*, S. 303. Zur kulturellen Sphäre Baburs gehört der Dichter Jami, der mit *Salaman und Absal* eine mystische Allegorie schuf, die auf einem Werk Avicennas basiert.

[39] Vgl. Bauer, *Warum es kein islamisches Mittelalter gab*, S. 99-107, S. 149-151.

[40] Die persischen Dichter Firdawsi (*Shahnama*, um 400/1000) und Nizami (*Iskandarnama*, Ende des 6./12. Jahrhunderts) entwickeln den spätgriechischen Stoff um Iskandar (persischer Name Alexanders) weiter. In der christlichen Literatur des Mittelalters ist Alexander eine der bekanntesten antiken Gestalten. Alexander-Epen entstehen vor allem in Frankreich, aber auch deutsche Bearbeiter wie etwa der Pfaffe Lambrecht (1140/50) oder Rudolf von Ems (um 1250) befassen sich mit der sagenhaften Gestalt.

[41] Karl IV., der als erster Kaiser (vor Maximilian) eine Autobiographie verfasste, bezog sich etwa auf David und Salomo.

Generell zeigten die beiden Herrscher nicht nur Interesse daran, sich einem Herrscherideal gemäß zu stilisieren. Sie schauten auch verstärkt auf die Geschichte ihrer Kulturräume, betrachteten Geschichte mithin als ‚Lehrerin‘, aus der sie für aktuelle Situationen notwendige Verhaltensweisen ableiteten. Bei ihrer Rezeption unterschieden sie nicht zwischen Geschichtsschreibung und Literatur und sahen in beiden Großformen des Erzählens ‚wahre‘ Texte, die nachahmenswerte Taten enthalten konnten.

Über die alte Wirtschaftsverbindung der Seidenstraße wurden nicht nur Handelswaren transportiert. Auch der Transfer von Erzählungen, der über sie stattfand, kann zum Entstehen mancher Ähnlichkeiten beigetragen haben. Denkbar wäre, dass das Herrscherideal, das in beiden Kulturen kursierte, vor dem Niedergang der Seidenstraße über diese Verbindung immer wieder abgeglichen wurde. Es ist jedoch zu bedenken, dass meist nicht die gesamte Strecke der Seidenstraße von den Händlern zurückgelegt wurde, sondern Teilstücke, sodass also das immaterielle Transportgut nicht auf direktem Wege von A nach B vermittelt wurde, sondern eher einer Diffusion glich. Als Erklärung für die Gesamtheit der Ähnlichkeiten scheidet der Transfer über die Seidenstraße daher eher aus.

1.5 Theoretische Verortung und Wahl der Methode

Die historische Situation der weitgehenden Kontaktlosigkeit der beiden Dynastien und ihre jeweilige kulturelle Beschaffenheit haben Auswirkungen auf die theoretische und methodische Vorgehensweise bei der Analyse der Selbstzeugnisse.

Die autobiographischen Texte, die Gegenstand der Analyse in dieser Arbeit sind, besitzen eine zweifache Lesbarkeit: Aufgrund der Wirklichkeitsnähe, die sie beanspruchen, sind sie zum einen als historische Quellen lesbar. Zum anderen stehen sie in einer literarischen Tradition, beziehen sich auf literarische Vorbilder, beinhalten Fiktionen und sind daher auch als literarische Kunstwerke wahrzunehmen. Die Methodenwahl und theoretische Verortung dieser Arbeit orientiert sich an dieser Zwitterrolle und bezieht sich sowohl auf Theorien geschichtswissenschaftlicher als auch literaturwissenschaftlicher Herkunft. Ebenso werden Theorien hinzugezogen, die einen Einfluss auf beide Disziplinen ausgeübt haben.

Zu diesen umfassenden Theorien gehören die postkolonialen Studien, die einen allgemeinen und einen konzeptionellen Einfluss auf die Überlegungen in dieser Arbeit ausgeübt haben. Ihren Ausgangspunkt stellt die Arbeit Edward Saids, *Orientalism*, dar, die erstmals im Jahr 1978 erschien.[42] Als eine kulturtheo-

---

[42] *Orientalism* gilt gemeinhin als „Gründungstext der postkolonialen Theorie." Kelleter, *[Art.] Edward Said: Das literaturwissenschaftliche Werk*. Said nimmt an, dass der ‚Orient‘ seit den Kreuzzügen eine wertende Rezeption in der Literatur erfahre. Aus den literarischen Darstellungen entstünden die Klischeevorstellungen vom ‚Orient‘, die zum Teil noch heute wirksam seien. Said befasst sich auf dem Gebiet der Literatur vor allem mit französischen

retische Folge von Saids Arbeiten ist die kritische Auseinandersetzung mit der Kategorie der Differenz anzusehen. Zu ihr gehört die Reflexion über den eigenen Beobachterstandpunkt. Im vorliegenden Fall ist der Standpunkt westlich und von der germanistischen Fachtradition geprägt, wird jedoch als relative Position verstanden. Konkreten Niederschlag findet dies in der Positionierung ‚zwischen‘ den beiden Dynastien, die gleichrangig betrachtet werden. Die Gefahr, aufgrund des germanistischen Standpunktes die eigene Kultur gewissermaßen als ‚Normalfall‘ anzusehen, um ihr dann die ‚Anomalie des Fremden‘ gegenüberzustellen, wird in der vorliegenden Arbeit dadurch verringert, dass zum Eigenen aufgrund der zeitlichen Distanz auch eine nicht unbeträchtliche kulturelle Entfernung herrscht, sodass daher kaum mehr vom Eigenen gesprochen werden kann. Ein Ziel der postkolonialen Studien, das diese Arbeit erfüllt und das sich auch mit neueren Zielsetzungen der literaturwissenschaftlichen Komparatistik deckt, ist die stärkere Berücksichtigung außereuropäischer Literatur. Speziell die zentralasiatische Literatur, hier durch das *Baburnama* repräsentiert, fehlt – obschon oft mit weltliterarischem Status geadelt – in vielen literaturgeschichtlichen Darstellungen.[43] Durch die Beschäftigung mit der außereuropäischen Literatur wird auch die Forderung aus den Reihen der Komparatistik erfüllt, die auf die Überwindung des bisher oft vorherrschenden Eurozentrismus abzielt.[44]

Wenn vormoderne autobiographische Texte zum Forschungsgegenstand werden, wird meist auch die Frage nach der Individualität der Protagonisten gestellt, die sich in den Texten widerspiegele – oder eben nicht. In der westlichen Forschung wird dabei häufig angenommen, dass Individualität als Merkmal der selbstreflexiven Kunst erst seit der italienischen Renaissance möglich wird. Die fehlende Bereitschaft, Individualität auch den vormodernen Autobiographien des islamisch geprägten Kulturraums zuzuschreiben, hängt möglicherweise mit dieser Grundannahme zusammen, wird jedoch oft nicht durch die Untersuchung konkreter ‚kulturfremder‘ Texte auf den Prüfstand gestellt.[45] Damit zusammen hängt ein allgemeiner Minderwertigkeitsdiskurs, der für Autobiographien aus dem islamischen Kulturraum konstatiert, dem jedoch neuerdings entgegengetre-

---

und englischen Autoren. Aber auch durch die deutsche Dichtung sei das Bild des ‚Orients‘ vorgeprägt worden.

[43] Zudem fehle bisher immer noch das Interesse und die Wertschätzung durch die europäischen Leser, wie die *Neue Zürcher Zeitung* anlässlich einer deutschen Neuausgabe des Werkes in ihrer Ausgabe vom 12.4.2003 bemerkt. Vgl. den Artikel *Babur der Tiger: Eroberer, Mensch und Dichter.*

[44] Diese Forderung verbindet Etiemble mit einer Forderung nach einer stärkeren interkulturellen Ausrichtung der Komparatistik. Vgl. Etiemble, *Ouverture(s) sur un comparatisme planétaire*, S. 40. Außerhalb des literaturwissenschaftlichen Faches der Komparatistik fordert etwa Chakrabarty als Vertreter der postkolonialen Studien dazu auf, die Vorrangstellung, die europäische Konzepte in der Wissenschaft einnehmen, zu problematisieren. Vgl. Chakrabarty, *Provincializing Europe.*

[45] Vgl. dazu wieder Said, *Orientalism*, und daran anschließend Dale, *Steppe Humanism*, S. 53 und Anm. 72.

ten wird.[46] Inwiefern sich Individualität in den Analysetexten widerspiegelt und welche Unterschiede diesbezüglich zwischen den Texten festgestellt werden können, wird zu zeigen sein.

Ein Mangel im Sinne der postkolonialen Studien stellt wohl die Wahl der Untersuchungsmethoden und der zugrunde liegenden Theorien in der vorliegenden Arbeit dar, die vorrangig aus den eigenen und umliegenden, jeweils westlich geprägten Fachtraditionen entstammen. Durch die Berücksichtigung und Rekonstruktion eines möglichst breiten Kontextes sowie durch den Rückgriff auf theoretische Konzepte aus der Islamwissenschaft wird jedoch versucht, Fehlinterpretationen entgegenzusteuern.

Neben dem ‚postcolonial turn‘ hat auch der ‚cultural turn‘ auf die Konzeption dieser Arbeit Einfluss ausgeübt: Der breite Kulturbegriff, der aus dem ‚turn‘ hervorgegangen ist, berücksichtigt keinen Literaturkanon mehr und befördert dadurch eine Beschäftigung auch mit Texten, denen in der Literaturwissenschaft in der Vergangenheit wenig poetischer Wert zugeschrieben wurde, so wie dies etwa bei den Maximilianischen Texten der Fall war.[47] Zudem erscheint vor diesem theoretischen Hintergrund auch die Fragmenthaftigkeit aller Texte nicht als Hinderungsgrund für eine Beschäftigung mit ihnen.

Theorien, die kulturübergreifend für die Analyse von Machtkonstellationen, so wie sie sich in den Analysetexten widerspiegeln, angewendet werden können, sind diejenigen von Pierre Bourdieu und Max Weber, auf die im Verlauf der Arbeit immer wieder zurückgegriffen wird – wenn auch nur auf ausgesuchte Elemente von ihnen. Webers grundsätzliche Beschäftigung mit der Macht und ihren Voraussetzungen in seinem Buch *Wirtschaft und Gesellschaft* ist heute noch ein Standardwerk, das auch die Machtkonstellationen in vormodernen Kulturen verschiedener Provenienz erhellt. Aus Bourdieus soziologischer Theorie ist vor allem die Unterscheidung der verschiedenen Kapitalsorten in soziales, ökonomisches und kulturelles Kapital anschlussfähig für die Analyse der Selbstzeugnisse. Die Form, in der die drei Kapitalsorten auftreten und in der die Macht des Kapitals wirksam wird, wird symbolisches Kapital genannt und besitzt einen eher imaginären Charakter. Da angenommen wird, dass symbolisches Kapital anhand der Analysetexte erzeugt und zur Gestaltung des politischen Übergangs verwendet wird, eignet sich Bourdieus Theorie zur Anwendung in dieser Arbeit. Ähnlichkeiten zum symbolischen Kapital besitzt das Charisma, das Weber einem der drei Typen von Herrschaft, die er unterscheidet, zuschreibt. Es wird in der vorliegenden Arbeit dafür verwendet, die religiöse Auserwähltheit, also gewissermaßen die übernatürlichen Merkmale des Herrschers zu beschreiben. Es ist damit zumindest in der Verwendung in dieser Arbeit vergleichbar mit symbolischem ‚religiösen Kapital‘, wollte man im Sprachgebrauch Bourdieus bleiben. Der Rückgriff

---

46 Vgl. Enderwitz, *Autobiography and „Islam“*.
47 Vgl. ähnlich dazu Ziegeler, *Der betrachtende Leser*, S. 68f.

auf Webers Begriff des Charismas ist für die vorliegende Arbeit notwendig, da Bourdieus Konzept für die Vormoderne zu kurz greift: Bourdieu zweifelt Webers Vorstellung vom „außeralltäglichen Menschen" an und beschreibt eine charismatische Autorität lediglich als „Mensch außeralltäglicher Situationen".[48] Den beiden im Rahmen dieser Arbeit betrachteten Herrschern geht es jedoch gerade darum, sich als mit übernatürlichen Fähigkeiten begabt darzustellen.

Die Verwendung der beiden genannten Theorien Bourdieus und Webers beschränkt sich für die vorliegende Arbeit auf die Analyse der Machtkonstellationen mit Hilfe einzelner Bausteine aus der Weberschen Theorie sowie mit Hilfe des Konzepts der Kapitalsorten Bourdieus und des Begriffs des Charismas von Weber.

Von der literaturwissenschaftlichen Warte aus gesehen, erfolgt die Analyse in der Tradition der Komparatistik. Da, wie im Kapitel 1.3 beschrieben, keine nennenswerten gegenseitigen Einflüsse zwischen den Texten aus den beiden Kulturräumen anzunehmen sind, bietet sich vor allem der typologische Vergleich als Methode an. Bei seiner Anwendung geht es nicht nur um das mechanische Aufzeigen von Ähnlichkeiten und Unterschieden: In den meisten Fällen führen ähnliche gesellschaftliche und sprachliche Bedingungen zu einer Entstehung analoger Textstrukturen oder auch Institutionen.[49] Ähnlichkeiten und Unterschiede in den Texten sollten also in Zusammenhang mit Abweichungen oder Ähnlichkeiten im gesellschaftlichen Kontext erklärt werden: „Der typologische Vergleich zeugt mithin vom Zustand einer Kultur in einer bestimmten Entwicklungsphase. Er stellt eine Art Momentaufnahme dar, die wesentliche Aspekte dieses Zustands erkennen lässt."[50] Textstrukturen lassen tiefere Rückschlüsse auf den historischen Kontext zu und stehen mit ihm in Wechselwirkung.

Die Methode des Vergleichs hat verschiedene Vorteile. Zu ihnen gehört etwa, dass die scheinbare Allgemeingültigkeit, mit der einsprachige Wissenschaften ihre Argumente hervorbringen, als „kulturell partikular"[51] entlarvt wird. Die Methode versetzt Wissenschaftlerinnen und Wissenschaftler in die Lage, die Reflexion über Theorien in Gang zu setzen und eine reflexive Theorienbildung sowie einen Dialog zwischen den Theorien der verschiedenen Philologien zu unterstützen:[52] „Im interdisziplinären Dialog kann die literarische Komparatistik [...] zu einem wichtigen Korrektiv werden, wenn es gilt, pseudouniversalistische Ansprüche zu relativieren."[53] Die Frage nach der Individualität, die oben aufgeworfen wurde, kann ebenfalls nur mit einem Vergleich beantwortet werden: Erst im Vergleich zu anderen bekommt eine Sache eine individuelle Identität.[54]

---

[48] Bourdieu, *Religion*, S. 87.
[49] Vgl. Zima, *Komparatistik*, S. 105.
[50] Zima, *Komparatistik*, S. 141.
[51] Zima, *Komparatistische Perspektiven*, S. 4.
[52] Vgl. Zima, *Komparatistische Perspektiven*, S. 4.
[53] Zima, *Komparatistische Perspektiven*, S. 4.
[54] Vgl. Zima, *Komparatistische Perspektiven*, S. 12.

Zudem ist der Vergleich als Methode auch den Selbstzeugnissen selbst inhärent und wird daher in seiner Anwendung sozusagen textimmanent gerechtfertigt: Die beiden Herrscher vergleichen sich in ihren Texten mit anderen Herrschern. Babur etwa setzt seine Leistungen zu denen seines Cousins Sultan-Husayn Mirza und auch zu denen des Usbekenführers Shaybani Khan in Relation. Weißkunig nennt Alexander den Großen, König David und Julius Caesar als Referenzen, zu denen er sich überlegen oder ebenbürtig sieht.

Es ist anzunehmen, dass sich die Herrscher und ihre Gelehrten in der Autobiographie- oder Selbstzeugnisgeschichte orientierten, um ihre selbstreflexiven Texte zu verfassen. Deswegen wird auch die Rekonstruktion dieses Kontextes im Verlauf der Arbeit von Bedeutung sein.

Die Rollen, die die Herrscher im Literatursystem einnehmen, werden mit Hilfe der Theoriebausteine des Literaturtheoretikers Siegfried J. Schmidt aufgefächert und analysiert. Die Reichweite seiner Theorie bleibt in dieser Arbeit auf die Verwendung der Literatursystem-Definition und auf das Konzept der einzelnen Rollen und ihr Verhältnis zueinander beschränkt. Jedoch schließen die Vergleichskategorien der darauffolgenden literarischen Analyse direkt an die Rollen Schmidts an.

Die Analyse mit den genannten literaturwissenschaftlichen Methoden kann im Falle der Selbstzeugnisse der beiden Herrscher neue Erkenntnisse liefern, da diese bisher – bis auf seltene Ausnahmen – vor allem unter geschichtswissenschaftlicher Perspektive betrachtet wurden. Diese geschichtswissenschaftliche Perspektive soll jedoch nicht ausgeschlossen werden. Aufgrund der engen Beziehung zwischen Text und Kontext und der zweifachen Lesbarkeit eines Selbstzeugnisses ist auch eine Verortung in geschichtswissenschaftlichen Forschungstraditionen folgerichtig. So sieht sich diese Arbeit zum einen in der Tradition der historischen Anthropologie, die den Menschen in mikrohistorischer Perspektive als Handelnden innerhalb begrenzender Strukturen begreift und seine Handlungsräume analysiert. Zum anderen ordnet sie sich in die Reihe transkulturell vergleichender Arbeiten ein, die in den letzten Jahren vor allem in der deutschen Geschichtswissenschaft erschienen sind. Die transkulturell arbeitende Geschichtswissenschaft strebt ebenfalls an, die eurozentristische Perspektive zu überwinden und sich kritisch mit Konzepten auseinanderzusetzen, die den „Weg in die Moderne teleologisch als Weg in die Freiheit des Subjekts" ansehen.[55]

Letztlich überschneiden sich die Forderungen der transkulturell arbeitenden Geschichtswissenschaftler mit denen der komparatistisch arbeitenden Literaturwissenschaftler in vielen Bereichen. Sie sind schließlich beide dazu geeignet, vermeintlich spezifische Entwicklungen einer Kultur einschließlich ihrer Repräsentationsformen auf ihren tatsächlichen Sonderstatus hin zu überprüfen.

---

[55] Vgl. dazu die Beschreibung aus dem Archiv des (ausgelaufenen) DFG-Sonderforschungsbereichs 530: *Selbstzeugnisse in transkultureller Perspektive.*

1.6 Einschränkungen

Ein komparatistisches Vorhaben wie das vorliegende muss aufgrund seiner Komplexität Einschränkungen in Kauf nehmen. Dazu gehören etwa terminologische Vereinfachungen: In dieser Arbeit wird für die Zeit um 900/1500 von Politik, Literatur, Wirtschaft, Religion, Kunst und Wissenschaft gesprochen, obwohl davon ausgegangen werden muss, dass es sich – jedenfalls im Fall des europäischen Kulturraums[56] – um keine ausdifferenzierten gesellschaftlichen Teilsysteme handelt, sondern dass sie für diese Zeit starken Verflechtungen untereinander unterliegen. Die Bezeichnungen geschehen aus dem Pragmatismus heraus, nicht immer die jeweiligen Kulturspezifika im Einzelnen nennen zu müssen, sondern einen – wenn auch unscharfen – Oberbegriff für beide Kulturen verwenden zu wollen.

Ebenso muss die Bearbeitung einzelner Themen vereinfacht werden: Es kann nicht für jedes Themenfeld, das sich im Laufe des Vergleichs herauskristallisiert, die komplette Forschungsliteratur aufgearbeitet werden. Hier ist bisweilen der Rückgriff auf Lexikonwissen notwendig, um die literarische Interpretation, um die es schwerpunktmäßig geht, zu ermöglichen.

Auf die Vorbehalte, die aus der Sicht der postkolonialen Theorie gegenüber einer Arbeit wie dieser einzuwenden sind, wurde bereits kurz eingegangen. So wird die Reflexion des eigenen Standpunkts sicherlich angestrebt, er bleibt jedoch – in gewisser Weise unhintergehbar – durch westliche Fachtraditionen und -theorien geprägt. Da auch für die Leserschaft von einem westlich geprägten Publikum ausgegangen wird, erfolgt zudem die Zitation der tschagataischen oder persischen Texte oft in Übersetzung in englischer oder deutscher Sprache, eine Einschränkung, die also der Adressatenorientierung geschuldet ist, jedoch aus Sicht der postkolonialen Theorie missfallen dürfte.

Die Forderung der postkolonialen Theorie, sich verstärkt der Erforschung der marginalisierten Texte der außereuropäischen Literatur zu widmen, kann mit dieser Arbeit erfüllt werden. Allerdings bringt die marginale Position eines Forschungsgegenstands auch mit sich, dass mit Einschränkungen bei der bisherigen Aufarbeitung zu rechnen ist: Nicht alle Aspekte sind bereits breit erforscht worden.

Um die Methode des Vergleichs anzuwenden, ist eine Reduktionsleistung unumgänglich, ohne die aus dem Analysematerial keine handhabbaren Untersuchungseinheiten geschaffen werden könnten. Da die Reduktion zunächst, also zu Beginn der jeweiligen Kapitel (5-8), noch im Kontext der eigenen Kultur vorgenommen wird, bevor erst in einem zweiten Schritt der Vergleich mit der anderen Kultur durchgeführt wird, wird eine unangemessene Dekontextualisierung jedoch vermieden.

---

[56] Zum Unterschied der Ausdifferenziertheit gesellschaftlicher Teilsysteme vgl. Bauer, *Die Kultur der Ambiguität*, S. 192-223.

Eine weitere Gefahr, die einem Vergleich a priori innewohnt, ist das Einebnen von Unterschieden. So entstehen Analogien, die streng genommen nicht gezogen werden dürften. Mit textimmanentem Arbeiten und geschichtlicher Kontextualisierung wird dieser Gefahr begegnet. Es soll nicht darum gehen, vor allem Ähnlichkeiten oder Differenzen aufzuzeigen, sondern beide als mögliche Ergebnisse des Vergleichs mit ihren Ursachen, Kontexten und weiteren Entwicklungen zu erklären und ihre innere Logik herauszuarbeiten.

Bei einer Thematisierung eines zurückliegenden Ereignisses besteht die Neigung, dieses auf eine sich zeitlich anschließende Entwicklung oder Modernisierungstendenz hin deuten zu wollen. Gerade bei ereignisreichen Phasen, die als Übergangszeit charakterisiert werden, ist dies zu beobachten. Dabei gerät nicht nur die starke Traditionsbindung, die solche Perioden kennzeichnet, aus dem Blickfeld, auch tritt häufig bei einer solchen Verfahrensweise eine unrechtmäßige Reduktion komplexer Vorgänge ein. Diese Gefahr soll vermieden werden, indem aus einer „offenen Situation"[57] heraus eine Analyse durchgeführt wird: Dazu gilt es, sich aus den eigenen Wahrnehmungsmustern zu lösen und den geschichtlichen Kontext der Analysetexte zu rekonstruieren.

1.7 Forschungsreferat

Der Vergleich der vier volkssprachigen Selbstzeugnisse der beiden Herrscher Babur und Maximilian I. stellt ein Novum in der Forschungsgeschichte dar und kann daher nicht auf eine Forschungstradition zurückblicken. Für die Texte, die Herrscher und die Methode des Vergleichs sind einzelne Forschungstraditionen zu betrachten, die aufeinander bezogen werden müssen.

Auffallend ist, dass bisher sowohl Maximilians als auch Baburs Texte vorrangig aus geschichtswissenschaftlicher Perspektive analysiert wurden, obwohl sie als autobiographische Texte im Prinzip auch einen genuinen Forschungsgegenstand der Literaturwissenschaft darstellen. Dass Maximilians Texte im Vergleich zum *Baburnama* in einem größeren, wenngleich immer noch bescheidenen Umfang literaturwissenschaftlich erforscht wurden, liegt wohl an ihrer allegorischen Verhüllung, die das Geschehen fiktionaler erscheinen lässt als Baburs zumeist sachlich-berichtender Stil. Die Arbeiten von Jan-Dirk Müller[58] und Peter Strohschneider[59]

---

[57] Zu dieser Forderung – wenn auch für einen anderen Forschungsgegenstand – vgl. Görich, *Die Ehre Friedrich Barbarossas*, S. 11.

[58] Die auf der Habilitationsschrift basierende Veröffentlichung *Gedechtnus* datiert bereits auf das Jahr 1982, ist aber immer noch das Standardwerk zu Maximilians literarischem Schaffen. Darüber hinaus hat Müller zahlreiche Lexikonartikel und Aufsätze zu diesem Thema verfasst. Im Jahr 2015 ist zudem ein Sammelband zu *Maximilians Ruhmeswerk* unter Müllers Herausgeberschaft erschienen.

sind für die germanistische Mediävistik als besonders einschlägig zu bezeichnen. Von Seiten der Geschichtswissenschaft gibt es zu Kaiser Maximilian eine Fülle an Publikationen, zu denen Hermann Wiesflecker und seine Schülerinnen und Schüler einen großen Teil beigesteuert haben.[60] Wiesflecker zeichnet auch als Bearbeiter der kaiserlichen Regesten Maximilians verantwortlich, die bis zum Jahr 1504 veröffentlicht vorliegen.[61] Aus den Reihen der Österreichischen Akademie der Wissenschaften stammen neuere Forschungsergebnisse über Maximilian I. von Manfred Hollegger. Zahlreiche Ausstellungskataloge zeugen überdies von Maximilians Strahlkraft in der Öffentlichkeit.[62]

Der Forschungsschwerpunkt zu Babur liegt seit dem Ende der Sowjetunion im angloamerikanischen Raum. Stephen Dale arbeitet vor allem geschichtswissenschaftlich zu Babur, hat aber ebenfalls literaturwissenschaftliche Analysen, insbesondere zur Lyrik Baburs und deren Einbezug in das *Baburnama*, durchgeführt.[63] Sein Hauptverdienst bleibt die Biographie *The Garden of the Eight Paradises* zu Babur, die den aktuellen Forschungsstand aus geschichtswissenschaftlicher Sicht widerspiegelt. Claus Schönig betrachtet das *Baburnama* schwerpunktmäßig aus sprachwissenschaftlicher Perspektive,[64] doch auch Schönig bearbeitet Aspekte aus dem *Baburnama* literaturwissenschaftlich.[65] Wesentliche geschichtswissenschaftliche Erkenntnisse über die Zeit der Timuriden steuert Maria Subtelny bei.[66] Ihr Forschungsschwerpunkt liegt auf dem Hof Sultan-Husayn Mirzas, dessen Wirken fast parallel zu dem Baburs verläuft und sich im *Baburnama* widerspiegelt.[67] Auch wirtschaftliche Aspekte, die Gartenkultur und die mystische Dichtung der Zeit bilden Subtelnys Gegenstände.[68] Während sich in jüngerer Zeit vor allem die westliche, speziell die angloamerikanische Forschung um Babur und die Timuri-

---

59   Strohschneider setzt sich in der überarbeiteten Fassung seiner Dissertation aus dem Jahr 1986 mit drei spätmittelalterlichen Texten auseinander, zu denen auch der *Theuerdank* zählt. Vgl. Strohschneider, *Ritterromantische Versepik im ausgehenden Mittelalter*.

60   Wiesflecker schreibt fünf Bände über *Kaiser Maximilian I. Bd. 1-5*, die unterschiedliche Themenschwerpunkte behandeln. Ein späterer Band über den Kaiser fasst die Ergebnisse der fünf Bände zusammen. Vgl. Wiesflecker, *Kaiser Maximilian I*.

61   Vgl. Wiesflecker, *Ausgewählte Regesten des Kaiserreichs unter Maximilian I. 1493–1519*.

62   Vgl. ÖNB (Hrsg.), *Maximilian I.* (Wien 1959); Land Tirol (Hrsg.), *Ausstellung Maximilian I.* (Innsbruck 1969); Schadek (Hrsg.), *Der Kaiser in seiner Stadt* (Freiburg 1998); Koppensteiner (Hrsg.), *Der Aufstieg eines Kaisers* (Wiener Neustadt 2000); Schmidt-von Rhein (Hrsg.), *Kaiser Maximilian – Bewahrer und Reformer* (Wetzlar 2002); Michel/Sternath (Hrsg.), *Kaiser Maximilian und die Kunst der Dürerzeit* (Wien 2012/2013); Haag et al. (Hrsg.), *Kaiser Maximilian I.* (Mannheim 2014).

63   Vgl. Dale, *The Poetry and Autobiography of the Babur-nama*; vgl. Dale, *The Garden of the Eight Paradises*, zur Lyrik insbes. S. 247-289.

64   Vgl. Schönig, *Finite Prädikationen und Textstruktur im Babur-name*.

65   Vgl. Schönig, *Babur als Literaturkritiker*; vgl. Schönig, *[Art.] Bābur-nāma/Vaqā'i'*.

66   Vgl. Subtelny, *Timurids in Transition*.

67   Vgl. dazu ihre bereits 1979 erschienene Doktorarbeit *The Poetic Circle at the Court of the Timurid, Sultan Husain Baiqara, and its political significance*.

68   Vgl. Subtelny, *Le monde est un jardin*.

denzeit gekümmert hat, war dies in den Jahren davor ein Schwerpunkt der sowjetischen Forschung, deren Erkenntnisse dann von der amerikanischen Forschung rezipiert worden sind, die aber ansonsten in dieser Arbeit nicht weiter berücksichtigt wird.

Wie bereits erwähnt, wurde ein Vergleich von Baburs Texten mit denen Maximilians bisher in der Forschungsliteratur noch nicht durchgeführt. Jedoch finden sich immer wieder Bemerkungen, die auf Ähnlichkeiten zwischen timuridischen und europäischen Texten oder zwischen den geschichtlichen Situationen in beiden Kulturräumen hinweisen: Subtelny etwa verweist auf eine Ähnlichkeit zwischen den Renaissancehöfen Italiens und den timuridischen Herrscherhöfen.[69] Diese Ähnlichkeit bemerkt auch Dale, der auf Subtelny verweist.[70] Dale sieht eine Parallele zwischen Cellinis *Vita* und dem *Baburnama*.[71] Salman Rushdie und E. M. Forster sehen – wie eingangs erwähnt – Ähnlichkeiten zwischen dem Werk Machiavellis und dem Handeln Baburs, so wie es sich im *Baburnama* widerspiegelt.[72] Dieses Phänomen zeigt zum einen, dass die Annahmen von Ähnlichkeiten in der prägenden Literatur der beiden Kulturräume um 900/1500 keine Einzelmeinung darstellen. Zum anderen kann vermutet werden, dass die jeweiligen Autoren dieser Annahmen diesen Vergleich dazu verwendeten, um das ‚Fremde‘ mit dem ‚Eigenen‘ zu erklären.

In der Geschichtswissenschaft hat sich in den letzten Jahren eine Forschungsrichtung herausgebildet und vernetzt, die sich dem transkulturellen Vergleich verschrieben hat.[73] Es sind Arbeiten entstanden wie die von Drews oder Oesterle, die sich der Erforschung eines geschichtlichen Phänomens in zwei Kulturen auf gleicher Zeitstufe widmen.[74] Die vorliegende Arbeit sieht sich generell in der Tradition dieser Autoren, verortet sich jedoch vor allem in der Literaturwissenschaft und damit in einer anderen Disziplin mitsamt deren Implikationen.

1.8 Vorgehensweise

Die wesentlichen Bereiche, in denen mit einer vergleichenden Analyse von Herrscherselbstzeugnissen Ähnlichkeiten und Unterschiede aufgezeigt werden können, sind Literatur und Macht. Maximilian und Babur möchten mit ihren Texten kulturelle und politische Wirkung erzielen. Sie setzen die beiden Bereiche in ihren Selbstzeugnissen in ein Verhältnis zueinander, das sich als literarische Reflexion wiederum mit dem historischen Hintergrund in Beziehung setzen lässt.

---

[69] Vgl. Subtelny, *The Poetic Circle*, S. 3.

[70] Vgl. Dale, *The Garden of the Eight Paradises*, S. 13.

[71] Vgl. Dale, *The Garden of the Eight Paradises*, S. 37f.

[72] Vgl. Rushdie, *Introduction*, S. xii; vgl. Forster, *The Emperor Babur*, S. 292.

[73] Vgl. zur vormodernen Transkulturalitätsforschung insgesamt Conermann, *Vormoderne Transkulturalitätsforschung. Einführung*.

[74] Vgl. Drews, *Die Karolinger und die Abbasiden von Bagdad*, und Oesterle, *Kalifat und Königtum*.

Dieser historische Hintergrund ist für die Zeit von Maximilian und Babur von einer kulturellen Blüte und von politischen Übergangserscheinungen geprägt.

Die Bereiche von Literatur und Macht geben den Rahmen für die Analyse in dieser Arbeit vor. Ihr Verhältnis zueinander – sowohl im historischen Kontext als auch in der literarischen Darstellung – wird in mehreren Schritten geklärt, bis schließlich prägnante Ähnlichkeiten und Unterschiede herausgearbeitet worden sind.

In einem ersten Schritt (Kapitel 2) wird das Verhältnis von Kultur (als der Literatur übergeordnetes System) und Politik im historischen Kontext betrachtet. Die Beziehung der zentral darin wirkenden Kategorien der Fiktion und Macht wird theoretisch erörtert. Nach der Erörterung der herausragenden Bedeutung der Literatur werden die Herrscher in einem historischen Vergleich in den vier Handlungsrollen, die sie im Literatursystem einnehmen können, einander gegenübergestellt. Diese Analyse zeigt auf, wie die Herrscher die Literatur politisch für sich nutzten. Ihr Agieren in allen der vier möglichen Handlungsrollen (mit unterschiedlichen Schwerpunkten) verweist auf die Relevanz der Literatur als Kommunikationsmedium und die Bandbreite an Möglichkeiten zur Machtausübung im und mit dem Literatursystem.

In einem zweiten Schritt (Kapitel 3) wird eine Verbindung zwischen dem Kapitel zum historischen Kontext und den Kapiteln mit der literarischen Analyse geschaffen. Die Spezifika der Textsorte, der Sprache und des literaturgeschichtlichen Kontextes der ausgewählten Texte werden beschrieben.

Im nächsten Schritt (Kapitel 4) wird die Perspektive von den Personen der Herrscher, die in den verschiedenen Handlungsrollen im Literatursystem agieren, auf die von ihnen in der Autorrolle produzierten Kommunikationsinhalte gelenkt. Die literarische Analyse wird eingeleitet, indem die vier wesentlichen Vergleichskategorien vorgestellt und erläutert werden: erstens Dynastie, zweitens Religion, drittens Kriegsführung und höfische Repräsentation (die zusammen eine Kategorie bilden) sowie viertens (ebenfalls zu einer Kategorie zusammengefasst) Kunst und Wissenschaft.

Diese Vergleichskategorien stehen zur Literatur und zur Macht in einem untergeordneten Verhältnis: Alle Kategorien stellen wesentliche Machtbereiche dar, die zusammengenommen die Summe der Macht bilden – zumindest so, wie sie sich in den Texten darstellt. Sie unterliegen in der Darstellung den Kommunikationsbedingungen der Literatur. Die Kategorien wurden auf Basis einer vorbereitenden textimmanenten Analyse gefunden, um bei der Kategorienfindung der Gefahr entgegenzuwirken, die Faktoren des einen Kulturraums unreflektiert auf den anderen zu übertragen. Es kam zunächst also darauf an, Machtaspekte als inhaltlich bedeutungsvolle Konstituenten sowohl im *Baburnama* als auch in mindestens einem der Maximilianischen Texte aufzufinden und dann inhaltlich so zu formulieren, dass alle wesentlichen in den literarischen Texten dargestellten Machtstrukturen damit erfasst werden. Die Vergleichskategorien begründen sich also unter anderem damit, dass sie alle wesentlichen Bereiche umfassen, in denen die Herrscher in ihren Selbstzeugnissen ihren Machtanspruch formulieren.[75]

Ein weiterer Grund für die Auswahl dieser vier Kategorien besteht darin, dass sich ein großer Teil der Forderungen, die in zeitgenössischen Fürstenspiegeln an die Herrscher gestellt werden, thematisch in die oben genannten Vergleichskategorien einordnen lässt. Auch lassen sich die vier Kategorien als typische Aktionsbereiche idealer Herrscher oder Helden, wie sie in der klassischen Literatur der beiden Kulturräume auftreten, bezeichnen. Dass sie in der Herrscherselbstdarstellung Baburs und Maximilians eine zentrale Rolle spielen, verwundert daher nicht. Der Einfluss der zeitgenössisch bedeutenden Literatur geht jedoch über diese ‚Bereitstellung' von Machtbereichen ihrer Protagonisten hinaus. Auch auf struktureller und inhaltlicher Ebene sind zahlreiche Übernahmen aus der Literatur festzustellen. Diese Verarbeitung literarischer Muster, die sich in allen vier Selbstzeugnissen findet, wird in den einzelnen Analysekapiteln (Kapitel 5-8) besonders fokussiert, in denen Fragen beantwortet werden wie: Welche Rolle spielte die Literatur bei der Darstellung der Machtfaktoren? Wie gestaltete sich deswegen das Verhältnis zwischen Macht und Literatur?

Die vier Vergleichskategorien wurden also deswegen ausgewählt, weil sie die wesentlichen Machtbereiche bezeichnen, in denen die Herrscher ihren Machtanspruch formulieren. Zudem lassen sich Anforderungen an einen idealen Herrscher, so wie sie in zeitgenössischen Fürstenspiegeln oder in der klassischen Literatur der beiden Kulturräume gestellt werden, in diese Kategorien einordnen. Die vier Kategorien dienen als ‚Tertium Comparationis' des literarischen Vergleichs.

Die literarische vergleichende Analyse der vier Selbstzeugnisse (Kapitel 5-8) mit Hilfe der vier Vergleichskategorien erbringt dann Aufschlüsse über die Verflechtungen von Politik und Literatur und über Ähnlichkeiten und Unterschiede in den Herrscherselbstdarstellungen. Am Ende jedes einzelnen Kapitels zu den genannten Machtbereichen sind Vergleichskapitel eingefügt, in denen kulturübergreifende thematische Gemeinsamkeiten vertiefend analysiert werden. Sie liefern Vergleichsergebnisse, enthalten jedoch weniger ein Fazit des vorher Gesagten als zumeist eigenständige Analysen.

In den vier Machtbereichen wird die Akquise symbolischen Kapitals betrieben, mit dem die Machtdarstellung der Herrscher betont werden sollte. Der Kapitalerwerb wird im Rezeptionsprozess doppelt aufgegriffen: Er ist sowohl Bestandteil der historischen Rezeption als auch der innerliterarischen Kommunikation. Als Teil des historischen Rezeptionsprozesses fungiert das symbolische Kapital als soziales Kapital, das Eindruck auf die intendierten Rezipienten ausüben und die Loyalität zu den Herrschern stärken sollte. Als Teil der innerliterarischen Kom-

---

[75] Diese wesentlichen Bereiche korrespondieren auch weitgehend mit aktuellen Überblicksdarstellungen über den Begriff der Macht. Berger etwa macht die folgenden Machtdimensionen aus: Die Macht der Religionen, die Macht des Fürsten/des Staates, die Macht der Ökonomie/des Geldes, die Macht des Wissens/der Technik. Vgl. Berger, *Macht*.

munikation wird die Akquise verschiedener Kapitalsorten thematisiert: Durch die hohe Abkunft, die Ansippung oder die Hochzeitspolitik wird soziales Kapital erworben, das die Herrscher von anderen Menschen abhebt (Kapitel 5).

Von dieser Kapitalerwerbung lässt sich das Charisma als eine Art von religiösem Kapital abgrenzen, da es nicht primär für den Herrscher oder seine Dynastie erworben, sondern zunächst im Dienst für die göttliche Instanz erstrebt oder als von der göttlichen Instanz gewährt angenommen wird (Kapitel 6).

Weltlicher Ruhm wird durch erfolgreiche Kriegsführung und durch höfische Repräsentation erworben (Kapitel 7). Zwar mögen die Kriegsführung und die höfische Repräsentation zunächst als disparate Bereiche erscheinen, doch hat die Selbstdarstellung in beiden Bereichen für die Herrscher das Ziel, weltlichen Ruhm als soziales Kapital für sich und ihre Dynastie zu erstreben. Aus diesem Grund werden diese beiden Bereiche in einer Vergleichskategorien zusammengefasst. Mit siegreichen Kriegszügen kann zudem nicht nur soziales, sondern ebenfalls ökonomisches Kapital erworben werden.

Die Selbstzuschreibung von Gelehrsamkeit und Belesenheit ist als kulturelles Kapital zu sehen. Weil die Herrscher diese Selbstzuschreibung sowohl im Bereich der Kunst als auch in der Wissenschaft betrieben, die Bereiche in den zeitgenössischen Konzepten der Gelehrsamkeit nicht getrennt gedacht werden und auch in den Analysetexten gleichberechtigt nebeneinander stehen, können diese Bereiche in einer Vergleichskategorie zusammengefasst betrachtet werden (Kapitel 8).

Die historischen und literarischen Vergleiche beleuchten die politischen und die literarischen Verflechtungen von zwei Seiten. Auf ihrer Grundlage wird die Rolle der Literatur bei der Machtausübung der Herrscher erläutert und ein Erklärungsansatz für die beginnende (Wieder-)Auseinanderentwicklung der beiden Kulturräume geliefert. Das Verhältnis von Macht und Literatur in der Ausprägung von politischem Übergang bei gleichzeitiger kultureller Blüte, so wie es die Analyse hervorgebracht hat, wird im Schlusskapitel (Kapitel 9) in vier prägnanten Schlussfolgerungen zusammengefasst, die mehrheitlich Ähnlichkeiten thematisieren, aber auch auf einen prägnanten Unterschied verweisen.

2 Politischer Übergang und kulturelle Blüte. Die geschichtliche Situation unter Habsburgern und Timuriden um 900/1500

Die Kulturräume der Habsburger und Timuriden um 900/1500 sind vom gleichzeitigen Auftreten politischer Übergangserscheinungen und einer kulturellen Blüte geprägt. Um einen möglichen Zusammenhang zwischen den beiden Phänomenen zu prüfen und damit Aufschlüsse über zugrunde liegende ähnliche gesellschaftliche Konstellationen zu erhalten, bietet sich zunächst eine Betrachtung der zwei zentralen Kategorien von Politik und Kultur an: Macht und Fiktion[1]. Während Macht die Beziehungen im Politiksystem ordnet, prägt der Umgang mit Fiktionen das künstlerische Schaffen.

Der Zusammenhang zwischen Macht und Fiktion wird in der Definition von Max Weber deutlich, der Herrschaft als einen Sonderfall von Macht sieht und zwar als „Chance, für einen Befehl bestimmten Inhalts bei angebbaren Personen Gehorsam zu finden."[2] Macht als gegenüber der Herrschaft weniger konkretes Phänomen definiert er als „jede Chance, innerhalb einer sozialen Beziehung den eigenen Willen auch gegen Widerstreben durchzusetzen."[3] Beide Definitionen werden durch die Verwendung des Begriffs der Chance charakterisiert, der Ungewissheit und Potentialität ausdrückt, und auf das fiktionale Element in ihrem Kern verweist.[4]

Anders gelagert zeigt sich das fiktionale Element in Platons Idee vom Philosophenkönig, den er als Idealfall eines Machthabers konzipiert:[5] Durch das Aus-

---

[1] Die Begriffe Fiktion und Fiktionalität werden in dieser Arbeit in einem weiten Sinn verwendet und umfassen nicht nur die heute meist als Fiktion verstandene freie Fiktionalität, sondern auch andere Arten von Fiktionalität. In der aufgrund von Walter Haugs Publikation *Literaturtheorie im deutschen Mittelalter* einsetzenden Debatte um die Möglichkeit von Fiktionalität in der Vormoderne wurden verschiedene dieser Arten zur Diskussion gestellt, dazu gehören (ohne näher darauf einzugehen) die funktionale oder signifikative Fiktionalität, das Märchenhafte und das Imaginäre. Vgl. dazu die einschlägigen Veröffentlichungen von Knapp, *Historie und Fiktion in der mittelalterlichen Gattungspoetik Bd. 1* und *Bd. 2*; Müller, *Literarische und andere Spiele*, und Iser, *Das Fiktive und das Imaginäre*.
[2] Weber, *Wirtschaft und Gesellschaft*, S. 28.
[3] Weber, *Wirtschaft und Gesellschaft*, S. 28.
[4] Weber fügt selbst hinzu, dass „ein bestimmtes Minimum an Gehorchen *wollen*, also: *Interesse* […] am Gehorchen" zum Herrschaftsverhältnis dazu gehöre. Weber, *Wirtschaft und Gesellschaft*, S. 122.
[5] Im arabischen Mittelalter und im italienischen Humanismus ist die *Politeia* Platons im Umlauf. Vgl. Horn/Müller/Söder, *Platon*, S. 441; S. 452. Von dort aus könnte sie indirekt auf die beiden Kulturräume gewirkt haben. Für die politischen Denker Augustinus und Thomas von Aquin, die wohl auch von Maximilian und seinen Gelehrten rezipiert wurden, bildeten Platon und Aristoteles zentrale Bezugspunkte. In beiden Kulturräumen sind zudem die Alexanderromane sehr verbreitet, die teilweise ein Alexanderbild vermitteln, das an

üben ,politischer Kunst', die Platon mit der Webkunst vergleicht, werde nach dem Prinzip von Maß und Mitte angestrebt, die unterschiedlichen Temperamente und Tüchtigkeiten der Gefolgsleute ineinander zu weben.[6] Der Zustand, der über Verhandlungen, also Situationen des Interessenausgleichs erreicht werden soll, stellt eine Utopie dar,[7] also einen fiktionalen Zustand. Für die Idee des Philosophenkönigs bedeutet das, dass auch dessen Fähigkeiten sich nur diesem Ideal annähern können.

Koschorke räumt fiktionalen Elementen eine wesentliche Rolle in seiner Idee von sozialer Ordnung ein: Diese basiere auf regulativen Fiktionen. Ihre Sicherung geschehe nach zugrunde liegenden „Als-ob-Regeln", mit denen etwa das „Anfangsproblem" jeder Machtergreifung, die Legitimierung der Herrschaft, so dargestellt werde, „als ob" die Einsetzung des Herrschers von einer höheren Instanz autorisiert worden sei.[8] Die Abgrenzung des Herrschaftsbereichs nach außen und die symbolische Gestaltung des Verhältnisses zwischen Herrscher und Kollektiv basierten ebenfalls auf „fiktiven Vorannahmen."[9] In diesem Verhältnis finden sich auch die eingangs erwähnten Auffassungen von Macht bei Weber und der politischen Kunst als ,Webkunst' bei Platon wieder: Der Gehorsam gegenüber Befehlen des Herrschers erfordert eine Aktivität des Kollektivs. Für das Ineinanderweben der verschiedenen Temperamente und Tüchtigkeiten müsse der Herrscher Kenntnis der Angehörigen des Kollektivs besitzen. Die symbolische Gestaltung, die Potentialität und die Verhandlungen, die das Verhältnis zwischen Herrscher und Kollektiv kennzeichnen, machten die Fiktionalität dieser Verbindung aus. Insbesondere den Dichtern obliege die ästhetische Modellierung und die semantische Pflege dieser Fiktionen, die unter den Überschriften ,Legitimierung der Macht', ,Abgrenzung des Herrschaftsbereichs nach außen' und ,Gestaltung des Verhältnisses zwischen Herrscher und Kollektiv' zusammengefasst werden können: Weder im Rechts- noch im Politiksystem werde man den fiktionalen Charakter von Macht reflektiert finden, einzig die Dichtung sei in der Lage, sie in den Blick zu nehmen.[10]

Den Panegyrikern der Vormoderne wurde also gemäß der Darstellung Koschorkes die Ausgestaltung der (in heutigen Worten) Propaganda oder Öffentlichkeitsarbeit überlassen. Eine Blütezeit der Rhetorik als Teil des insgesamt florierenden Kultursystems koinzidiert mit der Regierungszeit Maximilians und

---

das Ideal vom Philosophenkönig anklingt. Speziell im islamisch geprägten Kulturraum wird Alexander der Große in der Literatur als philosophisch gebildeter Herrscher, der sich mit den bedeutendsten griechischen Denkern (u. a. Aristoteles und Platon) umgibt, dargestellt. Vgl. dazu vor allem das *Alexanderbuch* (*Iskandarnama*) Nizamis, das wohl auch Babur rezipierte.

6 Vgl. Platon, *Respublica*, 287Bff., 306A, 306BC, 390B-E, 398Cff.
7 Vgl. Platon, *Respublica*, 311BC.
8 Koschorke, *Macht und Fiktion*, S. 77f.
9 Koschorke, *Macht und Fiktion*, S. 78.
10 Vgl. Koschorke, *Macht und Fiktion*, S. 77ff.

Baburs, die gern auf die Dienste der derart geschulten Dichter zurückgriffen.[11] Die beiden Herrscher gingen jedoch in Sachen ästhetischer Modellierung ihrer Machtperiode einen weiteren, eher ungewöhnlichen Schritt: Sie übernahmen selbst Verantwortung für die bleibende Darstellung ihrer Herrschaft. Sie kalkulierten dabei ein, dass nicht nur die Fakten des politischen Prozesses die Verwendung der Fiktionen determinieren würden, sondern anders herum auch die ästhetische Modellierung zurückwirkte auf die historische Realität.[12]

Die Herrscher zielten mit der ästhetischen Modellierung der Fiktionen, auf die sich die soziale Ordnung stützte, auf das Generieren von symbolischem Kapital ab. Dieses Kapital besitzt zum großen Teil einen imaginären Charakter, von dessen Anerkennung in den sozialen für sie bedeutenden Kreisen die beiden Herrscher jedoch ausgehen konnten.

Der Begriff des symbolischen Kapitals geht auf die soziologische Theorie Pierre Bourdieus zurück und bezeichnet die Form, in der die drei Grundkapitalsorten des ökonomischen, sozialen und kulturellen Kapitals auftreten. Kapital im Sinne Bourdieus bezeichnet „soziale Energie", von der innerhalb eines Feldes der soziale Rang und die besondere Verfügungsgewalt der Akteure abhängen.[13] Das Verfügen über Kapital eröffnet in unterschiedlichem Maße Möglichkeiten zu handeln. Im Feld der Macht, in dem die beiden Herrscher agieren, besitzen alle drei Grundkapitalsorten Gültigkeit.

Zusätzlich zu den von Bourdieu eingeführten Kapitalsorten wird der von Max Weber bekannte Begriff des Charismas für symbolisches Kapital hinzugezogen, das die Herrscher in ihrer Selbstdarstellung im religiösen Feld für sich behaupten.[14] Das Generieren zusätzlichen Kapitals geht also über die ästhetische Modellierung der von Koschorke genannten Fiktionen hinaus und betrifft weite Bereiche im Feld der Macht und angrenzender Felder. Babur und Maximilian zielten mit der literarischen Gestaltung ihrer Selbstbilder jedoch nicht nur auf das Erlangen dieses zusätzlichen Kapitals ab, sondern sie versuchten darüber hinaus, die Umwertung zwischen den Kapitalsorten zu ihren Gunsten zu beeinflussen:[15] Indem sie sich also als reiche Besitzer kulturellen Kapitals darstellten, strebten sie danach, fehlende politische Macht – auch durch fehlendes ökonomisches Kapital

---

[11] Konrad Celtis' Ansatz, die humanistischen Studien in den Dienst des frühmodernen Feudalstaates zu stellen, wird in der Forschung in ihrer „Symbiose zwischen Dynast und Dichter" als „zukunftsweisend" bezeichnet. Robert, *Rhetorische und stilistische Praxis des Lateinischen*, S. 376.

[12] Vgl. die theoretischen Ausführungen zu dieser zweifachen Grenzüberschreitung bei Koschorke, *Der fiktive Staat*, S. 56.

[13] Bourdieu, *Die feinen Unterschiede*, S. 194. Bourdieu verwendet die Bezeichnungen für die Kapitalsorten nicht immer konsistent. Für diese Arbeit soll aber die im Fließtext verwendete Einteilung gelten.

[14] Vgl. Kapital 1.5.

[15] Zur Möglichkeit der Umwertung von Kapitalsorten vgl. Bourdieu/Wacquant, *Die Ziele der reflexiven Soziologie*, S. 129f.

verursacht – auszugleichen und dem kulturellen Kapital höhere Wertigkeit zuzuschreiben. Für Babur gilt allerdings auch, dass der Besitz kulturellen Kapitals in seinem Kulturraum für einen Herrscher eine Selbstverständlichkeit darstellte.

Dass ein Zusammenhang zwischen dem politischen Übergang und der kulturellen Glanzperiode bestand, der beide Herrschaftszeiten prägte, ist nicht nur aufgrund der eingangs erwähnten theoretischen Zusammengehörigkeit von Macht und Fiktion anzunehmen. Auch die konkreten geschichtlichen Konstellationen lassen diese Vermutung zu.[16]

Es gilt nun zu prüfen, ob und wie sich die von zeitgenössischen, westlichen Theoretikern geäußerten Thesen zum Verhältnis von Macht und Fiktion und zu den Kapitalverhältnissen in den Texten widerspiegeln und wie sich die literarische Darstellung zur historischen Wirklichkeit verhält.

2.1 Politischer Übergang unter Habsburgern und Timuriden

Der Begriff Politik, so wie er in dieser Arbeit verwendet wird, soll keinesfalls im Sinne eines ausdifferenzierten Systems verstanden werden, sondern referiert auf das strategische Handeln des Herrschers, das die Ausübung von Führung und die Planung von Mitteln zum vorteilhaften Zweck des Handelns umfasst.[17] Das entspricht der zeitgenössischen Auffassung von Politik, dergemäß der Machthaber mit Hilfe seiner unmittelbaren Umgebung, dem Hof, ein persönliches Regiment ausübt.[18] In der Herrscherperson sind dabei Funktionen von Person und Amt vereinigt.[19] In der zeitgenössischen Fürstenspiegeltradition sind meist beide Sphären repräsentiert: Die Persönlichkeit des Herrschers sollte etwa von der Tugendlehre beeinflusst werden, und seine Amtsausübung erhielt unter anderem Impulse von den Abhandlungen über die Kriegskunst, die als Unterweisung für sein praktisches Handeln gedacht waren. Die Selbstdarstellungen Baburs und Maximilians weisen Einflüsse aus der Fürstenspiegeltradition der jeweiligen Kul-

---

[16] Subtelny und Dale äußern sich in ihren Untersuchungen zur Periode der Timuridendynastie in ähnlicher Weise. Vgl. Subtelny, *The Poetic Circle*, S. 2; vgl. Dale, *The Garden of the Eight Paradises*, S. 13.

[17] Zu dieser Auffassung von Politik vgl. Sternberger, *Drei Wurzeln der Politik*, S. 383. Damit werden Auffassungen von Politik, die eher auf die institutionelle Einrichtung einer Ordnung, wie die Platons, oder das intentionale Anstoßen von gesellschaftlichen Veränderungen abzielen, als in dieser Arbeit weniger wichtig gekennzeichnet.

[18] Für die Angehörigen des Hofes war die persönliche Nähe zum Herrscher von Bedeutung, der in wichtigen Angelegenheiten selbst entschied, jedoch häufig in seinem Handeln auch an seine Elite gebunden blieb. Für Maximilian vgl. Müller, *Gedechtnus*, S. 26. Die gleiche Konstellation gilt auch für Baburs Zeit. Vgl. Subtelny, *Bābur's Rival Relations*, S. 106; vgl. Subtelny, *Timurids in Transition*, S. 32.

[19] Die theoretische Trennung von Person und Amt vollzieht Ernst Kantorowicz, der in seinem einflussreichen Werk *Die zwei Körper des Königs* eine Unterscheidung zwischen einem sterblichen biologischen und einem unsterblichen politischen Körper geltend macht.

turräume auf, die im Falle Baburs oft direkt angespielt und im Falle Maximilians indirekt greifbar werden.

Der Begriff des Übergangs, der für die Zeit Maximilians und Baburs verwendet wird, ist zwar problematisch, da sich im Prinzip alle geschichtlichen Prozesse permanent in einem Übergangsstadium befinden. Er wird dennoch in dieser Arbeit für die Bezeichnung dieser Periode genutzt.

Der Begriff des Übergangs spielt in der Rhetorik als Stilmittel (dort auch unter der Bezeichnung Überleitung oder Transitio) und in der Transformationsforschung der Politikwissenschaft eine Rolle. Bei Überlegungen zur Schärfung des Begriffs wird auf diese Ansätze zurückgegriffen: In beiden Verwendungszusammenhängen wird vorausgesetzt, dass ein Übergang bewusst und aktiv gestaltet wird. Übertragen auf die vorliegende Arbeit bedeutet das, dass ein Bewusstsein über den Übergangscharakter ihrer Zeit für Maximilian und Babur vorausgesetzt werden muss. Babur markiert dabei den Übergang zwischen zwei herrschenden Dynastien (Timuriden und Großmoguln), während Maximilian als Gestalter eines Übergangs gesehen wird, der – aus heutiger Perspektive – zwischen den beiden Epochen Mittelalter und Früher Neuzeit stattfindet.

Die Gefahr bei der Analyse von Zeiten, denen ein Übergangscharakter zugeschrieben wird, besteht darin, in der Rückschau vor allem die progressiven Elemente zu fokussieren. Um dies zu vermeiden, ist ein Rückgriff auf die Begrifflichkeiten der Rhetorik nützlich, in der funktional sowohl die Orientierungs- als auch die Verbindungsleistung des Stilmittels der Überleitung betont wird.[20] Für die vorliegende Arbeit bedeutet das, dass sowohl Kontinuitäten als auch Brüche in den Blick zu nehmen sind.

Beim Blick auf die Übergangszeiten unter Maximilian und Babur wird im Verlauf der Arbeit deutlich werden, dass beide Herrscher bei der Gestaltung sowohl auf traditionelle als auch auf innovative Elemente zurückgreifen. Eine Erklärung dafür bietet der bereits erwähnte moderne Ansatz der Transformationsforschung, bei dem davon ausgegangen wird, dass es je nach Bereich unterschiedliche Geschwindigkeiten bei einer Transformation gibt: So liefen politische Veränderungen auf der Makroebene schneller ab als soziokulturelle auf der Mikroebene.[21] Auf diese Ungleichzeitigkeit wird seitens der Herrscher mit ambigen Identifikationsangeboten reagiert.

Betrachtet man das Verhältnis der beiden Kulturräume zueinander, zeichnet sich noch ein weiterer Übergang ab, der sich am deutlichsten im Jahr 1492 mit dem Abschluss der Reconquista und der Entdeckung Amerikas durch Kolumbus äußert. Europa wird in der langfristigen Folge dieser Ereignisse große Gebiete – letztlich auch das Mogulreich – unter folgenreiche Kolonialherrschaft bringen.

---

20 Vgl. Henne/Zinsmaier: [Art.] Überleitung, Sp. 1326.
21 Vgl. Kollmorgen/Merkel/Wagener, *Transformation und Transformationsforschung*, S. 23.

Politische Übergangserscheinungen sind also sowohl innerhalb der Kultur-räume als auch zwischen ihnen festzustellen. Näher betrachtet werden zunächst vor allem die Übergangsprozesse innerhalb der Kulturräume.

Maximilians Hof stellte eine Zwischenform[22] zwischen einem Hof des Feuda-lismus und einem des Absolutismus dar. Zentralisierungsbestrebungen auf terri-torialer Ebene waren bereits spürbar, auf Reichsebene scheiterten sie zunächst. Eine Institutionalisierung der neuen Organisation von Herrschaft konnte sich noch nicht gegen reichsinnere Widerstände durchsetzen, die überkommene hier-archische Feudalordnung steckte in der Krise, auf die Maximilian schreibend rea-gierte. Seine Devise „Per tot discrima rerum" spiegelt sein Krisenempfinden tref-fend wider.[23]

In einer Krise steckte auch das politische System der Timuriden zu derselben Zeit. Da der Dynastiebegründer Temür Beg zwar ein Großreich erobert, aber nie nachhaltige Verwaltungsstrukturen installiert hatte, zerbrach sein Reich im Ver-lauf des nächsten Jahrhunderts. Ein gesellschaftlicher Zentralisierungsprozess scheiterte, weil sich die alte turkomongolische Elite den Reformbestrebungen hin zum persoislamischen Modell verweigerte.[24] Auch die inneren Rivalitäten der Nachfolger Temürs, das Erbrecht und die Hochzeitspolitik trugen zum Zerfalls-prozess bei. In diesem politischen System gelang es nur wenigen mächtigen Herrschern, ein stabiles Herrschaftsgebiet für längere Dauer zu regieren.[25] Der letzte Timuride, dem das glückte, war Babur, und das auch erst am Ende seiner Herrschaft. Als Urenkel des Dynastiegründers wird er in diese Zeit extremer poli-tischer Fragmentierung hineingeboren und hat für die Behauptung seiner Herr-schaft mit zahlreichen äußeren und inneren Gefahren und Abhängigkeiten zu kämpfen, die er in seiner Autobiographie explizit oder implizit thematisiert.

Der politische Übergang zeigt sich in beiden Kulturräumen als Übergang zwi-schen zwei Herrschaftssystemen: dem feudalistischen und dem eher zentralistisch verwalteten. Besondere Ausprägung erfährt er durch gleichzeitige innen- wie au-ßenpolitische Konfliktkonstellationen und die Schwierigkeit, bei Gefolge wie Verbündeten Loyalität zu erreichen. Es prägen auf der einen Seite also Brüche diese Zeit, die sich bei Babur am einschneidendsten durch den Wechsel des Herr-

---

[22] Müller lehnt die Bezeichnung der Übergangsform ab, da sich die Entwicklung nicht gerad-linig von einem System in das andere ergab, sondern es zur Ausbildung von Zwischenfor-men zwischen den Systemen kam. Vgl. Müller, *Gedechtnus*, S. 23.

[23] Holleger gibt ein von Maximilian verwendetes Bild wieder, das dieser benutzt habe, um seine bedrängte Lage zu illustrieren: „Mit den stets vertragsbrüchigen Franzosen und Ve-nezianern, den Türken, die Verträge aber wenigstens achten, und den Schweizern, die alles umstoßen würden, was Maximilian aufbaue, habe er vier Teufel; frage man ihn jedoch auf seinen Eid, wer die Hauptschuld an allem trage, dann seien dies die deutschen Fürsten." Holleger, *Maximilian I.*, S. 267.

[24] Vgl. Subtelny, *Timurids in Transition*, S. 100.

[25] Subtelny nennt Shahrukh (reg. 807–850/1405–1447), Sultan-Abusaʿid Mirza (reg. 855–873/ 1451–1469) und Sultan-Husayn Mirza (reg. 873–911/1469–1506). Vgl. Subtelny, *Bābur's Rival Relations*, S. 102.

schaftsraumes und bei Maximilian durch epochal bedeutende Ereignisse (Erfindung des Buchdrucks, Kolumbus' Entdeckung Amerikas, Luthers Thesenanschlag) äußern. Auf der anderen Seite sind viele Kontinuitäten festzustellen. Babur fungiert etwa als personelles Bindeglied zwischen Timuriden- und Großmogul-Herrscherdynastie. Maximilian bezieht sich immer wieder auf die Traditionen des Mittelalters. Dieses Nebeneinander von Kontinuitäten und Brüchen bei gleichzeitiger politischer Transformation im historischen Kontext und herrscherlicher Gestaltungsleistung sowohl im politischen als auch literarischen Kontext rechtfertigt die verwendete Begrifflichkeit des Übergangs.

2.2 Kulturelle Blüte unter Habsburgern und Timuriden

Die kulturelle Blüte wird als Metapher für die kulturelle Glanzperiode verwendet, die für beide Herrschaftsperioden behauptet wird. Sie bemisst sich nicht an einem heutigen Ästhetikempfinden, das unter anderem durch den Wunsch nach Originalität gekennzeichnet ist. Sie lässt sich eher mit den Maßstäben des zeitgenössischen Kulturempfindens nachvollziehen. Die Ästhetik des kulturellen Schaffens beider Kulturräume lässt sich im Groben (selbstverständlich unter der Annahme von Ausnahmen) mit den Merkmalen der Imitation und der Wiedererzählung beschreiben. Dieser eher bewahrende Charakter der Ästhetik bildet ein Gegengewicht zu den politischen Veränderungen der Zeit. Ein – in der groben Übersicht – feststellbares Kennzeichen der Epoche ist die ästhetisch ausgedrückte Beschäftigung mit der eigenen Person: Das *Baburnama* ist in seinem Kulturraum dahingehend eher eine Einzelerscheinung und steht damit im Gegensatz zu den Maximilianischen Texten, die als Teil einer größeren Entwicklung gesehen werden können.[26] Eine kulturelle Blütezeit, die durch eine konservierende Ästhetik und durch die Beschäftigung mit der eigenen Person gekennzeichnet wird, ist für verschiedene Künste, vor allem jedoch für die Literatur festzustellen, der unter den Künsten eine herausragende Rolle eingeräumt wird. Diese Rolle der Literatur unter Maximilian und Babur wird im Folgenden unter der Annahme näher beschrieben, dass es sich bei ihr um ein für beide Herrscher zentrales Kommunikationssystem handelte.

Während für den Kulturraum der Habsburger davon auszugehen ist, dass sich ein funktional differenziertes und eigenständiges Literatursystem erst gegen Ende des 18. Jahrhunderts herausbildete,[27] finden sich im Kulturraum der Timuriden –

---

[26] Zur Entwicklung in Maximilians Kulturraum vgl. Schmid, *Schreiben für Status und Herrschaft*, S. 13f. Auch in der Kunst der Hochrenaissance beginnt die Tradition der Selbstbildnisse etwa zu dieser Zeit und zwar mit Dürer. Vgl. Białostocki, *Begegnung mit dem Ich in der Kunst*, S. 36.

[27] Vgl. Schmidt, *Die Selbstorganisation des Sozialsystems Literatur im 18. Jahrhundert*, S. 242, S. 249 (hier unter Bezug auf Lepenies, *Das Ende der Naturgeschichte*, S. 135 und Klüver, *Auf der Suche nach dem Kaninchen von Fibonacci oder: Wie geschlossen ist das Wissenschaftssystem?*).

wie in der islamischen Welt – zu dieser Zeit bereits ausdifferenzierte Systeme.[28] Jedoch ist für die literarischen Texte sowohl Maximilians als auch Baburs in hohem Maße von einer Überlagerung der Literatur durch die Politik auszugehen.

Um diese Überlagerung theoretisch greifbar zu machen, wird im Folgenden auf einige Elemente der empirischen Literaturwissenschaft nach Schmidt zurückgegriffen.[29] Die Funktionen, die das Literatursystem in seiner ausdifferenzierten Form für die Gesellschaft erbringt, werden für den vorliegenden Fall der beiden Herrscher von Maximilian und Babur für ihre Zwecke in Anspruch genommen:

> Das Literatur-System ist der ‚Ort‘, wo eine Gesellschaft ihr herrschendes Wirklichkeitsmodell kritisieren oder negieren bzw. alternative Wirklichkeitsmodelle durchspielen kann [...]; wo subjektive Normkonflikte öffentlich thematisiert werden [...]. Das Literatur-System ist der ‚Ort‘ einer Gesellschaft, wo sie probehandelt, Innovationen im Kommunikationsbereich durchspielt, mit Gefahren und Gefährdungen experimentiert – und das alles in einem Bereich, der [...] von der ständigen Frage nach wahr oder falsch, zweckvoll oder zwecklos sowie von den sonst sofort greifenden gesellschaftlichen Sanktionen freigehalten wird.[30]

Die Definition zeigt das fiktionale Potential der Literatur in ihren Möglichkeiten zum Durchspielen von Alternativen, Probehandeln und Experimentieren. Die Literatur wird von den beiden Herrschern politisch funktionalisiert. Alle Handlungen, die sie dabei im Literatursystem tätigen, führen sie in einer der vier Handlungsrollen aus:[31] als Literaturrezipient, Literaturproduzent, Literaturvermittler und Literaturverarbeiter.[32] Die Rolle der Literatur unter den beiden Herrschern und ihre Handlungen in den vier Rollen werden im Folgenden näher betrachtet, um die politische Dimension ihres literarischen Handelns einzuschätzen. Zunächst wird das politisch-literarische Handeln des Habsburgers betrachtet.

2.2.1 Literatur als Teil der Kultur unter den Habsburgern

Maximilian galt als vielseitig an den Künsten interessiert. Er förderte die Malerei, Bildhauerei, geschichtliche Forschungen, naturwissenschaftliche Arbeiten, die Musik, die Holzschnittkunst und die Literatur. Albrecht Dürer gehörte zu den vom Kaiser beschäftigten Künstlern. Das monumentale Grabmal Maximilians in

---

28 Vgl. Bauer, *Die Kultur der Ambiguität*, S. 192-223.
29 Die theoretischen Implikationen der Theorie werden nicht nachvollzogen. Seine Theorie entwickelt Schmidt vor allem in den zwei Teilbänden zum *Grundriss der Empirischen Literaturwissenschaft*.
30 Schmidt/Hauptmeier, *Einführung in die Empirische Literaturwissenschaft*, S. 20.
31 Schmidt geht davon aus, dass alle Handlungen im Literatursystem sich einer der vier Handlungsrollen zuordnen lassen. Vgl. Schmidt, *Grundriß der Empirischen Literaturwissenschaft*, S. 215.
32 Vgl. Schmidt/Hauptmeier, *Einführung in die Empirische Literaturwissenschaft*, S. 15f. In einem weiten Verständnis der theoretischen Definitionen dieser Rollen bei Schmidt wird in dieser Arbeit der Mäzen als Literaturvermittler und der Kritiker als Literaturverarbeiter begriffen.

Innsbruck wurde von vielen Malern und Gießern, darunter dem Hofmaler Gilg Sesselschreiber, weiterhin Albrecht Dürer, Jörg Kölderer, Stefan Godl und Peter Vischer geschaffen. Jakob Mennel stellte unter der Ägide des Kaisers umfassende geschichtliche Forschungen an, aus denen die fünfbändige *Fürstliche Chronik* hervorgeht. Astronomische,[33] mathematische und kartographische Arbeiten gehörten ebenfalls zum Interessenbereich Maximilians und waren Ziel seiner Patronage.[34] Die Hofmusik erlebte unter dem Kaiser einen Aufschwung: Maximilian galt nicht nur als Förderer der Musik, um sein eigenes Ansehen zu pflegen, sondern auch aus persönlicher Liebhaberei.[35] Der Organist Paul Hofhaimer errang höchste Würden unter Maximilian.[36] Die in der frühen Neuzeit populäre Holzschnittkunst hatte ihre prominentesten Vertreter neben wiederum Dürer in Hans Burgkmair, Hans Schäufelein, Leonhard Beck und Hans Springinklee, die ebenfalls am literarischen Werk Maximilians und zum Teil an seinen großen Bildprojekten *Triumphzug* und *Ehrenpforte* mitwirkten. Alle Künste konnten der kaiserlichen Propaganda dienen und viele standen in einer direkten Beziehung zur Literatur, die der Kaiser insbesondere förderte. Sie lieferte Themen für Malerei, Bildhauerei und Musik.[37] Die Holzschnittkunst wurde direkt für die Illustration seiner Bücher verwendet. Da Maximilian mit der Herstellung der Druckstöcke namenhafte Künstler betraute und eine große Menge von Holzschnitten fertigen ließ, war den Bildern wohl eine bedeutende Rolle in den literarischen Texten zugedacht: So dienten die Holzschnitte zur Rezeptionserleichterung für das noch nicht vollständig alphabetisierte Publikum, zur Beglaubigung des Textes und seiner Wirkungsverstärkung, sie eröffneten aber ebenfalls eine weitere, eigene Erzählwelt.[38]

Unter den Künsten errang dennoch die Literatur die herausragende Stellung, da der Kaiser diese nicht nur förderte, sondern auch selbst betrieb. Zu den Wer-

---

33 Astronomische und astrologische Arbeiten überlagerten sich in der Zeit Maximilians noch. Beide standen häufig im Dienst prohabsburgischer Politik. Vgl. Hayton, *Astrology as Political Propaganda*, S. 61-91.

34 Häufig wurden die Gelehrten am Hof vielfältig eingesetzt: So wirkte Johannes Stabius nicht nur im Bereich der Mathematik und Kartographie, sondern war ebenfalls als Dichter tätig und entwarf das allegorische Programm für *Ehrenpforte* und *Triumphbogen*. Vgl. Müller, *Gedechtnus*, S. 59.

35 Ein geplantes „Musica-Puech" kam jedoch nicht zustande. Vgl. Ortner, *Maximilian I. und die Musik*, S. 57, S. 59.

36 Paracelsus behauptete, dass Hofhaimer für die Musik der Zeit eine ähnliche Bedeutung errang wie Dürer für die Malerei. Vgl. Ortner, *Maximilian I. und die Musik*, S. 56.

37 Auf Burg Runkelstein ließ Maximilian beispielsweise die Wände mit Szenen aus *Tristan und Isolde* bemalen. Vor allem aus der Literatur bekannt waren auch einige der kunstvoll gestalteten Figuren an Maximilians Grabmal: König Artus und König Theoderich zählen dazu.

38 *Theuerdank* und *Weißkunig*, die in dieser Arbeit analysiert werden, sind mit zahlreichen Holzschnitten ausgestattet. *Freydal* als dritter Analysetext verfügt über bildliche Darstellungen, die wohl als Vorlage für die spätere Herstellung von Holzschnitten gedacht waren. Vgl. das Kapitel 3.4.

ken *Weißkunig*, *Theuerdank*, *Freydal* und der *Lateinischen Autobiographie* trug er wesentlich bei, steuerte und beaufsichtigte ihre Entstehung. Das besondere Interesse Maximilians an der Literatur lag wohl darin begründet, dass sie sich besser als andere Künste dafür eignete, die Erinnerung an ihn zu gestalten und zu bewahren. Zudem konnte sie identitätsstiftenden Charakter entfalten, der auf ein bestimmtes Publikum wirkte. Sie diente der Herrschaftslegitimierung und -sicherung.[39] Ihr größter Vorteil lag jedoch darin, dass der im Umgang mit Literatur routinierte Maximilian sie am unmittelbarsten beeinflussen konnte.

2.2.1.1 Merkmale der Literatur unter den Habsburgern

Die Ansicht darüber, wie ‚gute‘ Literatur in der Zeit um 1500 auszusehen habe, wird im Wesentlichen von handwerklichen Vorstellungen geprägt. Die Dichter hatten den antiken Formen- und Werkekanon studiert und eine sprachlich-rhetorische Ausbildung durchlaufen.[40] Literatur war nicht geprägt durch ihr kreatives Moment, sondern durch Formbeherrschung und Zweckerfüllung.[41] Vermutlich aufgrund des Fehlens der Originalität blickt die gegenwärtige Literaturgeschichtsschreibung bisweilen etwas abschätzig auf die Epoche.[42] Die Form rangierte in der Bedeutung für die Dichtung vor dem Inhalt, es ging nicht um Neuschöpfungen, sondern um die Neudeutung bereits bekannter Stoffe. Aus diesem Grund waren neben antiken Werken auch die berühmten Werke des Mittelalters, im Folgenden als Klassiker bezeichnet, unter Maximilians Dichtern Allgemeingut, auf das beim eigenen Dichten zurückgegriffen wurde. Diese Traditionsgebundenheit der Literatur wird durch eine Orientierung an der Funktion ergänzt: Die Texte sollten so gestaltet sein, dass sie beim Publikum Wirkung entfalteten. Die Rhetorik erlebte im Humanismus einen Aufschwung.

Das Dichten wurde am Hof Maxmilians nicht unbedingt als professionalisierte Tätigkeit ausgeführt: Meist arbeiteten die Poeten noch anderweitig, sie unterstützten etwa den Kanzleibetrieb und erfüllten Verwaltungsaufgaben.

---

[39] Vgl. Müller, *Gedechtnus*, S. 80-95.

[40] Vgl. Müller, *Gedechtnus*, S. 44.

[41] 1486 veröffentlichte Konrad Celtis eine Anleitung zur Dichtkunst (*Ars versificandi et carminum*), die als Lehrbuch antiker Versformen fungierte, 1492 ein Rhetoriklehrbuch (*Epitoma*), das er Kaiser Maximilian widmete.

[42] „Die großen Leistungen liegen [...] für diese Jahrzehnte nicht auf dem Sektor der Dichtung, bei der eine neulateinische Kunstdichtung und eine deutsche volkstümliche nebeneinander leben, sondern in den Naturwissenschaften." Rupprich, *Das ausgehende Mittelalter, Humanismus und Renaissance*, S. 11.

2.2.1.2 Maximilian als Leser, Autor, Mäzen und Kritiker

Maximilian als Leser

In seiner Kindheit war Maximilian wohl kein begeisterter Leser, er ertüchtigte sich lieber körperlich. Jedoch legte sein Vater Friedrich III. nicht nur Wert auf die körperliche Ausbildung seines Sohnes, sondern auch auf die geistige Bildung.[43] Die väterliche Bibliothek bot eine Auswahl an Sagen, Heldenepen und Chroniken, vor allem aber an Literatur aus dem geistlichen Bereich, dem wohl frühesten Lesestoff Maximilians. Er kam dort auch in Kontakt mit den sogenannten ‚schwarzen Büchern‘ über Alchemie und Astrologie, die zwar von der Kirche abgelehnt, ihm jedoch von seinem Vater nicht vorenthalten wurden.[44] Dass die Lektüre einiger Bücher Einfluss auf Maximilians Denken und Handeln ausübte, spiegelt sich in einer Textstelle des *Theuerdank* wider, in der der Held (Maximilians Alter Ego) sein Wissen, das er aus „Cronicken […] vnnd historien"[45] bezogen habe, im ‚wirklichen Leben‘ (innerhalb der Fiktion der *Theuerdank*-Erzählung) erproben möchte.

Maximilians Aufenthalt in Burgund steigerte seine Begeisterung für die Literatur gehörig. Die zur Rettung des burgundischen Staates angebahnte Hochzeit zwischen Maximilian und Maria, der Tochter des Herzogs von Burgund Karls des Kühnen, bedeutete für den Habsburger, dass er Herrscher eines der reichsten und mächtigsten Staaten in Europa geworden war. Die Hofkultur in Burgund galt als Vorbild und die burgundischen Bibliotheken gehörten zu den kostbarsten der damaligen Welt.[46] Die reichlich mit prunkvollen Büchern ausgestattete Bibliothek bot Maximilian weiteren Lesestoff aus der Welt der Sagen, Epen und Geschichte, enthielt aber auch Sachliteratur aus vielen Bereichen. Maximilian entwickelte in der Zeit eine besondere Vorliebe für ältere, höfische Erzählformen wie die Alexanderromane,[47] Artusromane oder den allegorischen *Roman de la Rose* des 13. Jahrhunderts. Auch sein Interesse an Genealogien wurzelt in dieser Zeit.[48]

Die Relevanz von Literatur, wie sie ihm spätestens in Burgund deutlich wurde, erlebte Maximilian auch am Mailänder Hof der Sforzas nach seiner zweiten Hochzeit mit Bianca Maria, deren Großvater zum Herrscher von Mailand aufgestiegen war. Dort am Hof herrschte eine regelrechte „Politik des Buches."[49] Die Literatur war Teil eines Propagandasystems, in dem zahlreiche Repräsentations-

---

43 Vgl. Wiesflecker, *Kaiser Maximilian I. Bd. 1*, S. 74.
44 Vgl. Wiesflecker, *Kaiser Maximilian I. Bd. 1*, S. 76ff.
45 Pfintzing, *Der Theuerdank*, S. 35.
46 Vgl. Buschinger, *Die Literatur am burgundischen Hof*, S. 336.
47 Die Lektüre von Alexanderromanen spiegelt sich auch im *Weißkunig* wider: „Nach sôlichem nam Er fur sich, kunig Alexannder, der so vil kunigreich und landt uberwunden hat, und laß seine geschichten […]." *Der Weiß Kunig*, S. 78 [Schultz: S. 80].
48 Vgl. Schmidt, *Literatur und Kunst unter Maximilian I.*, S. 325.
49 Mazzadi, *Bianca Maria Sforza*, S. 371.

schriften erstellt wurden.[50] Generell galt der Umgang mit Büchern im italienischen Adel des 15. Jahrhunderts als gewöhnlich: Höfische Romane waren eine beliebte Lektüre und der Austausch von Büchern wurde gepflegt.[51]

In seine eigene Büchersammlung gliederte Maximilian Bücher aus dem Bestand seines Vaters sowie Marias von Burgund und Bianca Maria Sforzas ein. Der Buchbesitz Maximilians war verstreut, Basissammlungen befanden sich in Wiener Neustadt und in Innsbruck. Etliche Bücher waren auch im Gebrauch des Kaisers oder der Gelehrten, die die laufenden Buchprojekte bearbeiteten.[52] Von der Sammlung in Innsbruck ist nach dem Tod Maximilians ein Inventar erstellt worden, von dem Abschriften existieren. Den Schwerpunkt der Sammlung bilden geistliche Bücher und „Historien", die wohl zu unterschiedlichen Zeiten angeschafft wurden: Während die geistlichen Bücher sich schon länger im Besitz der königlichen Familie befanden, deutet einiges daraufhin, dass die „Historien" aus der Lebenszeit Maximilians stammten und systematisch angeschafft wurden.[53] Bemerkenswert ist ebenfalls die Anzahl an theoretischen Werken zur Kriegsführung im Bücherbesitz des Kaisers, die sein Interesse an dieser Thematik widerspiegeln. In seiner Sammlung befindet sich etwa der Klassiker der Militärtheorie seit der Antike, das *Epitoma rei militaris* von Vegetius in der deutschen Übertragung Ludwig Hohenwangs,[54] das die Militärtheorie des gesamten 15. und 16. Jahrhunderts bestimmte.[55] Daneben sind „Wappen buechel", „buechel von feurwerch" und „streittbuecher" zu finden.[56]

Maximilian als Autor

Die Frage, welchen Teil der Kaiser und die verschiedenen Gelehrten zu der Abfassung der Maximilianischen Texte beigetragen haben, ist nicht zu beantworten, da der Prozess der Entstehung der literarischen Werke am Hof arbeitsteilig orga-

---

50 Vgl. Mazzadi, *Bianca Maria Sforza*, S. 371.
51 Vgl. Mazzadi, *Bianca Maria Sforza*, S. 374.
52 Vgl. Fürbeth, *„Historien" und „Heldenbücher"*, S. 151ff.
53 Vgl. Fürbeth, *„Historien" und „Heldenbücher"*, S. 154f. Zahlreiche Dubletten unter den geistlichen Schriften deuten darauf hin, dass ein Großteil dieses Bestandes durch Heiraten und Erbschaften in Maximilians Besitz übergegangen ist. Die ‚Historien' sind überwiegend vom Ende des 15. Jahrhunderts und vom Beginn des 16. Jahrhunderts und damit im Vergleich recht jung. Im Gegensatz zu den geistlichen Schriften scheinen wenige von ihnen aus dem Besitz Friedrichs III. oder Marias von Burgund zu stammen. Sie sind wohl eher planmäßig gesammelt worden. Vgl. ebd.
54 Eingeordnet in das Sachgebiet „litere humaniores" findet sich im Inventar der Burg zu Innsbruck folgender Eintrag: „289. Ludwigen von Hohenwanng kriegsbuech in weiss gepunden von pogen plettern gedruckt." Gottlieb, *Büchersammlung Kaiser Maximilians I.*, S. 106.
55 Vgl. Kleinschmidt, *[Art.] Vegetius*, Sp. 1445.
56 Gottlieb, *Büchersammlung Kaiser Maximilians I.*, S. 105ff.

nisiert war.[57] Der Kaiser diktierte seine Erinnerungen teils auf Deutsch, teils in Latein und bei verschiedenen Gelegenheiten. Solche konnten sich auch während einer Seeüberfahrt ergeben.[58] Meist fand die Arbeit an den Selbstzeugnissen jedoch inmitten der Kanzleitätigkeiten statt. Die Arbeit an den autobiographischen Texten und der Geschäftsverkehr wurden dabei gleichrangig behandelt.[59] Die Diktate des Kaisers waren fragmenthaft und lieferten nur den Rahmen für die weitere Ausarbeitung.[60] Die stilistische Ausformung, die Ordnung und Ausgestaltung nach litcrarischen Mustern, die bildliche Gestaltung und die Organisation des Druckes wurden jeweils auf verschiedene Gelehrte verteilt. So können für die Arbeit am *Theuerdank* mindestens vier Redakteure und drei Bildkünstler ermittelt werden. Im Zentrum der Arbeit stand jedoch immer der Kaiser, der das Konzept vorgab und die inhaltlichen Arbeiten bis in Detailfragen begleitete. Auch für die bildlichen Bestandteile äußerte er seine Vorstellungen und überprüfte deren Umsetzung.[61] Bisweilen schrieb der Kaiser seine Erinnerungen selbst nieder und korrigierte sie.

Alle Werke Maximilians sind Fragmente, an deren Zustand man einzelne Bearbeitungsstufen nachvollziehen kann. Die *Lateinische Autobiographie* und die *Historia Friderici et Maximiliani* sind vor allem unter dem Zutun Maximilians und seines Gelehrten Joseph Grünpecks entstanden, jedoch sind auch diese Werke als Fragmente überliefert und ihrem Bearbeitungsstatus nach gar eher als Materialsammlungen zu sehen.[62] In den weiteren Werken des Kaisers treten die inhaltlichen Schwerpunkte deutlicher zutage: Das Fragment des *Freydal* umfasst als Ausschnitt der Ruhmestaten Maximilians die Beschreibung seiner Turniere und Mummereien. Der Ritter Freydal kämpft an insgesamt 64 Turnierhöfen mit wechselnden Gegnern jeweils zu Ehren einer Dame. An jeden dritten Kampf schließt sich ein Maskenfest an. Der Minnedienst bildet dabei den (lockeren) erzählerischen Rahmen: Freydal soll sich im ritterlichen Kampf auf den Turnieren im Dienst der Damen bewähren. Im Hintergrund sind Strukturelemente des höfischen Romans erkennbar: Aufbruch vom Hof – Bewährung – Rückkehr und Anerkennung bei Hof.[63] Der *Freydal*

---

57 Müller geht davon aus, dass nicht abschließend geklärt werden könne, welchem Autor die Urheberschaft welcher Textpartien zuzuschreiben sei. Selbst Schriftvergleiche der Manuskripte mit Handschriftenproben aus dem höfischen Schriftverkehr, dialektische Einzeluntersuchungen der Kanzleisprache und der autobiographischen Texte und Untersuchungen zu Sprach- und Schreibgewohnheiten der einzelnen Mitarbeiter, die zunächst anzustellen seien, würden nicht alle Einzelfragen beseitigen können. Vgl. Müller, *Gedechtnus*, S. 66.

58 In der *Lateinischen Autobiographie* findet man die Anmerkung: „Ditz hat geschriben konig Maximilian an sand Marie Magdalene tag, als wir gein Lindaw furen auf dem podensee. den andern taill laß eer mir ze schreiben." Zitiert nach Schultz, *Der Weisskunig*, Hs. J, S. 443.

59 Vgl. Müller, *Gedechtnus*, S. 65.

60 Vgl. Carion, *Chronica*, S. 164.

61 Vgl. Füssel, *Der Theuerdank von 1517*, S. 42.

62 Müller betitelt sie als „historiographische Vorstufen des Ruhmeswerks". *Gedechtnus*, S. 96.

63 Vgl. Müller, *Gedechtnus*, S. 106.

leitet in die Handlung des *Theuerdank* über und sollte laut *Gedenkbuch* als „comedi“ Gegenstück zum *Theuerdank*, der „tragedi“, sein.[64]

Der *Theuerdank* ist das Werk unter den kaiserlichen Texten, dessen Bearbeitung bei Erscheinen am weitesten fortgeschritten war. Lediglich ein Kapitel fehlt im 1517 zu Lebzeiten des Kaisers gedruckten Werk.[65] Im Mittelpunkt der Handlung steht der Ritter Theuerdank, in der Clavis aufgeschlüsselt als Kaiser Maximilian,[66] der auf seiner Brautfahrt Abenteuer sucht, um sich um seine Dame verdient zu machen. Elemente wie das Brautwerbungsschema, die Bewährungsproben und der Kreuzzug verweisen auf hochmittelalterliche Epik.[67] Insgesamt wird das Werk in der heutigen Forschung jedoch oft als Text aus Versatzstücken und mit Brüchen gesehen.[68]

Im *Weißkunig* schließlich, wiederum einem Fragment, wird vor allem über die politisch bedeutenden Ereignisse aus Maximilians Regierungszeit berichtet. Dies geschieht verschlüsselt: Die Personen tragen verkehrte Namen. Daten und Orte werden nicht genannt. Der Held zeichnet sich durch seine beeindruckende „Lehrung“ aus, bei der er sich in kürzester Zeit Kenntnisse in zahlreichen Wissenschaften, Künsten und Fertigkeiten aneignet.[69] Auch bei den politischen Ereignissen wird er, wenn nicht als militärischer Sieger, dann zumindest als moralisch überlegen dargestellt. Da dem Redaktor Marx Treitzsaurwein aufgrund der Verschlüsselungen nicht immer alle Ereignisse in die richtige Reihenfolge gerieten, trieb er die Arbeiten am *Weißkunig* mit Hilfe eines Fragebuchs voran, in das er Fragen an den Kaiser zur Ordnung der „Materi“ notierte.[70] Für den dritten Teil

---

64 Primisser, *Zweytes Gedenkbuch des Kaisers Maximilian I., aus den Handschriften der k.k. Ambraser-Sammlung zu Wien*, S. 40.

65 Das 117. Kapitel besteht nur aus einem Holzschnitt (der mit der Nr. 117 versehen ist). Es fehlen sowohl eine Kapitelüberschrift als auch der Erzähltext. Auf dem Holzschnitt ist der Ritter Theuerdank an der Spitze der Georgsritter zu sehen. Im Kapitel sollte wohl ein Kreuzzug Theuerdanks beschrieben werden. Vgl. Pfintzing, *Theuerdank*, S. 555. Im realen Leben versuchte Maximilian mehrmals eine schlagkräftige Truppe für einen Kampf gegen die Osmanen zusammenzustellen, blieb damit jedoch erfolglos, sodass man auch die Ausführung des 117. Kapitels deswegen wohl unterließ. Lediglich in der Ausgabe des *Theuerdank* der Bayerischen Staatsbibliothek wurde das fehlende Kapitel von unbekannter Hand handschriftlich nachgetragen. In ihm wird von Schäden und Gebietserweiterungen durch die Türken berichtet. Theuerdank bittet den Papst um Hilfe, der daraufhin die christlichen Mächte zu einem großen Kreuzzug aufruft. Vom Kreuzzug selbst wird auch in diesem Nachtrag nicht berichtet. Vgl. Füssel, *Der Theuerdank von 1517*, S. 38

66 „Tewrdanck bedeut den loblichen Fürsten K.M.E.Z.O.V.B.“ Vgl. Pfintzing, *Theuerdank*, S. 566f. Die Aufschlüsselung der Buchstaben ergibt: Kaiser Maximilian Erzherzog zu Österreich und Burgund.

67 Vgl. Müller, *Gedechtnus*, S. 108.

68 Vgl. Miedema, *Das ‚Ambraser Heldenbuch‘ und der Theuerdank*, S. 105; vgl. Müller, *Gedechtnus*, S. 115.

69 Vgl. Kapitel 18-50, *Der Weiß Kunig*, S. 59-101 [Schultz: S. 54-112].

70 Treitzsaurwein nennt die Redaktion von 1514 in einem Vorbericht: „ain materi und ain unvolkumenlich werckh und nichts anndere, dann ain gestalt die Ime der allerdurchleuchtigist grosmechtigist streiperist, und unuberwindtlichist kayser Maximilian [...] furberait

des Textes musste gar eine Korrekturhandschrift angefertigt werden, mit deren Hilfe die richtige Reihenfolge wiederhergestellt werden sollte.[71]

Im Gegensatz zu den oben genannten Werken waren die *Gedenkbücher* Maximilians nie zur Veröffentlichung bestimmt. Sie sind jedoch aufschlussreich in Bezug auf weitere literarische Pläne des Kaisers: Er notierte darin – teilweise in Geheimschrift – Einfälle zu Buchprojekten, die jedoch nicht verwirklicht wurden.[72]

Die zur Veröffentlichung bestimmten literarischen Werke, die unter der Ägide des Kaisers entstanden, folgten stets dem Gesamtplan, dem Herrscher in der Nachwelt ruhmreiche Erinnerung zu schaffen. Sie tragen autobiographische Züge und akzentuieren einzelne Facetten des Kaisers, wie er sich selbst gern gesehen haben wollte. Aus stilistischer Sicht ist für die Literatur, an der Maximilian mitgewirkt hat, vor allem die allegorische Verschlüsselung als hervorstechendes Merkmal zu nennen. Meist ist sie für den informierten Leser relativ einfach aufzulösen, jedoch bisweilen nicht ohne den Preis eines Widerspruchs.[73]

Maximilian als Mäzen

Zwar gilt die frühe Neuzeit allgemein als Phase der Herausbildung stadtbürgerlicher Kultur, doch gerade wichtige Repräsentanten des deutschen Humanismus suchten die Nähe von Fürstenhöfen, um einträglichere Arbeitsbedingungen und einen größeren Resonanzraum für ihre Dichtung zu finden, sodass man zumindest für die Zeit von Maximilian von einer „neuen Hofkultur" sprechen kann.[74] Wie bereits eingangs dargestellt, galt Maximilian als herausragender Mäzen, dessen kulturelle Interessen weitreichend waren, sich aber in der Literatur am besten – durch ihn selbst beeinflusst – umsetzen ließen. Für die Ausführung seiner literarischen Pläne waren die studierten Gelehrten an seinem Hof zuständig, die jedoch darüber hinaus vielfältige Aufgaben zu erledigen hatten.[75] Die Aufwertung

---

hat, daraus mit lieblicher wolsprechung der teutschen sprach Mit Rechter ordnung der menschenvernunft und mit aller seiner notturfftign Zugehörungen der kunigclichen warhait, ain volkumenlich werk zu machen, Das sonst nyemands on underweisung volbringn mag." Treitzsaurwein, *Vorbericht*, o. S. [Schultz: S. 1].

[71] Die Arbeiten mit der Korrekturhandschrift wurden jedoch nicht beendet.

[72] Die thematische Bandbreite der in den Gedenkbüchern verzeichneten Notizen war groß, es finden sich Einträge zu „Anliegen der Regierung, Verwaltung, Reformen, Finanzen, Schulden, Kriegssachen, Artillerie und Waffen, Verteidigungsordnung seiner Länder, Gebäude, Hauswirtschaft, Küche, Keller und Garten; [...]; über die Sagengemälde auf Schloß Runkelstein, den Fortschritt der Grabmalarbeiten, allgemeine Merksätze, fromme Sprüche, Kochrezepte, Medizinen u. a." Wiesflecker, *Kaiser Maximilian I. Bd. 5*, S. 319.

[73] Vgl. Müller, *Gedechtnus*, S. 123f.

[74] Müller, *Maximilian und die Hybridisierung frühneuzeitlicher Hofkultur*, S. 4; vgl. Müller, *Gedechtnus*, S. 52.

[75] Am Hof herrschte oft eine Gleichzeitigkeit aus „Quisquilien und wichtigen Staatgeschäften." Müller, *Gedechtnus*, S. 48. Anfallende Arbeiten wurden dann gerade verfügbaren Personen aufgetragen.

des geschriebenen wie gesprochenen Wortes für politische Zwecke durch Maximilian führte auch zu einer steigenden Bedeutung der Gelehrten und markierte den Beginn der Funktionsdifferenzierung ihrer Ämter.[76] Bei der Ausführung seiner literarischen Pläne ging Maximilian so vor, dass er durch seine Diktate die Literatengelehrten mit den Materialien für seine autobiographischen Texte versorgte. Die von den Gelehrten strukturierten, ausformulierten und stilistisch geglätteten Resultate begutachtete der Kaiser und korrigierte sie teilweise.[77]

Maximilian förderte die Literatur in umfangreicher Weise: Er richtete an der Wiener Universität fünf Lehrstühle ein und gründete ein Poetenkolleg, das später von Konrad Celtis geleitet wurde. Unter ihm erlebte die Dichterkrönung einen Aufschwung, bei der Dichter, die sich besonders verdient gemacht hatten, mit dem Poetenlorbeer geehrt wurden. Maximilian unterstützte ebenso die mündliche Literatur, etwa am Theater, wenn er Huldigungsspiele zu seinen Ehren ausrichten ließ.[78]

Um kurzfristige, politische Wirkung ging es dem Kaiser bei der Verbreitung von offenen Schreiben,[79] Flugblättern und Liedern, in denen er seine Sicht auf die aktuelle politische Lage schilderte.[80] Für diese Art der Kommunikation bediente er sich im großen Stil der damals noch recht jungen Technik des Buchdrucks. Sein vorrangiges Interesse bei der Förderung der Literatur richtete sich jedoch auf das Langfristige, auf das gleichzeitig Fixier- und Reproduzierbare: auf Bild und Text. Er vergab daher verhältnismäßig wenige Aufträge für einzelne Gemälde oder Standbilder, aber vielfältige Anregungen für repräsentative Bücher, für Holzschnittwerke und für Bücher, die mit Holzschnitten illustriert wurden.[81] In seinen *Gedenkbüchern* notierte er sich lange Listen von Büchern, die er „richten" wollte.[82] Einige davon dienten vor allem der Archivierung alles dessen, was

---

[76] Vgl. Müller, *Gedechtnus*, S. 48ff.

[77] Als Vorbild für dieses Verhältnis zu seinen Literaten vermutet Schmidt Suetons spätantike Kaiserviten, die Maximilian in Burgund kennenlernte. Vgl. Schmidt, *Literatur und Kunst unter Maximilian I.*, S. 325.

[78] Die *Ludus Dianae* von Konrad Celtis etwa ist als „Huldigungsritual an den König und seine Gemahlin" zu sehen. Müller, *Maximilian und die Hybridisierung frühneuzeitlicher Hofkultur*, S. 7.

[79] Als offene Schreiben (Litterae Patentes) ließ Maximilian etwa Reichstagsausschreibungen, Achterklärungen, Mandate und Patente herausgeben. Vgl. Füssel, *[Art.] Maximilian I.*, S. 25.

[80] Vgl. Diederichs, *Kaiser Maximilian I. als politischer Publizist*. Diederichs untersuchte schon 1932 die politische Zielsetzung der Flugschriften Maximilians.

[81] Vgl. Müller, *Literatur und Kunst unter Maximilian I.*, S. 142f. Ein Beispiel für ein repräsentativ gestaltetes Buch stellt das *Gebetbuch* dar, das sich durch seine Typographie und die wertvollen Zeichnungen aus der Feder Dürers auszeichnet. Die bekanntesten Holzschnittwerke, die unter Maximilian entstehen, sind der *Triumphzug* und die *Ehrenpforte*, an denen auch Albrecht Dürer mitarbeitete.

[82] Maximilian notierte folgende Vorhaben: „Grab / Erenporten / Weyszkunig / Tewrdannck / Freytal / Tryumpfwagn / Stam Cronick / Der Stam / Artalerey / Die siben lustgarten / Wappenpuech / »Stalpuech.« / Plattnerey / Jegerey / Valcknerey / Kocherey / Kellerey /

ihm in den Sinn kam.[83] Die meisten Projekte konnten jedoch aufgrund der permanenten wirtschaftlichen Not des Kaisers nicht zu einem Abschluss gebracht werden. Dazu zählte auch der Plan, den *Theuerdank* in ein lateinisches ‚carmen heroicum' übertragen zu lassen. Die geplanten *Gebrauchsbücher*, darunter ein *Jagdbuch* und ein *Fischereibuch* blieben ebenfalls unvollendet, die Druckvorlage lässt aber bereits den repräsentativen Charakter erkennen, der für die Bücher vorgesehen war.[84]

Unter den vom Kaiser geförderten Buchvorhaben sticht insbesondere das *Ambraser Heldenbuch* hervor, das zwischen 1504 und 1516 vom Zollschreiber Hans Ried verfasst wurde. Es enthält bedeutende Erzähltexte des 12. und 13. Jahrhunderts, von denen viele heute unikal im Heldenbuch überliefert sind (etwa der *Erec* Hartmanns von Aue).[85] An diesem Buch lässt sich nicht nur Maximilians Interesse an Sammlung und Archivierung ablesen, sondern ebenfalls sein Sinn für die repräsentative Gestaltung seiner Zusammenstellungen.[86]

So verschiedenartig sich Maximilians Interessen an Kunst gerierten, sie passten sich dennoch stets in den Gesamtplan seines Ruhmeswerkes ein.[87] Als Kern nicht nur der literarischen, sondern insgesamt der kulturellen Bemühungen des Kaisers macht Müller „Gedechtnus" aus, die „Darstellung von ‚Geschichte', genauer: der historischen Persönlichkeit, die allein ‚Geschichte' macht."[88]

Maximilian als Kritiker

Zu den literaturkritischen Äußerungen des Kaisers zählen vor allem die Bearbeitungen, die er an den Textentwürfen seiner Gelehrten vornahm, und die Bewer-

---

Vischerey / Gartnerey / »Pawmaisterey.«." Chmel, *Die Handschriften der k.k. Hofbibliothek in Wien Bd. 2*, S. 458.

[83] Müller stellt Maximilians Interesse am Archivieren heraus: Für den Kaiser sei das Medium, das für die Archivierung am besten geeignet sei, immer das Buch. Vgl. Müller, *Archiv und Inszenierung*, S. 119.

[84] Vgl. Füssel, *[Art.] Maximilian I.*, S. 24.

[85] Die Erzähltexte lassen sich in drei thematische Großgruppen einteilen: 1. Höfisches mit starker Betonung der Minne, 2. Heldenepisches und 3. Kleinepisches (in einer relativ heterogenen Gruppe). Vgl. Miedema, *Das ‚Ambraser Heldenbuch' und der Theuerdank*, S. 87-89.

[86] Vgl. Miedema, *Das ‚Ambraser Heldenbuch' und der Theuerdank*, S. 104f. Das Interesse an der Bewahrung der alten Texte sei aber nicht nur als rückwärtsgewandt oder konservativ zu verstehen, so Miedema. Für sie stellt die repräsentative Ausgestaltung der äußeren Form eine Überbietung der mittelalterlichen Codices und damit ein innovatives Element dar. Vgl. ebd.

[87] Das gilt nicht nur für die literarischen Werke des Kaisers, an denen er selbst aktiv mitwirkte, sondern ebenso für die von ihm geförderten Vorhaben: Auch nicht-literarische Kunstwerke wie etwa der *Triumphbogen*, die *Ehrenpforte*, Gemälde mit dem Kaiser oder das von ihm geplante eigene Grabmal gehörten zu seinem Ruhmeswerk. Vgl. Müller, *Literatur und Kunst unter Maximilian I.*

[88] Müller, *Gedechtnus*, S. 80. Das programmatische Schlagwort „Gedechtnus" entnimmt Müller dem *Weißkunig*, in dem sich ein Kapitel der „Lehrung" mit der Vorliebe des Herrschers für „die alten gedachtnus" beschäftigt. *Der Weiß Kunig*, S. 68 [Schultz: S. 66].

tungen dichterischer Betätigung, die er in der Form von Dichterkrönungen vollzog. Beides, also Bearbeitungen wie Bewertungen, sind eher als indirekte Art der Literaturkritik einzustufen.

Die Bearbeitungen, die Maximilian an den Entwürfen der autobiographischen Texte durchführte, dienten im Fall des dritten Teils des *Weißkunig* (zu dem eigens eine Korrekturhandschrift E angelegt wurde) oftmals dazu, durcheinander geratene Textstücke zu ordnen. Bei den Diktaten, die Maximilian vorher seinem Gelehrten Treitzsaurwein zur Niederschrift überlassen hatte, fanden sich Doppelungen und Passagen, die der Sekretär aufgrund der Verschlüsselungen nicht erkannte und daher falsch einordnete, sodass es nun bei der Überarbeitung notwendig war, Verschlüsselungen aufzuheben, ganze Kapitel neu zu fassen und Kürzungen, oder auch Ergänzungen vorzunehmen. Allein der Kaiser war in der Lage, die entsprechenden Anweisungen zu diesen Überarbeitungen zu geben. Inhaltliche Änderungen gehen ebenfalls auf ihn zurück: Insgesamt wurde eine Abschwächung des rühmenden Tons vorgenommen.[89] Zusammen gesehen mit den aufgelösten Verschlüsselungen orientiert sich die überarbeitete Fassung damit näher an der Geschichtsschreibung.

Dichterkrönungen, die als literarische Bewertungshandlung gesehen werden können, gab es bereits in der Antike. In der Form, in der sie im deutschen Mittelalter vollzogen wurden, lassen sie sich auf die Krönung Petrarcas zurückführen, die traditionsbegründend wirkte: Ein lebender Dichter wird in einem konkreten ritualhaften Vollzug gekrönt, der gleichzeitig einen Rechtsakt darstellt.[90] Diese Rangeserhebung war an die lateinische Sprache gebunden: Zwar förderte Maximilian auch Literatur in der Volkssprache – seine autobiographischen Texte sind in jener verfasst – gekrönt wurden jedoch nur Dichter für ihre lateinischen Werke.[91]

An Maximilians Hof wurden die meisten dieser Dichtererhebungen durchgeführt.[92] Das unterstreicht die Bedeutung, die die Dichterkrönungen für ihn spielten, hängt aber vermutlich auch damit zusammen, dass es dem Kaiser an finanziellen Möglichkeiten mangelte, um die Gelehrten auf eine andere Art auszuzeichnen.[93]

---

[89] Buchner spricht davon, dass durch die Korrekturen vor allem moralische Urteile abgemildert, Rühmungen abgeschwächt, Zahlen herabgesetzt und Selbstlobungen eingeschränkt wurden, und nennt einige Beispiele dafür. Er sieht diese Änderungen als für die Einstellung des Kaisers während seiner letzten Lebensjahre bezeichnend an. Vgl. Buchner, *Einleitung*, S. 387.

[90] Vgl. Mertens, *Die Dichterkrönung des Konrad Celtis*, S. 39f. Die Krönung fand außerhalb universitärer Institutionen statt, sie war aber ähnlich strukturiert wie ein Promotionsverfahren.

[91] Erst ab dem 17. Jahrhundert werden Dichterkrönungen auch für volkssprachliche Dichtung vorgenommen. Vgl. Mertens, *Die Dichterkrönung des Konrad Celtis*, S. 40.

[92] Mertens zählt 37 gekrönte Dichter in der Regierungszeit Maximilians. In dieser Zahl mit eingeschlossen sind einige Dichter, die bereits von Friedrich III. gekrönt wurden, die aber noch in der Zeit der Herrschaft Maximilians wirkten. Vgl. die namentliche Auflistung bei Mertens, *„Bebelius … patriam Sueviam … restitut"*, S. 156, Anm. 35.

[93] Diesen Verdacht äußert Wiesflecker, *Kaiser Maximilian I. Bd. 5*, S. 340.

Die Auswahl eines Dichters für die Krönung geschah nicht initiativ durch den Kaiser; sie war Ergebnis eines längeren Prozesses, in dem der Dichter Fürsprecher suchen und sich seinen Weg durch die Kanzleistuben bis zum König bahnen musste.[94] Dennoch geschah die Auswahl höchst planvoll und nutzenorientiert. Anders als bei Petrarca, der die Vorstellung pflegte, durch den Ruhmeslorbeer würden Herrscher und Dichter auf einer gleichwertigen Ebene zugeordnet,[95] ging es Maximilian zwar um eine enge Bindung der Dichter an den Herrscher, aber nicht um Gleichrangigkeit. Er wollte ihr Können politisch für sich verwerten. Dass die Aufgabe der Dichter dabei durchaus auch als eine militärische gesehen wurde, zeigen die Aussagen einiger Gekrönter, die sich nicht nur für das Besingen der Triumphe, also für den Nachruhm des Kaisers zuständig fühlten, sondern auch für die aktuelle politische Beeinflussung der Beteiligten und der Entscheidungsträger.[96] Eine besondere Rolle spielte dabei das sogenannte Türkenthema: Die Panegyrik zielte auch auf das Lob eines künftigen Bezwingers der Osmanen.[97]

Es ging Maximilian mit den Dichterkrönungen um den Aufbau einer Schicht loyaler Propagandisten, die in seinem Sinne Einfluss auf die Elite nehmen konnte.[98] Die Auswahl eines Kandidaten für die Krönung entschied sich daher vor allem an der Möglichkeit zur politischen Nutzbarkeit der Dichtung und weniger an ihrer literarisch-stilistischen Qualität.

Die Literaturkritik, auch wenn sie primär indirekt geäußert wurde, umreißt also Maximilians Interessenspektrum an der Dichtung: Sie musste seinen Vorstellungen entsprechen und seinen Zielen dienen.

2.2.2 Literatur als Teil der Kultur unter den Timuriden

Nicht erst Babur war an der Förderung der Künste interessiert. Bereits der Dynastiegründer Temür Beg schuf in Samarkand und Shahrisabz imposante Bauwerke, deren Charakteristikum neben ihrer Größe die Dekoration mit kunstvoll glasierten Kacheln darstellt. Spätere Timuridenherrscher wie Ulughbeg Mirza und Shahrukh Mirza förderten ebenfalls die Künste. Als Babur an die Macht kam, besaß er zunächst dafür noch keine Mittel. Erst im Verlauf seiner Qazaqlıq und mit der Eroberung Hindustans erwarb er diese. An bleibender Architektur ist von ihm ein Auftrag für den Bau einer Moschee in Panipat und die indirekte Förderung zweier

---

94 Vgl. Mertens, „*Bebelius ... patriam Sueviam ... restitut*", S. 161.

95 Vgl. Mertens, „*Bebelius ... patriam Sueviam ... restitut*", S. 151.

96 Die von Maximilian gekrönten Dichter Jakob Locher, Ulrich von Hutten und insbesondere Heinrich Bebel verstanden sich durchaus als „literarische Krieger". Mertens, *Maximilians gekrönte Dichter über Krieg und Frieden*, S. 118. Vgl. bei Mertens auch die entsprechenden Textstellen der Dichter dazu. Vgl. ebd. S. 118ff.

97 Vgl. Mertens, *Zu Sozialgeschichte und Funktion des poeta laureatus*, S. 347.

98 Vgl. Mertens, „*Bebelius ... patriam Sueviam ... restitut*", S. 157, S. 163; vgl. Schmid, *Poeta et orator a Caesare laureatus*, S. 76. Schmid vermutet, dass diese neue Bildungselite ihr Vorbild im italienischen Beamtentypus des Orators fand. Vgl. ebd. S. 77.

weiterer überliefert.[99] Eine größere Rolle spielte für ihn jedoch die Gartenbaukunst. Er ließ mehrere Gärten anlegen, die er im *Baburnama* oft erwähnt und in denen er zeitweise residierte.

Durch die Erbteilung der Herrschaft entstanden im Timuridenreich in verschiedenen Städten kulturelle Zentren, die untereinander im Wettstreit um die besten Künstler standen. Ein kulturelles Zentrum der Timuriden zur Zeit Baburs bildete Herat, über das Sultan-Husayn Mirza herrschte. Die hervorstehende Kulturpatronage der Timuriden erfüllte den Zweck politischer Legitimation und kultureller Assimilation und erwies sich auch für die nachfolgenden Dynastien der Usbeken und Safawiden als vorbildhaft.[100]

Unter den Künsten, die von den Timuriden gefördert wurden, spielte die Literatur die zentrale Rolle. Sie wurde von allen Herrschern unterstützt.[101] Sie ist gar die einzige Kunst, die nicht nur in der Elite der Bevölkerung präsent war, sondern in allen Bevölkerungsschichten.[102] Neben der Literatur wurden zahlreiche Künste gefördert, die mit ihr im Zusammenhang standen, ihr aber untergeordnet waren: die Kalligraphie, die Malerei, die Motive aus der Literatur entnahm, die Buchillustration, die Buchbindekunst und die Musik, für die die Literatur Texte und rhythmische Muster schuf.[103]

Als herausragende Künstler unter den Timuriden sind insbesondere Mawlana Nuruddin Abdul-Rahman Jami, Ali-Sher Beg Nawa'i und Kamaluddin Bihzad zu nennen, die sich auf verschiedene Weise um die Literatur verdient gemacht haben: Während Jami als der letzte klassische persische Dichter gilt, etablierte Nawa'i das Tschagataische als Dichtersprache. Bihzad war Miniaturmaler und Leiter der Kitabhana (der Künstlerwerkstatt[104]) und schuf die bildnerische Umsetzung der literarischen Welten seiner Herater Dichterkollegen.

Dichtung war die Kunst, die von den Timuriden am meisten gefördert wurde und die größte Verbreitung sowohl an den Höfen als auch quer durch die Bevölkerungsschichten fand. Von der Elite wurde erwartet, dass sie in der Lage war, Verse zu dichten: Das Beherrschen der Regeln der Poesie war Bedingung für politische Signifikanz.[105] Vorstellungen und Sitten der Timuriden entstammten der Literatur und trugen zur Formung ihres Herrscherideals bei. Zwar wird der Um-

---

[99] Dieses architektonische Engagement ist jedoch erst ganz am Ende seiner Herrschaftszeit festzustellen. Bis zu Baburs Indienfeldzug sind keine Hinweise darauf zu finden, dass Babur religiöse Bauwerke förderte. Vgl. Asher, *The Beginnings of Mughal Architecture*, S. 25.

[100] Vgl. Roxburgh et al., *[Art.] Timurids*, S. 517.

[101] Vgl. Dale, *The Garden of the Eight Paradises*, S. 139.

[102] Vgl. Losensky, *Welcoming Fighani*, S. 136. Der Geschichtsschreiber Dawlatshah berichtet über Herat, dass man überall das Gemurmel eines Poeten hören konnte. Vgl. zu diesem Bericht Subtelny, *The Poetic Circle*, S. 70. In den Tadhkiras zur Zeit Sultan-Husayn Mirzas zeugen lange Listen mit biographischen Einträgen zu den Dichtern von ihrer großen Anzahl.

[103] Vgl. During/Mirabdolbaghi/Safvat, *The Art of Persian Music*, S. 153.

[104] Zur Kitabhana vgl. Lentz/Lowry (Hrsg.), *Timur and the Princely Vision*, S. 159-236.

[105] Dale, *The Garden of the Eight Paradises*, S. 255.

gang mit der Literatur, so wie ihn die Timuriden betrieben, auch als Symbol für ihre Transformation von einer Militärkaste zu einer Dynastie persoislamischer Prägung gesehen,[106] jedoch funktionierte die Identitätsbildung mit Hilfe der Literatur eben auch anders herum: Auch für die nach wie vor bedeutende militärische Elite hielt sie Themen und damit Identifikationsmöglichkeiten bereit. Zu den Vorteilen der Kunstform gehört, dass sie einfach zugänglich ist und eben auch mobil, das bedeutet vor allem mündlich, etwa während einer militärischen Kampagne rezipiert werden kann. Zudem ist sie in der Lage, Ambiguitäten und Heterogenitäten abzubilden und kann auf diese Weise Vertreter verschiedener Ideologien ansprechen.

Die Beschäftigung mit der Literatur blieb also nicht auf die Gelehrtenschicht beschränkt, sondern verbreitete sich durch alle Gefolgschaftsgruppen und Bevölkerungsschichten.

2.2.2.1 Merkmale der Literatur der Timuriden

Die timuridische Literatur zeichnet sich durch ihre Traditionsgebundenheit aus. Das bedeutet vor allem, dass sie auf die persische literarische Tradition zurückgriff: Firdawsi, Nizami, Rumi, Saʾdi, Amir Khusraw, ʿAttar und Hafiz sind als klassische Dichter zu nennen, die zum Kanon der Timuriden gehörten.[107] Zu ihrer Kanonisierung trug maßgeblich Dawlatshahs *Tadhkirat al-shuʿara* von 892/1487 bei, die eine Auswahl an Dichterbiographien und Versen enthält und in ihrer Zeit große Wirkung entfaltete.[108] Auch Jami wird Einfluss auf die Kanonbildung eingeräumt: Zum einen habe er in seinen Werken die Themen- und Archetypusbildung in Rückgriff auf die genannten Dichter betrieben, zum anderen gilt er als der letzte klassische persische Dichter, beschließt also gleichwohl damit eine Tradition.[109] Die Traditionsgebundenheit schlug sich bei den Timuriden nicht nur in der inhaltlichen Orientierung an klassischer Dichtung nieder, sondern auch im Sammeln von Büchern, in ihren editorischen und bibliographischen Aktivitäten sowie ihren poetischen Techniken.[110] Eine Technik, die die Orientierung an der Tradition repräsentiert und als ein Merkmal timuridischer Dichtung gilt, ist die Imitation. Sie ist jedoch nicht nur rückwärtsgewandt zu verstehen: Zwar sichert sie die Kontinuität einer literarischen Tradition, stellt aber auch ein Instrument zu ihrer Interpretation und Neudeutung in einem neuen Kontext dar.[111]

---

[106] Vgl. Lentz/Lowry (Hrsg.), *Timur and the Princely Vision*, S. 162.
[107] Vgl. Dale, *The Garden of the Eight Paradises*, S. 251.
[108] Vgl. Thackston et al., *[Art.] Timurids*, S. 516.
[109] Dass Jami dieser Status zugeschrieben wird, führt Browne auf Dawlatshah zurück, der Jami als herausragenden Dichter schilderte. Vgl. Browne, *A Literary History of Persia Bd. 3*, S. 437.
[110] Vgl. Losensky, *Welcoming Fighani*, S. 153.
[111] Vgl. Losensky, *Welcoming Fighani*, S. 137.

Die timuridische Dichtung zeichnet der Rückgriff auf bekannte Formen und Inhalte aus: Motive wie Gärten, Jagden, Weinfeste und Feldzüge gehören zum festen Themenbestand und tragen oft eine feste symbolische Bedeutung. Der Rückgriff auf diese Inhalte und Formen und die gleichzeitige Blüte der mystischen Dichtung führten dazu, dass sich als ein weiteres Merkmal der Poesie die Ambiguität entfalten konnte.[112] Vor allem Hafiz verquickte in seiner Lyrik die Bedeutungsebenen der Panegyrik, Erotik und Mystik und schuf hochgradig ambige Werke.

Die Auseinandersetzung mit einer literarischen Tradition, die eigener Dichtung vorausging, hatte weiterhin zur Folge, dass auch über die Form der Dichtung genaue Vorstellungen herrschten: Das Beherrschen der Formen geriet daher auch zum Maßstab für Dichtung. Bisweilen dominierte die Form den Inhalt. Das führte wohl zu Künstlichkeit im Ausdruck und zur Blüte formbetonter Genres wie Rätseln (Muʿammā) und Chronogrammen.[113] Die Künstlichkeit und die Traditionsbezogenheit der timuridischen Literatur wiederum führten wohl zu einer negativen Haltung der modernen Forschung ihr gegenüber.[114]

Gelegentlich finden sich in der timuridischen Literatur Rechtfertigungen, die Dichter und Dichtung gegenüber religiösen Vorbehalten in Schutz nehmen. Diese Vorbehalte fußen auf einigen *Koran*-Suren, in die eine negative Einstellung gegenüber der Dichtung gelesen werden kann.[115] Wie bereits erwähnt, war die Dichtung bei den Timuriden jedoch ein omnipräsentes Phänomen; von den erwähnten Rechtfertigungen abgesehen, ist kein nachhaltig bremsender Einfluss der Religion auf die dichterische Produktion festzustellen.

Die Timuriden verknüpften politische Ziele und Kunstproduktion, vor allem die Literatur, indem sie – wie Lowry und Lentz schreiben – eine Art „image"[116] schufen, mit dem sie die Ansprüche und Bestrebungen ihrer Dynastie deutlich machten.

---

[112] Vgl. Losensky, *Welcoming Fighani*, S. 153.

[113] Losensky verweist darauf, dass die Bedeutung der Rätsel für die Timuriden in der modernen Forschung überschätzt wird, in der sie gar als charakteristisches Phänomen der ganzen Epoche bezeichnet werden. Er räumt ein, dass den Rätseln von Seiten der Timuriden - insbesondere von Seiten Ali-Sher Beg Nawaʾis - zwar viel Aufmerksamkeit geschenkt worden ist, dass sie aber, bezogen auf das gesamte literarische Output der Dynastie, nur einen relativ kleinen Teil ausmachten. Vgl. Losensky, *Welcoming Fighani*, S. 154ff.

[114] Als Beispiel ist Rypka zu nennen, der über die timuridische Literatur urteilt: „Poetry degenerates into the decadent cult of an affected artificiality." Rypka, *History of Iranian Literature*, S. 281.

[115] Eine Auflistung von Argumenten und Rechtfertigungen in timuridischer Literatur nebst der entsprechenden *Koran*-Suren findet sich bei Subtelny, *The Poetic Circle*, S. 63ff. Zum Verhältnis von Religion und Dichtung generell werden speziell die Suren 26,224-26,227 und ihre verschiedenen Lesemöglichkeiten in diesem Zusammenhang immer wieder diskutiert. Vgl. Bauer, *The Relevance of Early Arabic Poetry for Qurʾanic Studies*, gegen Shahid, *The Sūra of the Poets*.

[116] Lentz/Lowry (Hrsg.), *Timur and the Princely Vision*, S. 162, S. 168.

2.2.2.2 Babur als Leser, Autor, Mäzen und Kritiker

Babur als Leser

Bei Lebenszeugnissen zu Babur ist von einer relativen Quellenarmut auszugehen, die auch in Hinblick auf seine Beschäftigung mit der Literatur zum Tragen kommt. Als wichtigste Quelle ist seine eigene Autobiographie zu nennen.[117] Außer ihr enthalten nur die Werke seines Cousins Haydar Mirza Dughlat und seiner Tochter Gulbadan Begim noch Informationen persönlicher Art über Babur, die jedoch zu einem Großteil wiederum dem *Baburnama* entnommen sind.[118] Grundsätzlich ist bei der Nutzung von autobiographischen Texten als Quellen immer die Gestaltungsmöglichkeit der Fakten und Fiktionen durch den Autor – also Babur – mitzubedenken.

Im *Baburnama* zählt Babur nicht auf, welche Bücher er in seinem Leben gelesen hat, vielmehr erfährt der Leser auf indirektem Weg etwas über die Lektüregewohnheiten des Timuriden. Eine Beschreibung der Zeit seiner Kindheit und Erziehung fehlt vollständig und damit verbunden auch Hinweise auf den Lesestoff aus der Zeit. Jedoch schildert Babur die Lesegewohnheiten seines Vaters Umar-Shaykh Mirza, den er als belesenen Mann darstellt. Durch die Art und Weise, in der Babur über die Lektüre schreibt, ist anzunehmen, dass auch ihm die Literatur in der Zeit bereits zugänglich und bekannt gewesen ist, sein Interesse an der Literatur also ein familiär vorgeprägtes ist: „Ravān savādī bar edi. Xamsatayn va Masnavī kitāblarnī va tārīxlarnī oqup erdi. Aksar Šāhnāma oqup edi."[119] Bemerkenswert an dieser Aussage über die Lektürevorlieben seines Vaters ist, dass Babur die Verfasser der *Khamsahs*[120] und der *Mathnawi*[121] nicht nennt. Das verweist

---

[117] Mano, der Herausgeber der kritischen Edition des *Baburnama*, ist der Auffassung, dass *Vaqāyiʿ* (übersetzt: Ereignisse, Geschehen) der von Babur ursprünglich intendierte Titel seines Textes sei. Dafür spricht seiner Meinung nach, dass Babur selbst sein Buch so nennt, das Wort in den datierten Kapitelüberschriften aufgegriffen wird und auch Baburs Nachkommen diese Bezeichnung verwenden. Vgl. Mano, *Introduction of the First Volume*, S. xxxv. Dale schließt sich mit ähnlichen Argumenten der Meinung Manos an. Vgl. Dale, *The Garden of the Eight Paradises*, S. 23, Anm. 25. Da jedoch in der Forschung mehrheitlich auf die Bezeichnung *Baburnama* (übersetzt: *Baburs Buch*) zurückgegriffen wird, bevorzugt Mano diesen Titel aufgrund seiner höheren Konventionalisierung. Dies wird auch in dieser Arbeit so gehandhabt.

[118] Vgl. Dale, *The Garden of the Eight Paradises*, S. 5. Haydar Mirza Dughlat, *Tarikh-i-Rashidi*, und Beveridge/Gulbadan Begim, *Humāyūn-Nāma*.

[119] In englischer Übersetzung: „He [= Umar-Shaykh Mirza; Anm. d. Verf.] was well read and literate and had read both Khamsas, the volumes of the Mathnawi, and histories. He often read the Shahnama." Thackston, *The Baburnama*, S. 41 [fol. 7].

[120] *Khamsa* als Werktitel wird gemäß der englischen Übersetzung von Thackston umgeschrieben. Demgegenüber lautet die Umschrift des Terminus Technicus' in der zugrunde gelegten Übersetzung: Xamsa. Aus Gründen der Einheitlichkeit wird in dieser Arbeit konsequent – also auch, wenn der literarische Fachbegriff gemeint ist – Khamsa verwendet. Zur Unterscheidung dient die Kursivierung des Werktitels.

auf einen hohen Bekanntheitsgrad der Werke und ihrer Urheber, aber auch auf seinen eigenen souveränen Umgang mit der Literatur. Gemeint sind mit den *Khamsas* Werke von Nizami und Amir Khusraw. Nizami war der erste, der eine Khamsa schrieb.[122] Er schuf damit eine erzählerische Grundlage, die jahrhundertelang Autoren als Ausgangspunkt für Imitationen diente. Der erste, der auf seiner Basis und eng an seinem Vorbild orientiert die *Khamsa* imitierte, war Amir Khusraw, der indopersische Autor der zweiten von Babur angesprochenen *Khamsa*. Mit der Bezeichnung *Mathnawi* referiert Babur auf das Werk des persischen Mystikers Jalaluddin Rumi.[123] Beide Begriffe, Khamsa wie Mathnawi, gehen später in die Metasprache persischer wie turksprachlicher Literatur ein: Khamsa als Benennung für eine Sammlung mit fünf Epen in der Form der Mathnawi. Der Begriff der Mathnawi bezeichnet wiederum eine Gedichtform.

Das *Shahnama* (*Das Buch der Shahs*[124]) von Firdawsi, das Babur ebenfalls zur Lektüre seines Vaters zählt, gilt heute als Nationalepos vor allem des Iran, aber auch anderer von persischer Kultur beeinflusster Staaten. Es enthält die teils legendenhafte persische Geschichte von den Anfängen in vorislamischer Zeit bis zum Zerfall des Sassanidenreichs.

Neben der Annahme, dass Babur die genannten Werke bereits über seinen Vater zugänglich gewesen sind, verweisen auch die bereits erwähnten Anspielungen und literarischen Zitate im *Baburnama* auf seine Lektüre: Babur zitiert religiöse, historiographische und literarische (vor allem klassische persische) Werke direkt und indirekt. Zu den Werken zählen der *Koran*, das *Zafarnama* von Sharafuddin Ali Yazdi,[125] der *Gulistan* und der *Bustan* von Saʾdi, die Dichtungen von Hafiz, Fariduddin ʿAttar, Ali-Sher Beg Nawaʾi und Mawlana Nuruddin Abdul-Rahman Jami. Da Babur die Zitate und literarischen Anspielungen dieser Werke und Dichter nicht erklärt oder explizit macht, geht er zum einen von einer hohen Expertschaft seiner Leser aus, auf der anderen Seite demonstriert er damit seine Souveränität im Umgang selbst mit zum Teil kleinsten literarischen Einheiten (wie etwa Versen oder Suren) der Texte. Dieser Eindruck wird unterstützt durch

---

121 *Mathnawi* als Werktitel wird gemäß der englischen Übersetzung von Thackston umgeschrieben. Demgegenüber lautet die Umschrift des Terminus Technicusʾ in der zugrunde gelegten Übersetzung: Masnavi. Aus Gründen der Einheitlichkeit wird in dieser Arbeit konsequent – also dann, wenn der literarische Fachbegriff gemeint ist – Mathnawi verwendet. Zur Unterscheidung dient die Kursivierung des Werktitels.

122 Die fünf enthaltenen Epen tragen die Titel *Makhzan al-asrar* (*Schatzkammer der Geheimnisse*), *Khusraw u Shirin*, *Layli u Majnun*, *Haft Paykar* (*Sieben Schönheiten*) und *Iskandarnama* (*Alexanderbuch*).

123 Und zwar auf das Werk *Mathnawi-i-maʿnawi* (Rypka übersetzt den Titel mit: *Das dem inneren Sinn aller Dinge zugekehrte Mathnawi*, vgl. *Iranische Literaturgeschichte*, S. 240).

124 Der Shah als Herrschertitel Persiens wird häufig mit dem Königstitel im mittelalterlichen Europa verglichen und entsprechend ins Deutsche übersetzt. Die Titel sind aber schon aufgrund unterschiedlicher Inthronisationsrituale nicht vergleichbar.

125 Allgemein ist die persische Historiographie, etwa die Dichterbiographien von Dawlatshah, als Einfluss anzunehmen.

literaturhistorische Details, die Babur zu weniger bekannten Autoren in seine Ausführungen einflicht.

Baburs tiefgehende Beschäftigung ist dabei nicht ungewöhnlich für seine Dynastie und seine soziale Stellung, sondern wurde vielmehr von ihm erwartet – wie ihm bereits sein Vater vermittelt haben dürfte.

Babur als Autor

Babur schrieb seine Werke wohl selbst.[126] Der Zustand seiner überlieferten Autobiographie lässt jedoch die Vermutung zu, dass Babur vor seinem Tod nicht mit der Überarbeitung fertig geworden ist: Während der Beginn des *Baburnama* narrativ ausgeformt und stilistisch geglättet ist, finden sich zum Ende der Autobiographie, im dritten Teil, oft nur tagebuchähnliche Einträge, die in kurzen Sätzen das Geschehen des Tages zusammenfassen. Wahrscheinlich ist, dass Babur eine Überarbeitung für sein gesamtes Werk plante, aber nicht mehr umsetzen konnte. Außerdem ist das *Baburnama* fragmenthaft überliefert,[127] wobei jedoch davon ausgegangen wird, dass es sich bei den Lücken um Blattverluste handelt: Innerhalb des *Baburnama* gibt es einige Verweise auf Geschehnisse, die während der Zeit stattgefunden haben, für die nurmehr Lücken existieren. Außerdem finden sich abgebrochene Sätze oder nicht zu Ende erzählte Episoden.[128]

---

[126] Als letzte Sichtung des Autographen gilt die des Geschichtsschreibers Abdul-Hamid Lahawri am Hof Shahjahans (reg. 1037–1068/1628–1657) im Zeitraum zwischen 1037–1048/1628–1638, der notiert: „The auspicious career of the champion of blessed lineage, the ruler of heavenly temperament, adorner of the throne of might and majesty, solver of the knottiest problems of rule and reign, His Majesty Firdaws-Makan [...] Zahiruddin Muhammad Babur Padishah Ghazi, was recorded in the *Baburid Events*, which his majesty wrote in the Turki language in his own auspicious handwriting, and which, except for a few quires on the events of several years that have fallen away, is found in the imperial library." Zitiert nach Thackston, *Translator's Preface*, S. 13, Anm. 12. Originalzitat bei Abdul-Hamid Lahawri, *Badshahnama*, 1:42. Auf einer Miniatur, die erst um 1610 entstand, ist Babur jedoch dabei abgebildet, seine Memoiren einem Schreiber zu diktieren. Dieser Abbildung gemäß verfasst Babur sie also nicht eigenhändig. Vgl. die Abb. in Conermann, *Das Mogulreich*, S. 31. Thackston vertritt dazu die Meinung, dass spätere Miniaturen eben vor allem die mogulische Gegenwart und die Vorstellung der Moguln von der Vergangenheit widerspiegelten, nicht aber die Umstände, wie sie unter Babur gegeben waren. Vgl. Thackston, *Translator's Preface*, S. 16. Auch Dale geht davon aus, dass es am frühen Hof von Babur noch keine Schreiber gab, wie auf den Miniaturen der Moguln abgebildet und dass Babur selbst schrieb. Vgl. Dale, *Steppe Humanism*, S. 50. Als ein weiteres Indiz dafür dient ihm auch Baburs Bemerkung, nach einer Verletzung am Daumen einen Monat nicht geschrieben zu haben. Vgl. Dale, *The Garden of the Eight Paradises*, S. 308; vgl. Thackston, *The Baburnama*, S. 299 [fol. 245].

[127] Überlieferungslücken sind im Kabul-Abschnitt zwischen den Jahren 914 (Mai 1508) und 925 (Januar 1519) und zwischen 926 (Dezember 1519) und 931 (Oktober 1525) zu finden. Der Text bricht im Hindustan-Abschnitt im Jahr 936 (September 1529), 15 Monate vor Baburs Tod, unvermittelt ab. Daneben finden sich kleinere Lücken. Vgl. Mano, *Introduction of the First Volume*, S. xl.

[128] Vgl. Beveridge zu den Gründen der Lücken, *Preface*, S. xxxiv-xxxv.

Babur verfasste mündliche Literatur in Form von Versen, die er im Kreis seines Gefolges rezitierte, von denen jedoch unklar ist, wieviele überliefert wurden.[129] An schriftlich fixierter Literatur schuf Babur im Laufe seines Lebens eine große Bandbreite: Neben seinem Hauptwerk, dem *Baburnama*, stellte er noch mindestens einen *Dīvān*[130] zusammen, außerdem schrieb er einen Traktat über Metrik, ein versifiziertes Buch über Fiqh und übersetzte ein religiös-didaktisches Werk aus dem Persischen ins Tschagataische.

Babur schrieb fast 600 Gedichte, von denen sich einige im *Baburnama* wiederfinden, viele andere in seinem *Dīvān*. Er beherrschte alle poetischen Techniken seiner Zeit und schrieb in den Sprachen Tschagataisch, Persisch und mindestens ein Gedicht in Urdu.[131]

Baburs *Dīvān* ist nicht besonders umfangreich. Er enthält vor allem Ġazale, aber auch Rubāʿīs, Qiṭʿas, Fards, Tuyuqs und Muʿammās. In der Gedichtform des Ġazals, in dem die meisten der Gedichte im Dīvān sind, überschneiden sich Kriterien des Inhalts und der Form. Babur wählt für seine Ġazale konventionelle Themen wie die Liebe und das Liebesleid, die Schönheit und die Gleichgültigkeit des Geliebten, das Leid der Trennung und die Vereinigung mit dem Geliebten, den Wein, die Unterhaltung mit Freunden und das Gespräch über die Dichtung.[132] Babur beherrschte die formalen Aspekte des Ġazals, sodass es ihm sogar gelang, ein langes Ġazal zu verfassen, in dem die Zeilen auch rückwärts zu lesen sind.[133] Von den vierzeiligen Rubāʿīs verfasste Babur insgesamt etwa 200. Die Themen, die er darin behandelte, kreisen wieder um die Liebe; es sind aber auch religiöse Themen (Vertrauen auf Gott und Ergebung in seinen Willen) und Themen wie das Leben in der Fremde und das Vertrauen auf die Gerechtigkeit des Schicksals darin zu finden. Auch hier ist wieder die Beherrschung der Form durch Babur hervorzuheben, der zum Beispiel ein Rubāʿī in Quadratform verfasste, dessen Zeilen in verschiedene Richtungen gelesen denselben Sinn ergeben.[134]

In seinem Traktat ʿ*Aruz*[135] über Metrik (um 931/1524) führt Babur verschiedene lyrische Formen an, von denen seine Erwähnungen der spezifisch türkischen

---

[129] Im *Baburnama* gibt Babur eine Gelegenheit wieder, bei der er Verse im Kreis seines Gefolges dichtet. Vgl. Thackston, *The Baburnama*, S. 312 [fol. 252b].

[130] Ein Dīvān ist eine Gedichtsammlung. Im Falle persisch bzw. tschagataischer Literatur werden die Verse normalerweise sortiert nach dem letzten Buchstaben des Reims angeordnet, danach nach dem ersten Buchstaben jedes Gedichts. Baburs *Dīvān* bildet hier jedoch eine Ausnahme, da er die Verse chronologisch anordnet. Vgl. Dale, *The Garden of the Eight Paradises*, S. 257.

[131] Die meisten seiner Gedichte sind in Tschagataisch verfasst.

[132] Vgl. Eckmann, *Die tschagataische Literatur*, S. 371f.

[133] Vgl. Eckmann, *Die tschagataische Literatur*, S. 371.

[134] Vgl. Eckmann, *Die tschagataische Literatur*, S. 371f.

[135] Zu der Benennung des Traktats vgl. Beveridge, *The Bābur-Nāma in English*, App. Q, S. lxvi, Anm. 1.

Formen (unter anderem Tuyuq, ein Vierzeiler mit homonymen Reimen, und Qoshuq) eine Besonderheit darstellen.[136] Babur erwähnt die Entstehung des Traktats auch im Erzähltext des *Baburnama*.[137]

Er beschäftigte sich auch mit Fragen des islamischen Rechts, wie es sein hanefitisches Fiqh-Buch *Mubayyan* (928/1522) zeigt, das er für seinen Sohn Kamran schrieb. Abgefasst ist das Werk in der Form des Mathnawis und im Versmaß Khafif.

Ebenfalls in Form des Mathnawis verfasst ist eine Übersetzung, die Babur aus dem Persischen in die tschagataische Sprache vornahm: Es handelt sich hierbei um ein mystisch-didaktisches Werk mit dem Namen *Walidiyyah* (935/1528–29),[138] das im Original von dem berühmten Mystiker Khwaja Ubaydullah Ahrar geschrieben wurde. Der Khwaja war Schüler von Khwaja Bahaʿuddin Naqshband, dem Gründer und Namensgeber der Naqshbandiyya, eines Sufi-Ordens.[139] Babur beschreibt die Verbindung zwischen seinem Vater Umar-Shaykh Mirza und Khwaja Ubaydullah als sehr eng.[140] Dem Khwaja wiederum wird großer Einfluss auf die Herrscher zugeschrieben.

Baburs Autobiographie, das *Baburnama*, gilt noch heute als Teil der Weltliteratur[141] und wird auf dem Gebiet der Selbstzeugnisse als Ausnahmeerscheinung angesehen.[142] Ihren Ausgangspunkt bildet die Thronbesteigung Baburs im Alter von elf Jahren, als der Vater bei einem Unfall stirbt und Babur an die Macht gelangt. Die Erzählung bricht am 7. September 936/1529–30 ab, etwas mehr als ein Jahr vor Baburs Tod. Der erzählerische Rahmen des Werkes wird durch Baburs Kämpfe um die Macht gebildet. Eine stilistische Besonderheit der Autobiographie ist die klare, einfache Sprache, in der Babur seine Erzählung abfasst. Seine Prosa ist dabei immer wieder mit Versen durchsetzt. Es ist anzunehmen, dass Babur das *Baburnama* in erster Linie für seine Nachkommen und ihre Gefolgsleute schrieb, die sein von ihm erobertes Mogulreich in Indien in der Folge meist sehr erfolgreich regierten.[143]

---

[136] Vgl. Eckmann, *Die tschagataische Literatur*, S. 372.

[137] Vgl. Thackston, *The Baburnama*, S. 393 [fol. 330b].

[138] Vgl. Bodrogligeti, *Bābur Shāh's Chagatay Version of the Risāla-I Vālidiya*.

[139] Der Orden der Naqshbandiyya fand unter den Timuriden zahlreiche Anhänger und errang in Transoxanien große Bedeutung. Vgl. Nizami, *[Art.] Naḳshbandiyya*, S. 934ff.

[140] „He [= Umar-Shaykh Mirza; Anm. d. Verf.] was devoted to Khwaja Ubaydullah and considered it an honor to participate in his gatherings. The khwaja addressed him as ‚my son'" Thackston, *The Baburnama*, S. 41 [fol. 7].

[141] Vgl. etwa den Eintrag zu Babur in von Wilpert, *Lexikon der Weltliteratur Bd. 2*, S. 98.

[142] Vgl. Dale, *The Garden of the Eight Paradises*, S. 24. Dale betont, dass sich die Singularität und die Ausnahmestellung des *Baburnama* vor allem auf die hervorstehende Qualität des Textes beziehe und nicht etwa die früheste oder einzige vormoderne Autobiographie sei, wie bisweilen behauptet werde. Vgl. ebd., S. 27.

[143] Dale vermutet in Hinblick auf die Rezipienten vor allem zwei Ziele, die Babur mit seinem Werk verfolgte: Zum einen enthalte es strategische Informationen über die Länder, über die Babur herrschte, die von seinen Nachfahren für das erfolgreiche Regieren dieser Gebie-

Als Babur an die Macht kam, verfügte er selbst kaum über Mittel, um die Literatur oder die Künste zu fördern. In dieser Zeit galt vor allem der Hof Sultan-Husayn Mirzas als literarisches Zentrum: Dort hatte sich um die beiden Hauptpersonen Jami und Ali-Sher Beg Nawaʾi ein Gelehrtenzirkel gebildet.[144] Dass der Herrscher Sultan-Husayn Mirza sich nicht nur als Mäzen, sondern auch als Dichter, und der Dichter Ali-Sher Beg Nawaʾi sich auch als Mäzen betätigte, zeigt die in diesem Fall enge Verflechtung der Rollen, aber auch Nawaʾis Reichtum. Generell versuchten sich die bedeutendsten Künstler den bedeutendsten Herrschern zu empfehlen. Ähnlich wie die militärischen Gefolgsleute wechselten jedoch die Dichter bisweilen zu einem anderen Herrscher und Patron, hatten sich der militärische Erfolg und die wirtschaftliche Potenz andernorts eingestellt. Dieser Zusammenhang kann durch eine Schilderung aus dem *Baburnama* illustriert werden: Als der Dichter Bannaʾi nach Baburs Eroberung von Samarkand von Shaybani Khan zu Babur überläuft, bittet er in einer Art ‚lyrischem Dialog‘ um Unterstützung, die Babur – zu der Zeit noch kein reicher Herrscher – im Vers noch eher perspektivisch in Aussicht stellt: „Tökülgänimiz bu dawrda tolġusıdur.“[145]

Baburs langjährige Qazaqlïq führte dazu, dass sich bestimmte Formen der Literaturförderung durchsetzten. Institutionen spielten bei der Unterstützung keine Rolle, dafür aber die Geselligkeit: Ein fester Bestandteil des kulturellen Lebens der Timuriden waren sogenannte Majālis.[146] Dieser Begriff ist kein speziell timuridischer, sondern wurde im islamischen Kulturraum der damaligen Zeit allgemein für gesellige Treffen verwendet, aber auch für Zusammenkünfte, bei denen es primär um dichterische Rezitation ging.[147] In der Epoche der Timuriden bildeten die Majālis, die Babur auch Ṣuḥbat[148] nennt, ein wichtiges Forum für den

---

te genutzt werden konnten, und zum anderen diene es als eine Art von Fürstenspiegel didaktischen Zwecken. Vgl. Dale, *The Garden of the Eight Paradises*, S. 43.

[144] Vgl. die Untersuchung dieses Zirkels bei Subtelny, *The Poetic Circle*.

[145] In englischer Übersetzung: „Our empty cups shall be filled in this age.“ Thackston, *The Baburnama*, S. 124 [fol. 87b].

[146] Da es sich bei diesem Wort um einen arabischen Terminus handelt, der in Baburs Kulturraum verbreitet war, wird im Folgenden aufgrund der Geläufigkeit die arabische Pluralbildung Majālis (Einzahl: Majlis) verwendet.

[147] „The term majlis [Unterstreichung im Original; Anm. d. Verf.] designated any king [sic] of convivial social meeting – from the formal court audience (in which case it was called majlis-i ʿāli) to an informal gathering – at which the customary forms of entertainment could include musical performance and singing, wine-drinking, engagement in witticism and the relation of anecdotes, and the recitation and discussion of poetry. When this last activity constituted the chief focus, the term majlis carried the connotation of a literary assembly, a kind of literary ‚soirée‘, and it represented the main forum for literary, particularly poetical, expression in the late Tīmūrid period.“ Subtelny, *Scenes from the Literary Life of Tīmūrid Herāt*, S. 144; vgl. Madelung et al., *[Art.] Madjlis*, S. 1031ff.

[148] Dale weist daraufhin, dass diese Benennung an die Ṣuḥbat des Naqshbandiyya-Ordens anklingt. Die Majālis hätten für Babur große Bedeutung in seinem Leben gehabt und seien

poetischen Vortrag. Sie zeichneten sich durch hohe Exklusivität aus: Der Zugang war auf eingeladene Gäste beschränkt. Die vorgetragenen Verse wurden kritisiert und es konnte passieren, dass ein schlechter Poet das Majlis vor Scham verließ.[149] Da das Ausrichten eines Majlis oft teuer war, bedurfte es eines Mäzens, der die Kosten übernahm. Babur stellt sich im *Baburnama* als fleißiger Besucher und Ausrichter von Majālis dar.[150] Jedoch gilt auch hier, dass Babur erst im Lauf der Jahre die Mittel erwarb, um sich als Mäzen zu betätigen. Dale mutmaßt, dass die Dichter, die vorher zu Babur an den eher armseligen Hof kamen, entweder wenig erfahren oder kaum berühmt gewesen seien.[151]

Das Ziel der Patronage war bei den Literaten dasselbe wie bei den anderen geförderten Künstlern: Der Glanz der Kunstwerke sollte auf den Mäzen zurückfallen. Am direktesten war das durch panegyrische Verse möglich, in denen der Herrscher überhöht dargestellt wurde.[152] Diese panegyrische Inszenierung sollte beim Publikum Wirkung entfalten, zu dem der Herrscher eine enge Verbindung anstrebte.[153]

Babur als Kritiker

Babur war ein äußerst fleißiger Literaturkritiker. Im *Baburnama* finden sich zahlreiche Textstellen, in denen er sich in dieser Rolle präsentiert. Als Kritiker kann er auf die literarische Tradition der Tadhkiras zurückgreifen, die zwar schon vor den Timuriden existierte, jedoch maßgeblich erst durch Dawlatshah (*Tadhkirat al-shuʿara*) und Ali-Sher Beg Nawaʾi (*Majālis an-nafāʾis*) geprägt wurde.[154] Nawaʾis Werk wird als Parteinahme im kulturellen Wettbewerb zwischen Samarkand und

---

als „leitmotif" seiner Autobiographie zu betrachten, so Dale, *The Garden of the Eight Paradises*, S. 180.

[149] Subtelny verweist auf eine Episode aus dem Selbstzeugnis von Zaynuddin Vasifi, das 945–946/1538–1539 fertig gestellt wurde, und in dem aus der Retrospektive auch Anekdoten vom Timuridenhof in Herat geschildert werden. In der Episode wird ein junger, offenbar wenig begabter Poet von Ali-Sher Beg Nawaʾi verlacht, weil er diverse Witze und Wortspielereien nicht versteht. Aus Scham verlässt der junge Poet daraufhin das Majlis. Vgl. Subtelny, *Scenes from the Literary Life of Timūrid Herāt*, S. 150.

[150] Vgl. Thackston, *The Baburnama*, S. 235f. [fol. 190], S. 312 [fol. 252b].

[151] Vgl. Dale, *The Garden of the Eight Paradises*, S. 267.

[152] Der Lohn für diese Künste konnte materieller Art (Geld, Geschenke, Land), aber auch immaterieller Art (Rangerhöhungen) sein.

[153] Zum Funktionsmechanismus panegyrischer Dichtung am Herrscherhof vgl. Bauer, *[Art.] Shāir*, S. 717ff.

[154] Dawlatshah schuf mit der *Tadhkirat al-shuʿara* das Modellwerk einer Dichterbiographie, in der er einen biographischen Überblick über 150 (zur Zeit der Entstehung 892/1487) lebende und tote Dichter gibt. Ali-Sher Beg Nawaʾi übertrug das Genre in die tschagataische Literatur und fasste gar die Biographien von 390 Dichtern zusammen. Vgl. de Bruijn, *[Art.] Tadhkira – In Persian Literature*; vgl. Stewart-Robinson, *[Art.] Tadhkira – In Turkish Literature*, S. 54.

Herat gesehen, da er sich negativ zu den Samarkander Dichtern äußert und die Herater Künstler lobt.[155]

Die politischen Möglichkeiten beim Einsatz von Literaturkritik nutzt auch Babur. Seine literaturkritischen Äußerungen im *Baburnama* umfassen vor allem das Bewerten. Da die Dichtung der damaligen Zeit als traditionsverhaftet und formbetont galt, war die Richtschnur für Literaturkritik vorgegeben. In den Kurzbiographien, die Babur in seiner Autobiographie zahlreich einfügt, erwähnt er, ob die Personen dichten.[156] Manchmal zitiert er Verse von ihnen, meist erlaubt er sich ein Urteil über ihre Dichtung.[157] Er lobt selten uneingeschränkt und übt sogar an den Werken Ali-Sher Beg Nawaʾis Kritik: Seine Briefe und seine persische Dichtung gehörten nicht zu seinen qualitativ hochwertigen Kompositionen und in seinem Traktat über Metrik seien vier der aufgeführten 24 Versmaße falsch, schreibt Babur.[158] Seine Kritik beschränkt sich nicht nur auf Gelehrte. Auch die dichtenden Herrscher Sultan-Husayn Mirza und Shaybani Khan bewertet er. An Sultan-Husayns *Dīvān* bemängelt er, dass dieser nur in einem Versmaß geschrieben sei. Da angenommen werden kann, dass Sultan-Husayn Mirza dieses Versmaß verwendete, weil es sich am besten für eine spätere musikalische Fassung eigne,[159] ist Baburs Kritik in diesem Fall wohl eher als eine allgemeine Profilierungsstrategie zu begreifen. In diesem Sinne ist auch seine Abwertung der Dichtung seines Rivalen Shaybani Khans zu sehen.[160]

Literaturkritik wird von Babur also auch dafür vewendet, seine zu Beginn seiner Karriere weniger erfolgreiche Machtpolitik zu überdecken und sich zumindest auf dem Gebiet der Literatur mit den anderen Herrschern zu messen. Eine weitere Einsatzmöglichkeit für Literaturkritik waren die Majālis, auf denen sie mündlich geübt wurde. Auch in diesem Literaturforum war es denkbar, die Kritik strategisch einzusetzen, um gesellschaftliche Exklusivität herzustellen.[161]

---

[155] In diesem Licht ist ebenso Nawaʾis Parteinahme für Sultan-Husayn Mirza zu verstehen, den er in einem Kapitel ausschließlich preist. Vgl. Engelke, *ʿAlī Šīr Navāʾī als Kritiker der Verse Sultans Ḥusain Bāiqarā*, S. 92.

[156] In der umfassenden Darstellung von Sultan-Husayn Mirza widmet er einen ganzen Abschnitt ausschließlich den Dichtern. Vgl. Thackston, *The Baburnama*, S. 223ff. [fol. 179ff.].

[157] Proben der jeweiligen Dichtung gibt Babur vor allem dann, wenn er dem Dichter Talent zugesteht oder das Werk aus anderen Gründen bemerkenswert findet. Vgl. Schönig, *Babur als Literaturkritiker*, S. 228.

[158] Vgl. Thackston, *The Baburnama*, S. 214 [fol. 170b-171]; vgl. auch Schönig, *Babur als Literaturkritiker*, S. 231.

[159] Dieser Überzeugung ist Eckmann, *Die tschagataische Literatur*, S. 327.

[160] Vgl. Thackston, *The Baburnama*, S. 256 [fol. 206b].

[161] Vgl. dazu die bei Subtelny wiedergegebene Anekdote, *Scenes from the Literary Life of Timūrid Herāt*, S. 150.

3 Die volkssprachigen Selbstzeugnisse Maximilians und Baburs

3.1 Die Auswahl der Analysetexte und der Begriff ‚Selbstzeugnis‘

Um die These zu untersuchen, dass die Blüte der Kultur und insbesondere der Literatur mit den politischen Übergangserscheinungen der damaligen Zeit in Zusammenhang zu sehen ist, ist es vonnöten, die Verflechtungen von Literatur und Politik näher zu betrachten. Da die Herrscher in beiden Bereichen, Literatur und Politik, als zentrale Figuren agieren, erscheint es sinnvoll, die Verflechtungen anhand einer Analyse der selbstreferentiellen Texte durchzuführen, die als Produkt an der Schnittstelle zwischen Literatur und Politik angesiedelt sind. Wie stellen die Herrscher sich und ihre Herrschaft in ihren eigenen Texten dar? Welcher literarischen Muster bedienen sie sich dafür und warum?

Es geht bei der Analyse nicht darum, individuelles Denken und Fühlen in den Texten entdecken zu wollen[1] und nicht nur darum, mögliche Selbstkonzepte aus den Texten zu destillieren. Um die Merkmale politischen Übergangs – die Zwänge und Abhängigkeiten – herauszustellen, in die auch ein Herrscher eingebunden war, und die ihn in seinem politischen Handeln einschränkten, ist es auch notwendig, ihn innerhalb seiner verschiedenen Beziehungskonstellationen zu betrachten.[2] Selbstkonzept und Beziehungskonzept sind Teile der politischen Kommunikation, die Wirkung auf die Gegenparts der Beziehungskonstellationen zeigen sollte: auf Gefolgsleute, Nachfahren und die den Herrscher umgebenden Eliten.[3] Wie reagierten die Herrscher schreibend auf die Determinanten, die auf sie wirkten? Das dargestellte Selbst wird – das geht aus den Texten hervor – in seinem Handeln eingeschränkt. Gefährdungen herrscherlicher Machtausübung werden jedoch mit Hilfe literarischer Strategien überformt und verdeckt mit dem Ziel, ein kohärentes Herrscherbild zu modellieren.

---

[1] Vgl. die Kritik Janckes an den „bis auf Jacob Burckhardt zurück- und in die gegenwärtige Forschungslandschaft hineinreichenden Traditionen, [die] in ihrem meist unsichtbar bleibenden Gepäck [...] normative Epochen- und Personenkonstruktionen transportieren." Jancke, *Autobiographie als soziale Praxis*, S. 5.

[2] „Autobiographisches Schreiben wird [...] als eine Form des Agierens in sozialen Kontexten aufgefasst." Jancke, *Autobiographie als soziale Praxis*, S. 1.

[3] In der Persönlichkeitspsychologie geht man darüber hinaus davon aus, dass Selbstdarstellungen „nicht nur gegenüber realen Bezugspersonen, sondern auch gegenüber bloß vorgestellten Interaktionspartnern" stattfinden. „Die Darstellung kann sich sogar primär an das *eigene Selbst* und somit an ein inneres Publikum richten." Laux, *Persönlichkeitspsychologie*, S. 249. Bei den beiden Herrschern ist davon auszugehen, dass sich ihre Texte auch an die (noch ungeborenen) Nachfahren richten, also „bloß vorgestellten Interaktionspartnern". Eine Adressierung u. a. an das eigene Selbst ist bei ihren Strategien der Rechtfertigung oder Selbstidealisierung zu vermuten.

Für beide Kulturräume gilt, dass eine intensive Beschäftigung mit der eigenen Person und deren literarische Fixierung, so wie sie Maximilian und Babur betrieben, bedenklich sein konnte. Eine Beschäftigung mit der eigenen Person und deren Glorifizierung war bei den Rhetorikern im Islam und Christentum rechtfertigungswürdig.[4] Beide Religionen verlangten ihren Gläubigen eine Fähigkeit zur Demut ab, die eine Zurücknahme des Selbst implizierte.[5] Zeitgenössische Autobiographien sind im islamischen Kulturraum eine Rarität[6] und im deutschen, christlichen Mittelalter wird dargestellte Individualität nicht besonders wertgeschätzt.[7]

Mehrere Einflüsse und Entwicklungen sind jedoch zu beachten, die den Herrschern eine intensive literarische Beschäftigung mit sich selbst ermöglichten: Ihre Position als Herrscher hob sie naturgemäß aus dem Kreis der Gläubigen heraus, bedeutete für ihre Person also einen Sonderstatus. Die turkomongolische Tradition auf Seiten Baburs, zu der er sich bekannte, erleichterte ihm die Beschäftigung mit dem Selbst, weil sie primär vom sozialen Ethos der Kriegerelite geprägt war.[8] Im europäischen Kulturraum entwickelte Jacob Burckhardt für die italienische Renaissance seine berühmte These vom ‚erwachenden Individuum'.[9] Die gestiegene Aufmerksamkeit für den Einzelnen, die aus der italienischen Kultur hervorging, mag auch Maximilian und seine Gelehrten beeinflusst haben.

Den vermutlich stärksten Einfluss übte die Mystik auf die beiden Herrscher aus: Die starke Strömung in beiden Religionen ermöglichte den Gläubigen, sich gegenüber Gott in einer veränderten Position zu sehen: Es ging den Mystikern weniger darum, sich als Teil einer Glaubensgemeinschaft wahrzunehmen, denn vielmehr darum, ein individuelles Verhältnis zu Gott gestalten und im eigenen Bemühen und Streben zu versuchen, eine Vereinigung mit ihm zu erreichen.

Über diese allgemeinen Strömungen im kulturellen Hintergrund der beiden Herrscher hinaus sind auch in den Texten selbst Tendenzen dahingehend festzustellen, die Beschäftigung mit dem Selbst nicht bis zur Hybris weiterzutreiben. So werden die Personen in den Maximilianischen Texten verschlüsselt dargestellt, sodass dadurch eine ähnliche Distanzierung stattfindet wie im *Baburnama*, in

---

[4] Zu den literarischen Techniken der Selbstautorisierung von (christlichen) Autoren lateinischer Literatur, die sich seit dem späten 11. Jahrhundert entwickelt haben, vgl. Meier-Staubach, *Autorschaft im 12. Jahrhundert*, S. 207-266. Einige muslimische Autobiographieschreiber äußern Sorge darüber, ihr eigenes Leben aufzuzeichnen, da es sich um eine Selbsterhöhung handle. Vgl. Reynolds, *Interpreting the Self*, S. 209.

[5] Im biblischen Kontext sind hier die Stellen bei Matthäus 11,25-30,29, bes. 18,4-23,11f. zentral. Der *Koran* enthält Stellen zur Demut in den Suren 3,14-17 und 7,205. Für Babur und den Islam vgl. Dale, *The Garden of the Eight Paradises*, S. 30.

[6] Vgl. Dale, *The Garden of the Eight Paradises*, S. 30.

[7] Vgl. Wagner-Egelhaaf, *Autobiographie*, S. 119.

[8] Dale sieht die Tradition der vorislamischen Kriegerkaste Arabiens als Wurzel dieses Ethos an, der sich dann auch über Epen und Dichtung weitertradierte. Vgl. Dale, *The Garden of the Eight Paradises*, S. 33.

[9] Vgl. Burckhardt, *Die Kultur der Renaissance in Italien*, S. 77.

dem Babur sich selbst nicht direkt charakterisiert. Ein Charakterbild lässt sich lediglich indirekt anhand einer Analyse der geschilderten Handlungen und Gedanken erstellen.

Zu den herrscherlichen Selbstzeugnissen im Einzelnen: Babur hinterließ mit dem *Baburnama* eine zwar fragmenthafte, jedoch äußerst umfangreiche Autobiographie. Es ist dies zugleich sein einziges Werk, in dem er sich schriftstellerisch mit seinem Leben beschäftigte, sieht man einmal von möglichen autobiographischen Bezügen in seiner Lyrik ab, die jedoch nicht weiter analysiert werden soll.[10]

Die Texte mit (auto-)biographischen Anteilen, die im Umfeld und unter Mitwirkung von Maximilian entstanden sind, sind hingegen zahlreicher. Neben den volkssprachigen Werken *Theuerdank*, *Weißkunig* und *Freydal*, die in dieser Arbeit im Mittelpunkt stehen, zählt auch die lateinische *Theuerdank*-Übersetzung *Teuerdank-Magnanimus*, vom Kaiser bei Riccardus Sbrulius in Auftrag gegeben, zum sogenannten „Ruhmeswerk".[11] Daneben sind noch deren ebenso in Latein abgefassten „historiographischen Vorstufen",[12] die *Lateinische Autobiographie* und *Historia Friderici et Maximiliani* zu nennen.[13]

Um einen Vergleich des *Baburnama* mit einem quantitativ wie inhaltlich ähnlich umfangreichen Gegenstück ziehen zu können, ist es sinnvoll, auf Seiten Maximilians gleich drei seiner Projekte heranzuziehen, die aber als ein Großtext zu werten sind. Da sich überdies nicht nur die Forschung weitgehend einig darüber ist, dass *Weißkunig* und *Freydal* „mit dem Theuerdank eine Trilogie bilden sollten, so daß sich erst aus allen dreien eine vollständige, allerdings allegorisch verschlüsselte Biographie des Kaisers ergab",[14] sondern auch der Kaiser selbst eine solche Zusammengehörigkeit konzeptionell vorsah,[15] ist die Zusammenfassung dieser

---

10 Für eine autobiographische Lesart einiger Verse Baburs spricht sich Dale aus. Als Ausgangspunkt dient ihm dabei der Befund, dass bestimmte Verse Baburs von der literarischen Konvention abwichen und diese Abweichungen ein ‚Einfallstor' für den Ausdruck von Gefühlen böten. Außerdem biete das *Baburnama* einen autobiographischen Kontext, vor dessen Hintergrund auch eine autobiographische Lesart der Verse möglich sei. Vgl. Dale, *The Poetry and Autobiography of the Babur-nama*, S. 635-664, bes. S. 645ff. Die Möglichkeit einer autobiographischen Lesart bestimmter Verse soll nicht prinzipiell bestritten werden. Da jedoch nicht im Einzelnen entschieden werden kann, welche Verse eine autobiographische Lesart erlauben und welche nicht, und wo die Grenzen der literarischen Konvention verlaufen, werden die Gedichte aus Baburs *Dīvān* nicht in das Analysekorpus aufgenommen.

11 Müller prägte diesen Begriff, der die im Umfeld Maximilians entstandenen Werke zusammenfasst, in seinem Standardwerk zu Maximilians literarischem Umfeld *Gedechtnus*.

12 Müller, *Gedechtnus*, S. 96.

13 Diese lateinischen Texte Maximilians werden ebenfalls nicht analysiert, weil Maximilian selbst im Laufe seines Lebens den volkssprachigen Texten schließlich mehr Aufmerksamkeit schenkte und ihnen zumindest für seine Selbstdarstellung und für das Medium Buch größere Bedeutung zuwies.

14 Appuhn, *Nachwort*, S. 601.

15 Vgl. dazu den Eintrag Maximilians in sein *Gedenkbuch*: „Item in den weyssen kunig zu stellen die comedi vom Teurdangk und tragedi vom fürsten Wundrer." Primisser, *Über des Kaisers Maximilian I. Gedenkbücher aus der k.k. Ambraser Sammlung*, S. 174. Unter der „tragedi vom fürsten Wundrer" versteht Misch den *Freydal* und gibt zu dem Plan Maximilians des

drei Werke zu rechtfertigen.[16] Inhaltlich ergibt sich die „vollständige [...] Biographie"[17] durch die Erzählschritte: Vorgeschichte des Vaters (*Weißkunig*), Geburt und Erziehungsgeschichte des Helden (*Weißkunig*), Ruhmerwerb während der Jugend (*Freydal*), Brautwerbung (*Theuerdank*), Hochzeit und Regierungszeit mit kriegerischen Auseinandersetzungen (*Weißkunig*).[18]

Die thematischen Schwerpunkte der drei Werke liegen also in unterschiedlichen Bereichen, die sich auch im *Baburnama* betrachten lassen. Dazu finden sich Hinweise in den Werken des Kaisers selbst, die auf thematische Zusammengehörigkeit hindeuten. In der Clavis des *Theuerdank* wird die Namensgebung des Ritters begründet: Er habe

> [...] von Jugent auf/all sein gedannckhen/nach Tewerlichen sachen gericht/die Er auch vilfeltigklich über menig/and Fürsten und Ritter von den man geschriben findt/mit eignem leib volbrach hat/wie man in disem/auch sunst noch in andern zwayen puechern klerlichen vernemen wirdet.[19]

„Einstellens" zu bedenken, dass *Freydal* und *Theuerdank* sich durch ihre gebundene Form vom *Weißkunig* unterschieden, was das „Einstellen" dieser beiden Werke wohl erschwert hätte: „Aber trotz des unvollendeten Zustandes und des Mangels einer einheitlichen äußeren Form bleibt der Plan einer Gesamtkomposition sichtbar: Der Weißkunig bildet die Grundlage, über der sich die beiden andern [sic] Selbstdarstellungen als Idealisierungen zweiten Grades erheben." Misch, *Die Stilisierung des eigenen Lebens in dem Ruhmeswerk Kaiser Maximilians*, S. 453f. Strobl verweist hingegen darauf, dass man unter dem „fürsten Wunderer" den *Erec* zu verstehen habe, der von Hartmann in der Erzählung zweimal „Êrec der wunderære" (9307 und 1043) genannt werde. Vgl. Strobl, *Studien über die literarische Tätigkeit Kaiser Maximilian I.*, S. 155f. Diese Begründung trägt jedoch nicht, da das Epitheton dann ebenso gut auch in anderen mittelhochdeutschen Epen gesucht werden könne: So wird genauso auch Tristan als „der wunderære" (16,216 R.) bezeichnet. Dass jedoch parallel zum namentlich genannten *Theuerdank* der ebenso selbstbiographische Text, der sich scheinbar noch in der Namensfindungsphase befand, gemeint sein sollte, der eben von einem „fürsten Wundrer" handelte, den man dann später Freydal nannte, erscheint wahrscheinlicher.

16 Für eine Zusammenfassung argumentiert auch Laschitzer. Vgl. *Einleitung*. Dagegen spricht sich Ziegeler aus, der sich mit Laschitzers Argumentation auseinandersetzt, aber nicht alle Argumente aufführt, die in der vorliegenden Arbeit vorgebracht werden. Vgl. Ziegeler, *Beobachtungen zur Entstehungsgeschichte von Kaiser Maximilians* Theuerdank. Ziegeler ist allerdings insofern zuzustimmen, dass möglicherweise kein „einheitliches Werk" aus *Weißkunig* und *Theuerdank* geschaffen werden sollte, wie Laschitzer vermutete (*Einleitung*, S. 10), sondern dass die Werke eine eigene Konzeption erhielten. Unter inhaltlichen Gesichtspunkten lassen sie sich jedoch zu einem Maximilianischen Großtext zusammenfassen, so wie dies in der vorliegenden Arbeit geschieht.

17 Appuhn, *Nachwort*, S. 601.

18 Berücksichtigt man die Clavis des *Theuerdank*, so ergeben sich Überschneidungen mit dem *Freydal* und dem *Weißkunig*, wenn Fürwittig als „plüend Jugend" und Neydelhart als das „allter" aufgeschlüsselt werden (Pfintzing, *Theuerdank*, S. 567f.). Zur Problematik dieses Deutungsangebotes der Clavis vgl. Strohschneider, *Ritterromantische Versepik im ausgehenden Mittelalter*, S. 445f.

19 Pfintzing, *Theuerdank*, S. 566f. Möglich, jedoch aufgrund der volkssprachigen Konzeption nicht wahrscheinlich ist, dass hier andere Werke als der *Weißkunig* und der *Freydal* gemeint sind.

Eindeutiger ist noch die Aufschlüsselung von Kapitel 92 in der Clavis des *Theuerdank* als „ein anzaigunng einer handlung durch den Held in einer schlacht beschehen nach ausweisunng des Blannckh künigs"[20]. Am Ende des *Freydal* erfolgt schließlich der Hinweis, dass in einem „nachuolgenden buech"[21] die Erzählung fortgeführt werde:

> Aber was selzamer vnd mercklicher || zufäll in- vnd ausserhalb seins wesens im von jugent auf begegnet seyen, oder wie er vor vil vnfall, der im zu mermalen gar nach was, bisher von got so genedigclich behutt vnd genesen sye, bin ich willen in nachuolgenden buech durch schrift vnd figuren auf das allerteutlichist darzuthun vnd wil damitt diss edel buech von dem wunsamen vnd rumreichen Freydalb in namen gottes geendet haben vnd mich hinfur auf das ander buech von seinen thaten vnd wunderbaren (zu)-uallen schreiben vnd des puech jch nennen wurdt den Teurdanck.[22]

Die Erkärung, wie aus Freydal Theuerdank wird, fügte der Kaiser handschriftlich hinzu: „[...] Dann do er von seinem vatter || schied zu seiner heyrat, wolt er hinfur nit mer Freydalb genennt sein, darumb in sein herolld ainen andern namen geben vnd hat in gehaissen Teurdanckh, wie hernachuolgt."[23]

Eine ähnlich umfangreiche Lebensbeschreibung wie der Maximilianische Großtext bietet auch das *Baburnama*, das mit der Machtergreifung Baburs im Alter von elf Jahren einsetzt und wenige Monate vor dem Tod des Herrschers abbricht. Wie in den drei Werken Maximilians werden auch in der Erzählung des *Baburnama* unterschiedliche inhaltliche Schwerpunkte gesetzt. Ist Babur zu Beginn seines Wirkens vor allem mit der Qazaqlıq beschäftigt, um sich überhaupt als Herrscher zu etablieren, kann er sich nach der Eroberung Kabuls auch bescheidenerer höfischer Repräsentation in Form von Majālis widmen. Die Eroberung Hindustans und die Erschließung des neuen Herrschaftsgebietes fordern Baburs Künste als Kriegsherr.

Schließlich sind die bisher und im Folgenden verwendeten Begriffe Selbstzeugnis, selbstreferentiell und Autobiographie noch zu klären. In der einflussreichen Definition von Bettina von Krusenstjern wird ein Text als Selbstzeugnis definiert:

> [...] wenn die Selbstthematisierung durch ein explizites Selbst geschieht. Mit anderen Worten: die Person des Verfassers [...] tritt in ihrem Text selbst handelnd oder leidend in Erscheinung oder nimmt darin explizit auf sich selbst Bezug. Dabei ist es unerheblich, ob er [...] dies in der 1. oder 3. Person tut.[24]

20 Pfintzing, *Theuerdank*, S. 578.
21 Von Leitner, *Der Freydal*, S. XXXVI.
22 Von Leitner, *Der Freydal*, S. XXXVI.
23 Von Leitner, *Der Freydal*, S. XXXVI, Anm. 3.
24 Von Krusenstjern, *Was sind Selbstzeugnisse?*, S. 463.

Das prägende Merkmal dieser Textsorte[25] wird durch den Begriff der Selbstreferentialität angegeben.[26]

Dem weiten Begriff des Selbstzeugnisses steht der häufig enger aufgefasste Begriff der Autobiographie gegenüber, bei dem zumeist auf die Definition Philippe Lejeunes zurückgegriffen wird, der unter ihr eine „rückblickende Prosaerzählung einer tatsächlichen Person über ihre eigene Existenz, wenn sie den Nachdruck auf ihr persönliches Leben und insbesondere auf die Geschichte ihrer Persönlichkeit legt"[27], versteht. Die Bezeichnung als Autobiographie findet man über diese recht enge Definition hinaus mit einer weit gefassten Verwendung, etwa in Georg Mischs mehrbändigen *Geschichte der Autobiographie*[28] oder im *Killy Literaturlexikon*.[29]

Für die vorliegenden Texte sind diese Überlegungen zu verschiedenen Textsortenbezeichnungen aus dem Grund relevant, weil sich für sie Unterschiede ergeben. Während man das *Baburnama* als Selbstzeugnis und auch, sowohl nach enger als auch weiter Definition, als Autobiographie bezeichnen kann, sind die Texte mit autobiographischen Anteilen von Maximilian zwar als Selbstzeugnis, aber nur nach der weiten Definition auch als Autobiographie zu fassen. Betrachtet man die selbstreferentiellen Texte Maximilians, so ergeben sich mit der engen

---

[25] Statt der Bezeichnung ‚Gattung' wird hier und im Folgenden auf den linguistischen Begriff der ‚Textsorte' zurückgegriffen. Dieser zeichnet sich gegenüber dem Gattungsbegriff dadurch aus, dass er nicht nur über die Bündelung und Klassifizierung textinterner Merkmale zu einer Texteinteilung gelangt, sondern darüber hinaus in den Textfunktionen ein Differenzierungsmerkmal findet. Vgl. Brinker, *Linguistische Textanalyse*, S. 120-136. Da dadurch der kommunikativen Funktion der Texte ein größeres Gewicht zukommt, wird dieser Begriff als der für die Betrachtung der Texte von Maximilian und Babur vorteilsreichere Begriff erachtet. Für die Analyse bedeutet das, dass dort dem gesamten Rezeptionsprozess (also auch den Rezipienten) Aufmerksamkeit zukommt.

[26] Vgl. Schmolinsky, *Selbstzeugnisse im Mittelalter*, S. 25f. Schmolinsky präzisiert, dass ein selbstreferentieller Bezug bedeutet, dass „zwischen Urheber(in) und Hauptgegenstand der Quelle Identität besteht, also Selbstthematisierung vorliegt." Ebd.

[27] Lejeune, *Der autobiographische Pakt*, S. 14.

[28] „Die Selbstbiographie ist keine Literaturgattung wie die andern. Ihre Grenzen sind fließender […]; sie ist selber eine Lebensäußerung, die an keine bestimmte Form gebunden ist. […] Gebet, Selbstgespräch und Tatenbericht, fingierte Gerichtsrede oder rhetorische Deklamation, wissenschaftlich oder künstlerisch beschreibende Charakteristik, Lyrik und Beichte, Brief und literarisches Porträt, Familienchronik und höfische Memoiren, Geschichtserzählung rein stofflich, pragmatisch, entwicklungsgeschichtlich oder romanhaft, Roman und Biographie in ihren verschiedenen Arten, Epos und selbst Drama […]. Auf dieser Fülle der Formen, die sinnfällig macht, welches Leben die autobiographische Gattung in sich trägt, beruht vornehmlich die eigentliche Fruchtbarkeit der Selbstbiographie für die objektive Erkenntnis des Menschen." Misch, *Geschichte der Autobiographie Bd. 1,1*, S. 6f.

[29] „Sie [= die Autobiographie; Anm. d. Verf.] gehört […] zu den wenigen literar[ischen] Selbstzeugnissen, die eine zusammenhängende Erzählung vergangener Erlebnisse über einen größeren Zeitraum hinweg aus dem Rückblick bieten. […] Vom Namen her ist die A[utobiographie] als Darstellung des *ganzen* eigenen Lebens von der Geburt bis zum Zeitpunkt der Niederschrift definiert. Zumindest muß sie einen wesentl[ichen], kohärenten Teil des Lebens gestalten […]." Niggl, *[Art.] Autobiographie*, S. 58.

Definition Lejeunes Probleme:[30] Während der *Weißkunig* in Prosa verfasst ist, sind *Freydal* und *Theuerdank* in Reimpaarversen abgefasst. Zahlreiche Referentialisierungen zu historischen Begebenheiten aus Maximilians Leben in allen drei Werken sind als Merkmale für eine persönliche Lebensgeschichte aufzufassen, viele Stilisierungen und Allegorisierungen aber auch als Gegenargumente anzuführen. Die Autorschaft ist mehr den einzelnen Personen aus dem Gelehrtenkreis Maximilians zuzuschreiben als dem Kaiser selbst, der jedoch die Aufsicht über die Arbeiten führte, Verbesserungen durchführte und Vorgaben machte.[31] Die Erzählperspektive ist in allen drei Werken eine retrospektive.

Aus diesem Befund ergibt sich, dass alle vier Analysetexte als Selbstzeugnisse mit dem Merkmal selbstreferentiell zu bezeichnen sind, da die Person des (Mit-) Verfassers in den Texten selbst handelnd in Erscheinung tritt und auf sich Bezug nimmt: Im *Theuerdank* geschieht dies durch die Bezugnahme auf die historische Person Maximilians in der Clavis, im *Freydal* dadurch, dass ein Bezug zum *Theuerdank* hergestellt wird und im *Weißkunig* schließlich, indem die verschlüsselten Personen bisweilen auch unverschlüsselt in der Handlung auftreten. Die engere Definition der Autobiographie trifft hingegen nur auf das *Baburnama* zu.

Unterschiede im Textstatus sind damit ausreichend konstatiert. Das gemeinsame Merkmal der Selbstreferentialität ermöglicht jedoch die vergleichende Analyse der herrscherlichen Selbstdarstellung.

3.2 Die Wahl der Volkssprache

Bei der Verschriftlichung ihrer Leben verrichteten die beiden Herrscher Identitätsarbeit. Die kommunikativen Ziele stehen Seite an Seite mit der textuellen Verarbeitung von Erlebtem in einem Akt der Selbstdeutung. Mit diesem Aspekt der Identitätsarbeit und dem anvisierten Rezipientenkreis ist ein Auswahlkriterium verknüpft, das bei der Selektion der Analysetexte zugrunde gelegt wurde und zum Ausschluss der lateinischsprachigen Texte aus dem Maximilian-Textkorpus führt: die Volkssprachigkeit der Texte.

Die Gesellschaften beider Kulturräume sind mindestens zweisprachig geprägt: Es wird zwischen einer Volkssprache und einer Gelehrtensprache unterschieden, die von unterschiedlichen Bevölkerungsgruppen bevorzugt werden. Im Falle der Timuriden tritt noch Arabisch als Sprache des *Korans*, also der Religion, hinzu. In beiden Dynastien gelten ein oder zwei andere Sprache als die, in der die Analysetexte verfasst sind, als Gelehrtensprachen. Bei den Habsburgern ist dies Neu-

---

[30] Der problematische Textstatus zeigt sich etwa darin, dass für die Texte verschiedene Textsortenbezeichnungen in Gebrauch sind: Appuhn bezeichnet den *Theuerdank* etwa als „Heldenepos" (*Nachwort*, S. 593), Füssel den *Freydal* als „Turnierbuch" (*Der Theuerdank von 1517*, S. 12) und Schlotheuber spricht zusammenfassend von „Triumphromanen" (*Die Autobiographie Karls IV.*, S. 562).

[31] Vgl. Müller, *Gedechtnus*, S. 65.

latein,[32] bei den Timuriden sind es Persisch und Arabisch. Arabisch als Sprache des *Korans* ist vor allem für religiöse Zwecke in Gebrauch. Die vorherrschende Sprache in Literatur und Verwaltung ist das Persische, das allerdings stark vom Arabischen beeinflusst ist.

Dass die Selbstzeugnisse in den jeweiligen Volkssprachen Frühneuhochdeutsch und Tschagataisch abgefasst wurden, ist als eine bewusste Wahl der Machthaber zu werten, die jeweils beide (und mehr) Sprachen beherrschten. Die Gründe für diese Wahl differieren.

Bei den Habsburgern unter Maximilian war die Wahl der Sprache für die Selbstverortung in der Dynastie und für die Identifizierung mit einem Rollenbild von Bedeutung, in erster Linie wird der Kaiser jedoch das Frühneuhochdeutsche mit Blick auf sein anvisiertes Publikum ausgewählt haben, um eine gezielte Wirkung zu erreichen.[33] Sich in der Gelehrtensprache des Neulateinischen auszudrücken war ein Kennzeichen des Gelehrtenkreises und diente ihrem gesellschaftlichen Selbstverständnis. Zu diesem gehörte auch die Überzeugung, dass Fleiß und Leistungen beim Studium über die gesellschaftliche Stellung bestimmen sollten und nicht die Geburt.[34] Dass die Texte des Kaisers in der Volkssprache und nicht in der Gelehrtensprache erschienen, war dennoch nicht als Affront gegenüber seinen Gelehrten gemeint, die immerhin vielfältig in den Schaffensprozess der Werke eingebunden waren.[35] Maximilian wollte zwar ein elitäres, jedoch über die Gelehrten hinausreichendes Publikum ansprechen, zu dem wohl Mitglieder der Reichsstände, adliger und bürgerlicher Führungsschicht sowie seine Diener in Kammer und Regiment gehörten.[36] Elemente der spezifischen Adressatenorientierung waren die bewusste Verschlüsselung der Texte, die reiche Illustration, das Setzen der Texte in einer eigens entworfenen, repräsentativen Type und die Wahl einer kleinen Auflage, die bei Hofbuchdrucker Schönsperger hergestellt

---

32 Besonders Konrad Celtis gibt sich als Verfechter der lateinischen Sprache. In einem programmatischen Gedicht von 1492 stellt er die beiden Sprachen einander gegenüber: „Primus exosus fueras veternum / Exutus scabras nitidus loquelas, / Barbaras voces et avita crassae / Murmura linguae. // Iamque Romano erudiendus ore / Induis pulchrum decus expetendo, / Quae probant docti ingenuo calentes / Pectoris igne." Celtis, *Ad Sigismundum Fusilium Vratislaviensem, de his quod futurus philosophus scire debeat*, S. 46-51.

33 Vgl. Müller, *Gedechtnus*, S. 76.

34 Vgl. Müller, *Gedechtnus*, S. 41.

35 Zudem förderte der Kaiser unter anderem mit der Dichterkrönung die neulateinische Poesie und hatte bei der Abfassung seiner Selbstzeugnisse mit der *Lateinischen Autobiographie* auf Latein begonnen. Im Anschluss an die volkssprachlichen Versionen waren teilweise auch Übersetzungen der Texte in das Neulateinische geplant. Für den *Theuerdank* hatten diese Arbeiten bereits begonnen. Vgl. Müller, *Gedechtnus*, S. 159. Für den *Weißkunig* waren gar mehrere Übersetzungen geplant, so berichtet Stabius an Ferdinand I. Vgl. Steinherz, *Ein Bericht über die Werke Maximilians I.*, S. 154.

36 Vgl. Müller, *Gedechtnus*, S. 76. Angesprochen waren also sowohl die Schichten, die durch Bildung und Leistung an den Hof Maximilians gelangt waren, als auch der Geburtsadel. Vgl. Kaulbach, *Neues vom Weisskunig*, o. S.

wurde.[37] Die Verschlüsselung zielte darauf, Verständnisbarrieren zu errichten, die in abgestufter Weise Rezipienten am Inhalt des Textes teilhaben ließen oder auch nicht. Hinter der kleinen Auflage steckte ein Verteilungssystem, das auf dynastischem und territorialstaatlichem Interesse basierte: Mit den Buchgeschenken sollten Verdienste belohnt und Bindungen zum Herrscher verstärkt werden.[38] Die Wahl der Volksprache zielte auf ein elitäres Publikum, das noch keine vollständige Alphabetisierung erfahren hatte. Die Lektüre wird durch die reiche Bebilderung bei der Rezeption unterstützt.[39]

Maximilian beschränkte seine Förderung der Volksprache nicht auf seine Selbstzeugnisse. Neben der politischen Kommunikation auf Flugblättern, die er der breiten Wirkung wegen auf Deutsch verfassen ließ, bemühte er sich auch um die Volkssprache in den Amtsstuben: Inspiriert durch die Verhältnisse in Burgund veranlasste er, in den kaiserlichen Kanzleien statt auf Latein fortan in der Volkssprache zu schreiben. Von dort aus verbreitete sich der Schreibstil und wurde gar zur Schriftnorm in der Verwaltung.

Zu Zeiten des Kaisers waren mit der Frage nach der Sprache der Dichtung generell Aspekte der Identitätsbildung verbunden. Dies zeigt eine Polemik von Konrad Celtis, der sich als lateinisch dichtender Gelehrter gegen die in der Volkssprache dichtenden Reimsprecher des Kaisers wendet, die er „Rhematarii" nennt und deren Aufgabe es war, Nachrichten von militärischen Unternehmungen, Repräsentationsereignissen oder politischen Beschlüssen in Verse zu fassen und im Reich bekannt zu machen.[40] Ihnen stellt er die gelehrten Dichter als positives Gegenstück gegenüber, die auf Latein dichteten und in ganz Europa gelesen werden konnten.[41] Die Polemik von Celtis zeigt, dass Maximilians Sprachwahl das gesellschaftliche Selbstverständnis der Gelehrten berührte, zu deren Kennzeichen es gehörte, sich im Neulateinischen ausdrücken zu können. Maximilian bevorzugte jedoch weder die eine noch die andere Sprache, sondern wählte sie je nach Funktionszusammenhang der Texte aus.

Babur schrieb in Tschagataisch (bei ihm „Turki" genannt) und nahm über die Sprache eine soziale und politische Selbstverortung vor:[42] Er betonte damit seine

---

37 Vgl. Füssel, *„Barbarus sermo fugiat …"*, S. 97.

38 Vgl. Kaulbach, *Neues vom Weisskunig*, o. S.

39 Neben der Lektüresituation („Nun wer von kurtzweil lesen wil") wird auch eine mündliche Vorlesesituation („als ir hie horen werden") in den einleitenden Worten des *Freydal* angenommen. Von Leitner, *Freydal*, S. XV.

40 Vgl. Müller, *Maximilian und die Hybridisierung frühneuzeitlicher Hofkultur*, S. 18. Zu den Bezeichnungen Rhematarii und Arithmarii vgl. auch Müller, *Gedechtnus*, S. 309, Anm. 9.

41 „Ad divum Maximilianum de rhematariis suis / Cum tot arithmarii scribant tibi rhemate laudes, / Caesar, et impressis dent tua gesta notis, / Nemo tamen, spero, placeat magis, inclyte Caesar, / Quam nos, qui Latiis scribimus acta notis. / Nostra legit Gallus, Boemannus, Sarmata, Panno, / Romulus, Hispanus, Vasco, Britannus, Eryx. / Illorum nostris tantum admirantur in oris / Rhemata; non alias sunt aditura plagas." Celtis, *Ludi scaenici*, S. 16.

42 Vgl. Dale, *The Garden of the Eight Paradises*, S. 150.

Zugehörigkeit zur timuridischen Dynastie, stellte sich in die Tradition derselben und verrichtete damit Identitätsarbeit für sie. Er betonte mit dieser Wahl der Volkssprache seine Stellung als Anführer der turkomongolischen Elite.[43] Am Hofe des mit Babur zeitgleich regierenden Safawidenherrschers Shah Ismail[44] kann eine funktionale Aufteilung bei der Sprachverwendung konstatiert werden: Persisch wird als Sprache der Verwaltung und Literatur eingesetzt, während Tschagataisch als Sprache der militärischen Eliten Verwendung findet.[45] Ähnlich sahen das Sprachenverhältnis und die funktionale Aufteilung der Sprachen auch an Baburs Hof aus, jedoch mit dem Unterschied, dass das Tschagataiasche auch als Literatursprache fungierte. Als Wegbereiter dieser Adaption des Tschagataischen in den Bereich der Dichtung wird Ali-Sher Beg Nawaʾi angesehen, über dessen Leistungen es heißt: „He found Chaghatai an unrefined language of tribesmen and he left it a language recognized and accepted as a suitable medium for literature."[46] Neben seinem hohen Status am Hofe Sultan-Husayn Mirzas, der ihm Autorität verlieh, sorgte er mit seiner dichterischen Tätigkeit dafür, dass ein anspruchsvolles Repertoire an tschagataischer Poesie geschaffen wurde, das Vorbildcharakter besaß.[47] In einem Essay, den er 905/1499 verfasste, vergleicht Nawaʾi die damals dominierende Literatursprache des Persischen und das Tschagataische und kommt zu dem Schluss, dass das Tschagataische dem Persischen überlegen sei.[48] Nawaʾi dichtete selbst auch auf Persisch, verfasste aber das Gros seiner Werke auf Tschagataisch.

---

43 Vgl. Dale, *The Garden of the Eight Paradises*, S. 149.

44 Babur erwähnt Shah Ismail mehrere Male im *Baburnama* (vgl. fol. 9, 166b, 177b, 200b und 210b), geht sogar eine militärische Koalition mit ihm ein, die jedoch zeitlich in eine Lücke der Autobiographie fällt (die Koalition findet im Jahr 918/1512 statt, die entsprechende Lücke im *Baburnama* reicht von 915–925/1509–1519), aber aus anderen Quellen (z.B. dem *Tarikh-i-Rashidi*) rekonstruiert werden kann.

45 Tschagataisch gilt als „badge of ethnic and social identity: chronicles repeatedly testify to the perceived functional specialization of Turk and Tajik (the general term for Persian-speakers) as, respectively, *khān* and *mirzā*, men of the sword and men of the pen, and to their rivalry for status and power in the imperial structure." Tschagataisch verbreitete sich jedoch unter Shah Ismail in allen Gefolgsgruppen zunehmend. Perry, *The Historical Role of Turkish in Relation to Persian of Iran*, S. 193f.

46 Devereux, *Introduction*, S. IX.

47 Vgl. Dale, *The Poetry and Autobiography of the Babur-nama*, S. 646.

48 Die Thesen des Essays *Muhakamat al-lughatain* (*The Judgment of Two Languages*) wertet Devereux als „linguistic chauvinism" (*Introduction*, S. IX). Nawaʾi bringt u. a. als Argument für die Überlegenheit des Tschagataischen an, dass es für viele tschagataische – Nawaʾi verwendet wie Babur die Sprachbezeichnung „Turki" – Wörter keine persischen Äquivalente gebe und Sprecher des Persischen auf die tschagataischen Ausdrücke zurückgreifen müssen. Als weiteres Argument nennt er, dass die meisten Turksprachler auch Persisch beherrschten, aber es den wenigsten Persern gelänge, das Tschagataische zu erlernen. Das Arabische betrachtet Nawaʾi – unabhängig von seinen Thesen zum Persischen und Tschagataischen – aus religiösen Gründen als Sprache mit dem größten Prestige: „Of all languages Arabic possesses the most eloquence and grandeur [...]. For the glorious and sacred Qurʾān descended [from Heaven] in that language [...]." *Muhakamat al-lughatain*, S. 3.

Babur stellt sich mit dem Gebrauch des Tschagataischen als Sprache seiner Autobiographie in die Tradition Nawaʾis. Seinen Bezug zu ihm erwähnt er explizit: Indem er den Bewohnern Andizhans attestiert, sie sprächen so, wie Nawaʾi schreibe, stellt er – als gebürtiger Andizhaner – auch seine Sprache als elaboriert heraus.[49] Mit dem Gebrauch des Tschagataischen ist Babur also in der Lage, sich nicht für die Ansprache *einer* Rezipientengruppe unter seinen Gefolgsleuten entscheiden zu müssen. Auch wird das Tschagataisch, das Babur verwendete, charakterisiert durch persische oder arabische Lehnwörter und teilweise sogar syntaktische Einflüsse aus dem Persischen und Arabischen.[50]

Für das nötige Prestige der Volkssprache auch in Gelehrtenkreisen hatte bereits der literarische Einsatz Nawaʾis gesorgt. Dennoch wird man die Wahl auch als eine bewusste Hinwendung zur militärischen Elite seines Gefolges werten dürfen, die traditionell in der Volkssprache kommunizierte. Neben den hochrangigen Gefolgsleuten richtete sich der Text aber auch – und primär – an die Nachkommen Baburs, die auf diese Weise auf die Bedeutung der Volkssprache als identitätsstiftendes Element der Dynastie aufmerksam wurden, auch wenn sie vermutlich in zweisprachiger Umgebung aufwuchsen.

Die Wahl der Volkssprache für ihre Selbstzeugnisse bedeutete keine Hinwendung der beiden Herrscher zu einem Massenpublikum: Bücher waren Luxusware und eine flächendeckende Alphabetisierung nicht ansatzweise gegeben. Zur breiten Bevölkerung wurden andere Arten der Beziehung aufgebaut: Seine Verbindung zu den Naqshbandi-Sufis bedeutete für Babur auch eine Verwurzelung in der Bevölkerung. Maximilian zielte mit den politischen Reimsprechern, Liedern oder der Verbreitung von Flugblättern auf ein größeres Publikum.

Trotz der vorgebrachten Argumente kann über das tatsächlich intendierte Publikum für die Selbstzeugnisse letztendlich nur spekuliert werden. Fraglich ist beispielsweise, ob eine Rezeption der Werke vor dem Tod der Herrscher geplant war oder erst danach. Schließlich sind Lebenserzählungen strukturell eher auf eine Lektüre nach dem Tod ausgelegt, da sie gezwungenermaßen spätestens mit ihm enden. Auch die Verwahrung der gedruckten Exemplare des *Theuerdank* in Truhen bis nach Maximilians Tod deutet darauf hin, dass das fertige Buch zu Lebzeiten nicht eingesehen werden sollte. Jedoch sind viele inhaltliche Aussagen der Selbstzeugnisse darauf ausgelegt, noch während der Zeit der Herrschaft gelesen zu werden. Möglich ist daher, dass die Texte (ursprünglich) für eine Rezeption vor dem Tod vorgesehen waren oder bereits während des Entstehungsprozesses (vor-)gelesen wurden. Eine potentielle Bühne für eine Lesung bildeten etwa die Majālis an Baburs Hof. In jedem Fall, und das gilt für alle vier zu betrachtenden Texte, ist von einer elitären Zielgruppe auszugehen.

---

49   Vgl. Thackston, *The Baburnama*, S. 36 [fol. 2b].
50   Vgl. Dale, *The Garden of the Eight Paradises*, S. 154.

3.3 Der literaturgeschichtliche Kontext unter besonderer Berücksichtigung der Geschichte der Selbstzeugnisse

Die literarische Beschäftigung der beiden Herrscher mit ihrer eigenen Person in der vorliegenden Form ist als Besonderheit und Ausnahmeerscheinung in ihren jeweiligen Kulturräumen aufgefasst worden.[51] Dieser Sonderstatus ist auf unterschiedliche Gründe zurückzuführen. In beiden Kulturräumen sind Herrscherselbstzeugnisse eine Rarität. Für die Zurückhaltung bei der künstlerischen Beschäftigung mit der eigenen Person werden religiöse Gründe angeführt. Die zweite Besonderheit bildet der Status des Schreibenden, die in beiden Kulturräumen in ihrer Dynastie als Herrscher bzw. zur Herrschaft berechtigt geboren wurden. Im Falle von Maximilians Kulturraum stellt die Autobiographie Karls IV. (1316–1378) die erste Herrscherautobiographie eines mittelalterlichen deutschen Herrschers dar, auf die erst wieder Maximilian mit seinen Texten folgt. Als dritte Besonderheit ist der Stil der Selbstzeugnisse zu nennen, der bei Babur einen intimen Blick auf Gedanken und Gefühle erlaubt. Der Maximilianische Großtext ist teils als eine literarische Verschlüsselung historischer Fakten, teils als eine eigenständige literarische Erzählung zu sehen.

Trotz ihrer Besonderheiten und trotz lebensweltlicher Einflüsse auf die Gestaltung der Texte ist bei beiden Herrschern eine gewisse Tradition an Selbstzeugnissen vorhanden, in die sie sich stellten, und die auf ihre Texte Einfluss ausübte. Neben den spezifischen Traditionen lassen sich Vermutungen über gemeinsame antike Einflüsse oder typologisch ähnliche mystische Einflüsse anstellen.

Eine Autobiographie der wohl berühmtesten antiken Herrschergestalt Alexanders des Großen ist zwar nicht überliefert;[52] seine literarischen Verarbeitungen sind jedoch zu Zeiten der beiden Herrscher Europa und Zentralasien weit verbreitet und er wird explizit in Maximilians und Baburs Texten erwähnt.[53] Der

---

[51] Vgl. Dale, *Steppe Humanism*, S. 49; vgl. Wehrli, *Geschichte der deutschen Literatur im Mittelalter*, S. 907.

[52] Die Einordnung von Selbstzeugnissen Alexanders als „unzweifelhaft authentisch" ist schwierig. Lehmann geht von einem sehr kleinen Bestand an authentischen Selbstzeugnissen aus und plädiert dafür, selbst die großen historischen Reden bei Arrian „nur mit erheblichen Vorbehalten und Einschränkungen" dieser Kategorie zuzuordnen. Lehmann, *Alexander der Große*, S. 193. Merkelbach ist der Meinung, dass etwa die Form des Briefes, in der einige der Abenteuer Alexanders (etwa in den Alexanderromanen) überliefert sind, von den Literaten gewählt wurde, um die Abenteuer glaubhaft erscheinen zu lassen. Er sieht sie als „Nachklang der lebendigen Sage", wenn auch „nicht [als] echte Aufzeichnungen der mündlichen, sagenhaften Tradition." Merkelbach, *Die Quellen des griechischen Alexanderromans*, S. 61. Dennoch ist es möglich, dass Textteile, die Alexanders Urheberschaft zugeschrieben werden, (nicht nur) zu Zeiten Maximilians und Baburs von den Rezipienten als authentische Selbstzeugnisse gelesen wurden. Aufgrund der – bereits erwähnten – anders gearteten Wahrnehmung von Fakten und Fiktionen in der Vormoderne ist es dabei gleichgültig, ob diese Texte heutzutage der Geschichtsschreibung oder Literatur zugezählt werden.

[53] Vgl. Thackston, *The Baburnama*, S. 382 [fol. 319]; vgl. *Der Weiß Kunig*, S. 78f. [Schultz: S. 80].

Protagonist im Maximilianischen Text, Weißkunig, benennt ihn gar als Vorbild.[54] Die literarisch vermittelte Figur Alexanders kann als Einflussgröße für die Gestaltung der Protagonisten in den Selbstzeugnissen Maximilians und Baburs angenommen werden.

Der russische Literaturtheoretiker Bachtin sieht die Antike, die den europäischen und den zentralasiatischen Kulturraum prägte, als Epoche, in der der Mensch „ganz und gar außen"[55] war: Alles Seiende war sichtbar und hörbar. Der Einzelne erhielt erst Bedeutung, indem er sich in ein Verhältnis zur Gemeinschaft setzte und konnte nur dann von sich sprechen.[56] Für Europa – so eine weitere These Bachtins – sei das „schweigende Denken"[57] erst mit der Strömung der Mystik aufgetaucht. Auch im islamischen Kulturraum tritt seit dem 8./9. Jahrhundert eine mystische Bewegung und mit ihr mystisch inspirierte Literatur als mögliche Einflussgröße auf den Plan. So sehr sich die christliche und islamische Mystik im Einzelnen unterscheiden mochten, war ihnen doch gemein, dass die Gläubigen ihre Aufmerksamkeit auf sich und ihre innerseelischen Vorgänge richteten. Dies begünstigte wohl auch die Produktionsbedingungen für autobiographische Texte; obwohl, und das ist wiederum beiden mystischen Strömungen gemein, gerade eine Ichbezogenheit abgelehnt wurde.

Auch Einflüsse aus den jeweiligen kulturraumspezifischen Fürstenspiegeln – einer kulturraumübergreifend auftretenden Textsorte – sind anzunehmen, wenn auch unter vertauschten Vorzeichen: So sind die Herrscherselbstzeugnisse doch zunächst nicht als paränetische Texte geschrieben, sondern als Reaktion auf solche. Jedoch sind sie schlussendlich wieder als Fürstenspiegel lesbar.

Grundsätzlich zeichnen sich darüber hinaus autobiographische Texte auch durch die Nähe zur Historiographie aus, wenn Referenzen zur historischen Wirklichkeit eingefügt werden.

Der vorgestellte literarische Kontext präsentiert eine Reihe von Traditionen, sich künstlerisch mit dem Selbst auseinanderzusetzen, die teilweise auf die beiden Herrscher gewirkt haben können. Zu betonen ist zusammenfassend, dass die herrscherlichen Texte beider Seiten eher eine Zusammenführung verschiedener Einflüsse darstellen und nicht auf ein bestimmtes Vorbild zurückgreifen.

3.3.1 Die Geschichte der Selbstzeugnisse unter Maximilian

Bei der Betrachtung der kulturraumspezifischen Einflüsse auf den Habsburger Kaiser sind Selbstzeugnisse aus verschiedenen Traditionssträngen zu berücksichtigen: Zunächst werden antike Texte als Inspiration für Maximilian vermutet,

---

54 Vgl. *Der Weiß Kunig*, S. 78 [Schultz: S. 80].
55 Bachtin, *Formen der Zeit im Roman*, S. 64.
56 Vgl. Wagner-Egelhaaf, *Autobiographie*, S. 108.
57 Bachtin, *Formen der Zeit im Roman*, S. 65.

weiter kommen auch Selbstzeugnisse des lateinischen und des volkssprachlichen Mittelalters in Betracht.

Für den Beginn der kaiserlichen autobiographischen Bemühungen, die sich in der *Lateinischen Autobiographie* niederschlugen, sind die *Kommentare* Caesars als Einflussquelle genannt worden.[58] Tersch weist darauf hin, dass Caesar den Humanisten als „Inbegriff des schreibenden Feldherrn"[59] galt und auch das literarische Alter Ego Maximilians, Weißkunig, nennt Caesar als Vorbild.[60]

Da nicht nur der Kaiser, sondern auch die Gelehrten am Hofe mehrsprachig geprägt waren, sind neben volkssprachlichen ebenso lateinische, burgundische bzw. französische Texte als Einflussgrößen anzunehmen. Als ein lateinisches Selbstzeugnis, das als Vorbild gewirkt haben kann, wird die *Vita Caroli Quarti* Karls IV. gesehen.[61] Obwohl sie erst 1585 in den Druck ging, mag Maximilian sie gekannt haben, da sich in der ehemaligen Hofbibliothek in Wien eine Pergamenthandschrift von ihr aus dem 15. Jahrhundert befand.[62] Dennoch unterscheiden sich Anlage und Inhalt der kaiserlichen autobiographischen Texte: Während Karl IV. sein Leben vorrangig christlich auslegt und auf die Nichtigkeit menschlichen Strebens abhebt, sind die weltlichen Anteile im Maximilianischen Text bedeutend größer, wenngleich auch er sich als gläubiger Herrscher inszeniert. Darüber hinaus sind einige Topoi zu finden, die beide Herrscher verarbeiteten und die vermutlich einem Repertoire typischer herrscherautobiographischer Elemente zugeordnet werden können: die Darstellung der dynastischen Herkunft und mit ihr die Herrschaftslegitimation, die Exempelhaftigkeit der herrscherlichen Handlungen, die hohe Bildung des Herrschers und Elemente eines Fürstenspiegels.

Den Anstoß zur literarischen Beschäftigung mit seiner eigenen Person lieferte Maximilian der burgundisch-französische Kulturraum, dessen Memoirentradition mit Namen wie Philippe de Commynes, Olivier de la Marche (Maximilians Hofchronist), Chastellain oder Molinet verbunden ist.[63] Darüber hinaus konnten

---

58 Vgl. Burger, *Der Weißkunig. Die Selbststilisierung des ‚letzten Ritters'*, S. 26; vgl. Wiesflecker, *Joseph Grünpecks Redaktion der lateinischen Autobiographie Maximilians I.*, S. 416. Skeptisch äußert sich dazu Müller, *[Art.] Kaiser Maximilian I.*, Sp. 215. Durch eine Aussage aus seinem *Gedenkbuch* ist der Zusammenhang von Maximilians Schaffen zu *Caesars Commentarii de bello Gallico* allerdings belegbar: „It. ku. Mt sol in disem handl viij schreibern gnug zu schreiben geben, damit sein Mt. den Julium Cesarem uberpoche." Primisser, *Memoirenbuch Maximilians I. vom Jahre 1502*, S. 218.

59 Tersch, *Maximilian I.*, S. 113. Burger verweist darauf, dass Bebel 1492 Maximilian in seiner *Oratio* als Verkörperung des Caesar-Ideals darstellt. Vgl. Burger, *Der Weißkunig. Die Selbststilisierung des ‚letzten Ritters'*, S. 16f.

60 Vgl. *Der Weiß Kunig*, S. 78 [Schultz: S. 80].

61 Vgl. Burger, *Der Weißkunig. Die Selbststilisierung des ‚letzten Ritters'*, S. 16.

62 Vgl. Burger, *Der Weißkunig. Die Selbststilisierung des ‚letzten Ritters'*, S. 16.

63 Tersch weist auf die in diesem Punkt einhellige Forschungsmeinung hin. Vgl. Tersch, *Maximilian I.*, S. 113. Er beruft sich dabei auf Wiesflecker, *Joseph Grünpecks Redaktion der lateinischen Autobiographie Maximilians I.*, S. 416; Williams, *The Arthurian Model*, S. 9; Wenzel, *Höfische Geschichte*, S. 305; Müller, *[Art.] Kaiser Maximilian I.*, Sp. 215.

französische Feldherrn- oder Herrscherbiographien wie die von Karl V. (Christine de Pizan) initiierend für die schriftliche Selbstreflexion gewirkt haben.[64]

In Hinblick auf Einflüsse volkssprachlicher Art fallen zuerst die Notizen ins Auge, die der Vater Maximilians, Friedrich III., anfertigte und von deren Existenz der Sohn vermutlich Kenntnis besaß. Die Eintragungen Friedrichs waren unterschiedlicher Art: Sie umfassten etwa Gebrauchstexte, Sprüche, Wortspiele und persönliche Erlebnisse.[65] Tersch weist auf eine mögliche Abhängigkeit zwischen einigen von Friedrichs Notizen und dem Gedicht *Kayser Fridrichs moerfart* hin, die als Präfiguration der Maximilianischen Verwendung autobiographischen Materials zur Propaganda mit Mitteln der Dichtung angesehen werden kann.[66]

Ein weiteres volkssprachliches Selbstzeugnis, das der bereits erwähnten mystischen Strömung zugeordnet werden und daher spezifische Einflüsse auf den Maximilianischen Text ausgeübt haben kann, ist die *Vita* Heinrich Seuses.[67]

In der lateinischen Tradition ist zudem an Einflüsse Enea Silvio Piccolominis zu denken, der zehn Jahre am Hof Friedrichs III. gewirkt hatte, und von dem sich einige Texte im Bestand der Büchersammlung Maximilians befanden.[68] Piccolomini galt als sehr belesen und sah in Petrarca ein Vorbild, dessen Œuvre, zu dem unter anderem Selbstzeugnisse gehörten, ihn beeinflusste.[69] Piccolomini verfasste in Anlehnung an Caesar seine Memoiren, die er *Commentarii rerum memorabilium* nannte.

Im weiteren Verlauf der Arbeit wird vor allem die große Bedeutung, die Texte aus der literarischen Tradition neben den Memoirenwerken für den Maximilianischen Großtext spielten, herausgestellt. Literarische Muster aus der mittelalterlichen Heldenepik, dem höfischen Roman, der Spielmannsepik und Elemente aus den Passions- und Fastnachtspielen flossen in die Gestaltung der Texte ein.[70] Die Frage nach den literarischen Mustern in den Analysetexten ist eine der Leitfragen der Arbeit und wird daher in verschiedenen Kapiteln behandelt.

3.3.2 Die Geschichte der Selbstzeugnisse unter Babur

Autobiographien sind in der arabisch-islamisch geprägten Literaturgeschichte zwar eine Seltenheit, dennoch existieren auch vor Baburs Zeit bereits autobiographische Texte, sodass er hier auf eine gewisse Tradition zurückblicken konnte.

---

64 Vgl. Tersch, *Maximilian I.*, S. 113; vgl. Burger, *Der Weißkunig. Die Selbststilisierung des ‚letzten Ritters'*, S. 26.
65 Vgl. Tersch, *Friedrich III.*, S. 84.
66 Vgl. Tersch, *Friedrich III.*, S. 85.
67 Zu Art und Funktion dieser Einflüsse vgl. v. a. Kapitel 6.2.1.2.
68 Vgl. Gottlieb, *Büchersammlung Kaiser Maximilians*, S. 102, S. 106f.
69 Dass Petrarca auch Einfluss auf Maximilian ausübte, ist an der Dichterkrönung abzulesen, die Maximilian nach dem Vorbild Petrarcas gestaltete.
70 Die Aufzählung folgt der Übersichtsdarstellung bei Tersch, *Maximilian I.*, S. 120ff.

Als berühmteste Selbstzeugnisse dieses Kulturraums sind zu diesem Zeitpunkt die Texte Al-Ghazalis, Ibn Khalduns und Avicennas (Ibn Sinas) anzusehen, die jedoch als typisierte, eher unpersönliche Texte gelten. Sie besitzen wenige Gemeinsamkeiten mit Baburs Autobiographie, die dem Leser eine differenzierte Persönlichkeitsbeschreibung präsentiert. Das *Baburnama* wird daher von späteren Rezipienten eher mit Autobiographien der europäischen Renaissance verglichen als mit denen seines eigenen Kulturraums.[71]

Der Eindruck einer modernen und individuellen Selbstbeschreibung entsteht unter anderem dadurch, dass Babur auch seine Niederlagen und Unerfahrenheiten schildert und es ihm gelingt, ein schlüssiges Bild von sich zu zeichnen.[72] Insbesondere bei den Werten seiner sozialen Gruppe, die sich im *Baburnama* widerspiegeln, ist auch an die autobiographischen Texte muslimischer Nomadenkrieger wie etwa Abdallah ibn Buluggin and Usamah ibn Munqidh zu denken.[73]

Baburs Text ist von verschiedenen Textsorten geprägt worden.[74] Die Nähe zur timuridischen Historiographie, zu der etwa das *Zafarnama* von Sharafuddin Yazdi zählt,[75] ist daran abzulesen, dass Baburs Schilderungen sich vor allem auf das politisch-militärische Geschehen konzentrieren. Auch die Benennung seines Werkes als *Vaqāyiᶜ* (Geschehnisse) lässt diesen Rückschluss zu. Sufibiographien, wie sie etwa von Ali-Sher Beg Nawaʾi oder Fariduddin ᶜAttar geschrieben worden sind, haben Babur wohl speziell bei der Beschreibung der Träume beeinflusst.[76] Die zahlreichen Charakterschilderungen, die Babur in seine Autobiographie einfügt, könnten ihre Vorbilder in den bekannten Dichterbiographien (Tadhkiras), etwa von Dawlatshah oder wiederum Ali-Sher Beg Nawaʾi, gefunden haben, sind aber ebenfalls in der timuridischen Historiographie zu finden.[77] Darüber hinaus sind generelle Anklänge an verschiedene andere Textsorten zu finden: Die enzyklopädischen Beschreibungen, die Babur nach der Eroberung eines neuen Herrschaftsgebietes liefert, ähneln Traktaten über die Natur oder Geographie,[78] und auch Selbstzeugnisse wie Ali-Sher Beg Nawaʾis *Vaqfiyya* oder Sultan-Husayn Mirzas *Apologia*, die sich mit den Verdiensten der beiden befassen, können einen Einfluss auf Baburs Text gehabt haben.

---

71 Vgl. Dale, *Steppe Humanism*, S. 38f.; vgl. Pascal, *Design and Truth in Autobiography*, S. 22.
72 So sehen es Dale, *Steppe Humanism*, S. 39, und Honemann, *Das Babur-nama und die Autobiographie Karls IV.*, S. 65.
73 Vgl. Dale, *The Garden of the Eight Paradises*, S. 34.
74 Vgl. zu der in der zeitgenössischen Literatur üblichen Mischung von stilistischen und inhaltlichen Einflüssen von Kügelgen, *Zur Authentizität des „Ich" in timuridischen Herrscherautobiographien*, S. 396f.
75 Vgl. Dale, *Steppe Humanism*, S. 41.
76 Vgl. Moin, *Peering Through the Cracks of the Baburnama*, S. 497.
77 Von Kügelgen verweist darauf, dass zeitgenössisch vermutlich nicht zwischen einem vom Herrscher selbst verfassten Lebensbericht und einer Biographie unterschieden wurde. Vgl. von Kügelgen, *Zur Authentizität des „Ich" in timuridischen Herrscherautobiographien*, S. 395.
78 Vgl. Dale, *The Garden of the Eight Paradises*, S. 42; vgl. Dale, *Steppe Humanism*, S. 55f., Anm. 30.

Als Grundlage für das *Baburnama* haben vermutlich Notizen gedient, die Babur in eine Art Tagebuch eingetragen hat.[79] Diese Notizen, aus denen er wohl später aus der Retrospektive die Narration des *Baburnama* geformt hat, werden häufig für den Stil und auch den Inhalt des *Baburnama* verantwortlich gemacht.[80]

Neben den Tagebuchnotizen sind vor allem Einflüsse aus literarischen Texten – wie dem *Shahnama*, der *Khamsa* von Nizami, dem *Gulistan* von Saʿdi oder Versen von Hafiz – dafür verantwortlich, dass das *Baburnama* als einzigartiger Text gilt. Mit Hilfe dieser literarischen Muster verleiht sich Babur bei seiner Selbstbeschreibung individuelle Züge. Sie tragen außerdem dazu bei, dass viele Textpassagen mehr als eine Lesart ermöglichen. Im weiteren Verlauf dieser Arbeit wird noch genauer auf die Bedeutung literarischer Muster eingegangen.

3.4 Die Ausgaben der Analysetexte

In einer Arbeit, in der ein typologischer Vergleich verschiedener Texte im Mittelpunkt des Interesses steht, kann philologische Feinarbeit kaum geleistet werden. Bei Maximilians Werken fehlt eine kritische Edition. Es ist daher notwendig, begründete Entscheidungen für die jeweilige Textgrundlage der Analyse zu treffen. Für das *Baburnama* ist eine kritische Edition erschienen, auf deren Folio-Angaben bei Zitaten zurückgegriffen wird.

3.4.1 Das Baburnama

Der Originaltext, von dem man annimmt, dass er eigenhändig von Babur verfasst wurde, gilt bereits früh als verschollen. Eine Erwähnung im *Badshahnama*, dem Werk des Historiographen Abdul-Hamid Lahawri über die Regierung von Shahjahan (1037–1068/1628–57), gilt als letztes Zeichen seiner Existenz. Vor dem Verschwinden des Textes fertigte Abdul-Rahim Khankhan am Mogulhof Akbars, des Enkels von Babur, eine persische Übersetzung (P) an, die er 997/1589 dem Mogulherrscher überreichte.

Als Leithandschrift des *Baburnama* gilt heute der in tschagataischer Sprache verfasste Hyderabad-Kodex (H), von dem Beveridge annimmt, dass Baburs Autograph die direkte Vorlage bildete.[81] Es handelt sich hierbei um die umfang-

---

[79] Vgl. Beveridge, *The Bābur-Nāma in English (Memoirs of Babur)*, S. 445, Anm. 1; S. 678, Anm. 4/6.

[80] Vgl. Dale, *Steppe Humanism*, S. 50.

[81] Vgl. Beveridge, *The Haydarabad Codex of the Babar-nama*, S. 88. Ein Faksimile des Kodizes wurde 1905 von Annette S. Beveridge veröffentlicht: *The Bábar-náma. Being the Autobiography of the Emperor Bábar, the Founder of the Moghul Dynasty in India, written in Chaghatáy Turkish; now reproduced in Facsimile from am Manuscript belonging to the late Sir Sálár Jang of Haydarábád, and edited with a Preface and Indexes.* Mano bestätigt nach einem Vergleich von Originalhandschrift und Beveridges Faksimile, dass es sich bei letzterem um eine treue

reichste vorliegende Handschrift in Originalsprache, die fast allen Übersetzungen, die vom *Baburnama* angefertigt wurden, zugrunde liegt. Auch Eiji Mano, der im Jahr 1995 die kritische Edition[82] vorlegte, verwendet den Hyderabad-Kodex als Leithandschrift. Obwohl sie den größten Umfang an Text umfasst, ist auch diese Handschrift nur fragmentarisch überliefert.

Weitere wichtige Handschriften des *Baburnama*, die auch Mano für seine kritische Edition heranzieht, sind die Edinburgh- bzw. Elphinstone-Handschrift (E),[83] die London-Handschrift (L)[84] und die Kazan-Handschrift (K)[85] sowie die persische Übersetzung (P).[86]

Wiedergabe des Originals handele. Vgl. Mano, *Introduction of the First Volume*, S. xxxix. Beveridge datiert den Hyderabad-Kodex aufgrund der Papierqualität auf ca. 1112/1700. Vgl. Beveridge, *Preface*, S. xl.

82   Vgl. Mano, Eiji: *Ẓahir Al-Din Muḥammad Bābur: Bābur-Nāma (Vaqāyiʿ). Bd. 1: Critical Edition Based on Four Chaghatay Texts with Introduction and Notes.* Kyoto 1995. Im Jahr 1960 veröffentlichten Porso Shamsiev und Sodik Mirzaev eine Ausgabe des Baburnama, die auf zwei tschagataischen Texten basiert (*Bobir, Bobirnama*), 1993 gab Wheeler M. Thackston eine Edition heraus, denen zwei tschagataische Texte und zwei persische Übersetzung zugrunde liegen. Vgl. Thackston, Wheeler M., *Zahiruddin Muhammad Babur Mirza: Bāburnâma. Chaghatay Turkish Text with Abdul Rahim's Persian Translation. Turkish Transcription, Persian Edition and English Translation by W. M. Thackston. Bde. 1-3.* Als Hauptkritikpunkt an diesen beiden letztgenannten Ausgaben ist die Transkription zu nennen, denn keine gibt den Text in seiner Ursprungsschrift, der arabischen, wieder.

83   Mano betrachtet E als eine wichtige Handschrift: Es sei die einzige, die Notizen von Humayun (dem Sohn Baburs) enthalte, die dieser dem Originaltext hinzugefügt habe. Außerdem umfasse E viele Erklärungen von tschagataischen Wörtern und persischen Phrasen. Mano konstatiert eine enge Verwandtschaft zwischen E und P, der persischen Übersetzung von 997/1589, da sie etwa die gleichen Auslassungen teilen. Er vermutet, dass beide von derselben Handschrift abstammen, wobei P jedoch die Notizen Humayuns nicht aufgenommen habe. Zu E stellt er die These auf, dass der Text zeitlich gesehen nach der persischen Übersetzung aufgeschrieben wurde, möglicherweise im frühen 11./17. Jahrhundert. Vgl. Mano, *Introduction of the First Volume*, S. xliv-xlviii.

84   L ist eine sehr fragmentarisch überlieferte Handschrift, die lediglich 114 Blätter umfasst und erst mit dem Kabul-Abschnitt einsetzt. Mano betrachtet die Handschrift als wertvoll, weil sie viele richtige Schreibweisen bewahrt habe. Vgl. Mano, *Introduction of the First Volume*, S. xlviii-xlix.

85   K wurde durch den russischen Forscher Ilminski im Jahr 1857 in Kazan veröffentlicht (*Baber-nameh diagataice ad fidem codicis Metropolitani*): Es handelt sich hierbei um die fast unveränderte, gesetzte Ausgabe der Handschrift, die 1737 von G. J. Kehr in Auftrag gegeben wurde und die auf einem Manuskript basiert, das 1713 in Buchara produziert worden war. Vgl. Mano, *Introduction of the First Volume*, S. xxxvii. Mano verteidigt den Wert von K gegenüber der negativen Einschätzung von Beveridge: Zwar enthalte K problematische Rückübersetzungen aus der persischen Übersetzung ins Tschagataische, überliefere jedoch exklusiv eine Anekdote, außerdem einige korrekte Formen und erklärende Kommentare. Vgl. Mano, *Introduction of the First Volume*, S. xxxvii-xxxix.

86   Die persische Übersetzung (P) wurde dem Enkel von Babur, Großmogulherrscher Akbar, im Jahr 997/1589 durch Abdul-Rahim Khankhan übergeben. Ihr wird von der Forschung eine große Nähe zu Baburs Originaltext zugeschrieben: „I believe that the Persian translation, which was written at the closest time to the creation of the original text, may transmit the original form of the now lost original text more accurately than the Chaghatay texts, which were copied in later periods." Mano, *Foreword*, S. xlvi. Derselben Meinung ist auch

Die Lücken und Zeitsprünge im *Baburnama* sind auch in der umfangreichsten Handschrift zahlreich. Während einige Zeitsprünge wohl intendiert waren – Babur berichtet manchmal von jedem Tag einer Woche, bisweilen auch nur von manchen – kommen die größten zeitlichen Auslassungen durch die Überlieferungslücken zustande.[87] In der Forschung gilt es als relativ unbestritten, dass diese Lücken einmal mit einer Erzählung zumindest teilweise ausgefüllt waren. Darauf deuten etwa unvollendete Sätze oder nicht zu Ende erzählte Episoden an den Rändern der Lücke hin. Außerdem gibt es Verweise innerhalb des überlieferten Textes, die auf die Textstellen in den Lücken zielen, und es gibt Begebenheiten im Text, die ohne den Inhalt der Auslassungen unverständlich bleiben.[88]

Überlegungen zu den Ursachen der Überlieferungslücken drehen sich vor allem darum, ob die Lücken absichtsvoll oder absichtslos entstanden sind, und ob sie bereits zu Lebzeiten Baburs oder erst nach seinem Tod vorhanden waren. Beveridge nimmt an, dass die Lücken ohne absichtsvolles Einwirken existieren und geht daher auch von einer Zufälligkeit ihrer Verteilung aus. Sie sieht mögliche Ursachen für einen versehentlichen Verlust von *Baburnama*-Seiten in der Verwüstung von Baburs Camp in Hisar im Jahr 918/1512 oder in einem Monsunregen im Jahr 935/1529, der die Manuskripte durchweicht haben könnte, oder in den turbulenten Jahren des Exils von Baburs Sohn Humayun zwischen 948–962/1541–1555. Sie hält daher sowohl einen Verlust der Seiten während Baburs Leben als auch danach für möglich.[89]

Es gibt ebenso Vermutungen, dass die Lücken absichtsvoll entstanden sein könnten und etwa daher rühren, dass Stellen, die die Allianz des Sunniten Babur mit dem Schiiten Shah Ismail erzählen, während oder nach Baburs Leben aus der Autobiographie getilgt werden sollten.[90] Für das absichtsvolle Herauskürzen der Erzählung der Schia-Allianz mit Shah Ismail spricht, dass Babur sich in seiner Autobiographie einige Male sehr negativ gegenüber dem schiitischen Glauben äußert und einige seiner Taten durchaus als religiös motiviert darstellt, wie

---

Thackston: „It is extremely unlikely, given the turmoil after Bābur's death and Humayun's years of exile in Iran (949–962/1542–1555), that there had ever been time to have many copies of the memoir produced." Thackston, *Translator's Preface*, S. 12f., Anm. 11.

[87] Die größten Lücken betreffen die Zeiträume 914–925/1508–1519 und 926–932/1520–1525. Daneben gibt es eine Lücke für das Jahr 909/1503 und eine am Ende des *Baburnama*, das 936/1529 abbricht, bevor Babur 937/1530 stirbt.

[88] Vgl. Beveridge, *Preface*, S. xxxiv.

[89] Vgl. Beveridge, *Preface*, S. xxxv. Auch Thackston nimmt an, dass der Monsunregen zum Verlust von Seiten geführt hat. Vgl. Thackston, *Translator's Preface*, S. 11. Dem ist jedoch entgegenzuhalten, dass Babur nicht erwähnt, dass ihm tatsächlich Seiten verloren gegangen seien. Er berichtet von durchweichten Manuskripten und großer Mühe beim Trocknen derselben, ein Verlust wird jedoch nicht thematisiert. Es ist anzunehmen, dass Babur, wäre die Mühe beim Manuskripttrocknen wirklich vergeblich gewesen, seine Trauer um den Verlust der Seiten ausgedrückt hätte, zumal es sich um einen bedeutenden Verlust, der allein im Fall der Lücke im Hindustanteil 9-10 Jahre umfasst hätte, handelte.

[90] Vgl. o. A., *Catalogue of Coins of the Shahs of Persia in the British Museum*, S. xxix.

der ‚Heilige Krieg' gegen die Hindus zeigt. Beveridge argumentiert dagegen, dass es unwahrscheinlich sei, dass aufgrund einer Allianz, die über 19-20 Monate gedauert habe, ein Zeitraum von 9-10 Jahren aus der Autobiographie getilgt worden sei. Außerdem sei das Geschehen, das sich in der Zeit der Lücke ereignet habe, in anderen Geschichtswerken überliefert worden (z.B. im *Tarikh-i-Rashidi*). Das müsse auch Babur bewusst gewesen sein. Sein Stil sei außerdem von einer bemerkenswerten Offenheit und schließe auch den Bericht über erfolglose Aktivitäten ein. All dies spreche gegen ein absichtsvolles Schaffen von Überlieferungslücken.[91]

Das *Baburnama* erfreute sich reger Übersetzungstätigkeit, es finden sich Übersetzungen in folgende Sprachen:[92] Persisch,[93] Urdu,[94] Türkeitürkisch,[95] Usbekisch,[96] Neuujgurisch,[97] Englisch,[98] Französisch,[99] Russisch[100] und Deutsch.[101]

Aufgrund der kaum verbreiteten Sprache des Tschagataischen, der fachlichen Verortung und damit des intendierten Leserkreises wird bei Zitaten in dieser Arbeit auf die englische Übersetzung von Thackston zurückgegriffen. Sind Termini oder der Wortlaut wichtig, wird in Tschagataisch zitiert. Das ist meist im Fließtext der Fall. Die Übersetzung von Thackston wurde ausgewählt, da ihr die Leithand-

---

[91] Vgl. Beveridge, *Preface*, S. xxxvff.

[92] Mit meiner Aufzählung folge ich (mit Ergänzungen) Mano, *Introduction of the First Volume*, S. lvf. In seiner Bibliographie nennt er weitere Ausgaben, die jedoch nur Teilübersetzungen darstellen.

[93] *Vāqiʿāt-i Bāburī*, British Library (London) MS. Or. 3714.

[94] Ḥaydar, Mīrzā Nāṣiruddin, *Tarjuma-yi Tūzuk-i Bāburī*, Delhi 1924/Karachi 1962; Nadvi, Rashīd Akhtar, *Tarjuma-yi Tūzuk-i Bāburī*, Lahore 1965.

[95] Arat, Reşit Rahmeti, *Vekayi, Babur'un hâtıratı. Doğu türkçesinden çeviren Reşit Rahmeti Arat. Önsözü ve tarihi özeti yazan Y. Hilkmet Bayur*, c. i-II, Ankara 1943–1946.

[96] Šamsiev, P./Mirzaev, S.: *Zahiriddin Muhammad Bobir, Bobirnoma*, Toškent 1960.

[97] Tumur, Xemit, *Baburnama*, Beijing 1992.

[98] Leyden, John/Erskine, William, *Memoirs of Zehir-ed-Din Muhammed Baber. Emperor of Hindustan*, London 1826; überarbeitet und mit Anmerkungen versehen von King, L. (Hrsg.) 2 Bde., Milford 1921; Beveridge, Annette S., *The Bābur-nāma in English (Memoirs of Bābur). Translated from the original Turki Text of Zahiru'd-din Muḥammad Bābur Pādshāh Ghāzī*. 2 Bde. London 1922; einbändige Neuausgaben: London 1969, New Delhi 1970, Lahore 1975; Thackston, Wheeler M., *Zahiruddin Muhammad Babur Mirza, Bâburnâma. Chaghatay Turkish Text with Abdul-Rahim Khankhanan's Persian Translation, Turkish Transcription, Persian Edition and English Translation*, 3 Bde., Cambridge/Mass. 1993; Thackston, Wheeler M., *The Baburnama. Memoirs of Babur, Prince and Emperor. Translated, edited, and annotated by Wheeler M. Thackston*. New York, Oxford 1996.

[99] Pavet de Courteille, A., *Memoires de Baber*, 2 Toms, Paris 1871. Bacqué-Grammont, Jean-Louis, *Le livre de Babur. Mémoirs de Zahiruddin Muhammad Babur de 1494 à 1529*, Paris 1980; Neuauflage 1985 unter dem Titel: *Le livre de Babur. Mémoires du premier Grand Mogol des Indes (1494-1529)*. Paris; weitere Neuauflage 2003.

[100] Sal', M.: *Babur-name. Zapiski Babura*, Toškent 1958.

[101] Kaiser, A., *Des Zehir-Eddin Muhammed Baber, Kaisers von Hindustan, Denkwürdigkeiten von ihm selbst im Dschagatai-türkischen verfasst und nach der englischen Übersetzung des J. Leyden und W. Erskine*, Leipzig 1928; Stammler, Wolfgang, *Die Erinnerungen des ersten Großmoguls von Indien. Das Babur-nama*. Zürich 1988.

schrift H zugrunde liegt, sie zudem in der weit verbreiteten Sprache Englisch erschienen ist und in dieser Sprache eine neue (1993 bzw. 1996) und leicht lesbare Übersetzung vorliegt.

Im Grunde weisen alle in Frage kommenden Übersetzungen (das sind die, die in einer in Westeuropa verbreiteten Sprache erschienen sind und auf die Leithandschrift H zurückgreifen) gewisse Mängel auf. Die deutsche Übersetzung von Stammler beruht auf zwei Übersetzungswegen und ist daher ungenau: Sie stellt eine Übertragung der französischen Translation dar, die H übersetzt. Beveridges Übertragung in die englische Sprache von 1922 gerät sehr wörtlich und beinhaltet bisweilen ungebräuchliches Englisch. Demgegenüber übersetzt Thackston manchmal recht frei.[102] Die französische Übertragung Bacqué-Grammonts wird zwar als akkurat eingeschätzt, geht aber qualitativ nicht über die von Beveridge hinaus.[103] Beveridge, Bacqué-Grammont und Thackston verwenden ein – jeweils auch voneinander verschiedenes – Umschriftensystem, das von dem in Deutschland üblichen der Deutschen Morgenländischen Gesellschaft abweicht. Die Auswahl von Thackstons Übersetzung stellt also einen Kompromiss dar, der als Vorteile die leichte Lesbarkeit, die gegenwartsnahe und (im Gegensatz zu Beveridge) übliche Sprache und die allgemein bessere Verfügbarkeit bietet.

3.4.2 Der Theuerdank

Wenn auch der Kaiser als Lenker im Erstellungsprozess der Maximilianischen Werke angesehen wird, so haben doch auch einzelne Gelehrte maßgeblichen Anteil an der Verfasserschaft. Mit der Redaktion des *Theuerdank* waren vor allem Marx Treitzsaurwein und Melchior Pfintzing befasst. Treitzsaurwein bearbeitete eine Vorstufe des Textes, Pfintzing sorgte für die weiteren Arbeiten. Der Kaiser gab Konzept und Grundtenor der Texte und auch der Bilder vor. Die 118 Illustrationen – zu jedem Kapitel eine – wurden von namhaften Künstlern erstellt, darunter Hans Schäufelein, Hans Burgkmair und Leonhard Beck. Ausgeführt wurden sie dann in der Augsburger Werkstatt von Jost de Negker. Die Holzschnitte weisen Renaissance-Merkmale auf. Mit anderen Elementen, wie der gewählten Schrift, die an die Handschriften aus der kaiserlichen Hofkanzlei erinnert, orientiert sich der Maximilianische Großtext eher an mittelalterlichen Maßstäben.[104] Der ästhetische Übergang zeigt sich hier zeitgleich zum politischen Übergang.

Der *Theuerdank* ist das einzige literarische Werk Maximilians I., das – mit Ausnahme des enthaltenen Kreuzzugkapitels – fertig gestellt und noch zu Lebzeiten

---

[102] Zum Unterschied zwischen den Übersetzungen von Beveridge und Thackston vgl. Dale, *[Rez.] The Baburnama* (Thackston), S. 69-71. Die englische Übersetzung von Leyden and Erskine basiert zu großen Teilen auf einer persischen Übersetzung und kommt daher als Grundlage für Zitate nicht in Frage.

[103] Vgl. Murphy, *[Rez.] Le livre de Babur*, S. 476.

[104] Vgl. Schmidt, *Literatur und Kunst unter Maximilian I.*, S. 326.

des Kaisers gedruckt wurde. Im Jahr 1517 wurde die erste Auflage von 40 Pergamentexemplaren (zum Teil kostbar koloriert) sowie von 300 Papierexemplaren gedruckt. Trotz der geringen Auflage wurden für die Drucke zwei verschiedene Sätze verwendet.[105] Maximilian ließ die Bücher in sechs Truhen verwahren, laut einem späteren Vertrag zwischen Erzherzog Ferdinand und Treitzsaurwein vom 1.3.1526 soll er intendiert haben, sie nach seinem Tod verschenken zu lassen.[106] Adlige und Untertanen aus verschiedenen Teilen des Reiches, allesamt jedoch ausgewählte Personen, sollten ein Exemplar erhalten. Einige Bücher sollten in kaiserlichem Besitz verbleiben.[107] In jedem Fall scheint die erste Auflage von 1517 noch 1526 im Besitz des Kaisers bzw. seines Hofes gewesen zu sein.[108] Aufgrund dieser nur indirekt beleuchteten Überlieferungslage ist nicht auszuschließen, dass ein ursprüngliches Vorhaben auch die Rezeption vor seinem Tod im Blick gehabt haben könnte. Auch, wenn dafür vor allem textuelle Argumente existieren.[109] Die Lücke im *Theuerdank* wäre etwa nicht notwendig gewesen, hätte man bis zum Tod Maximilians mit dem Druck gewartet. Sie ist als Lücke deswegen gedruckt worden, damit die Rezipienten die Erzählung des Kreuzzugs, den Maximilian fest plante, in den freien Raum nachtragen konnten. Wäre eine Rezeption also erst nach dem Tode Maximilians intendiert gewesen, hätte man bis dahin die Lücke mit einer Erzählung über Maximilians möglicherweise zwischenzeitlich absolvierten Kreuzzug füllen oder aber anderweitig schließen oder verdecken können. Dass die Lücke jedoch nun so offen zutage tritt, deutet eher darauf hin, dass der *Theuerdank* vor Maximilians Tod gedruckt werden sollte, um eben auch vor dem Tod rezipiert zu werden.

---

[105] Als Grund hierfür vermutet Appuhn, dass möglicherweise die für den Druck verwendeten verschiedenen Materialien (Metall-Letter, große Holzstöcke für die Bilder und kleine Holzstöcke für Initialen und Zierrat der Theuerdanktype) bei ihrem Gebrauch in der Druckerpresse schnell verschlissen und daher ein zweiter Satz benötigt wurde. Denkbar sei ebenfalls, dass Autorenkorrekturen von Maximilian nach Freigabe zum Druck zu dem zweiten Satz geführt hätten. Vgl. Appuhn, *Nachwort*, S. 592f.

[106] Vgl. Laschitzer, *Jahrbuch der kunsthistorischen Sammlungen des Allerhöchsten Kaiserhauses Bd. 8*, S. 110.

[107] Vgl. Laschitzer, *Jahrbuch der kunsthistorischen Sammlungen des Allerhöchsten Kaiserhauses Bd. 8*, S. 110.

[108] Vgl. Laschitzer, *Jahrbuch der kunsthistorischen Sammlungen des Allerhöchsten Kaiserhauses Bd. 8*, S. 110. Auffällig ist der scheinbare Widerspruch zwischen der Exklusivität der Rezipienten, die durch persönliche Auswahl bestimmt wurden, und der Wahl der Drucktechnik, die prinzipiell von Maximilian für eine massenhafte Verbreitung von Texten – vor allem von Flugblättern politischen Inhalts – genutzt wurde. Auch dieser Widerspruch kann als ein Merkmal der Übergangszeit gewertet werden. Ist doch für eine mittelalterliche Handschrift die exklusive Rezeption durch ausgewählte Personen kennzeichnend, während für das Produkt der Drucktechnik grundsätzlich von einer größeren Verbreitung ausgegangen werden kann.

[109] Anderer Meinung ist Müller, der davon ausgeht, dass das primär anvisierte Publikum Maximilians Werke posthum studieren sollte. Vgl. Müller, *Gedechtnus*, S. 77.

Eine zweite Auflage des *Theuerdank* erschien 1519 wieder in zwei Abdrucken.[110] Zu einem weiteren Druck kam es 1537. Danach bearbeitete Burkard Waldis den Text;[111] von seiner Version wurden vier Drucke (1553, 1563, 1589 und 1596) angefertigt. Eine zweite Bearbeitung von Matthäus Schultes erschien 1679 und 1693.[112] Der *Theuerdank* erlebte bis in die Gegenwart eine lebendige Rezeptionsgeschichte mit der jüngsten Ausgabe von 2003.[113]

Als für die Analyse zugrunde liegende Ausgabe wird der Erstdruck von 1517 gewählt, den Laschitzer[114] und auch Appuhn[115] für ihre Editionen nutzten. Dieser Druck gibt den Text wieder, der noch zu Lebzeiten – und von Maximilian autorisiert – gedruckt wurde.[116]

3.4.3 *Der* Weißkunig

Der *Weißkunig* ist zu Lebzeiten Maximilians nicht fertig gestellt worden und erscheint erst 1775 als gedrucktes Werk. Einem Eintrag in seinem *Gedenkbuch* gemäß sollte dem *Weißkunig* unter den drei volkssprachigen Selbstzeugnissen die wichtigste Rolle zukommen. Er war als Rahmen für die beiden anderen Werke gedacht, die „in [ihn] zu stellen" seien.[117] Erhalten sind die Handschriften A, B, C, D, E, F, G, H[118] und Vat. Lat. 8570.[119] Dem Druck von 1775 liegt die 1514 vorgenommene

---

[110] Unterschiede zur ersten Auflage bestehen etwa im Privilegium, dem Druckbild, der Datierung, der Zeileneinteilung und der Rechtschreibung. Vgl. Haltaus, *Einleitung*, S. 43ff.

[111] Waldis, Burkhard, *Theuerdanck. Des Edlen / Streitbaren Helden vnd Ritters / Ehr vnd mannliche Thaten / Geschichten vnd Gefehrlicheiten. Zu Ehren dem Hochlöblichen Hause zu Osterreich / vnd Burgundien/ [et]c. Zum Exempel aber vnd Vorbilde allen Fürstlichen Blüt vnnd Adelsgenossen Teutscher Nation. Mit schönen Figuren vnd lustigen Reimen auffs new zügericht*, Frankfurt am Main 1553. Das im ursprünglichen Text fehlende 117. Kapitel dichtet Waldis neu, außerdem sind neue Holzschnitte eingefügt. Vgl. Haltaus, *Einleitung*, S. 48f. Haltaus gibt in seiner Ausgabe das (vorletzte) 117. und das letzte Kapitel aus der Bearbeitung von Waldis wieder.

[112] Schulte, Matthäus, *Der Aller-Durchleuchtigste Ritter / Oder Die Rittermässige hoch-theure / höchstgefährliche und Glorwürdigste Groß-Thaten / Abentheuer / Glücks-Wechslungen und Siges-Zeichen Deß Aller-Großmächtigsten / Vnüberwindlichsten / Dapfersten / Unermüdeten und Klügsten Heldens Maximilian I. Roman. Imperat. Semper Avg. & c. Wie solche Von dem Wohl-Ehrwürdigen in Gott Geistlichen Herrn Melchior Pfintzing, [...] Vor mehr als anderthalb hundert Jahren / in alten damahls gebräuchlichen Teutschen Reimen gar zierlich verfaßt / [...] auch nachmahls unter dem Nahmen Theurdanck, Zu offentlichem Druck befördert [...]*, Augsburg 1679.

[113] Vgl. Füssel, Stephan (Hrsg.), *Die Abenteuer des Ritters Theuerdank – The Adventures of the Knight Theuerdank. Kolorierter Nachdruck der Gesamtausgabe von 1517*, Köln 2003.

[114] *Theuerdank, durch photolithographische Hochätzung hergestellte Facsimile-Reproduction nach der ersten Auflage vom Jahre 1517, neu hrsg. von Simon Laschitzer*, Nürnberg 1888.

[115] *Kaiser Maximilian I. Theuerdank. 1517. Mit einem Nachwort von Horst Appuhn*, Dortmund 1979. Bei Appuhn erscheint das Format auf die Hälfte verkleinert, ansonsten ist die Ausgabe aber gegenüber Laschitzer unverändert.

[116] Aufgrund der leichteren Vefügbarkeit wird im Folgenden aus Appuhn zitiert; der Buchstabe ſ wird durchgängig als s wiedergegeben.

[117] Primisser, *Über des Kaisers Maximilian I. Gedenkbücher aus der k.k. Ambraser Sammlung*, S. 174.

[118] Handschriften A bis F und H: Wien, Österreichische Nationalbibliothek; Cod. 3032 (A); Cod. 8145 III (B); Cod. 2834 (C); Cod. 2892 (D); Cod. 2832 (E), in Zusammenhang mit E

Reinschrift A von Marx Treitzsaurwein zugrunde, die er in seinem Vorbericht zum *Weißkunig* an „ain Materi und ain unvolkumenlich werck" nennt.[120]

Treitzsaurwein empfand also den Status des Textes als unvollendet. Das „unvolkumenlich werck" sollte noch eine literarische („mit [...] wolsprechung der teutschen sprach") wie historische („mit Rechter ordnung der menschenvernunft") Überarbeitung erfahren,[121] die der Gelehrte mit Hilfe eines Fragbuchs H[122] und einer für Korrekturen bestimmten Abschrift E, die mit dem 53. Kapitel einsetzt, vorantreiben wollte, zu der es aber aufgrund des Todes Maximilians nicht mehr kam.

Wie schon beim *Theuerdank* hatte Maximilian Konzept und Grundtenor des *Weißkunig* vorgegeben, die Ausarbeitung blieb dieses Mal vorrangig Treitzsaurwein überlassen. Der Kaiser diktierte dem Gelehrten das politische Geschehen, das im *Weißkunig* verarbeitet werden sollte. Ursprünglich hatte er wohl vorgesehen, dass die Ereignisse in chronologischer Reihenfolge im *Weißkunig* geordnet werden sollten. Da er sich jedoch beim Diktat nicht an die historische Reihenfolge hielt, sondern Treitzsaurwein die Ereignisse in zufälliger Reihenfolge vorsprach und aufgrund der Verschlüsselungen, die Maximilian verwendete, erkannte der Gelehrte nicht, welches reale Geschehen dahinter steckte.[123] So gerieten vor allem die Episoden des dritten Teils durcheinander und der Kaiser zeigte sich unzufrieden über den Textentwurf A seines Dichters.[124] Um Abhilfe zu schaffen, wurde in der sogenannten Handschrift E ab dem 53. Kapitel eine Korrekturhandschrift für Treitzsaurwein angefertigt, in der die Verschlüsselungen teilweise wieder aufgelöst wurden. Die Handschrift E sollte dem Gelehrten helfen, die vom Kaiser vorgesehene, chronologische Reihenfolge der Kapitel herzustellen.[125]

---

entstand außerdem Cod. 7326, der Listen der „gemäl" und Texte enthält; Cod. 3034 (Fragbuch H), Cod. 3033 (F). Handschrift G: ehem. Vaduz, Fürstlich Liechtensteinsche Sammlung, jetzt Stuttgart, Galerieverein. Vgl. Müller, *[Art.] Kaiser Maximilian I.*, Sp. 215. F und G überliefern vor allem Holzschnitt- und Zeichnungssammlungen.

[119] Rom, Bibliotheca Apostolica Vaticana, Vaticanus latinus 8570. Diese Handschrift enthält Handzeichnungen und Skizzen, von denen man annimmt, dass sie aussortiert wurden, bevor die anderen Illustrationssammlungen (F, G und H) entstanden. Vgl. Rudolf, *'Das gemäl ist also recht'*, S. 172.

[120] Treitzsaurwein, *Vorbericht*, o. S. [Schultz: S. 1].

[121] Treitzsaurwein, *Vorbericht*, o. S. [Schultz: S. 1].

[122] In diesem Fragbuch von 1515 (Cod. 3034) sammelte Treitzsaurwein alle Unklarheiten, die sich bei der Text- und Bildredaktion ergaben. Sie wurden aber nur teilweise mit klärenden Zusätzen versehen. Vgl. Cremer, *Kindlichait, Junglichait, Mandlichait, Tewrlichait*, S. 20; vgl. Müller, *Gedechtnus*, S. 328f., Anm. 9.

[123] Vgl. Müller, *Gedechnus*, S. 70f.

[124] Treitzsaurwein war bei seiner Arbeit an A der Reihenfolge der Diktate des Kaisers gefolgt, die jedoch nicht der vom Kaiser für den Text intendierten Ordnung entsprach.

[125] Bei den weiteren Handschriften B, C und D handelt es sich um Abschriften oder um die Reinschriften von Diktaten des Kaisers, die Treitzsaurwein vermutlich teilweise für seine Redaktion verwendete. Vgl. Cremer, *Kindlichait, Junglichait, Mandlichait, Tewrlichait*, S. 18.

Trotz der durcheinander geratenen Geschehnisse im dritten Teil wird aufgrund der größten Vollständigkeit bei der Überlieferung der Erstdruck von 1775,[126] der nur A enthält, als Grundlage für die Arbeit gewählt. Da in dieser Ausgabe die Seitennummerierung nicht konsistent erfolgt und für die Holzschnitte eine nachvollziehbare Nummerierung fehlt, werden in Klammern zusätzlich die Seitenangaben der Ausgabe von Schultz[127] ergänzt, um Widersprüchlichkeiten zu vermeiden und eindeutige Bezüge herstellen zu können.

3.4.4 Der Freydal

Beim *Freydal* handelt es sich ebenfalls um ein Fragment, das zu Lebzeiten Maximilians nicht in den Druck gebracht wurde. Eine erste Erwähnung des Werks findet sich in Maximilians *Gedenkbuch* des Jahres 1502.[128] In der Zeit zwischen 1505 und 1508 bringt Maximilian den *Freydal* mit dem *Theuerdank* in Verbindung.[129] In dem *Gedenkbuch* aus den Jahren zwischen 1509 und 1513 wird er unter den Büchern genannt, die der Kaiser „richten will".[130] 1512 schließlich bezeichnet Maximilian den *Freydal* als „halb außgemacht",[131] ein Kodex aus diesem Jahr überliefert Anweisungen, wie das Material zu ordnen sei.[132] Aus diesem Kodex geht auch hervor, dass die Kämpfe und Mummereien ursprünglich nicht Bestandteil des Werks sein sollten. Zu einer Fertigstellung des *Freydals* kam es jedoch nicht mehr.[133]

---

[126] [Abbé Hofstätter], *Der Weiß Kunig. Eine Erzehlung von den Thaten Kaiser Maximilian des Ersten. Von Marx Treitzsaurwein auf dessen Angaben zusammengetragen, nebst den von Hannsen Burgmair dazu verfertigten Holzschnitten. Herausgegeben aus dem Manuscripte der kaiserl. königl. Hofbibliothek*, Wien 1775.

[127] Schultz, Alwin (Hrsg.): *Der Weisskunig. Nach den Dictaten und eigenhändigen Aufzeichnungen Kaiser Maximilians I. zusammengestellt von Marx Treitzsaurwein von Ehrentreitz*, Wien 1888.

[128] Vgl. von Leitner, *Einleitung*, S. VII. *Gedenkbuch*: K. k. Haus-, Hof- und Staatsarchiv. Cod. Ms. 13, fol. 147.

[129] Vgl. von Leitner, *Einleitung*, S. VII. Dazu finden sich Einträge in dem *Gedenkbuch* aus dieser Zeit: Bibliothek der kunsthistorischen Sammlungen des österreichischen Kaiserhauses (früher Ambrasersammlung), Cod. Ms. 105.

[130] Auf Folio 2 des *Gedenkbuch* steht: „Vermerkt die puecher so die Ro. Kay. M̄ṭ dannen richten will", darunter die „Erenporten", der „Weyßkunig", der „Tewrdannck", der „Tryumpfwagen" und auch der „Freytal". Zitiert nach von Leitner, *Einleitung*, S. VII. *Gedenkbuch*: K. k. Hofbibliothek. Cod. Ms. 2900.

[131] In einem Schreiben vom 14.10.1512 an Siegmund von Dietrichstein: „Der Freydal ist auch wol halb außgemacht vnnd den maisten tail an solchem haben wier zu Cöln gemacht." Zitiert nach von Leitner, *Einleitung*, S. X. Brief: K. k. Hofbibliothek. Alte Abschrift. Cod. Ms. 7425.

[132] Vgl. von Leitner, *Einleitung*, S. VII und Wien, k. k. Hofbibliothek, Cod. Ms. 2835.

[133] Von Leitner vermutet, dass Maximilian „die Last des zunehmenden Alters, hauptsächlich aber Staatsgeschäfte, die den Kaiser [...] ruhelos von einer Pfalz zur andern wandern nöthigten [sic]" an der Vollendung dieses literarischen Projektes hinderten. Von Leitner, *Einleitung*, S. XIII.

Überliefert sind ein Textentwurf, wieder formuliert von Marx Treitzsaurwein, außerdem bildliche Darstellungen der Turnierkämpfer und der Mummereien, die vermutlich als Vorlage für spätere Holzschnitte dienen sollen[134] und ein Namensverzeichnis, das historische Persönlichkeiten aufzählt. Die Herren aus diesem Verzeichnis stellen die Gegner dar, gegen die Freydal antritt, die Damen bilden sein Publikum bei den Wettkämpfen.[135] Der Text des *Freydal* ist unikal als unfertiger Entwurf überliefert, der den Rahmen für die noch durchzuführende Ausarbeitung, vor allem der Geschehnisse an den 64 Turnierhöfen, vorgibt. Der Kaiser unterzog lediglich die Einleitung und den Schluss einer verbessernden Durchsicht.[136] Doch selbst nach der Ausarbeitung des kompletten Textes hätten die Bilder bei der Lektüre im Vordergrund gestanden, denn es gehörten jeweils vier Bilder (mit einer Ausnahme[137]) zu je einem Turnierhof.

Insgesamt umfasst die Bildersammlung 255 Abbildungen, die 64-mal auf dieselbe Art angeordnet sind: In Gruppen zu jeweils vier Bildern zeigen die ersten drei ein Turnier mit Wettbewerben im Rennen (Bild 1), Stechen (Bild 2) und Kämpfen (Bild 3), das vierte bildet eine Mummerei ab, also ein Maskenfest. Bei 212 dieser Bilder sind den Gegnern des Kaisers Namen beigeordnet.

Die einzige Ausgabe, die alle überlieferten Teile enthält, ist die durch von Leitner zusammengestellte, die in den Jahren 1880 bis 1882 erschienen ist und die auch als Grundlage für die Analyse dient.[138]

---

[134] Von Leitner sind lediglich fünf fertig gestellte Holzschnitte bekannt, die er als Faksimile wiedergibt. Vgl. von Leitner, *Einleitung*, S. XII.

[135] Vgl. Müller, *Gedechtnus*, S. 104.

[136] Vgl. von Leitner, *Einleitung*, S. XIV.

[137] Die Abbildungen mit den Nummern 173-175 bilden eine Dreiergruppe aus Stechen, Kämpfen und Mummerei; das Rennen fehlt. Die Abbildungen sind dem 44. Hof zuzuordnen. Im Textentwurf ist jedoch kein Unterschied zu den anderen Höfen festzustellen, hier ist auch von einem Rennen die Rede, das Freydal absolviert habe. Vgl. von Leitner, *Freydal*, S. XXX.

[138] Von Leitner, Quirin: *Freydal. Des Kaisers Maximilian I. Turniere und Mummereien. Mit einer geschichtlichen Einleitung, einem facsimilirten Namensverzeichnisse und 255 Heliogravuren. 2 Bde.* Wien 1880–82. Eine unvollständige Ausgabe zeigt Dodgson im Jahr 1926 an, *An unknown Ms. of Freydal*, S. 235-242.

4 Die Vergleichskategorien

Bei der Analyse des historischen Kontexts (Kapitel 2) dienen die theoretischen Konzepte der vier Rollen, die die Herrscher im Literatursystem einnehmen, dazu, die literarischen Tätigkeiten aufzuzeigen und nebeneinanderzustellen. Es wird deutlich, wie umfassend die Herrscher im Literatursystem, das ihnen als herausragendes Kommunikationsmedium dient, politischen Einfluss ausüben. In der folgenden, sich konzeptionell direkt daran anschließenden literarischen Analyse werden die Kommunikationsinhalte, die die Herrscher in der Rolle als Autor produzierten, betrachtet. Die Perspektive wird durch diesen weiteren Vergleich also von der Ebene der Rollen, in denen die Herrscher im Kommunikationsmedium Literatur agieren, zur Ebene der Inhalte ihrer Kommunikation verlagert. Für diese Analyse sind neue Vergleichskategorien vonnöten, um die Frage nach dem Verhältnis von Macht und Literatur zur Zeit der beiden Herrscher klären zu können.

Die Vergleichskategorien Dynastie, Religion, Kriegsführung und höfische Repräsentation sowie Kunst und Wissenschaft, die im Einleitungskapitel (1.8) dieser Arbeit bereits ausführlich begründet und eingeführt wurden, stellen die für die Herrscher wesentlichen Machtbereiche dar, in denen ihre Alter Egos in den Analysetexten handeln. Diese vier Machtbereiche bilden die Summe der dargestellten Macht. Die Bereiche hängen auf verschiedene Weise miteinander zusammen und sind gerade für die Zeit der Vormoderne nicht unbedingt als autonome Bereiche zu denken. Den Einfluss, den die beiden Herrscher in ihnen besitzen, nutzen sie im Gegenteil häufig im Interesse ihrer Politik. Für die Analyse und den Vergleich müssen die Kategorien trotz ihrer Verwobenheit voneinander getrennt werden. Die inhaltlichen Zusammenhänge sind dann manchmal nur durch Verweise zwischen den Kapiteln deutlich zu machen.

Da sowohl davon ausgegangen werden kann, dass das Schreiben eines Herrscherselbstzeugnisses vor allem politischer Motivation entspringt, als auch davon, dass die Texte aus der Feder eines Herrschers als politische Texte wahrgenommen werden sollen, liegt es nahe, in einer Analyse nach den dargestellten Machtfaktoren zu fragen: Welche gesellschaftlichen Bereiche verknüpfen die Herrscher in ihrer Darstellung auf welche Weise mit ihren politischen Zielen der Machtsicherung und Machterweiterung? Wie gingen sie dabei vor? Welche Rolle spielt das Phänomen des politischen Übergangs bei gleichzeitiger kultureller Blüte, das für die beiden Kulturräume für die Zeit um 900/1500 konstatiert werden kann?

Der Akt des Vergleichens zwischen zwei Herrschern spielt auch in den Analysetexten eine zentrale Rolle und findet hier gewissermaßen ihr Vorbild: Babur vergleicht seine kriegerischen Fähigkeiten mit denen Sultan-Husayn Mirzas[1] und mit denen der Hindus. Ein Bestreben, dem Dynastiegründer Temür Beg nachzu-

---

[1] Vgl. Thackston, *The Baburnama*, S. 122 [fol. 85f.].

folgen, lässt sich zudem im *Baburnama* feststellen.[2] Weißkunig sieht sich – ebenfalls in militärischer Hinsicht – mit Alexander dem Großen, den er als Vorbild ansieht, und Julius Caesar in einer Tradition.[3] In kriegerischen und intellektuellen Aspekten beurteilt Babur die Hindus und Shaybani Khan.[4] Weißkunig sieht König David als Vorbild für seine Religiosität an.[5] Dass die Herrscherselbstzeugnisse in den genannten Kategorien einem Vergleich unterzogen werden, rechfertigt sich also auch durch die Texte selbst.

4.1 Dynastie

Sowohl Babur als auch Maximilian werden in Familien und Zeiten hineingeboren, in denen der Herrschaftsanspruch männlichen Nachkommen der Dynastie zugedacht war. Bei den Timuriden wurde das Recht zu herrschen vererbt; im Reich entschied eine Königswahl über den neuen Herrscher, der jedoch bevorzugt aus der bereits herrschenden Dynastie stammte.[6] Familienstrukturen rücken also bei dieser Ausgangslage automatisch in den Fokus. Stärker noch als in der europäischen Geschichtsschreibung wird Geschichtsschreibung in der des zentralasiatischen Kulturraums an Dynastien orientiert.

Mit der Betrachtung der Dynastie treten gleichzeitig die Verhältnisse zwischen den Herrschergenerationen (Vater-Sohn) und zwischen den Geschlechtern (Mann-Frau; Hochzeitspolitik) in den Mittelpunkt. Genealogie und prestigeträchtige politische Hochzeiten waren ein Mittel, um sich symbolisches Kapital als Form des sozialen Kapitals im wahrsten Sinne des Wortes zu „inkorporieren". Das „statusmäßige Herkunftskapital", das den adligen Familien einen zeitlichen Vorsprung beim Erwerb der legitimen Kultur ermöglichte, wurde von Babur und Maximilians für sich zu behauptet.[7]

Mit der Betrachtung der Dynastie ist auch die Betrachtung der räumlichen Herkunft verbunden, die die Herrscher in ihren Selbstzeugnissen thematisieren und wertend betrachten. Selbstverortungen in den Texten werden dynastisch und räumlich vorgenommen. Die Dynastie als Basis der Herrschaft nimmt also in der Darstellung in den Selbstzeugnissen breiten Raum ein. Sie liegt daher als Vergleichskategorie Kapitel 5 zugrunde.

---

[2] Bei der Planung der Eroberung Hindustans spricht Babur etwa von der Rechtmäßigkeit seines Unterfangens, da das Land bereits lange in der Hand der „Turki" (wie er seine eigene Dynastie nennt) sei. Er referiert hier vermutlich auf die Eroberung des Landes durch Temür Beg über 100 Jahre zuvor. Vgl. Thackston, *The Baburnama*, S. 276 [fol. 223b].

[3] Vgl. *Der Weiß Kunig*, S. 78f. [Schultz: S. 80].

[4] Vgl. Thackston, *The Baburnama*, S. 365 [fol. 303b] (Hindus); vgl. Thackston, *The Baburnama*, S. 256 [fol. 206b] (Shaybani Khan).

[5] Vgl. *Der Weiß Kunig*, S. 78. [Schultz: S. 80].

[6] Zu den verschiedenen Konzepten des Kaisertums im deutschen Mittelalter allgemein vgl. Schieffer, *Konzepte des Kaisertums*, S. 44-56.

[7] Speziell zu diesem Machtmechanismus vgl. Bourdieu, *Die feinen Unterschiede*, S. 127ff.

4.2 Religion

Die vor allem für die westliche Moderne behauptete Trennung von Religion und Politik und mit ihr die These von der damit einhergehenden, stets fortschreitenden Säkularisierung sind inzwischen in den Zweifel gezogen worden.[8] Für die Vormoderne in den betrachteten Kulturräumen gilt insbesondere, dass Herrscher nicht ohne Hinwendung zur (vorherrschenden) Religion auskommen. Die soziale Kraft der Vergemeinschaftung, die einer Religion innewohnt, bietet den Herrschern nutzbares Machtpotential. Auf der anderen Seite bieten auch mystische Strömungen, die die individuelle Frömmigkeit fördern, für die Herrscher Identifikationspotential.

Die Repräsentanten der Religion stellen machtvolle Protagonisten im Herrschaftsgebiet der Herrscher dar, die in das Kalkül über Machtverteilung mit einbezogen werden mussten. Eine weitere Motivation der Herrscher, sich als Aktanten im religiösen Feld darzustellen, ist zudem die Möglichkeit des Gewinns von Charisma als eine Art religiöses Kapital. Das erwerben sie, indem sie sich als Diener einer göttlichen Instanz darstellen, die sich wiederum ihnen gegenüber erkenntlich zeige, oder, indem sie sich selbst übernatürliche Merkmale zuschreiben. Sie inszenieren sich als Herrscher, die fromm gemäß der ,göttlich vorgegebenen Ordnung' leben und innere und äußere Anfechtungen bekämpfen, die sie vom rechten Weg des Glaubens abbringen wollen. Auch führen sie Kriege im Namen der Religion. In der literarischen Darstellung werden diese als Dienst an der göttlichen Instanz gekennzeichneten, charismageladenen Leistungen von dieser Instanz vergolten.

Die Vergleichskonstellation der vorliegenden Analyse wird nützlich sein, die Überbetonung des Islamischen im östlichen Kulturraums zu vermeiden, die Thomas Bauer als Gefahr identifiziert: Der nahezu obsessionshafte Blick europäischer Wissenschaftlerinnen und Wissenschaftler auf den ,orientalischen' Kulturraum unter der Prämisse der Religion[9] wird durch das Nebeneinanderstellen der Konstellationen auf beiden Seiten relativiert. Die Vergleichskategorie Religion bildet die Grundlage für Kapitel 6.

4.3 Kriegsführung und höfische Repräsentation

Das Unterscheidungsmerkmal der Kategorie Kriegsführung und höfische Repräsentation ist die Motivation, innerhalb von Beziehungskonstellationen weltli-

---

[8] Man spricht im Gegenteil inzwischen sogar von weltweiten Resakralisierungstendenzen. Vgl. Hildebrandt/Brocker/Behr (Hrsg.), *Säkularisierung und Resakralisierung in westlichen Gesellschaften.*

[9] Vgl. Bauer, *Die Kultur der Ambiguität*, S. 193. Bauer führt aus, dass die Überbetonung der Religion zu einer „Islamisierung des Islams" und damit zu einer verzerrten Darstellung führe. Implizit werde auch die Inkompatibilität mit der Moderne behauptet. Ebd., S. 192f.

chen Ruhm zu erwerben: Die Herrscher erstreben diesen Ruhm als soziales Kapital und zwar zu ihren eigenen Gunsten und im Dienst ihrer Dynastie. Kriegsführung und höfische Repräsentation werden zusammengefasst betrachtet, weil in beiden Bereichen weltlicher Ruhm erstrebt wird. Die Kriegsführung zielt darüber hinaus auch auf den Erwerb ökonomischen Kapitals zielen sie ab.

‚Kriegsführung' als Teil der Überschrift stellt eine vorweggenommene Interpretation und Kategorisierung der elementaren Konstellation des Herrschers in Beziehungsstrukturen dar. Da der Krieg in den Texten als das überwiegend von den Herrschern gewählte politische Mittel zum Agieren in diesen Strukturen erscheint (zu dem er Gefolgsleute benötigt), prägt er den Blick auf den Herrscher in den Beziehungsstrukturen und trägt zum Eindruck politischen Übergangs bei. Als Vorbereitung der Kriegsführung kommen auch die Jagd, das Turnierwesen (im Falle Maximilians) und die Ausbildungsphase der Herrscher zur Darstellung.

Die Herrscher setzen noch ein weiteres Stilmittel der Selbstinszenierung in den Beziehungskonstellationen ein, das in den Analysetexten als Komplement zur kriegerischen Konfliktlösung ausgewiesen wird: ihr höfisch-kultiviertes Verhalten. Zwar repräsentiert es das friedliche Element unter den herrscherlichen Möglichkeiten, sich in Beziehungsstrukturen darzustellen, es dient jedoch dem Ausdruck der Höhergestelltheit und damit wieder der Bildung einer Assymmetrie in der Relation zu anderen Personen.

Weniger der Frieden wird also als Darstellungsziel angestrebt als die ästhetische Heldengestaltung der Herrscherprotagonisten, die jedoch auch Niederlagen erleiden. Gerade im Bereich des Erstrebens weltlichen Ruhms greifen die Herrscher auf das Gestaltungspotential der Literatur zurück, das ihnen ermöglicht, unterschiedliche Ideale gleichzeitig abzubilden.

Diese dritte Vergleichskategorie, die sich aus den Bereichen der Kriegsführung und der höfischen Repräsentation zusammensetzt, die beide das Erstreben weltlichen Ruhms zum Ziel haben, wird dem Kapitel 7 zugrundegelegt.

4.4 Kunst und Wissenschaft

Das Wirken des Herrschers in der Kunst und in der Wissenschaft stellt ebenfalls ein Agieren innerhalb von Beziehungsstrukturen dar; eines jedoch, das (im Unterschied zu ihrem Wirken in den Bereichen der Kriegsführung und höfischen Repräsentation[10]) indirekt verläuft, indem nicht die direkte Machtausübung des Herrschers evaluiert wird, sondern sein künstlerisches oder wissenschaftliches Produkt (im weitesten Sinne) oder das der von ihm geförderten Künstler und Wissenschaftler. Der Eindruck, den die künstlerischen und wissenschaftlichen Ergebnisse dabei im historischen Rezeptionsprozess auf die Leser ausüben, kann im Sinne

---

[10] Vgl. Kapitel 7.

des symbolischen Kapitals (als Form des kulturellen Kapitals) wirken und fehlende andere Kapitalsorten ersetzen. Die Generierung dieses Kapitals durch die Herrscher trägt mit zum Gesamteindruck einer kulturellen Blüte bei, die die beiden betrachteten Epochen prägte. Ihre Selbstdarstellung als Gelehrte, Literaten, Erfinder und Forscher unterstützt sie in ihrem Bemühen, fehlendes ökonomisches Kapital und die Auswirkungen des politischen Übergangs auszugleichen. Die kulturelle Betätigung besitzt nicht nur bei den beschriebenen Kompensationsversuchen eine politische Dimension: Auch im Wettstreit mit anderen Höfen ist es notwendig, sich mit der Kunst und der Wissenschaft auseinanderzusetzen.

Künstlerische Produkte können zur Sinnproduktion innerhalb der Gemeinschaft eingesetzt und daher innerhalb von Beziehungsstrukturen auch identitätsstiftend wirksam werden. Hier ist ihnen die besondere Fähigkeit zueigen, Ambiguität abzubilden. Bei der künstlerischen Produktion besteht für die Herrscher wie auch für ihre Gelehrten grundsätzlich die Gefahr des Scheiterns als Künstler oder Wissenschaftler. Auch können sie mit anderen Sinnproduktionssystemen wie der Religion in Konflikt geraten. Aufgrund der besonderen Machtposition der Herrscher besitzen sie jedoch gewisse Definitionsmöglichkeiten im Bereich der Kultur. Dennoch kann herrscherlicher Dilettantismus unter den gelehrten Gefolgsleuten grundsätzlich auch zu Illoyalität führen.

Die letzte Vergleichskategorie, die die Betätigungsfelder Kunst und Wissenschaft umfasst, bildet die Grundlage für Kapitel 8.

5 Machterhalt und Machterschütterung. Dynastische Herkunft und familiäre Binnenstrukturen

Die Analyse der Verflechtungen von Politik und Literatur im historischen Kontext der Herrscher (wie sie im Kapitel 2 durchgeführt wurde) zeigt deutlich die bestimmende Rolle, die die Literatur als wesentliches Kommunikationssystem für die Herrscher insbesondere in den unruhigen politischen Zeiten einnahm. Nach dem hinführenden Kapitel 3 und der Erläuterung der Vergleichskategorien (Kapitel 4) wird im nun folgenden Teil auf diese Bedeutung der Literatur näher eingegangen. Dazu wird die Analyseperspektive jeweils vom historischen Kontext zum literarischen Text gelenkt. Sie verlagert sich von den Rollen zu den Kommunikationsinhalten. Auch bei dieser Analyse der literarischen Texte wird wieder nach den Verflechtungen von Politik und Literatur gefragt.

In Zeiten von Babur und Maximilian waren männliche Nachkommen der Herrscher zur Herrschaft berechtigt. Die Geburt in die Dynastie hinein legitimierte die Machtergreifung und stellte das soziale Kapital dar, das die Herrschaft stützte. Das „Anfangsproblem" der Legitimierung einer Machtergreifung durch eine Dynastie ist (nach Koschorke) meist so inszeniert, „als ob" diese von einer höheren Instanz autorisiert worden wäre.[1] An der ästhetischen Gestaltung der Inszenierung beteiligten sich meist die Dichter.[2]

Auch der Gründungsmoment der Habsburger und der Timuriden liegt als Erzählung vor, die die Anfänge der Dynastie bis in mythologische und religiöse Ursprünge verfolgt. Bei der Betrachtung der dynastischen Zusammenhänge geht es jedoch nicht nur um die Legitimierung der Macht, sondern auch um ihre Sicherung und nach Möglichkeit um ihre Erweiterung. Der Aspekt der Sicherung tritt bei der Nachfolgefrage in den Betrachtungsfokus, also bei der Darstellung des Vater-Sohn-Verhältnisses. Auch das Verhältnis zu den Frauen innerhalb der Familie ist damit verbunden. Vor allem tritt letztgenanntes Verhältnis jedoch in den Vordergrund, wenn es um die Machterweiterung geht, die mittels politischer Hochzeiten gewonnen werden soll. Auf die drei genannten Punkte der Legitimierung, Sicherung und Erweiterung der Macht der Dynastie und damit auch des Herrschers zielt die Selbstdarstellung in diesem Bereich ab: Durch die Darstellung der Abstammung und der Verdienste der Vorfahren, aber auch durch die Verbindung zu ruhmreichen anderen Clans wird symbolisches soziales Kapital erzeugt, das der Herrscher sich auf diese Weise ‚einverleibt'.

---

[1] Koschorke, *Macht und Fiktion*, S. 77.
[2] Vgl. Koschorke, *Macht und Fiktion*, S. 80f.

5.1 Historische Hintergründe: Die Dynastien beider Herrscher

Maximilian I. und Babur wurden beide in eine etablierte Herrscherdynastie hineingeboren. Mit Rudolf I. wurde 1273 erstmals ein Habsburger zum König gewählt, mit Albrecht II. 1438 der Grundstein für eine Jahrhunderte währende Regierung der Dynastie gelegt. Maximilian wurde noch zu Lebzeiten Friedrichs zum König gekrönt (1486)[3] und übernahm später auch die Kaiserwürde (1508), wenn auch ohne eine Krönung in Rom.

Babur wurde in die Dynastie der Timuriden hineingeboren, die Temür Beg (*736/1336) ungefähr hundert Jahre zuvor begründet hatte und übernahm die Macht von seinem Vater Umar-Shaykh Mirza – wenn auch zu dem Zeitpunkt nur über ein kleines Herrschaftsgebiet. Sowohl Babur als auch Temür Beg führten ihre Wurzeln auf Genghis Khan zurück, die prägende Herrscherfigur ihres Kulturraums. Das timuridische Herrschaftsrecht wurzelte in turkomongolischen Traditionen und beinhaltete die Herrschaftsausübung durch die männlichen Nachkommen des patriarchalisch-agnatisch strukturierten Clans.[4]

Neben diesen Merkmalen „traditioneller Herrschaft"[5] wurde in den Dynastien der Habsburger und der Timuriden auch versucht, der Herrschaft Charisma bzw. symbolisches religiöses Kapital zu verleihen. Das Hinzufügen von übermenschlichen Zügen in die dynastische Herrschaftsbeschreibung wurde dabei verknüpft mit der Bewältigung des „Anfangsproblems"[6] der Machtergreifung, der Legitimierung der Macht, indem anhand von religiös verknüpften Genealogien die Auserwähltheit der Dynastien herausgestellt und die Akquise von Charisma betrieben wurde.

Maximilian ermunterte seine Gelehrten zu genealogisch-historischen Forschungen. Er verfolgte das Ziel, mit ihrer Hilfe die Auserwähltheit des Hauses Österreich zu beweisen. In groß angelegten Projekten betrieb der Habsburger die Fundierung und charismatische Aufladung seiner Herrschaft. Zu nennen ist etwa die fünfbändige *Fürstliche Chronik* Jakob Mennels. Neben Texten sind auch die Holzschnittwerke *Ehrenpforte* und *Triumphzug* und das Grabmal Maximilians Träger der genealogischen Thematik.

---

[3] Ob Friedrich bei der Königwahl Maximilians eine ablehnende oder befürwortende Position einnahm, galt lange in der Forschung als umstritten. Inzwischen geht man aber davon aus, dass er seinen Sohn dabei unterstützte, zum König gewählt zu werden. Vgl. Kümper, *„Groth Gethone"*, S. 9f.

[4] Vgl. Subtelny, *Timurids in Transition*, S. 36.

[5] Zu den drei Typen von Herrschaft vgl. Weber, *Wirtschaft und Gesellschaft*, S. 726-742. Subtelny überträgt den charismatischen Typus auf die Herrschaft Temür Begs. Vgl. Subtelny, *Timurids in Transition*, S. 11.

[6] Koschorke, *Macht und Fiktion*, S. 78.

Jakob Mennel führte die Habsburger über die Merowinger auf Priamus von Troja zurück.[7] Außerdem nahm der Historiograph eine Reihe an Seligen und Heiligen in die Verwandtschaft der Habsburger auf, um die Geblütsheiligkeit der Dynastie zu belegen. Er wollte zeigen, dass sich alles edle Blut Europas im Hause Habsburg vereinigt habe. Mennels Vorgehen wurde als „Paradigmenwechsel historischen Denkens" bezeichnet:[8] Geschichte wird bei ihm nicht mehr durch den Gedanken der Amtssukzession geprägt, sondern als dynamischer Prozess dynastischer Nachfolge. Seine *Fürstliche Chronik* repräsentiert den Kern dieses dynastischen Bewusstseins Maximilians.[9] Für Maximilian war die genealogische Arbeit Mennels mit politischen Zielen verknüpft.[10] Die *Fürstliche Chronik* lässt sich etwa dahingehend lesen, dass Habsburg einen legitimen Herrschaftsanspruch auf Frankreich erheben und einen Krieg rechtfertigen könne.[11]

Im übertragenen Sinne ließ Maximilian Helden wie König Artus und Theoderich bzw. Dietrich von Bern in seine Genealogie aufnehmen, indem er veranlasste, von ihnen Bronzestatuen zu erstellen, die an seinem Grabmal aufzustellen seien.[12] Zu den Bronzestatuen an seinem Grabmal in der Innsbrucker Hofkirche zählen ansonsten vorrangig Habsburger Familienmitglieder oder andere historische Herrscher.

Die ausgreifenden genealogischen Projekte, die den Kaiser durch seine historische, mythologische, religiöse und literarische Verwandtschaft als außerordentlich ausweisen, zielten darauf ab, die Legitimation und Vorrangstellung des Hauses Habsburg über die rein familiären Verbindungen hinaus zu unterstreichen.[13]

Baburs genealogische Bemühungen sind wesentlich bescheidener angelegt. Er erfasste in seiner Autobiographie in einzelnen Abschnitten, die er bedeutenden Timuriden widmete, unter anderem seine und ihre genealogischen Verbindungen. In der Personenbeschreibung seines eigenen Vaters verweist er auf dessen Abstammung von Temür Beg und in dem Abschnitt über seine Mutter auf ihre Verwandtschaft mit Genghis Khan.[14] Babur war also über beide Verwandtschaftsseiten mit den beiden bedeutendsten Herrschern seines Kulturraums verbunden. Dies bedeutete zwar eine herausgehobene Stellung für ihn, stellte jedoch angesichts weiterer Timuridenabkömmlinge, die dieselbe Verwandtschaftskonstellation vorweisen konnten, kein Alleinstellungsmerkmal dar.[15]

---

7 Priamus von Troja erscheint auch als Handelnder im *Weißkunig*. Er tritt als Gast auf der Hochzeit des alten Weißkunig in Erscheinung. Vgl. *Der Weiß Kunig*, S. 17 [Schultz: S. 15].
8 Burkart, *Paradoxe Innovation*, S. 230.
9 Vgl. Burkart, *Paradoxe Innovation*, S. 229f.
10 Vgl. Althoff, *Studien zur habsburgischen Merowingersage*, S. 91.
11 Vgl. Webers/Hagemann, *Frankreich unter Habsburgs Fittichen*, S. 314.
12 Die genannten Herrscher waren Maximilian wohl vorrangig aus literarischen Epen bekannt.
13 Vgl. Müller, *Gedechtnus*, S. 88ff., S. 190ff.
14 Vgl. Thackston, *The Baburnama*, S. 40, S. 43 [fol. 6b, 9b].
15 Vgl. Dale, *The Garden of the Eight Paradises*, S. 72.

Als Dynastiegründer hatte Temür Beg ungleich größere genealogische Anstrengungen zu unternehmen, um seine Herrschaft zu legitimieren. Die Ideologie, die er dabei verfolgte, erlaubte ihm eine gewisse Flexibilität in seinem Handeln: Er bezog sich zum einen auf seine genghissidische Abkunft und zum anderen auf die Notwendigkeit, den islamischen Glauben zu schützen und zu verbreiten.[16] Zusätzlich zu den verwandtschaftlichen Verflechtungen mit dem Hause Genghis Khans[17] behauptete er eine Verbindung zu ʿAli ibn Abi Talib, dem vierten, rechtgeleiteten Kalifen (aus Sicht der Sunniten) respektive dem ersten Imam (aus Sicht der Schiiten).[18] Zwar war es Temür Beg trotz dieser Verbindungen nicht möglich, den Titel des Khans oder des Kalifen anzunehmen, er regierte jedoch mit Hilfe eines ,Marionettenkhans'.[19] Temür Beg verknüpfte sein Geburtsdatum mit dem Todesdatum Abu Saʿids[20] und trug aufgrund der besonderen Sternenkonstellation bei seiner Geburt den Titel Sahib-Qiran, Herr der glücklichen Konjunktion.[21]

Temür Beg setzte also das eher traditionelle Mittel des Beweises einer außergewöhnlichen Herkunft politischer wie religiöser Art ein, um sich Charisma und symbolisches soziales Kapital zuzuschreiben, ging jedoch noch einen Schritt weiter und konstruierte einen Mythos, der auf persönlichen Leistungen und Eigenschaften beruht.[22] Babur machte sich vor allem den letztgenannten Teil der Ideologie Temürs zu eigen und verwies nicht nur auf seine Abstammung vom

---

[16] Vgl. Manz, *Tamerlane and the Symbolism of Sovereignty*, S. 111-114.

[17] Auch die Herkunft Genghis Khans trägt legendenhafte Züge. In der *Geheimen Geschichte der Mongolen* wird seine Geburt auf die Vereinigung eines Wolfs mit einer Hirschkuh am Burqan Qaldun, dem heiligen Berg der Mongolen, zurückgeführt. Vgl. Taube, *Geheime Geschichte der Mongolen*, S. 5, S. 227.

[18] Vgl. Subtelny, *Timurids in Transitions*, S. 12; vgl. Woods, *Timur's Genealogy*.

[19] Da Temür nicht direkt mit Genghis Khan verwandt war, durfte er sich nicht als Khan bezeichnen. Ebenso durfte er den Titel des Kalifen nicht ergreifen, da er nicht zum Clan des Propheten Mohammed, den Quraysh, gehörte. Vgl. Manz, *Tamerlane's Career and Its Uses*, S. 3.

[20] Manz vermutet, dass es sich bei dem Zusammenfall der Daten um eine Konstruktion handelt, um Temür Beg in die Nachfolge der Ilkhane zu platzieren. Vgl. Manz, *Tamerlane and the Symbolism of Sovereignty*, S. 113, Anm. 33. Die Ilkhane waren eine mongolische Dynastie, die im Gebiet Persiens, Mesopotamiens, Zentralasiens und Anatoliens zeitlich gesehen vor den Timuriden herrschte (und zwar 654–736/1256–1336). Abu Saʿid regierte als neunter Ilkhan von 716–736/1316–1335.

[21] Dieser Titel wird etwa auch im *Zafarnama* für ihn verwendet.

[22] Er entwarf über das symbolische soziale Kapital, das er durch Geburt und Ansippung erlangte, hinaus einen persönlichen Mythos, der ihn als besonders ausweist: Zu dem Mythos gehört, dass er die relative Armut in seinen jungen Jahren durch persönliche Leistung habe überwinden können, militärische Erfolge aufgrund seiner göttlichen Auserwähltheit und der Fürsprache der Sufischeichs errungen habe und übermenschliche Fähigkeiten besitze, da er in direktem Kontakt zur göttlichen Welt stehe. Vgl. Manz, *Tamerlane and the Symbolism of Sovereignty*, S. 114-118.

Dynastiegründer, sondern betonte ebenso seine eigenen Leistungen, oft gar in ähnlicher Form wie Temür.[23]

Zu den genealogischen Bemühungen, die die Legitimation von Herrschaft betreffen, trat bei beiden Herrschern das Bestreben, die dynastischen Ansprüche zu sichern und zu erweitern. Im Falle von Maximilian äußerte sich dieses Bestreben in der Hochzeitspolitik, die seiner Dynastie später letztendlich umfassende Macht in Europa und darüber hinaus in der 'Neuen Welt' sicherte. Der bekannte Ausspruch „Bella gerant alii, tu, felix Austria, nube!" stammte zwar wohl nicht von Maximilian, wurde aber seiner Habsburger Hochzeitspolitik oft zugeordnet.[24] Der Grundstein dieser Politik wurde von Maximilian und Friedrich mit der Verheiratung Maximilians mit Maria von Burgund gelegt, die dem Haus Österreich nach dem Tod Karls des Kühnen die Herrschaft über Burgund sicherte. Die zweite Hochzeit Maximilians mit Bianca Maria Sforza sicherte dem Kaiser seine Position in Italien und sorgte für finanzielle Einkünfte.

Zwei folgenreiche Doppelhochzeiten wurden während der Regierungszeit Maximilians unter seiner Einflussnahme arrangiert. Im Jahr 1496/97 heiratete Erzherzog Philipp die spanische Königstochter Juana und Erzherzogin Margarethe den spanischen Prinz Juan.[25] Durch eine Reihe von unerwarteten Todesfällen fiel bereits 1516 das spanische Erbe an Karl, den Enkel Maximilians, der 1519 zum römisch-deutschen König gewählt wurde. Die zweite Doppelhochzeit wurde 1515 zwischen Ludwig von Ungarn und Maximilians Enkelin Maria sowie Anna von Ungarn und Maximilian selbst (in Stellvertretung für seinen Enkel Ferdinand) vollzogen. Auch bei dieser Hochzeit trat bereits 1526 der Erbfall ein, der Ferdinand zum König von Ungarn, Böhmen und Kroatien machte. 1531 wurde er dann zum römisch-deutschen König gewählt.

Politische Einflussnahme durch Hochzeiten war ebenfalls ein fester Bestandteil der timuridischen Politik und konnte durch die Möglichkeit, mehrere Frauen zu heiraten, intensiv betrieben werden. Der patriarchalisch und agnatisch geprägte Familienclan galt als kleinste und zugleich wichtigste Einheit der turkomongolischen Gesellschaft.[26] Um soziale und politische Verbindungen zwischen den Clans zu stärken, wurden sie durch Hochzeiten miteinander verknüpft. Vor allem die Heirat mit den Kindern des Bruders der Mutter wurde präferiert,[27] um politi-

---

23 Seine den Herrschaftsraum betreffend eher bescheidene Abkunft, aus der er sich durch seine eigenen militärischen Qualitäten erhebt, und auch die übernatürlichen Fähigkeiten, die ihm durch göttliche Zuwendung und durch Sufi-Fürsprache zukommen, sind zu nennen.

24 Die Friedfertigkeit, die hier dem Mittel der politischen Hochzeiten zugeschrieben wird, ersetzte jedoch nicht, wie suggeriert wird, den Krieg als politisches Mittel.

25 Diese Doppelhochzeit war sowohl von spanischer als auch von deutscher Seite gegen Frankreich gerichtet. Frankreich wiederum zeichnete sich verantwortlich für eine gescheiterte Hochzeit Maximilians: Als er plante, die bretonische Erbin Anna de Bretagne zu ehelichen, kam ihm 1491 der König von Frankreich noch zuvor.

26 Vgl. Subtelny, *Babur's Rival Relations*, S. 106.

27 Vgl. Subtelny, *Babur's Rival Relations*, S. 106.

sche Allianzen zu stärken, aber auch, um sich mit der symbolisch aufgeladenen genghissidischen Abstammungslinie verbinden zu können.[28] Am Ende des 15. Jahrhunderts führte diese Hochzeitspolitik zu der Situation, dass die Eliten – und zwar auch die miteinander verfeindeten – meist miteinander verwandt waren: Baburs Erzfeind Shaybani Khan etwa war ein entfernter Cousin von Babur und außerdem mit dessen Tante sowie später ebenfalls mit der Schwester verheiratet.[29] Das ausgreifende Verwandtschaftsnetz zielte ursprünglich auf engere Bindungen zwischen den Clans ab. In der Realität war jedoch oft die Folge, dass die Bündnisse wechselten und dann Verwandte gegeneinander Krieg führten. Babur stand aufgrund seiner Abkommenschaft zwischen den beiden Welten der inzwischen mehr und mehr sesshaft gewordenen timuridischen Mirzas und der weiterhin nomadisch lebenden mongolischen Khane.[30] Er bezeichnete sein Volk als „Turk"[31] und sah sich wohl aufgrund der männlichen Abstammungslinie eher in der timuridischen Tradition.

Die Legitimierung der Macht, insbesondere bezogen auf den Anfangspunkt der Machtergreifung, wird in beiden Dynastien durch umfangreiche Akquise zusätzlichen Kapitals (charismatischer) übernatürlicher, das heißt mythologischer bzw. religiöser Art begleitet. Die Sicherung und Erweiterung der Macht wird über das Mittel der Hochzeitspolitik angestrebt, das sich jedoch bei den Herrschern als ein unterschiedlich wirksames Mittel zeigt. Die Darstellung eigener Verdienste und der Hochzeitspolitik zielen auf den Erwerb zusätzlichen sozialen Kapitals ab.

5.2 Literarische Darstellung der Herrscher in ihrer Dynastie und in der Kernfamilie

Bei der Beschreibung der historischen Hintergründe wird die dynastische Prägung der Politik beider Herrscher deutlich und es zeigt sich, in welchem Ausmaß auch die Kernfamilie den Herrschern als politisches Mittel diente, um soziales Kapital zu erwerben. Bei der Analyse der literarischen Darstellung ist daher ebenso zu fragen: Welche dynastischen Themen werden literarisch auf welche Weise verarbeitet und dienen sie ebenfalls der Erzeugung von Charisma, also symbolischem sozialen Kapital? Welche Brüche offenbaren sich in den Texten?

---

28 Vgl. Subtelny, *Babur's Rival Relations*, S. 107.
29 Der Usbeke heiratete die Schwester Baburs in Austausch für Baburs Leben nach der Belagerung von Samarkand im Jahr 907/1501. Vgl. Beveridge/Gulbadan Begim, *Humāyūn-Nāma*, S. 85.
30 Vgl. Subtelny, *Babur's Rival Relations*, S. 115.
31 Vgl. Thackston, *The Baburnama*, S. 36, S. 276 [fol. 2b, fol. 223b].

5.2.1 Maximilianischer Großtext

5.2.1.1 Der Herrscher in der Dynastie

Die Beschäftigung mit der Genealogie des eigenen Herrscherhauses gehörte zur Herrschaftslegitimierung[32] und zur Identitätsbildung. Ziel Maximilians war es, die in diesem Zusammenhang stehenden Taten möglichst systematisch schriftlich zu fixieren.[33] Sein Schwerpunkt bei der Beschäftigung mit Genealogien lag jedoch eher auf den Bildwerken wie der *Ehrenpforte* und dem *Triumphzug* sowie den geschichtlichen Forschungen, die er etwa bei Jakob Mennel in Auftrag gab, als auf der literarischen Verarbeitung. Maximilian schrieb den Bildern eine größere Glaubwürdigkeit zu als den literarischen Texten; ebenso vertraute er der akribischen Arbeit Mennels.

Prinzipiell wurde mit dem Maximilianischen Großtext ein Anspruch auf Wirklichkeitsnähe erhoben;[34] die verwendeten Verhüllungen und fehlenden Zeit- und Raumbezüge stehen jedoch insbesondere den genealogischen Bemühungen entgegen, die zwangsläufig auf Namen-, Raum- und Zeitangaben angewiesen sind. Die Grundzüge genealogischer Beschäftigung lassen sich jedoch auch in den Selbstzeugnissen erkennen.

Als Weißkunig, der sich in seiner Jugend für die Herkunft der königlichen Geschlechter interessiert, feststellt, dass „die menschen der gedächtnuß so wenig acht nâmen"[35], lässt er, „als Er zu seinen Jaren kam"[36], seine Gelehrten Forschungen über den Ursprung der königlichen Dynastien anstellen. Ihre Ergebnisse sollten sie in Büchern festhalten. Auch die Münzprägungen, die Stiftungen und die „guete[n] tâten" der Könige lässt er notieren und zeichnet sich so in seinem Engagement um die Gedechtnus als „ain Anweiser aller kunfftigen kunigen und fursten"[37] aus. In diesem Handeln präsentiert sich Weißkunig als Vorreiter, da noch niemand vor ihm – so seine Darstellung – daran Interesse gefunden habe.[38] Mit dieser Aussage kritisiert er indirekt seinen Vater, den alten Weißkunig, der sich

---

[32] Dass mit dem Abfassen legitimierender Schriften ganz allgemein Dichter befasst wurden, zeigen schon die frühen Habsburger: So war Konrad von Würzburg etwa am Hofe Rudolfs I. tätig, der als Machthaber Anerkennung erstrebte. Seine Herrschaft benötigte literarische Untermauerung, weil er als erster Habsburger mit Königswürde besonderer Legitimierung bedurfte. Vgl. Ritschler, *Literatur und Politik im Umkreis der ersten Habsburger*, S. 94.

[33] Diese systematische Erfassung diente der Stabilisierung der gegenwärtigen Herrschaft. Vgl. Müller, *Gedechtnus*, S. 81. Vgl. dazu auch das 14. Kapitel im *Weißkunig*: „Wie der Jung Weiß kunig die alten gedachtnuß insonders lieb het." *Der Weiß Kunig*, S. 68 [Schultz: S. 66].

[34] Vgl. Müller, *Gedechtnus*, S. 183-190.

[35] *Der Weiß Kunig*, S. 68 [Schultz: S. 66].

[36] *Der Weiß Kunig*, S. 68 [Schultz: S. 66].

[37] *Der Weiß Kunig*, S. 69 [Schultz: S. 66]. Weißkunig spricht hier den Vorwurf aus, dass zu wenig an alte Traditionen gedacht werde. Dieser Entwicklung möchte er durch sein eigenes Wirken entgegen treten. Vgl. dazu auch Müller, *Gedechtnus*, S. 80ff.

[38] Vgl. *Der Weiß Kunig*, S. 68 [Schultz: S. 66].

nicht um die Gedechtnus gekümmert habe. Sein eigenes Geschlecht lässt der junge Weißkunig ebenfalls erforschen und bis auf Noah zurückführen,[39] sodass er religiöses Charisma für seine dynastischen Strukturen behaupten kann.

Im *Theuerdank* wird ebenfalls ein Hinweis auf die Abkunft der Protagonisten gegeben: Hier bezeichnet Königin Ehrenreich die Römer im Zusammenhang mit der Lorbeerkranzverleihung als „unser vorfarn".[40] Die gleichzeitig religiös fundierte Erklärung der Abkunft (im *Weißkunig*) und der zeitgemäß-renaissancehafte Rückbezug auf die römische Antike (im *Theuerdank*) werden behauptet und somit zweifaches genealogisches (soziales und religiöses) Kapital für die zwei Herrscherfiguren akquiriert: Die biblische Abkunft sichert dem Geschlecht Heiligkeit und im Rückbezug auf die Antike spiegelt sich das zeitgemäße Empfinden des antiken Ideals, dem man sich dadurch nähern wollte.

Die politische Funktion, die die Betonung hoher Abkunft besaß, wird in den Texten deutlich: Im *Freydal* und im *Theuerdank* bildet sie die Bedingung dafür, dass der Held für die Brautwerbung um eine Königin in Betracht gezogen wird und ein Königreich gewinnt.[41] Im *Weißkunig* bezieht sich der Protagonist wiederholt auf die alten Ländereien und Besitzungen seines Geschlechts, auf die er ein althergebrachtes Anrecht anmeldet.[42] Mit diesem Recht werden dann im Verlauf der Erzählung auch diverse Kriege begründet, die Weißkunig führt.

Bei einem Perspektivwechsel von der diachronen zur synchronen Betrachtung des Herrschers in seiner Dynastie fällt auf, dass im *Weißkunig* bei kriegspolitischen Ereignissen häufig seine Verwandten eine Rolle spielen, also andere Fürsten und Herrscher, auf die er als Verbündete setzt.[43] Diese Bündnisse scheinen von einer grundsätzlichen verwandtschaftlichen Loyalität geprägt, die jedoch nicht zwingend sein muss: So gelingt etwa dem blauen König die Bestechung von Verwandten Weißkunigs, sodass sie die Seite wechseln.[44]

Weißkunig inszeniert sich als Vorreiter unter den Herrschern bei der Beschäftigung mit der Gedechtnus. Seine eigene Abkunft zeigt er als mit religiösem Charisma aufgeladen, während sich das andere Maximilian-Alter-Ego Theuerdank auf antike Wurzeln zurückbezieht. Die besondere Herkunft erscheint als Eingangsvoraussetzung für die Brautwerbung adliger oder königlicher Frauen und für die Behauptung von Herrschaftsrecht über Ländereien. Die dynastische Herkunft wird mit dem Herrschen verknüpft, muss aber auch reflektiert und erinnert werden.

---

39 Vgl. *Der Weiß Kunig*, S. 68 [Schultz: S. 66].
40 Pfintzing, *Theuerdank*, S. 510. Die Verleihung des Lorbeerkranzes geht in der römischen Antike auf den Kult des Gottes Jupiter zurück, ist dort also mit der Mythologie verbunden.
41 Die Forderung, die der sterbende König im *Theuerdank* in sein Testament aufnimmt, umfasst, dass der Hochzeitskandidat für seine Tochter ihr „genoss am adel" sei. Pfintzing, *Theuerdank*, S. 24.
42 Vgl. *Der Weiß Kunig*, S. 272 [Schultz: S. 311].
43 Vgl. *Der Weiß Kunig*, S. 136 [Schultz: S. 160], S. 167 [Schultz: S. 203f.].
44 Vgl. *Der Weiß Kunig*, S. 278 [Schultz: S. 317].

Die Regentschaft Kaiser Maximilians ist heute noch vor allem für die Hochzeitspolitik bekannt. Die politische Bedeutung von Hochzeiten spiegelt sich sowohl
inhaltlich als auch strukturell in den drei Selbstzeugnissen wider, in denen sie
jeweils als zentrale Themen behandelt werden: Im *Freydal* und im *Theuerdank* bilden die Eheschließungen eine inhaltliche Klammer, die die Handlung zusammenhält. Die Geschichten beginnen mit dem Aufbruch der Ritter zum Minnedienst und sie enden mit der Hochzeit der Protagonisten. Im *Weißkunig* fallen die
beiden Hochzeiten, die geschildert werden, mit inhaltlichen Zäsuren zusammen,
die die Handlung in drei Teile aufteilen.

Von den vier literarisch im Maximilianischen Großtext verarbeiteten Hochzeiten stellen drei die Hochzeit der Alter Egos von Maximilian und Maria von Burgund dar, und zwar – wie erwähnt – an exponierten Stellen der Handlung, sodass
deren Bedeutung hervorgehoben wird. Die vierte Hochzeit findet zwischen dem
alten Weißkunig und der jungen Königin statt, den Alter Egos Friedrichs III. und
Eleonores von Portugal. Bemerkenswert an dieser Auswahl ist, dass die politisch
bedeutenden Doppelhochzeiten, die Maximilian in der historischen Realität
selbst stiftete, nicht verarbeitet werden. Vermutlich liegt der Grund darin, dass die
Reichweite der Hochzeiten zur Zeit der Textproduktion noch nicht absehbar war
oder deren Erzählung inhaltlich nicht vorgesehen war.[45] Auch die Hochzeit mit
Bianca Maria Sforza wird in keinem der Texte dargestellt, vermutlich deswegen, da
sie von den Zeitgenossen Maximilians als nicht standesgemäß angesehen wurde.
Diese Nichtdarstellung kann als Bruch in der Herrscherselbstdarstellung gewertet
werden.

Der Erzählfokus wird auf die Generation des Protagonisten gelegt. Die Hochzeit mit Maria von Burgund und der damit verbundene Zugewinn Burgunds
sollten im Mittelpunkt der Erzählungen stehen. Im Falle des *Weißkunig* wird darüber hinaus die Geschichte des Vaters geschildert. Die Darstellung der Hochzeit
Friedrichs sollte wohl die würdige Abkunft des neuen Königs, des jungen Weißkunig, unterstreichen.

Allen literarisch verarbeiteten Hochzeiten ist gemein, dass zwischen dem Plan,
die Heirat einzugehen, und der Eheschließung eine Anzahl an Ereignissen liegt,
die Gefährdungen der Heiratspläne darstellen. Diese Gefährdungen konnten
durch politische Gegner, Naturereignisse und auch durch aktuelles Tagesgesche-
hen zustande kommen. In den Selbstzeugnissen spiegelt sich die allgemeine Unsicherheit wider, die bei der Einfädelung dynastischer Hochzeiten in der histori-

---

45 Der *Theuerdank* sollte primär die Brautwerbung Ehrenreichs zum Thema haben, die Erzäh-
    lung von Ereignissen aus der Regierungszeit des neuen Königs war inhaltlich nicht vorge-
    sehen. Die von Treitzsaurwein verfasste Reinschrift A des *Weißkunig*, die dem Druck von
    1775 zugrunde lag, entstand 1514; der erste Erbfall als Folge der spanischen Doppelhoch-
    zeit trat 1516 ein.

schen Realität herrschte.[46] Auch die Hochzeit Maximilians und Marias von Burgund war von schwierigen Vorverhandlungen begleitet gewesen. Dies findet sich sich im *Theuerdank* verarbeitet: Scheint es zu Beginn der Erzählung beschlossene Sache zu sein, dass Königin Ehrenreich auf Beschluss ihres Vaters den Ritter Theuerdank ehelicht,[47] so nimmt die Unsicherheit darüber im Verlauf der Geschichte zu.[48] Diese Unsicherheiten, die im *Theuerdank* „Geverlicheiten" genannt werden, werden an der Oberfläche des Textes umgedeutet zu Ereignissen, in denen der Held Ruhm hinzugewinnen oder an denen er charakterlich reifen kann.[49] Auch im *Freydal* nimmt der Held Mühen auf sich, um Ruhm zu gewinnen: In zahlreichen Duellen und Turnieren bewährt er sich, bleibt jedoch nicht immer siegreich.[50] Seine Niederlagen können als Bruch im Herrscherselbstbild gedeutet werden.

Die Anstrengungen, die der Held auf sich nimmt, werden sowohl im Fall des *Theuerdank* als auch des *Freydal* als Minnedienst dargestellt. Neben der Unsicherheit, die in der Realität bei dynastisch bedeutenden Hochzeiten geherrscht hat und die sich im Maximilianischen Großtext widerspiegelt, ist es auch Erfordernis des zitierten literarischen Musters des Minnedienstes generell, einen „unsicheren Schwebezustand"[51] zwischen den Minnenden auszudrücken.[52] Im *Weißkunig* fin-

---

[46] In der historischen Realität stellte der sogenannte bretonische Brautraub einen besonders prägnanten Vorfall dar, der die Feindschaft zwischen Frankreich und dem Reich befeuerte: Karl VIII. von Frankreich heiratete Anne de Bretagne, obwohl diese schon mit Maximilian verheiratet war – wenn auch nur per procurationem. Diese Ehe mit Maximilian wurde daraufhin von Innozenz VIII. annulliert. Zu den Unsicherheiten historischer dynastischer Hochzeiten allgemein vgl. Wiesflecker, *Kaiser Maximilian I. Bd. 5*, S. 477f., S. 480.

[47] Nach einer Beratschlagung mit den Ständen legt Romreich in seinem Testament fest, dass „Ewr gnadenn [= Ehrenreich; Anm. d. Verf.] sol han / Tewrdannck den Fürsten zů eim man / Dann der sey Eüch genoss am adel / Mechtig frey vor allem dadel / Der mag Eüch uñ Ewr Lewt uñ land / Beschützen mit seiner streytparn handt." Pfintzing, *Theuerdank*, S. 24.

[48] Ehrenreich kann nach der Rückkehr des werbenden Boten die Ankunft des Helden kaum erwarten: „Wartet kaum biss der Held kem / Das Sy In zů der Ee nem". Pfintzing, *Theuerdank*, S. 36. Theuerdank selbst präsentiert sich im späteren Verlauf der Geschichte jedoch nicht als feststehender Hochzeitskandidat: „Wer weys / Ob Ich dasselb gelück het / Und sovil gůt that thet / Das Sy [= Ehrenreich; Anm. d. Verf.] mir gelobt die Ee." Pfintzing, *Theuerdank*, S. 56.

[49] Theuerdank begreift die Überwindung der Geverlicheiten als Notwendigkeit, um ausreichend Ruhm für eine Hochzeit mit Ehrenreich zu gewinnen, nachdem er seinen Mangel an Ruhm zu Beginn der Erzählung feststellte („Wiewol Ich nit tewrlich // Bin [...]"). Vgl. Pfintzing, *Theuerdank*, S. 56. Die Dimension der charakterlichen Reife tritt bei Berücksichtigung der Clavis hinzu: Folgt man ihren Deutungshinweisen, so repräsentieren die Geverlicheiten je nach Lebensphase unterschiedliche charakterliche Unzulänglichkeiten, gegen die der Held ankämpfen muss.

[50] Vgl. von Leitner, *Freydal*, S. XXI.

[51] Weddige, *Germanistische Mediävistik*, S. 255.

[52] Im *Theuerdank* hat es in der Ausgangskonstellation eigentlich keinen unsicheren Zustand im Sinne des Minnedienstes gegeben. Dieser wird jedoch im Laufe der Handlung entwickelt.

det sich eine Minnedienst-Entsprechung in der Schilderung der gescheiterten Hochzeit, die das literarische Gegenstück zum ‚Brautraub' Annas de Bretagne darstellt. Bemerkenswert ist, dass Maximilian bei der Brautraubgeschichte in der Textstelle, in der es um die Eheschließung geht, nicht als Weißkunig verschlüsselt wird, sondern als ein „ander[er] kunig",[53] sodass die Demütigung, die Maximilian mit der fehlgeschlagenen Hochzeit erlitt, literarisch etwas verdeckt wird.

Wird das literarische Muster des Minnedienstes in den Selbstzeugnissen aufgegriffen und verarbeitet, weicht doch die Brautwerbung von den literarischen Vorbildern ab: In allen drei Texten geht die Werbung von der Braut aus.[54] Die ungewöhnliche Richtung der Brautwerbung in den Texten hebt auf die Situation in Burgund ab, wo nach dem Tod Karls des Kühnen ein Thronfolger benötigt und in Maximilian gefunden wurde. Auffällig ist weiterhin, dass diesen Hochzeiten im Maximilianischen Großtext zwar auf struktureller oder inhaltlicher Ebene eine besondere Bedeutung zugewiesen wird, dass aber die Beschreibungen der festlichen Ereignisse entweder ausbleiben (*Freydal*) oder knapp ausfallen (*Theuerdank*, *Weißkunig*).[55] Das ist teilweise ebenfalls auf die historische Situation, die Vorbild stand, zurückzuführen, in der die Hochzeit aufgrund des Todes Karls des Kühnen eher in vergleichsweise bescheidenem Rahmen gefeiert wurde.

Auch das machtpolitische Moment, das in der geschichtlichen Realität bei den dynastischen Hochzeiten meist im Vordergrund stand, spiegelt sich in den Texten wider: Im *Weißkunig* berät sich die Königin nach dem Ableben des Königs von Feuereisen mit der Tochter und „entdeckten auch der lanndtschafft, Sy wissend selbs, die grossen krieg, die Sy gegen Iren veindten fueren muesten, vnd dardurch betörfft, Sy, die Jung kunigin, ain Thewrlichn Mans."[56] Die Hochzeit wird hier als Möglichkeit angesehen, um die Kriegsmacht zu verstärken und gegen äußere Bedrohungen gewappnet zu sein.

Im *Weißkunig* berät sich der junge Weißkunig nach dem Eintreffen der Werber mit seinem Vater. Der alte Weißkunig teilt ihm „drey Artickel" mit: „Zum Ersten die Eer des heirats, zum andern die Nutzperkait der landt, zum driten die Sorgfeltigkait, die Ime darauf stundt, solichs zuerlangen."[57] Auf Seiten Weißkunigs steht also der Hinzugewinn weiterer Länder im Mittelpunkt seines Interesses an der Hochzeit. Selbst bei der literarischen Darstellung dieser Hochzeit werden vor allem machtpolitische Motive in den Mittelpunkt gerückt: Es findet durch die Verbindung ein Austausch zwischen Kriegsmacht und Ländereien statt.

---

[53] *Der Weiß Kunig*, S. 213f. [Schultz: S. 243].
[54] Eine Ausnahme bildet die Hochzeit des alten Weißkunigs, der Boten aussendet, die um die Prinzessin Leonora von Portugal werben. Er wird also selbst initiativ.
[55] Die Hochzeitsfeierlichkeiten im *Weißkunig* werden etwas ausführlicher, aber im Vergleich zur Hochzeit des Vaters immer noch wenig umfangreich geschildert.
[56] *Der Weiß Kunig*, S. 117f. [Schultz: S. 123].
[57] *Der Weiß Kunig*, S. 119 [Schultz: S. 125].

Neben dieser politischen Perspektive auf die dynastische Hochzeit werden im *Freydal* und im *Theuerdank* noch andere Schwerpunkte gelegt: Ritter Freydal wird aufgrund seiner großen Ehrenhaftigkeit von der Braut umworben (und nicht anders herum). Im *Theuerdank* wird der Minnedienst des Helden in den Vordergrund gerückt. So wird jeweils dieselbe Hochzeit unter verschiedenen Perspektiven geschildert, sodass den Lesern mehrere Deutungsmöglichkeiten angeboten werden, die gleichzeitig Geltung beanspruchen.

Insgesamt kann man für die Schilderung der Hochzeiten im Maximilianischen Großtext feststellen, dass sich einige Brüche in der Herrscherselbstdarstellung finden – und zwar in dem Sinne, dass keine kohärente panegyrisch-überhöhende Gestaltung gewählt wurde, obwohl das erwartbar gewesen wäre. Stattdessen werden Gefährdungen, Unsicherheiten und Niederlagen dargestellt und Umdeutungen, Verhüllungen oder Nichtdarstellung als Stilmittel der Darstellung gewählt. Der Grund für das Erscheinen der Brüche im Herrscherselbstbild ist die Verankerung in der historischen Wirklichkeit: Alle genannten Brüche spiegeln die historisch schwierigen Situationen wider, die Vorbild der Gestaltung waren und die nicht vollständig für eine idealisierte literarische Schilderung ausgelassen werden konnten. Teilweise werden jedoch bekannte literarische Muster wie der Minnedienst verwendet, um die aus der Historie durchscheinenden Brüche textlich zu gestalten. Sie können als Ansatzpunkt für eine Interpretation gelten.

Die Analyse der Texte lässt erkennen, dass sowohl literarische Muster als auch historische Begebenheiten die Gestaltung beeinflussen, die Deutungsmöglichkeiten vervielfachen und besondere Konstellationen erklärbar machen. Es sind gerade diese Textstellen, die die spezifische Ästhetik des Maximilianischen Großtextes ausmachen, die zwischen faktischer Darstellung und fiktionaler Ausgestaltung oszilliert.

5.2.1.3 Das Verhältnis zwischen dem Herrscher und seinen Eltern

Da die Herrschaft im Falle Maximilians vom Vater auf den Sohn übergeht und zudem durch die Besonderheit gekennzeichnet ist, dass dies bereits während der Regentschaft Friedrichs geschieht, ist die Darstellung des Verhältnisses von Vater und Sohn im Großtext interessant, da sie Maximilians Sicht widerspiegelt. Das Verhältnis der Protagonisten zu den eigenen Eltern wird in den drei Texten unterschiedlich gestaltet. Die Mutter wird im *Freydal* und im *Theuerdank* nicht erwähnt, sie wird jedoch im *Weißkunig* beschrieben. Dort nimmt sie primär die Rolle der frommen Braut des alten Weißkunig ein. In der Mutterrolle ist sie auf einem Holzschnitt zu sehen, der sie und den jungen Weißkunig im Stil eines Marienbildnisses zeigt.[58] Mit der Rolle als Maria ist die Geburt des Gottessohnes, aber auch eine besondere Tugendhaftigkeit verbunden, die Maria aufgrund ihrer

---

58 Vgl. *Der Weiß Kunig*, Holzschnitt Nr. 13 [Schultz: S. 48].

Jungfräulichkeit zugeschrieben wird. Die Frömmigkeit der Mutter beherrscht also ihre Darstellung im Großtext.

Differenzierter fällt die Darstellung des Vaters aus, der im *Freydal* zunächst noch eine randständige Rolle einnimmt: Dort erteilt er dem jungen Ritter die Erlaubnis zur Turnierfahrt, hilft ihm bei der Ausstattung und empfängt ihn nach der Reise wieder am heimischen Hof. Auch im *Theuerdank* ist die Rollengestaltung des Vaters wenig ausgeführt. Das fällt insbesondere im Kontrast zum Vater der Königin Ehrenreich auf, der eine deutlich prominentere Rolle einnimmt, wenn sein Bemühen um die Verheiratung seiner Tochter geschildert wird. Theuerdanks Vater tritt nur in Erscheinung, als er seine Erlaubnis zur Reise seines Sohnes gibt. Zu dieser zurückgenommenen Beschreibung des Vaters im *Theuerdank* und im *Freydal* tritt im *Weißkunig* gar Kritik, die an ihm geübt wird: Unterschiedliche Positionen von Vater und Sohn werden deutlich, wenn es darum geht, die Erinnerung an die jeweilige Regentschaft zu erhalten. Der junge Weißkunig stellt fest, dass sich seine Vorgänger nicht um die Gedechtnus gekümmert hätten und initiiert zahlreiche Aktivitäten, um diese Versäumnisse aufzuholen.[59] In dieser Rolle sieht er sich als „Anweiser aller kunfftigen kunigen vnd fursten."[60]

Die wiederum generelle Ablehnung der Freigebigkeit des Sohnes durch den Vater wird drei Kapitel später im *Weißkunig* deutlich, als der Vater ihn ermahnt, nicht übertrieben „milt"[61] zu sein. Der junge Weißkunig weist den Einwand jedoch von sich: „Ich wirdt nit werden, ain kunig des gelts, sonder Ich wil werden, ein kunig des volcks [...] vnd ain yeder kunig befreit vnd bekriegt, mit dem volckh, vnd nit mit gelt seine veindt."[62]

Die verschiedenen Positionen, die in diesen Textstellen deutlich werden, betreffen sowohl den Umgang mit der Gedechtnus als auch mit dem Geld; sie zielen auf die unterschiedlich ausgeprägte Bereitschaft der beiden Könige, Kriege zu führen, für die schließlich Volk benötigt werde und nicht nur Geld.[63] Der junge Weißkunig kritisiert die fehlende Bereitschaft seines Vaters dazu im Text, und auch in der historischen Konstellation zwischen Friedrich und Maximilian wird sie zum Gegenstand der Auseinandersetzung. Diese gegensätzliche Position der zwei Könige wird noch an einer anderen Textstelle deutlich: Als der junge Weißkunig Krieg gegen den grünen König führt, wird er vom Vater nach Hause beordert, „wiewol der Jung weiß kunig, den Gruenen kunig gern lenger bekrieget het."[64] Auch in diesem Fall erscheint der Vater also als jemand, der die Tatkraft

---

59 Vgl. *Der Weiß Kunig*, S. 68f. [Schultz: S. 66].
60 *Der Weiß Kunig*, S. 69 [Schultz: S. 66].
61 *Der Weiß Kunig*, S. 72 [Schultz: S. 70].
62 *Der Weiß Kunig*, S. 72 [Schultz: S. 70, S. 72].
63 Die Aussage beinhaltet auch eine Ablehnung der Taktik des blauen Königs, der in politischen Angelegenheiten oft mit Bestechungsgeldern agiert. Dass das Volk, das den Krieg führt, mit Geld bezahlt werden muss, schwingt hingegen nur indirekt in der Aussage mit.
64 *Der Weiß Kunig*, S. 122 [Schultz: S. 130].

des Sohnes gegen dessen Willen eindämmt. In einer anderen Textstelle wird weitere Kritik am Vater deutlich: Als Weißkunig zum Zweck der Eheschließung in der Stadt der jungen Königin Einzug hält, „verwunderten sich [...] das gemain volck [...] das der alt weiß kunig, sein vater, seinen sun, in seiner schönen jugent, als weit in frembde landt schicket."[65] Deutlich wird im Text, dass es als angemessener empfunden worden wäre, wenn der alte Weißkunig seinen Sohn begleitet hätte, oder aber, dass die Eheschließung in den Stammländereien der Weißkunige stattgefunden hätte.

Trotz der beschriebenen Kritik geschieht die Darstellung des Vaters im *Weißkunig* differenziert, denn er wird als derjenige geschildert, der die Voraussetzungen für die besondere Regentschaft des Sohnes schafft, und zwar in zweierlei Hinsicht: Durch seine ehrenvolle Krönung und die Eheschließung durch den Papst wird auch er (neben der Mutter) als auserwählt gekennzeichnet,[66] sodass die messiashafte Geburt des jungen Weißkunig durch zwei hervorgehobene Elternteile präfiguriert wird. Er sorgt jedoch nicht nur für den Geburtsadel des Jungen, sondern auch für den Leistungsadel, indem er die Phase des Lernens steuert und befördert: Er gibt die zu erlernden Disziplinen vor und spornt den Sohn zu guten Leistungen an.[67]

Grundsätzlich zeigen einige Textstellen Positionsunterschiede zwischen Vater und Sohn in mehr als einem Bereich auf, die Maximilian in der Literatur als langlebigem Medium für die Nachwelt fixierte. Trotz dieser Absetzbewegung vom Vater ist sich der Sohn jedoch der Voraussetzungen bewusst, die ihm sein Vater zum Herrschen geschaffen hat, sodass man das Verhältnis zwischen den beiden als differenziert dargestellt bezeichnen darf.

5.2.1.4 Die Frauen und ihr Verhältnis zum Herrscher

Bei der Darstellung der Frauenfiguren im Maximilianischen Großtext sind Unterschiede zwischen den Texten *Theuerdank* und *Freydal* auf der einen Seite und dem *Weißkunig* auf der anderen Seite festzustellen; textübergreifende Gemeinsamkeiten finden sich jedoch ebenfalls.

In den beiden erstgenannten Werken erbringen die Protagonisten Minnedienste und Ehrbeweise für die drei Jungfrauen und Königin Ehrenreich. Diese Dienste prägen die gesamte Erzählung. In beiden Texten geht die Werbung jedoch von der Frau aus, sodass das klassische Brautwerbeschema umgekehrt wird: Im *Freydal* wirbt eine der Jungfrauen am Ende der Erzählung um den Ritter und zwar als eine Art Lohn für die Minnedienste, die der Held in den Turnieren und den Maskenfesten erbracht hat. Im *Theuerdank* wird die Werbung Ehrenreichs bereits zu

---

65 *Der Weiß Kunig*, S. 113 [Schultz: S. 133].
66 Vgl. *Der Weiß Kunig*, S. 40-45 [Schultz: S. 31-37].
67 Vgl. *Der Weiß Kunig*, S. 59-61 [Schultz: S. 54-56], S. 64f. [Schultz: S. 60-62].

Beginn ausgesprochen, sodass die Hochzeit von Anfang an eine beschlossene Sache zu sein scheint.

Die Umkehrung des Brautwerbeschemas betont die aktive Rolle Marias von Burgund, die in den dargestellten werbenden Frauen verschlüsselt wird. Diese hervorgehobene Rolle ist auf die große Bedeutung, die der burgundischen Heirat zugemessen wurde, zurückzuführen.[68] Ein später vom Kaiser im Manuskript getilgter Satz verweist zudem auf den Reichtum der Braut, mit dem eine gewisse zusätzliche Macht für sie verbunden war.[69] Dieser Reichtum findet sein Vorbild im historischen Reichtum Burgunds und Marias. Eine weitere Rollenumkehrung des Werbeschemas in ähnlicher Art findet sich im *Weißkunig*: Der junge König erlernt die Sprache seiner Frau und nicht umgekehrt, wie es in der Konstellation seiner Eltern der Fall gewesen ist.[70]

Die aktive Ehrenreich, Alter Ego Marias von Burgund, erwirkt nach Theuerdanks Ankunft an ihrem Hof einen Aufschub des Hochzeitvollzugs. Nachdem sie die bisherigen weltlichen Verdienste Theuerdanks gewürdigt hat, stellt sie neue Bedingungen für einen Eheschluss: Als nächstes müsse der Ritter auf einem Kreuzzug noch Ruhm im geistlichen Bereich erwerben, erst dann solle die Hochzeit vollzogen werden. Dieser Aufschub ist ohne Vorbild in der historischen Realität, basiert aber möglicherweise auf einem literarischen Muster aus dem *Orendel*.[71] Erzählerisch erfüllt er die Funktion, einen vollkommenen Helden präsentieren zu wollen, der sich sowohl im weltlichen und als auch im geistlichen Bereich auszeichnet. Durch den letztendlich doch fehlenden Kreuzzug ergibt sich allerdings ein weiterer Bruch in der Herrscherselbstdarstellung.[72]

---

[68] Tersch ist gar der Meinung, dass durch diese Rollenbetonung symbolhaft zum Ausdruck gebracht wird, dass „das Geschlecht der Frau mehr Gewicht bei der Identitätsfindung gewinnt als die eigene Herkunftsfamilie", dass sich also Maximilian eher aktiv die burgundische Herkunft ansippe, als dass er Maria von Burgund in die eigene Familie einordne. Diese Tendenz lasse sich, so Tersch, ebenso in den genealogischen Werken des Kaisers ausmachen. Tersch, *Maximilian I.*, S. 142.

[69] „Doch wie dem, der jungling für dahin vnd hat nachmalen (vonwegen der sloss, stet, land vnd leut, die er für sich selbs auch durch disen heyrat gewonnen, vil vnd menigerlay widerwertigkait vberkomen darumb er auch die zeit seins lebens) mit fever vnd eysen vnd allen mänlichen krefften seine veind ze demmen vnderstanden, ye kain rue gehabt vnd noch nit hat, dauon noch vil zu schreiben vmb kurtz willen vnderlassen." Von Leitner, *Freydal*, S. XXXVI. Anmerkung 2 verrät, dass der in der Klammer stehende Text vom Kaiser durchgestrichen wurde.

[70] Auf diese Parallele verweist Tersch, *Maximilian I.*, S. 142. Tersch deutet die Spracherlernung als „Teil eines kulturellen Assimilationsvorganges", der durch die Hochzeitspolitik in Gang gesetzt wird. Ebd.

[71] Müller vermutet, dass der fehlende Hochzeitsvollzug ebenso wie die Engelserscheinung im *Theuerdank* dem *Orendel* entstammen könnten. Vgl. Müller, *Gedechtnus*, S. 323, Anm. 25.

[72] Dass der eingeforderte Kreuzzug dann in der Erzählung nicht ausgeführt wird, ist wiederum mit der Realität rückgekoppelt, in der er ebenfalls nicht stattfand. Er war aber wohl zumindest so fest geplant, dass man die Erzählung nicht mehr umformulierte.

Das umgekehrte Brautwerbeschema verweist auf einen gewissen Handlungs-spielraum der Frauenfiguren, die den Erwerb symbolischen Kapitals durch die Protagonisten mit ihrer Werbung belohnen und zu einem gewissen Grad auch steuern: Ehrenreich setzt schließlich den Aufschub der Hochzeit mit Unterstüt-zung der Engelserscheinung gegen Theuerdank durch, der wiederholt seine bishe-rigen Ruhmestaten aufzählt, um auch das bereits erworbene Kapital zu betonen. Die Teile des literarischen Musters aus dem *Orendel* – Engelserscheinung und Hochzeitsaufschub – füllen den Bruch des fehlenden geistlichen Ruhms in der Herrscherselbstdarstellung. Das funktioniert nicht vollständig, da der dazugehöri-ge Kreuzzug nicht mehr geschildert wird. Mit Hilfe der Elemente dieses literari-schen Musters erreicht Ehrenreich jedoch Theuerdanks grundsätzliche Bereit-schaft, auf den Kreuzzug zu ziehen. Das Muster unterstützt also ebenso die Figurenzeichnung Ehrenreichs als charakterstarke Königin.

Die erzählerische Konstruktion kommt ebenso der Selbstdarstellung Maximi-lians zugute: Zwar werden seine Alter Egos zu Beginn als mit einem Mangel an symbolischen Kapital ausgestattet dargestellt, erscheinen dann jedoch nach sei-nen Taten durch die von den Frauen ausgehende Brautwerbung als umso ruhm-reicher.

Da die Handlungen der Frauenfiguren der rühmenden Selbstdarstellung Ma-ximilians dienlich sind, wird ihre Stärke nicht problematisiert, sondern im Ge-genteil hervorgehoben. Dies ist auch bei Einmischungen in das politische Tages-geschäft der Fall, wie es etwa die junge Königin im *Weißkunig* betreibt, die ihren Mann vom Kriegführen abhält.[73]

Politisches Handeln bleibt in den Texten jedoch eine männliche Domäne, wenn auch die Frauenfiguren, die Maria von Burgund verkörpern, über einen gewissen Handlungsspielraum verfügen. Diesen Spielraum erlangen sie durch ih-re Herkunft. Dass primär Maria die Fähigkeit zur positiven Einflussnahme auf das politische Handeln eingeräumt wurde, wird auch im Maximilianischen Groß-text widergespiegelt: Als ihr literarisches Alter Ego stirbt, verschlechtert sich auch Weißkunigs politische Lage.[74]

Maximilians zweite Ehefrau, Bianca Maria Sforza, spielt keine Rolle im Ma-ximilianischen Großtext. Dies entsprach der historischen Realität der Frauen un-ter Maximilian[75] und war wohl auch ihrer Herkunft und ihrer Kinderlosigkeit ge-

---

73 Vgl. *Der Weiß Kunig*, S. 135 [Schultz: S. 160]. Tersch sieht das Handeln der jungen Königin jedoch als Parallele zur Bestechungspolitik des blauen Königs. Vgl. Tersch, *Maximilian I.*, S. 143.

74 Vgl. *Der Weiß Kunig*, S. 141f. [Schultz: S. 169].

75 Vgl. Wiesflecker, *Kaiser Maximilian I. Bd. 1*, S. 232. Über einen gewissen politischen Ein-fluss in der historischen Realität verfügte Maximilians Tochter Margarete, die zunächst als Akteurin der habsburgischen Hochzeitspolitik auftrat. Nachdem sie zweimal früh verwit-wete, weigerte sie sich jedoch, ein drittes Mal zu heiraten. Sie wurde Statthalterin der bur-gundischen Niederlande, galt als diplomatisch geschickt und übernahm wohl daher auch bisweilen politische Verhandlungen.

schuldet: Im damaligen Ehediskurs machte die Zeugung von Nachkommen, die die Geschlechterfolge garantieren und das Ahnengedächtnis sichern sollten, den Zweck einer Ehe aus. Für die Funktion der Texte – Gedechtnus – konnte Bianca Maria also keinen Teil beisteuern und wurde daher wohl in den Erzählungen ausgelassen.[76]

Die Alter Egos von Maria von Burgund werden als relativ starke Charaktere gezeichnet, die selbst die Werbung eines Ehemannes übernehmen. Diese starken Frauenfiguren wirken sich auch auf die literarische Gestaltung der Protagonisten aus, die durch sie symbolisches soziales Kapital erhalten.

5.2.1.5 Das Verhältnis des Herrschers zu seinen Kindern

Da die Handlung im *Theuerdank* und im *Freydal* im Vorfeld der Hochzeit der Protagonisten stattfindet und als Minnedienst stilisiert wird, spielen Kinder in diesen beiden Texten noch keine Rolle. Anders gestaltet sich die Situation im *Weißkunig*, obwohl auch hier keine ausführliche Darstellung der königlichen Nachfahren erfolgt. Die Aufzählung der Namen der Kinder sowie deren späterer Ehepartner scheint vorrangig chronikalische Zwecke zu erfüllen.[77] Der kleine Sohn Weißkunigs wird erwähnt, als er von den Feinden des Vaters entführt wird.[78] Seine Rolle bleibt hier auf die eines politischen Instruments beschränkt. Da davon ausgegangen wird, dass ursprünglich für den *Weißkunig* geplant war, die Geschichte dreier Generationen zu erzählen,[79] bleibt jedoch auffällig, dass die Kinder des Königs kaum erwähnt werden. In den weiteren Textentwürfen (C und D) findet sich zwar eine Beschreibung der Verbindung Philipps mit Juana von Kastilien und seiner Reise nach Spanien, sie fehlt jedoch in der Haupthandschrift A und auch in der Korrekturhandschrift E.[80] Die Geschichte vom alten Weißkunig nimmt breiten Raum ein, ebenso wird die Geschichte des jungen Weißkunig ausführlich erzählt.

Es ist davon auszugehen, dass Maximilian primär seine eigene Geschichte fixieren wollte, zu der die seines Vaters trat, um die eigene Herkunft zu unterstreichen. Die Geschichte seiner Kinder blieb darin weitgehend ausgespart.

---

76 Vgl. Tersch, *Maximilian I.*, S. 143.
77 Vgl. *Der Weiß Kunig*, S. 117 [Schultz: S. 138], S. 128f. [Schultz: S. 152-154].
78 Vgl. *Der Weiß Kunig*, S. 143 [Schultz: S. 173-176].
79 Vgl. Müller, *Gedechtnus*, S. 131.
80 Vgl. Schultz, *Einleitung*, S. XV.

5.2.2 Das Baburnama

5.2.2.1 Der Herrscher in der Dynastie

Baburs Beschäftigung mit seiner Genealogie geschieht vorrangig im *Baburnama*, das im Gegensatz zu seinen anderen literarischen Werken das Leben und die Verdienste Baburs, aber auch anderer Timuriden verzeichnet. Babur verfasst biographische Schilderungen von Dynastieangehörigen, die er als eigenständige Abschnitte in seine Autobiographie einfügt. Sie sind thematisch in Unterabschnitte gegliedert, die etwa lauten: „vilādat u nasabı", „šakl u šamāy-ilı", „axlāq va aṭvārı", „maṣāf va urušları", „vilāyātı", „awlādı", „xavātin u sarārı", „umarāsı".[81]

Die Herkunftsbeschreibung steht prominent zu Beginn der Charakterschilderung. Baburs biographische Schilderungen finden – wie bereits erwähnt – ihr Vorbild wohl in der persischen Geschichtsschreibung, speziell in den Dichterbiographien (Tadhkiras), in denen auf ähnliche Weise Charakterbeschreibungen vorgenommen werden.[82] Babur führt aus, ob der jeweils Beschriebene dichtete, fügt oft einige Verse als Kostprobe in den Text ein und stellt sich dadurch als Poesiekenner dar. Im Mittelpunkt seiner Beschreibungen stehen jedoch eher Familienzusammenhänge, persönliche Vorlieben und Eigenarten der Person und vor allem ihre Verdienste in kriegerischen Auseinandersetzungen. Seine Ausführungen bieten für die Zeit seiner Herrschaft eine einzigartige Quelle, wie wohl auch Babur bewusst gewesen sein dürfte: Da er eine lange Zeit der Qazaqlıq absolvierte, konnte er sich nicht sicher sein, dass alles Geschehen seines Lebens anderweitig in der Historiographie verewigt wurde.

Eine biographische Schilderung seines Vaters, die dem beschriebenen Gliederungsmuster folgt, fügt Babur direkt zu Beginn des *Baburnama* ein und erklärt somit auch indirekt seine eigene Abkunft, die er im weiteren Verlauf des *Baburnama* nicht weiter ausführt. Babur führt sich über die Linie seines Vaters auf den Dynastiegründer Temür Beg zurück, mit dem er in fünfter Generation verwandt war. Über die mütterliche Seite stammt er zudem vom Mongolenherrscher Genghis Khan ab. Da diese Verbindung jedoch über die weibliche Linie bestand, die in der patriachalischen Gesellschaft weniger bedeutete, stand diese Verwandt-

---

81 In englischer Übersetzung: „his birth and lineage"„his appearance and habits", „his character", „his battles and frays", „his realms", „his offspring", „his wives and concubines", „his officers". Die zitierten Unterabschnitte sind der Beschreibung des Vaters von Babur, Umar-Shaykh Mirza, entnommen, die als Muster für die biographischen Schilderungen im *Baburnama* gelten kann. Vgl. Thackston, *The Baburnama*, S. 40-50 [fol. 6b-15b]. Die Charakterbeschreibungen anderer Timuriden folgen diesem Muster – mit Ausnahme der von Sultan-Husayn Mirza, die eine feinere Differenzierung der Gefolgsleute in Dichter, Musiker, Künstler, Gelehrte, Wesire, militärische Gefolgsleute und Angehörige des Diwans, die für die Finanzen zuständig waren, vornimmt. Vgl. Thackston, *The Baburnama*, S 205-228 [fol. 163b-182b].

82 Verwiesen sei etwa auf Dawlatshahs *Tadhkirat al-shuʿara*. Vgl. Thackston, *A Century of Princes*, S. 11-62.

schaftsseite auch in Baburs Selbstbeschreibung hinter der väterlichen Familie zurück.[83] Die Darstellung seiner hohen Herkunft diente Babur wohl auch der Herrschaftslegitimierung, jedoch blickten auch andere Timuriden auf eine ähnliche Genealogie zurück, sodass sie keine Möglichkeit bot, viel an zusätzlichem sozialen Kapital zu behaupten.

Babur beschreibt seine eigene Abstammung und auch die von Temür Beg nicht weiter und führt auch die religiöse Ansippung, die Temür Beg strategisch verfolgt hatte, nicht aus. Entweder war Temürs Stammbaum gemeinhin bekannt oder eine nähere Erläuterung erschien ihm angesichts der Häufigkeit von Timuridenherrschern, die sich genealogisch auf den Gründer zurückführten, obsolet. Während also die genealogischen Verbindungen Temürs von Babur nicht weiter berücksichtigt werden, greift er die persönlichen Leistungen des Dynastiegründers wiederholt auf und stellt sie als Vorbild dar. Als prominentestes Beispiel dient die Beschreibung Samarkands, in der Babur auf die Verdienste Temürs beim Bau dieser Stadt verweist.[84] Samarkand galt Babur, aber auch den anderen Timuridenherrschern als architektonisches Vorbild, das nachgeahmt (oder erobert) werden sollte.[85] Auch auf die Eroberungen des Dynastiegründers bezieht sich Babur und verwendet sie als Rechtfertigung für eigene Feldzüge: Da bereits Temür Beg Indien beherrscht habe, berechtige dies Babur dazu, diese Ländereien aus ehemaligem Timuridenbesitz von den heutigen Herrschern zurückzuerobern, argumentiert er.[86] Babur schildert also seine genealogisch hohe Abkunft eher indirekt und gewissermaßen pflichtgemäß und erwähnt diejenige Temürs nicht. Hingegen betont er die persönlichen Leistungen des Dynastiegründers und stilisiert sie zu seinem Vorbild: Auch Babur wollte sein Handeln im Mittelpunkt seiner Selbstdarstellung wissen, freilich nicht ohne zu verschweigen, dass er zur Herrschaft berechtigt sei.

In gewisser Weise vertreten Temür Beg und Babur mit der Betonung der eigenen Leistung als Stütze ihrer Herrschaft eine eigene Ideologie. Außer auf diese Ideologie greifen sie auf zwei in ihrem Kulturraum vorherrschende Arten, Geschichte zu erzählen, zurück: Meisami stellt mit dem islamischen Modell auf der einen Seite und dem iranischen Modell auf der anderen Seite zwei Narrative der Geschichtsschreibung vor, die auf unterschiedliche Weise für Sinngebung sorgten. Betone das iranische Modell die Notwendigkeit, politische Legitimation über die Abstammung zu erreichen, werde mit dem islamischen Modell das göttliche Wirken in den poli-

---

83 Diese zurückgenommene Schilderung äußert sich etwa dadurch, dass Babur für seine Mutter keine eigene biographische Beschreibung verfasst, sondern ihr und ihrer Herkunftsfamilie nur eine Einfügung innerhalb der Charakterisierung seines Vaters widmet. Vgl. Thackston, *The Baburnama*, S. 44 [fol. 9b].

84 Vgl. Thackston, *The Baburnama*, S. 82-89 [fol. 44b-50b]. Auch bei der Beschreibung von Shahrisabz (Kish) betont Babur die architektonischen Leistungen Temürs. Vgl. Thackston, *The Baburnama*, S. 87 [fol. 49].

85 Vgl. Roemer, *The Successors of Timūr*, S. 141.

86 Vgl. Thackston, *The Baburnama*, S. 277 [fol. 224b].

tischen Handlungen unterstrichen, so Meisami.[87] Temür Beg und Babur verwenden alle drei erwähnten Arten, um die Geschichte ihrer Herrschaft zu erzählen.[88]

Für Babur stellt sein Bestreben, dem Dynastiegründer nachzueifern eine naheliegende Art dar, seine Motivationen und Ambitionen als Herrscher zu erklären. Er deutet darüber hinaus geschichtlich noch weiter zurückliegende Vorbilder an, die ebenfalls der eigenen Dynastie zugeschlagen werden: Alexander der Große hat nicht nur als idealer Herrscher Eingang in die Literatur des Kulturraums gefunden, sondern wird von Babur auch in der Reihe seiner Vorfahren genannt. Der Urgroßvater auf Seiten der mongolischen Verwandten von Babur, Shah Sultan-Muhammad, Shah von Badakhshan, soll vom Makedonenherrscher abstammen: „Bu Badaxšān šāhları nasablarını Iskandar-i Filaqūsqa yetär derlär."[89]

Zwar nicht genealogisch, aber typologisch wird auch Temür Beg in die Nähe Alexanders gebracht, wenn der Dichter Abdullah Mathnawiguy, ein Neffe Jamis, in Imitation des *Iskandarnama* das *Temürnama* verfasst.[90] Schließlich schreibt Babur die Gründung seiner Lieblingsstadt Samarkand Alexander dem Großen zu, sodass auch die Hauptstadt der Timuriden in die Nähe des berühmten Herrschers gerückt wird.[91] Die konkrete Orientierung Baburs am Dynastiegründer Temür Beg erhält durch die Erwähnung Alexanders noch eine erweiterte Perspektive.

Im *Baburnama* spiegelt sich ein ausgeprägt dynastisches Denken wider: Babur bezeichnet Personen, die er erwähnt, vor allem als Angehörige von Dynastien. Er vereinigt selbst die beiden Herrscherdynastien der Mongolen, denen er mütterlicherseits entstammt, und der Timuriden, mit denen er auf väterlicher Seite verwandt ist, in sich. Aufgrund der patriarchalischen Prägung der zeitgenössischen Gesellschaft gilt Baburs Interesse und Vertrauen vor allem der timuridischen, also

---

[87] Vgl. Meisami, *The Past in Service of the Present*. Meisami exemplifiziert ihre Ausführungen an Firdawsis *Shahnama* (iranisches Modell) und Abu al-Fazl Bayhaqis *Tarikh-i Masʿudi* (islamisches Modell).

[88] Erläutert wird dies näher im Kapitel 6 und im Kapitel 5.1. Dass Babur seine Herrschaft nicht nur auf sein (erbliches) Recht zu herrschen zurückführt, geht auch aus seinen Äußerungen hervor, in denen er sein Herrscherdasein eher als Bestimmung darstellt: „When one has pretensions to rule and desire for conquest, one cannot sit back and just watch if events don't go right once or twice." Thackston, *The Baburnama*, S. 93 [fol. 55b].

[89] In englischer Übersetzung: „The Badakshan shahs' lineage goes back to Alexander, son of Philip." Thackston, *The Baburnama*, S. 46 [fol. 11b]. Thackston erläutert die Legende, auf die sich Babur hier mutmaßlich bezieht: „After he had conquered the regions of the world, [Alexander] consulted with his wise men, saying: ‚Find me a place which shall be out of the reach of the princes of the earth, in which I may place my descendants.‘ The councillors chose Badakshán, and they wrote a Book of Regulations; so that as long as the regulations were observed, no one prince could prevail in this country. From the time of [Alexander] down to the time of Sháh Sultán Muhammad, nobody had attacked Badakshán. Thus they had ruled from generation to generation." Zitiert nach Haydar Mirza Dughlat, *A History of Moghuls of Central Asia*, S. 107.

[90] Vgl. Thackston, *The Baburnama*, S. 224 [fol. 180b]. Neben der Geschichte Alexanders wird darin auch die Geschichte Temürs erzählt. Vgl. ebd., S. 225, Anm. 146.

[91] Vgl. Thackston, *The Baburnama*, S. 82 [fol. 44b].

der väterlichen Seite, mit der er sich identifiziert.[92] Die Mongolen, mit denen er mütterlicherseits verwandt ist, betrachtet er hingegen skeptisch und distanziert: Er sieht sie zwar als Verwandte[93] und erwartet ihren Beistand, betrachtet es jedoch als eine typisch mongolische Disposition, wenn ihre Unterstützung ausbleibt.[94] Dass Babur der timuridischen Seite größere Bedeutung einräumt als der mongolischen, zeigt sich auch an den erwähnten biographischen Schilderungen, die Babur ausschließlich von bedeutenden Timuriden anfertigt und in den Erzählteil einfügt.[95] Solche Schilderungen führt er auch für diejenigen aus, gegen die er Krieg führt. Bei den innerfamiliären Bündnissen zeigt sich jedoch kein Unterschied zwischen den Timuriden und den Mongolen.

Zwar erwartet Babur familiären Beistand in kriegerischen Auseindersetzungen, erhält ihn jedoch nur sporadisch und leistet ihn selbst ebenso wenig. Dynastischer Zusammenhalt war faktisch zu Zeiten Baburs nicht existent, auch nicht, wenn es galt, sich gegen einen gemeinsamen Feind wie die Usbeken zu verbünden.

5.2.2.2 Die Hochzeitspolitik des Herrschers

Die Verbindungen durch Heirat waren seit Temür Beg ein verbreitetes politisches Mittel der Timuriden, um verschiedene Clans miteinander zu verbinden, Bündnisse zu festigen und Friedensschlüsse zu bekräftigen, aber auch, um sich genealogisch mit der genghissidischen Linie verknüpfen zu können.[96] Auch bildeten sie ein Gegengewicht zu den Auseinandersetzungen innerhalb der Timuridendynastie.[97] Diese politische Dimension wird auch im *Baburnama* formuliert, wenn Hochzeiten eingeleitet weden, um Verbindungen zwischen einzelnen Herrschern zu festigen. Babur erwähnt seine politischen Absichten explizit bei einer Hochzeit: „Yūsufzaī ulusınıng maṣlaḥatıǧa anıng qızını tilätip edi."[98] Dazugehörige Festlichkeiten werden selten erwähnt, obwohl sie üblich waren.[99] Wie erwähnt, wurden auch kultu-

---

[92] Ein Indiz dafür ist Baburs Referat timuridischer Herrscher in Hindustan, in dem er Temür als ersten Herrscher aufzählt und sich selbst als letzten in der Reihe nennt. Vgl. Thackston, *The Baburnama*, S. 277f. [fol. 224b-225b].

[93] So betont er etwa, dass sein mongolischer Onkel, der Khan, kein Fremder (yat), sondern ein Verwandter (tuġqan) sei. Vgl. Dale, *The Garden of the Eight Paradises*, S. 73; vgl. Thackston, *The Baburnama*, S. 138 [fol. 101].

[94] Vgl. Thackston, *The Baburnama*, S. 248 [fol. 200-201].

[95] Zum Beispiel von Sultan-Mahmud Mirza. Vgl. Thackston, *The Baburnama*, S. 60ff. [fol. 25bff.].

[96] Unter den Mongolen war es außerdem üblich, den Harem eines besiegten Feindes zu übernehmen und dessen Witwe oder Tochter zu heiraten. Vgl. Subtelny, *Bābur's Rival Relations*, S. 107; vgl. Vladimirtsov, *Le Régime social*, S. 196, Anm. 7.

[97] Vgl. Subtelny, *Bābur's Rival Relations*, S. 107.

[98] In englischer Übersetzung: „To confirm my ties to the Yusufzai I had asked for his daughter in marriage." Thackston, *The Baburnama*, S. 273 [fol. 220b].

[99] Nach seiner Rückkehr nach Kabul erwähnt Babur eine Hochzeit nur beiläufig: „When I arrived in Kabul, I was married to Sultan-Ahmad Mirza's daughter, Maʿsuma Sultan Begim,

rell entfernte oder verfeindete Clans miteinander verbunden. Da die Verheiratungen durch die Möglichkeit zur Mehrfachehe intensiv betrieben wurden, entstand die paradoxe Situation, dass viele Feinde miteinander verwandt waren.[100] Die große Zahl männlicher Nachkommen und das timuridische Erbrecht sorgten zudem dafür, dass die Konkurrenz unter den zur Herrschaft Berechtigten stark war.

Babur schreibt über sich selbst, dass er im Alter von fünf Jahren mit der Tochter seines Onkels Sultan-Ahmad Mirza verlobt wurde und sie mit neunzehn Jahren heiratete. Auch ihre Schwester ehelicht er später.[101] Trotz der Verwandtschaft zieht Sultan-Ahmad Mirza gegen seinen Neffen Babur in den Krieg.[102] Dass hinter den Ehestiftungen politische Überlegungen standen und dass nicht aus persönlicher Zuneigung geheiratet wurde, zeigt etwa die Äußerung Baburs, dass er seine erste Frau nur selten besuchte und auch nur, wenn er von seiner Mutter dazu angehalten wurde.[103]

Sogar mit seinem Erzfeind Shaybani Khan unterhielt Babur verwandtschaftliche Bande: Zum einen waren sie entfernte Cousins, zum anderen heiratete der Usbeke eine Tante Baburs, aber auch dessen leibliche Schwester Khanzada Begim, die Babur ihm im Austausch für sein eigenes Leben nach der erfolglosen Belagerung Samarkands 907/1501 hatte versprechen müssen.[104] Im Kontext der Herrschaft über Kabul heiratet Babur dort in einen bedeutenden Stamm ein.[105]

Es zeigt sich, dass sich Hochzeiten unter den Timuriden für wirkliche Bündnisschließungen selten eigneten, wenn sie auch dafür intendiert waren. Zu haltbaren Koalitionen kam es selten und Hochzeiten änderten daran nichts. Als politisches Instrument, das – an die jeweilige Situation angepasst – einen flexiblen Einsatz ermöglichte, waren sie jedoch geeignet, wie das *Baburnama* an verschiedenen Stellen zeigt.

5.2.2.3 Das Verhältnis zwischen dem Herrscher und seinen Eltern

Die Erzählung des *Baburnama* setzt mit der Machtergreifung Baburs ein, die durch den plötzlichen Unfalltod des Vaters bedingt wird. Dass Babur die Macht übernehmen wird, scheint außer Frage zu stehen. Über Inthronisationsrituale beim Machttransfer schreibt Babur nichts, sondern beschränkt sich auf die Fest-

---

whom I had invited and had brought from Khurasan". Thackston, *The Baburnama*, S. 263 [fol. 212b]. Die Timuriden feierten Hochzeiten üblicherweise mit viel Pomp. Vgl. Manz, *Women in Timurid Dynastic Politics*, S. 122.

[100] Vgl. Subtelny, *Bābur's Rival Relations*, S. 107.

[101] Vgl. Thackston, *The Baburnama*, S. 54 [fol. 20].

[102] Vgl. Thackston, *The Baburnama*, S. 51 [fol. 16b].

[103] Vgl. Thackston, *The Baburnama*, S. 112 [fol. 75].

[104] Vgl. Beveridge/Gulbadan Begim, *Humāyūn-Nāma*, S. 85. Shaybani Khans Bestreben war es, seine Verbindungen zu den Timuriden, vor allem aber zu den Mongolen auszubauen. Vgl. Subtelny, *Babur's Rival Relations*, S. 112.

[105] Vgl. Thackston, *The Baburnama*, S. 273 [fol. 220b].

stellung: „Ramaḍān ayi tārix-i sekiz yüz toqsan toquzda Farġāna vilāyatıda on iki yašta pādišāh boldum."[106] Diese Mitteilung der Machtergreifung bildet gleichzeitig den Beginn des *Baburnama* und definiert Baburs Erzählfokus: Es geht ihm in seinem Buch vor allem um seine Herrschaft und um seine Rolle als Herrscher. Im Anschluss erfolgt eine geographische Verortung, die Beschreibung der Provinz Fergana, die Baburs Intention weiter verdeutlicht: Seine Voraussetzungen als elfjähriger Erbe eines kleinen Herrschaftsgebietes sollen auch denen, die ihn nur als Herrscher über ein großes indisches Reich kennen, erläutert werden. Erst nach diesen Schilderungen wendet sich Babur wieder der Beschreibung seines Vaters zu und erläutert dessen Todesumstände.[107]

Die Charakterisierung des Vaters stellt gleichzeitig die erste von zahlreichen dieser Beschreibungen dar.[108] Zunächst beschreibt Babur die Abstammung, die er bis auf den Dynastiegründer Temür Beg zurückführt. Die ererbten und die eroberten Herrschaftsgebiete, die der Vater beherrscht hat, zählt er in zwei verschiedenen Abschnitten auf. Babur beschreibt seinen Vater als guten und mutigen Kämpfer, widerspricht sich jedoch, wenn er gleichzeitig ausführt, dass er nur drei bedeutende Auseinandersetzungen in seinem Leben bestritten habe, von denen er zwei verlor. Auch weise der Vater körperlich eher rundliche Formen auf. Diese Ambivalenz in der Beschreibung kann auch als Kritik Baburs am Vater gedeutet werden, der sich als nicht besonders kampffähig ausgewiesen habe. Babur führt weiter aus, dass der Vater religiös gewesen sei und ein Anhänger des Naqshbandi-Führers Khwaja Ubaydullah Ahrar, der ihn sogar als seinen Sohn bezeichnet habe.[109] Er sei außerdem belesen und liebe Dichtung, sei eloquent und besitze einen ausgeprägten Gerechtigkeitssin. Zugleich habe er jedoch dem Glücksspiel gefrönt, habe viel getrunken und Maʿjūn[110] konsumiert. Viel Sorgfalt verwendet Babur auf die Beschreibung der Frauen, Kinder und Gefolgsleute seines Vaters und gibt damit gleichzeitig Auskunft über seine eigene Herkunft und über einige seiner Gefolgsleute, die nach dem Tod seines Vaters ihm weiter dienen.

Baburs Schilderung seines Vaters fällt differenziert und einprägsam aus, verwendet er doch nicht nur abstrakte Attribute, sondern beschreibt mit einigen Anekdoten auch Besonderheiten seines Vaters und lässt ebenso dessen negative Eigenschaften nicht aus.[111] In einer brenzligen Situation begibt sich Babur zum

---

[106] In englischer Übersetzung: „In the month of Ramadan in the year 899, in the province of Fergana, in my twelfth year I became king." Thackston, *The Baburnama*, S. 35 [fol. 1].

[107] Vgl. Thackston, *The Baburnama*, S. 40 [fol. 6f.].

[108] Vgl. Thackston, *The Baburnama*, S. 40-50 [fol. 6b-15b].

[109] Vgl. Thackston, *The Baburnama*, S. 41 [fol. 7].

[110] Maʿjūn ist laut Lamb eine Süßigkeit, die mit Hanf (gemeint sind vermutlich vor allem dessen rauscherzeugende Bestandteile) versetzt ist. Vgl. Lamb, *Babur the Tiger*, S. 207. Schönig beschreibt es als einen Konfekt aus dem Hanfprodukt Haschisch. Vgl. Schönig, *Die Betrachtung der Natur im Babur-name*, S. 245.

[111] Babur beschreibt etwa, dass der Gürtel der Tunika seines Vaters öfter reiße, weil der Vater so dick sei und seine Tunika sehr eng wickele. Als negativ werden die Führungsqualitäten

Grab seines Vaters, um ihn zu konsultieren.[112] Das zeigt sein grundsätzliches Vertrauen in ihn über den Tod hinaus.

Die Mutter von Babur, Qutlugh Nigar Khanïm, erhält keine eigene biographische Schilderung, sondern wird unter den Frauen Umar-Shaykh Mirzas erwähnt.[113] Ihre Abstammung wird detailliert bis auf Genghis Khan zurückverfolgt, ihre Familie jedoch nur in einem Unterabschnitt in der Charakterbeschreibung Umar-Shaykh Mirzas dargestellt, sodass die Zweitrangigkeit der weiblichen Herkunftslinie wiederum deutlich wird. Baburs Mutter agiert insofern auch politisch, als dass sie einige der Hochzeiten ihres Sohnes arrangiert und überwacht: Nachdem Babur seine erste Frau Ayisha Sultan Begim heiratet, bedrängt ihn Qutlugh Nigar Khanïm, Ayisha regelmäßig zu besuchen, da er dies nicht aus seinem eigenem Antrieb unternimmt.[114] Auch eine weitere Hochzeit geht auf die Vermittlungstätigkeit der Mutter zurück.[115] Außerdem ist die Mutter Mitglied des Uruqs Baburs, des Haushalts, der dem Krieg führenden Herrscher auf der Qazaqlıq hinterherzieht.[116] Zu einem Politikum wird sie dadurch bei Baburs Samarkandbelagerung: Da sie und der Uruq in Andizhan in Not geraten, gibt Babur die Belagerung Samarkands nach 100 Tagen auf, um ihnen zu Hilfe zu eilen.[117]

Baburs Eltern bleiben in der Schilderung des *Baburnama* ohne nennenswerten Einfluss auf ihren Sohn: Der Vater verstirbt früh, wird aber auch vor seinem Tod nicht als Vorbild präsentiert, und die Mutter beschränkt sich in ihrem einflussnehmenden Handeln vor allem auf den Bereich der Hochzeitspolitik.

5.2.2.4 Die Frauen und ihr Verhältnis zum Herrscher

Generell steht die Beschreibung von Frauen im *Baburnama* quantitativ deutlich hinter der der Männer zurück. Charakterbeschreibungen, wie Babur sie etwa für seinen Vater oder Onkel in den Text einfügt, gibt er für Frauen nicht, sondern berichtet von ihnen allenfalls im Abschnitt „xavātīn u sarārī"[118] innerhalb dieser Männerbeschreibungen.

---

des Vaters geschildert: So schließen Sultan-Ahmad Mirza und Sultan-Mahmud Khan deswegen einen Pakt, um sich von ihm loszusagen. Vgl. Thackston, *The Baburnama*, S. 40 [fol. 6ff.]

[112] Vgl. Thackston, *The Baburnama*, S. 149 [fol. 111b].

[113] Vgl. Thackston, *The Baburnama*, S. 43 [fol. 9b].

[114] Vgl. Thackston, *The Baburnama*, S. 112 [fol. 75].

[115] Vgl. Thackston, *The Baburnama*, S. 62 [fol. 27b].

[116] Dass die Mutter Babur während seiner Qazaqlıq begleitet, erwähnt Babur in der Charakterbeschreibung seines Vaters. Vgl. Thackston, *The Baburnama*, S. 46 [fol. 11]. Die Timuridenherrscher versuchten, ihre Blutsverwandten im Uruq zu versammeln und zu kontrollieren und standen ihnen als Patriarch vor. Vgl. Manz, *Women in Timurid Dynastic Politics*, S. 122.

[117] Vgl. Thackston, *The Baburnama*, S. 91 [fol. 52bf.].

[118] In englischer Überstzung: „His wives and concubines". Thackston, *The Baburnama*, S. 43 [fol. 9b]. Und auch hier kommt ihnen kein herausgehobener Raum zu, denn dieser Ab-

Seine erste Hochzeit mit Ayisha Sultan Begim schildert Babur nur kurz.[119] Im Anschluss daran beschreibt er jedoch seine Zurückhaltung gegenüber seiner Ehefrau.[120] Ausführlich schildert Babur hingegen kurz nach seiner Hochzeit mit Ayisha seine Verliebtheit in einen Basarjungen namens Baburi, die er mit Hilfe von Anspielungen an bekannte literarische Muster ausdrückt.[121] Er ruft an dieser Stelle das literarische Muster von *Layli und Majnun* auf,[122] bei dem er jedoch – anders als in der literarischen Vorlage – keine Frau zum Ziel seiner Anbetung macht, sondern stattdessen einen Jungen mit sozial niedrigem Rang vom Basar.

Babur drückt in der Textstelle eine starke Abhängigkeit aus, die er empfindet; wie etwa in folgendem Vers: „Nê barurġa quvvatım bar, nê turarga ṭāqatım; / bizni bu ḥālatqa sen qıldıng giriftār, ay köngül."[123] Durch den ‚Geschlechtertausch' bei seiner Zielperson möchte Babur möglicherweise vermeiden, eine Abhängigkeit von einer Frau auszudrücken und diese auch noch literarisch zu fixieren. Dazu passt, dass er sich in seiner Autobiographie abwertend über Beziehungen zwischen Frauen und Timuridenherrschern, die der Meinung ihrer Frau folgen, äußert.[124]

Mit der Schilderung der Verliebtheit in Baburi wollte Babur möglicherweise noch ein weiteres literarisches Muster zitieren: Die Liebe des Herrschers Mahmud von Ghazni zu seinem Sklaven Ayaz[125] stellt bis dahin eine der seltenen Schilderungen eines gleichgeschlechtlichen Liebespaares in Prosa dar.[126] Baburs Verliebtheit in Baburi wäre demnach ein weiteres Beispiel dieser in Prosa-

---

schnitt („his wives and concubines") erfolgt oft an letzter oder vorletzter Stelle der Beschreibungen. Innerhalb des Abschnitts werden zuerst die legitimen Ehefrauen und zuletzt die Konkubinen aufgezählt. Bei den Beschreibungen der Kinder („awlādi", in englischer Übersetzung: „his children") werden zuerst die männlichen und dann die weiblichen Nachkommen geschildert. Vgl. Thackston, *The Baburnama*, S. 42f. [fol. 8bff.].

[119] Das stellt jedoch keine Besonderheit dar. Babur erwähnt seine Hochzeiten generell nur beiläufig, etwa auch nach seiner Ankunft in Kabul. Vgl. Thackston, *The Baburnama*, S. 263 [fol. 212b].

[120] Vgl. Thackston, *The Baburnama*, S. 112 [fol. 75].

[121] Vgl. Rzehak, *Baburs Selbststilisierung als (mystisch) Liebender*. Dass diese Textstelle symbolisch aufgeladen ist, zeigt auch Baburs Wortgebrauch: In seinen ersten Versen beschreibt er seine Neigung zu Baburi als „ġarib", also mit einer Vokabel, die er im *Baburnama* auch ansonsten für vermeintliches Zufallsgeschehen verwendet, das er zeichenhaft deutet. Vgl. dazu Kapitel 6.2.2.2; vgl. Moin, *The Millennial Sovereign*, S. 61.

[122] Das vermutet auch Dale, *The Garden of the Eight Paradises*, S. 108. Zur Parallelsetzung Baburs mit Majnun und zur Ästhetik der Textstelle vgl. auch Rzehak, *Baburs Selbststilisierung als (mystisch) Liebender im Baburnama*.

[123] In englischer Übersetzung: „I have no strength to go, no power to stay. You have snared us in this state, my heart." Thackston, *The Baburnama*, S. 113 [fol. 76].

[124] Vgl. Thackston, *The Baburnama*, S. 54 [fol. 20b].

[125] Bei den Geschichten von Mahmud von Ghazni und Ayaz handelt es sich um literarische Verarbeitungen von historischem Geschehen. Mahmud von Ghazni war ein historischer Herrscher (361–421/971–1030), der unter anderem für seine Indienfeldzüge berühmt wurde. Seine Liebe zu seinem Sklaven Ayaz wird vielfach in der Literatur verarbeitet.

[126] Vgl. Sharma, *[Art.] Love*, S. 238. In der Lyrik war das Thema der gleichgeschlechtlichen Liebe hingegen weit verbreitet.

Darstellung raren Konstellation. In der literarischen Verarbeitung der Liebe zwischen Mahmud von Ghazni und Ayaz steht das Thema der Abhängigkeit im Fokus. Die unbedingte Liebe des Herrschers Mahmud zu seinem Sklaven macht den Herrscher in der Liebe selbst zu einem abhängigen Sklaven und den Sklaven zum Herrscher über ihn.

Babur wird in der Zeit, in der die Textstelle verortet ist, ebenfalls eine starke Abhängigkeit empfunden haben: Nach dem militärischen Verlust Samarkands wurde ihm schmerzlich bewusst, wie sehr er auf die Treue und Loyalität seiner Gefolgsleute angewiesen war und wie fragil das soziale Band zu ihnen war.[127] Ayaz wiederum gilt in der persischen Literatur als Symbol für die wahre Liebe (auch in mystischer Hinsicht) und als Modell für Loyalität.[128] Baburi als Gegenpart zu Ayaz verhält sich in der Textstelle des *Baburnama* gleichgültig, könnte also sinnbildlich für Baburs illoyale Gefolgsleute verstanden werden. Das Thema der Liebe und Hingabe wird etwa auch in Kamaluddin Husayn von Gazargahs Werk *Majlis al-ushshaq* im übertragenen Sinn für die Beziehung von Herrscher und Gefolgsmann verwendet und war Babur also auch daher bekannt.[129] Babur könnte mit dieser Textstelle also sein Leiden an der Illoyalität seiner Gefolgsleute ausgedrückt haben.

Über diese Deutungen hinaus sind zwei weitere Möglichkeiten zu beachten: Die Textstelle muss nicht (nur) im übertragenen Sinne verstanden werden – auch reale Empfindungen können eine Ursache für die Schilderung gewesen sein.[130] Zudem kam es Babur darauf an, seine Liebesfähigkeit auszudrücken, die er als Anhänger des Sufismus demonstrieren wollte.[131]

Babur würdigt primär den Verdienst von Frauen in ihren Rollen als Mütter, Ehefrauen und Töchter und äußert sich abwertend, wenn sie diese Rollen verlassen.[132]

---

[127] Die erste Eroberung Samarkands und der Verlust von Baburs Lieblingsstadt gehen dieser Textstelle unmittelbar voraus.

[128] Vgl. Bosworth, *Mahmud of Ghazna in Contemporary Eyes and in Later Persian Literature*, S. 91.

[129] Vgl. Thackston, *The Baburnama*, S. 220 [fol. 176f.]; vgl. Moin, *Peering Through the Cracks in the Baburnama*, S. 500. Babur äußert sich zwar abfällig über das Werk, das muss jedoch nicht bedeuten, dass er die Übernahme des besagten Topos deswegen nicht vorgenommen hätte – zumal dieser bereits, wie gesehen, bei Mahmud von Ghazni und Ayaz bekannt gewesen ist. Auch Darling weist auf die politische Dimension der Liebe in der Literatur hin. Vgl. Darling, *A History of Social Justice and Political Power in the Middle East*, S. 90.

[130] Schließlich kann die Textstelle auch gleichzeitig allegorisch wie historisch verstanden werden und daher als Zeichen kultureller Ambiguität verstanden werden. Vgl. Rzehak, *Baburs Selbststilisierung als (mystisch) Liebender*.

[131] Vgl. Kapitel 6.2.2.2.

[132] Kritisch sieht er das Verhalten der Frau von Sultan-Ahmad Mirza, Qataq Begim, die ihren Mann dominiere und Wein getrunken habe. Vgl. Thackston, *The Baburnama*, S. 54 [fol. 20b]. Die Frau von Sultan-Husayn Mirza kritisiert Babur gleichermaßen. Vgl. Thackston, *The Baburnama*, S. 211 [fol. 168bf.]. Vgl. dazu auch Schönig, *Frauen im Baburnama*, S. 232.

Aus den Ausführungen Baburs wird jedoch deutlich, dass adlige Frauen auf politischer Ebene über einen gewissen Handlungsspielraum verfügen:[133] Er berichtet etwa von einer Frau, die Samarkand an Shaybani Khan ausliefert und damit einen Machtwechsel in der Stadt hervorruft.[134] Ihr Verhalten betrachtet er abwertend.[135] Wenn ihm selbst dieses (aus seiner Sicht) deviante Verhalten der Frauen jedoch zugute kommt, rückt Babur von seinen Rollenvorstellungen ab. In Fragen der Kriegstaktik etwa berät er sich mit seiner Großmutter: „Xatunlar arasıda raʾy u tadbirda mening uluǧ anam Esän Dawlat Begimčä kam bolǧay edi. Bisyār ʿāqila u mudabbira edi. Köpräk iš-küč alarnıng mašvaratı bilä bolur edi."[136] Sie schaltet sich auch in die Verhandlungen um die Freilassung von Baburs jüngerem Bruder Jahangir Mirza ein.[137] Neben solchen aktiven politischen Handlungen agieren Frauen auch indirekt politisch, wie aus Baburs Schilderungen deutlich wird: So werden sie von Babur etwa für nachlassende militärische Ambitionen ihrer Männer verantwortlich gemacht oder sie verweigern ihm Unterstützung.[138]

In den meisten Fällen werden die Männer als Handelnde dargestellt, während für die Textstellen, in denen Frauen eine Rolle spielen, oft auch sprachlich passive Konstruktionen gewählt werden, die die Eingeschränktheit des weiblichen Handelns deutlich machen.[139]

Generell verfügen adlige Frauen über einen Handlungsspielraum politischer Art. Das missfällt Babur vor allem, wenn die Handlungen – ob direkt oder indirekt – gegen ihn gerichtet sind. Auch wenn Frauen andere Timuridenherrscher in ihrem Handeln beeinflussen, wertet Babur dieses Verhalten ab. Das selbstbewusste politische Handeln seiner Großmutter macht er sich jedoch zunutze, da er ihre Fachkenntnis anerkennt.

5.2.2.5 Das Verhältnis des Herrschers zu seinen Kindern

Die Geschichte der Kinder Baburs ist vor allem die Geschichte des ältesten, mit besonderen Erbrechten ausgestatteten Sohnes und Herrschaftsnachfolgers

---

[133] Diesen Eindruck bestätigt Manz für den Zeitraum der gesamten Timuridendynastie. Vgl. Manz, *Women in Timurid Dynastic Politics*, S. 135.

[134] Vgl. Thackston, *The Baburnama*, S. 116f. [fol. 79b-80b]. Babur behauptet, sie habe so gehandelt, um Shaybani Khan heiraten zu können.

[135] Die Machtübernahme von Shaybani Khan in Samarkand bedeutete für Babur, dass eine gegnerische Dynastie mit seinem Erzfeind an der Spitze die Herrschaft über seine Lieblingsstadt übernommen hatte, was ihm missfallen musste.

[136] In englischer Übersetzung: „For tactics and strategy, there were few women like my grandmother Esän Dawlat Begim. She was intelligent and a good planner. Most affairs were settled with her counsel." Thackston, *The Baburnama*, S. 59 [fol. 24b].

[137] Vgl. Thackston, *The Baburnama*, S. 108 [fol. 70b].

[138] Babur erwähnt einen Gefolgsmann, der nach seiner Heirat seinen militärischen Eroberungsdrang aufgibt. Vgl. Thackston, *The Baburnama*, S. 74 [fol. 38]. Er beschwert sich über ausbleibende Unterstützung seiner weiblichen mongolischen Verwandten Shah Begim und Khanïm. Vgl. Thackston, *The Baburnama*, S. 248 [fol. 200f.].

[139] Vgl. Schönig, *Frauen im Baburnama*, S. 239f.

Humayun.[140] Babur erwähnt zwar die Geburten anderer Kinder, außer bei seinem zweitältesten Sohn Kamran gehen seine Ausführungen jedoch zumeist nicht über diese Nennungen hinaus, die vermutlich auch chronikalischen Zwecken dienen.[141] Auch die Geburt des ersten Sohnes Humayuns hebt Babur hervor, sodass die These gestützt wird, dass seine Beachtung insbesondere den durch die Erstgeburt herrschaftsberechtigten Nachfahren gilt.[142]

Das Verhältnis zwischen ihm und seinem Sohn schildert Babur facettenreich: Einmal stellt er sich als stolzer Vater dar, dessen Sohn mutig und erfolgreich in zahlreichen Kämpfen besteht[143] und ein moralisch einwandfreies Verhalten zeigt,[144] dann äußert er deutlich seine Fassungslosigkeit über ein Fehlverhalten Humayuns. Nicht immer verhält sich Humayun den Anweisungen seines Vaters gemäß: Anstatt, wie ihm befohlen, nach Kabul zu gehen, plündert er zur Empörung Baburs den Schatz von Delhi.[145] In Baburs Brief an Khwaja Kalan schwingt ebenfalls Misstrauen seinen Söhnen gegenüber mit, wenn er den Khwaja ermahnt, auf das Herrschaftsgebiet und den Schatz Baburs achtzugeben, beides also vor seinen Söhnen zu schützen.[146]

Die Untreue der Herrschernachfolger ihren Vätern gegenüber ist in der Timuridendynastie nicht ungewöhnlich und wird von Babur exemplarisch anhand von

---

140 In einem Brief an Humayun, den er in seine Autobiographie einfügt, erwähnt Babur an einer Stelle, dass Humayun sechs Teile zustehen, während Kamran, der zweitälteste Sohn, fünf Teile erhalten solle. Vgl. Thackston, *The Baburnama*, S. 412 [fol. 349].

141 Babur wird mit 19 Jahren zum ersten Mal Vater, jedoch stirbt das kleine Mädchen Fakhrunnisa bereits nach kurzer Zeit. Vgl. Thackston, *The Baburnama*, S. 54, S. 123 [fol. 20, fol. 86b]. Die Geburt seines drittältesten Sohnes Hindals erwähnt Babur ebenfalls. Dieser taucht auch in späteren Textstellen noch einige Male auf. Vgl. Thackston, *The Baburnama*, S. 279 [fol. 227]. Ein weiterer Sohn, Faruq, stirbt bereits im frühen Kindesalter, wie Thackston in einer Anmerkung hinzufügt. Vgl. Thackston, *The Baburnama*, S. 363 [fol. 302] und Anm. 108. Askari, einen Bruder Kamrans, erwähnt Babur in militärischen Zusammenhängen: Er schildert seine Teilnahme in einem Kampf gegen die Bengali und wertet seinen ersten Sieg als ein gutes Zeichen. Vgl. Thackston, *The Baburnama*, S. 438 [fol. 374b]. Seine Tochter Gulbadan Begim, die Verfasserin des *Humayunnama*, erwähnt Babur nicht in seiner Autobiographie.

142 Die Geburt findet zur gleichen Zeit statt wie die Hochzeit Kamrans. Babur erfindet ein Chronogramm zu Ehren der Geburt des Sohnes. Vgl. Thackston, *The Baburnama*, S. 410f. [fol. 346-347].

143 Beim ‚Heiligen Krieg‘ habe Humayun im Zentrum der Schlachtordnung gekämpft, wird in dem Bericht von Shaykh Zayn erwähnt, den Babur in seine Autobiographie einfügt. Vgl. Thackston, *The Baburnama*, S. 384 [fol. 321b].

144 Als Humayun in Agra zahlreiche Leute gefangen nimmt, unterlässt er es, sie auszuplündern (was wohl erwartbar gewesen wäre) und erhält zum Dank einen Juwel, den er an seinen Vater weiterreicht. Babur gibt ihn jedoch zurück an Humayun. Vgl. Thackston, *The Baburnama*, S. 328 [fol. 268b].

145 Babur kommentiert das Verhalten Humayuns einigermaßen fassungslos: „I would never have expected such a thing of him! It was difficult for me to believe. I wrote him some extremely harsh letters of reproach." Thackston, *The Baburnama*, S. 391 [fol. 329b].

146 Vgl. Thackston, *The Baburnama*, S. 423ff. [fol. 359ff.].

Ulughbeg Mirzas Sohn beschrieben, der seinen Vater gar ermorden ließ.[147] Das Verhältnis von Babur und Humayun wird jedoch durch ein bezeichnendes Beispiel von Baburs Vaterliebe charakterisiert, das allerdings nicht im *Baburnama*, aber sowohl im *Humayunnama* als auch im *Akbarnama* überliefert wird: Als Humayun erkrankt, greift Babur auf ein Ritual zurück, um ihn zu heilen. Nach einer Fürbitte umrundet er dreimal das Krankenbett Humayuns und nimmt dabei die Krankheit von Humayun im Tausch gegen seine Gesundheit symbolisch auf sich. Wenig später ist Humayun wieder gesund, doch Babur stirbt.[148]

Babur sieht in Humayun seinen Herrschaftsnachfolger, den er auf seinem Weg mit seinem Wissen und seiner Erfahrung unterstützen möchte. In dem Verhältnis zwischen den beiden gibt es jedoch immer wieder Brüche, die die Unsicherheit der Beziehung zueinander verdeutlichen. Am prägnantesten treten diese Brüche in einem Brief zutage, den Babur an Humayun schreibt und in seine Autobiographie kopiert. Babur gibt seinem Sohn darin verschiedene herrschaftspraktische Ratschläge, die gleichzeitig seine Auffassung von Herrschaft widerspiegeln. Vor allem an dieser Stelle trägt das *Baburnama* Züge eines Fürstenspiegels.[149]

Insbesondere zwei Mängel stellt Babur bei seinem Sohn fest, die ein Herrscher nicht besitzen dürfe: Trägheit und Einsamkeit.[150] Als positives Gegenbild präsentiert Babur sich selbst und zwar im direkten Kontext dieser Textstelle und im gesamten *Baburnama*. Zunächst fordert Babur seinen Sohn auf, ein Herrschaftsgebiet zu erkämpfen, da ein Herrscher nicht untätig sein und sich auf vorhandenem Luxus ausruhen dürfe.[151] Beveridge vermutet, dass Babur hier auf eine Textstelle aus *Khusraw und Shirin* anspielt:[152] In der Textstelle geht es um die Weigerung Shirins, Khusraw zu heiraten, die die Protagonistin damit begründet, dass er sich mitten im Kampf um seine Herrscherposition befände und eine Heirat die Herrscherpflichten nicht unterbrechen dürfe.[153] In der Parallelsetzung zur liebenden und mahnenden Shirin inszeniert sich Babur als liebender Vater, weist aber damit auch auf die Makel Humayuns hin, der als Gegenpart zu Khusraw erst einen langen Reifeprozess durchlaufen müsse – so jedenfalls entspräche es

---

[147] Vgl. Thackston, *The Baburnama*, S. 88 [fol. 50].

[148] Baburs Tochter Gulbadan Begim berichtet von diesem Ereignis im *Humayunnama*. Sie klingt nicht überzeugt davon, dass die Heilung auf Baburs Ritualperformanz zurückzuführen sei, jedoch sei die Heilung gelungen und Babur offensichtlich bereit gewesen für Humayun zu sterben, kommentiert sie das Geschehen. Vgl. Beveridge/Gulbadan Begim, *Humāyūn-Nāma*, S. 24.

[149] Von den Nachfahren wurde das *Baburnama* als Fürstenspiegel wahrgenommen. Im *Akbarnama* wird etwa über Baburs Buch gesagt, es sei ein „institute for all earthly sovereigns and a manual for teaching right thoughts and proper ideas." Abu'l-Fazl/Beveridge, *The Akbarnama*, S. 278 [fol. 118].

[150] Vgl. Thackston, *The Baburnama*, S. 412 [fol. 348b].

[151] Vgl. Thackston, *The Baburnama*, S. 412 [fol. 348b].

[152] Vgl. Beveridge, *The Bābur-nāma in English*, S. 625, Anm. 7.

[153] Vgl. Bürgel, *Chosrou und Schirin*, S. 107.

der Handlung in Nizamis Epos, in dem Khusraw (im Gegensatz zur integren Shirin) zu Beginn durchaus als moralisch fehlerhafter Charakter dargestellt wird.

Der Timuridenherrscher reagiert weiter in seinem Brief auf das Klagen Humayuns, einsam zu sein und erklärt die Einsamkeit als einen Fehler, den man als Herrscher nicht begehen dürfe. Er bemüht Sa'di in einem Zitat, um seine Aussage zu bekräftigen: „Agar pāyband-i, riḍā peš gīr / va gar yaksuvār-i, sar-i xweš gīr"[154] Bemerkenswert ist, dass Babur – abweichend von seiner sonstigen Gewohnheit – dieses Zitat direkt erklärt: „Heč qaydî pādišāhlıq qaydıča yoqtur. Pādišāhlıq bilä yalğuzluq rāst kelmäs."[155] Mit dem Sa'di-Zitat wird wohl die Freiheit abgewertet, die ein einsamer Herrscher einem Herrscher voraushat, der sozial in die Runde seiner Gefolgsleute eng eingebunden ist. Die Erklärung dieses Zitats durch Babur sollte vermutlich das Verständnis Humayuns sicherstellen, zeigt aber auch Baburs Zweifel an Humayuns Belesenheit, denn die meisten anderen literarischen Zitate im *Baburnama* erläutert er nicht auf diese Weise. Da Babur Humayun jedoch nicht nur als Primärrezipienten des erwähnten Briefes, sondern ebenfalls als Rezipienten des *Baburnama* ansieht, geht er wohl davon aus, dass sich Humayun die literarische Bildung noch aneignen wird. Das Sa'di-Zitat stammt aus dessen *Bustan* und steht dort in einer Textstelle, in der der sterbende König Noshirvan seinem Sohn Hurmuz Ratschläge erteilt.[156] Während die historischen persischen Könige Noshirvan und Hurmuz[157] im *Bustan* relativ kontextlos zitiert werden, nehmen sie im *Shahnama*, das Babur sicher bekannt war, einen umfangreichen Teil der Erzählung ein. Im *Shahnama* existiert ebenfalls eine Szene, in der Noshirvan seinem Sohn herrrschaftspraktische Ratschläge erteilt. Die Charakterisierung der beiden Herrscher wird hier unterschiedlich vorgenommen: Während Noshirvan (im *Shahnama* Kesra Nushin-Ravan) als gerechter und weiser Herrscher dargestellt wird, wird Hurmuz (im *Shahnama* Hormozd) als böser Herrscher dargestellt. Übertragen auf Babur und Humayun bedeutet das, dass Babur sich selbst als gerechten und weisen Herrscher sah, denn er ist als Briefschreiber in der Position Noshirvans, des Ratschlagerteilers und Königsvaters. Die zukünftige Herrschaft seines Sohnes scheint er skeptisch zu sehen, denn er setzt ihn mit dem bösen Herrscher Hurmuz gleich. Eine Parallelsetzung zu

---

[154] Thackston übersetzt: „If you are fettered, resign yourself; but if you are a lone rider, your reins are free." Thackston, *The Baburnama*, S. 413 [fol. 349]. Die Übersetzung von Beveridge ist näher am persischen Original Sa'dis: „If thy foot be fettered, choose to be resigned // If thou ride alone, take thou thine own head." Beveridge, *The Bābur-nāma in English*, S. 626 [fol. 349b].

[155] In englischer Übersetzung: „There is no bondage like the bondage of kingship. In kingship it is improper to seek solitude." Thackston, *The Baburnama*, S. 413 [fol. 349].

[156] Auf diese Zuordnung weist Beveridge hin. Vgl. Beveridge, *The Bābur-nāma in English*, S. 626, Anm. 3.

[157] Noshirvan, der von 96-56 v. d. H./531–579 regierte, ist auch unter dem Namen Khosrau I. bekannt. Während seiner Regierungszeit wurde der Prophet Mohammed geboren. Hurmuz regierte von 56-34 v. d. H./579–590 und war unter dem Namen Hormizd IV. Herrscher.

Hurmuz musste Humayun missfallen, wenn sie ihm denn auffiel: Da Babur jedoch wohl an der Belesenheit seines Sohnes zweifelte – das zeigt die Zitaterläuterung – war diese Textstelle wohl eher an weitere Rezipienten, also Gefolgsleute oder andere Nachfahren, gerichtet oder erst für eine spätere Rezeption durch Humayun gedacht.

Ein paar Zeilen weiter im Brief fordert Babur seinen Sohn ein weiteres Mal auf, nicht allein und passiv zu bleiben, sondern für seine Kampagnen sein Gefolge und seine Brüder zu konsultieren. Die endgültigen Entscheidungen solle er jedoch alleine treffen.[158] Baburs Sorge um seinen einsamen Sohn lässt sich an dieser Stelle auf Baburs eigene Situation nach dem Verlust von Samarkand beziehen, als er mit seiner Anspielung an *Layli und Majnun* gleichzeitig seine Einsamkeit und die Abhängigkeit von seinem illoyalen Gefolge ausdrückt. Mit seinen Ratschlägen möchte er Humayun helfen, eine solche Situation zu verhindern.[159] Dass er dabei das gleichzeitige Streben nach Gemeinschaft und nach mystischer Selbstentrückung für vereinbar hält, drückt Babur mit einem Hinweis auf Khwaja Kalan aus, mit dem er regen Kontakt gepflegt habe: „Yana Xwāja Kalān mening bilä ustāxāna ixtilāṭ qila örgänip edi."[160]

Bei den Ratschlägen des Vaters Babur an seinen Sohn geht es darum, Wissen über die Regierungskunst an ihn weiterzugeben, damit die Dynastie ihre Macht erhalten kann. Babur stellt sich in seinem Verhältnis zu Humayun zwar als liebender Vater dar, er weist sich aber auch durch die literarischen Anspielungen eine dem Sohn überlegene Position zu. Deutlich wird daher ebenso, dass er seine Ausführungen nicht nur auf die Rezeption durch seinen Sohn ausgerichtet hat, sondern auch auf einen Leserkreis darüber hinaus.

Textfunktional[161] kann man bei seinen Ratschlägen die Nähe zum politischen Testament feststellen.[162] Neben Baburs Bemühen, sich politisch zu verewigen, wird auch sein Ziel deutlich, ein literarisches Testament zu überliefern: Zunächst einmal sorgt er dafür, dass seine Söhne die notwendige literarische Ausstattung erhalten. Dazu verteilt er nach der Eroberung einer Stadt wertvolle Bücher aus der Bibliothek an Humayun und Kamran.[163] Seine eigenen Werke reicht er eben-

---

158 Vgl. Thackston, *The Baburnama*, S. 414 [fol. 349b].

159 Insgesamt gesehen könnte bei dieser Idealisierung der Gemeinschaft die Aristotelische Idee des Menschen als Zoon Politikon durchscheinen, dessen Leben in der Gemeinschaft seiner Natur entspräche. Diese Aristotelischen Gedanken sind etwa bei Kashifi (über Tusi) in timuridische Fürstenspiegel eingegangen. Vgl. Subtelny, *A Late Medieval Persian Summa on Ethics*, S. 606.

160 In englischer Übersetzung: „Khwaja Kalan learned to be free and easy with me through constant contact." Thackston, *The Baburnama*, S. 414 [fol. 349b]. Beveridge übersetzt hier klarer: „Khwāja Kālān has long had with me the housefriend's intimacy." Beveridge, *The Bābur-Nāma in English*, S. 627 [fol. 349b].

161 Der Begriff ‚Textfunktion' wird im Sinne Brinkers verwendet. Vgl. Kapitel 3.1.

162 Zur Nähe politischer Testamente zu der Textsorte der Fürstenspiegel im islamischen Kulturraum vgl. auch Bosworth, *[Art.] Naṣīḥat al-Mulūk*, S. 984, Sp. 2.

163 Vgl. Thackston, *The Baburnama*, S. 319 [fol. 259b].

falls an die nächste Generation weiter: Er erwähnt im *Baburnama*, dass er Kopien von seiner selbst entwickelten Baburi-Schrift, dazu seine Übersetzungen und selbst geschriebene Gedichte an seine Söhne Humayun, Kamran und Hindal sowie an Khwaja Kalan verschenkt.[164] Darüber hinaus expliziert er auch seinen eigenen Maßstab an das Schreiben, wenn er Humayun in seinem Brief für dessen extravagante Ausdrucksweise rügt und ihn anweist: „Mundın narı betakulluf u rawšan u pā alfāẓ bilā biti.“[165]

In seinem Verhältnis zu seinen Söhnen wird die Bedeutung von zwei Arten von Wissen deutlich, die Babur an sie weitergeben möchte: Die politische und die literarische Bildung stehen für Babur auf einer Stufe und sind eng miteinander verwoben. Das politische Wissen bzw. die herrschaftspraktischen Ratschläge, die Babur weitergibt, verknüpft er mit literarischen Mustern und Zitaten, die den Gehalt seiner Ratschläge bestätigen. Auf diese Weise sichern sich beide Wissenssorten inhaltlich gegenseitig ab.

Die Rezipienten, die Babur über Humayun hinaus anvisierte, werden von Babur darauf gestoßen, dass er seinen Sohn zum Zeitpunkt der Niederschrift seiner Autobiographie nicht für einen idealen Herrscher hält. Mit Hilfe von literarischen Mustern, die als Ansatzpunkt für die Interpretation dienen, attribuiert er ihn als Charakter, der lernen und reifen und einige falsche Verhaltensweisen ablegen muss. Ihm stellt er sich selbst als Idealbild gegenüber, indem er sich mit literarischen vorbildhaften Figuren (Noshirvan, Shirin) verknüpft. Zum einen wollte er sich mit dieser skeptischen Darstellung wohl von den negativen Handlungen Humayuns distanzieren, zum anderen seinen Sohn als lernenden Herrschernachfolger präsentieren und ihn in seiner Novizenschaft für sein Handeln möglicherweise entschuldigen.

5.3 Vergleichende Perspektive

5.3.1 Das Verhältnis der Analysetexte zur Geschichtsschreibung

In den Analysetexten wird auf verschiedene textuelle Muster zurückgegriffen, die als Charakteristikum der zeitgenössischen Geschichtsschreibung bezeichnet werden können.

Im *Baburnama* verfährt Babur so, dass er Abschnitte wie die biographischen Schilderungen nach Vorbild der timuridischen Geschichtsschreibung gliedert und mit Versen versieht und kommentiert. Maximilian lässt die drei volkssprachigen Selbstzeugnisse hinsichtlich ihrer Eigenart als Text-Bild-Zusammenstellungen nach dem Vorbild von Bildchroniken verfertigen. Sie sind dadurch gekennzeichnet, dass

---

164 Vgl. Thackston, *The Baburnama*, S. 422 [fol. 357b].

165 In englischer Übersetzung: „From now on write with uncomplicated, clear and plain words.“ Thackston, *The Baburnama*, S. 414 [fol. 349b].

einer zuerst festgelegten Abfolge von Bildern ein unterschiedlich ausführlicher Text beigefügt wird,[166] die Bilder hierarchisch also über dem Text rangieren.

Die Nähe zur Geschichtsschreibung und die Selbstreferentialität der Texte beider Herrscher verweisen auf den Anspruch auf Wirklichkeitsnähe, der durch die Verwendung ähnlicher Stilmittel auch auf die Selbstzeugnisse übergehen soll. Die Wirklichkeitsnähe wird im *Baburnama* insbesondere bei der Beschreibung dynastischer und familiärer Zusammenhänge aufgebaut, die nach historiographischen Mustern gestaltet werden. Im Maximilianischen Großtext dienen die zahlreich eingefügten Bilder unter anderem zur Beglaubigung des im Text Beschriebenen.[167]

Neben den genannten Stilmitteln der Geschichtsschreibung finden sich ebenso eine Vielzahl an literarischen Mustern in den Analysetexten wieder. Mit Hilfe dieser Muster wird die Höherwertigkeit und Herausgehobenheit der jeweils literarisiert geschilderten Ereignisse betont.[168] Es ist eine Interpretationsleistung des Lesers vonnöten, der das literarische Muster erkennen und entschlüsseln muss, bevor er dann auf eine zweite Sinnebene des Textes verwiesen wird.[169]

Die Verwendung der literarischen Muster steht nicht in Widerspruch zum Anspruch auf Wirklichkeitsnähe, denn es geht bei den Textstellen, in denen sie eingesetzt werden, nicht darum, den Aussagegehalt zu fiktionalisieren. Es geht vielmehr darum, die Aufmerksamkeit des Lesers auf diese Textstellen zu lenken und ihn aufzufordern, die dahinter liegende Wahrheit herauszufinden, indem er sie mit seinem vorhandenen literarischen Wissen in Bezug setzt. Auch werden sie eingesetzt, um Brüche in der Herrscherselbstdarstellung gewissermaßen zu ‚verfüllen'.

Die Nähe von Geschichtsschreibung und Literatur ist also nicht widersprüchlich; vielmehr ergänzen sich historiographische und literarische Erzählmuster.

5.3.2 Herkunft und Raum

In vielen Erzählungen, auf die in den Analysetexten mit literarischen Mustern zurückgegriffen wird, spielt Heimat als Verbindung der Herkunft der Protagonisten mit ihrem Herrschaftsraum eine besondere Rolle: Die Heimat fungiert als Anfangs- und Endpunkt einer Reise, auf der der Held Abenteuer erlebt, eine Frau findet und Selbsterkenntnis erlangt, also einen Reifeprozess durchläuft. Zu den-

---

[166] Vgl. Müller, *Gedechtnus*, S. 180.

[167] Vgl. Tennant, *Understanding with the Eyes*; vgl. Rudolf, *Illustration und Historiographie bei Maximilian I.*

[168] Die Auffassung, dass das Verhüllte erst in der Verhüllung in seinem wahren Wert erscheine, entstammt der Antike, die in ihrer Mythologie etwa auf die „Verbildlichung der Lehre" setzte. Vgl. Müller, *Gedechtnus*, S. 185f. Zum Einsatz rhetorischer Techniken (wie z. B. den literarischen Mustern), um die Höhepunkte der Geschichtsschreibung zu markieren vgl. Meisami, *History as Literature*, S. 19.

[169] Vgl. hierzu für den Maximilianischen Großtext Müller, *Gedechtnus*, S. 182f.

ken ist etwa an den *Erec* Hartmanns von Aue mit der bekannten Doppelweg-struktur: Der Held muss zweimal aus der Heimat ausziehen, um erst nach der zweiten Ausfahrt am Ende als vollständig geläuterter Held zurückzukehren. Im *Haft Paykar* Nizamis sind verschiedene Gärten die Schauplätze für den Reifepro-zess des Protagonisten, der am Ende der Erzählung im übertragenen Sinn seine Heimat findet, indem er seinen inneren Konflikt löst und sich mit dem göttli-chen Gesetz in Einklang bringt.[170]

Betrachtet man die Verknüpfung von Raum und Herkunft in den vier Analy-setexten, zeigt sich, dass in ihnen verschiedene Konstellationen durchgespielt werden: Im *Freydal* wird zunächst das klassische (oben zitierte) Muster aufgeru-fen, demgemäß der Held aus seiner Heimat aufbricht, allerhand Ritterspiele be-steht, an Mummereien teilnimmt, dabei Ehre und Ruhm erringt und danach nach Hause zurückkehrt. Erst im Anschluss an seine Reise wirbt eine der drei Jungfrauen um ihn, die dem Leser vom Anfang der Erzählung bekannt ist. Diese Werbung bewegt Freydal dann dazu, seine Heimat erneut zu verlassen.

Die Handlung des *Theuerdank* ist ab dem Zeitpunkt der Brautwerbung durch Ehrenreich darauf ausgelegt, dass der Protagonist in die Fremde zieht. Er geht mit dem festen Vorhaben, Ehrenreich zu ehelichen, aus seiner Heimat fort. Diese Ehe impliziert auch, dass er in ihrem Herrschaftsgebiet die Thronfolge Romreichs, ih-res Vaters, übernimmt. Als er bei der Königin angekommen ist, wird er jedoch ein weiteres Mal auf die Reise geschickt: Er soll gegen die Feinde der Christen kämp-fen, die in das Land Ehrenreichs eingedrungen sind.[171] Im letzten Kapitel lässt sich zwar aufgrund der Abbildung auf dem Holzschnitts vermuten, dass Theuer-dank wieder in seine (neue) Heimat, an den Hof der Königin, zurückgekommen ist, im Text selbst wird darüber jedoch keine Information gegeben.[172] Die Dop-pelwegstruktur ist in der Handlung also angelegt, wenn auch unter anderen Vor-zeichen: Theuerdank setzt sich bereits während seiner ersten Reise ritterlich für die Königin Ehrenreich ein. Das wird im Neydelhart-Abschnitt beschrieben. Der angedeutete Doppelweg im *Theuerdank* besteht eher in der Unterscheidung zwi-schen dem Erringen weltlicher Ehre (erste Reise) und geistlicher Ehre (geplante zweite Reise). Dass es zwischen erster und zweitere Reise nicht zum ‚Verligen' kommt, verhindert die resolute Ehrenreich, die einen Aufschub des Hochzeits-vollzugs zunächst gegen den Willen Theuerdanks durchsetzt. Ebenso ist eine

---

[170] Zum Zitat dieses literarischen Musters vgl. Kapitel 6.2.2.2.

[171] Vgl. Pfintzing, *Theuerdank*, S. 537.

[172] Der Holzschnitt, der zu diesem Kapitel gehört, bildet keinerlei Hinweise mehr auf eine Kreuzzugsthematik ab, so wie dies im Kapitel vorher (dem 117. Kapitel) der Fall war. Auf dem Holzschnitt des vorherigen Kapitels sieht man Theuerdank noch mit Kreuzzugssym-bolen abgebildet, die ein Kapitel später schon fehlen. Es ist daher anzunehmen, dass er in diesem letzten Kapitel inzwischen zur Königin zurückgekehrt ist. Als Ziel der Rückkehr wird vermutlich deswegen der Hof Ehrenreichs intendiert worden sein, weil Theuerdank dort als Herrschernachfolger inthronisiert werden sollte.

Rückkehr in seine ursprüngliche Heimat nie geplant, da der Ritter die Herrschaft am Hofe Ehrenreichs antreten soll.

Im *Weißkunig* findet ein Wechselspiel zwischen räumlichen Verankerungen zu Kaiser Maximilians realem Leben und nur losen Hinweisen auf scheinbar beliebige Orte („ein stat"[173]) statt. Dieselbe erzählerische Strategie kommt auch bei Zeitangaben zum Einsatz, die ebenfalls zwischen historischer Referentialisierbarkeit und Unbestimmbarkeit schwanken. Durch dieses Verwischen der Grenzen zwischen Historie und Literatur wird auf der einen Seite der Anspruch auf Wirklichkeitsnähe beim Leser nicht aufgegeben (er erhält immer wieder Hinweise auf reale Handlungsorte und -zeiten), auf der anderen Seite sorgen fiktionale Elemente dafür, dass der Leser sich in der Welt der literarischen Erfindung wähnt. Die gesamte erzählerische Verfahrensweise ist im *Weißkunig* wohl darauf ausgelegt, eine Unbestimmtheit beim Status des Werks zwischen Chronik und Erzählung herzustellen.

Babur zieht unfreiwillig aus seiner Heimat in die Ferne. Nachdem es ihm nicht gelungen ist, im angestammten Herrschaftsgebiet seines Vaters seine Macht zu etablieren und nachdem er einige Zeit auf der Qazaqlıq verbracht hat, etabliert er sich als Herrscher zunächst in Kabul, später in Hindustan. Zwischen den drei Herrschaftsräumen Fergana, Kabul und Hindustan werden mit den enzyklopädischen Beschreibungen erzählerische Grenzen eingezogen, die gleichzeitig auch eine Abstufung von Baburs Zugehörigkeitsgefühl ausdrücken: Fühlt sich Babur in Samarkand heimisch und in Kabul zumindest nicht vollkommen fremd, ist Indien für ihn eine neue Welt. Mit dem neuen indischen Herrschaftsgebiet kann er sich nur schwerlich anfreunden und äußert deutlich sein Missfallen und sein Heimweh.[174] Dennoch ist er sowohl aus Gründen der im Gegensatz zu Kabul großen Ressourcenfülle Hindustans[175] als auch der militärischen Unmöglichkeit, nach Fergana zurückzukehren, dazu gezwungen, sich in Indien zu arrangieren. Babur geht diese Aufgabe aktiv an und gestaltet sie so, dass er seine Identität und die seiner Dynastie bewahrt: Er beginnt mit der Maßnahme, Gärten nach bekanntem Vorbild zu errichten.[176]

Baburs erster Versuch, in Indien einen Garten zu errichten, beginnt zunächst nicht vielversprechend: „Bu yerning makrūhluqı va nāxošluqıdın čārbāġ xayālı xāṭirdın čıptı."[177] Es wird dennoch beschlossen, mit den vorhandenen Möglich-

---

[173] Vgl. etwa *Der Weiß Kunig*, S. 226 [Schultz: S. 257].

[174] Vgl. Thackston, *The Baburnama*, S. 350f. [fol. 290bf.].

[175] Babur schreibt über die Ressourcen Hindustans: „The one nice aspect of Hindustan is that it is a large country with lots of gold and money." *The Baburnama*, S. 351 [fol. 291]. Thackston merkt dazu an, dass man zwar keine Zahlen für die Region Kabul besitze, aber Babur von ihr als relativ arme Region spricht. Vgl. Thackston, *The Baburnama*, S. 352, Anm. 100.

[176] Generell ist vielen islamisch geprägten Dynastien ein großes Interesse an der Anlage von Gärten zu bescheinigen. Zu erinnern ist etwa an die Gärten des maurischen Spaniens. Vgl. etwa Dickie, *The Hispano-Arab Garden: Its Philosophy and Function*, S. 237-248.

[177] In englischer Übersetzung: „Because the place was so ugly and disagreeable I abandoned my dream of making a charbagh". *The Baburnama*, S. 359 [fol. 300]. „Char" bedeutet vier

keiten einen Garten zu errichten. Schließlich werden die Versuche von Erfolg gekrönt: „Mundaq beṣafā u besiyāq Hindta ṭawr ṭarrāḥlıqlar u siyāqlığ bāġčalar paydā boldı."[178] Das Errichten von Gärten dient Babur also dazu, sich ein Stück Heimat im fremden Land einzurichten. Ebenso ist es als eine Metapher zu sehen, die Baburs Kontrolle über die indischen Gebiete und deren Bevölkerung ausdrückt.[179] Er demonstriert durch die Gärten seine politische Macht: „Babur […] built his gardens in India outside the citadels or fortress palaces of pre-Mughal rulers in deliberate opposition to them, as symbols of the appropriation of land."[180]

Gleichzeitig zu der politischen Stärke, die Babur in Indien zeigt, verfasst er Verse, die Entfremdung, Isolation und Depression ausdrücken.[181] Trotz der entgegengesetzten Ausdrucksformen der Gärten (Aneignung) und der Dichtung (Entfremdung) erfüllen beide ähnliche Funktionen: So, wie das Verfassen von Dichtung zu seiner timuridischen Identität gehört, ist auch das Errichten von Gärten eine Strategie Baburs, um diese Identität in Indien zu bewahren.[182]

Alle Herrscherprotagonisten der Analysetexte zeichnen sich durch eine besonders hohe Mobilität im Raum aus, die auf unterschiedliche Art und Weise motiviert wird: Freydal und Theuerdank reisen im Minnedienst für eine Jungfrau respektive die Königin Ehrenreich. Weißkunig befindet sich meist auf Kriegszügen und Babur erlebt Jahre der Qazaqlıq mit wechselnden Herrschaftsgebieten und mobiler Hofhaltung.

Auffällig ist, dass keiner der Protagonisten am Ende über seine Heimatgebiete herrscht:[183] Freydal regiert das Herrschaftsgebiet, das er durch Heirat gewonnen hat; bei Theuerdank ist dasselbe zumindest für die Zeit nach der Rückkehr vom Kreuzzug vorgesehen. Im *Weißkunig* bleiben die räumlichen Bezüge unklar. Babur ergreift die Macht in Indien, also in der Fremde, wo er sich als Exilant fühlt. Statt der Rückkehr in die Heimat wird mit Hilfe der literarischen Muster des

---

und „bagh" bedeutet Garten, Babur hebt hier auf die traditionelle Vierteilung des Gartens islamisch geprägter Dynastien ab.

[178] In englischer Übersetzung: „Thus, in unpleasant and inharmonious India, marvelously regular and geometric gardens were introduced." *The Baburnama*, S. 359 [fol. 300].

[179] Vgl. Asher, *Babur and the Timurid Chār Bāgh: Use and Meaning*, S. 53. Ein solcher herrscherlicher Umgestaltungswille wird Babur auch von Schönig attestiert, der diesen auf Baburs elitäre Abstammung aus zwei Herrscherfamilien zurückführt. Vgl. Schönig, *Die Betrachtung der Natur im Babur-name*, S. 246.

[180] Koch, *Mughal Palace Gardens from Babur to Shahjahan (1526–1648)*, S. 143.

[181] Dale sieht diese Verse als persönlichen Kontrapunkt zu der gleichzeitigen politischen Stärke Baburs. Vgl. Dale, *The Garden of the Eight Paradises*, S. 430. Fraglich ist jedoch, ob persönliche Gefühle in den Versen ausgedrückt werden.

[182] Die turkomongolische Steppe-Identität wird in Bezug zu Gärten gebracht, weil man Zelte, Gartenpavillons und Gärten selbst als „powerful memory of the steppe" betrachtete. Lentz, *Memory and Ideology in the Timurid Garden*, S. 36.

[183] Im *Weißkunig* fehlen allerdings meist räumliche Orientierungsmarker, sodass nicht deutlich wird, wo sich Weißkunig am Ende der Erzählung befindet.

Doppelwegs (*Erec*) im *Theuerdank* und der Gestaltung der Gärten (*Haft Paykar*) im *Baburnama* vor allem der Reifeprozess der Protagonisten betont.

Thematisiert und problematisiert wird eine Entkopplung von der Heimat nur im *Baburnama*, in dem Babur seinen Widerwillen gegen das neue Herrschaftsgebiet äußert und Maßnahmen ergreift, um sich darin heimatlich einzurichten. Im Gegensatz zu den Protagonisten des Maximilianischen Großtextes wird Babur gewaltsam aus seinen ererbten Herrschaftsgebieten vertrieben, sodass er keine andere Wahl hat, als sich in Indien zu arrangieren. Die besondere Kopplung von Herrschaftsraum und Identität im *Baburnama* wird dadurch deutlich, dass Babur räumliche Anpassungsmaßnahmen in der neuen Heimat ergreift: Er gestaltet ein Stück des neuen Herrschaftsgebietes nach Maßgabe des alten um.

Dass der Herrschaftsraum im *Baburnama* erzählerisch eng mit Fragen der Identität verbunden wird, mag auf die Herkunft Baburs aus halbnomadischen Verhältnissen zurückzuführen sein, die sich während der Qazaqlıq bemerkbar macht: Ein solches kriegerisches Leben ist enger mit dem natürlichen Raum verbunden als das sesshafte am Hof.[184] Weniger mit Identitäts- denn mehr mit Machtaspekten verbunden erscheint die Frage nach Herrschaftsgebieten dagegen im Maximilianischen Großtext, in dem keine Verbundenheit zu heimatlichen Ländern zum Ausdruck kommt. Bei beiden Herrschern wird mit der räumlichen Mobilität auch ein persönlicher Reifeprozess verbunden.

5.3.3 Denken in Dynastien

Das Denken in Dynastien spielt für die Protagonisten bei vielen Allianzen, die sie schließen, eine Rolle.[185] Die Herrscherprotagonisten erwarten von den Angehörigen ihrer Dynastie grundsätzlich Bündnistreue. Zu Illoyalitäten kommt es dennoch: im *Weißkunig* etwa, weil der feindliche blaue König die Verwandten des weißen Königs besticht.[186] Im *Baburnama* ist die Untreue seiner Verwandten für Babur ein Thema, das er mehrmals erwähnt und ausführlich kritisiert. Er selbst leistet jedoch ebenfalls nicht immer (kriegerischen) Beistand, wenn ihn ein Verwandter um Hilfe bittet.

Deutlich wird in den Analysetexten, dass die dynastische Zugehörigkeit eine Kapitalsorte (soziales Kapital) unter mehreren ist, die situationsabhängig von einer aktuell höherwertigen, etwa der des ökonomischen Kapitals, überboten wer-

---

[184] Zum besonderen Verhältnis von Babur zur Natur vgl. auch Schönig, *Die Betrachtung der Natur im Babur-name.*

[185] Im *Weißkunig* erhält es durch die literarische Gestaltung ein anderes Erscheinungsbild: Die Zugehörigkeiten werden farbig verschlüsselt. Die Herrscher als Köpfe einer Dynastie heißen etwa blauer König oder roter König.

[186] Vgl. *Der Weiß Kunig*, S. 198f. [Schultz: S. 227].

den kann.[187] Bei den Entscheidungen, die die Protagonisten in den Texten treffen, sind die jeweiligen Konstellationen der Kapitalsorten und Zwänge ausschlaggebend: Abhängig davon, welcher Kapitalsorte augenblicklich der höchste Wert eingeräumt wird oder welcher Zwang am meisten determinierend wirkt, steuert das die Handlungen der Hauptfiguren. Die dynastische Zugehörigkeit kann dabei entscheidend sein, sie kann aber auch gegenüber anderen Kapitalsorten oder Zwängen in den Hintergrund treten. Das Handeln der Protagonisten wird durch ein hohes Maß an Flexibilität gekennzeichnet. Die politischen Konstellationen lassen dabei häufig keinen Platz für Loyalität oder Wertetreue: Die Herrscherfiguren waren gezwungen, so zu handeln, wie es die aktuelle Situation erforderte.[188] Dieses Handeln lässt sich auf ihre zeitweise relative politische Ohnmacht zurückführen.

Die Bedeutung dynastischer Zugehörigkeit wird in den Texten betont. Sie stellt ein Kapital dar, das das Handeln der Herrscherprotagonisten bestimmen kann. Oft entscheiden jedoch andere Abhängigkeiten und Zwänge über den Gang der Erzählung. Daher ist die Flexibilität im Handeln der meisten politischen Akteure eher kennzeichnend für die Analysetexte als ihre innerdynastische Bündnistreue und Loyalität. Die Brüche, die sich im Idealbild der Herrscher aufgrund ihres flexiblen, ‚realpolitischen‘ Handelns andeuten, werden mit literarischen Mitteln umgedeutet. Die Literatur rückt an diesen Stellen in die Position eines Machtinstrumentes auf, weil mit ihrer Hilfe dem flexiblen Handeln, den Abhängigkeiten und Gefährdungen der Protagonisten neuer Sinn zugeschrieben werden kann.

5.3.4 Die Darstellung der Frauen

Im Mittelpunkt der Analysetexte steht jeweils das Handeln der Herrscherprotagonisten, das je nach Handlungsspielraum unterschiedlich stark vom Handeln der weiblichen Figuren beeinflusst wird. Den größten Handlungsspielraum besitzt wohl Ehrenreich, die nach dem Tod ihres Vaters bis zur Hochzeit mit Theuerdank das ererbte Land regiert. Ihre Wünsche sind letztendlich der rühmenden Selbstdarstellung des Helden dienlich und es wird ebenfalls deutlich, dass sie auf das Handeln des Helden einigen Einfluss besitzt. Da ihr Wunsch, Theuerdank auf einen Kreuzzug zu senden, von einem Engel unterstützt und darüber hinaus im Text nicht weiter bewertet wird, ist insgesamt von einer positiven Sicht auf ihre Machtfülle auszugehen. Der Umfang ihres Handlungsspielraums wird auch durch das

---

[187] Bestechungen, wie sie im *Weißkunig* wiederholt thematisiert werden, werden mit ökonomischem Kapital bestritten.

[188] Babur muss schließlich seine Lieblingsstadt Samarkand aufgeben und heimlich verlassen, als ihn kein Nachschub an Vorräten oder Verstärkung erreicht und ihn langjährige Gefolgsleute verlassen. Vgl. Thackston, *The Baburnama*, S. 131 [fol. 95].

umgekehrte Brautwerbungsschema verdeutlicht, das sie zur Werbenden um Theuerdank macht. Dasselbe (umgekehrte) Schema findet sich ebenfalls im *Freydal*.

Im *Baburnama* verhindern ‚Geschlechterumkehrungen', dass Babur sich als von einer Frau abhängig schildert: In der Erzählung wird eine Frau (Layli), die eigentlich zum dort zitierten literarischen Muster gehört hätte, durch eine männliche Figur (Baburi) ersetzt. Babur selbst setzt sich mit Laylis Geliebten Majnun parallel.

Mit einer weiteren Parallelsetzung Baburs – und zwar der mit Shirin – zeigt sich, dass Babur sich auch mit einer Frauenfigur identifizieren kann. Auch bei dieser Parallelsetzung findet ein ‚Geschlechtertausch' statt, der jedoch vor allem die Integrität Baburs hervorheben soll. Bei diesen Parallelsetzungen geht es um das Thema des zugrunde liegenden literarischen Musters (Abhängigkeiten des Herrschers, Liebesfähigkeit, Pflichtbewusstsein), auf das im *Baburnama* angespielt werden soll.

In allen erwähnten Textstellen erhält der Gegenpart der Herrscherprotagonisten durch den Rollen- bzw. Geschlechtertausch einen Zuwachs an Macht über den Protagonisten. Die Hauptpersonen, also die Herrscher-Alter-Egos, bleiben zwar in ihrer angestammten Rolle, jedoch verändert sich ihre Ausgangssituation.

Die Umkehrungen erfüllen auf der einen Seite die bereits erwähnten Funktionen einer noch glanzvolleren Selbstdarstellung, einer Wertschätzung der Person Marias von Burgund und der Vermeidung der Darstellung einer Abhängigkeitssituation Baburs. Auf der anderen Seite generieren sie neue Erzählmöglichkeiten und konfrontieren die Protagonisten mit neuen Situationen: Die Literatur stellt sich hier als Experimentierfeld dar, auf dem diese neuen Situationen durchgespielt werden können.[189] Darüber hinaus finden an diesen Stellen wieder einmal die Unsicherheiten Eingang in die Literatur, die den historischen Kontext bestimmten. In diesem erleben die Herrscher um sich herum ständig neue und überraschende Ausgangssituationen, während sie selbst aus ihrer angestammten Rolle heraus darauf reagieren mussten. Zu diesen neuen Ausgangssituationen können dann veränderte Rollen- und Geschlechterkonstellationen gehört haben.

5.3.5 Das Verhältnis zwischen Vätern und Söhnen

Vor allem in den Analysetexten *Baburnama* und *Weißkunig* treten Meinungsverschiedenheiten zwischen den Generationen zutage. Diese Kritikpunkte werden, da die Texte nur die jeweilige Sicht Baburs und Maximilians repräsentieren, einseitig vorgebracht und richten sich in jeweils unterschiedliche Richtungen: Während das Maximilian-Alter-Ego im *Weißkunig* Kritik an seinem Vater übt, richtet Babur seine kritischen Worte primär an seinen Sohn Humayun. Inhaltlich geht es beiden Protagonisten um die dem Status unangemessenen Charaktereigenschaften, die

---

[189] Vgl. Kapitel 2.2.

sie an ihren Vorgängern oder Nachfolgern feststellen. Es handelt sich also jeweils um politische Auseinandersetzungen zwischen den Herrschervätern und den Herrschersöhnen. Dass die jeweils anderen historischen Familienmitglieder – Baburs Vater und Maximilians Sohn – weitgehend aus der literarischen Verarbeitung ausgespart werden, liegt vermutlich vor allem an der historischen Ferne, die eine Auseinandersetzung erschwerte: Baburs Vater stirbt bereits, als Babur elf Jahre alt war, und der Maximilianische Großtext behandelt vorrangig eine Zeitspanne, in der Maximilian jung ist und teilweise gemeinsam mit seinem Vater regiert. Sein Sohn Philipp ist zu der Zeit noch nicht geboren oder noch sehr jung.

Die Kritik, die in den Texten an den Vätern und Söhne geübt wird, betrifft Herrschereigenschaften: Weißkunig wirft seinem Vater vor, zu zögerlich in kriegerischen Auseinandersetzungen zu agieren. Dasselbe deutet Babur für seinen Vater an. Außerdem habe der Vater es verpasst, so ein weiterer Vorwurf Weißkunigs, sich um das Gedenken an die früheren Könige der Dynastie zu kümmern. Schließlich sei er zu sparsam im Umgang mit dem Geld, das für die Kriegsführung benötigt werde. Babur ermahnt seinen Sohn, nicht weiter in Trägheit und Einsamkeit zu verfallen, da dies keine passenden Eigenschaften für einen Herrscher seien.

Babur und Maximilian stellen ihren Vater bzw. ihren Sohn als fehlerbehaftete Personen dar – ihre eigenen Alter Egos stellen sie dieser Beschreibung hingegen als ideale Herrscher gegenüber. Insbesondere die Eigenschaften, die ihnen an Vater bzw. Sohn fehlen, besitzen sie in ihrer Selbstdarstellung in idealer Ausprägung: Beide sehen den Krieg als politisches Instrument erster Wahl an und führen davon zahlreiche; der junge Weißkunig kümmert sich ausgreifend um die Gedechtnus und beteuert zudem, er gebe viel Geld für sein Volk aus. Babur zeigt sich nicht nur als Kriegsführer rege, sondern auch als geselliger Majlis-Teilnehmer.

Die Art der Abgrenzung, die die beiden Herrscher gegen Vater und Sohn in ihren Selbstzeugnissen betreiben, zielt darauf ab, durch Aufbau eines deutlichen Gegensatzes zwischen den oft auch gemeinsam auftretenden Herrschern (junger und alter Weißkunig, Babur und Humayun) ihre eigene Selbstdarstellung glanzvoll zu betreiben und zwar auch auf Kosten ihres Vaters oder Sohnes. Möglicherweise wirkt dieses Bild auch in der Nachwelt nach: Friedrich III. wurde erst in jüngerer Zeit in der Forschung als politisch klug agierender Herrscher rehabilitiert;[190] galt er doch lange Zeit als „des Heiligen Römischen Reiches Erzschlafmütze"[191], weil er vor dem Eintritt in einen Krieg zögerte und oft andere Taktiken

---

190 Vgl. Koller, *Kaiser Friedrich III.*; vgl. Heinig, *Kaiser Friedrich III. (1440–1493)*.

191 In der *Neuen Deutschen Biographie* wird diese Bezeichnung zitiert, ohne deren genaue Quelle zu nennen. Es wird lediglich darauf hingewiesen, dass Friedrich seit Jahrhunderten von deutschen und österreichischen Historiographen abgewertet und mit Bezeichnungen wie der genannten versehen werde. Vgl. Lhotsky, *[Art.] Friedrich III.*, S. 484-487. Annas weist darauf hin, dass die Quelle und der Urheber des Zitats unbekannt seien und die Wendung

bevorzugte. Die Selbstdarstellung Maximilians, der in dieser Hinsicht einen deutlichen Gegensatz zwischen sich und seinem Vater aufbaute, trug möglicherweise dazu bei, dass sich in der Nachwelt das Bild vom tatkräftigen, kriegerischen Sohn und dem langsamen, abwartenden Vater verfestigte.

Humayuns Bild in der Geschichtsschreibung unterscheidet sich von der Darstellung im *Baburnama*: Baburs Cousin Haydar Mirza Dughlat schildert zwar auch Humayuns Fehler, beschreibt ihn aber insgesamt – im Gegensatz zu seinen Brüdern Kamran und Hindal – als mutigen Kämpfer und vorbildlichen Herrscher.[192] Baburs Bild von seinem Sohn ist damit negativer als das in der Geschichtsschreibung und zeigt deutlich die skeptische Sicht des Vaters auf seinen Sohn.

Das Verhältnis zwischen Vätern und Söhnen in den Analysetexten insgesamt ist durch eine Abgrenzung voneinander gekennzeichnet, die zunächst einmal der Selbstdarstellung Baburs und Maximilians dient, die sich dadurch einem Herrscherideal annähert und sich dann aber auch auf die Rezeption in der Nachwelt auswirkt.

---

keineswegs zeitgenössischer Herkunft sei. Vgl. Annas, *Hoftag – Gemeiner Tag – Reichstag*, S. 421, Anm. 866.

[192] Vgl. Haydar Mirza Dughlat, *Tarikh-i-Rashidi*, Teil 2, Kapitel CXIff. Als Fehler Humayuns bezeichnet er dessen Opiumsucht, die für alle negativen Aspekte an Humayuns Charakter verantwortlich sei. Vgl. ebd.

6 Machtsicherung durch Charisma. Das Verhältnis der Herrscher zur Religion

Vormoderne Herrscher setzen sich sowohl in der historischen Wirklichkeit als auch in der literarischen Selbstdarstellung in ein Verhältnis zu religiösen und göttlichen Instanzen. Dieses ist idealerweise von Nähe geprägt, weil dann eine erhöhte Chance auf den Erwerb symbolischen Kapitals besteht. Das Handeln der Protagonisten der vier Analysetexte zielt sowohl in der weltlichen als auch der geistlichen Sphäre darauf ab, symbolisches Kapital zu erringen. In der weltlichen Sphäre sind drei Großbereiche für die Akquise dieses Kapitals zu unterscheiden: zunächst der soziale Kapitalerwerb durch hohe Abkunft, Ansippung oder Hochzeitspolitik, zweitens der Erwerb sozialen Kapitals in Form von Ruhm durch siegreiche Kriegsführung und militärische Eroberungen. Drittens erwerben die Herrscherfiguren kulturelles Kapital durch ihre Selbstzuschreibung von Gelehrsamkeit und Belesenheit. Davon lässt sich symbolisches religiöses Kapital, das mit Weber Charisma genannt wird, abgrenzen, da es nicht für den Herrscher oder seine Dynastie erworben, sondern im Dienst für die göttliche Instanz erstrebt oder von der göttlichen Instanz gewährt wird und dann als übernatürliches Attribut der eigenen Person zugeschrieben werden kann. Die analytische Trennung von weltlichem und geistlichem Ruhmerwerb wird also entlang der Motivation durchgeführt: Der Dienst an der Dynastie und an der eigenen Person wird vom Dienst an Gott unterschieden.

Im Maximilianischen Großtext wird in den Erzählungen der Erwerb von „eer" thematisiert: Im *Theuerdank* werden mit weltlicher und geistlicher Ehre zwei Kapitalsorten unterschieden. Nachdem Theuerdank in Jagden und Kriegen weltliche Ehre erworben habe, wird er von Königin Ehrenreich darum gebeten, die „unglaubigen" aus ihrem Land zu vertreiben und die „götlich eer" zu „beschirmen".[1] Im *Weißkunig* äußert der Protagonist, dass das „lob gottes, vnd die Uberwyndung seiner veindt" die „zwo höchsten tugent"[2] eines Königs seien. Die Trennung der Kapitalsorten im *Theuerdank* bestätigt also die vorgeschlagene analytische Trennung in geistliche und weltliche Sphäre des Kapitalerwerbs. Um einen kulturraumübergreifenden Vergleich zu ermöglichen und unzutreffende Nebenbedeutungen oder Implikationen des Begriffs der Ehre bei der Analyse nicht berücksichtigen zu müssen, wird nicht auf diesen Begriff zurückgegriffen, sondern stattdessen auf die theoretischen Begriffe Bourdieus (u. a. die Kapitalsorten) und Webers (Charisma).

Zu prüfen ist, welchen Stellenwert die Herrscher dem Streben nach weltlichem und religiösem symbolischen Kapital in ihren Texten einräumen und welche Kommunikationsziele sie bei ihren Lesern mit der Darstellung erreichen wollen.

---

[1] Vgl. Pfintzing, *Theuerdank*, S. 537.
[2] *Der Weiß Kunig*, S. 78 [Schultz: S. 80].

Für das im Folgenden betrachtete Streben nach Charisma, also religiösem symbolischen Kapital, ist eine Unterscheidung zu treffen: Religiöse[3] und göttliche Instanzen sind bei der Analyse zu trennen, wobei zu ersteren die zeitgenössischen Repräsentanten (Päpste und Sufischeichs), zu letzteren neben Gott und Allah – oder meist Tengri[4] – auch Jesus und der Prophet Mohammed gezählt werden. Jesus und Mohammed sind als Träger göttlichen Charismas ebenso Ziel der Verehrung wie die transzendenten Instanzen.

6.1 Historische Hintergründe: Das Verhältnis Maximilians und Baburs zu den religiösen und göttlichen Instanzen

Zum Glaubenshorizont der Herrscher sind auf Seiten Maximilians der christliche Gott und Jesus Christus sowie auf Seiten Baburs der muslimische Allah und der Prophet Mohammed zu zählen. Zu den religiösen Repräsentanten, die das Handeln der Herrscher beeinflussten, zählen der Papst auf christlicher Seite und die Khwajagan[5] auf muslimischer Seite.

Der mystische Glaube, der auch Maximilian prägte, wurde ihm weniger durch Repräsentanten als durch Schriften vermittelt.[6] Das Handeln der religiösen Repräsentanten beschränkte sich nicht auf rein geistliches Handeln: Betrachtet man etwa die sogenannten Renaissance-Päpste – für die Zeit Friedrichs III. ist beispielhaft Pius II. (vormals Enea Silvio Piccolomini) und für die Zeit Maximilians I. sind Innozenz VIII. (reg. 1484–1492), Alexander VI. (reg. 1492–1503), Julius II. (reg. 1503–1513) und Leo X. (reg. 1513–1521) zu nennen –, so findet man in ihnen Potentaten, die ihr Handeln stark weltlich ausrichteten. Generell mischte das Papsttum politisch kräftig im europäischen Kräftevielklang mit: Zu diesem Zweck traten sie politischen Bündnissen bei (wie etwa der Liga von Venedig) oder initiierten sie gar (etwa die Liga von Cambrai). Sie versuchten, einen Kreuzzug gegen die Türken zu organisieren und widersetzten sich bei der Kaiserwahl uner-

---

[3]   Eine Unterscheidung, die mit dem Begriff der ‚Amtskirche' operiert, bietet sich nicht an, weil dieser nicht auf den Islam übertragbar wäre.

[4]   Babur nennt die göttliche Instanz zumeist Tengri. Dieser Terminus bezeichnet eine schamanistische Gottheit, den Himmelsgott, und stammt aus dem alten Glauben der Steppenvölker der Mongolen oder Turkvölker Zentralasiens. Dass Babur jedoch ausschließlich dem muslimischen Glauben anhing, zeigt sein gesamtes auf die islamische Religion ausgerichtetes Verhalten. Vielmehr ist die Verwendung der Bezeichnung „Tengri" auf sein Bestreben zurückzuführen, sich selbst als Turkomongole zu verorten. Vgl. Dale, *The Poetry and Autobiography of the Babur-nama*, S. 653.

[5]   Unter einem Khwaja ist ein hochrangiger Sufi zu verstehen. Khwajagan bezeichnet die tschagataische Pluralbildung. Vgl. Thackston, *Translator's Preface*, S. 18.

[6]   Bekannt ist etwa sein Engagement beim Druck der Eingebungen der Heiligen Birgitta von Schweden.

wünschten Kandidaten.[7] Das politische Engagement der Päpste geschah nicht immer im Einklang mit den Interessen Maximilians und so befanden sie sich oft in Oppositionsstellung zueinander: Grund konnte ein Bündnis sein, das Papst Alexander VI. mit Maximilians Erzfeind Frankreich einging, oder aber der Missbrauch von Kreuzzugsgeldern durch Maximilian.[8] Maximilian sah sich in der Lage, das Papstamt selbst auszufüllen und äußerte ab 1507 wiederholt den Plan, selbst Papst werden zu wollen.[9] Diesen Plan gab er jedoch auf, um auf König Ferdinand von Aragon und die deutschen Bischöfe Rücksicht zu nehmen.[10] Maximilians Bemühen zeigt jedoch die prinzipielle Denkbarkeit eines solchen Unterfangens und eine Nähe weltlicher und geistlicher Repräsentation. Dass der Kaiser nicht zögerte, beide Sphären miteinander zu vermengen, zeigen seine Anweisungen, die Inhalte seiner (politischen) Flugschriften von der Kanzel herunter verkünden zu lassen, den Gemeinen Pfennig von den Pfarrern einsammeln zu lassen, oder sein Vorhaben eines Türkenfeldzugs.[11]

Die Khwajagan in Baburs Wirkungsfeld bildeten, da sie zum Sufi-Orden der Naqshbandiyya gehörten, eine Ausnahme unter den Sufis. Andere Sufi-Orden postulierten, dass sich ihre religiösen Repräsentanten möglichst fern der herrschenden Elite halten sollten, um nicht von ihnen korrumpiert zu werden. Khwaja Ubaydullah Ahrar jedoch, einer der wichtigsten Naqshbandi-Ordensführer auf timuridischem Einflussgebiet, war der Meinung, dass im Gegenteil die Nähe zu den weltlichen Potentaten zu suchen sei: Auf diese Weise sei dem Islam am wirkungsvollsten zu helfen, da man so Einfluss auf die Entscheidungen der Herrscher nehmen könne.[12] Als Ziel der Naqshbani-Sufis galt es etwa, Herrscher dazu zu bewegen, die Tamġa-Steuer abzuschaffen.[13] Zu seinen Lebzeiten stützte der Khwa-

7   Leo X. richtete sein Bemühen (erfolglos) gegen die Wahl Karls V., da er seinen Kirchenstaat durch Karls spanische wie deutsch-italienische Beziehungen umklammert und bedroht sah. Vgl. Wiesflecker, *Kaiser Maximilian I. Bd. 5*, S. 178.

8   Papst Alexander VI. hatte sich – überzeugt von der Schwäche und Machtlosigkeit Maximilians – vom Kaiser abgewandt und war ein Bündnis mit Ludwig XII. eingegangen. Vgl. Holleger, *Maximilian I.*, S. 104. Maximilian ließ den Gemeinen Pfennig, den er zur Türkenhilfe erklärt hatte, von den Pfarrern in den Kirchen eintreiben, verwendete das Geld jedoch dann für rein weltliche Zwecke. Vgl. Wiesflecker, *Kaiser Maximilian I. Bd. 5*, S. 170.

9   Vgl. Holleger, *Maximilian I.*, S. 212f.

10 Auch die römischen Kardinäle wiesen wohl das Werben des Kaisers zurück. Vgl. Wiesflecker, *Kaiser Maximilian I. Bd. 5*, S. 175.

11 Vgl. Füssel, *Dichtung und Politik um 1500*, S. 816.

12 Vgl. Paul, *Die politische und soziale Bedeutung der Naqšbandiyya in Mittelasien im 15. Jahrhundert*, S. 209. Diese Überzeugung ziehe sich wie ein ‚roter Faden' durch Berichte und Aussprüche Khwaja Ubaydullah Ahrars. Vgl. ebd.

13 Die Tamġa ist eine Art Umsatzsteuer in der türkisch-mongolischen Besteuerungspraxis, die auf die abgesetzte Ware erhoben wurde. Versprach ein Herrscher die Freistellung, geschah das oft, weil er sich auf diese Weise Beistand von den religiösen Repräsentanten sichern wollte oder musste. Vgl. Paul, *Die politische und soziale Bedeutung der Naqšbandiyya in Mittelasien im 15. Jahrhundert*, S. 221ff.

ja die Regierung des Timuriden Sultan-Abusaʿid Mirza[14] und auch Babur bezog sich später intensiv in seinem Gedenken auf Khwaja Ubaydullah Ahrar.[15] Ihm zu Ehren versifizierte Babur etwa den Traktat *Walidiyya*, der ursprünglich vom Khwaja stammte. Babur pflegte jedoch auch allgemein enge Verbindungen zu den Sufischeichs der Naqshbandiyya und half bei der Etablierung des Ordens in Indien.[16]

Das Handeln der Repräsentanten der religiösen Sphäre zeigte deutliche Nähen und überschnitt sich gar mit dem Handeln der Herrscher: Während Babur jedoch die Koalition mit den religiösen Instanzen der Khwajagan suchte, war das Verhältnis von Maximilian und den Päpsten auch von Konfrontationen geprägt.

Schon bei der Namenswahl für die heranwachsenden Herrscher Babur und Maximilian spielten religiöse Überlegungen eine Rolle. Während der hochrangige Sufischeich Khwaja Ubaydullah Ahrar bei der Namensgebung des Timuriden zur Seite stand,[17] sollten auch Friedrich III. und dessen Frau Eleonore bei Maximilian, der nach dem heiligen Bischof aus Norikum benannt wurde, von religiösen Motiven gelenkt werden: Der heilige Bischof starb 284 in Cilli den Märtyrertod, und galt als Schutzpatron der Stadt, die von den Türken bedroht wurde. Die Namensgebung Maximilians sah ihn also als Kämpfer gegen die Osmanen vor.[18] Auf diese – nicht ungewöhnliche – Weise schrieb sich Religion bereits in die Identität der Herrscher ein.

Das Verhältnis der beiden Herrscher zu den göttlichen Instanzen beschreiben zu wollen erscheint spekulativ. Es fällt jedoch auf, dass in der Forschungsliteratur von Maximilian das Bild eines tief gläubigen Christen vermittelt wird, der fromm seine Gebete verrichtete und regelmäßig Gottesdienste besuchte.[19] Babur hingegen wird Frömmigkeit abgesprochen, obwohl er sich selbst ebenfalls als gläubigen, regelmäßig betenden und fastenden Moslem darstellt. In ihm wird jedoch oft ein Herrscher gesehen, der die Religion in den Dienst seiner politischen Interessen stellte.

Während die einzelnen Instanzen der geistlichen und der weltlichen Sphäre klar benannt und unterschieden werden können, ist beim Handeln dieser Instanzen keine Trennung in geistliches und weltliches Handeln möglich, das sich eher je nach Interessenlage gestaltete. In den Beurteilungen durch die Forschung wird

---

14 Über die Regierungszeit Sultan-Abusaʿid Mirzas wird gar gesagt, dass Khwaja Ubaydullah Ahrar der heimliche Herrscher gewesen sei. Vgl. Foltz, *The Central Asian Naqshbandi Connections of the Mughal Emperors*, S. 229.

15 Zu den Schülern des Khwajas gehörte auch Baburs Vater Umar-Shaykh Mirza. Vgl. Foltz, *The Central Asian Naqshbandi Connections of the Mughal Emperors*, S. 229, Anm. 2.

16 Baburs persönliche Verbindungen zu den Nachkommen Khwajas Ubaydullah Ahrar ist ein Indiz für den Naqshbandi-Einfluss, der sich an den späteren Mogulhöfen noch verstärken wird. Vgl. Foltz, *The Central Asian Naqshbandi Connections of the Mughal Emperors*, S. 230.

17 Kurz vor seinem Tod soll Khwaja Ubaydullah Ahrar den Namen für Babur ausgewählt haben. Vgl. Foltz, *The Central Asian Naqshbandi Connections of the Mughal Emperors*, S. 229.

18 Vgl. Füssel, *Der Theuerdank von 1517*, S. 32.

19 Vgl. Hollegger, *Kaiser Maximilian I.*, S. 24.

dennoch ein Unterschied deutlich, wenn für Maximilian eine Trennung in seine Kirchenpolitik und seine persönliche Frömmigkeit angenommen, diese Möglichkeit Babur jedoch abgesprochen wird.

6.2 Literarische Darstellung des Verhaltens der Herrscher gegenüber der göttlichen Instanz

Die vier autobiographischen Texte zeigen, in welcher Art und Weise sich die Herrscher in ein Verhältnis zur göttlichen Instanz setzen und wie sie sich in ihrem Dienst ihr gegenüber in einer bestimmten Form verhalten. Dabei demonstrieren sie stets, wie sie die ‚gottgegebene Ordnung' einhalten, gegen innere Anfechtungen kämpfen und ihren Glauben nach außen hin verteidigen. Den Entwicklungsprozess ihres Glaubens gestalten sie literarisch in der Form eines Wegs: Sie verwenden die Wegmetapher für ihre Lebensbeschreibung, für die als Abschluss der Weg zu Gott vorgesehen ist. Für beide die jeweiligen Kulturräume prägenden Religionen gilt dabei, dass sie Ideale vorsehen, die mit dem Herrschen und der Herrscherrepräsentation im Grunde schwierig in Einklang zu bringen sind. Im Christentum ist die Tugend der Mäßigung von großer Bedeutung.[20] Im Islam sufischer Prägung sind ebenfalls Mäßigung und Bescheidenheit geforderte Eigenschaften: Askese und Armut gelten als Sufi-Ideale.[21] Selbstbescheidung ist jedoch der Herrschaftsrepräsentation naturgemäß eher fremd, bei der es vor allem um Machtdemonstration geht. Bei der Analyse wird der Umgang der Herrscher mit diesen Widersprüchlichkeiten und ihre Selbstbeschreibung als Gott verehrende Persönlichkeiten in den Fokus genommen.

6.2.1 Maximilianischer Großtext

6.2.1.1 Das Einhalten ‚göttlicher Ordnung'

Im ersten Teil des *Weißkunig* wird die Geschichte der Eltern des jungen Weißkunig geschildert. In den Beschreibungen der Mutter wird ihre große Frömmigkeit immer wieder betont. Die Geburt ihres ersten Sohnes Weißkunig wird von gött-

---

[20] Temperantia, die Mäßigung, ist eine der vier Kardinaltugenden (daneben Prudentia, Fortitudo und Iustitia), die zusammen mit den drei theologischen Tugenden (Glaube, Liebe, Hoffnung) ein Siebenerschema bilden, wie es etwa bei Thomas von Aquin vertreten ist. Im Hochmittelalter findet es allgemeine Anerkennung. Vgl. Tracey, *[Art.] Tugenden und Laster*, Sp. 1086.

[21] Die Hauptschritte des Sufipfades sind Reue, Gottvertrauen und Armut. Es ist jedoch bereits ein Bestandteil der ersten Station des Pfades – der Reue – in Abstinenz, Enthaltsamkeit und Entsagung zu leben. Vgl. Schimmel, *Mystische Dimensionen des Islam*, S. 151, S. 164.

lichen Zeichen begleitet und erscheint als Belohnung Gottes für die zahlreichen Ehrbezeugungen, die ihm seine Eltern zuvor dargebracht haben.[22]

In der Reihenfolge der zahlreichen Disziplinen, die sich der junge Weißkunig während seiner Lehrung aneignet, steht das Studium der Heiligen Schrift an erster Stelle, das er betreibt, bis er seine Meister übertrifft. Als Beweis seiner Kenntnisse spricht er „aus aigner bewegnus" eine aus drei Bildern bestehende „Redt":[23]

> wie der stam des pawms in seiner Jugent gepflanzt, vnd gepogen wird, also bleibt Er in dem allter, Je Edler ain Frucht ist, Je ainen Edlern geschmach vnd tugent hat Sy, Je schöner vnd klarer ain stain scheint, Je edler vnd kostlicher ist derselb Edl Stain.[24]

Als der junge Weißkunig um eine Auslegung gebeten wird, vergleicht er das erste Bild mit einer Tätigkeit aus der Pflanzenveredelung, dem Pfropfen, wobei er sich selbst als Basis, als „stam", für die Heilige Schrift und den christlichen Glauben bezeichnet und das Erbringen „kunfftige[r] frucht" in Aussicht stellt.[25] Beim Pfropfen bewirkt der „zwey" eine Veredlung und Kultivierung des „stams". Übertragen auf das im *Weißkunig* verwendete Bild ‚veredelt' also der christliche Glaube den Thronfolger, der von einem ‚natürlichen' Menschen in einen kulturellen Menschen transformiert wird: Erst die Aneignung religiösen Wissens ermöglicht die Teilhabe an der kulturellen Welt. Die ‚Aufpfropfung' dieses Wissens markiert die Grenze zwischen Naturzustand und Kulturzustand.[26] Mehr noch, sie führt im übertragenen wie konkreten Sinn auch zu einer „Erweiterung und Steigerung von Möglichkeiten", dient der „Nutzbarmachung von natürlichen Energien im Rahmen von kulturellen Prozessen."[27] Mit dem zweiten Bild verweist Weißkunig

---

22 Vgl. *Der Weiß Kunig*, S. 55f. [Schultz: S. 47-49]. Zur Geburt Weißkunigs als Zeichen von Gott vgl. Kapitel 6.3.1.

23 *Der Weiß Kunig*, S. 61 [Schultz: S. 56].

24 *Der Weiß Kunig*, S. 61 [Schultz: S. 56].

25 *Der Weiß Kunig*, S. 61 [Schultz: S. 56]. Zum Bild des Pfropfens: „Wie ain gartner in ainen stam ein zwey, von einer frucht pflanzt, vnd dasselb zwey, in dem stam verwart, derselb stam der pringt darnach die frucht desselben zwey, Also ist in mich gepflanzt, das zwey der heiligen geschrifft, vnd der cristenlich gelauben vnd das zwey ist gewaxen, in den stam, vnd wirdt bringen kunfftige frucht." Ebd. Das Pfropfen ist als Kulturtechnik schon in der Antike, in Mitteleuropa spätestens seit dem Mittelalter bekannt. Textstellen dazu finden sich etwa bei Plinius und Lucretius.

26 Auch im *Theuerdank* wird in der Ablehnung der ersten Lehre des Gelehrten durch Theuerdank deutlich, dass der Naturzustand überwunden werden muss, um nicht wie ein „unuernüfftigs thier" zu handeln. Pfintzing, *Theuerdank*, S. 43. Die ‚Menschwerdung' Weißkunigs wird auch dadurch verdeutlicht, dass er seinen Namen „der Jung weiß kunig" (*Der Weiß Kunig*, S. 61 [Schultz: S. 56]) und damit seine Identität als kultureller Mensch erst in Anschluss an die Auslegung erhält. Unklar bleibt, welche Rolle der Name spielt, den Weißkunig bei seiner Taufe erhält, der aber im Text nicht genannt wird: Bei dieser ersten Namensgebung steht eher die Streitbarkeit im Fokus, denn der alte Weißkunig kreiert für seinen Sohn einen Namen, indem er „aus zwayen namen, die in Iren leben, die streitparisten gewesen sein, ainen namen schöpfet." *Der Weiß Kunig*, S. 56 [Schultz: S. 49].

27 Wirth, *Aufpfropfung als Figur des Wissens in der Kultur- und Mediengeschichte*, S. 112. Wirth verweist nicht nur auf Kultivierungs- und Steigerungspotentiale durch die Technik der Aufpfropfung, er stellt sie darüber hinaus als eine seit dem 18. Jahrhundert verwendete Fi-

darauf, dass ihm „danckper vnd diemuettigkait" als Schlüsseltugenden gelten, mit deren Hilfe es ihm gelingen wird, „hoffart",[28] die ihn als Herrscher potentiell gefährdet, zu vermeiden. Schließlich bezieht er mit dem dritten Bild die Eigenschaften eines Edelsteines („edel", „schön" und „klar") auf seine eigenen Charaktermerkmale: „die lauterkait der vnvermailigten Eer, vnd die kunigclichn tugent, vnd die gerechtigkait der gesetzt gotes."[29] Aufgrund dieser Eigenschaften sei ihm „in diser welt die schönst Eer vnd Regirung"[30] gewiss. Die Motivation zu diesem Bild könnte der mittelalterlichen Praxis der Edelsteinallegorese entstammen, bei der Edelsteinen und ihren Eigenschaften auch symbolische Bedeutung zugeschrieben wurde.[31] Die genannten Edelsteineigenschaften „edel", „schön" und „klar" lassen keine näheren Rückschlüsse auf eine bestimmte Art von Stein zu, beschreiben aber ganz allgemein die gewünschten Merkmale eines Edelsteins, die sich wiederum auf Tugenden und Eigenschaften des Christen beziehen lassen.[32] So allgemein wie die Attribute des Edelsteins ist schließlich auch die Benennung der (positiven) Charaktermerkmale, für die sich Weißkunig als Träger sieht: Hier geht es wohl vorrangig darum, eine Grundausstattung an positiven Eigenschaften zu formulieren.

Anhand der Auslegung der drei Bilder weist sich Weißkunig als perfekter Herrscher aus, der das Ideal eines tugendhaften und gerechten Herrschers teils durch die Aneignung religiösen Wissens, teils durch eigenes Verhalten und teils durch angeborene Charaktereigenschaften erreicht. Seine Kenntnis der Heiligen Schrift erwirbt er laut dieser Auslegung daher nicht nur, um Gott zu ehren, sondern

---

gur des Wissens vor. Wirths zeitliche Verortung muss wohl nach vorne verlagert werden, berücksichtigt man, dass bereits im *Tristan* (vgl. Tomasek, *Gottfried von Straßburg*, S. 148) und nun im *Weißkunig* dieses Bild für die Ausbreitung und Aneignung von Wissen verwendet wird. Bezogen auf das Steigerungspotential ist für die angekündigte „kunfftige frucht" (*Der Weiß Kunig*, S. 61 [Schultz: S. 56]), also wohl einem Nachkommen, anzunehmen, dass Weißkunig sich von ihm noch weiteres Potential erwartet.

28 *Der Weiß Kunig*, S. 61 [Schultz: S. 56]. Die ganze Textstelle lautet: „Je Edler ain frucht ist, Je ainen Edlern geschmach gibt diesselb frucht, Also vast ist mir die Nutzperkait, die aus der danckper vnd diemuettigkait fleust, geoffenbart, vnd in mein hertz gepildt, Das sich gegn meiner danckper vnd diemuettigkait, die grost hoffart, erkennen wird." *Der Weiß Kunig*, S. 61 [Schultz: S. 56]. Hoffart (Superbia) ist der Gegenbegriff zur christlichen Tugend der Demut. Dass Herrscher durch Hoffart als eines der Hauptlaster gefährdet gelten, zeigt etwa der im Mittelalter bearbeitete Erzählstoff um Alexander den Großen, der auch in Maximilians Bibliothek präsent war. Vgl. Gottlieb, *Büchersammlung Kaiser Maximilians I.*, S. 103, S. 106.

29 *Der Weiß Kunig*, S. 61 [Schultz: S. 56].

30 *Der Weiß Kunig*, S. 61 [Schultz: S. 56].

31 Ein Merkmal der Allegorese ist etwa, dass jedes Ding so viele Bedeutungen erhalten kann, wie es Eigenschaften besitzt. Vgl. Meier-Staubach, *[Art.] Edelsteine*, S. 274. Den drei Eigenschaften des Edelsteins – „edel", „schön" und „klar" – wird jeweils eine Bedeutung zugeordnet: „die lauterkait der vnvermailigten Eer, vnd die kunigclichn tugent, vnd die gerechtigkait der gesetzt gotes". Hier scheint also die Edelsteinallegorese einen Einfluss auf die Textgestaltung genommen zu haben.

32 Vgl. Meier-Staubach, *[Art.] Edelsteine*, S. 274.

auch, um sich selbst nach einem Ideal zu bilden und sich dadurch Verehrung zu sichern.

In Rückgriff auf eine *Bibel*-Stelle (Mt 6,21) kennzeichnet Weißkunig auch die Arbeit an der Gedechtnus, die er betreibt, als Einhaltung göttlicher Ordnung und verteidigt sie so gegen einen Kritiker.[33] Es gelte nicht, irdischen Besitz zu mehren, sondern jenseitigen.[34] Die Gedechtnus samt ihrer irdischen Kosten wird also explizit christlich gerechtfertigt, und das Bemühen um sie ist als Bestandteil des dargestellten Herrscher-Ideals anzusehen.

Sowohl die Mutter als auch der Sohn, der junge Weißkunig, halten die ‚göttliche Ordnung' ein, indem sie fromm leben und sich religiöses Wissen aneignen. Deutlich wird an der Darstellung der diesseitige Nutzen, den sie davon haben: Der Mutter wird die Geburt eines besonderen Kindes vorausgedeutet, dessen Geburt noch dazu von göttlichen Zeichen begleitet wird. Der junge Weißkunig kultiviert sich selbst durch die Aneignung des religiösen Wissens und macht sich zum Teilhaber an der kulturellen Welt.

6.2.1.2 Der Kampf gegen innere und äußere Anfechtungen

Trotz seines Einhaltens der ‚göttlichen Ordnung' wirken zeit seines Lebens zahlreiche Widrigkeiten auf den Herrscher ein – in der historischen Realität, die von Übergangserscheinungen geprägt ist, sowie in der literarischen Darstellung. Diese Widrigkeiten, Gefährdungen, Zufälle und Abhängigkeiten werden aufgrund des Anspruchs historischer Rückgebundenheit der Texte zu ihnen nicht direkt geleugnet; die Möglichkeit der literarischen Rekontextualisierung und Neuinterpretation wird in den Selbstzeugnissen jedoch ergriffen und erfolgt auch mit Hilfe von christlichen Deutungsmustern.

In der historischen Realität empfand Kaiser Maximilian eine Spannung zwischen seiner Überzeugung, ein göttlich Auserwählter zu sein, und der angeblich unglücklichen Sternenkonstellation, die seine Geburt begleitete.[35] Diese unglückliche Konstellation wird im *Weißkunig* mit Hilfe eines Holzschnittes umgedeutet. Der Holzschnitt spielt ikonographisch an ein Marienbildnis an, vergleicht Weißkunig also mit Jesus.[36] Die abgebildete Szene findet kurz nach der Geburt statt und die auffälligen Himmelserscheinungen im Hintergrund sind als Anspielung

---

[33] „Wayst du nit das got vnd der prophet davit in dem Psalter sagen von der gedächtnuß vnd nit von dem gelt, Dann wo einer seinen schatz hat, da ist sein hertz." *Der Weiß Kunig*, S. 69 [Schultz: S. 66].

[34] Die *Bibel*-Stelle lautet: „Ihr sollt euch nicht Schätze sammeln auf Erden, wo sie die Motten und der Rost fressen und wo die Diebe einbrechen und stehlen. Sammelt euch aber Schätze im Himmel, wo sie weder Motten noch Rost fressen und wo die Diebe nicht einbrechen und stehlen. Denn wo dein Schatz ist, da ist auch dein Herz." Mt 6,19-21.

[35] Vgl. Wiesflecker, *Kaiser Maximilian Bd. 1*, S. 67; vgl. Lhotsky, *Quellenkunde*, S. 313ff.

[36] Vgl. *Der Weiß Kunig*, Holzschnitt Nr. 13 [Schultz: S. 48]. Die göttlichen Zeichen bei Weißkunigs Geburt werden näher erläutert im Kapitel 6.3.1.

an den Stern von Bethlehem zu sehen, der seit der Spätantike als Komet dargestellt wird.[37] Bei Maximilians Geburt soll ebenfalls ein großer Komet am Himmel erschienen sein und es soll sich eine besondere Planetenkonstellation gebildet haben. Diese Konstellation und sein Horoskop deutete man Maximilian als
ungünstige Bedingungen bei seiner Geburt.[38] Indem man den Kometen im
Weißkunig in ein göttliches Zeichen umdeutete, und zwar in den Stern von Bethlehem, versuchte man diesen negativen Assoziationen zu begegnen. Bei der einen Umdeutung blieb es jedoch nicht; im Text findet sich dazu noch folgende
erklärende Passage:

> Wiewol die Comet albegen, dem hertzn swermuettig sein zusehen, Aus vil Ursachen, so
> was doch dise Comet, mit seinem schein freuntlich anzusehen, Nemlich das ain jegelich
> hertz, sich zunaiget, in die sehung des Comets, das dann ain besonder einflus zaichen
> vnd offenbarung des kindts gepurdt gewesen ist.[39]

Der Gelehrte Treitzsaurwein, der für die Ausformulierung des Textes zuständig
war, sah sich an dieser Stelle dazu veranlasst, eine weitere, zeitgenössisch prominente Deutungsmöglichkeit für die Geburtszeichen auszuschließen: den Komet
als Auslöser der Schwermut. Wachsender Beliebtheit erfreuten sich nämlich in der
damaligen Zeit Prophezeiungen, die Zusammenhänge zwischen himmlischen Erscheinungen und Erkrankungen oder Naturkatastrophen herstellten. Dass ausgerechnet die Schwermut mit dem Geburtskometen in einen Zusammenhang gebracht wird (und von Treitzsaurwein dann aus diesem Zusammenhang wieder
ausgeschlossen wird), führt Tersch auf Dürers einflussreichen Stich *Melencolia I* zurück.[40] Der Stich zeigt einen niedergehenden Kometen und im Vordergrund die
personifizierte Schwermut und stellt bildlich einen Zusammenhang zwischen beiden her. Dieser Zusammenhang muss zeitgenössisch so präsent gewesen sein, dass
sich Treitzsaurwein, um sein Deutungsangebot der „messianische[n] Aussagekraft
des Kometen"[41] nicht zu gefährden, gezwungen sah, diese Alternative im Text
auszuschließen: Im *Weißkunig* wenden sich daher alle Menschen dem Kometen
freundlich zu, obwohl er normalerweise Schwermut bei den Leuten hervorrufe.[42]

Das Horoskop, das Maximilian zu seiner Geburt gestellt wurde, findet ebenfalls
Erwähnung im *Weißkunig* und zwar in Form eines Holzschnitts.[43] Unter der Opposition von Mars und Merkur, die auf der oberen Hälfte des Holzschnittes dar-

---

[37] Vgl. Wehr/Wyrwa, *[Art.] Stern der Weisen*, Sp. 1058.
[38] Vgl. Holleger, *Maximilian I.*, S. 19. Maximilians Horoskop von Johannes Stabius findet
   sich in einer Sammelhandschrift mit astronomischen und geometrischen Abhandlungen
   von 1512 (Cod. Vindob. 5280). Abgedruckt und erläutert wird es bei Weiss, *Albrecht Dürer's
   geographische, astronomische und astrologische Tafeln*, S. 214-220.
[39] *Der Weiß Kunig*, S. 55 [Schultz: S. 49].
[40] Vgl. Tersch, *Politik und Emotion im ‚Weißkunig'*, S 69.
[41] Tersch, *Politik und Emotion im ‚Weißkunig'*, S. 69.
[42] Vgl. Tersch, *Politik und Emotion im ‚Weißkunig'*, S. 69ff.; vgl. *Der Weiß Kunig*, S. 55 [Schultz:
   S. 49].
[43] Vgl. *Der Weiß Kunig*, Holzschnitt Nr. 19 [Schultz: S. 63].

gestellt werden, ist das Rad der Fortuna abgebildet. Das persönliche Glück, das mit der Sternenkonstellation von Mars und Merkur symbolisiert wird, wird damit auf das (wandelbare) Glück der Fortuna bezogen[44] und mit ihm gleichgesetzt.[45] Den möglichen negativen Auswirkungen seines Horoskops hat Weißkunig eine Tugend entgegenzusetzen, wie im Kontext des Holzschnitts deutlich wird: die Selbstbeherrschung, Mäßigung bzw. das Handeln nach „zugebung vnd erleidung der zeit."[46] Diese Tugend wird im zugehörigen Text des genannten Horoskop-Holzschnitts genannt. Sie wird als geheimes Herrscherwissen gekennzeichnet und sollte wohl im Zusammenhang mit der Abbildung auf dem Holzschnitt verstanden werden.[47] Der Eindruck, dass Weißkunig aufgrund seiner eigenen Fähigkeiten und Tugenden nicht auf das wankelmütige Glück angewiesen war, wird durch eine Tilgung auf einem anderen Holzschnitt unterstützt, die im Laufe des Entstehungsprozesses vorgenommen wurde: Von dem Holzschnitt, der abbildet, wie der junge König das Malen erlernt, existiert ein Probedruck, auf dem ein Hirschgeweih gezeigt wird, das an der Wand hängt, und unter dem der Schriftzug „gelick det vil" (Glück tat viel) prangt. Im veränderten Zustand der Druckausgabe von 1775 sind Geweih und Spruch getilgt. Ohne dass genaue Ursachen für die Tilgung bekannt sind, kann jedoch vermutet werden, dass vor allem auch in den Kapiteln der Lehrung, die die geistigen und körperlichen Fähigkeiten des Königs darstellen sollten, das Glück als Faktor ausgeschlossen werden sollte.[48]

Tersch stellt darüber hinaus eine Verbindung zum *Theuerdank* her, indem er darauf hinweist, dass die Tugend der Selbstbeherrschung in der genannten *Weißkunig*-Textstelle als ein Schutz vor „Unfal", in den der Mensch durch „gahe handlung"[49] geraten könne, präsentiert werde, und das dadurch auf Unfalo, den personifizierten Unfall im *Theuerdank*, verwiesen werde.[50] Unfalo verübt zahlreiche Anschläge auf den Helden. Die Verbindung, die Tersch sieht, kann durch die Analyse des *Theuerdank* gestützt werden. Der Held im *Theuerdank* hat verschiedenen Anfechtungen zu trotzen. Die drei gegnerischen Hauptleute Fürwitig, Unfalo und Neydelhart warten ihm mit Anschlägen unterschiedlicher Qualität auf: Für den Helden gilt es, Jagdabenteuer, Wagestücke, Unwetter, aber auch kriegerische Auseinandersetzungen zu meistern. Die Gestaltung der Geverlicheiten ge-

---

44 Vgl. Ziegeler, *Der betrachtende Leser*, S. 84-87. Auch im *Theuerdank* finden sich Bezüge zur Fortuna: Theuerdanks Begleiter Ernhold trägt das Symbol auf seiner Kleidung.

45 Für eine Gleichsetzung der unglücklichen Sternenkonstellation mit der Fortuna argumentiert Tersch aufgrund ähnlicher Textstellen in der *Lateinischen Autobiographie*. Vgl. Tersch, *Politik und Emotion im ,Weißkunig'*, S. 87.

46 *Der Weiß Kunig*, S. 66 [Schultz: S. 62].

47 Vgl. Tersch, *Politik und Emotion im ,Weißkunig'*, S. 84ff.; vgl. *Der Weiß Kunig*, Holzschnitt Nr. 19 [Schultz: S. 63].

48 Den Hinweis auf den Probedruck, der sich zum damaligen Zeitpunkt im königlichen Kupferstichkabinett zu Berlin befand, und die Entstehungszusammenhänge liefert Dodgson, *Drei Studien*, S. 1f.

49 *Der Weiß Kunig*, S. 66 [Schultz: S. 62].

50 Vgl. Tersch, *Politik und Emotion im ,Weißkunig'*, S. 87.

schah wohl in Anlehnung an arthurische Aventiure; sie sollten den Helden in der Rolle als Ritter präsentieren.[51] Die drei Widersacher des Helden spekulieren dabei auf das Prinzip einer wechselhaften Fortuna, die sich auch einmal gegen Theuerdank wenden müsste: „Villeicht moch sich yetz verkheren / Das gelück ein mal wider In."[52] Der wechselhaften Fortuna wird das Prinzip der göttlichen Vorbestimmung, dem Theuerdank unterliegt, gegenübergestellt: „Got dem Helden ein gelückh gab".[53] Die Abwehrstrategie des Protagonisten gegen die Anschläge der Fortuna besteht im inneren Erleiden, im Aushalten und im stoischen Ertragen. Sein Sieg über die Gegenkräfte wird schließlich am Ende der Geschichte auf einem Holzschnitt symbolisch ausgedrückt: Der Held wird auf einem Kranz aus Schwertern dargestellt, die als „Wechselfälle des Schicksals"[54] gedeutet werden können, die er besiegt. Die Strategie des Ertragens hat sich also gegen die Kräfte der Fortuna als erfolgreich herausgestellt.

Für die Geverlicheiten, denen der Held im *Theuerdank* begegnet, bietet sich neben der Aventiure noch eine weitere Deutung an. In der Clavis, die im Anschluss an die Handlung eingefügt ist, eröffnet sie sich: In ihr werden die drei Gegenspieler des Protagonisten Theuerdank – namentlich Fürwittig, Unfalo und Neydelhart – als Lebensalter aufgeschlüsselt.[55] Dadurch lässt sich die Reise Theuerdanks als Reifeprozess begreifen und die Gefährdungen als lebensphasenspezifisch ansehen. Tatsächlich lassen sich die Abenteuer bei Fürwittig vor allem zu Jagdabenteuern gruppieren, während diejenigen bei Unfalo verschiedene Arten von Geverlicheiten umfassen, bei denen es zu Unfällen kommen kann. Neydelhart konfrontiert den Helden zumeist mit ernsthaften kriegerischen Herausforderungen. Wie im realen Herrscherleben Maximilians kommt es im *Theuerdank* zu einer zunehmenden Gefährdung des Protagonisten, der an seinen Bedrängnissen in einem Reifeprozess wachsen muss.[56] Es wird deutlich, dass die Gefährdungen vom Inneren zum Äußeren und von kleinerer zu größerer Gefahr zunehmen.

---

51 Vgl. Williams, *The Arthurian Model*, S. 20. Strohschneider ist der Meinung, Theuerdank werde vor allem in den drei Rollen als Fürst, als Ritter und als Miles Christianus präsentiert. In der Rolle des Fürsten sei der Kampf gegen die ständische Opposition in der Gestalt der drei Hauptleute seine wichtigste Aufgabe (dazu eingehend im Kapitel 7.2.1.3). In der Rolle als Ritter stehe das Erringen von Ehre in den Geverlicheiten im Vordergrund und in der Rolle als Miles Christianus werde der Kampf gegen die Andersgläubigen betont. Die Analyse geschieht im Folgenden teils in Anlehnung an diese drei Rollen und ihre Funktionen. Vgl. Strohschneider, *Ritterromantische Versepik im ausgehenden Mittelalter*, S. 374-387.

52 Pfintzing, *Theuerdank*, S. 478.

53 Pfintzing, *Theuerdank*, S. 209. Schon am Ende des *Freydal* werden die „zufäll" thematisch dem Werk des *Theuerdank* zugeordnet und es wird betont, dass er dort jedoch stets „von got so genedigclich behutt vnd genesen sye". Von Leitner, *Freydal*, S. XXXVI.

54 Müller, *Gedechtnus*, S. 129. Der Holzschnitt findet sich bei Pfintzing, *Theuerdank*, S. 559.

55 Vgl. Pfintzing, *Theuerdank*, S. 567f.

56 In dieser Lesart wird die Lebensphasenspezifik der Gefährdungen und der Reifeprozess des Helden betont. Daher wird diese Art der Lektüre zu den intrapersonalen Gefährdungen gezählt, auch wenn einige der Gefährdungen von außen auf ihn einwirken.

Zuletzt sind Theuerdanks Mühen gegen die Anschläge der Hauptleute auch christlich zu deuten, da mit dem „teuflischen geist" zu Beginn und mit dem „englischen geist" am Ende religiöse Figuren erscheinen, die eine thematische Klammer für die Gefahren bilden, die auf den Helden lauern. Im *Weißkunig* wird die Fähigkeit zur Selbstbeherrschung als geheimes Herrscherwissen gedeutet. Im *Theuerdank* wird diese Fähigkeit zu einer christlichen Tugend in einem inneren Kampf: Der Teufel setzt drei Hauptleute auf das Leben des Helden an, deren sprechende Namen auf ihren Charakter als Laster verweisen. Der Protagonist kämpft also nicht nur gegen die wörtlich beschriebenen Geverlicheiten, also etwa Jagdabenteuer oder Unfälle mannigfaltiger Art, sondern auch auf einer anderen Ebene mit den Widrigkeiten des Lebens. Die Art der Lasterhaftigkeit der Gegner ist unterschiedlich: Ist Fürwittig, die Neugier, der Person des Helden inhärent, so ist Unfalo eher Repräsentant eines Gegenprinzips zur planvollen und vorbestimmten Schöpfung und ohne ontologisches Sein bzw. ‚Sitz im Leben'. Neydelhart stellt den von außen an Theuerdank herangetragenen Neid und die Missgunst dar. Die Überwindung dieser Laster und Hindernisse bedeutet für den Protagonisten einen langen Prozess aus äußeren Heldentaten, aber auch des inneren Erleidens all der Anschläge auf sein Leben, die er meist stoisch und ohne sichtbare Gemütsregung erträgt.

Als mögliches Vorbild für diese Gestaltung sind zwei Modelle denkbar: Zum einen mag der mythische Held Herkules bei der literarischen Gestaltung Pate gestanden haben, der mit Hilfe der Tugend Patientia die Labores des Lebens bezwingt.[57] Doch auch an eine rein christliche Konzeption ist zu denken, zumal es an konkreten Hinweisen auf das Herkules-Modell in der Erzählung selbst mangelt. Die Figuren des Teufels und des Engels und die den Helden bedrängenden Laster verweisen auf einen christlichen Hintergrund: Die Bezeichnung als Ritter und seine Bewaffnung zeichnen Theuerdank überdies als Miles Christianus aus.[58]

---

[57] Diese Auffassung vertritt Müller, *Gedechtnus*, S. 234ff. Maximilian plante, den antiken Heros als „eine Art Identifikationsfigur und Stammvater" für sich zu erklären und beauftragte den Gelehrten Konrad Peutinger mit einem Gutachten dazu. Vgl. Tersch, *Politik und Emotion im ‚Weißkunig'*, S. 67. Eine Übersicht über die literarischen Parallelen zwischen Maximilian und Herkules aus dem gelehrten Umfeld des Kaisers findet sich bei Braungart, *Mythos und Herrschaft: Maximilian I. als Hercules Germanicus*, S. 77-95. Braungart verweist auch auf Cuspinians *Kaiserbuch (De Caesus atque Imperatoribus Romanis Opus)*, in dem Cuspinian Theuerdank mit Herkules in Verbindung bringt. Vgl. Braungart, *Mythos und Herrschaft: Maximilian I. als Hercules Germanicus*, S. 84f. und Cuspinian, *Kaiserbuch (De Caesus atque Imperatoribus Romanis Opus)*, S. 603.

[58] Vgl. Strohschneider, *Ritterromantische Versepik im ausgehenden Mittelalter*, S. 380ff.; vgl. Wang, *‚Miles christianus'*, S. 202. Auf eine mögliche Synthese zwischen diesen beiden Modellen weist Braungart hin: Seit dem 14. Jahrhundert werde Herkules als Präfiguration Christi verstanden, so etwa im *Ovide Moralisée*. Als Anknüpfungspunkte sieht Braungart die Labores, die Herkules als Heilsbringer und selbstlosen Kämpfer sowie als Helden zeigen, der in die Unterwelt hinabsteigt. Außerdem sei die Himmelfahrt mit Apotheose als Gemeinsamkeit zu nennen. Vgl. Braungart, *Mythos und Herrschaft: Maximilian I. als Hercules Germanicus*, S. 80.

In dieser Tradition hatten sich seit dem 12. Jahrhundert die Ideen des geistlichen und weltlichen Kriegsdienstes verbunden.[59] Die Kämpfe, die es für den Miles Christianus auszufechten galt, waren also sowohl innerer[60] als auch äußerer Natur.[61] Strohschneider hebt in seiner Interpretation primär auf die Rolle Theuerdanks als Miles Christianus im äußeren Kampf gegen die Andersgläubigen ab, von denen der Ritter das Land der Königin befreien soll.[62]

Die Tugend der Selbstbeherrschung und die christliche Konnotation des inneren Erleidens der Anschläge verweisen darüber hinaus auf mögliche mystische Einflüsse, bei denen im eigenen Leben das Leiden Christi nachempfunden werden soll, der als Exempel des Leidens und Erduldens galt.[63] Wie bereits kurz angedeutet, könnte die einflussreiche *Vita* Heinrich Seuses, die Maximilian zu den Besitztümern seiner Büchersammlung zählte, literarisches Vorbild gewesen sein.[64] Heinrich Seuse stilisiert darin sein Leben als geistliche Ritterschaft auf einem dreigeteilten, mystischen Weg zur Gleichförmigkeit mit Christus.[65] Er bezeichnet sich selbst als Diener und stellt die Tugend der Gelassenheit in einer Schlüsselrolle auf diesem Weg dar.[66] Das Martyrium, das Heinrich Seuse (aus eigenem Antrieb) erduldet, ist demnach in Analogie zu den Anschlägen, Gefahren und Hindernissen zu sehen, die Theuerdank erträgt. Beide sehen sich in der Imitatio Christi und fassen das feindliche Weltgeschehen als „heilsgeschichtlich notwendige und kollektiv zu überwindende Stufe des christlichen Lebens"[67] auf. Die

---

59 Vgl. Bumke, *Höfische Kultur*, S. 409.
60 Beim inneren geistlichen Kampf werden die Aufgaben des Ritters mit denen des Mönches verbunden. Auf das Streben nach weltlichem Luxus, Prunk und Ruhm sollte etwa verzichtet werden. Vgl. Bumke, *Höfische Kultur*, S. 410. Ideen zum geistlichen Kampf entstammen auch der Stoa. Vgl. Wang, „*Miles christianus*", S. 21.
61 Äußere geistliche Kämpfe stellten etwa die Kreuzzüge dar. Grundlegend dazu ist die Predigt Papst Urbans II. von 1095, in der er zum ersten Kreuzzug aufrief. Er stellte den ‚Gottesstreitern' (Milites Dei) in Aussicht, in einem gerechten Krieg den Ablass ihrer Sündenstrafen erreichen zu können.
62 Vgl. Strohschneider, *Ritterromantische Versepik im ausgehenden Mittelalter*, S. 379-382, S. 384f.
63 Parallelsetzungen Maximilians zu Jesus finden sich sowohl in der Geschichtsschreibung als auch in der Literatur (dort handelt es sich dementsprechend um Parallelsetzungen der literarischen Alter Egos Maximilians mit Jesus). Vgl. Wiesflecker, *Kaiser Maximilian Bd. 5*, S. 336, und den Holzschnitt im *Weißkunig*, der – wie erwähnt – ein Marienbildnis zitiert. Vgl. *Der Weiß Kunig*, Holzschnitt Nr. 13 [Schultz: S. 48].
64 Vgl. Gottlieb, *Büchersammlung Maximilians*, S. 95. Es handelt sich hierbei wohl um ein Exemplar aus dem Druck von 1482 bei Anton Sorg in Augsburg, das sich heute in der Inkunabelsammlung der Österreichischen Nationalbibliothek (Ink 17.E.15) befindet, in die einige Bücher aus Maximilians Besitz eingegangen sind. Auch Misch assoziiert lose die Trilogie des Kaisers (*Freydal, Theuerdank, Weißkunig*) mit Heinrich Seuses Werk; nicht jedoch mit der *Vita*, sondern mit dem *Büchlein der ewigen Weisheit*, da in ihm „individuelles Dasein zu allgemeiner Bedeutung nach Art der symbolischen Figuren" erhoben werde. Misch, *Geschichte der Autobiographie Bd. 4/1. Hälfte/3. Teil*, S. 123.
65 Enders, *Die ‚höchste Schule' (des Lebens)*, S. 92f.
66 Vgl. Enders, *Die ‚höchste Schule' (des Lebens)*, S. 81.
67 Wang, „*Miles christianus*", S. 146.

Geverlicheiten sind als Widrigkeiten und als teuflische Anfechtungen, die der Christ während seines Lebens aushalten muss, um Gott und Erlösung zu erreichen, zu deuten. Die Dreigeteiltheit des Abschnitts über Geverlicheiten und die stoische Art, mit der der Held die Anschläge auf sein Leben erträgt, sind weitere Aspekte, die an die einflussreiche *Vita* Heinrich Seuses erinnern. Die Entwicklung der Anfechtungen von solchen, die ursächlich in der eigenen Person liegen, hin zu solchen, die von außen an die Protagonisten herangetragen werden, erfolgt sowohl im *Theuerdank* als auch in der *Vita*.

Dass der Kaiser der Mystik zugetan war, kann man etwa auch an seinen Bemühungen um eine Übersetzung der Eingebungen der schwedischen Heiligen Birgitta ablesen.[68] Die Imitatio Christi, in der sich Maximilian sah, betraf ebenfalls das Leiden: Niemand außer Jesus Christus habe in seinem Leben so leiden müssen wie er, ist als Äußerung von ihm überliefert.[69] Dass Maximilian wünschte, dass man ihn nach seinem Tode geißeln, ihm alle Zähne ausschlagen und die Haupthaare abschneiden solle, ist ein Indiz für mystische Einflüsse auf ihn.

Der *Theuerdank* spiegelt das Bemühen des Kaisers respektive seines literarischen Alter Egos wider, mit Hilfe der in der *Vita* propagierten Grundtugenden der Gelassenheit und Selbstbeherrschung Gefahren und Anschläge auf dem Lebensweg zur Gleichförmigkeit mit Gott, dem Ziel der Mystiker, auszuhalten. Gleichzeitig lassen sich die dargestellten Gefahren auf das Leben des Kaisers beziehen und so in einem neuen Sinnzusammenhang deuten: Bedrohungen und Gefahren, die ihm während seiner Zeit der Herrschaft zahlreich aufwarteten, werden so auf einer neuen Deutungsebene als Herausforderungen für den christlichen Glauben interpretiert. Selbstberrschung und Gelassenheit demonstrieren die Fähigkeit des Herrschers, sich nicht durch Anfechtungen vom rechten Weg, dem Weg zu Gott, abbringen zu lassen. Die passive Haltung, die der Herrscher dabei einnimmt, ist ihm nicht als Schwäche auszulegen, sondern sein stoisches Ertragen ist als Dienst an Gott zu sehen. Dass das Dienen als Herrscheraufgabe aufgefasst werden kann, ist biblisch mit Mk 10,35-45 zu begründen.

Die Tugend der Selbstbeherrschung wird noch ein weiteres Mal im Maximilianischen Großtext propagiert: Eine Anfechtung, der Weißkunig mit dieser Tugend der inneren Stärke begegnet, ist die Verführung durch die „Swartzkunst", die von seinem Lehrer als „kunst, der grossen herrn, sich damit zu erhöchen"[70] bezeichnet wird. Der alte Weißkunig verweist darauf, dass die „Swartzkunst" „der Seel

68 Mystische Einflüsse vermutet bereits Burger, *Der Weißkunig. Die Selbststilisierung des ‚letzten Ritters'*, S. 23f. Auch Bürger weist auf ähnliche Assoziationen bei Uhland (*Schriften zu Geschichte der Dichtung und Sage Bd. 2*, S. 281ff.), Liliencron (*Der Weißkunig Kaiser Maximilians I.*, S. 321) und Laschitzer (*Einleitung*, S. 65) hin. Vgl. Bürger, *Beiträge zur Kenntnis des Theuerdank*, S. 37.
69 Vgl. Wiesflecker, *Kaiser Maximilian I. Bd. 5*, S. 336.
70 *Der Weiß Kunig*, S. 67 [Schultz: S. 64].

verdamblich"[71] sei. Demgegenüber – hier wird ein weiteres Mal ein Dissenz zwischen Vater und Sohn deutlich – beruft sich der junge Weißkunig auf Sankt Paulus, demgemäß alles zu lernen sei, jedoch um „das pöß [zu] meyden und das guet [zu] behalten".[72] Im Verlauf seines Lernprozesses erkennt der junge Weißkunig die Magie dann auch als „wider das erst gepot gottes" und lehnt sie als „Eytl"[73] ab. In der im Lehrungs-Kapitel obligatorischen Vorschau auf die spätere Regierung Weißkunigs wird dann auch bestätigt, dass der König „kainen Unglauben"[74] hat aufkommen lassen. Die „Swartzkunst" wird also konkret als Anfechtung des richtigen Glaubens Weißkunigs angesehen,[75] der er widersteht. Stattdessen übt er sich in Selbstbeherrschung.

Die genannten Textstellen präsentieren die Herrscher-Alter-Egos Maximilians als mit der Tugend der Selbstbeherrschung ausgestattet, die ihn vor überstürzten Handlungen, vor feindlichen Anschlägen, teuflischen sowie inneren Anfechtungen und eitlem Herrscherwissen schütze. Diese Tugend wird religiös konnotiert, indem sie als notwendige Eigenschaft auf dem (mystischen) Glaubensweg dargestellt wird, der als rechter Weg dem Weg des Unglaubens gegenübergestellt wird.

---

71 *Der Weiß Kunig*, S. 67 [Schultz: S. 64].

72 *Der Weiß Kunig*, S. 67 [Schultz: S. 64]. Der junge Weißkunig bezieht sich hier wohl auf den Paulinischen Brief an die Thessalonicher, in dem es heißt: „Prüft alles, und behaltet das Gute! Meidet das Böse in jeder Gestalt" (1 Thess 5,21-22). Die Wahlmöglichkeit zwischen Gut und Böse wird auch im dazugehörigen Holzschnitt illustriert: Hier sieht man den jungen Weißkunig zusammen mit seinem Lehrer, der ihn aus einem Buch unterrichtet. Links neben dem Königskind ist eine alte Frau mit einem Dämon auf der Schulter abgebildet, die einen Beutel in der Hand hält. Während der Dämon als ein Symbol der okkulten Künste allgemein zu deuten ist, kann die alte Frau als das Alter und der Beutel als ein Symbol für Habgier aufgeschlüsselt werden. Im Kontrast dazu steht auf der rechten Seite des jungen Königs eine Mönchsfigur mit einem Engel, die die Jugend und die gute christliche Lebensführung darstellen soll. Die Anordnung des Kindes in der Mitte zwischen diesen beiden negativ bzw. positiv konnotierten Figuren verdeutlicht die Entscheidungsmöglichkeit des jungen Königs zwischen dem Guten und dem Bösen. Vgl. Jussen/Koslofsky, *Kulturelle Reformation*, S. 379.

73 *Der Weiß Kunig*, S. 67f. [Schultz: S. 64].

74 *Der Weiß Kunig*, S. 68 [Schultz: S. 64].

75 Diese Sicht steht ganz in der Tradition der mittelalterlichen Auffassung von Magie als Götzendienst, als Magia Daemoniaca. Zur Magia Daemoniaca zählen willentliche Einflussnahmen auf den Menschen, die Umwelt oder Reaktionen auf alltägliche Bedürfnisse. Ihr gegenüber steht die Magia Naturalis als „erlaubte Handhabung der Natur". Zu ihr gehört etwa die Astronomie. Daxelmüller, *[Art.] Magie*, Sp. 82f. Letztere wird auch im *Weißkunig* dargestellt. Der junge König erlernt im vorangehenden Kapitel die „Kunst des Sternsehens", ohne dass diese einer negativen Bewertung unterliegt.

Eine Verteidigung ihres Glaubens bestreiten die Hauptfiguren im Maximilianischen Großtext nicht nur gegen innere Anfechtungen. Auch äußere Glaubensgegner wie die „Unglaubigen", wie sie im Großtext abwertend genannt werden, gilt es für sie zu bekämpfen.

Im *Weißkunig* ist ein ‚Heiliger Krieg‘ schon in der Beschreibung des alten Weißkunig angelegt, der bei seiner Kaiserkrönung vom Papst ein Schwert erhält, mit dem er die Christen beschützen soll.[77] Der junge Weißkunig wird von einem Fürsten aus der Taufe gehoben, der von den Türken vertrieben wurde. Dieser äußert die Überzeugung, dass ihn der Thronfolger einst für seine Vertreibung rächen werde.[78] Ein späterer religiös motivierter Krieg wird an dieser Stelle bereits vorausgedeutet. Als sich im Verlauf der Geschichte schließlich entsprechende Konstellationen formieren, scheitert die Ausführung des Krieges an der Illoyalität der anderen christlichen Könige. Sie verweigern Weißkunig entweder die Unterstützung oder nutzen die Situation, in der die Kräfte Weißkunigs anderweitig gebunden sind, um dessen Verbündete auf ihre Seite ziehen.[79] Ein weiteres Mal verhindert der blaue König einen Zug „der Cristenhait zu trost, vnd den Unglaubigen zu swechung", weil er fürchtet, Weißkunigs „Ruem vnd Tewrigkeit"[80] könnten dadurch innerhalb der Christenheit zu stark anwachsen und ihm selbst damit gefährlich werden. Weißkunig erscheint somit in der literarischen Gestaltung als einziger König, der sich gegen die Andersgläubigen zur Wehr habe setzen wollen.[81]

Im *Theuerdank* eröffnet Königin Ehrenreich dem Protagonisten nach seiner Ankunft an ihrem Hof und den überstandenen Geverlicheiten, dass zum Ritterdasein mehr gehöre als Heldentaten „allein von wegen der welt eer".[82] Den weltlichen Taten überlegen und zudem Pflicht eines Ritters sei der Schutz des „Cristenglauben[s]"[83]. Der geistliche Ritterdienst wird von ihr also dem weltlichen

---

[76] Der Begriff des ‚Heiligen Krieges‘ ist problematisch. Er ist weder ein christlicher Quellenbegriff, noch hat er eine genaue Entsprechung in einer Islamsprache. Vgl. Graf, *Sakralisierung von Kriegen*, S. 9ff. Im Rahmen dieser Arbeit soll er als weit gefasster Analysebegriff verwendet werden, der für beide betrachteten Kulturräume einen kriegerischen Kampf gegen Andersgläubige bezeichnet, der im weiten Sinne religiös begründet wird.

[77] „Das du damit streitest, für alle gelaubig, vnd Sy beschirmest, vnd zersterest, alle valsch kristen vnd ketzerey." *Der Weiß Kunig*, S. 44 [Schultz: S. 35].

[78] Vgl. *Der Weiß Kunig*, S. 55-57 [Schultz: S. 49-52].

[79] „In dem, als der Jung weiß kunig an die unglaubigen zogen was, dieweil het der plab kunig, abermalen mit seinem grossen gelt, mit ainer Landtschaft, die dem weiß kunig Zugehöret, practiciert, vnnd sovil zuegericht, das dieselb Landtschaft dem weißen kunig abfiel." *Der Weiß Kunig*, S. 255 [Schultz: S. 296].

[80] *Der Weiß Kunig*, S. 281f. [Schultz: S. 321-323].

[81] Die Drucklegung des *Weißkunig* erfolgt erst 1775 und repräsentiert den unfertigen Stand der Arbeiten in der Reinschrift A. Auch die auf einen Kreuzzug vorausdeutenden Textstellen wurden nicht getilgt.

[82] Pfintzing, *Theuerdank*, S. 536.

[83] Pfintzing, *Theuerdank*, S. 536.

übergeordnet. Ein aktueller Konflikt dient ihr als Anlass, von Theuerdank einen Zug gegen die Andersgläubigen zu verlangen. Die Ursache der Spannungen wird im Text der Gegenseite zugeordnet, die in das Land Ehrenreichs eingedrungen seien.[84] Der ‚Heilige Krieg' selbst wird nicht ausgeführt: Statt des entsprechenden Kapitels sind leere Seiten eingefügt.[85] Aufgrund des erzählerischen Rahmens (Vorgeschichte, Holzschnitt zum Kapitel mit Theuerdank als Anführer des Kreuzheeres, Schluss der Geschichte, der Theuerdank als erfolgreichen Helden präsentiert[86]) ist aber zumindest die feste Absicht erkennbar, einen vollständigen Kreuzzug des Helden zu beschreiben. Das wurde letztendlich wohl aufgrund der fehlenden Möglichkeit, ihn auf das reale Leben Kaiser Maximilians beziehen zu können, ausgespart.[87] Die Lücke sollte in diesem Fall als Handlungsauftrag erst an Maximilian, dann an seinen Nachfolger wirken. Von der erzählerischen Anlage her wäre der ‚Heilige Krieg' gar als Höhepunkt der Geschichte zu sehen, werden doch alle vorher ruhmreich bestandenen Geverlicheiten als weltliche Vorbedingung für den Kreuzzug dargestellt.[88]

Im literarischen Kontext des Maximilianischen Großtextes sind zahlreiche Kreuzzugsmotive zu finden.[89] Doch nicht nur die Literatur im engeren Sinne beschäftigt sich mit dieser Thematik – die Auseinandersetzung findet auch im historischen Zusammenhang statt: Schon 1453, nach dem Fall von Konstantinopel, veröffentlichte Papst Nikolaus V. eine Kreuzzugsbulle und rückte damit die Kreuzzugsthematik ins Bewusstsein. Im darauffolgenden Jahr sprach Enea Silvio Piccolomini auf dem Frankfurter Fürstentag wegen der Gefahr für Religio et Im-

---

[84] „Bey vnnser zeit vnnd tagen / Die unglaubigen veindt Jesu Crist / Wern weyt in vnnser lannd genist / Erschlagen manchen Cristen Mann / Vnnd darzů vil stett gewunnen an." Pfintzing, *Theuerdank*, S. 537. Müller betont auch den Aspekt territorialstaatlicher Politik, der für den neuen Landesherrn Theuerdank zu der Motivation der Abwehr der Andersgläubigen hinzugetreten sei. Vgl. *Gedechtnus*, S. 224.

[85] Eine Ausnahme bildet das *Theuerdank*-Exemplar der Bayrischen Staatsbibliothek (Rar. 325a), in dem auf den leeren Seiten – von unbekannter Hand nachgetragen – die Erzählung zum Kreuzzug fortgesetzt wird. Doch auch in diesem Nachtrag werden lediglich Vorbereitungen, nicht aber ein Kreuzzug selbst geschildert. Vgl. Kapitel 6.4.5.

[86] Dies geschieht textlich wie bildlich. Auf dem abschließenden Holzschnitt sieht man Theuerdank in einem „recht festgefügten Darstellungstypus für das Ideal des guten und sieghaften Streiters in der *militia christiana*." Strohschneider, *Ritterromantische Versepik im ausgehenden Mittelalter*, S. 380. Müller deutet Theuerdank auf dem Holzschnitt in einer weiter reichenden Interpretation als Domitor Fortunae. Vgl. Müller, *Gedechtnus*, S. 233f.

[87] Hier gibt sich auch das Fiktionalitätskonzept des *Theuerdank* zu erkennen, bei dem die völlig freie Erfindung einer Handlung, d.h. einer solchen, die sich nicht über eine (wie auch immer geartete) Entschlüsselungsleistung auf reale Begebenheiten im Leben des Kaisers zurückbeziehen lässt, nicht denkbar ist.

[88] Königin Ehrenreich sagt zu Ehrenhold, dem Herold Theuerdanks: „Wer wol billich das Er het rů / Aber wie dem mir ist heint zů / Gefallen in der vergangnen nacht / Das Er Im solch not habe gemacht / Allein von wegen der welt eer / Nun wist Ir selber wol das mer / Gehört zů eim Ritter auszerkorn / Der billich fueren will gelb porn / Das der beschützt Cristenglauben." Pfintzing, *Theuerdank*, S. 536.

[89] Vgl. Müller, *Gedechtnus*, S. 323, Anm. 25.

perium von einem ‚gerechten Krieg‘ gegen die Türken.[90] 1490 legte Maximilian eine Denkschrift vor, in der er einen Plan für einen Kreuzzug mit sich als Oberbefehlshaber ausbreitete. In dieser Zeit, in der die Osmanen weitere militärische Erfolge erzielten, kamen auch die ersten Flugblätter in den Umlauf, die von den Taten der Türken berichteten.[91] War in der höfischen Dichtung des Mittelalters die Darstellung von Andersgläubigen durchaus differenziert,[92] werden sie auf diesen ersten Flugblättern als grausame und blutrünstige Feinde dargestellt.[93] Im Maximilianischen Großtext erfolgt eine höchstens oberflächliche Beschreibung der Angehörigen des muslimischen Glaubens, die stets als Feinde gekennzeichnet werden. Auf einem Holzschnitt im *Weißkunig* sind die kämpfenden Osmanen abgebildet.[94] Zwar sind generell die Gewaltdarstellungen im *Weißkunig* explizit, das Ausmaß der hier abgebildeten Gewalt fällt jedoch vor allem aufgrund von zwei Eigenarten aus dem Rahmen: Die Andersgläubigen schneiden ihren lebendigen Gegnern die Nase ab und sie tragen die Köpfe der Getöteten[95] aufgespießt auf ihren Lanzen.[96] Mit dieser Art der Feind-Darstellung sollten Affekte erzeugt werden: Vor allem Furcht und Abscheu vor den Fremden sollte der Rezipient angesichts dieses Feindbildes empfinden.[97]

Mutmaßlich diente diese Art der Darstellung auch zur Wiedererkennung, denn auf den Flugblättern oder in den Newen Zeytungen erschienen teils ähnliche Abbildungen.[98] Gemein haben besagter Holzschnitt und die Flugblätter, die

---

90   Vgl. Piccolomini, *De clade Constantinopolitana*, S. 678-689.
91   Vgl. Füssel, *‚Türkenfurcht‘ in der Propaganda Kaiser Maximilians I.*, S. 12, S. 19ff.
92   Als Beispiel mag der *Willehalm* Wolframs von Eschenbach dienen.
93   Vgl. Wiesflecker, *Kaiser Maximilian I. Bd. 5*, S. 460. Maximilians Vorwürfe waren weitreichend. Auf den Flugblättern beschuldigte er die Türken, sie „hätten [...] Christenmenschen ermordet und ihrem Glauben abtrünnig gemacht; hätten Frauen und Jungfrauen geschändet, Kindern den Eltern entrissen und zum Kampf gegen das Christentum verwendet. Konstantinopel, den Sitz der Römischen Kaiser, hätten sie den Christen entrissen, Kirchen, Heiligtümer und Reliquien geschändet, den Leib des Herrn und die Sakramente entweiht." Diese zusammenfassende Aufzählung findet sich bei Wiesflecker, *Kaiser Maximilian I. Bd. 5*, S. 460.
94   Vgl. *Der Weiß Kunig*, Holzschnitt Nr. 82 [Schultz: S. 285].
95   Beim Köpfen handelt es sich um einen vielfach dargestellten, angeblich ‚orientalischen Brauch‘ und einem häufig zentralen Motiv bei Beschreibungen von Türkenkriegen. Vgl. Pühringer, *„Christen contra Heiden?"*, S. 108.
96   Diese beiden Eigenarten finden sich nur auf diesem Holzschnitt. Weitere Arten von expliziten Gewaltdarstellungen (abgeschlagene Köpfe, Leichen, aus denen noch Blut rinnt etc.) sind auch auf anderen Holzschnitten abgebildet. Vgl. u. a. *Der Weiß Kunig*, Holzschnitt Nr. 172 [Schulz: S. 328]. Auch Boßmeyer sieht die Darstellung der Schlacht gegen die Türken als in ihrer Grausamkeit herausragend an. Vgl. Boßmeyer, *Visuelle Geschichte in den Zeichnungen und Holzschnitten zum „Weißkunig" Kaiser Maximilians I.*, S. 73.
97   Vgl. Werner, *[Art.] Feindbild*, S. 304.
98   Vgl. Füssel, *‚Türkenfurcht‘ in der Propaganda Kaiser Maximilians I.*, S. 14. Besagter Holzschnitt scheint gar als Flugblatt selbst verwendet worden sein, dient er doch Pühringer, der offenbar nicht um die Zuordnung zum *Weißkunig* wusste, als Beispiel für ein Flugblatt der Türkenkriege. Vgl. Pühringer, *„Christen contra Heiden?"*, S. 112f.

unter Maximilian entstanden, dass sie zur Herausbildung eines Feindbildes von den Türken beitrugen, das sich seit dem Fall Konstantinopels und bis zum Ende des 16. Jahrhunderts entwickelte.[99] Diese Feindbildkonstruktion war bewusstes Ziel der Propaganda unter Maximilian – andere Darstellungsangebote wären in der mittelalterlichen Literatur durchaus vorhanden gewesen.[100]

6.2.2 Das Baburnama

6.2.2.1 Das Einhalten „göttlicher Ordnung"

Babur beschreibt seinen Vater als frommen Menschen, sodass dessen Gläubigkeit auf ihn Vorbildwirkung entfaltet haben kann.[101] Sich selbst stellt er ebenso als gläubigen Herrscher dar, der regelmäßig die fünf rituellen Gebete (Ṣalat) betet und sich mit einer Anzahl von Sufis als Gefolgsleute umgibt. Er beschäftigt sich mit religiöser Literatur und verfasst selbst einen Traktat über islamisches Recht, den *Mubayyan*. Von dem Werk *Walidiyya* des Sufischeichs Khwaja Ubaydullah Ahrar fertigt er außerdem eine Übersetzung an. In den Beschreibungen seiner Gefolgsleute, die er in das *Baburnama* einfügt, sind ihm ihre religiösen Leistungen Erwähnungen wert. Schrieb einer etwa den kompletten *Koran* ab, so hebt er das besonders hervor.[102] Babur pilgert zu Gräbern berühmter Sufis und umrundet sie in einem frommen Akt, um der Toten zu gedenken.[103] Religiöses Mäzenatentum

---

[99] „Seit Konstantinopel ist das europäische Türkenbild verbunden mit militärischer Stärke, Eroberungsgier und Grausamkeit im Kampf gegen die Christen. Dazu kamen kulturelle Gegensätze, die dazu führten, daß das Sozialverhalten der Türken in seiner Fremdartigkeit unverstanden blieb bzw. negativ bewertet wurde." Vgl. Pühringer, *„Christen contra Heiden?"*, S. 101.

[100] So jedoch wurde das Motiv des säbelschwingenden Kriegers zum „Archetyp des Feindes". Im kulturellen Gedächtnis werden latente Ängste stets an ein konkretes Bild gebunden. Vgl. Werner, *[Art.] Feindbild*, S. 304.

[101] Vgl. Thackston, *The Baburnama*, S. 42 [fol. 7].

[102] Vgl. Thackston, *The Baburnama*, S. 55 [fol. 21b]. Außerdem beschreibt Babur, welche der Gelehrten sich etwa durch Hadithkenntnis hervortaten; Sammler von *Koran*-Versen ähnlicher Bedeutung werden erwähnt und solche, die am Grab von Jami gebetet hätten. Regelmäßiges Beten, Pilgerfahrten und Fasten sind Gegenstand von Baburs Ausführungen. Religiöses Wissen erscheint als fester Teil der Gelehrsamkeit. Eine zwangläufig notwendige Eigenschaft mag Frömmigkeit jedoch nicht gewesen sein: Über den Gelehrten Mir Ataʾullah von Mashdad heißt es bei Babur (ohne dass dies negative Konsequenzen für ihn gehabt hätte): „There is said to be some deviation in his religion" [fol. 179]. Vgl. Thackston, *The Baburnama*, S. 221-223 [fol. 177-179].

[103] Vgl. Thackston, *The Baburnama*, S. 327 [fol. 267b], S. 434 [fol. 369b]. Obwohl der Prophet Muhammad und seine Anhänger dem Totenkult ablehnend gegenüberstanden, blieben zahlreiche Elemente des Totengedenkens aus vorislamischer Zeit erhalten. Zu den rituellen Praktiken gehörte u. a. der Grabbesuch, der einen gegenseitigen Nutzen für Lebende und Tote bedeutete: „Für die Lebenden würden nämlich erstens die Probleme des Alltags durch die Erinnerung an den Tod relativiert, und zweitens würde ihnen der Besuch als frommes Werk Lohn im Jenseits einbringen. Den Toten würde dagegen durch die ihnen entgegen-

spielt ebenfalls eine Rolle für den Timuridenherrscher: Er beschreibt die religiösen Bauwerke, die seine Vorfahren errichten ließen, und veranlasst wohl auch selbst den Bau einer Moschee.[104]

Als er sich mit den Gepflogenheiten des indischen Kulturraums beschäftigt, stört ihn dort unter anderem die Art der Zeitmessung der Inder, die er im *Baburnama* detailliert erläutert, dann kritisiert und durch sein eigenes System ersetzt, das sich an den Rezitationszeiten des *Koran* orientiert.[105] Er erklärt etwa, dass die Inder die Zeiteinheit eines Pals dadurch abschätzen, dass sie 60-mal ihre Augen öffnen und schließen. Babur schlägt vor, stattdessen diese Zeitmessung auf Basis einer sprachlich-religiösen Basis durchzuführen: „Yana bir palnı tajriba qılıldı. Taqrıban sekiz qatla qul-huwaʾllāhnı bismiʾllāh bilä oquğunča boldı kim kečä kündüz yegirmä sekiz ming sekiz yüz qul-huwaʾllāh bismiʾllāh bilä oquğunča bolğay."[106] Er möchte also Bestandteile des rituellen Gebets verwenden, um die indischen Zeiteinheiten abzuschätzen.

Nicht immer verhält sich Babur jedoch so, wie es die Tradition seiner Religion vorsieht. Vor allem gegen das Nüchternheitsgebot verstößt er lange Zeit massiv. Auf der anderen Seite verurteilt er jedoch die Söhne Sultan-Husayn Mirzas für ihr ungezügeltes Verhalten in der Nacht vor dem heiligen Monat Ramadan, sieht also eine grundsätzliche Notwendigkeit, das eigene Handeln zu kontrollieren.[107]

Trotz seiner Selbstbeschreibung, die ihn überwiegend als gläubigen Moslem ausweist, wird Babur in der gegenwärtigen Forschungsliteratur eher als kalkulie-

---

gebrachte Zuneigung der Lebenden die Last des Grabes gelindert. Außerdem würden ihnen das Verdienst für die Gebete, *Koran*-Rezitationen und wohltätigen Werke der Lebenden gut geschrieben." Pahlitzsch, *Memoria und Stiftung im Islam*, S. 88; vgl. auch Taylor, *In the Vicinity of the Righteous*, S. 216.

[104] Zu den religiösen Bauwerken der Vorfahren vgl. Thackston, *The Baburnama*, S. 83ff. [fol. 45bff.]. Zum Bau der Moschee vgl. Thackston, *The Baburnama*, S. 404 [fol. 340]; vgl. Moynihan, *The Lotus Garden Palace of Zahir Al-Din Muhammad Babur*, S. 136. Im Fokus von Baburs Bautätigkeiten standen allerdings die Gärten, die zwar auch, aber doch primär anderen als religiösen Zwecken dienten. Vgl. ebd.

[105] Vgl. Thackston, *The Baburnama*, S. 349 [fol. 290]. Tamer zeigt, wie bereits im *Koran* gegen die Zeitvorstellung aus vorislamisch-hellenistischer Zeit Position bezogen wird: In einem Bemühen, die alte Zeitvorstellung zu ‚entmachten', wird fortan die göttliche Instanz als Walter über Leben und Tod eingesetzt. Vgl. Tamer, *Zeit und Gott*, S. 187ff. Die Herstellung einer Verbindung zwischen Zeit und Religion war für Babur wie für den Islam insgesamt also von Bedeutung.

[106] In englischer Übersetzung: „By experiment it has been determined that a pal is approximately the length of time it takes to say qul huwaʾllah and bismillah eight times, so during a day and night you could say qul huwaʾllah and bismillah 28,800 times." Thackston, *The Baburnama*, S. 349 [fol. 290]. Mit „qul huwaʾllah" beginnt die 112. Sure, die eine der bekanntesten Suren und Bestandteil des rituellen Gebets ist. Sie behandelt die Einheit Gottes und betont den Monotheismus des Islam. Mit „bismillah" beginnt Fātiḥa (Die Eröffnende), also die erste Sure und damit der *Koran*. Sie ist Bestandteil des rituellen Gebets.

[107] Vgl. Thackston, *The Baburnama*, S. 78 [fol. 41b].

render Kriegsherr eingeschätzt.[108] Er wird – wie bereits erwähnt – mit den Vorstellungen Machiavellis assoziiert, die der im *Principe* entwickelt; vermutlich aus dem Grund, weil er auch religiöse Argumente im Dienste der Politik einsetzte.

Generell ist es schwierig zu entscheiden, ob Handlungen aus politischen oder religiösen Gründen ausgeführt werden. Das gilt ebenso, wenn die Motivation deutlich erklärt wird. Auch wenn einige der Handlungen Baburs machiavellistisch anmuten mögen, sind sie es doch nicht notwendigerweise.[109]

Grundsätzlich stellt sich Babur als frommer Herrscher dar, dessen Verhalten jedoch offenbar von einigen Ambivalenzen geprägt ist. Solche lassen sich etwa auch aus dem Verhältnis Baburs zu den beiden islamischen Glaubensrichtungen der Sunniten und der Schiiten ablesen. In seiner Autobiographie bezieht der Sunni Babur eindeutig Stellung gegen den schiitischen Glauben: Als sein Cousin Sultan-Husayn Mirza Interesse für die Glaubensrichtung der Schia äußert, sich aber dann – auch unter dem Druck Ali-Sher Beg Nawaʾis – wieder den Sunniten zuwendet, registriert Babur erleichtert, dass der Cousin den „yaman" (schlechten) Glauben aufgegeben habe.[110] Fortan habe er gemäß dem sunnitischen Glauben gelebt.[111]

Die Beschreibung von Baburs militärischer Koalition mit dem schiitischen Safawiden-Herrscher Shah Ismail fehlen im *Baburnama* und sind nur aus der Geschichtsschreibung (dem *Tarikh-i-Rashidi*) zu rekonstruieren.[112] In den sechs Textstellen des *Baburnama*, in denen Babur Shah Ismail erwähnt, äußert er sich größtenteils respektvoll über ihn.[113] Mit den Angaben aus dem *Tarikh-i-Rashidi* von Baburs Cousin Haydar Mirza Dughlat ist schließlich ein Bild der militärischen Koalition zwischen Babur und Shah Ismail zu rekonstruieren: Als Shah Ismail Herat von Shaybani Khan erobert, sendet er Baburs Schwester heim zu ihrem Bruder. Diese freundliche Geste beantwortet Babur mit der Zusendung von Geschenken. Shah Ismail bietet Babur an, ihm die Gebiete, die er von den Usbeken in Transoxanien erobert habe, unter der Bedingung zurückzugeben, dass Babur den schiitischen Glauben annehme. Babur stimmt dieser Bedingung tatsäch-

---

[108] Dale bezieht sich bei seiner Einschätzung nicht auf ein religiöses Beispiel, aber auf eines, mit dem er Babur Kalkül anstatt Aberglaube zuschreibt. Vgl. Dale, *The Garden of the Eight Paradises*, S. 418.

[109] Als Beispiel für machiavellistisches Handeln könnte man aber etwa Baburs Ansprache an seine Gefolgsleute bezeichnen, in der er sie auffordert, auf den *Koran* zu schwören, dass sie den bevorstehenden Kampf entweder als Märtyrer (Šahid) oder als ‚Heiliger Krieger' (Ġazi) beenden werden. Babur selbst gibt hier sein Handeln als instrumentell zu erkennen. Vgl. Thackston, *The Baburnama*, S. 377 [fol. 314bf.].

[110] Thackston, *The Baburnama*, S. 106 [fol. 68b].

[111] Vgl. Thackston, *The Baburnama*, S. 106 [fol. 68b]. Baburs Abneigung gegen den schiitischen Glauben äußert sich etwa auch in seinem Bericht über den Sohn Sultan-Husayn Mirzas, der Schiit wird. Er sei als Häretiker in Astarabad gestorben, berichtet Babur. Vgl. Thackston, *The Baburnama*, S. 209 [fol. 166b].

[112] Zur Diskussion, ob hinter dem Fehlen der entsprechenden Textstellen eine Absicht steht, vgl. Kapitel 3.4.1.

[113] Darauf verweist Moin, *The Millennial Sovereign*, S. 84.

lich zu und erkennt damit gleichzeitig die Souveränität und die Oberherrschaft der Safawiden an. Babur wird auf diese Weise zum dritten Mal Herrscher über Samarkand. Wieder dauert die Herrschaft Baburs nur kurze Zeit, denn die sunnitische Bevölkerung wendet sich gegen ihn und die schiitische Herrschaft, sodass Babur schließlich flüchten muss.[114] Moin schätzt die Motivlage, die zur Koalition von Babur und Shah Ismail führte, so ein, dass Shah Ismail Babur mit der Eliminierung von Shaybani Khan einen großen Gefallen getan habe. Shah Ismail sei wiederum bei der Etablierung seiner Herrschaft auf die Unterstützung der Elite der Sufis und der Sunniten angewiesen gewesen und habe sich darum kooperativ gegenüber Babur verhalten.[115]

Babur betont an vielen Stellen seiner Autobiographie seine Religiosität. Es scheint jedoch, dass das religiöse Bekenntnis bisweilen hinter militärischen Notwendigkeiten zurückzustehen hatte, wie die Koalition mit Shah Ismail als Repräsentant der von Babur abgelehnten Glaubensrichtung zeigt: Für Babur schien es in der Situation vorrangig gewesen zu sein, den Erzfeind Shaybani Khan besiegt zu sehen und wieder über seine Lieblingsstadt Samarkand herrschen zu können.

Im *Baburnama* finden sich also nicht nur Selbstbeschreibungen, die einen frommen Herrscher zeigen, sondern auch ambivalente Passagen oder Brüche von Glaubensgeboten. Demgegenüber tragen viele Textstellen wiederum einen reuevollen Charakter:[116] Beveridge ist der Meinung, dass diese Teile des Textes von Babur während seiner Zeit in Hindustan vermutlich im Jahr 935/1529 hinzugefügt wurden und durchaus im Zusammenhang mit den ambivalenten und glaubensbrüchigen Passagen zu lesen seien.[117] Dale bestätigt diese These mit dem Hinweis auf Gedichte ähnlicher thematischer Ausrichtung, die um dieselbe Zeit entstanden.[118] Die reuevollen Passagen lassen sich auch in Zusammenhang mit Baburs Neigung zum sufischen Glauben lesen. Diese Lesart wird in dieser Arbeit verfolgt.

Insgesamt zeigt sich bei der Darstellung von Gläubigkeit ein widersprüchliches Herrscherbild: Textstellen, die Frömmigkeit widerspiegeln, stehen neben solchen, die an der Frömmigkeit Baburs zweifeln lassen. Daraus jedoch ableiten zu wollen, Babur sei kein gläubiger Herrscher gewesen, sondern habe die Religion stets nur als Instrument begriffen, geht sicherlich zu weit. Vielmehr erscheinen die Ambivalenzen im Herrscherselbstbild auch in diesem Fall als Reaktionen auf Brüche und Widrigkeiten in der historischen Situation. Sie werden im Text in einen neuen Sinnzusammenhang gebracht, wie im Folgenden gezeigt wird.

---

[114] Vgl. Haydar Mirza Dughlat, *Tarikh-i-Rashidi*, Teil 2, Kapitel XXV und XXIX. Vgl. außerdem Roemer, *The Successors of Timūr*, S. 126.

[115] Vgl Moin, *The Millennial Sovereign*, S. 84.

[116] Vgl. Thackston, *The Baburnama*, S. 373f. [fol. 312f.].

[117] Vgl. Beveridge, *The Bābur-Nāma in English*, S. 449, Anm. 1.

[118] Vgl. Dale, *The Poetry and the Autobiography of the Bâbur-nâma*, S. 658.

Das *Baburnama* zeigt seinen Protagonisten als gefährdet von zahlreichen inneren wie äußeren Anfechtungen. Seine Auseinandersetzungen mit ihnen stellt er teils offen, teils aber auch mit Hilfe einiger literarischer Muster dar, deren Analyse eine weitere Verstehensebene des Textes eröffnet.

In einem früheren Kapitel[119] wurde bereits angedeutet, dass Babur sich im Kontext seiner ersten Hochzeit mit Hilfe des Erzählstoffes *Layli und Majnun* als mystisch liebender Majnun inszeniert. Nawaʾi und Jami, die berühmtesten Dichter zu Baburs Zeiten, fertigten Werke aus diesem Erzählstoff an. Da Babur aber die Version des persischen Dichters Nizami bereits früh über den Vater zugänglich gewesen sein könnte, da dieser die *Khamsa* gelesen habe, wie Babur im *Baburnama* schreibt,[120] ist ein Einfluss aus Nizamis mystisch beeinflusster Bearbeitung anzunehmen.

Der Ausgangspunkt der literarischen Parallele zu Majnun ist Baburs Hochzeit mit seiner ersten Frau Ayisha Sultan Begim, an der er jedoch bald sein Interesse verliert. Stattdessen schildert er eindringlich seine Verliebtheit in den Basarjungen Baburi, die er in teils selbst verfassten persischen Versen beschreibt: „Hečkas čun man xarāb u ʿāšiq u rusvā mabād / heč maḥbūdî ču tu berahm u beparvā mabād."[121] Babur setzt sich in dieser Textstelle mit Majnun parallel. Majnun (Arabisch für ‚der Wahnsinnige‘) gerät aufgrund seiner Liebe zu Layli in diesen Zustand: Denn als Laylis Vater die Trennung der beiden Liebenden durchsetzt und seine Tochter anderweitig verheiratet, verliert Majnun den Verstand und streift ruhelos umher. Sein Wahnsinn lässt ihn zum Dichter werden und er besingt in seinen Liedern, die Schönheit der Geliebten und den Schmerz der Trennung.

Babur wird im Kontext seiner Verliebtheit in Baburi ebenfalls zum Dichter und Anklänge an den vor Liebe Wahnsinnigen erkennt man ebenfalls in seinen Versen: „ʿĀšiq olğač bexud u devāna boldum. Bilmädim / kim pariruxsāralar ʿišqıǧa bu ermiš xavāṣṣ."[122] Wie Majnun streift Babur durch die Wildnis und durch Straßen und Gärten.[123] So wie Majnun seine Kleider nur als Fetzen am Körper trägt, läuft Babur mit barem Haupt und barfuß umher.[124] Der Verlust intellektueller Fähigkei-

---

[119] Vgl. Kapitel 5.2.2.4.

[120] Vgl. Thackston, *The Baburnama*, S. 41 [fol. 7].

[121] In englischer Übersetzung: „May no one be so distraught and devastated by love as I; May no beloved be so pitiless and careless as you." Thackston, *The Baburnama*, S. 112 [fol. 75b].

[122] In englischer Übersetzung: „When I fell in love I became mad and crazed. I knew not this to be part of loving beauties." Thackston, *The Baburnama*, S. 113 [fol. 76]. Den Dichterruhm Majnuns wollte Babur durch diese Parallelsetzung sicherlich ebenfalls für sich einwerben.

[123] Vgl. Thackston, *The Baburnama*, S. 113 [fol. 76].

[124] Vgl. Thackston, *The Baburnama*, S. 112f. [fol. 76].

ten Majnuns entspricht Baburs Unfähigkeit, mit Baburi Konversation zu betreiben.[125]

Eine weitere Gemeinsamkeit mit Nizamis literarischer Figur ist der Verweis auf die mystische Liebe durch den gleichzeitigen Ausschluss irdischer Erfüllung der Liebe: Majnun flieht immer wieder aus dem Angesicht Laylis, will nicht ihre körperliche Nähe, sondern eine geistige, mystische Vereinigung mit ihr erreichen.[126] Bei Babur manifestiert sich der Ausschluss irdischer, körperlicher Erfüllung der Liebe in seiner realen Abneigung, seine frisch angetraute Ehefrau häufiger als von der Mutter erzwungen zu besuchen. Stattdessen berichtet er von seiner Liebe zum Basarjungen Baburi, einer Liebe ohne irdische Erfüllung, deren sozialer Unterschied den von Majnun und Layli noch übertrifft.

Eine weitere Parallele zwischen Babur und Majnun ist ihre Anlage als Typ des Entrückten, der isoliert von der Gemeinschaft steht. Bei Babur drückt sich dies in der Gleichgültigkeit gegenüber seinen Freunden, dem Sinnbild für Gemeinschaft, aus.[127]

Mangelnde Kleidung, ausbleibende Konversation und Isolation aus der Gemeinschaft sind bei beiden, Majnun und Babur, als Teil einer asketischen Einstellung zu sehen, die der eines Sufis nahekommt.[128] Beide folgen der Idee der mystischen Liebe. Babur stellt sich in seiner Autobiographie als Verfolger des Sufipfades dar, der auf diesem Weg gegen die Nafs – die (tadelnde) Seele bzw. das niedere Selbst[129] – kämpft.[130] Die Nafs zeigt sich in körperlichem Begehren, Leidenschaft und Gier. Der Asket versucht, die Seele zu disziplinieren und auf alles zu verzichten, das ihn von Gott fernhält.[131] Auf diese Weise kennzeichnet sich Babur als mystisch Liebenden, also als Sufi, der die Entwerdung bzw. die Einswerdung mit dem Göttlichen zu erreichen versucht.

Neben dieser Selbsverortung wurde auch die Selbstdarstellung als Poeta Doctus, der routiniert literarische Muster in eigene Texte einwebt, mit dieser Textstelle angestrebt.

Ob Babur hier seine Liebe zu Baburi ausdrücken oder diese Liebe lediglich im mystischen Sinne verstanden haben wollte, ist damit nicht entschieden – und

---

[125] Vgl. Thackston, *The Baburnama*, S. 112 [fol. 75b].

[126] Zu den (mystischen) Merkmalen der Liebe zwischen Majnun und Layli vgl. Seyed-Gohrab, *Laylī and Majnūn*, S. 213-269.

[127] Vgl. Thackston, *The Baburnama*, S. 113 [fol. 76b].

[128] Vgl. Seyed-Gohrab, *Laylī and Majnūn*, S. 89-113.

[129] Während Nafs in der frühen arabischen Dichtung noch das Selbst bzw. die Person bezeichnet hatte, ergänzt der *Koran* die Bedeutung ‚Seele'; unter anderem als ‚Seele, die zum Übel aneifert' (Sure 12,53). Für die Sufis besteht das Vorwärtsschreiten auf dem Sufipfad aus einem stetigen Kampf gegen die Nafs. Vgl. Schimmel, *Mystische Dimensionen des Islam*, S. 166; vgl. Calverley, *[Art.] Nafs*, S. 882f.

[130] Im *Baburnama* wird Baburs Dschihad gegen die Nafs explizit in der ersten Proklamation von Shaykh Zayn beschrieben, in dem Babur seine Abstinenz vom Weintrinken bekannt gibt. Vgl. Thackston, *The Baburnama*, S. 375 [fol. 313b].

[131] Vgl. Seyed-Gohrab, *Laylī and Majnūn*, S. 91.

muss es auch nicht sein: Zum einen ist die zweifache Lesbarkeit ein Wesensmerkmal der Textsorte der Autobiographie, die sowohl als historisches Zeugnis als auch als literarisches Kunstwerk gelesen werden kann.[132] Beide Lesarten, die unterschiedliche Ansprüche auf Wirklichkeitsreferentialität erheben, sind demnach möglich. Zum anderen gilt die kulturelle Ambiguität als Merkmal des islamischen Kulturraums der damaligen Zeit.[133] Die mannmännliche Liebe war nicht ungewöhnlich: Bei der Einteilung der Sexualpartner im islamisch geprägten Kulturraum der damaligen Zeit spielte das biologische Geschlecht eine weniger große Rolle als das Dominanzgefälle zwischen aktiv-penetrierendem und passiv-penetriertem Partner.[134] Zudem war es in der islamischen Pflichtenlehre zwar eine Sünde, gleichgeschlechtlichen Verkehr mit anderen Männern zu haben, jedoch nicht, sich in andere Männer zu verlieben.[135] Der literarische Diskurs, speziell in der persischen Liebeslyrik, war ohnehin geprägt von zahlreichen Schilderungen homoerotischer Liebe. Beliebtes Ziel der Schilderungen waren Knaben oder junge Männer, denen ein erster Bartflaum wuchs.[136]

Die Liebe, die Babur zu dem Basarjungen ausdrückt, mochte also sowohl einen realen Hintergrund gehabt haben, als auch als Beitrag zum literarischen Diskurs gelten. Das Verschwimmen der Grenzen zwischen Fakten und Fiktionen wird an dieser Textstelle besonders deutlich. Babur selbst kommentiert diese Selbstbeschreibung nicht weiter. In anderen Textabschnitten, in denen er gleichgeschlechtliche Liebe thematisiert, wird jedoch deutlich, dass er ein Übermaß an sexuellen Ausschweifungen kritisch sieht.[137] Möglicherweise geht es ihm hier eher darum, das Übermaß der Ausschweifungen zu kritisieren als um die mannmännliche Liebe, also auch im Falle der Sexualität um die Fähigkeit zur Mäßigung, die er bereits in der Rolle als asketischer Majnun hervorgehoben hat.

Das Hervorheben dieser Fähigkeit steht vielleicht im Zusammenhang mit der Idee des Sufipfades, den Babur während seines Lebens verfolgen wollte. Dieser

---

132 Vgl. Wagner-Egelhaaf, *Autobiographie*, S. 1.

133 Vgl. dazu die umfassenden Ausführungen in der Monographie Bauers, *Die Kultur der Ambiguität*. Scharf weist auf die Verwendung der „phantastischen Argumentation" bei Hafiz hin, der häufig gleichzeitig auf der wörtlichen und auf der übertragenen Ebene argumentiert habe. Vgl. Scharf, *Nachwort*, S. 204.

134 Das führt Bauer (unter Bezugnahme auf Tertilt, *Ibne*, S. 128) für das 3./9. und 4./10. Jahrhundert der arabischen Vormoderne näher aus. Vgl. Bauer, *Liebe und Liebesdichtung in der arabischen Welt des 9. und 10. Jahrhunderts*, S. 167. Da die arabische Kultur stark auf die persische und diese wiederum auf die türkische Kultur gewirkt hat, ist eine ähnliche Situation für den Kulturraum von Babur anzunehmen.

135 Vgl. Bauer, *Die Kultur der Ambiguität*, S. 286f.

136 Diese Liebesschilderungen konnten sowohl weltlich als auch geistlich gemeint sein und ebenso beide Lesarten gleichzeitig beanspruchen. Vgl. Schimmel, *Mystische Dimensionen des Islam*, S. 412-415. Spätere Versuche, die Gedichte zu „heteroerotisieren" und ihre Ambiguität zu beseitigen, sind als gescheitert anzusehen. Vgl. Bauer, *Die Kultur der Ambiguität*, S. 286.

137 Vgl. Thackston, *The Baburnama*, S. 60 [fol. 25bf.].

Pfad umfasst verschiedene Stufen, auf denen der Gläubige Fähigkeiten entwickeln soll, die ihn schließlich dem Ziel, der Einswerdung mit dem Göttlichen, näherbringen. Der Sufipfad ist der Lebenserzählung Baburs unterlegt – zumindest sind Anspielungen darauf sichtbar. Auf der ersten Stufe des Pfades gilt es, sich von seinen Sünden und allem Weltlichen abzuwenden.[138] Im Zusammenhang mit dieser Forderung stehen Baburs Bemühungen um asketische Übung und Mäßigung, so wie sie oben bereits erläutert wurden. Darüber hinaus sind noch weitere Textstellen in diesen Kontext einzuordnen: In einer Art Bekehrungserlebnis bereut Babur, obszöne Dichtung verfasst zu haben, die kein frommer Mensch dichten solle, und distanziert sich von ihr. Diese Einsicht kommt ihm, als er den *Mubayyan*, ein Werk zum islamischen Recht, verfasst: ‚Zunge und Gehirn‘ seien nicht zum Verfassen obszöner Dichtung geschaffen, und deswegen bereue er sein Werk. Eine Krankheit, die ihn in dieser Zeit ereilt, führt er ursächlich auf seine sündhaften Verse zurück.[139] Nachdem er seine Reue formuliert hat, wird er auch wirklich wieder gesund.[140] Seinem teils exzessiven Alkoholkonsum schwört er ebenfalls ab, auch wenn es ihm große Schwierigkeiten bereitet, wie er später äußert.[141] Während die Einnahme bewusstseinsverändernder Drogen, wie etwa Maʿjūn, für Babur keinen inneren Konflikt nach sich zieht,[142] ist das Alkoholtrinken für ihn an vielen Stellen seiner Autobiographie mit einem Bewusstsein von Schuld verbunden.[143] Während der Vorbereitungen auf den ‚Heiligen Krieg‘ spricht Babur schließlich davon, dass der Gedanke, mit dem Alkoholkonsum aufzuhören, ihn

---

138 Über die Abfolge der Stufen des Sufipfades oder die Zustände während der Zeit auf dem Pfad existieren unterschiedliche Angaben. Die Hauptschritte seien aber immer Reue, Gottvertrauen und Armut. Diese Schritte führten dann zu Zufriedenheit, zu den verschiedenen Graden der Liebe oder zur Erkenntnis. Vgl. Schimmel, *Mystische Dimensionen des Islam*, S. 151.

139 Vgl. Thackston, *The Baburnama*, S. 313 [fol. 253]. Dale vermutet, dass erst die Krankheit Babur zur Verkündung seiner Bekehrung veranlasst habe, er aber diese Verkündung nachträglich früher in den Text eingefügt habe. Vgl. Dale, *The Garden of the Eight Paradises*, S. 439.

140 Nach der Rezitation einiger *Koran*-Zeilen und dem Anflehen Gottes um Vergebung, schwört er, nicht mehr in dieser Art zu dichten und sieht seine Einsicht als gottgesandt an. Vgl. Thackston, *The Baburnama*, S. 313 [fol. 253].

141 In einem späten Brief an Khwaja Kalan schreibt er, wie schwer ihm Abstinenz gefallen sei („I was on the verge of weeping", [fol. 360b]), dass aber sein Wille sehr groß sei, im ‚Tal der Beherrschung‘ Erfolg zu haben. Vgl. Thackston, *The Baburnama*, S. 423-425 [fol. 359-361].

142 Für Babur spielte die Droge in der Zeit eine Rolle, in der er sich in seiner Selbstdarstellung der Identität eines Qalandars annäherte. Zu Maʿjūn und den Qalandariyyah vgl. Green, *The religious and cultural roles of dreams and visions in Islam*, S. 312.

143 Vgl. Thackston, *The Baburnama*, S. 235 [fol. 189-189b]. Nachdem Babur während der Phase seines Heranwachsens keinen Alkohol konsumierte und auch den Aufforderungen seines Vaters dazu widerstand, weil er nicht sündigen wollte, beginnt er später umso heftiger dem Wein zuzusprechen. Seinen 40. Geburtstag bestimmt er dann selbst zum Stichtag, an dem er mit dem Alkoholtrinken aufhören möchte. Aus Angst vor diesem Zeitpunkt betrinkt er sich jedoch vorher bis zum Exzess. Vgl. Thackston, *The Baburnama*, S. 305 [fol. 249b].

schon lange beschäftige und dass sein Herz von der unlauteren Tätigkeit des Trinkens schon lange belastet sei.[144] Mit dem Zerbrechen der Trinkgefäße geht ein Schwur Baburs einher, das Trinken einstellen zu wollen. Das fällt ihm zunächst sehr schwer und er beschreibt ein Verlangen danach, das nur langsam schwächer wird. Als unterstützende Maßnahme sucht er spirituelle Hilfe beim verstorbenen Sufi Khwaja Ubaydullah Ahrar, indem er dessen Werk *Walidiyya* versifiziert, um dem Khwaja einen Dienst zu erweisen.[145] Nach dieser Arbeit, so schreibt Babur in einem Brief an Khwaja Kalan, sei das Verlangen schließlich verebbt.[146] Babur sieht seinen Dienst am Sufischeich also dadurch belohnt, dass er nun nicht mehr ein so schmerzhaftes Verlangen nach Alkohol verspürt wie zuvor. Baburs Abwenden von obszöner Dichtung und vom Alkoholkonsum und seine Reue können als erster Schritt auf dem Sufipfad gesehen werden.

Die beiden anderen Hauptschritte, das Gottvertrauen und die Armut, spiegeln sich möglicherweise in der Phase der Qazaqlıq wider, die Babur und seine Gefolgsleute durchleben. Babur beschreibt sie als eine Periode der absoluten Armut, der zeitweisen Niedergeschlagenheit und Machtlosigkeit. Neben ihrer Bedeutung für das geistliche Streben diente diese Phase in weltlicher Sicht wohl auch dazu, die gegenseitige Loyalität zwischen Herrscher und Gefolge zu erproben. In aussichtslosen Situationen während dieser Phase wird auf das Gottvertrauen verwiesen, auf das man zählen müsse.[147]

Einige Anfechtungen, von denen Babur in seiner Autobiographie berichtet, sind also möglicherweise als Elemente des sinngebenden (Erzähl-)Musters des Sufipfades zu sehen. Ihnen wird durch diese Perspektive eine höhere Bedeutung zugeschrieben. Als Bestandteile des Musters dienen sie Babur dazu, sich auf diesem Pfad weiter in Richtung Einswerdung mit dem Göttlichen zu bewegen.

Anfechtungen äußerer Art konnten Babur durch Zufälle aufwarten.[148] Ein Schicksalsschlag wie der plötzliche Unfall seines Vaters kann als solcher gelten. Babur nennt solche Zufälle „ğarib" (fremd), behandelt sie aber nicht als pures Zufallsgeschehen, sondern deutet sie als Zeichen: Der plötzliche Tod seines Vaters wird durch den Ruhm, den Babur am Ende der Hindustaneroberung erlangt hat, zu einem sinnhaften Omen und wurde daher wohl von Babur als Startpunkt für seine Lebenserzählung ausgewählt.[149]

Im *Baburnama* sind einige Erwähnungen von solch fremdartigem Geschehen zu finden. Babur übt sich in der Sinngebung für diese Zufälle, indem er über ähnliche Wörter, Namen, Nummern und Daten im Zusammenhang des Geschehens sin-

---

144 Vgl. Thackston, *The Baburnama*, S. 373 [fol. 312].
145 Vgl. Thackston, *The Baburnama*, S. 410 [fol. 346].
146 Vgl. Thackston, *The Baburnama*, S. 423-425 [fol. 359-361].
147 Vgl. Thackston, *The Baburnama*, S. 240-242 [fol. 193-195]. Außerdem ist die Qazaqlıq, wie bereits erwähnt, als identitätsstiftendes Merkmal der Timuridendynastie anzusehen.
148 Nicht alle Zufälle, die Babur erwähnt, sind jedoch notwendigerweise Anfechtungen.
149 Vgl. Moin, *The Millennial Sovereign*, S. 60.

niert.[150] Um die Zufälle bzw. die Anfechtungen, die sie manchmal nach sich zogen, zu bewältigen, war es für einen Herrscher wie Babur notwendig, sich zu den Experten für die „sciences of strangeness"[151] zu positionieren: Die Fähigkeiten dieser Weisen, Philosophen, Astrologen, Mediziner und Traumdeuter konnten politisch relevant werden und daher galt es für die Herrscher, sie möglichst für sich zu nutzen. So gab es Leute, auch im Dienst Baburs, die den Yadači benutzten, um das Wetter zu beeinflussen.[152] Diese Fähigkeit konnte bei der Kriegsführung sehr nützlich sein, um auf Gegner mit Sturm oder starkem Regen einzuwirken.[153] Nicht immer gelingt es Babur, die Experten in seinem Sinn zu beeinflussen. Vor dem geplanten Feldzug gegen die Hindus etwa deutet ein Astrologe die Sternenkonstellation als für einen Krieg ungünstig und verunsichert damit Baburs Gefolgsleute. Dass Babur daraufhin islamische Rituale ausführt, um ein Loyalitätsgefühl zu erzeugen, lässt sich als Gegenreaktion auf die Prophezeiung des Astrologen interpretieren.[154]

Babur begegnet im Verlauf seines Lebens zahlreichen Anfechtungen und Gefährdungen, die ihm Fähigkeiten innerer Tugend wie äußeren Reagierens abverlangen. Auf seine Lebensbeschreibung bezogen kann von einer Entwicklung oder einem Reifeprozess gesprochen werden. Dieser Reifeprozess wird bisweilen thematisch in die Nähe des Strebens auf dem Sufipfad gebracht.

Ein anderes literarisches Muster, mit dem der Reifeprozess verarbeitet wird, ist die Darstellung der Gärten im *Baburnama*, die den Zustand des Protagonisten widerspiegeln. Auf diesen Zusammenhang verweist die Äußerung eines der Gefolgsmänner Baburs, der den Herrscher mit einem Garten vergleicht.[155] Liest man Baburs Beschreibungen der Gärten im *Baburnama* vor dem Hintergrund von Nizamis *Haft Paykar*, zeigen sich Parallelen zwischen den beiden Werken,

---

[150] Vgl. die Aufzählung und Wiedergabe der Textstellen bei Moin, *The Millennial Sovereign*, S. 61. Dieses Suchen nach Ähnlichkeiten und Analogien ist auch vor dem literarischen Hintergrund verständlich, in dem es zu einer Blüte von Textsorten wie Rätseln und Chronogrammen kommt, für die diese Geistesbewegung typisch ist. Vgl. Moin, *The Millennial Sovereign*, S. 61.

[151] Moin, *The Millennial Sovereign*, S. 62.

[152] In der deutschen Übertragung von Stammler wird Yadači mit „Bezoar-Zauber" übersetzt, den Steppenvölker für das Beschwören des Wetters einsetzten. Stammler, *Das Baburnama*, S. 861. In der englischen Übersetzung überträgt Thackston das Wort mit „rain stone". Thackston, *The Baburnama*, S. 428 [fol. 363b].

[153] Vgl. Moin, *The Millennial Sovereign*, S. 65.

[154] Vgl. Moin, *The Millennial Sovereign*, S. 67. Die Ausschließlichkeit, mit der Moin diese Lesart verfolgt, läuft jedoch den Selbstaussagen Baburs im Text entgegen, und so können die islamischen Rituale auch als Ausdruck seiner Gläubigkeit gelesen werden.

[155] Darauf weist Asher hin, die sich auf die Äußerungen des Gefolgsmannes Zain Khan Khwafi im *Tabaqat-i Baburi* (S. 7) bezieht. Vgl. Asher, *The Beginnings of Mughal Architecture*, S. 20. Babur selbst erwähnt besagten Gefolgsmann jedoch nicht im *Baburnama*.

etwa konkret auf der bildhaften Ebene: bei der Ausstattung der Gärten und bei der Ausgestaltung der Feiern.[156]

Auf interpretatorischer Ebene lässt sich ebenfalls eine parallele Entwicklung feststellen. Die Reise des Protagonisten durch die Gärten im *Haft Paykar* stellt symbolisch das Lernen von Herrschaft dar. Die Gärten spiegeln dabei jeweils den Zustand des Helden wider.[157] Im *Baburnama* sind die Beschreibungen der Gärten entsprechend angeordnet: Nach der ersten Eroberung von Samarkand schildert Babur einen Garten dort, dessen einziger Mangel das Fehlen eines großen Flusses darstellt, der für fließendes Wasser gesorgt hätte.[158] Da Wasser im *Baburnama* stets als wirtschaftliche Ressource angesehen wird, kann dieser Mangel auf die Situation Baburs zu dieser Zeit bezogen werden: Auch er verfügte noch nicht über ausreichend Ressourcen, um sein Gefolge wirtschaftlich zu versorgen und dadurch an sich zu binden.

Nach der Eroberung Kabuls lässt Babur einen Garten anlegen, dessen Beschreibung Harmonie und Zufriedenheit widerspiegelt.[159] In der Folge häufen sich die Majālis, die in Gärten ausgerichtet werden, und auf denen es zu ausschweifendem Alkoholgenuss kommt.[160] Der dringende Bedarf an Ressourcen, der sich noch in der Beschreibung des ersten Gartens widerspiegelt, wird durch die Darstellung rauschhafter Ausschweifungen im Kabuler Garten ersetzt.

Ein zentrales Motiv des *Haft Paykar* ist der Konflikt zwischen der animalischen und der spirituellen Natur des Menschen, der nur durch die Tugend der Genügsamkeit aufgelöst werden kann.[161] Der Konflikt entsteht in Nizamis Werk zwischen der sexuellen Begierde und der sexuellen Frustration. Im *Baburnama* ist die Tugend der Mäßigung oder Genügsamkeit diejenige, die Babur propagiert und derer er sich rühmt. Mit ihrer Hilfe löst er eine Reihe an Konflikten: In der Rolle Majnuns kämpft er gegen die Versuchungen der Nafs, er versagt sich das Dichten weiterer anstößiger Verse und bändigt sich bei Versuchungen des Alkohols. Letzterer gehörte insbesondere auf zahlreichen Majālis der Kabuler Zeit zu Baburs Leidenschaften. Nach Baburs offiziell verkündeter Entsagung[162] findet sich

---

156 Auf die Parallele zwischen *Baburnama* und *Haft Paykar* wurde bereits im Kapitel 5.3.2 hingewiesen. Zur Ausstattung der Gärten, durch die der Herrscher im *Haft Paykar* spaziert, gehören Blumen, Früchte, Bäume. Auf den nächtlichen Feiern werden Speisen und Wein gereicht, zur Unterhaltung Musik und Tanz dargeboten. Nizami, *Die sieben Geschichten der sieben Prinzessinnen*, S. 32-42. Vgl. die Analyse bei Meisami, *Allegorical Gardens in the Persian Poetic Tradition: Nezami, Rumi, Hafez*, S. 233.

157 Vgl. Meisami, *Allegorical Gardens in the Persian Poetic Tradition: Nezami, Rumi, Hafez*, S. 238f.

158 Vgl. *The Baburnama*, S. 86 [fol. 47b].

159 Vgl. *The Baburnama*, S. 173f. [fol. 132].

160 Vgl. *The Baburnama*, S. 287 [fol. 233b] u. ö., nach einer Weile der Entsagung wieder S. 290 [fol. 237], S. 300 [fol. 246], S. 301 [fol. 246b-247].

161 Vgl. Meisami, *Allegorical Gardens in the Persian Poetic Tradition: Nezami, Rumi, Hafez*, S. 234.

162 Vgl. Thackston, *The Baburnama*, S. 373-376. [fol. 312-314].

schließlich noch die Beschreibung eines Aufenthaltes Baburs in einem Garten, den er mit religiösen Handlungen verbringt.[163]

Wie der Held im *Haft Paykar* hat auch Babur auf seiner Reise durch die Gärten am Ende Einklang mit dem göttlichen Gesetz gefunden und hat das Herrschen erlernt. Auf der literarischen wie wörtlichen Ebene gilt: „The manipulation of natural untamed landscape into a rational, ordered creation was for Babur a metaphor for his ability to govern."[164] Der Grad, mit dem Babur die Tugend der Mäßigung und der Genügsamkeit ausübte, entspricht in seiner Selbstbeschreibung dem Grad seiner Fähigkeit zu herrschen.

Baburs Kampf gegen innere und äußere Anfechtungen spiegelt sich in der Beschreibung seines Reifeprozesses, den er auch als Sufipfad darstellt. Der Reifeprozess zeigt sich gleichzeitig als Lernprozess der Herrschaft, der schließlich zum Einklang mit dem göttlichen Gesetz (in Vorausdeutung der mystischen Vereinigung mit dem Göttlichen) führt. Als zentrale Eigenschaft auf dieser Reise wird die Tugend der Genügsamkeit hervorgehoben, die damit auch als Herrschertugend gekennzeichnet wird.

6.2.2.3 ‚Heiliger Krieg‘[165]

Babur beschreibt in seiner Autobiographie seinen Kampf gegen innere und äußere Anfechtungen. Der vom sufischen Glauben beeinflusste Herrscher befreit sich durch die Tugend der Mäßigung von seinen Lastern des unangemessenen Dichtens und des Alkoholtrinkens. Ein derartiger innerer Kampf gegen die Nafs wird im *Baburnama*[166] und auch bei den Sufis allgemein als größerer Dschihad bezeichnet.[167] Der entsprechend kleinere Dschihad stellt der Kampf gegen Andersgläubige dar. Babur führt einen solchen Kampf gegen die Hindus.

In zeitlicher Nähe zum Kampf gegen die Hindus findet Baburs innere Selbstbefreiung, seine Abkehr vom Alkohol statt, und zwar in einem Akt, den man durchaus als Inszenierung bezeichnen kann, mit der er bei seinem Publikum

---

[163] Vgl. Thackston, *The Baburnama*, S. 392 [fol. 330].

[164] Asher, *The Beginnings of Mughal Architecture*, S. 20.

[165] Den Begriff Dschihad verwendet Babur selbst nicht für seinen Krieg gegen die Hindus. Er findet sich aber in einer persischsprachigen Proklamation seines Gefolgsmanns Shaykh Zayn als Bezeichnung für diesen Kampf im *Baburnama*. Vgl. Mano, *Baburnama*, S. 517 [fol. 322b]. Babur rechtfertigt den Krieg mit religiösen Argumenten und verwendet im Kontext seiner Beschreibung Vokabeln, die in der islamischen Expansionsgeschichte konventionalisiert wurden. Aus diesem Grund rechtfertigt sich die Kapitelbezeichnung ‚Heiliger Krieg‘, wenn auch die einfachen Anführungsstriche andeuten sollen, dass Zweifel an der ‚Heiligkeit‘ dieses Krieges berechtigt sind, die im Verlauf des Kapitels diskutiert werden. Auf die allgemeine Schwierigkeit bei der Kapitelbenennung ‚Heilige Kriege‘ wurde bereits in Kapitel 6.2.1.3 verwiesen.

[166] „I commanded an initiation of this holy war, which is the greatest endeavour, that is, opposition of the carnal soul." Thackston, *The Baburnama*, S. 375 [fol. 313b].

[167] Vgl. Schimmel, *Mystische Dimensionen des Islam*, S. 166.

Wirkung erzielen möchte: Inmitten der Kampfvorbereitungen gegen die Hindus schwört Babur dem Alkohol ab und lässt den Wein ausgießen oder in Essig verwandeln. Goldene und silberne Trinkgefäße befiehlt er zu zerbrechen und sie unter Armen und Bedürftigen zu verteilen. Dort, wo der Wein ausgeschüttet werde, solle ein Brunnen gebaut und später dann eine gemeinnützige Einrichtung errichtet werden, kündigt er an. Außerdem wird ein gemeinsamer Schwur unter Babur und seinem Gefolge geleistet, dass nicht eher die Bärte zu stutzen seien, bis der Krieg siegreich entschieden werde.[168] Zudem erwähnt Babur seinen Plan, nach einem Sieg gegen den Rajputenanführer Rana Sanga die Moslems von den Steuerzahlungen der Tamġa zu befreien.[169] Die Anordnung hierzu, die mit zahlreichen *Koran*-Zitaten versehen ist, fügt er in seine Prosa ein.[170]

Im *Baburnama* finden sich zahlreiche Schilderungen gewalttätiger Auseinandersetzungen, von denen nicht alle von Babur gerechtfertigt werden. Bei Kriegen, die auf Glaubensunterschieden basieren, führt Babur diesen Unterschied allerdings als Kriegsgrund an.[171] Betrachtet man den Krieg, den Babur gegen die Hindus führt, und im Dienst der Ausbreitung des Islams führen will, so ist rein von der taktisch-militärischen Warte aus gesehen wohl zu urteilen, dass Babur nicht viel mehr Handlungsoptionen besaß, als sich für diesen Krieg zu entscheiden. Er hatte die ihm überlegenen Usbeken im Rücken und war mit Kabul nur in Besitz eines ziemlich armen Landes, das nicht ausreichend Ressourcen für die Versorgung aller seiner Gefolgsleute hergab. Neben dem Kriegsgrund des Glaubensunterschiedes, den er in seiner Selbstdarstellung betont, erwähnt er an einer weniger prominenten Stelle noch, dass er einen Feldzug nach Hindustan schon lange in Betracht gezogen habe: Die Gebiete von Bhera, Khushab, Chenab und Chiniot seien schließlich schon immer von Turkvölkern regiert worden und könnten daher als sein Besitz betrachtet werden.[172]

Diese weltlichen Kriegsgründe mussten nicht ausschließlich gegolten haben, und dem Glaubensargument dürfte ebenfalls Bedeutung zukommen. Dass der Kampf gegen Andersgläubige geführt wurde, kam Babur mit Sicherheit entgegen, um den Zusammenhalt seiner ansonsten zur Illoyalität neigenden Gefolgsleute –

---

[168] Dieser Schwur stellt ein Ritual dar, das sich im Zusammenhang mit ‚Heiligen Kriegen‘ herausgebildet hat. Vgl. Thackston, *The Baburnama*, S. 373, Anm. 119.

[169] Die Abschaffung der Tamġa durch Babur ist so zu verstehen, dass er sich die Unterstützung der religiösen Instanzen verschaffen wollte. Vgl. Paul, *Die politische und soziale Bedeutung der Naqšbandiyya in Mittelasien im 15. Jahrhundert*, S. 221ff.

[170] Vgl. Thackston, *The Baburnama*, S. 374-376 [fol. 312b-314b].

[171] Eine große Schlacht gegen die Bajauris mit 3000 Toten und der Gefangennahme von Frauen und Kindern begründet Babur damit, dass es sich hier um ‚Ungläubige‘ (Kāfirlar) gehandelt habe, die heidnische Bräuche ausgeübt und die Religion des Islam verloren hätten. Vgl. Thackston, *The Baburnama*, S. 270f. [fol. 218]. In seiner Beschreibung Hindustans greift Babur auf seine spätere Eroberung der nichtmuslimischen Gebiete vor und gibt als Ausblick, dass er diese ‚in den Schoß des Islam bringen‘ und die ‚Ungläubigen‘ töten werde. Vgl. Thackston, *The Baburnama*, S. 331 [fol. 272].

[172] Vgl. Thackston, *The Baburnama*, S. 276 [fol. 223b].

noch dazu in Anbetracht einer negativen Vorhersage eines Astrologen[173] – mit Hilfe des Glaubensarguments zu stärken. Im Beschwören ihres gemeinsamen islamischen Glaubens, der sie von den Hindus unterschied, sollten die Einzelinteressen, die die Gefolgsleute häufig verfolgten, in den Hintergrund treten und eine gruppenkohäsive Wirkung erzeugt werden.[174] Babur folgt bei seinem Kriegszug gegen die Hindus einer Art Choreographie, bei der islamische Rituale durchgeführt werden, um die Loyalität seiner Truppen zu stärken. Diese Choreographie aus Ritualen bildet einen Rahmen, der seinem Gefolge Rechtmäßigkeit und Sinnhaftigkeit des Krieges anzeigt. Babur ermutigt seine Gefolgsleute in einer teils in Versform gehaltenen Ansprache zum Kampf. Wie für sich selbst, sieht er auch für seine Kämpfer ausschließlich zwei potentielle Rollen im ‚Heiligen Krieg‘ vor: „Tengri taʿalā bu nawʿ saʿādatnı bizgä naṣib qılıptur va mundaq dawlatnı bizgä qarib äyläp-tur: ölgän, šahid; öltürgän, ğāzī.“[175] Mit dieser Auswahlvorgabe will er die Alternativlosigkeit dieses Krieges betonen. Babur kann beim Aufrufen religiöser Argumente in seiner Ansprache auf eine Tradition des ‚Heiligen Krieges‘ zurückgreifen, in die er sich stellt: Er vergleicht etwa seine Krieger mit den heiligen Kriegern in Anatolien[176] und greift bei seiner Wortwahl auf Begriffe wie Ğāzī (Glaubenskrieger) und Dāruʾl-ḥarb (Gebiet des Krieges) zurück, die während der islamischen Expansionsgeschichte konventionalisiert wurden.[177] Nach seiner Ansprache zeigt sich Babur zufrieden mit seiner Inszenierung und gibt zu erkennen, dass er die islamischen Rituale auch mit strategischen Hintergedanken durchgeführt hat:

> Beg u nökär uluğ – kičik barča rağbat bilä muṣḥafnı eliggä alıp ošbu maḍmūn bilä ʿahd u šarṭ qıldılar. Ṭawr tadbīrî edi. Yavuqtın dost u dušman körgäli ešitkäli yaxšı boldı.[178]

---

[173] Vgl. Kapitel 6.2.2.2.

[174] In der Anordnung, in der die Befreiung von der Tamğa-Steuer bekannt gegeben wird, wird auch erwähnt, dass bereits einige der Gefolgsleute Baburs Beispiel gefolgt seien und ebenfalls ihre Alkoholabstinenz verkündet haben. Babur kommentiert: „People follow their kings' religion." Thackston, *The Baburnama*, S. 375f. [fol. 313b].

[175] In englischer Übersetzung: „God has allotted us the happiness and has given us the good fortune that those who die are martyrs and those who kill are holy warriors." Thackston, *The Baburnama*, S. 377 [fol. 314b]. Babur macht deutlich, dass die Rolle des Glaubenskriegers zu bevorzugen sei. Vgl. Thackston, *The Baburnama*, S. 387 [fol. 324b-325].

[176] Vgl. Thackston, *The Baburnama*, S. 382 [fol. 319]. Gemeint sind wohl die Auseinandersetzungen zwischen türkischen Kriegern und Byzanz um die Gebiete Anatoliens bis Mitte des 15. Jahrhunderts.

[177] Ğāzī durfte sich ein Herrscher nennen, der auf nichtmuslimischem Gebiet Raubzüge unternahm. Nach dem Sieg gegen die Hindus fügte Babur seinem Siegel den Titel „Ğāzī" hinzu. Thackston, *The Baburnama*, S. 387 [fol. 324b]. In der Beschreibung Hindustans, die Babur im *Baburnama* bereits bei seiner Überschreitung des Indus gibt, nimmt er seine spätere Eroberung nichtislamischen Gebiets (Dāruʾl-ḥarb) erzählerisch vorweg. Vgl. Thackston, *The Baburnama*, S. 331 [fol. 272].

[178] In englischer Übersetzung: „Beg and liege man, great and small alike, all willingly took Korans in their hands and swore oaths to this effect. It was a really good plan, and it had

Nach dem Sieg gegen die Hindus dichtet Babur folgende Verse: „Islām üčün āvāra-i yazı boldum / kuffār u hunūd[179] ḥarbsāzı boldum. // Jazm äyläp edim özni šahīd olmaqqa / al-minnatu lillāhi ki ġāzī boldum."[180] Auch hier werden nur die zwei Rollen, die Babur als mögliche vorgibt, erwähnt: die des Märtyrers (Šahīd) und die des Ġāzīs, des ‚Heiligen Kriegers'. Das lyrische Ich nimmt die Rolle des Ġāzīs ein und zwar dank der Hilfe der göttlichen Instanz, dem damit die Verantwortung am Ausgang des Krieges zugeordnet wird.

Babur evoziert mehrere traditionelle Muster und historische Vergleiche vor und nach dem Krieg und möchte damit seinen Gefolgsleuten wohl vor Augen führen, welche Menge an Ruhm man in dieser Art von Krieg erringen kann und welchen Vorbildern sie folgen sollen. Auch dies diente der Verbesserung des Truppenzusammenhalts.

Zu dem literarischen Stilmittel des Aufrufens bekannter Muster und historischer Vergleiche tritt noch ein weiterer rhetorischer Griff: Der Großteil der Beschreibung des ‚Heiligen Krieges' ist nicht in der schmucklosen (tschagataischen) Prosasprache der übrigen Autobiographie verfasst, sondern in kunstvoll literarischem Persisch. In den Fließtext eingefügt ist ein Fatḥnāma, eine Proklamation, die Shaykh Zayn anlässlich des Sieges von Babur verfasst hat.[181] Durch seine bildliche Sprache, die zahlreichen *Koran*-Zitate, die religiösen Vergleiche und die unter anderem aus dem *Shahnama* entnommenen Verse hebt sich dieses Textstück stilistisch vom Prosatext ab.[182] Den Grund dafür, dass er eine eigene Beschreibung des Krieges durch die Proklamation Shaykh Zayns ersetzt, benennt Babur wie folgt:

Čun bu fatḥnāma dīn-i islām čeriginiŋ kayfiyyatı va kuffār xaylınıŋ kamiyyatı va[183] ṣufūf u yasalnıŋ turušları va ahl-i islām va ahl-i kufrnıŋ urušları mušaxxaṣ u maʿlūm bolur, ol jihattın be-ziyāda u nuqṣān ošol fatḥnāma, kim Šayx Zayn inšā qılıp edi, ṣabt boldı.[184]

---

favorable propagandastic effect on friend and foe." Thackston, *The Baburnama*, S. 377 [fol. 315].

[179] Dieses Wort wurde von Thackston in seiner Ausgabe auf Basis der persischen Übersetzung korrigiert.

[180] In englischer Übersetzung: „For the sake of Islam / I became a wanderer; I battled infidels and Hindus. / I determined to become a martyr. Thank God I became a holy warrior." Thackston, *The Baburnama*, S. 387 [fol. 324b-325].

[181] Zur Textsorte des Fatḥnāma vgl. Bosworth, *[Art.] Fatḥnāma*, S. 422f.

[182] Vgl. Thackston, *The Baburnama*, S. 379-387 [fol. 316-324b].

[183] Dieses Wort ist von Thackston in seiner Ausgabe auf Basis der persischen Übersetzung (und der Ausgabe Ilminskys) hinzugefügt worden.

[184] In englischer Übersetzung: „Since the following notice of victory, composed by Shaykh Zayn, describes the Army of Islam and the number of the enemy horde, and how the ranks and arrays encountered each other and how the Muslims and infidels fought, it is reproduced without addition or deletion." Thackston, *The Baburnama*, S. 379 [fol. 316]. Dale betont die Exaktheit der „notice of victory", die das Schlachtgeschehen genauer re-

Es ist jedoch wohl nicht die reine Beschreibung der Grund für das Zitat gewesen, sondern die heroische Atmosphäre, die Shaykh Zayn in seinem Text kreiert, und die Babur für die Beschreibung seines Siegs für angemessen hält. Auf sie spielt Babur in seiner Begründung an. Diese Atmosphäre und die stilistisch kunstvollere literarische Form des Fathnāma sollten die große Bedeutung des Krieges unterstreichen, den Babur gegenüber anderen Kriegen als höherwertig darstellte.

Der Sieg im ‚Heiligen Krieg' wird noch in weiteren literarischen Textsorten für die Nachwelt festgehalten: Zu der Auseinandersetzung werden Chronogramme gedichtet.[185] Aufgrund der Kürze, Prägnanz und ihrer Eigenschaft, Inhalt und Zeitpunkt eines Ereignisses zu speichern, können Chronogramme auch als literarische Erinnerungsmarker bezeichnet werden. Solche zeitlichen Marker zitiert Babur immer wieder im *Baburnama*. Sie verrätseln den Zeitpunkt von besonderen Ereignissen, wie etwa Morden,[186] militärischen Eroberungen,[187] Todesfällen,[188] Geburten[189] oder den Bau eines Bewässerungskanals.[190] Eine besondere Dichte an Chronogrammen ist jedoch nach der Eroberung Indiens durch Babur festzustellen. In ihnen wird besonders die religiöse Komponente der Eroberungen betont, die in Erinnerung bleiben sollte.[191]

Baburs Verhältnis zu den Hindus stellt sich im *Baburnama* durchgängig als nicht besonders positiv dar. Zwar zeigt sich Babur durchaus an ihren religiösen

---

konstruiere als Babur dies bei der Schlacht von Panipat geleistet habe. Vgl. Dale, *The Garden of the Eight Paradises*, S. 349.

[185] Vgl. Thackston, *The Baburnama*, S. 387 [fol. 325]. Es werden mehrere Chronogramme auf dieses Ereignis gedichtet und es tritt gar das seltene Ereignis ein, dass zwei verschiedene Dichter dasselbe Chronogramm finden: „Fath-i padishah-i islam" (in englischer Übersetzung: „The padishah of Islam's victory"). Der Zahlenwert des Chronogramms beträgt 933/1526, das Jahr des Sieges Baburs. Die Seltenheit des zweifachen Dichtens desselben Chronogramms unterstreicht auch die Einmaligkeit des Sieges Baburs im ‚Heiligen Krieg'. Ein Chronogramm funktioniert wie folgt: Ähnlich wie bei lateinischen Inschriften, bei denen einige Großbuchstaben einen Zahlwert darstellen (z. B. C = 100 usw.), besitzen auch die Buchstaben des arabischen Alphabets einen Zahlwert. Die Buchstaben des Chronogramms ergeben die Jahreszahl eines historischen Ereignisses, auf das sich der Satz oder die Inschrift, aus dem das Chronogramm besteht, direkt oder indirekt bezieht. Vgl. Schweikle, *[Art.] Chronogramm*, S. 117.

[186] Vgl. etwa den Mord an Ulughbeg Mirza. Das Chronogramm nennt neben dem Jahr des Mordes auch den Mörder Abbas. Vgl. Thackston, *The Baburnama*, S. 88f. [fol. 50].

[187] Auf die Eroberung Samarkands werden mehrere Chronogramme gedichtet, die das Jahr und den Namen des Eroberers Babur preisgeben. Vgl. Thackston, *The Baburnama*, S. 122 [fol. 86].

[188] Das entsprechende Chronogramm gibt das Todesjahr und den Namen des Gestorbenen an. Vgl. Thackston, *The Baburnama*, S. 134 [fol. 99].

[189] Die Geburt des ersten Sohnes Baburs gibt Anlass für zwei Chronogramme, die das Geburtsjahr verschlüsseln. Vgl. Thackston, *The Baburnama*, S. 266 [fol. 215b].

[190] Vgl. Thackston, *The Baburnama*, S. 179 [fol. 137].

[191] Das doppelte Chronogramm betont den Sieg des Islams („The padishah of Islam's victory.") Thackston, *The Baburnama*, S. 387 [fol. 325], ein weiteres die Eroberung des Herrschaftsgebietes der ‚Ungläubigen', („Conquest of the infidels realm.") Thackston, *The Baburnama*, S. 398 [fol. 335].

Traditionen interessiert: Er besichtigt ihre heiligen Stätten und lässt sich ihre Bräuche erklären.[192] Im Großen und Ganzen jedoch äußert er sich abfällig über sie: Die Hindus besäßen weder Verstand noch eine Taktik im Kampf, seien nicht tapfer[193] und wüssten nicht, wie man den ‚Pfad der Freundschaft' einzuschlagen habe.[194] Realhistorisch wird bei der Einschätzung des Krieges davon ausgegangen, dass Babur gegen das zahlenmäßig größere Heer gewonnen habe, weil er die modernere Waffentechnik besessen und eingesetzt habe. Er selbst inszeniert sich den Hindus gegenüber nicht nur als militärisch, sondern auch als intellektuell überlegen. Im Nachgang zur kriegerischen Auseinandersetzung versuchen die Hindus Babur in Einzelaktionen zu bekämpfen, die Babur als feige bezeichnet: Einmal bringt ihn die Mutter des besiegten Hindu-Anführers Sultan Ibrahim fast mit einem Vergiftungsversuch um,[195] ein anderes Mal dringt ein Inder heimlich in das Lager ein und verübt ein Anschlag auf Baburs Leben.[196] Sie bleiben mit diesen Aktionen jedoch erfolglos.

Am Kulturraum Hindustan schätzt Babur die Gewichts- und Maßeinheiten, daneben die Handwerker und das gute Wetter während der Monsunmonate. Am meisten Gefallen findet er jedoch am Reichtum des Landes: „Liṭāfatî kim Hindustānda bar, uluğ vilāyat tur, va altun va yarmaqı qalın boladur [...]."[197] Ansonsten äußert er sich jedoch negativ über das Land:

> Hindustān kamliṭāfat yer vāqiʿ boluptur. Elidä ḥusn yoq, va ḥusn-i ixtilāṭ u āmeziš u āmaduraft yoq, va ṭabʿ u idrāk yoq, va adab yoq, va karam u muruvvat yoq, va hunarlarıda va išlärıdä siyāq u andām va raja u gūnyā yoq, va yaxšı at yoq, va yaxšı et yoq, va üzüm va qavun va yaxšı mevalär yoq. Yax yoq, va savuq su yoq, va bāzārlarıda yaxšı aš va yaxšı nān yoq, va ḥammām yoq, va madrasa yoq. Šamʿ yoq va mašʿal yoq, šamʿdān yoq.[198]

Die ziemlich einseitige und negative Darstellung von Hindus und dem indischen Kulturraum im *Baburnama* verschleiert Baburs realhistorische Integrations- und Aneignungsbemühungen. Bei seinen Feldzügen in Hindustan kämpfen zahlreiche indische Söldner in seinen Reihen, sodass anzunehmen ist, dass der von Babur dargestellte konfessionelle Konflikt kein ausschlaggebender Faktor für den

---

[192] Vgl. Thackston, *The Baburnama*, S. 285 [fol. 232bf.].

[193] Vgl. Thackston, *The Baburnama*, S. 365 [fol. 303b].

[194] Vgl. Thackston, *The Baburnama*, S. 279 [fol. 227].

[195] Vgl. Thackston, *The Baburnama*, S. 367ff. [fol. 305ff.].

[196] Vgl. Thackston, *The Baburnama*, S. 436 [fol. 371bf.].

[197] In englischer Übersetzung: „The one nice aspect of Hindustan is that it is a large country with lots of gold and money." Thackston, *The Baburnama*, S. 351 [fol. 291].

[198] In englischer Übersetzung: „Hindustan is a place of little charm. There is no beauty in its people, no graceful social intercourse, no poetic talent or understanding, no etiquette, nobility or manliness. The arts and crafts have no harmony or symmetry. There are no good horses, meat, grapes, melons or other fruit. There is no ice, cold water, good food or bread in the markets. There are no baths and no madrasas. There are no candles, torches, or candlesticks." Thackston, *The Baburnama*, S. 350 [fol. 290b].

Krieg war. Dale spricht in diesem Zusammenhang gar von einer beginnenden „Indianization"[199] von Baburs Truppen.

Im indischen Kulturraum strengt Babur architektonische Aneignungsbemühungen an: Sein Engagement im Bereich des Gartenbaus steht in diesem Zusammenhang und wurde bereits als Metapher für seine Herrschaftsfähigkeit gedeutet.[200] Zudem ist Baburs Patronage für religiöse Bauwerke bemerkenswert, da er sie erst ab dem Indienfeldzug betrieb: Er lässt in Panipat eine Moschee erbauen und fördert indirekt den Bau zweier weiterer. Asher vermutet einen Zusammenhang zwischen dem Engagement und dem ‚Heiligen Krieg' Baburs.[201] In jedem Fall sind die religiösen Bauwerke als sichtbare Zeichen von Baburs Aneignungsstreben im fremden Kulturraum zu sehen.

Dale weist auf die lyrische Produktion Baburs in der Hindustanzeit hin, in der sich viele Verse finden, die das Leiden an Exil und Trennung ausdrücken. Er ist der Meinung, dass diese Verse Baburs autobiographisch zu verstehen seien.[202] Zwar ist gerade bei der hoch artifiziellen Lyrik der Zeit anzuzweifeln, dass ein autobiographisches Verständnis angebracht ist,[203] die Existenz der Verse passt jedoch in das Bild, das bereits das *Baburnama* vermittelt: Obwohl es realhistorisch Integrations- und Annäherungsbewegungen Baburs im und an den Kulturraum Indiens gegeben hat, stellt er Bewohner und Lebensraum als defizitär dar und grenzt sich von beiden ab. Es sollte wohl dieses Distanz suchende Bild sein, das Babur erinnert haben wollte: Nachfahren und Gefolgsleute sollten sich an Babur als timuridischen Eroberer Hindustans erinnern, der seine timuridische Identität auch im neuen Kulturraum zu bewahren suchte.

6.3 Literarische Darstellung des Verhaltens der göttlichen Instanz gegenüber den Herrschern

Die göttliche Instanz wird in den Analysetexten als handelnd und aktiv in das Geschehen eingreifend dargestellt. Sie tritt vor allem in Erscheinung, um den Herrscher zu belohnen, um ihn zu beschützen oder um ihn zu lenken. Mit diesem göttlichen Eingreifen wird der Herrscher als herausgehoben gekennzeichnet, denn nur ihm und seinen Parteigängern wird dieses göttliche Walten zuteil.

---

[199] Dale, *The Garden of the Eight Paradises*, S. 414.
[200] Vgl. Asher, *The Beginnings of Mughal Architecture*, S. 20.
[201] Vgl. Asher, *The Beginnings of Mughal Architecture*, S. 38.
[202] Vgl. Dale, *Poetry and Autobiography of the Bâbur-nâma*, S. 636.
[203] Das Thema der Trennung ist etwa ein konventionelles Thema persischer Lyrik und könnte auch aus diesem Grund von Babur bearbeitet worden sein.

In der Gnade Gottes wähnt sich Theuerdank, der betont, dass diese ihm mehr bedeute als das Streben nach „weltlicher Eer".[204] In einigen Geverlicheiten bleibt der Held nur deswegen unverletzt, weil Gott ihn beschützt: Er kommt nicht zu Schaden, weil Gott dem Helden „ein gelückh gab."[205] Als ein Zeichen Gottes ist auch der „englische geist"[206] zu sehen, der Theuerdank Lehren erteilt, dessen Besuch aber den Helden auch als außergewöhnliche Person kennzeichnet. Die Lehren des Engels nimmt der Ritter allerdings nicht leichtgläubig an, sondern zeigt sich anfangs skeptisch. Als jedoch der Engel ihm von Ereignissen erzählt, „die sonnst hat gewist nye khein Man",[207] zeigt sich Theuerdank überzeugt und möchte seinem Rat folgen. Diese Skepsis gegenüber göttlichen Zeichen ist zwar zurückgenommen dargestellt, sollte aber wohl zeigen, dass der Kaiser nicht naiv ihnen gegenüber handelte.

Im *Theuerdank* finden sich zwei Arten von Schicksalsglauben. Die Hauptleute spekulieren auf das unbeständige Glück der Fortuna, während der Held vom göttlichen Wirken beschützt wird. Das Rad als Symbol der Fortuna ziert auf zwei Holzschnitten die Rüstung Theuerdanks, prägnanterweise an den erzählerisch hervorgehobenen Stellen, wenn der Ritter an einen neuen Pass gelangt.[208] Am dritten Pass, den Neydelhart besetzt, fehlt das Rad auf Theuerdanks Rüstung.[209] Daraus kann geschlossen werden, dass sich der dritte Pass von den ersten beiden unterscheidet: Sind dem Theuerdank an den ersten beiden Pässen Geverlicheiten aufgrund von jugendlichem Fürwitz und durch Missgeschick allerlei Unfälle widerfahren, sodass er göttlichen Schutz und Beistand benötigt,[210] sind die Geverlicheiten, die ihm bei Neydelhart aufwarten, anders gelagert: In ihnen bewährt er sich aus eigener Kraft in Kriegen, bei „Scharmützeln"[211] und in Zweikämpfen. Während die Gefahr durch die Fortuna als chaotische Widerstandskraft im Laufe der Erzählung ebenso abnimmt wie Theuerdanks Eigenverschulden, nimmt die Bedrohung von außen und das Fremdverschulden der Gefahren zu. Auf der an-

---

[204] Pfintzing, *Theuerdank*, S. 44.

[205] Pfintzing, *Theuerdank*, S. 209.

[206] Pfintzing, *Theuerdank*, S. 541. Auch ein „pöß geist" sucht Theuerdank auf. Dessen Ratschläge erkennt Theuerdank jedoch als falsche Lehren. S. 40ff.

[207] Pfintzing, *Theuerdank*, S. 545.

[208] Vgl. Pfintzing, *Theuerdank*, S. 49 (erster Pass mit Fürwitig) und S. 112 (zweiter Pass mit Unfalo). Von der ikonographischen Tradition weicht die Darstellung von nur einer Figur (in Regnabo-Position) auf den Rädern ab. Vgl. Strohschneider, *Ritterromantische Versepik im ausgehenden Mittelalter*, S. 381, Anm. 14.

[209] Vgl. Pfintzing, *Theuerdank*, S. 336.

[210] Hinzuzufügen ist jedoch, dass der Theuerdank sich oft durch eigene Leistungen (z. B. durch seine „schicklichait"; Pfintzing, *Theuerdank*, S. 568) außer Gefahr bringen kann.

[211] So werden im *Theuerdank* kleinere kriegerische Auseinandersetzungen genannt. Vgl. u. a. Pfintzing, *Theuerdank*, S. 359.

deren Seite nimmt auch Theuerdanks Wehrhaftigkeit zu: Er erscheint auf den Holzschnitten immer öfter bewaffnet und mit angelegter Rüstung.

Während das Rad der Fortuna – wie erwähnt – zweimal auf der Rüstung von Theuerdank abgebildet ist, trägt sein Herold Ernhold auf jedem der Holzschnitte, die ihn zeigen, das Symbol auf seiner Kleidung. Da von den 118 Holzschnitten, mit denen das Werk ausgestattet ist, 106 Ernhold abbilden, nehmen er und das Fortuna-Rad eine exponierte Stellung in der Bildsprache ein. Die Figur Ernholds wird in der Erzählung des *Theuerdank* durchgängig als loyaler Begleiter des Helden dargestellt. Durch die Fortuna-Symbolik und die Entschlüsselung in der Clavis wird jedoch angedeutet, dass auch der treue Begleiter Ernhold eine potentielle Unsicherheit symbolisiert. Die Fortuna steht für das unbeständige Glück und die Clavis-Aufschlüsselung für Ernhold lautet: „Der Ernhold […] bedeüt das gerucht/ vñ gezeügnus/d'warhait so einem yeden menschen/bis in sein grûben nachuolgt Sy sein gût/oder pôsz."[212] „Sy" bezieht sich auf „gerucht/vñ gezeügnus". Der ständige Begleiter Ernhold kann also theoretisch auch zu einem schlechten Ruf werden. Die Unsicherheit über den Ruf, der einem in den Tod nachfolgt, wird bei der Gestaltung Ernholds bildlich und durch die Auflösung in der Clavis angedeutet. Im Text bleibt er allerdings unbescholten.[213]

Theuerdank erringt durch sein eigenes Können und durch Gottes Unterstützung in den Geverlicheiten ausreichend weltliche „Eer", um die Ehe mit Ehrenreich zu schließen. Der Vollzug der Ehe mit dem Beischlaf wird jedoch aufgeschoben, da dem Ritter nach Ehrenreichs Bekunden noch göttliche Ehre dazu fehle. Ehrenreich drängt ihn dazu, für sie auf einen Kreuzzug zu ziehen. In der nächtlichen Bedenkzeit, die sie ihm zugesteht, bekommt Theuerdank Besuch von einem „englischen geist", der ihm bedeutet, dass ihn die „hoffart" der weltlichen Ehre aus „gots huldt"[214] vertreiben könne, und ihm daher ebenfalls zu dem Kreuzzug rät. Dieser Kreuzzug, zu dem ihn also neben Ehrenreich auch der göttlich gesandte Engel drängt, kann als Gegenleistung Theuerdanks für Gottes bisherige Unterstützung interpretiert werden: Die Dreieckskonstellation aus Gott, Ehrenreich und Theuerdank wird durch ein System aus Leistungen und Gegenleistungen bestimmt, die schließlich für alle zu einem Ausgleich führen sollen. Theuerdanks Entscheidung, auf einen Kreuzzug ziehen zu wollen, fällt erst nach

---

212 Pfintzing, *Theuerdank*, S. 567.

213 Etwas anders argumentiert Ziegeler an dieser Stelle, der davon ausgeht, dass es sich bei den Fortuna-Abbildungen nicht um eine Anspielung an das wandelbare Glück handelt, sondern um die Fortuna Stabilis, die das stabile Glück des Helden symbolisiere. Vgl. Ziegeler, *Der betrachtende Leser*, S. 82-91. Der Ansatz in der vorliegenden Arbeit, der von zwei Arten des Schicksalsglaubens ausgeht, berücksichtigt jedoch auch die Textstellen, die das Glück als veränderlich und wandelbar auffassen: Diese sind etwa in der Dedikation zu finden, wenn Karl V. dazu aufgefordert wird, dem Vorbild Theuerdanks „in Teüerlichen Erlichen sachen" zu folgen, sich aber „den geferlicheytten des wannckelparen gelücks wie gedachter Ritter herr Tewrdanck gethan hat so offt nicht zůunderwerffen". Pfintzing, *Theuerdank*, S. 4.

214 Pfintzing, *Theuerdank*, S. 543.

dem Drängen durch den „englischen geist." Während er gegenüber der Bitte von
Ehrenreich noch zögerlich erscheint, überzeugt ihn schließlich dieser Gesandte
Gottes.

Im *Weißkunig* wird in der Elterngeschichte das Verhältnis zwischen dem alten
Weißkunig, seiner Frau und der göttlichen Instanz als vorbildlich dargestellt.[215]
Dieses tadellose Verhalten wird göttlich belohnt: Krönung und Eheschließung
zwischen dem alten Weißkunig und der Königin werden erzählerisch durch ihren
Detailreichtum und die Beteiligung des Papstes als außergewöhnlich gekennzeichnet.[216] Die Empfängnis Weißkunigs wird, das wurde bereits mehrmals kurz
erwähnt, als Gnadenakt Gottes gekennzeichnet.[217] Schon vor der Geburt lässt
sich ein Zeichen Gottes in die ersten Bewegungen des jungen Weißkunig im
Mutterleib hineinlesen, die mit der laut ausgesprochenen Hoffnung eines von
den „Turcken" vertriebenen Fürsten zusammenfällt, dass der ungeborene König
ihn einst rächen werde.[218] Diese Szene ist wohl an die Heimsuchungsszene im
Lukasevangelium (1,39-56) angelehnt, in der Johannes sich in Elisabeths Leib
bewegt, als sie von der schwangeren Maria gegrüßt wird.[219] Die Geburt des jungen Weißkunigs wird von der Erscheinung eines Kometen begleitet, der als „zai-
chen [...] des kindts, kunftig Regirung vnd wunderlich sachen" gedeutet wird,
„und der vertriben furst erkennet, Durch den Comet, das sein Ret, durch des hi-
mels einfluß bestät wurde."[220] Die Christus-Analogie wird schließlich noch deutlicher, als im folgenden Kapitel der vertriebene Fürst das Neugeborene aus der
Taufe hebt:

> [...] So glaub Ich, dann mich mein geist dartzu bewegt, das mit got die genad gethan,
> wie Symony in dem templ, Der da gesehen hat seinen hailand und erleser des menschli-
> chen geschlechts. Also hab Ich das kindt mit verleihung der göttlichen genad aus der
> tauf gehebt, der mich durch sich oder sein frucht gegen meinen veindten, die mich ver-
> triben haben, Rechen, und die turcken mit streitperer hanndt diemuettigen wirdt.[221]

Auch der zur Geburtsszene gehörige Holzschnitt ist – wie bereits erwähnt – ikonographisch an die biblische Tradition angelehnt und zeigt die Königin mit ihrem Neugeborenen in deutlichem Anklang an ein Marienbildnis.[222] Dadurch,

---

215 Vgl. Kapitel 6.2.1.1.
216 Vgl. *Der Weiß Kunig*, S. 40ff. [Schultz: S. 31ff.].
217 Vgl. *Der Weiß Kunig*, Holzschnitt Nr. 13 [Schultz: S. 48].
218 Der Fürst bezieht seine Rache-Hoffnung auf die Gnade Gottes: „Mein gemuet hat sich erhebt, vnd mein geist, der underweist mich, der genaden von got, dem almechtigen, Das ich
   hoffen solle, das kindt, des die kunigin Swanger ist, werde mich an meinen veindten re-
   chen, vnd Sy diemuetigen, durch die genad gots, in unsern glauben, in sölicher Redt,
   Erhueb sich das kindt in mueterleib, an zu bewegen, des sich der vertribn furst erfrewet,
   Dann durch dise bewegung des kindts, waren Ime seine wort, in seinem hertzen bestät."
   Der Weiß Kunig, S. 54 [Schultz: S. 47].
219 Vgl. Dietl, *Zwischen Christus und Tristan*, S. 38.
220 *Der Weiß Kunig*, S. 55 [Schultz: S. 49].
221 *Der Weiß Kunig*, S. 57 [Schultz: S. 52].
222 Vgl. *Der Weiß Kunig*, Holzschnitt Nr. 13 [Schultz: S. 48].

dass der Sohn des alten Weißkunig mit Gottes Sohn in Verbindung gebracht wird,[223] wird eine Nähe zwischen Gott und den beiden Herrschern geschaffen, die familiär anmutet, zumindest aber die große Ehre verdeutlicht, die Gott den Königen zuteilwerden lässt.

Gottes Gnade waltet auch während der Lehrung Weißkunigs, die den Königssohn als außergewöhnlich begabt und bald seinen Lehrern überlegen auszeichnet.[224] Er erlernt das geheime Herrscherwissen des selbstbeherrschten Handelns nach „zugebung und erleidung der zeit.“[225] Diese Fähigkeit wird als übermenschlich gekennzeichnet und die göttliche Nähe des jungen Weißkunig wiederum angedeutet.[226]

Auch der Kontext der Textstelle bestätigt diesen Eindruck: Weißkunig möchte die Kunst des Sternsehens erlernen, weil er sich „die Stern vnd einflus, mit Irer wurckung zuerkennen“[227] erhofft. Als ihn sein Lehrer, ein „Doctor“, am Ende der „Lehrung“ nach seinem Lernfortschritt befragt, antwortet ihm der junge Weißkunig: „Mein vater ist ain kunig, vnd Regiret sein volckh, durch seine hauptleut, Cantzler, Rät, vnd dienner, aber den gewalt, hat Er in seiner handt.“[228] Weißkunig setzt in der Textstelle die Sterne und ihre Wirkung zu den Kanzlern, Räten und Dienern und ihrer Macht parallel. Die ihnen übergeordnete „gewalt“[229] sei in der Hand seines Vaters, führt er aus. Im Gegensatz zu den Kanzlern, Räten

---

[223] Dietl sieht weitere Anklänge an Christus im biblischen Gleichnis von Unkraut und Weizen, das bei dem Vergleich Pate gestanden habe, den der junge Weißkunig zieht und zwar zu dem „gueten samen der tugent vnd kunst, den Jch gesaet hab“, der das „pöß krawt mit Ernst davon aufwerffen, und vertilgen“ werde. *Der Weiß Kunig*, S. 63 [Schultz: S. 60]. Eine weitere Ähnlichkeit erkennt sie in einem Holzschnitt im *Weißkunig*, auf dem der junge Weißkunig mit seinen Lehrern nach dem ikonographischen Muster des zwölfjährigen Christus im Tempel abgebildet sei. Vgl. *Der Weiß Kunig*, Holzschnitt Nr. 29 [Schultz: S. 61]. Vgl. Dietl, *Zwischen Christus und Tristan*, S. 39. Die zuletzt genannte Anspielung kann jedoch kritisch gesehen werden. Vgl. Kapitel 8.2.1.1.

[224] Der alte Weißkunig dankt Gott für seine Gnade, nachdem er den Ausführungen seines Sohnes über das „gehaim Wissen, vnd erfarung der Welt“ gefolgt ist. *Der Weiß Kunig*, S. 65 [Schultz: S. 60].

[225] *Der Weiß Kunig*, S. 66 [Schultz: S. 62]. Vgl. dazu Kapitel 6.2.1.2.

[226] „Dann wann Ime [= dem jungen Weißkunig; Anm. d. Verf.] ain grosse sach furfiel, so Eylet Er nit, sonndern handlet darynnen, nach zugebung vnd erleidung der Zeit, die dann je zu zeiten langsam kumbt, das wider der menschen gemuet ist, wann manicher mensch kumbt in ein Unfal, durch seine gahe handlung, Das der Jung weiß kunig verhuet hat, Ich nenn vnd haiß den Jungen weißen kunig, in seiner handlung nit ein mensch, sonnder Ich hais Ine die Zeit, Aus ursach Er hat gehandlt, das der Menschen gemuet ubertrifft, vnd sich der Zeit gleicht.“ *Der Weiß Kunig*, S. 66 [Schultz: S. 62]. Ziegeler sieht hier jedoch nicht eine christlich-göttliche Nähe, sondern eine Nähe zu Saturn/Chronos. Er stützt die Aussage mit der Saturnfurcht, die Maximilian gehabt habe. Vgl. Ziegeler, *Der betrachtende Leser*, S. 86. Mir scheint jedoch vor dem Hintergrund der anderen Textstellen, die Weißkunig in göttlicher Nähe zeigen, eine Deutung im Sinne übernatürlicher Fähigkeiten wahrscheinlicher zu sein.

[227] *Der Weiß Kunig*, S. 65 [Schultz: S. 62].

[228] *Der Weiß Kunig*, S. 66 [Schultz: S. 62].

[229] *Der Weiß Kunig*, S. 66 [Schultz: S. 62].

und Dienern fehlt das Vergleichsgegenstück zum Vater – es müsste aber hierarchisch über der Wirkung des Gestirns liegen. Über dieser Wirkung ist nur noch Gottes Wirken anzusetzen, der die Sterne lenkt, bevor diese Einfluss auf die Natur des Menschen haben; ganz so, wie auch der Vater seine Untergebenen lenkt, bevor sie das Volk regieren.[230] Über diese Parallelsetzung wird also der alte Weißkunig in die Nähe einer göttlichen Wirkungsmacht gerückt, sodass auch der junge Weißkunig in dieselbe Nähe gebracht wird.

Die Beziehung zwischen den Maximilianischen Protagonisten und der göttlichen Instanz wird als eng gekennzeichnet. Göttliche Zeichen, Gottes Gnade und Gottes Schutz weisen die Helden als göttlich Auserwählte aus, die wiederum der göttlichen Instanz ihren Dienst erweisen. An einigen Stellen werden die Helden selbst in die Nähe des Göttlichen gerückt. Die Gestaltung der Beziehung der Herrscher-Alter-Egos zur göttlichen Instanz wird durch die Herrschertheologie mittelalterlicher Fürstenspiegel beeinflusst.[231]

6.3.2 Das Baburnama

Obwohl auch in Baburs Kulturraum bei der Geburt eines Herrschers darauf geachtet wurde, ob eine besondere Sternenkonstellation herrschte, gibt es hierzu – wie zu allen Details aus Baburs Leben vor dem eften Lebensjahr – keine Informationen in seiner Lebenserzählung. Damit lenkt er die Aufmerksamkeit auf seine Machtübernahme nach dem Tod seines Vaters und entscheidet sich gegen die Suche nach Zeichen, die auf seine Vorbestimmung hätten schließen lassen.

Generell ist Baburs Zeit davon geprägt, dass nach Zeichen gesucht wurde, denen ein tieferer Sinn zugesprochen werden konnte.[232] Die ästhetische Verarbeitung solcher Zeichen, etwa in literarischen Formen wie dem Rätsel oder dem

---

[230] Auch Ziegeler sieht Gott als Lenker der Planeten an. Vgl. Ziegeler, *Der betrachtende Leser*, S. 86. Für den *Theuerdank* sieht er wiederum die drei Hauptleute in ikonographischer Parallelsetzung zu den Planeten, so wie es im *Weißkunig* auch im Text beim Erlernen des Sternsehens angedeutet wird. Vgl. Ziegeler, *Der betrachtende Leser*, S. 88.

[231] Dieser mittelalterliche Einfluss steht damit im Gegensatz zum Herrscherbild in humanistischen Fürstenspiegeln: Singer konstatiert, dass sich die Könige mit dem „Wegfall der Herrschertheologie" in den Fürstenspiegeln des Humanismus als „ein Mensch wie andere auch" sahen. Er führt dafür u. a. die Textstelle des *Weißkunig* an, in dem der alte Weißkunig den jungen belehrt: „Ain kunig ist wie ain ander mensch […]." *Der Weiß Kunig*, S. 64 [Schultz: S. 60]; vgl. Singer, *Die Fürstensspiegel in Deutschland*, S. 28. Die in diesem Kapitel angeführten Textstellen widersprechen dieser Sicht. Der in den Texten verschlüsselte Maximilian wird nicht „als Mensch wie jeder andere" dargestellt, sondern vielmehr als von Gott auserwählt und mit göttlichem Charisma bedacht. Singer führt eine Aussage des alten Weißkunig an, mit der jedoch die Figurengestaltung des jungen Weißkunig – wie gezeigt – nicht übereinstimmt. Da generell der junge Weißkunig in einigen Situationen als mit seinem Vater uneins dargestellt wird, mag die Differenz in der Aussage von diesem Dissenz herrühren.

[232] Wie bereits erwähnt, lassen sich im *Baburnama* wiederholt Bemerkungen finden, in denen Babur das Zusammenfallen bestimmter Namen, Nummern und Daten nicht als Zufall ignoriert, sondern bemerkt und als „ğarib" (fremd) charakterisiert.

Chronogramm, war ein intellektueller Sport der Elite, es war jedoch auch ein politischer Akt: Lob und Loyalität konnten damit ebenso ausgedrückt werden wie Flüche gesprochen werden. Omen konnten ebenfalls im Krieg oder in anderen politischen Konstellationen entscheidende Wendungen hervorrufen:[233] Verschiedene Male üben Sternenkonstellationen oder die Konstellation mit besonderen Daten Einfluss auf Baburs Kriegsentscheidungen aus, wenn er auch nicht immer darauf Rücksicht nimmt.[234]

Nicht alle diese Zeichen stehen in Verbindung mit dem islamischen Glauben. Der Übergang ist jedoch fließend, wie anhand der Träume deutlich wird, die im *Baburnama* entscheidenden Einfluss auf die Handlung nehmen. Im Text finden sich zwei Passagen mit Träumen, die Prophezeiungen enthalten, die Babur von Sufischeichs überbracht werden. In der ersten Textpassage träumt Babur kurz vor der zweiten Eroberung von Samarkand, dass ihn Khwaja Ubaydullah Ahrar besucht. Der Sufi überbringt ihm die Botschaft: „Šayx Maṣlaḥat berdi."[235] Wenig später gelingt es Babur, Samarkand ein zweites Mal zu erobern. Die gelungene Eroberung wird also als Gabe des Sufis vorausgedeutet. Babur empfindet die Eroberung schließlich als Gnade Gottes.[236]

Die zweite Textpassage enthält zwei prophetische Träume, wurde jedoch von Beveridge für nicht echt befunden, obwohl sie Bestandteil des Hyderabad-Kodizes ist.[237] Auch Thackston merkt an, dass der Abschnitt nicht in der persischen Über-

---

[233] Omen konnten laut Moin so disparate Dinge sein wie besonders kunstvolle Verse, Träume, abgeschlagene Köpfe und sogar Fleischstücke. Vgl. Moin, *The Millennial Sovereign*, S. 61f.

[234] Gegen die Weissagungen des Astrologen Muhammad Sharif ergreift Babur sogar Gegenmaßnahmen. Vgl. Thackston, *The Baburnama*, S. 373ff. [fol. 311bff.]. Auf seinen Entschluss zu kämpfen haben die Prophezeiungen jedoch keinen Einfluss. Als jedoch ein anderes Mal die Sterne ungünstig stehen, will Babur wiederum nicht kämpfen lassen. Vgl. Thackston, *The Baburnama*, S. 125 [fol. 89]. Ein weiteres Mal überlegt sich Babur, wann der entscheidende Angriff gegen den Gegner begonnen werden solle. Um den passenden Moment abzupassen, erinnert er sich an das vergangene Jahr, in dem er seinen entscheidenden Sieg gegen Rana Sanga mit einem Angriff an Nawroz begonnen und an einem Samstag beendet hatte. Dieser Konstellation gemäß plant er auch den diesjährigen Kampf. Vgl. Thackston, *The Baburnama*, S. 400f. [fol. 337bff.].

[235] In englischer Übersetzung: „Shaykh Maslahat had bestowed." *The Baburnama*, S. 120, Anm. 136. Der ganze Traum wird wie folgt erzählt: „I dreamed that Khwaja Ubaydullah had arrived and I had gone to greet him. He came and sat down. The tablecloth must have been laid somewhere unceremoniously before him, for it seemed that he was offended. Mulla Baba looked at me and motioned. I motioned back as if to say: 'It's not my fault. The steward is to blame.' The khwaja understood and accepted this apology. Then he rose, and I rose to escort him. In the entryway he took me by the arm, the right or the left, I don't remember which, and lifted me so that one of my feet was off the ground. In Turkish he said, 'Shaykh Maslahat berdi'. A few days later I took Samarkand." Thackston, *The Baburnama*, S. 120 [fol. 83b].

[236] Vgl. Thackston, *The Baburnama*, S. 120 [fol. 83b].

[237] Vgl. Beveridge, *The Bābur-nāma in English*, Appendix D, S. ix. Die besagte Stelle fehlt im Elphinstone-Kodex und in der persischen Übersetzung. Da im Elphinstone-Kodex und in seinem Archetyp das letzte Verb des vorangehenden Satzes fehlt, vermutet Beveridge, dass es ein Verlust an Manuskriptseiten gegeben habe, dass es sich dabei aber um eine so bedeu-

setzung enthalten ist, entscheidet sich jedoch dafür, die Passage in seine Ausgabe aufzunehmen.[238] Moin stört sich an der unbefriedigenden Begründung Beveridges für die Ablehnung der Textstelle, die anführt, die Passage für zu konstruiert und phantastisch zu halten.[239] Neben der Zugehörigkeit zum Hyderabad-Kodex sind es vor allem strukturelle Ähnlichkeiten zum ersten Traum, die dennoch dafür sprechen, die Episode in die Analyse einzubeziehen: Als Babur nach dem Verlust Samarkands und seiner Flucht aus Akhsi in Gefangenschaft gerät, schläft er ein. Mit Khwaja Yaʿqub erscheint Babur in diesem zweiten Traum wieder ein Angehöriger des Naqshbandi-Ordens: Es handelt sich hier um den Enkel von Khwaja Ubaydullah Ahrar, des Sufischeichs also, der ihm im ersten Traum erschien. Khwaja Yaʿqub bedeutet Babur im Traum, dass er ihn unterstützen und ihm zum Sieg verhelfen wolle.[240] Wie im ersten Traum wird Babur also ebenfalls von einem Sufi eine gute Nachricht überbracht, die sich im Wachzustand später dann auch tatsächlich bewahrheitet. In beiden Fällen führt der wache Babur sein Glück auf Gott zurück. Den zweiten prophetischen Traum in dieser zweiten Traumpassage träumt nicht Babur, sondern sein Gefolgsmann Qutlugh Muhammad Barlas. Babur befindet sich immer noch in Gefangenschaft und damit in höchster Gefahr, als er plötzlich von seinen Gefolgsleuten befreit wird. Qutlugh Muhammad Barlas erzählt, dass ihm im Traum Khwaja Ubaydullah Ahrar erschienen sei, der ihm den Aufenthaltsort von Babur mitgeteilt und ihm den Befehl erteilt habe, Babur zu befreien, weil dieser herrschen müsse.[241]

In den Traumepisoden zeigt sich die Auserwähltheit Baburs, der nicht nur durch das Erscheinen der Sufischeichs in seinen Träumen, sondern auch durch das prophezeiende Träumen selbst als außergewöhnlich gekennzeichnet wird. Die Sufischeichs der Naqshbandiyya waren politisch einflussreiche Personen in den Städten Transoxaniens und galten auch als „kingmakers."[242] Dass sie Babur in seinen Träumen Unterstützung zusichern, ist als Darstellung eines machtvol-

---

tungsvolle Stelle handelt, dass spätere Leser nicht widerstehen konnten, die Lücke wieder zu füllen und zwar mit der Erzählung zum besagten Traum. Beveridge fügt ihre Übersetzung der Stelle nur in den Anhang ein. Vgl. Beveridge, *The Bābur-nāma in English*, Appendix D, S. ixf.

[238] Vgl. Thackston, *The Baburnama*, S. 156, Anm. 167.

[239] Vgl. Moin, *The Millennial Sovereign*, S. 496. Beveridge führt noch eine Reihe weiterer Argumente auf, die aber – weil sie inhaltlicher Natur sind – nicht über den Status von Indizien hinausreichen.

[240] Die ganze Textstelle lautet wie folgt: „I dreamed that Khwaja Yaʿqub, son of Khwaja Yahya and grandson of Khwaja Ubaydullah, was coming straight toward me on a dappled horse. 'Grieve not,' he said. 'Khwaja Ahrar has sent me to you. He has said that we were to assist you and seat you on the royal throne. Whenever you are in difficult straits, think of us and speak. We will be there. Now victory and triumph are coming to you. Raise your head and awake!'" Thackston, *The Baburnama*, S. 156 [fol. 118b].

[241] Der Gefolgsmann sagt: „In a dream I saw Khwaja Ubaydullah saying, 'Babur Padishah is in a village called Karnon. Go, get him and come, for the royal throne belongs to him.'" Thackston, *The Baburnama*, S. 157 [fol. 119f.].

[242] Moin, *The Millennial Sovereign*, S. 71.

len Votums der Geistlichkeit zu werten. Diese Hilfe wird ihm nicht nur im Traum zuteil, sondern auch in konkreter Form: Als es Babur gelingt, Samarkand das erste Mal zu erobern, unterstützt ihn Khwaja Qazi dabei essentiell.

Träume selbst galten zu Baburs Zeiten als prophetische Verbindung zur unsichtbaren Welt und als Quelle zur Wahrheit. Sie konnten daher als Propagandainstrumente eingesetzt werden.[243] Es ist daher auch wahrscheinlich, dass zumindest Teile des *Baburnama* vor Baburs Tod schon rezipiert wurden, damit die Erzählung von den Träumen Wirkung auf die Gefolgsleute entfalten konnte. Dass Babur Samarkand zum zweiten Mal erobern kann, erscheint nicht nur als kriegerischer Erfolg, sondern durch seine Träume als Erfüllung heiliger Prophezeiung.[244] Auch die Art der Träume, die Babur träumt, weist ihn als auserwählt aus: Klare, eindeutige Träume, in denen Heilige erscheinen, gelten als Träume mit dem höchsten Wahrheitsgehalt und charakterisieren den Träumer als mit hohem Intellekt und einer reinen Seele ausgestattet.[245]

Die göttliche Instanz kommuniziert mit Babur nicht nur durch Träume. Babur schreibt auch davon, dass in seinem Herzen eine Warnung der „Ahluʾllāh" erscheint – damit sind vermutlich lebende wie tote Heilige gemeint, die zu solcher Art von Warnung als fähig galten.[246] Auch Krankheiten interpretiert Babur teilweise als von der göttlichen Instanz herrührend: Babur sieht die Krankheit, die ihn nach dem Dichten unangemessener Verse erfasst, als Strafe oder Prüfung von Gott an.[247] Als er ein anderes Mal so stark erkrankt, dass er kaum seine Gebete verrichten kann, entscheidet er sich, dass die Versifizierung des Traktats *Walidiyya* des Sufischeichs Khwaja Ubaydullah Ahrar ihm helfen könnte: Indem er dem Heiligen einen Dienst mit der literarischen Arbeit an dessen Werk erweist, hofft er auf Fürsprache.[248] Seine bald einsetzende Heilung interpretiert er als Gnade Gottes und als Wirken des Sufischeichs.

Auf die Unterstützung der göttlichen Instanz beruft sich Babur in zahlreichen Stellen des *Baburnama*, jedoch wird man aufgrund der Fülle dieser Textstellen annehmen dürfen, dass es sich auch um rhetorische Wendungen handelt, deren wörtliche Bedeutung oft verblasst sein dürfte.[249] Nachdrücklich verweist Babur al-

---

[243] Vgl. Moin, *The Millennial Sovereign*, S. 73.

[244] Vgl. allgemein dazu Moin, *The Millennial Sovereign*, S. 74.

[245] Vgl. Moin, *The Millennial Sovereign*, S. 73. Auch Propheten oder Könige, die im Traum erscheinen, verleihen den Träumen besonderen Anspruch auf Wahrheit.

[246] In der Textstelle wird nicht deutlich, wovor sie Babur gewarnt haben. Vgl. Thackston, *The Baburnama*, S. 422 [fol. 358].

[247] Vgl. Thackston, *The Baburnama*, S. 312 [fol. 253]. In einem Hadith bei Al-Buchari wird Krankheit als Sühne für ein Vergehen bezeichnet.

[248] Vgl. Thackston, *The Baburnama*, S. 410 [fol. 346]. Seine Hoffnung schöpft er aus einer Begebenheit, in der der Verfasser des Burda-Gedichtes von seiner Lähmung geheilt wurde. Vgl. ebd. Mit dem Burda-Gedicht ist das *Qasidat al-burda* von Sharafuddin Muhammad al-Busiri gemeint. Darauf weist Thackston hin. Vgl. *The Baburnama*, S. 410, Anm. 193.

[249] Als Babur Khwaja Kalan Geld sendet, um den Wasserdamm von Ghazni zu reparieren, äußert er sich dazu: „By the grace of God there is hope that it will flourish once more."

lerdings auf den göttlichen Beistand, der ihm im ‚Heiligen Krieg' widerfahren sei: Als seine Kämpfer im Vorfeld der Auseinandersetzung ihre Furcht äußern, beruhigt sie Babur damit, dass Gott sie beschützen werde.[250] Dieser Topos wiederholt sich in der Beschreibung des Krieges, in dessen Verlauf die Kämpfer von der göttlichen Unterstützung erfahren.[251] Gott nimmt also – so die Darstellung in der Proklamation Shaykh Zayns – an den militärischen Auseinandersetzungen teil, die aus Glaubensgründen geführt werden, und kämpft gewissermaßen mit.

Dennoch ist Babur der Meinung, dass der alleinige Glaube an göttlichen Beistand nicht ausreiche. Den militärischen Befehlshaber Zu'n-Nun Arghun, dem die Sufis seines Hofes erzählen, sie seien in Kontakt mit der Qutb,[252] also göttlich auserwählt, sodass ihre Stadt gegen Angriffe nicht militärisch befestigt werden müsse, erklärt Babur für verrückt und dumm.[253] Für ihn folgerichtig werden Zu'n-Nun Arghun und seine Leute von den angreifenden Usbeken überrannt.[254] Die Überzeugung, auf der Seite Gottes zu handeln, ersetzt für Babur also nicht das eigene Handeln und das eigene Kämpfen.

Die göttliche Instanz wird als helfende, schützende und sogar auf Seiten Baburs mitkämpfende Instanz beschrieben. Sie straft und prüft aber ebenfalls und führt Babur dadurch, so wie er es darstellt, auf den rechten Weg zurück und bewahrt ihn vor erneuten Abweichungen.

6.4 Vergleichende Perspektive

6.4.1 Göttliche Gnade

Ehrerbietung zeigen nicht nur die Protagonisten gegenüber den göttlichen Instanzen, die Ehrzuweisung ist in den Texten als durchaus wechselseitig dargestellt. Gott wird vor allem im Maximilianischen Großtext als aktive Instanz beschrieben, die belohnt, beschützt und lenkt. Durch die Parallelsetzung Weißkunigs mit Jesus wird eine familiäre Nähe zu Gott aufgebaut. Anders hingegen zeigt sich das Bild der göttlichen Instanz im *Baburnama*, die hier eher als ein aus der Distanz wir-

---

Thackston, *The Baburnama*, S. 180 [fol. 139]. Ein anderes Mal zeigt Babur seine Handlungen als von Gott gelenkt an: „If God allows, when I have an opportunity, I will certainly deal with the Bangash bandits." Thackston, *The Baburnama*, S. 181 [fol. 139b]. Als Gottesbezeichnung verwendet Babur auch hier wieder Tengri.

[250] Vgl. Thackston, *The Baburnama*, S. 324 [fol. 264b].
[251] Vgl. Thackston, *The Baburnama*, S. 385 [fol. 323b].
[252] Thackston erklärt die Qutb als höchsten Grad der Heiligkeit im sufischen Glauben: „There is always one Qutb in the world to maintain the order of the cosmos, although his identity is never revealed." Thackston, *The Baburnama*, S. 254, Anm. 187. Moin ergänzt, die Qutb sei „the axial saint of the age, a hidden Sufi accessible primarily through dreams." Moin, *Peering through the Cracks in the Baburnama*, S. 501.
[253] Vgl. Thackston, *The Baburnama*, S. 254 [fol. 205].
[254] Vgl. Thackston, *The Baburnama*, S. 255 [fol. 205b].

kender Gott dargestellt wird, und zwar vor allem in den Rollen als Prüfer, Helfer und (Mit-)Kämpfer im ,Heiligen Krieg'. Die Lücke zwischen Babur und der göttlichen Instanz wird von den Sufiheiligen gefüllt, deren Nähe Babur sucht.

Gleichgültig, ob sich die Entfernung zwischen göttlicher Instanz und Herrscher als weit oder nah gestaltet, so ist in jedem Fall die Präsenz, die den göttlichen Instanzen bei den Herrschern zugeschrieben wird, ein Hinweis darauf, dass die so Beehrten als außergewöhnlich und hervorgehoben gekennzeichnet werden sollen und ihnen auf diese Weise zusätzliches religiöses Kapital zugeschrieben wird.

Dennoch lassen sich unterschiedliche Entfernungen feststellen, in denen sich die Herrscherprotagonisten von den göttlichen Instanzen sehen: Vor allem Weißkunig wird als göttlich Auserwählter außergewöhnlich hervorgehoben. Babur erfährt göttliches Wirken innerhalb seines Sufinetzwerks, also vermittelt und rückgebunden in die Gemeinschaft.

6.4.2 Gläubige Herrscher

Die Analysetexte präsentieren ihre Protagonisten als gläubige Personen, die religiöse Rituale durchführen, die Bedeutung der göttlichen Ordnung anerkennen und auch meist gemäß dieser Ordnung leben.[255] Es sind jedoch Brüche in diesem Bild erkennbar: Im Maximilianischen Großtext wird religiöses Wissen als integraler Bestandteil des Herrscher-Ideals aufgefasst. Durch diese Betonung tritt allerdings die Verehrung Gottes hinter die Selbstdarstellung des perfekten Herrschers zurück, der sich durch seine Bildung und Tugendhaftigkeit selbst Verehrung sichern möchte. Die Darstellung der Frömmigkeit steht in Konkurrenz zum Sendungsbewusstsein der Herrscher. Babur zeigt sich ebenfalls nicht immer in Einklang mit der göttlichen Ordnung: Er verstößt lange Zeit gegen das Nüchternheitsgebot und verspürt nach dem Dichten obszöner Verse Reuegefühle. Zudem gewährt er militärischen Notwendigkeiten den Vortritt vor seiner religiösen Überzeugung, wenn er als Sunni eine Koalition mit dem schiitischen Herrscher Shah Ismail eingeht, obwohl er sich andernorts als erklärter Gegner des Schiismus darstellt.

Auffällig ist, dass trotz dieser ähnlichen Befundlage zur Selbstdarstellung über die historischen Personen Babur und Maximilian von gegenwärtigen Autoren und Forschern unterschiedliche Urteile gefällt werden: Während der Maximilian-Forscher Wiesflecker den Kaiser als tiefgläubigen und frommen Menschen schildert,[256] bringen Rushdie und der Romancier Forster Babur in Verbindung mit

---

[255] Für den *Freydal* muss man einschränken, dass religiöse Motive in der Erzählung keine große Rolle spielen.

[256] Wiesflecker konstatiert die persönliche Frömmigkeit Maximilians und sieht sie im Widerstreit zu seiner Kirchenpolitik. Vgl. Wiesflecker, *Kaiser Maximilian I. Bd. 5*, S. 151-159.

Machiavelli. Rushdie verweist auf das Handeln Baburs, das heute wohl der „Realpolitik" zugehöre, aber auch unmoralisch aussehe.[257] Die Assoziation mit Machiavelli dürfte bei Rushdie und Forster mit einiger Sicherheit nicht aufgrund der Annahme entstanden sein, dass Babur in ihren Augen nach frommen Maßstäben handelte.

Ein Grund für dieses abweichende Urteil über Babur mag der Gesamteindruck des Herrscherbildes sein, das im *Baburnama* vermittelt wird. Mit seiner Schilderung des gesamten Spektrums an Gefühlen wirkt Babur moderner[258] als die Helden Maximilians und lässt den säkularisierten Rezipienten möglicherweise bisweilen die zeitliche und kulturelle Distanz vergessen, die zwischen ihm und Babur liegt. Die Protagonisten des Maximilianischen Großtextes agieren in einer mittelalterlichen Erzählwelt und diese Inszenierung wirkt auch auf Maximilian zurück, der mit seiner historisch verbürgten Vorliebe für das höfische Turnier und für die Jagd zu dem Eindruck beitrug, er sei der ‚letzte Ritter'.

Der Eindruck, es mit einem mittelalterlichen Herrscher zu tun zu haben, mag dazu beitragen, dass man ihm die tiefe Gläubigkeit zuschreibt, die man Babur abspricht, obwohl die Selbstdarstellungen ein ähnliches Bild vermitteln. Allein die Darstellungen lassen jedoch aufgrund ihrer rhetorischen Struktur und ihres teils fiktionalen Status keine verlässlichen Rückschlüsse auf die Intentionen der historischen Herrscher zu. Auch Maximilian ist daher machiavellistisches Handeln zuzutrauen, auch Babur mag ein gläubiger Herrscher gewesen sein.

Die Schlussfolgerung aus diesem Befund lautet, dass für beide Herrscher ein Bestreben angenommen werden kann, sich als fromme Machthaber darzustellen und ihrer Selbstgestaltung Charisma hinzuzufügen. Ob sie mit dieser Intention bei den Rezipienten erfolgreich waren, ist abhängig vom literaturhistorischen Kontext, in dem ihre Selbstdarstellung glaubwürdig erschien und erscheint (oder nicht).

6.4.3 Mystisches Streben

Die Tugend der Mäßigung und der Selbstbeherrschung, die beide Herrscher in ihren Texten propagieren und für sich beanspruchen, weist auf die Spur des inneren Kampfes, den die beiden Herrscher in ihre Texte einschreiben. Die Darstellung dieser Fähigkeit zum inneren Erleiden von Anschlägen und Anfechtungen ist als Motiv mystischer Strömungen bekannt. Wird das Leben in der christlichen Mystik, deren Ideen Maximilian über Heinrich Seuse empfangen haben könnte, als

---

257 Vgl. Rushdie, *Introduction*, S. xii; vgl. Forster, *The Emperor Babur*, S. 292.

258 Honemann beurteilt die Selbstdarstellung Baburs als „deutlich moderner" als die Karls IV., die er mit dem *Baburnama* vergleicht. Er stellt fest, dass Babur die Leser seinem Protagonisten „viel näher kommen lässt", weil er auch Niederlagen, Demütigungen und Unerfahrenheit beschreibt und Selbstkritik übt. Honemann, *Das Babur-nama und die Autobiographie Karls IV.*, S. 64f.

Vergegenwärtigung und Nachvollzug der Leiden Christi mit fortschreitender Selbsterkenntnis des leidenden Ichs aufgefasst, greift Babur auf die Idee des Sufipfades zurück. Dieser imaginäre Pfad ist gekennzeichnet durch einen ständigen Kampf gegen die Nafs. Eine Wegmetaphorik lässt sich, darauf weist Strohschneider hin, auch im *Theuerdank* wiederfinden:[259] Während der „bôss geist" den Protagonisten „gern vom rechten weg gebracht het",[260] ermahnt ihn der „englische geist", nicht vom „weg der warheit"[261] abzuweichen. Dass dahinter die Idee des geistlichen Stufenwegs steht, auf dem der mystisch Gläubige sich auf dem Weg zu Gott befindet, ist bei dem der Mystik zugewandten Maximilian anzunehmen, zumal auch die strukturelle Gestaltung des *Theuerdank* dafür spricht.[262] Doch auch allgemein war im Mittelalter die Wegelehre oder die Vorstellung vom Menschen am Scheideweg verbreitet.[263] Dieses Bild hat biblische und antike Wurzeln[264] und liegt etwa auch der *Vita Caroli Quarti* zugrunde, der ersten mittelalterlichen Herrscherautobiographie.[265]

Eine Gemeinsamkeit haben die christliche Wegelehre und der islamische Sufipfad darin, dass sie davon ausgehen, dass jeweils ein breiter Weg und ein schmaler Pfad existieren, von denen der schmale die schwierigere, aber zu erstrebende Variante darstellt.[266] Dem *Baburnama* und dem *Theuerdank* liegt die Idee des Heilswegs zugrunde, auf dem ein göttliches Ziel erreicht werden soll. Diese Idee ist in den Weltreligionen stark verbreitet und verbindet sich dort häufig mit einer konkreten Geh-Erfahrung, die wallfahrend, meditativ oder liturgisch ausgeführt wird.[267] Die Verbindung mit der zeitlichen Dimension der Lebensphasen, in denen Etappen des Wegs zurückgelegt werden, ist eine ebenso grundlegende wie verbreitete Idee. Insgesamt legt dieses weithin bekannte Phänomen nahe, dass es sich aufgrund seiner basalen Elemente der Bewegung im Raum, der Zeit und der transzendenten Erfahrung, die miteinander verknüpft werden, eher um eine Universalie des menschlichen Denkens[268] handelt, als dass ein gemeinsamer Ursprung angenommen werden kann.

Die Gestaltung der Lebenserzählungen mit Hilfe dieser Metaphorik hat für die Verfasser im vorliegenden Fall gewichtige Vorteile: Niederlagen und Phasen der

---

[259] Vgl. Strohschneider, *Ritterromantische Versepik im ausgehenden Mittelalter*, S. 382.

[260] So lautet die Überschrift des zehnten Kapitels. Vgl. Pfintzing, *Theuerdank*, S. 40.

[261] Pfintzing, *Theuerdank*, S. 544.

[262] Einzelheiten dazu werden im Kapitel 6.2.1.2 erläutert.

[263] Vgl. Harms, *Homo viator in bivio*.

[264] Vgl. Sudbrack, *[Art.] Weg*, S. 996f.; vgl. Schlotheuber, *Die Autobiographie Karls IV.*, S. 569.

[265] Neben den aber gänzlich anders gearteten Texten Jakobs I. von Aragon (1213–1276) gilt die *Vita Caroli Quarti* als erste mittelalterliche Herrscherautobiographie. Vgl. Schlotheuber, *Die Autobiographie Karls IV.*, S. 562.

[266] Vgl. Schimmel, *Mystische Dimensionen des Islam*, S. 148; vgl. Schlotheuber, *Die Autobiographie Karls IV.*, S. 569.

[267] Vgl. Sudbrack, *[Art.] Weg*, S. 996f.

[268] Vgl. Sudbrack, *[Art.] Weg*, S. 996f.

Machtlosigkeit werden durch die literarischen Topoi als naturalisierte Elemente dargestellt. Die Heilsabsicht Gottes ist somit der Welt in ihrer Struktur inhärent, denn sie stellt durch diese Prüfungen die Möglichkeit einer Überwindung der Hindernisse und eine Annäherung an Gott, das Wegziel, bereit.[269] Der sinngebende Rahmen wird mit Hilfe von Erzählmustern gestaltet, die dem damaligen Rezipienten bekannt gewesen sein dürften, da sie aus der zum Wissenshorizont gehörenden Literatur stammten.[270]

Die schriftliche Glorifizierung der eigenen Person ist in den beiden Kulturräumen, in denen es generell in dieser Zeit an Autobiographien mangelt, wenig üblich. Auch die existierenden (Herrscher-)Autobiographien, wie etwa die *Vita Caroli Quarti*, schlagen eher einen zurückgenommenen Ton an. Um dennoch auch in selbstlobendem Ton über sich selbst schreiben zu können, bedurfte es einer besonderen Schreibstrategie: Es ist zu vermuten, dass die Mystik mit ihrer Tendenz, die Aufmerksamkeit der Gläubigen auf sich, ihren eigenen Glauben und ihre Beziehung zu Gott zu richten, es den Herrschern erleichterte, über sich und ihr Leben zu schreiben. Dieser mystische Grundzug in den Texten konnte dann als Gegengewicht zu der rühmenden Selbstdarstellung gedacht gewesen sein, die sich ebenfalls in den Texten widerspiegelt. Mit der Darstellung der persönlichen Kämpfe, des persönlichen Leidens und des individuellen Strebens in den Texten wird in Ansätzen eine Entwicklung hin zur Darstellung des individuellen Ichs nachvollzogen.[271] Das mystische Erzählen erlaubt es, das Leiden des Ichs in den Mittelpunkt zu stellen. Dessen Darstellung ist zwar nicht unbedingt Bestandteil eines klassischen Fürstenspiegels; durch den Rückgriff auf bekannte literarische Muster bei seiner Schilderung wird jedoch versucht, die Darstellung in den Analysetexten konventionell einzubinden. Gleichzeitig mag das Leiden authentischen Ursprungs und auf das wirkliche Empfinden des Herrschers zurückzuführen sein. Mystischer Glaube und seine Inszenierung können die Darstellung des eigenen Selbst ermöglichen und sind vermutlich Grundvoraussetzung dafür, dass überhaupt selbstreflexiv gearbeitet wird.

Die Beschreibungen der religiös aufgeladenen, inneren Kämpfe dienen den Herrschern zudem zur Steigerung ihrer Sakralität, da sie sich mit Jesus Christus oder Majnun, dem Prototyp des mystisch Liebenden, hohe Repräsentanten ihres Glaubens aussuchen, mit denen sie sich parallel setzen. Als göttlich auserwählte und den Weg des Glaubens beschreitende Herrscher versuchen sie, ein „sakrales

---

[269] Folgt man der Herkules-Konzeption, sind es die Labores, die oft scheinbar unlösbaren Aufgaben, die der Held durch Mut, Tapferkeit und durch den unbändigen Willen zur Erfüllung dieser Prüfungen löst. Er befreit dadurch die Menschen vor Ungeheuern und trägt zur Befriedung der Welt bei. Vgl. Braungart, *Mythos und Herrschaft: Maximilian I. als Hercules Germanicus*, S. 78.

[270] So etwa das literarische Vorbild Majnuns, nach dem Babur in einer Textstelle sein literarisches Alter Ego formte. Auf Seiten Maximilians können Nähen zur *Vita* Heinrich Seuses festgestellt werden.

[271] Vgl. dazu allgemein Niggl, *[Art.] Autobiographie*, S. 61.

Band"[272] zu ihren Gefolgsleuten zu knüpfen, die sie als besondere und hervorstechende Persönlichkeiten achten sollten. Selbst in der Rolle als Diener kann der Herrscher sich mit Hilfe dieses mystischen Konzeptes darstellen. Die Ziele der Ehrbeweise, die erbracht werden, unterscheiden sich jedoch: Während Babur sich mit seinen geleisteten Diensten um ein gutes Verhältnis zum Sufiheiligen Khwaja Ubaydullah Ahrar bemüht, sehen die Protagonisten des Maximilianischen Großtextes ihr Wirken als Dienst an Gott an.

Das Leiden der mystisch Liebenden ist eine Gegenstrategie zur Erfahrung heilloser Kontingenz in Form der Fortuna oder seltsamer Zufälle. Zwar ist es möglicherweise auf reales Leiden zurückzuführen, wäre somit also eher als Bruch im Herrscherselbstbild zu sehen, die Fähigkeit zum Ertragen des Leides wird aber in den Texten als Ich-Leistung der Herrscher-Alter-Egos dargestellt.

6.4.4 ,Heilige Krieger'

Maximilians Feindschaft mit den Osmanen wird bereits in seiner Namensgebung angelegt. Der Name Maximilian soll an den Heiligen Bischof aus Norikum erinnern, der den Märtyrertod starb und als Schutzpatron der von den Türken bedrohten Stadt gilt. Der Kaiser hatte zeit seines Lebens vor, einen Kreuzzug gegen die Türken anzuführen, scheiterte aber daran, ausreichend Verbündete und Gelder zu akquirieren. Babur demgegenüber wäre wohl eher in den timuridischen Herrschaftsgebieten geblieben, hätte er die Möglichkeit gehabt. Er schreibt lange nicht davon, einen Krieg gegen die Hindus führen zu wollen. Dass er sich letztendlich für einen solchen Krieg entscheidet, ist eher militärischen und wirtschaftlichen Notwendigkeiten geschuldet denn einer religiösen Motivierung.

Im *Theuerdank* und im *Baburnama* sind die ,Heiligen Kriege' als erzählerischer Höhepunkt angelegt. Die Darstellung dieser Höhepunkte wiederum erfolgt auf unterschiedliche, aber hervorgehobene Weise: Im *Theuerdank* ist zwar bildlich unverkennbar, dass ein Kreuzzug stattfinden sollte, dieser wird aber nicht erzählt. Im *Baburnama* wird der Krieg gegen die Hindus nicht von Babur erzählt. Stattdessen wird er von einem anderen Autor in einem sich stilistisch deutlich vom übrigen Fließtext abhebenden Fathnāma beschrieben. Die ,Heiligen Kriege' werden also nicht oder fremd erzählt und auf diese Weise von der Selbstpräsentation der Herrscher ausgenommen oder erzählerisch besonders markiert. Das betont zum einen ihren hervorgehobenen Status und lässt zum anderen Referentialisierungsansprüche der Rezipienten gegenüber den beiden Herrschern bezüglich der ,Heiligen Kriege' ins Leere laufen. Die Andeutung des Kreuzzugs im *Theuerdank*

---

[272] Die Vorstellung des „sakralen Bandes" entstammt den theoretischen Überlegungen Koschorkes, die er zum Verhältnis zwischen Herrscher und Gefolge anstellte. Vgl. *Macht und Fiktion*, S. 78.

und die geblümte und literarisierte Erzählung im *Baburnama* öffnen bei der Rezeption einen Raum, den die Leser mit eigenen Spekulationen füllen konnten.

Die Rechtfertigungen für die ‚Heiligen Kriege' und für Kriege allgemein fallen in den Texten unterschiedlich aus: Im *Baburnama* wird vor allem der Krieg gegen die Hindus begründet – und zwar mit dem Glaubensargument –, während die meisten Kriege gegen andere Timuridenherrscher ohne die Angabe einer Motivation auskommen. Im *Weißkunig* wiederum werden die Auseinandersetzungen mit den Andersgläubigen ohne Begründung begonnen, während viele andere Kriege gerechtfertigt werden. Dieser Unterschied ist möglicherweise auf die in den Kulturräumen unterschiedliche Konventionalisierung der Form des ‚Heiligen Krieges' zurückzuführen. Die Kreuzzüge des europäischen Mittelalters waren den Rezipienten des Maximilianischen Großtextes so präsent, dass es keiner erneuten Rechtfertigung eines solchen Krieges benötigte: Die Gründe waren bekannt. Die Timuridenherrscher waren in vielen Auseinandersetzungen gebunden, jedoch meist gegen Feinde aus den eigenen Reihen oder zumindest nicht gegen Angehörige anderer Religionen. Babur erinnert daher die Rezipienten in seinem Text an die Tradition ‚Heiliger Kriege', in die er seinen Krieg ebenfalls einordnet. Er zielt damit auch auf die Stärkung der Loyalität der eigenen Gefolgsleute und der Verbündeten ab. Während Babur seine Gefolgsleute mit einer kleinschrittig geplanten Inszenierung frommer Akte an sich bindet, um dann in den Krieg gegen die Hindus zu ziehen,[273] scheitert Weißkunigs Kriegsvorhaben an der Illoyalität der anderen christlichen Könige, auf deren militärische Unterstützung er angewiesen gewesen wäre.

In den Texten beider Kulturräume wird mit den Andersgläubigen ein Feindbild konstruiert, das die Herrscher zur Abgrenzung ihrer Gemeinschaft nach außen verwenden und mit dem sie gleichzeitig die eigene Gemeinschaft nach innen definieren, stabilisieren und vereinigen konnten. Dies geschieht gewöhnlich über eine starke Oppositionsbildung gegenüber dem Feindbild, im Falle Maximilians und Baburs im Bereich der religiösen Zugehörigkeit.[274] Der Maximilianische Großtext arbeitet mit einem noch stärker konnotierten Feindbild als der Text Baburs, jedoch scheitert die Bildung einer loyalen Religionsgemeinschaft im kaiserlichen Text.

Den Hintergrund dieser Konstellation, so lässt es sich aus den Texten ablesen, bilden wirtschaftliche Aspekte: Hatten Baburs Gefolgsleute die Reichtümer des zu erobernden Landes Indien vor Augen, ließen sich die potentiellen Verbündeten Weißkunigs durch das Geld des blauen Königs von einem Kreuzzug abbringen.

---

[273] Babur plagen immer große und berechtigte Sorgen um die Treue seiner Gefolgsleute. Die Untreue muss er für den Hindustanfeldzug prinzipiell ebenfalls fürchten. Da aber keine größeren Illoyalitäten auftreten, scheint Baburs Inszenierung durchaus Wirkung gezeigt zu haben.

[274] Zu den Merkmalen eines Feindbilds vgl. Hartl, *Das Feindbild der Kreuzzugslyrik*, S. 16ff.

Der ‚Heilige Krieg‘ ist im *Weißkunig* erzählerisch angelegt und war auch in Maximilians wirklichem Leben vorgesehen. Im *Baburnama* wird diese Art des Krieges zwar von Babur als Rückeroberung alter timuridischer (und damit muslimischer) Gebiete dargestellt, dürfte aber vor allem der wirtschaftlichen Versorgung gedient haben. Ein Feindbild wird in den Texten beider Kulturräume konstruiert: Im Maximilianischen Großtext wird es jedoch langfristig angelegt und durch weitere Texte im realhistorischen Kontext begleitet, während es im *Baburnama* zwar an die islamischen Konventionen rückgebunden wird, bezogen auf das Feindbild der Hindus aber eher den Eindruck einer Ad-hoc-Bildung hinterlässt.

6.4.5 Weltliche und geistliche Macht

Das Verhältnis der Herrscherprotagonisten zu den religiösen Instanzen wird in einigen, jedoch nicht in allen vier Analysetexten beschrieben. Dabei besteht ein Unterschied zwischen dem Maximilianischen Großtext und dem *Baburnama*: Während Babur regen Umgang mit den Sufischeichs pflegt, sind die Maximilian-Alter-Egos kaum in Kontakt mit kirchlichen Amtsträgern. Eine enge Verbindung zum Papst pflegt vor allem der alte Weißkunig, der von ihm in Rom gekrönt wird und dessen Ehe durch diesen höchsten Repräsentanten der christlichen Kirche geschlossen wird. Die Thematik des *Freydal*, die davon handelt, dass ein junger Ritter auf Minnefahrt geht, um in Turnieren Ehre zu erlangen, sieht nicht unbedingt den Auftritt kirchlicher Instanzen vor. Für den *Weißkunig* und den *Theuerdank* jedoch ist eine weitgehende Ausklammerung von religiösen Akteuren zu bemerken: Ritter Theuerdank bezieht etwa seine Motivation, einen Kreuzzug zu bestreiten, nicht von einer geistlichen Instanz, sondern von der Königin Ehrenreich. Er wird in seinem Entschluss vom „englischen geist" bestärkt, also einer göttlichen Instanz. Repräsentanten der Kirche, deren Erscheinen in diesem Zusammenhang erwartbar gewesen wäre, treten nicht auf.

Dass religiöse Instanzen in der Handlung fehlen, bemerkt auch der Autor eines Nachtrags im 117. Kapitel des *Theuerdank*-Exemplars der Bayrischen Staatsbibliothek: In diesem tritt der Papst auf und unterstützt Theuerdanks Ansinnen eines Zugs gegen die Andersgläubigen.[275] Die Person, die diesen Nachtrag vornahm,

---

[275] Kurz zusammengefasst geschieht im handschriftlich nachgetragenen Kapitel folgendes: Theuerdank sendet eine Gesandtschaft zum Papst, um ihm von seinem Kreuzzugsplan zu berichten. Es sei notwendig, so gibt er der Gesandtschaft mit auf den Weg, alle „künig, Fursten vnd stendt" zu einem solchen Zug zu vereinen, um gegen den mächtigen Feind („gegen einem gwalt so gross") bestehen zu können. Der Papst unterstützt diesen Vorschlag und sendet seinerseits Gesandtschaften zu allen „künig vnd heeren / Auch Comaun in der nehe und ferren", um sie für den gemeinsamen Kreuzzug zu mobilisieren. An dieser Stelle tritt der Erzähler hervor und teilt seine Unwissenheit über das Ergebnis dieser Gesandtschaften mit („Dieweil mir ist nun vnbekanndt / Was dieselben haben ausgericht"). Wenn er etwas davon erfahre, werde er in einem neuen Buch davon berichten, so ergänzt er, er

wollte nicht nur die abrupt endende Handlung zum Kreuzzug weiter ausführen, sondern empfand in diesem Zusammenhang wohl auch die Notwendigkeit, den Amtsträger der Kirche als handelnde Person zu ergänzen.[276]

Auch im *Weißkunig* werden im zweiten und dritten Teil der Erzählung kirchliche Akteure nur zurückgenommen thematisiert. Im ersten Teil der Erzählung tritt der Papst auf, der den alten Weißkunig krönt und verheiratet. Er ist in diesem Teil nicht verschlüsselt, wird also auch als Papst bezeichnet. Der Papst jedoch, gegen den der junge Weißkunig am Ende der Erzählung einen Krieg führt, wird als König der Kronen unter anderem Namen geführt.[277] Die Funktionen des Papstes werden durch seine unterschiedliche erzählerische Gestaltung im ersten und im letzten Teil des *Weißkunig* getrennt aufgeführt: Der Papst, der sich auf seine kirchlichen Aufgaben konzentriert, wird unter seinem kirchlichen Amt (Papst) aufgeführt, während der Papst, der mit weltlichem Handeln in Erscheinung tritt, mit einem weltlichen Titel (König) bedacht wird. Mit dieser Konstruktion wollten Maximilian und seine Gelehrten vermutlich die Oppositionsstellung des verschlüsselten Alter Egos des Kaisers, Weißkunig, gegen den Papst teils verdecken, teils rechtfertigen. Die Herrscherprotagonisten sollten als Besitzer religiösen Charismas dargestellt werden und als streitbare Krieger, die weltlichen Ruhm erringen wollen. Weltlich agierende Kirchenvertreter hätten für diese Darstellungsabsicht eine Konkurrenz bedeutet. Sie wurden möglicherweise deswegen weitgehend ausgeklammert.

Im *Weißkunig* wird dem Erringen geistlicher Ehre ein Vorrang vor der weltlichen Ehre eingeräumt. Der junge Weißkunig nennt Alexander den Großen, König David und Julius Caesar als seine Vorbilder.[278] Während er Alexander den Großen

---

vertraue jedoch in der Sache auf Gott. Vgl. Pfintzing, *Theuerdank*, S. 556-558 (Exemplar der Bayrischen Staatsbibliothek mit der Signatur Rar 325a).

[276] Burkhard Waldis, der den Theuerdank bearbeitete, ergänzte ebenfalls das 117. Kapitel. Im Stil äsopischer Fabeln berichtet er jedoch in diesem Kapitel nicht von einem Kreuzzug des Ritters, sondern von anderen historischen Vorgängen aus dem Leben Maximilians, die er mit Hilfe von Tiersymbolik verschlüsselt und die von Auseinandersetzungen mit den Andersgläubigen handeln. Kirchenpersonal erwähnt Waldis nur als „heuchelischen Stamm", dem Theuerdank „heftig gram" gewesen sei. Zitiert nach Haltaus, *Einleitung*, S. 55. Die Bearbeitungen Waldis' wurden 1553, 1563, 1589 und 1596 aufgelegt. Vgl. ebd., S. 48.

[277] Diese Verschlüsselung rekurriert wohl auf die Tiara, die Papstkrone, die dreistufig aufgebaut ist. Gegenüber der Mitra symbolisiert die Tiara – zumal für die Zeit Maximilians – eher weltlichen Machtanspruch. Vgl. Engels, *[Art.] Tiara*, Sp. 759.

[278] Vgl. *Der Weiß Kunig*, S. 78 [Schultz: S. 80]. Diese drei Herrscher finden sich auch im literarischen und kunstgeschichtlichen Topos der Neun Guten Helden, der aus drei Helden der Antike (Alexander der Große, Julius Caesar und Hektor), drei Helden des Alten Testaments (Judas Makkabäus, König David und dem Prophet Josua) und drei Helden des Christentums (König Artus, Karl der Große und Gottfried von Bouillon) besteht. Diese Helden wurden im Mittelalter als vorbildliche Ritter angesehen. Hans Burgkmair, der zahlreiche Holzschnitte für den *Theuerdank* und den *Weißkunig* anfertigte, schuf auch eine berühmte Stichserie zu diesem Topos, die Maximilian bekannt gewesen sein dürfte. Die drei genannten Vorbilder Weißkunigs gehören also sozusagen einem Helden-Kanon an.

als beispielhaft für die Kriegsführung ansieht, findet er in König David ein Muster an Frömmigkeit.[279] Den beiden weltlich-heidnischen Herrschern Alexander den Großen und Julius Caesar sieht sich Weißkunig als überlegen an.[280] Im Gegensatz dazu erscheint ihm der biblische Herrscher David als nicht übertreffbar, denn der im Lehrungs-Kapitel ansonsten oftmals wiederholte Überbietungstopos wird im Falle seines Vergleichs mit David nicht verwendet. Es zeichnet sich eine Verbindung zwischen der Darstellung König Davids als Vorbild Weißkunigs und dessen Parallelisierung mit Jesus ab, gilt David doch ebenso als Präfiguration Christi.[281]

Im Gegensatz zu den Protagonisten im Maximilianischen Großtext zeigt sich Babur im *Baburnama* als stets von religiösen Instanzen, den Sufischeichs, umgeben. Sie sind fester Bestandteil seiner Gefolgschaft und Teilnehmer seiner Majālis. Baburs Mentor in frühen Jahren ist Khwaja Mawlana Qazi. Bei seiner Eroberung Samarkands erhält er Unterstützung von Khwaja Yahya. In den späteren Jahren vertraut er Khwaja Kalan, der jedoch nicht bei ihm in Indien bleiben möchte.

Eine besondere Verbindung pflegt Babur zur Zeit der Verschriftlichung des *Baburnama* zum bereits verstorbenen Sufischeich Khwaja Ubaydullah Ahrar. In Baburs Träumen sucht ihn der tote Sufimeister auf.[282] Zu Ehren des Khwajas versifiziert Babur außerdem den *Walidiyya*-Traktat.

Der Kontakt, den Babur zu den Sufischeichs sucht, hat neben den spirituellen und religiösen Aspekten auch gefolgschaftlich-militärische. Sein gutes Verhältnis zu den religiösen Instanzen diente auch der Machtbehauptung. Für die Herrscher – so auch für Babur – war es notwendig, gute Beziehungen zu den Naqshbandiyya zu pflegen, weil diese dafür sorgten, dass die politische Herrschaft in der Bevölkerung gefestigt wurde.[283] Entgegen der Gewohnheit anderer Sufi-Orden

---

[279] „Der Jung weiß kunig [war] [...] in seinem gemuet bewegt, [...] in dem lob gotes, dem kunig davit, vnd in der streitperkait, dem kunig alexannder, nach zu folgen." *Der Weiß Kunig*, S. 78 [Schultz: S. 80].

[280] Alexander dem Großen sieht er sich als überlegen im „saitenspiel der streitperkait". *Der Weiß Kunig*, S. 78 [Schultz: S. 80]. Dasselbe gilt für Julius Caesar. Vgl. *Der Weiß Kunig*, S. 79 [Schultz: S. 80].

[281] Vgl. Frenzel, *David*, S. 151. In Lukas 1,31-32 wird Maria durch den Engel Gabriel verkündet: „Du wirst ein Kind empfangen, einen Sohn wirst du gebären: dem sollst du den Namen Jesus geben. Er wird groß sein und Sohn des höchsten genannt werden. Gott, der Herr, wird ihm den Thron seines Vaters David geben."

[282] Vgl. Thackston, *The Baburnama*, S. 120 [fol. 83b]. Ein anderes Mal erscheint der Enkel des Khwajas in Baburs Traum. Vgl. Thackston, *The Baburnama*, S. 156 [fol. 118b]. Ein weiteres Mal wird Babur, als er in Gefangenschaft gerät, von Gefolgsleuten befreit, denen im Traum ebenfalls Khwaja Ubaydullah Ahrar erschienen ist und ihnen befahl, ihren Herrscher zu befreien. Vgl. Thackston, *The Baburnama*, S. 157 [fol. 119f.]; vgl. Kapitel 6.3.2.

[283] Zu dieser Art von Verbindung vgl. Foltz, *The Central Asian Naqshbani Connections of the Mughal Emperors*, S. 230. Foltz bezieht sich hier auf Ergebnisse einer unveröffentlichten Dissertation von Gross, *Khoja Ahrar: A Study of the Perceptions of Religious Power and Prestige in the late Timurid Period*.

äußerten sich die Naqshbandiyya bei politischen Fragen und übten Einfluss auf die Herrscher aus.[284]

Trotz des engen Kontaktes Baburs zu den Sufis geht er davon aus, dass er als Repräsentant der weltlichen Sphäre sowohl die weltliche als auch die geistlichen Mächte zu dominieren habe. Diese Auffassung spiegelt sich in seiner Kritik am Werk *Der Shah und der Derwisch* des Dichters Hilali wider. In der Kritik an der sexuellen Rolle, die Babur übt (in Hilalis Werk werden der Shah als Geliebter und der Derwisch als Liebender dargestellt[285]), schwingt gleichzeitig wohl die Überzeugung mit, dass der Herrscher als Repräsentant der weltlichen Sphäre gegenüber dem Repräsentanten der geistlichen Sphäre die dominante Rolle einnehmen müsse. Im *Baburnama* wird damit also von Seiten der weltlichen Macht der Anspruch auf Vorrang unter den Mächten erhoben.

Das Verhältnis zwischen Herrscher und religiösen Instanzen wird in den vier Analysetexten unterschiedlich gestaltet. Während Babur auf ein Netzwerk mit den Sufischeichs zurückgreift, das sogar den toten Sufi Khwaja Ubaydullah Ahrar umfasst, stehen Weißkunig und der König der Kronen, wie der Papst verschlüsselt wird, in Opposition zueinander. Dass der Papst im dritten Teil des *Weißkunig* als König bezeichnet wird, zeigt, dass er primär weltlich wahrgenommen wurde und nicht als geistliche Instanz. Vor allem diese Seite an ihm sollte beim Aufeinandertreffen mit dem jungen Weißkunig betont werden.[286] In jedem Fall wird eine Nähe zwischen Papstamt und Königsamt aufgebaut. Weißkunig und Theuerdank orientieren sich gar an der göttlichen Instanz: Darstellerisch in die Nähe von Jesus gerückt, zeigen sie sich als der Menschheit und auch dem Papst überlegen.

Im *Baburnama* finden sich Nähe und Übergänge zwischen den Sufis als dem geistlichen Gefolge und den militärischen Gefolgsleuten Baburs. Zum einen war es möglich, die Rollen zu tauschen: Babur berichtet von einem Sufi, den er überredet, sich seinem militärischen Gefolge anzuschließen, dem er aber später auf dessen Verlangen wieder erlaubt, zum Sufidasein zurückzukehren. Zum anderen war es ebenfalls möglich, in seiner Rolle zu bleiben, aber das Rollenverhalten der jeweils anderen Sphäre zu adaptieren: Als (Naqshbandi-)Sufi konnte man politisch handeln, ebenso wie Babur als Herrscher versuchte, ein Sufi-Ideal zu verfolgen.[287]

---

[284] Vgl. Schimmel, *Mystische Dimensionen des Islam*, S. 515f.

[285] Vgl. Thackston, *The Baburnama*, S. 225 [fol. 181b]. Das Dominanzgefälle, das seiner Meinung nach zwischen Herrscher und Derwisch eingehalten werden müsse, sieht Babur bei Hilali auf den Kopf gestellt.

[286] Beim Aufeinandertreffen mit dem alten Weißkunig wird er hingegen, wie gezeigt, auch unverschlüsselt als Papst bezeichnet.

[287] Ein prägnantes Beispiel für einen politisch handelnden Sufi im *Baburnama* ist Khwaja Kalan, dem Babur die Herrschaft über Kabul überträgt und ihn darin bestärkt, diese Herrschaft gegen die aufbegehrenden Söhne Baburs zu verteidigen. Vgl. Thackston, *The Baburnama*, S. 423-425 [fol. 359-361]. Von der Möglichkeit einer scharfen theoretischen Trennung des Rollenverhaltens geistlich und politisch Handelnder soll indes nicht ausge-

Für den Maximilianischen Großtext und auch für das *Baburnama* sind große Nähen zwischen dem geistlichen und dem weltlichen Handeln der jeweiligen Akteure, also der Sufis, Päpste und Herrscher festzustellen. Dadurch, dass sich Maximilian darstellerisch in göttliche Nähe bringt, rückt seine Opposition gegenüber dem Papst-Alter-Ego in den Hintergrund. Der König der Kronen spielt als religiöse Mittlerfigur keine Rolle und wird regelrecht aus den Texten ausgeklammert. Anders verhält es sich bei Babur, der mit den religiösen Mittlerfiguren seines Kulturraums, den Sufis, ein enges Netzwerk knüpft, in dem nicht nur geistliches Handeln seinen Platz hat, sondern auch politisches und wirtschaftliches. Beiden Herrschern zeigt sich Gott gewogen, jedoch vertrauen sie nicht ausschließlich darauf, sondern betonen immer auch ihre eigenen Verdienste und ihren Ehrgeiz. Die Nähe zum Göttlichen der Maximilian-Alter-Egos verweist auf die Intention, den Herrscher als überragende Persönlichkeit mit umfassendem Machtanspruch darzustellen.

---

gangen werden. Zum Zwecke der Analyse lässt sich aber eine Trennung annehmen, bei der etwa das Militärische zur politischen Sphäre gezählt werden kann und das Nacheifern eines mystischen Ideals zur religiösen Sphäre.

7 Alleinherrschaft und Gefolgschaftswerbung. Das Streben der Herrscher nach weltlichem Ruhm im Krieg und bei Hof

Der Unterschied zwischen der herrscherlichen Selbstdarstellung im geistlichen und im weltlichen Bereich wird durch die Motivation und das primäre Ziel des Strebens seiner Protagonisten bestimmt: Ist das weltliche Bemühen vor allem für die Erhöhung der Reputation des Herrschers selbst und seiner Dynastie förderlich, wird das religiöse Streben vor allem als Dienst an einer göttlichen Instanz dargestellt. Letzteres fällt aber insofern wieder auf den Herrscher zurück, als dieser durch Demonstration seiner Gläubigkeit und Demut auf die Wertschätzung durch die Rezipienten, die zeitgenössischen und nachfolgenden Leser, abzielt.

Im weltlichen Bereich zeigen sich die Protagonisten der Analysetexte als kriegerische Charaktere. Sie tragen im Verlauf der Handlung zahlreiche militärische Auseinandersetzungen aus. Auch üben sie sich in allerhand damit verwandten Tätigkeiten wie der Jagd und – im Falle der Maximilianischen Protagonisten – dem Turnieren. Um weltliche Reputation geht es ebenso bei ihrer Eigenbeschreibung als besonders kultivierte Charaktere, die sich gemäß eines Erziehungs-, Bildungs- und Tugendideals formen. Ihre zur Schau getragene Selbstkultivierung bildet dabei ein Gegengewicht zu ihrer Inszenierung als Kriegsherren: Durch die Identifikation der Protagonisten mit den scheinbar einander entgegengesetzten Idealen positionierten die Herrscher sich auch in den unterschiedlichen, teils widersprüchlichen Strömungen ihrer eigenen Zeit und versuchten sie zu verbinden. Letztendlich lief dieses Bestreben auf die Ansprache unterschiedlicher Adressatenkreise hinaus.

Engagiertes Kriegertum und das Bemühen um einen kultivierten Lebensstil gehören in den Werken unauflöslich zusammen.[1] Im *Freydal* und im *Theuerdank* werden die beiden Aspekte auf beispielhafte Weise in der Rolle des Ritters vereinigt, die der Protagonist einnimmt: Der Ritter soll kämpfen und sich in Turnieren und Kriegen auszeichnen. Er dient Gott und seiner Dame und ist hinsichtlich seiner Tugenden auf ein gesellschaftliches Ideal festgelegt, das von ihm ein ‚höherwertiges' Verhalten verlangt.[2] Der Protagonist Babur inszeniert sich ebenfalls als

---

[1] Im *Weißkunig* wird das zweifache Streben explizit deutlich, wenn etwa der junge König die Kunst des Ausrichtens von Banketten und Mummereien erlernt: „Wiewol Er der streitperist kunig ist gewest, so mag ain jeder aus diser meiner schrifft versteen, das Er auch der frölichist kunig gewesen ist." *Der Weiß Kunig*, S. 80 [Schultz: S. 84].

[2] Der Entwurf des höfischen Ritterideals vor allem in der Literatur war nicht nur zur Unterhaltung gedacht, sondern wollte auch Einfluss auf die gesellschaftliche Praxis nehmen. Zwischen Literatur und historischer Wirklichkeit verblieb jedoch immer eine Diskrepanz, deren Ausmaß bisweilen Kritik auslöste. Zu den Elementen des höfischen Ritterideals vgl. Bumke, *Höfische Kultur*, S. 416-430.

Krieger, folgt auf der anderen Seite jedoch auch dem ethisch-gesellschaftlichen Ideal des Adab, das auf eine Kultivierung des Benehmens abzielt.[3] Zu den Ausdrucksformen der Selbstkultivierung sowohl des Rittertums als auch der Timuriden zählt zudem das höfische[4] Fest. Es dient dem elitären Selbstverständnis und der Selbstvergewisserung der adligen Schicht.[5]

Die Darstellung des idealen Verhaltens der Herrscherprotagonisten in den weltlichen Bereichen des Krieges und der Selbstkultivierung zielte darauf ab, Ruhm zu generieren, der als symbolisches soziales Kapital der Steigerung der Reputation diente. Dieses Kapital wurde als etwas den Herrschern über ihren Tod hinaus Anhaftendes angesehen, sollte also die Grundlage ihres Nachruhmes bilden.[6]

7.1 Historische Hintergründe: Die Herrscher als Kriegsherren und höfische Repräsentanten

Babur und Maximilian führten während ihrer Regierungszeit zahlreiche Kriege, galten gar als kriegslustig. Babur wurde in dieser Hinsicht durch seine turkomongolische Abstammung geprägt, deren Wurzeln auf die nomadischen Steppenvölker unter Genghis Khan zurückreichten. Traditionell griffen diese Völker auf das Mittel des Krieges zurück, um vor allem ihre Beutewirtschaft am Laufen zu halten.

Kaiser Maximilian pflegte bereits in seiner Jugend eine Vorliebe für kriegsverwandte Aktivitäten wie die Jagd und das höfische Turnier. In beidem galt er als besonders talentiert. Als er an den Hof von Burgund gelangte, begann seine ei-

---

3 Der Begriff Adab entstammt dem Arabischen und bezeichnet in der Grundbedeutung vorbildliches Benehmen im ethischen und sozialen Sinn. Später verengt sich seine Bedeutung auf den Bereich der Literatur, in dem Adab dann zu einer Genrebezeichnung wird. Vgl. Gabrieli, [Art.] Adab, S. 175f. Neben dem Verhaltensideal ist auch die Gelehrtheit Bestandteil des Bildungsbegriffs Adab, der daher ebenso ein Konzept der Repräsentation wie der Gelehrsamkeit darstellt. Vgl. Fähndrich, Der Begriff ‚adab' und sein literarischer Niederschlag, S. 331. Adab gilt als Schlüsselkonzept der Sufis. Es bezeichnet das korrekte Benehmen, nach dem Sufis streben sollten und wurde als Grundlage ihres Gemeinschaftslebens angesehen. Viele sufische Handbücher enthalten Geschichten, die die Ausgestaltung des Adab illustrieren. Vgl. Schimmel, Mystische Dimensionen des Islam, S. 326.

4 Die Verwendung des Begriffs des Höfischen kann bezogen auf das Baburnama nicht bedeutungsgleich wie für den Maximilianischen Großtext erfolgen. Im Falle Baburs verweist der Begriff vor allem auf sein Hofleben und auf die Gesellschaftsideologie, die im islamisch geprägten Kulturraum mit dem Begriff Adab bezeichnet wird, während der Begriff des Höfischen im deutschen Mittelalter in feststehender Bedeutung Tugendforderungen und Vorschriften des gesellschaftlichen Verhaltens umfasst. Es wird im Folgenden vor allem in Bezug auf das damit beschriebene Gesellschaftsideal verwendet. Vgl. Bumke, Höfische Kultur, S. 81, S. 425-430.

5 Vgl. Bumke, Höfische Kultur, S. 12; vgl. Subtelny, The Poetic Circle, S. 162ff. Die höfischen Feste der Timuriden, die Majālis, auf denen Poesie vorgetragen, Wein getrunken und Musik gespielt wurde, waren fester Bestandteil des gesellschaftlichen Lebens der Elite.

6 Die Dauerhaftigkeit des Ruhms wird im Theuerdank mit der Bezeichnung „ewig eer" betont. Vgl. Pfintzing, Theuerdank, S. 51.

gentliche Ausbildung in den Kriegshändeln: Burgund, das noch vom kriegerischen Enthusiasmus Karls des Kühnen geprägt war, der 1477 in der Schlacht bei Nancy gefallen war, diente ihm als „Lehrmeister des Krieges."[7] Maximilian selbst griff während seiner Regierungszeit häufig auf das Mittel des Krieges zurück, sodass Wiesflecker den Krieg für Maximilians Zeit als „Vater aller Dinge" bezeichnet; die Politik des Habsburger Kaisers sei immer „durch den Krieg und aus dem Krieg gestaltet" gewesen.[8]

Babur und Maximilian bedienten sich beide bei ihrer weltlichen Selbstdarstellung konservativer Elemente, sei es in der Betonung von Steppevölkertraditionen (Babur) oder in der Rolle als mittelalterlicher Ritter (Maximilian). Gleichzeitig zu diesen Traditionen, die mit dem Krieg in Verbindung standen, trieben sie die innovative Kriegsführung voran: Sie ließen neueste Waffentechniken entwickeln und beförderten ihren Einsatz im Krieg. Maximilian führte mit den Landsknechten ein flexibles Söldnerheer ein, das mit Langspießen bewaffnet in den Krieg zog.[9] Außerdem förderte er die Entwicklung der Geschütztechnik. Babur setzte in der ersten Schlacht bei Panipat, die Teil seiner Hindustaneroberung war, in diesem Teil der Welt erstmals Feuerwaffen ein.[10] Auch ein von osmanischen Waffenexperten entwickelter Mörser kam zum Einsatz.

Die Selbstdarstellung als höfisch-kultivierter Herrscher schaute sich Maximilian vermutlich nicht in seiner eigenen Dynastie ab: Der habsburgische Hof Friedrichs III. jedenfalls galt eher als schlichte Hofhaltung, Friedrich selbst als geiziger Kaiser. Stattdessen wird die prächtige Hofhaltung Burgunds in diesem Bereich als Vorbild für Maximilian gelten können.

Mit seiner Selbstdarstellung als höfisch-kultivierter Herrscher sprach Babur vor allem die Vertreter des zweiten Traditionsstrangs an, der seinen Kulturraum prägte: die sesshaften persischen Gelehrtenkreise. Zwischen ihnen und der militärischen Elite galt es für ihn stets einen Ausgleich zu schaffen.

Das Bemühen, in den zwei Bereichen des Krieges und der Repräsentation symbolisches soziales Kapital zu generieren, steht im Zusammenhang mit dem Versuch der Herrscher, die verschiedenen Typen an Gefolgsleuten enger an sich zu binden und ihre Loyalität zu erreichen. Indem sie über ihre Selbstinszenierung Angebote zur Identifikation schufen, sollten sich sowohl militärische als auch gelehrte Gefolgsleute zum Hof gehörig fühlen.

---

[7] Wiesflecker, *Kaiser Maximilian I. Bd. 1*, S. 230.

[8] Wiesflecker, *Kaiser Maximilian I. Bd. 5*, S. 501.

[9] Die Formierung der militärischen Truppe der Landsknechte geht auf Maximilian zurück. Ihren Namen bekamen sie wohl daher, weil man sie im eigenen Land anwarb. Maximilian prägte die Truppe der Landsknechte ganz wesentlich: „Er nannte sie seine Söhne, sie ihn ihren Vater." Wiesflecker, *Kaiser Maximilian I. Bd. 5*, S. 505.

[10] Vgl. Gommans, *Mughal Warfare*, S. 147.

7.2 Literarische Darstellung der Kriegsführung und des höfischen Verhaltens der Protagonisten

Ausprägung erfährt das weltliche Handeln vor allem im Kampf und im Fest. Der Zusammenhang zwischen beiden Ausprägungen wird in den Analysetexten ähnlich bewertet: Im Maximilianischen Großtext werden sie als sich komplementär ergänzende Formen weltlichen Handelns gesehen. Im Text des *Freydal* heißt es etwa bereits zu Beginn, dass sich der Protagonist vorzüglich sowohl auf „rennen stechen kempfen" als auch auf „tantzen vnd thuniern"[11] verstehe. In der Erzählung folgt auf die drei Ritterspiele, die Freydal an jedem Hof absolviert, immer ein höfisches Fest in Gestalt einer Mummerei, zu der der Held stets prunkvoll eingekleidet erscheint. Im *Baburnama* äußert Babur die Meinung, dass ein Herrscher seiner Dynastie sowohl ein ambitionierter kriegerischer Kämpfer sein sollte als auch dazu fähig, sich mit kluger Dichtung auf einem Majlis zu beweisen. Für entscheidend hielt er dabei den Ausgleich zwischen Krieg und dem höfisch-kultivierten Leben.[12] Als Babur einen entsprechend ökonomisch ausgestatteten Lebensstandard erreicht hat, scheint ihm diese Balance zu gelingen und er schildert abwechselnd seine Teilnahme an Majālis und kriegerischen Auseinandersetzungen. Kritik übt er jedoch an seinem Cousin Sultan-Husayn Mirza, dessen ausschweifende Majlis-Kultur am Hof er als Hindernis für den Aufbau eines ehrenvollen Rufs als Krieger sieht. Es scheint ihm hier nicht primär um eine Kritik an den Majālis des Sultans zu gehen, sondern vor allem um die fehlende Ausgewogenheit zwischen den Feiern und den Kriegen.[13]

Der Zusammenhang von Krieg und höfisch-kultiviertem Leben spiegelt wiederum den Zusammenhang von politischem Übergang und kultureller Blüte wider: So ist doch der Krieg als eine der Ursachen für die politische Krise zu nennen und sind einige Ausprägungen der höfischen Repräsentation zur kulturellen Blüte zu zählen. Zu letzteren zählen die Festkultur und die höfische Selbstkulti-

---

[11] Von Leitner, *Freydal*, S. XV.

[12] Die Wohl-Proportioniertheit (Andāza) gilt als ein entscheidender Aspekt des Adab-Ideals, dem Babur wohl folgte. In Baburs Kulturraum erfuhr dieses Ideal eine wesentliche Prägung durch das *Shahnama*. Vgl. Khaleghi-Motlagh, *[Art.] Adab*, S. 432.

[13] Dale sieht in Baburs Kritik eine Parallele zu Ibn Khalduns Modell des dynastischen Verfalls: Dem Modell zufolge verkümmerten die soziale Kohäsion und die Ungezähmtheit, die das Leben nomadischer Völker in der Steppe kennzeichneten, sobald die nomadischen Völker über sesshafte Völker siegten und ihre Städte einnahmen. Mischehen mit der einheimischen Bevölkerung, der Rückgang militärischer Gemeinschaftserlebnisse und das Vergnügungsstreben sorgten dafür, dass die Nomaden ihr unstetes Leben gegen ein sesshaftes Leben eintauschten. Vgl. Dale, *The Gardens of the Eight Paradises*, S. 80 unter Bezugnahme auf Ibn Khaldun.

vierung, die in diesem Kapitel behandelt werden, aber auch die künstlerischen und gelehrten Erzeugnisse, die im nächsten Kapitel[14] thematisiert werden.[15]

Zu den Pflichten eines Herrschers gehören ebenso die Machtbehauptung in kriegerischen Auseinandersetzungen wie höfisch-repräsentative Aufgaben, die seine Macht symbolisch ausdrücken.

In den Analysetexten werden die verschiedenen Arten des weltlichen Handelns der Protagonisten in unterschiedlicher Schwerpunktsetzung geschildert. Im *Freydal* wird vor allem das Turnieren als kriegsvorbereitendes Gewalthandeln beschrieben. Im *Theuerdank* wird in den ersten beiden Abschnitten von den Turnieren des Protagonisten, insbesondere aber von seinen Jagden berichtet. Auch im Lehrungs-Teil des *Weißkunig* bilden Jagd und Turnier einen Themenschwerpunkt. Von diesem kriegsvorbereitenden Handeln verlagert sich der Fokus im Verlauf der Handlung auf das Kriege-Führen, das im dritten Abschnitt des *Theuerdank* und im dritten Teil des *Weißkunig* viel Erzählraum einnimmt. Die Intensität der kriegerischen Auseinandersetzungen wächst also an, während der Protagonist heranwächst. Er muss sich im zweiten Teil seines Lebens den meisten und gefährlichsten Kriegen stellen. Das höfische Verhalten findet mit zunehmenden Alter hingegen immer seltener Erwähnung: Es ist vor allem Bestandteil der Erzählung des *Freydal*, also der Jugendgeschichte Maximilians.[16] Sieht man diese Entwicklungen zusammen, wird eine Schwerpunktverlagerung vom gleichzeitigen Ruhmesstreben im kriegerischen wie im höfischen Bereich hin zum einseitigen Engagement in kriegerischen Auseinandersetzungen deutlich. Die Darstellung zielte wohl darauf ab, die Meisterschaft der Protagonisten in beiden Bereichen zu betonen. Jedoch wird die Beschreibung des Gewalthandelns aufgrund ihres Umfangs besonders herausgestellt.

Im Fall des *Baburnama* stehen die Anteile der Schilderungen von Kriegen und von Handlungen, die eher dem höfisch-repräsentativen Bereich angehören, in einem ausgeglichenen Verhältnis zueinander. Die Lebensphasen, in denen Babur zahlreiche Kriege führt, halten sich mit den Phasen die Waage, die von ausgedehnten Festen geprägt werden. Im Zuge der Hindustan-Eroberung, die einen Zuwachs an materiellem Reichtum mit sich brachte, nehmen für ihn die Möglichkeiten sowohl im Bereich der Gefolgschaftswerbung als auch im höfisch-repräsentativen Bereich zu, die ihm vorher oft gefehlt haben.

---

14 Vgl. Kapitel 8.

15 Die Übergänge zwischen der höfischen Repräsentation und der Kunst und Gelehrsamkeit sind fließend. In dieser Arbeit wird eine künstliche Trennung zwischen ihnen vorgenommen, damit die Arbeit mit den Vergleichskategorien handhabbar bleibt.

16 Auch in der Elterngeschichte des *Weißkunig* sind Beschreibungen höfischer Feste oder anderer Bestandteile höfischer Repräsentation zu finden, die aber vor allem der alte Weißkunig ausrichtet. Der junge Weißkunig ist zu diesem Zeitpunkt noch nicht geboren.

7.2.1.1 Jagd, Turniere und die Ausbildung im Kriegswesen

Die drei Texte des Maximilianischen Großtextes betonen jeweils verschiedene Facetten von Jagd, Turnier und der Ausbildung im Kriegswesen und schreiben ihnen unterschiedliche Funktionen zu. Das Erlernen einzelner Jagddisziplinen, Turnierarten und Kriegsfertigkeiten wird in den Lehrungs-Kapiteln des *Weißkunig* geschildert.[17] Die Lehrung des jungen Königs ist stark vom Erlernen der Kriegsführung geprägt: Die in 33 Kapiteln geschilderte Ausbildung umfasst allein 14 praktische Kriegsdisziplinen.[18]

Als Grundlage seiner Ausbildung werden Weißkunig zunächst geistige und künstlerische Fähigkeiten vermittelt, bevor Disziplinen auf seinem Lehrplan stehen, die zwar nur indirekt mit dem Kriegswesen zu tun haben, aber im Text stets auf die Kriegsführung bezogen werden: Dazu zählen etwa das Zeichnen, das Zimmerhandwerk und das „Stainwerck."[19] Nach diesen mindestens indirekt für den Krieg nützlichen Fertigkeiten wird der junge König schließlich umfassend in den zentralen Kriegsfertigkeiten ausgebildet, bis die Lehrung abgeschlossen ist: Weißkunig erlernt zunächst das Bogen- und Armbrustschießen, bevor er in verschiedenen Arten der Jagd ausgebildet wird. Danach eignet er sich einige Fechtweisen an und widmet sich schließlich der Kunst der Ritterspiele. Die Jagd und die Turniere sind als Vorbereitung für die Ausbildung in den nun folgenden Disziplinen der Kriegskunst, namentlich der Reiterei, Harnischmeisterei, Artillerie und Wagenburg-Formation zu sehen.[20] Die Auffassung der Jagd als Übung und als Vorbereitung für den Krieg wird explizit im *Weißkunig* bestätigt: „So ist der Jung weiß kunig, albeg zu kriegen berait gewest, dann er [hat] fur vnd fur gejagt vnd gepaist".[21] Im Verlauf der Lehrung folgt dann Weißkunigs Einsatz in seinem ersten Krieg. Diesen Krieg soll der junge Weißkunig auf Wunsch seines Vaters führen, um Kenntnisse als Heerführer zu erlangen, bevor er heiratet.

Während der Lehrung geht es jedoch nicht nur darum, sich kriegspraktische Fähigkeiten anzueignen. Weißkunig soll auch Qualitäten als Heerführer entwic-

---

[17] Zu den entsprechenden Lehrungs-Kapiteln zur Jagd, zum Turnieren und zum Erlernen der Kriegsfertigkeiten vgl. *Der Weiß Kunig*, S. 83-101 [Schultz: S. 86-112].

[18] Weißkunig lernt mit verschiedenen Waffen und auf verschiedene Arten zu schießen. Er lernt zu fechten, Wagenburgen zu errichten, die Artillerie einzusetzen und auf verschiedene Arten zu stechen. Vgl. *Der Weiß Kunig*, S. 83-101 [Schultz: S. 86-112].

[19] *Der Weiß Kunig*, S. 76f. [Schultz: S. 77]. Den Umgang mit dem „Stainwerck" erlernt er, um „starke Mauern gegen seine Feinde" errichten zu lassen. Das Zimmermannshandwerk setzt er im Bau von Brücken und Täbern ein, die ihm im Krieg dienlich sind. Ebd.

[20] Weißkunig lernt auf verschiedene Weisen zu schießen und zu fechten, darüber hinaus erlernt er den Umgang mit „Platnerey", „Harnaschmaisterey", „Artalaray" und der Wagenburg. Vgl. *Der Weiß Kunig*, S. 92-101 [Schultz: S. 108-112].

[21] *Der Weiß Kunig*, S. 90 [Schultz: S. 96].

keln.[22] Schon vorher zeigt er seine Begabung zur sozialen Anführerschaft, die auf sein Führungstalent im Krieg vorausdeutet: Im kindlichen Spiel mit anderen „Edl knaben" sorgt er dafür, dass die Gruppe zusammenhält: „Nach seinem willen, muesten Sy albegen in ainigkait beleiben, vnd kain pôse parthey machen."[23]

Die Ausbildung Weißkunigs läuft auf einen möglichst umfassenden Erwerb von Kriegsfertigkeiten in praktischer Hinsicht hinaus, die auf eine geistige Grundlage gestellt werden.[24] Seine Eignung zum Anführer besitzt der König bereits vor seiner Ausbildung, sie ist ihm gleichsam angeboren (so erscheint es in der Darstellung). Die gesamte Ausbildung soll ihn also als perfekten Kriegsherrn ausweisen. Da er sich als außergewöhnlich geschickter Schüler erweist, kann die Einzigartigkeit Weißkunigs als Darstellungsziel gelten. Damit weist der *Weißkunig* unter den drei Selbstzeugnissen die größte Nähe zu einem Fürstenspiegel auf. Vor allem der Abschnitt über die Lehrung und insbesondere die Beschreibung des Erwerbs kriegerischer Fertigkeiten gehören in diese Genretradition.

Das Erlernen der Jagd und der Ritterspiele als Vorübung für die Kriegsführung findet ihre Parallelen auch im *Freydal* und im *Theuerdank*. Im *Freydal* stellen die Turniere Übungen für den Protagonisten in abgegrenzter, befriedeter Umgebung dar. Immerhin reicht die dort erworbene Ehre über den reinen Spielcharakter des Turniers hinaus, denn sie erweist sich als so umfangreiches symbolisches soziales Kapital, dass eine der Jungfauen am Ende der Erzählung um Freydal wirbt. Erst nach der Einnahme der Herrscherposition wird Freydal mit ernsthaften Kämpfen konfrontiert, die dann aber nicht mehr ausgeführt, sondern nur angedeutet werden: „Der jungling für dahin vnd hat nachmalen [...] mit feuer vnd eysen vnd allen mänlichen krefften seine veind ze demmen vnderstanden."[25]

Trotz des begleitenden Textes wird der *Freydal* auch mit der Genrebezeichnung Turnierbuch versehen.[26] Von den 256 Abbildungen, die in ihm enthalten sind, zeigen 192 den Helden im Turnier-Kampf und 64 stellen ihn als Teilnehmer einer Mummerei dar. Der dazugehörige Text berichtet, dass Freydal an jedem der Höfe

---

[22] Die Trennung zwischen dem praktischen Kriegskönnen und der Qualität als Heerführer wird auch im Text vollzogen. Sie spiegelt sich in der Nennung der vier „haupttugendt" („jeger, valkner, kriegsman, heerfuerer") wider, die Weißkunig besitze und bei denen die Rollen als „kriegsman" und als „heerfuerer" getrennt genannt werden). *Der Weiß Kunig*, S. 90 [Schultz: S. 96]. Müller sieht die Rollen im Text eher allgemein mit der Tugend der Fortitudo verknüpft. Vgl. Müller, *Gedechtnus*, S. 241.

[23] *Der Weiß Kunig*, S. 59 [Schultz: S. 54].

[24] Da mit den Kriegsfertigkeiten nicht das gesamte Spektrum der Ausbildung Weißkunigs abgedeckt wird, ist es möglich, andere Schwerpunkte zu sehen: Dietl betont vor allem die Lehrung des Königs in den „drei königlichen Künsten" Jagd, Fremdsprachen und Musik, und parallelisiert den Lernprozess Weißkunigs mit dem Tristans, der sich wie Weißkunig in den Disziplinen, die er erlernte, stets allen anderen überlegen gezeigt habe. Vgl. Dietl, *Zwischen Christus und Tristan*, S. 40ff.

[25] Von Leitner, *Freydal*, S XXXVI.

[26] Vgl. Franke/Welzel, *Morisken für den Kaiser*, S. 34; vgl. Krause, *Das Turnierbuch Freydal Kaiser Maximilians I.*, S. 167-180.

im Turnier gegen Mitglieder des Adels kämpft.[27] Die fortgeschrittenere Bearbeitung zu Beginn des fragmenthaften Textes deutet darauf hin, dass dabei wohl beabsichtigt war, historisch verbürgte Adlige zu nennen, deren Namen mit einer Verschlüsselung versehen wurden, die leicht aufzulösen war.[28] Zudem sind einige Namen der Gegner und Teilnehmer der Mummereien bei den Zeichnungen notiert oder in Listen gesammelt, die dem Kodex vorgebunden wurden. Die Schilderungen und Abbildungen der Ritterwettkämpfe sowie die Namensnennungen sollten wohl der Memoria dienen: Mit seinem literarischen Alter Ego im Mittelpunkt wollte Maximilian zugleich an die bestrittenen Kämpfe sowie an die zahlreichen Adligen erinnern, die mit ihm zusammen Turniere abhielten. Er gewährt ihnen sogar ab und zu die Ehre, gegen sein Alter Ego im *Freydal* einen Kampf zu gewinnen. Auch die Wahl des Genres des Turnierbuchs verweist auf die Memoria-Funktion, da diese Bücher zur Bewahrung der Erinnerung dienten.[29] Die kämpferischen Fähigkeiten der beteiligten Ritter sollten ebenso in Erinnerung bleiben wie die große Bandbreite an ritterlicher Expertise. Auch an die prunkvolle und repräsentative Einkleidung und Ausstattung der Wettstreiter sollte erinnert werden. Die zahlreichen farbigen Illustrationen des *Freydal* unterstützen diesen Wunsch nach Andenken.

Zusätzlich zu der Memoria erfüllte die namentliche Identifizierung der Gegner Freydals und der Festteilnehmer noch eine weitere Funktion: Maximilian schuf mit der Aufnahme der Adligen in sein Buch persönliche Abhängigkeiten und band sie an sein Herrscherhaus.[30] Das Genre des Turnierbuchs erfüllte für Maximilian also wohl Zwecke der Gefolgschaftswerbung.

Das Turnier war zur Zeit Maximilians zwar nicht militärisch, aber gesellschaftlich von Bedeutung: Wie bereits am Beispiel des *Freydal* deutlich gemacht, war ausschließlich der Adel zur Teilnahme zugelassen.[31] Ähnlich sozial exklusiv wie das Turnier wird auch das adlige Privileg der Jagd im *Weißkunig* dargestellt: „Da-

---

27 Die Adligen werden „ritter" genannt und oft als Verwandte der Dame des Hofes bezeichnet. Vgl. etwa den VII. Hof, von Leitner, *Freydal*, S. XX. Nur Adlige besaßen traditionell die Turnierfähigkeit.

28 Die Gegner am ersten Hof werden „Flow von Nalop", „Inohtna von Nafy" und „Pillihp von Grebhcer" genannt. Der erste Namen ist von jüngerer Hand aufgelöst worden in „Wolf von Polan". Die Namen sind also rückwärts zu lesen, um aufgeschlüsselt zu werden. Die Verschlüsselung hört jedoch bereits nach dem II. Hof auf. Ab dann werden nur noch Platzhalter (wie „n") verwendet, die im weiteren Verlauf der Arbeiten an dem Text wohl noch durch verschlüsselte Namen realer Personen ersetzt werden sollten. Vgl. von Leitner, *Freydal*, S. XVIIf.

29 Vgl. Krause, *Das Turnierbuch Freydal Kaiser Maximilians I.*, S. 167. Das Turnierbuch erfüllt damit ähnliche Funktionen wie das Wappenbuch, sodass sie im *Lexikon des Mittelalters* in einem Artikel zusammengefasst behandelt werden. Vgl. Filip, *[Art.] Wappenbuch*, Sp. 2035.

30 Vgl. Krause, *Das Turnierbuch Freydal Kaiser Maximilians I.*, S. 168; vgl. Noflatscher, *Räte und Herrscher*.

31 Die privilegierte Sphäre des Hofes wird im *Freydal* auch über die Aufenthaltsorte des Helden betont, der sich während der Erzählung nur am Hof befindet. Seine Reisen zwischen den einzelnen Höfen werden nicht erwähnt.

rumb solle ein Jeder kunig, auf die Edl Thier, das dem Adl zugebn ist, sein auf-
merckn haben", denn die Bauern würden bei der Jagd „kain maß halten."[32] Unterstrichen wird der Eindruck der Exklusivität durch die Holzschnitte im *Weißkunig* und auch im *Theuerdank*, die eine idealisierte Jagdlandschaft mit einem
begrenzten Personenkreis abbilden.[33]

Mit der Darstellung von Jagd und Turnier als exklusive adlige Refugien und mit
dem Ziel, die Erinnerung an seine adligen Mitstreiter im Turnier schriftlich zu fixieren und zu bewahren, spricht Maximilian seine adligen Rezipienten an. Er ge-
stand ihnen exklusive Räume zu, in denen sie Ruhm erringen konnten, und stellte sich auch selbst als leidenschaftlicher Nutzer dieser Räume dar. Mit der
gemeinsamen Ausübung von Turnieren und Jagden sowie der persönlichen Anre-
de im *Freydal* signalisiert der Kaiser seinen adligen Gefolgsleuten seine persönliche
Nähe zu ihnen. Insbesondere für den niederen Adel, der infolge des aufstrebenden Bürgertums von gesellschaftlichem Abstieg bedroht war, stellte das Verhalten
Maximilians ein ermunterndes Signal dar.

Die Jagdabenteuer und die kriegerischen Auseinandersetzungen im *Theuerdank*
werden wie die Turniere, die im *Freydal* bestritten werden, als Minnedienste dargestellt. Sie dienen (innerhalb der literarischen Handlung) dazu, symbolisches soziales Kapital zu erringen, um die jeweilige Minnedame heiraten zu können.[34] Während die Minnehandlung im *Freydal* gegenüber der Erzählung von den
Ritterwettkämpfen und Mummereien in den Hintergrund tritt, bleibt sie im *Theuerdank* auch präsent, während der Held die zahlreichen Geverlicheiten besteht.
Die Hauptleute erinnern immer wieder an diese Motivation des Helden, indem
sie ihm versprechen, seiner Auserwählten Königin Ehrenreich von seinen kühnen
Taten zu berichten.[35] Am dritten Pass nimmt Theuerdank zudem zahlreiche der
„veinndt"[36] der Königin gefangen und lässt sie als einen sichtbaren Beweis seines
Minnedienstes an den Hof Ehrenreichs überstellen. Und noch als er bereits an ihrem Hof angekommen ist, tritt er für sie zum Ritterspiel an und demonstriert ihr
seinen Heldenmut.[37]

Die Jagden und Kämpfe des Protagonisten werden also als Minnedienste dargestellt und als solche immer wieder präsent gehalten. Möglich, dass auf eine Minneallegorie wie *Die Jagd* von Hadamar von Laber angespielt werden sollte, in der
das Werben um eine Dame allegorisiert als Jagd auf das edle Wild dargestellt

---

[32] *Der Weiß Kunig*, S. 87 [Schultz: S. 94].
[33] Zu dieser politischen Bedeutung von Jagdabbildungen vgl. Wolter-von dem Knesebeck,
[Art.] Jagd, S. 20-25.
[34] Theuerdank etwa stellt an sich einen Mangel an weltlicher „Eer" fest. Vgl. Pfintzing, *Theuerdank*, S. 56.
[35] Vgl. Pfintzing, *Theuerdank*, S. 67 u. ö.
[36] Pfintzing, *Theuerdank*, S. 348.
[37] Vgl. Pfintzing, *Theuerdank*, S. 483f.

wird.[38] Auch das Ende der *Jagd* besäße eine Entsprechung im *Theuerdank*: So wie bei Hadamar das Wild entkommt, weil der Jäger zögert, den Hund Ende einzusetzen, um nicht an die Ehre der Dame zu rühren, kommt es im *Theuerdank* nicht zum Beischlaf als Ehevollzug zwischen dem Protagonisten und seiner Dame.[39] Insofern der Anklang an die *Jagd* beabsichtigt war, rückt diese literarische Anspielung vor allem das höfische Verhalten des Helden in den Vordergrund, der sich als vornehmer Minnediener präsentiert. Deutlich wird das auch bei dem Ende der Erzählungen *Theuerdank* und *Jagd*: Nicht der agonale Charakter der Jagd wird hier auf die Minne bezogen, sondern das ,gezähmte' höfische Verhalten, das die Ehre der Dame respektiert, wird in den Mittelpunkt gestellt. So weist sich Maximilian einmal mehr als der im höfischen Verhalten perfekte Herrscher aus.

Die Darstellung von Jagd und Turnier als kriegsvorbereitende Handlungen wird in den drei Texten mit unterschiedlichen Textsorten in Verbindung gebracht. Diese Textsorten-Nähen erfüllen unterschiedliche Funktionen: Die Nähe zum Fürstenspiegel des *Weißkunig* präsentiert den Helden als Vorbild und als perfekten Herrscher, dessen Kriegsfertigkeiten und höfisches Verhalten die Akquise symbolischen Kapitals ermöglicht. Das Turnierbuch *Freydal* stiftet Memoria für die dargestellten Wettkämpfer und Mummerei-Teilnehmer und bindet so die adlige Schicht an den Herrscher. Maximilian gestaltet hier literarisch seine Nähe zu seinen Gefolgsleuten. Liest man zudem den *Theuerdank* als eine Minneallegorie, bei dem die Jagd auf die Minne bezogen wird, wird die gegenseitige Abhängigkeit der eigentlich konträren gewalttätigen (Jagd) und gewaltlosen (Minne) Handlungen voneinander deutlich. Es wird aber ebenso die Möglichkeit der Auflösung des agonalen Charakters durch höfisches Verhalten präsentiert. Auch hier steht wieder das Herrscherideal im Vordergrund.

7.2.1.2 Krieg

Nachdem die Herrscherprotagonisten ihr Können bei der Jagd und im Turnier erprobt haben, wird als nächster Schritt die Anwendung dieser Fertigkeiten im Krieg gefordert:[40] Während sie im *Freydal* nur zum Ende des Textes angedeutet werden, nehmen die Kriege und „Scharmützel"[41] im *Theuerdank* einen größeren und im *Weißkunig* den größten Stellenwert ein. Der Übergang von der Vorübung

---

[38] Eine Ausgabe der *Jagd* befand sich in der Büchersammlung Maximilians. Vgl. Gottlieb, *Büchersammlung Kaiser Maximilians I.*, S. 104.

[39] Der Beischlaf bleibt jedoch aus anderen Gründen aus: Der Ritter soll erst auf einem Kreuzzug geistliche Ehre erringen.

[40] Jagd und Turnier werden nicht nur in der literarischen Verarbeitung als Übung und Ausbildung für den Krieg dargestellt. Auch in der historischen Realität wurden sie als Übungen für den Krieg begriffen. Vgl. Prietzel, *Krieg im Mittelalter*, S. 43.

[41] Pfintzing, *Theuerdank*, S. 361 u. ö.

der Jagd zum „Scharmützel" und zum „kriegs henndel"[42] findet im Falle des Maximilianischen Großtextes im *Theuerdank* am dritten Pass statt, der auch auf der übertragenen Ebene den Wechsel von den inneren zu den äußeren Geverlicheiten bedeutet, also zu den Gefahren, die von außen auf den Held einwirken.[43] Bedrohliche Kriege sind schließlich im dritten Teil des *Weißkunig* beschrieben, also in dem Teil, der auch erzähllogisch das Ende der Trilogie der Maximilianischen Texte bildet. Damit ist in den Texten entlang des Heranwachsens der Helden und parallel zur ansteigenden Gefahr für die Protagonisten ein linearer Anstieg der Anforderungen festzustellen, die an die Maximilian-Alter-Egos in Sachen Kriegsführung gestellt werden.[44] Mit dem Ansteigen der Bedrohungen werden auch die Möglichkeiten zahlreicher, Ruhm als Kriegsherr zu sammeln.[45] Da in den Texten die Notwendigkeit des Ruhmerwerbs betont wird, sind die Geverlichkeiten daher nicht nur als Bedrohungen aufzufassen, sondern auch als willkommene Herausforderungen für den Helden. Neben der Jagd und dem Turnier wird daher auch der Krieg in den Texten positiv konnotiert.

Für die Rolle als Kriegsherr sind, so zeigen es die Texte, sowohl die physischen als auch die psychischen Qualitäten der Protagonisten gefragt, die sie bereits während ihrer Ausbildung erlangt haben. Körperliche Kraft, Geschick und Waffenkunst sind in den kriegerischen Auseinandersetzungen vonnöten. Psychische oder mentale Qualitäten werden den Protagonisten abverlangt, wenn sie eine Kriegslist anwenden. Diese kommen dann vor allem zum Einsatz, wenn die Situation ansonsten aussichtslos erscheint.[46] Häufig erringen die Maximilian-Alter-Egos dann Siege in den Auseinandersetzungen. Einige davon sind dem Topos ‚Siege der Wenigen gegen die Vielen' zuzuordnen, der in der Kriegsgeschichtsschreibung und auch in der mittelalterlichen Literatur verbreitet ist.[47] Manchmal kommt es auch zu einer friedlichen Einigung der Kriegsparteien als Ergebnis eines „tådings". Selten werden Niederlagen geschildert.[48]

---

[42] Pfintzing, *Theuerdank*, S. 343.

[43] Vgl. Kapitel 6.2.1.2.

[44] Der Anstieg der Anforderungen geht jedoch nicht mit einem alternden Protagonisten einher. Der wird auch am Ende der Trilogie immer noch als so jung beschrieben, dass ein Adliger aus der Partei des blauen Königs nicht glauben kann, dass Weißkunig bereits ein König ist. Vgl. *Der Weiß Kunig*, S. 130 [Schultz: S. 156].

[45] Dass der Ruhmerwerb eine wichtige Rolle für Theuerdank spielt, zeigt eine Situation mit ihm und Neydelhart, in der ihm der Hauptmann von Ansammlungen an Feinden erzählt, die bekämpft werden müssen. Der Ritter zögert nicht, sich gegen die Feinde zu rüsten, und begründet dies mit der Notwendigkeit für ihn, Ehre zu erlangen: „Tewrdannck der Held was bereyt / Alles das zůthun das bracht Eer." Pfintzing, *Theuerdank*, S. 361.

[46] Vgl. etwa Pfintzing, *Theuerdank*, S. 416ff.

[47] Zu den Funktionen dieses Topos vgl. Clauss, *Wenn 6.000 gegen 60.000 triumphieren*, S. 11-35.

[48] Niederlagen im Krieg kommen nur im *Weißkunig* vor, nicht aber im *Theuerdank*. Zu einigen Niederlagen des Protagonisten im Turnier kommt es im *Freydal*.

An Möglichkeiten zur Lösung eines Konflikts werden speziell im *Weißkunig* vor allem kriegerische präsentiert: Die gewalttätige Auseinandersetzung erscheint im literarischen Text und auch in der historischen Realität der Zeit Maximilians als „wichtigstes Mittel der Politik."[49] Politische Vorgänge, die in der historischen Realität ohne einen Krieg auskommen, werden im *Weißkunig* oft nicht erwähnt. Politische Kräfte erscheinen stets als Kampfgemeinschaften, sogenannte „gesellschaften".[50] Ihre Zugehörigkeit zu einem König wird mit Farbbezeichnungen verdeutlicht. Politisches Handeln, auch jenes ganzer Reiche und Kriegsbündnisse, wird auf die Aktionen einzelner Könige reduziert.[51] Der auf diese Weise personalisierten Politik entspricht auch die Darstellung auf den Holzschnitten, die stets die handelnden Könige abbilden. Die Motive für das Handeln der Könige werden häufig nicht geschildert, sodass der Eindruck entsteht, Politik sei aufgrund der Reduktion auf einzelne Aktionen überschaubar und doch aufgrund der fehlenden Motive unverständlich.[52]

Eine Ausnahme zu diesen Befunden bildet die Schilderung des Bayrischen Erbfolgekriegs im *Weißkunig*, bei der die genannten Prinzipien der Darstellung nur halb umgesetzt werden: Die faktenreiche Schilderung des Krieges wird aus dem Zusammenhang gelöst, in eine beliebige Reihenfolge gebracht und verkürzt. Gleichzeitig wird die dominierende Rolle des Kaisers betont. So weit gehören diese Stilmittel zu den bekannten Literarisierungsstrategien des Maximilianischen Textes. Abweichend davon ist hingegen die ausführliche Schilderung der Ursachen und Gründe für den Konflikt, die in den anderen Kriegsbeschreibungen meist fehlen.[53] Grundsätzlich ist jedoch auch in dieser Darstellung die oben genannte Überschaubarkeit bei gleichzeitiger Unverständlichkeit erkennbar: Die Literarisierung des Geschehens sorgt für Übersichtlichkeit, jedoch trägt sie nicht zur Erklärung bei. Gleichzeitig weisen die Texte ästhetisch jedoch auch Symptome der politischen Krise der Zeit auf, wenn Zusammenhänge und Motivationen ausgelassen oder Verkürzungen vorgenommen werden.

Die Art der literarischen Gestaltung der politischen Aktionen im Maximilianischen Text zeigt die enge Verflechtung von Literatur und Politik im Umfeld des Kaisers. Nicht nur das politische Handeln wurde literarisch gestaltet, sondern auch die Literatur nahm Einfluss auf die Politik: Literarische Vorbilder,[54] die auf

---

49 Wiesflecker, *Kaiser Maximilian I. Bd. 5*, S. 529. Maximilian führte fast 30 Jahre lang ununterbrochen Krieg.

50 Müller sieht burgundische Chroniken als Vorbild für dieses Darstellungsmittel an. Vgl. Müller, *Gedechtnus*, S. 137.

51 Vgl. Kaulbach, *Neues vom Weisskunig*, o. S.

52 Vgl. Müller, *Gedechtnus*, S. 140. Zu diesem Eindruck tragen die Holzschnitte bei, die zwar die Handlungen der Könige zeigten, aber nicht deren Motive.

53 Vgl. Füssel, *Dichtung und Politik um 1500*, S. 808f.

54 Die Vorbilder, die Weißkunig nennt, sind literarische Vorbilder in dem Sinne, dass sie dem Herrscher vor allem über literarische Darstellungen zugänglich gewesen sind. Zu diesen

die Selbststilisierung des Kaisers wirkten, mögen auch die Kriegslust des historisch handelnden Herrschers bestärkt haben. Weißkunig spricht davon, Alexander dem Großen, König David und Julius Caesar nachzueifern. Die „streitperkait" Alexanders gilt ihm in militärischer Hinsicht als nachahmenswert – auch die „kriegsthaten" Julius Caesars erkennt er an.[55]

Im *Freydal* und im *Theuerdank* tritt freilich die Wirkung eines anderen literarischen Vorbilds in den Vordergrund: Bei der Ritterrolle und der angedeuteten Strukturübernahme stand wohl ursprünglich das arthurische Ideal Pate.[56] Der Grund für den Wechsel der Vorbilder liegt in den jeweils fehlenden Reichweiten. Das arthurische Ideal eignet sich, um den einzelnen Ritter im Dienst der Minne und der Gemeinschaft zu glorifizieren, aber für den militärischen Heerführer, der sich zusammen mit seinem Gefolge dem Kampf stellt und ein Ethos der Ehre vertritt, erscheint es unpassend. Die Figur Alexanders des Großen ist hingegen eher ungeeignet, um als Vorbild für die Gestaltung eines Minnedieners zu fungieren. Auch andere literarische Muster, die im Maximilianischen Text zum Einsatz kommen, verfügen über bestimmte Reichweiten: Mit Hilfe der *Vita* Heinrich Seuses konnte inneres Leiden dargestellt werden. Zudem wird die Erziehungsgeschichte Tristans als Vorbild für die Lehrung Weißkunigs gesehen.[57] Die verschiedenen literarischen Muster heben einzelne Facetten des Herrscherideals hervor, die in einem neuen erzählerischen Zusammenhang präsentiert werden.

Prietzel schreibt über Kaiser Maximilian, dass dieser sich zwar in seinen autobiographischen Schriften nach ritterlichen Vorbildern stilisiert habe, er darin jedoch keinen Widerspruch zu der militärtechnischen Modernität empfand, der er sich in der historischen Realität verpflichtet fühlte.[58] Eine derartige Zuordnung traditioneller Elemente zu den Selbstzeugnissen und innovativer Technik zur historischen Realität ist jedoch bei näherem Hinsehen nicht aufrechtzuerhalten: Vor allem im *Weißkunig* tritt die ritterliche Selbstinszenierung Maximilians bei der Darstellung von Kriegen an vielen Stellen hinter den Versuch zurück, moderne Elemente aus der historischen Wirklichkeit ebenfalls in die Erzählung zu integrieren: Insbesondere die Holzschnitte bilden zeitgenössisch aktuelle Waffen, Kämpfer

---

Darstellungen können auch Chroniken gezählt werden, da die Grenze zwischen Geschichtsschreibung und Literatur in der Vormoderne nicht trennscharf verlief.

55 *Der Weiß Kunig*, S. 79 [Schultz: S. 80].

56 Vgl. Williams, *The Arthurian Model*. Williams nimmt das arthurische Modell als dominierende Grundlage für den *Theuerdank* und den *Weißkunig* an. Sie lässt dabei jedoch die zahlreichen anderen literarischen Anspielungen außer Acht, die den Maximilianischen Großtext über die arthurischen Texte hinaus prägen. Dass das literarische Vorbild Artus' in der politischen Wirklichkeit Wirkung zeigte, kann an Maximilians Verhalten auf dem Wormser Reichstag 1495 abgelesen werden, auf dem er wie König Artus eine Tafelrunde um sich versammelte.

57 Zu den Parallelen mit der Erziehungsgeschichte Tristans vgl. Dietl, *Zwischen Christus und Tristan*, S. 40-44. Die Assoziation von Weißkunig mit Tristan (in Bezug auf die Erziehungsgeschichte) findet sich auch bei Williams, *The Arthurian Model*, S. 16.

58 Vgl. Prietzel, *Krieg im Mittelalter*, S. 193.

und Taktiken ab, für die Maximilian bekannt war. Dazu gehören etwa die Landsknechte, die mit ihren Spießen eine Angriffsformation bilden.[59] Auch der Kampf mit Geschützen[60] oder die Taktik Maximilians, mit Hilfe von Überraschungsangriffen zu agieren[61] und nach dem Kampf auf dem Schlachtfeld nur mehr verbranntes Land zurückzulassen, finden Entsprechungen im *Weißkunig*.[62] Ebenso wird Maximilians Vorliebe für neuartige Waffen deutlich.[63] Die Kampfformationen mit Wagenburgen übernahm Maximilian wohl von den Osmanen und führte sie als eigene Kriegstechnik ein.[64] Sie wird ebenfalls im *Weißkunig* erwähnt.[65]

Weißkunig wird als handlungsmächtiger Kriegsherr und alleiniger Befehlshaber präsentiert, der seine Schwierigkeiten mit den oft unzuverlässigen Gefolgsleuten durch eigene Leistungen im Krieg kompensierte. Prietzels Feststellung muss also modifiziert werden: Maximilian war bedacht darauf, sich nach einem tradierten Ritterideal stilisiert darzustellen. Dieses Ziel verfolgte er vor allem im *Theuerdank* und im *Freydal*. Er strebte jedoch ebenso danach, seine progressiven Bemühungen in Sachen Taktik und Bewaffnung in den Texten (vor allem im *Weißkunig*) abzubilden. Bei der Modellierung des Herrscherideals in Hinblick auf die Kriegsführerschaft in den Selbstzeugnissen werden also sowohl traditionelle als auch innovative Elemente betont.

Eine zentrale Rolle für die Abbildung dieses Ideals spielen die Holzschnitte, die vor allem im dritten Teil des *Weißkunig* viele kriegerische Auseinandersetzungen zeigen. Für die Darstellung der Kriege wurde gar primär die Bildlichkeit als Medium gewählt.[66] Auf den Holzschnitten sind sowohl traditionelle als auch innovative Elemente der Kriegsführung abgebildet, sodass sie den Textbefund bestätigen können. Die Holzschnitte entstanden nach präzisen Anweisungen Ma-

---

[59] Vgl. Wiesflecker, *Kaiser Maximilian I. Bd. 5*, S. 547ff. Im *Weißkunig* ist davon die Rede, dass das Kriegsvolk des Königs wie ein „stächler perg" aussehe (S. 267 [Schultz: S. 306]). Auf dem in das Kapitel eingefügten Holzschnitt (Nr. 67) wird diese Beschreibung illustriert (bei Schultz ist der Holzschnitt in ein anderes Kapitel eingefügt: vgl. S. 162).

[60] Vgl. Wiesflecker, *Kaiser Maximilian I. Bd. 5*, S. 516, S. 556ff.; vgl. *Der Weiß Kunig*, S. 158 [Schultz: S. 191].

[61] Vgl. Wiesflecker, *Kaiser Maximilian I. Bd. 5*, S. 505; vgl. *Der Weiß Kunig*, S. 228 [Schultz: S. 261].

[62] Vgl. Wiesflecker, *Kaiser Maximilian I. Bd. 5*, S. 505; vgl. *Der Weiß Kunig*, S. 173f. [Schultz: S. 207].

[63] Vgl. Wiesflecker, *Kaiser Maximilian I. Bd. 5*, S. 516; vgl. Pfintzing, *Theuerdank*, S. 259.

[64] Hollegger führt hingegen diese Art zu kämpfen auf eine böhmisch-österreichische Technik zurück. Vgl. Hollegger, *Kaiser Maximilian I.*, S. 46.

[65] Vgl. *Der Weiß Kunig*, S. 101 u. ö. [Schultz: S. 112]. Genau diese Kriegstechnik übernahm auch Babur von den Osmanen, sodass sich hier eine interessante Schnittmenge für die beiden Herrscher ergibt. Vgl. Thackston, *The Baburnama*, S. 323-325 [fol. 264-265b]. Vgl. dazu auch Kapitel 7.3.4.

[66] Rudolf geht sogar so weit, dass er generell die Bedeutung der Bilder für die Werke Maximilians als höher als die der Texte ansieht. Vgl. Rudolf, *Illustration und Historiographie bei Maximilian I.*

ximilians.[67] Sie dienen jedoch nicht nur der Beglaubigung und Unterstützung der Textaussagen, sie reichen in ihren Informationen über sie hinaus. Das ist als grundsätzliches Gestaltungsprinzip für die Verbindung von Text und Bild festzuhalten.[68] Speziell die Holzschnitte, die Allegorien enthalten oder die, die im dritten Teil des *Weißkunig* eingefügt wurden und häufig nur wenig begleitenden Text besitzen, eröffnen eine neue Bedeutungsebene.[69] Oftmals dienten sie als einzige Quelle für Treitzsaurwein, der den Text rhetorisch ausformte.[70]

Berücksichtigen muss man jedoch den unfertigen Status des *Weißkunig*: Beim Tod Maximilian waren noch nicht alle geplanten Bilder hergestellt und die fertigen noch nicht final in den *Weißkunig* einsortiert. Die Anordnung im *Weißkunig* von 1775 stellt nur eine Annäherung an die geplante Form dar.[71] Zudem war wohl ein größerer Textumfang für die einzelnen Kapitel geplant, als es der überlieferte Stand vermuten lässt. Wie schon im *Theuerdank*, sollte auch im *Weißkunig* jeweils ein Kapitel mit einem Holzschnitt versehen werden.[72] Im *Weißkunig* sind zum Zeitpunkt des Druckes 1775 und auch in der Ausgabe von Schultz zumeist mehrere Holzschnitte in einem Kapitel eingefügt. Doch auch mit mehr begleitendem Text bliebe die Verbindung von bildlicher Darstellung und Kriegsthematik auffällig.

Bilder sind ihrer medialen Eigenschaften gemäß kaum geeignet, Begründungen, Kausalitäten und Rechtfertigungen zu liefern. Für die Kriegsdarstellung bedeutete das, dass mit den Holzschnitten eine Ästhetisierung des Krieges herbeigeführt werden konnte. Das Kriegsgeschehen wurde in eine heroische Atmosphäre gebettet und der Heerführer Weißkunig, wenn er abgebildet wurde,[73] in einer stilisierten Umgebung gezeigt. Ebenso konnte mit den Holzschnitten eine konträre Strategie verfolgt werden: Viele von ihnen sind durch eine große Detailtreue gekennzeichnet, die Wirklichkeitsnähe herstellen sollte.[74]

---

67 Vgl. Rudolf, *Illustration und Historiographie bei Maximilian I.*, S. 68, S. 70; vgl. Lhotsky, *Bauwerke und Sammlungen*, S. 259f.

68 Vgl. Ziegeler, *Der betrachtende Leser*, S. 69. Vgl. auch Kapitel 2.2.1.

69 Zu den allegorischen Holzschnitten zählen der Holzschnitt, der den neugeborenen Weißkunig zeigt (Nr. 13), oder der, der Weißkunig mit dem Rad der Fortuna abbildet (Nr. 19). Im dritten Teil des *Weißkunig* zeigt Holzschnitt Nr. 160 Details zum Tod des schwarzweißen Königs, der im Text nur kurz erwähnt wird. Vgl. *Der Weiß Kunig*, Holzschnitte Nr. 13, 19 und 160 [Schultz: S. 48, S. 63, S. 240].

70 Vgl. Füssel, *Dichtung und Politik um 1500*, S. 812.

71 In der *Weißkunig*-Ausgabe von Alwin Schultz werden die Holzschnitte teilweise anderen Textstellen zugeordnet. Aber auch diese Anordnung kann nicht als final betrachtet werden, weil auch er natürlich nur Vermutungen über Maximilians Intentionen anstellen kann.

72 Vgl. Cremer, *Kindlichait, Junglichait, Mandlichait, Tewrlichait*, S. 61.

73 Weißkunig wird vor allem im Text für seine militärischen Taten rühmend erwähnt, die Holzschnitte geben ihn jedoch nicht immer als militärischen Anführer im Geschehen zu erkennen.

74 Die Qualität und die Detailtreue der Holzschnitte im *Weißkunig* werden auch durch den Vergleich mit anderen zeitgenössischen Holzschnitten deutlich. Vgl. Kaulbach, *Neues vom Weisskunig*, o. S.

Ähnlich wie bei der Textstrategie des Maximilianischen Großtextes, bei der immer wieder mit der Vermischung von Fakten und Fiktionen gearbeitet wird, wird also auch bei den Holzschnitten des *Weißkunig* verfahren, die teils eine Referenz zur Wirklichkeit aufbauen, teils ästhetisieren sollten.[75] Dabei konnte ihr Inhalt zu dem Inhalt des Textes durchaus im Widerspruch stehen.[76] Der Aufbau eines solchen Spanungsverhältnisses stellte eine weitere Möglichkeit dar, um Ambiguitäten abzubilden. Die Holzschnitte überlieferten – teils zusätzliche – Informationen an die Nachwelt, dienten aber auch der Rezeptionserleichterung.

Ähnlich wie bei den Turnieren im *Freydal* und den Jagdabenteuern im *Theuerdank* ist bei den Kriegen eine häufige Wiederholung der Darstellung festzustellen. Dieses Stilmittel sollte wohl die Quantität an erreichtem Ruhm betonen, die mit den zahlreichen militärischen, halbmilitärischen und vormilitärischen Auseinandersetzungen errungen wurde. Die Wiederholungen sollten aber auch auf die sich steigernde, ständige und später massive Gefährdung des Helden verweisen, die ihm durch mögliche Unfälle bei der Jagd, im Turnier oder durch Einwirken des Gegners im Krieg widerfuhr, und damit seine Mühen betonen.

Ein weiteres Merkmal, das die Kriegsführung Weißkunigs kennzeichnet, ist seine Schnelligkeit. Er erscheint stets früh auf dem Schlachtfeld, sodass es ihm bisweilen gelingt, die gegnerische Partei zu überraschen, die jedoch ebenfalls mit dieser Taktik vertraut ist.[77] Schnelligkeit und Pünktlichkeit werden als Tugenden sowohl dem Weißkunig als auch dem blauen König zugeschlagen. Abwertend äußert sich Weißkunig dagegen über das Abwarten und Zögern seiner Gefolgsleute, die ihn zum Warten zwingen würden. Er bezeichnet es als „unerlichen, also stil zu ligen, vnd sein mercklich gelt, auf sölich sein kriegsfolck zuverschwenden."[78] Die Selbstdarstellung als schnell handelnder König könnte auch als Abgrenzung gegenüber seinem Vater Friedrich III. gedacht gewesen sein. Der war für seine zögerlichen politischen Handlungen und seine abwartende Haltung bekannt.

Um die zahlreichen Kriege im Maximilianischen Großtext darzustellen, werden sowohl im Text als auch bei den Holzschnitten Literarisierungsstrategien angewendet. Mit Hilfe dieser Strategien wird gleichzeitig eine Ästhetik und Übersichtlichkeit des Kriegsgeschehens suggeriert wie erklärende Zusammenhänge und Begründungen vermieden werden. So erscheint der Herrscherprotagonist als einer der wenigen Eingeweihten, der um die Anwendung politischer Mittel weiß. Der

---

[75] Auf den Holzschnitten kommt es so zu einer Vermischung der verschiedenen Funktionen eines Schlachtenbildes: Dokumentierende, heroische und Merkmale des Soldatengenrebildes sind erkennbar. Zu der Einteilung dieser drei grundlegenden Formen des Schlachtenbildes vgl. Werner, *[Art.] Schlachtenbild*, S. 332.

[76] Vgl. Ziegeler, *Der betrachtende Leser*, S. 79ff.; vgl. Laschitzer, *Einleitung*, S. 16-20, S. 103-105.

[77] Vgl. *Der Weiß Kunig*, S. 156f. [Schultz: S. 189]. Ein Alleinstellungsmerkmal ist diese Eigenschaft nicht, denn auch dem blauen König gelingt es, „in der Eil" dem Weißkunig Land abzugewinnen. *Der Weiß Kunig*, S. 176 [Schultz: S. 209].

[78] *Der Weiß Kunig*, S. 151 [Schultz: S. 186].

Krieg als politisches Mittel wird zur Konfliktlösung vorrangig eingesetzt und für den Ruhmerwerb als notwendig erachtet. Seine Konnotation ist daher positiv.

Die genannten Literarisierungsstrategien können als Symptome politischen Übergangs gewertet werden, da sie nicht nur Übersichtlichkeit erzeugen, sondern gleichzeitig Zusammenhänge verschleiern: Kriegsgründe und -ursachen werden nicht genannt, sodass die kriegerischen Auseinandersetzungen nicht als motivierte Handlungen, sondern als Maßnahmen gegen allgegenwärtige, ständige und zufällige Gefahren erscheinen, die vor allem der Herrscherprotagonist zu bändigen weiß. Die Gefolgsleute, auf die er in den Auseinandersetzungen angewiesen ist, erweisen sich dabei als unzuverlässig und bilden den Gegenpol zum Bild des starken Herrschers.

7.2.1.3 Gefolgsleute, Verbündete und Gegner

Politik, davon geht Max Weber aus, bedeutet ein Streben nach Machtanteilen und eine Beeinflussung der Machtverteilung mit Mitteln der Gefolgschaftswerbung.[79] Während Machtanteile und Machtverteilung durch das politische Mittel des Krieges direkt beinflusst werden, wird die Gefolgschaftswerbung – zu der auch politische Bündnisse zählen – mit verschiedenen Mitteln verwirklicht. Ziel der Werbung aus Sicht des Herrschers ist es, Gehorsam für seine Befehle zu finden.[80] Zu den möglichen Arten von Beziehungen zu dem Gefolge oder den Verbündeten zählen Söldner-, Patronage-, familiäre oder symbolische Beziehungen. Die eingesetzten Mittel in den Verbindungen sind finanzieller oder materieller Art, betreffen die Verwandtschaft, Verträge oder gemeinsame Interessen. Die Betrachtung der Gegnerbeziehungen passt ebenfalls unter diese Überschrift, weil diese sich lediglich darin unterscheiden, dass sie sich unter umgekehrten Vorzeichen konstituieren.

Im Maximilianischen Großtext und speziell im *Weißkunig* spiegeln sich wechselnde Loyalitäten zwischen den Gefolgsleuten, den Verbündeten und den Herrscher-Alter-Egos wider. Da auf der anderen Seite selbst langjährige Gegner mitunter zu Verbündeten der Protagonisten werden konnten, ist die Unsicherheit über die Parteinahme als ein prägendes Merkmal der Verbindung zwischen Herrscher und Gefolge in den Texten anzusehen. Dazu kommt, dass der Gefolgschaftswerbung im System des Feudalismus, das auf persönlicher Herrschaft beruht, theoretisch von Seiten des Königs viel Aufmerksamkeit geschenkt werden müsste. Praktisch sind jedoch gegenläufige Tendenzen auszumachen, wenn der Herrscherprotagonist versucht, Unabhängigkeit von seinem Gefolge zu erreichen,

---

[79] So ist es sinngemäß seinem Vortrag *Politik als Beruf* zu entnehmen. Vgl. Weber, *Politik als Beruf*, insbesondere S. 506-509.
[80] Vgl. Kapitel 2.

indem er sich alle ihre Fähigkeiten selbst aneignet.[81] In dieser Distanzhaltung deuten sich möglicherweise bereits absolutistische Tendenzen an.[82]

Für eine Analyse der Gefolgschaftsbeziehungen ist der *Weißkunig* der zentrale Text. Sowohl im *Freydal* als auch im *Theuerdank* findet sich jedoch eine Figur, die als Positivbeispiel für einen loyalen und treuen Gefolgsmann gestaltet wird: der Herold. Im *Freydal* tritt er nicht auffällig in Erscheinung, erfüllt aber immer seine Pflicht. Im *Theuerdank* begleitet er den Helden während der Geverlicheiten und hilft ihm dabei, die Abenteuer zu bestehen. Außerdem wird ihm die Rolle als „Historiker"[83] und als „Instanz der öffentlichen Meinung"[84] zuteil, in der er den erworbenen Ruhm Theuerdanks bestätigt und für die Nachwelt festhält. Doch obwohl Ernhold, der Herold, durchweg als loyaler Begleiter und Gefolgsmann in Erscheinung tritt, wird er in der Bildsprache mit der Fortuna verknüpft, dem wankelmütigen Glück, dessen Symbol er auf seiner Kleidung trägt. Auch mit der Aufschlüsselung Ernholds als guter oder schlechter Ruf in der Clavis wird Unsicherheit über seine Rolle vermittelt. Dass also selbst die Darstellung des treusten Begleiters des Protagonisten Brüche aufweist, weist auf das Gesamtbild voraus, dass sich bei der Betrachtung der Gefolgsleute ergibt.

Die Beziehung zwischen Herrscher und Gefolgsleuten ist Gegenstand einer theoretischen Lektion, die der junge Weißkunig während seiner Lehrung von seinem Vater erhält: Der alte Weißkunig betont, dass ein Herrscher stets mehr wissen solle, „dann die fursten vnd das volck, damit das Ir Regierung bey Inen beleib."[85] Im späteren Verlauf stellt der junge Weißkunig eine Analogie auf, in der er betont, dass ein König zwar durch Kanzler und Gefolge regiere, aber: „den gewalt, hat Er in seiner hanndt"[86]. Zu diesem letztendlichen Alleinherrschaftsanspruch passt auch Weißkunigs Handeln: Seine Räte und seine Lehrer betrachtet der König eher als Instrumente zur Herrschaft. Wie bereits angedeutet, erwirbt er Fertigkeiten unter dem Gesichtspunkt, sich durch die erworbenen Fähigkeiten von den Lehrern und seinen Fachleuten am Hof unabhängig machen zu können. Dafür liefert er folgende Begründung: „Dann welcher herr lebt, in dem gelauben seins knechts, vnd in dem gewalt des pferdts, Derselb herr wirdt betrogen, vnd uberwunden, von seinen veindten, dann welcher ain sach waiß der bedarf nit gelauben."[87] Das Herrschen steht dem König allein zu.

Während Weißkunig die Unabhängigkeit von Räten und Lehrern erstrebt, bleibt seine Abhängigkeit vom Kriegsvolk bestehen, die mit den steigenden krie-

---

81 Vgl. *Der Weiß Kunig*, S. 96 [Schultz: S. 106].
82 Die Auffassung, dass sich in den Maximilianischen Texten bereits Anklänge einer absolutistischen Herrschaftskonzeption wiederfinden, vertreten auch Strohschneider, *Ritterromantische Versepik im ausgehenden Mittelalter*, S. 420, und Müller, *Gedechtnus*, S. 262.
83 Müller, *Archiv und Inszenierung*, S. 123.
84 Müller, *Gedechtnus*, S. 221.
85 *Der Weiß Kunig*, S. 64 [Schultz: S. 60].
86 *Der Weiß Kunig*, S. 66 [Schultz: S. 62].
87 *Der Weiß Kunig*, S. 96 [Schultz: S. 106].

gerischen Anforderungen wächst, die an den Helden gestellt werden. Weißkunig begreift das Kriegsgefolge vor allem als Kostenfaktor[88] und stellt sich selbst in dem Zusammenhang als „miltiglichen" dar: All sein Geld habe er stets an seine Gefolgsleute verteilt und nicht für sich aufgehoben.[89] Dass es oft zu Verrat und Meutereien unter seinen Leuten komme, schreibt er nie seinen eigenen Handlungen, aber oft denen des blauen Königs zu: Der habe das Gefolge Weißkunigs bestochen und abgeworben, so lautet der Vorwurf Weißkunigs.[90] Die finanzielle Abhängigkeit des Gefolges vom Herrscher, wie sie in der historischen Realität bestand,[91] wird durch diese Meutereien angedeutet.

Generell wird im *Weißkunig* ein eher negatives Bild vom Kriegsgefolge des Königs gezeichnet: Seine Soldaten werden oft als ängstliche oder unfähige Kämpfer dargestellt[92] und sogar seine Hauptleute werden ähnlich charakterisiert. Weißkunig wird ihnen als Gegenstück gegenübergestellt: als ein mutiger, furchtloser und mit unbändiger Kampfeskraft ausgestatteter Anführer, der jedoch auch Tricks anwenden muss, um sein Gefolge zum Kriegseinzug zu überreden.[93]

An die Darstellung der Beziehung zwischen König und Gefolge schließt auch die Beschreibung des Verhältnisses zwischen Weißkunig und seinen militärischen Verbündeten an: Beide Verhältnisse sind geprägt von Illoyalitäten und Unsicherheit. Dieser Eindruck wird durch die bildliche Darstellung unterstützt: Das historische Bündnis der Liga von Cambrai,[94] das auf einem Holzschnitt abgebildet wird, wird dort bereits als brüchig vorausgedeutet: Der Boden unter den dargestellten Herrschern erscheint als rissig und der Teppich ist unregelmäßig in tiefe Falten geworfen. Die zentrifugalen Kräfte, die bei Bündnisbrüchen wirken, werden auf den Holzschnitten ins Bildliche übersetzt mit den Herrschern, die durch verschiedene Türen den Raum verlassen.[95]

Eine besonders wechselhafte Verbindung pflegt Weißkunig zur braunen Gesellschaft, die sich mal mit ihm verbündet, sich dann aber auch wieder gegen ihn wendet.[96] Als es einmal mehr zu Schwierigkeiten innerhalb des Zusammenschlus-

---

[88] Vgl. *Der Weiß Kunig*, S. 151 [Schultz: S. 186].

[89] Ein ganzes Kapitel in der Zeit der Lehrung ist dem Bericht über Weißkunigs Großzügigkeit gewidmet. Vgl. *Der Weiß Kunig*, S. 72ff. [Schultz: S. 70, S. 72].

[90] *Der Weiß Kunig*, S. 136ff. [Schultz: S. 160, S. 163].

[91] Die Landsknechte, deren Etablierung auf Maximilian zurückging, und die er in großer Zahl anheuerte, waren ein Söldnerheer.

[92] Vgl. *Der Weiß Kunig*, S. 134 [Schultz: S. 158] u. ö.

[93] Weißkunig täuscht sein Gefolge und greift die Gegner in einer Enge an, damit seine Leute nicht sehen, wie viele Feinde gegen sie stehen. Sie sind zwar in großer Unterzahl, gewinnen durch diese Strategie aber dennoch den Kampf. Vgl. *Der Weiß Kunig*, S. 145 [Schultz: S. 176, S. 180].

[94] Zur Liga von Cambrai vgl. auch die Erläuterungen weiter unten in diesem Kapitel.

[95] Vgl. diese Deutung bei Kaulbach, *Neues vom Weisskunig*, o. S.

[96] Hinter der heraldischen Verschlüsselung der braunen Gesellschaft verbirgt sich Burgund, das eigentlich durch die Heirat Marias von Burgund mit Maximilian und Habsburg verbunden war. Vgl. Wiesflecker, *Kaiser Maximilian I. Bd. 5*, S. 317.

ses kommt, bezichtigt die braune Gesellschaft Weißkunig, sein ganzes Hab und Gut „mit kriegen, vnd spilen"[97] zu verlieren. Außerdem seien seine Räte und Hauptleute Diebe.[98] Im Text wird diesen Aussagen dann deutlich widersprochen: Weißkunig habe nichts verspielt, seine Räte und Hauptleute seien fromm und die Kriege, die er geführt habe, seien ihm durch „verhengnus gottes"[99] auferlegt worden. An diesem Disput fällt weniger auf, dass Weißkunig gegen die Vorwürfe der braunen Gesellschaft verteidigt wird, als vielmehr, dass diese Vorwürfe überhaupt im Text zitiert sind, um dann widerlegt zu werden. Der Vorwurf der Geldverschwendung schien in der historischen Realität ein bestimmtes Bedrohungsmaß angenommen zu haben, so dass es nötig erschien, ihm im Text entgegenzusteuern. Dieses Entgegensteuern stellt eine vorweggenommene Reaktion auf vorhersehbare Kritik oder Einwände gegen das entworfene Herrscherselbstbild dar. Vorwürfe und Kritik, die hinter der literarischen Gestaltung durchscheinen, können als Bruch in der Herrscherselbstdarstellung gewertet werden.

Das Verhältnis zwischen den Herrscherprotagonisten und ihren Gefolgsleuten, Verbündeten und auch Gegnern unterscheidet sich nicht tiefgreifend, es erscheint stets als wechselhaft. Betrachtet man die Gestaltung der Gegnerfiguren im Maximilianischen Großtext, stellt man fest, dass sich *Theuerdank* und *Freydal* hinsichtlich des Verhaltens der Gegner so unterscheiden, dass dies mit den Kategorien Ordnung und Unordnung beschrieben werden kann.

Der *Freydal* folgt einer strikten, chronologischen Ordnung: Durch das genaue Einhalten der gleichen Reihenfolge allen Geschehens an den Höfen entsteht der Eindruck der minutiösen Planung aller Handlungen des Werkes. Am Ende des *Freydal* werden die „zufäll" und „vnfall"[100] dem *Theuerdank* zugeordnet. Dem befriedeten, abgegrenzten Raum an den Höfen im *Freydal* entspricht auch das regelgerechte, ordentliche Verhalten der Gegner, die sich nach den Turnierregularien richten.

Im *Theuerdank* hingegen ist die Unordnung allgegenwärtig: Sie entsteht durch das sittenwidrige Verhalten der intriganten Gegenspieler, die dem Ritter stets Informationen vorenthalten, ihm aber vortäuschen, in seinem Interesse zu handeln.[101] Die Sittenwidrigkeit des Verhaltens ist neben der genannten Geheimhaltungsstrategie auch an der Illoyalität der Hauptleute der Königin gegenüber abzulesen: Obwohl die drei eigentlich im Dienst Ehrenreichs stehen, handeln sie entgegen ihrer Anordnungen und gegen ihr Interesse. Sie bekämpfen Theuerdank auf seiner Reise zur Königin und wollen verhindern, dass er als neuer König an

---

97 *Der Weiß Kunig*, S. 143 [Schultz: S. 176].
98 Vgl. *Der Weiß Kunig*, S. 143 [Schultz: S. 176].
99 *Der Weiß Kunig*, S. 143 [Schultz: S. 176].
100 Von Leitner, *Der Freydal*, S. XXXVI.
101 Zu den im Verborgenen stattfindenden Aktionen der Gegenspieler gehören etwa geheime Absprachen und Bündnisse sowie gezielte und ebenfalls geheim gehaltene Sabotageakte.

die Macht gelangt. Das würde für sie nämlich eine Machteinbuße bedeuten.[102] Um dies zu verhindern, inszenieren sie allerhand gefährliche Abenteuer und Wagnisse für Theuerdank und wiegeln auch andere Personen gegen ihn auf.[103]

Fragt man vor dem realen historischen Hintergrund nach dem Darstellungsziel, sollte wohl Kritik an der ständischen Opposition geübt werden, die Maximilian das Regieren fortwährend erschwerte. Strohschneider sieht in dem Kampf der Hauptleute gegen Theuerdank gar einen „Ausschnitt jenes Entwicklungszusammenhangs im Entstehungsprozeß des frühmodernen Fürstenstaates [...], den N. Elias als territorialen ‚Monopolmechanismus‘ beschrieben hat."[104]

Doch auch die Beziehung der gegnerischen Hauptleute zu Theuerdank wird durch eine gewisse Ambivalenz geprägt: Zum einen, weil sie eigentlich als Gefolgsleute der Königin der eigenen Partei zugehören. Zum anderen aber insbesondere, weil der Ritter für den zur Hochzeit notwendigen Ehrerwerb – wie bereits erwähnt – auf Situationen angewiesen ist, in denen er sich beweisen kann. Solche Situationen arrangieren die Hauptleute für ihn.[105]

Ambivalenz kennzeichnet sogar das Verhältnis Weißkunigs zu seinem Erzfeind, dem blauen König.[106] Zwar prägen vor allem kriegerische Auseinandersetzungen ihre Beziehung zueinander, doch kommt es einmal auch zu einem Bündnis.[107] In diesem Zusammenschluss spiegelt sich ein historisches Ereignis: Maximilian I. und Ludwig XII. verbündeten sich im Jahr 1508 mit weiteren Parteien in der Liga von Cambrai.[108] Nach dem Bündnisschluss, mit dem die Liga von Cambrai literarisch verarbeitet wird, kommt es im *Weißkunig* wieder zu ei-

---

[102] „Khumbt der Held hie her / Zů unnser frawen der Künigin / So wirdet Er gleich nemen hin / Von unns als unnser regiment / Darumb so müessen wir behendt / Suchen subtill mittel unnd weg / Dardurch der Held vorniderleg / Ee Er kem her an einen pass." Pfintzing, *Theuerdank*, S. 30f.

[103] Neydelhart bringt Bürger einer Stadt gegen Theuerdank auf, die gegen ihn kämpfen sollen: „der haubtman so ist khumen / Mit mir her/bringt Eüch kein frumen / Dann all sein Synn gedannck unnd mŭt / Steen nach krieg zwitracht gelt und gŭt [...] Dann/wann Er het das regiment / So nem sein kriegen nymer endt / Schatzmeister macht Er nach seim syn / Fŭrte alles Ewr gelt von hin / Alle krieg so yetz ist im lanndt / Fŭrt Er allein mit seiner hanndt." Pfintzing, *Theuerdank*, S. 444. Neydelhart überzeugt das Volk, zum Schloss Theuerdanks zu ziehen, dieses zu belagern und seine Herausgabe zu fordern. Theuerdank entkommt jedoch nachts aus dem Schloss. Bestandteil von Neydelharts Überzeugungsrede ist bemerkenswerter Weise die drohende materielle Ausbeutung der Bürger durch Theuerdank. Vgl. Pfintzing, *Theuerdank*, S. 444–450. Die Neigung zur Geldverschwendung kann wiederum auf das reale Vorbild für Theuerdank, Maximilian, zurückgeführt werden.

[104] Strohschneider, *Ritterromantische Versepik im ausgehenden Mittelalter*, S. 420.

[105] Ein ähnlicher Mechanismus ist für das Verhältnis des Helden zu den „miszgönnern" und den Turniergegnern im *Freydal* anzunehmen, die den Helden herausfordern, sodass er immer noch mehr Ruhm erlangen möchte. Vgl. u. a. von Leitner, *Freydal*, S. XVIII.

[106] Hinter der heraldischen Verschlüsselung verbirgt sich der König von Frankreich.

[107] Vgl. *Der Weiß Kunig*, S. 290 [Schultz: S. 336].

[108] Der Liga von Cambrai waren außer Maximilian I. (HRR) und Ludwig XII. (Frankreich) der Papst Julius II., Ungarn, England und das Königreich Aragon beigetreten.

nem schnellen Bruch zwischen den Parteien.[109] Im Text werden außer diesem Zusammenschluss noch einige weitere Einigungen und Verträge zwischen dem jungen weißen König und dem blauen König erwähnt. Erzählerisch erfolgen solche Annäherungen zwischen den beiden Königen immer direkt vor einem neuen Zerwürfnis.[110]

In der Erzählung siegt der blaue König häufig gegen Weißkunig. Er versucht etwa, mit Geld oder Geschenken Einfluss auf die Parteinahme Dritter zu nehmen. Im *Weißkunig* werden diese Versuche als „Verråtterey"[111] gekennzeichnet. Weißkunig setzt sich gegen diese Methoden ab, indem er von sich behauptet, dass er sein Geld nie dafür ausgegeben habe, um Parteinahmen anderer Könige zu erreichen, sondern stets unter seinen Gefolgsleuten verteilt habe.[112]

Zwischen Weißkunig und dem blauen König wird hier ein Kontrast aufgebaut, der den jungen Weißkunig als besonders tugendhaft darstellt, den blauen König hingegen als betrügerischen und skrupellos mit allen Möglichkeiten agierenden Herrscher. Die moralische Überlegenheit Weißkunigs wird auch auf den eingefügten Holzschnitten bildnerisch unterstrichen: Während er bei Beratungen erhöht sitzt, wird der blaue König in diesen Situationen zwar auf dem Thron sitzend, jedoch als niedriger als sein Gefolge dargestellt.[113]

Eine Feindbildkonstruktion, die ohne Ambiguitäten gestaltet wird, lässt sich im Maximilianischen Großtext in den Osmanen finden, die im Text stets diffamierend als „Unglaubige" bezeichnet werden.[114] Zwar wird eine kriegerische Auseinandersetzung mit ihnen nicht beschrieben, die Feindschaft wird jedoch sowohl im *Theuerdank* als auch im *Weißkunig* wiederholt beschworen. Anders als für die anderen politisch Handelnden im *Weißkunig* werden die Osmanen nicht als „geselschaft" in der Gefolgschaft eines durch eine Farbe bezeichneten Herrschers bezeichnet. Mit der Titulierung als „Unglaubige" wird ihre Gegnerschaft insbesondere aufgrund der Andersgläubigkeit betont und damit über die Gegnerschaft zu anderen „geselschaften" hinaus hervorgehoben. Das Feindbild von den Osmanen, das auch in späteren Jahren im Reich zirkulierte, stammte aus literarischen und publizistischen Erzeugnissen aus Maximilians Zeit und Umfeld.[115] Diesem literarisch wie publizistisch entworfenen Feindbild entsprach indes Maximilians reale Politik – wie bereits erläutert – nicht. Auch an dieser Stelle offenbart sich also ein Bruch im Herrscherbild, der zwischen der literarischen Darstellung und dem historischen Handeln verläuft.

---

[109] Vgl. *Der Weiß Kunig*, S. 299 [Schultz: S. 347].
[110] Vgl. *Der Weiß Kunig*, S. 127f., S. 167f. [Schultz: S. 152, S. 203f.].
[111] *Der Weiß Kunig*, S. 225 [Schultz: S. 257].
[112] Vgl. *Der Weiß Kunig*, S. 72ff. [Schultz: S. 70, S. 72].
[113] Vgl. Kaulbach, *Neues vom Weisskunig*, o. S.
[114] Es handelt sich bei den Osmanen um (aus Christensicht) Anders-, nicht aber um Ungläubige, wie im Text verunglimpfend behauptet wird.
[115] Zum Feindbild der Osmanen sowie zur geschichtlichen Situation der Feindbildkonstruktion vgl. ausführlich Kapitel 6.2.1.3.

Die Verhältnisse zwischen den literarischen Alter Egos Maximilians und seinen Gefolgsleuten, Verbündeten und Gegnern sind häufig von Ambiguität geprägt. Diese Gestaltung zielt vor allem auf die Rezeption der adligen Eliten mit militärischen Funktionen ab. Ihnen werden als Folgen illoyalen Verhaltens die erlittenen militärischen Niederlagen der königlichen Partei vor Augen geführt. Damit werden sie an ihre Gehorsamspflicht Kaiser Maximilians gegenüber erinnert, die nicht an finanzielle Entlohnung gebunden sein sollte, so lautet die Forderung im Text. Weiter heißt es dazu, dass dem göttlich auserwählten König als „naturlichem"[116] Herrn alleinige Entscheidungsgewalt zukomme. Diese theoretische Position wird in der historischen Realität – so zeigen es Illoyalitäten seiner Gefolgsleute, die Maximilian widerfahren – und auch in der auf sie referierenden literarischen Darstellung nicht durchgehalten, sie repräsentiert aber das Anspruchsdenken Maximilians. Um die Lücke zwischen dem theoretischen Anspruch und der Realität zu füllen, die in der literarischen Darstellung zu Brüchen führte, wird Weißkunig als tugendhaft überlegener Herrscher dargestellt.

7.2.1.4 Höfisches Verhalten und höfisches Fest

Der Ruhmerwerb bei der Jagd, im Turnier und im Krieg hängt im Maximilianischen Großtext eng mit dem Ruhm zusammen, der durch höfisches Verhalten und die Teilnahme am höfischen Diskurs gewonnen werden kann. Auch dieses symbolische Kapital dient der Steigerung der Reputation. In der Rolle als Ritter, die sowohl Freydal als auch Theuerdank bekleiden, sind Kriegerethos und höfischer Lebensstil gleichermaßen einzuhalten. Schwerpunktverlagerungen sind jedoch festzustellen: Im *Freydal* findet die Handlung ausschließlich in der höfischen Lebenswelt statt, während im *Theuerdank* und noch stärker im *Weißkunig* nichthöfische Elemente in den Vordergrund rücken. Einflüsse sowohl aus der höfischen Epik als auch aus der Heldenepik sind in unterschiedlichen Anteilen zu finden. Die Bezeichnung Heldenbuch, die Melchior Pfintzing in der Vorrede des *Theuerdank* für das Werk verwendet,[117] ist dabei insofern nicht irreführend, weil sie in Maximilians Umkreis in einer Weise gebraucht wurde, die sich nicht auf die Heldenepik beschränkt.[118] Das *Ambraser Heldenbuch*, das Maximilian in Auftrag gab,

---

[116] *Der Weiß Kunig*, S. 163 [Schultz: S. 196].

[117] „In form mass vnd weis der heldenpücher." Pfintzing, *Theuerdank*, S. 3. Diese Einordnung diente auch als Orientierungsmodell, an dem der Leser (in der Widmung ist Karl V. direkt angesprochen) sein Handeln ausrichten sollte: „Dann Ich keinen zweiffel trag Ewer küniglich Mayestat werde darauss Raitzung vnd begird empfahen/dem bemelten loblichen Teweren vnd hochberümbten Ritter Tewerdanck in Teüerlichen Erlichen sachen nachzuuolgñ." Pfintzing, *Theuerdank*, S. 3f.

[118] Vgl. Müller, *Gedechtnus*, S. 111ff. Müller arbeitet das „historische Interesse" als wichtigstes Merkmal eines Heldenbuchs heraus. Müller, *Gedechtnus*, S. 196.

vermischt höfische, heldenepische und kleinepische Stoffe.[119] Eine strikte Trennung von höfischer Epik und Heldenepik erschien für Maximilian und seine Gelehrten nicht relevant.

Auch in den Werken des Maximilianischen Großtextes sind Vermischungen dieser Großformen festzustellen. Freydal absolviert seinen Minnedienst im befriedeten Raum des Hofes. Seine höfische Liebe ist genau in dem Moment „mit grossen freiden vnd lieb entzundet worden",[120] als die drei Jungfrauen ihn um eine Minnereise bitten. Diese Gleichzeitigkeit des Beginns von höfischer Liebe und Minnedienst verweist auf die funktionale Sicht der Liebe: Ein Ritter wie Freydal muss sich als vorbildhaft in der höfischen Liebe erweisen, weil das notwendiger Bestandteil der höfischen Haltung des Ritters ist. Neben den Bezeichnungen „jungling" und „student",[121] die zu Beginn der Erzählung gewählt werden, um die Unerfahrenheit und Jugend des Maximilian-Alter-Egos zu betonen, wird Freydal später durchgängig Ritter genannt. Die Eigenschaften, die ihm im Text zugeschrieben werden, betonen seine höfische Haltung. Zu ihnen gehören Attribute wie „stoltz"[122], „ruemreich"[123], „freydenreich"[124], „allerhoflichst"[125] und „erentreich"[126].

Die Mummereien, die als höfische Feste und Turniertanz am Ende der Turniere gefeiert werden, sind Bestandteile der höfischen Repräsentation. Die Feste finden in oft dekorierten, repräsentativen Räumen der Höfe statt und die Teilnehmer sind prunkvoll verkleidet. Viel mehr als im fragmentartigen Text wird der repräsentative Charakter der Feste auf den dazugehörigen bildlichen Darstellungen deutlich. Auf ihnen sind auch Tänze und Musiker zu sehen, die im Text nicht erwähnt werden. Im *Freydal* haben vor allem höfische Einflüsse gewirkt. Demgegenüber ist das Brautwerbeschema, das im *Freydal* verwendet wird, ein typisches Element der Heldenepik, wenn auch von den charakteristischen Merkmalen nur das Motiv der ‚gefahrvollen Werbung um eine Braut in einem fernen Land' übrig bleibt[127] und die Werbung von der Braut ausgeht.[128]

Vom *Freydal* zum *Theuerdank* wird jedoch eine Akzentverschiebung hin zu vermehrten Einflüssen aus der Heldenepik deutlich. Die höfische Epik bleibt auch im *Theuerdank* zunächst prägend. Der Aufbruch aus „scheinbar unbedrohter Idea-

---

119 Miedema betont, dass im *Ambraser Heldenbuch* erstmals ganz heterogene Texte aufgenommen wurden. Zuvor wurden unter der Textsortenbezeichnung Heldenbuch vor allem Texte gefasst, die der Heldenepik zuzurechnen sind. Vgl. Miedema, *Das ‚Ambraser Heldenbuch' und der Theuerdank*, S. 91f.

120 Von Leitner, *Freydal*, S. XV.

121 Von Leitner, *Freydal*, S. XV, S. XVII.

122 Von Leitner, *Freydal*, S. XX.

123 Von Leitner, *Freydal*, S. XXI.

124 Von Leitner, *Freydal*, S. XXII.

125 Von Leitner, *Freydal*, S. XXII.

126 Von Leitner, *Freydal*, S. XXXV.

127 Vgl. Müller, *Gedechtnus*, S. 112.

128 Dasselbe heldenepische Motiv wie im *Freydal* findet sich mit dem Brautwerbungsschema auch im *Theuerdank* wieder. Auch in diesem Fall geht die Werbung von der Braut aus.

lität"[129], um Bewährungsproben zu bestehen, gehört zur höfischen Welt des Artusromans. Wie Freydal bezieht auch Theuerdank seine Motivation zum Aufbruch
vom elterlichen Hof aus der höfischen Liebe, die sich zu der Königin Ehrenreich
entfacht. Die Reisen beider Helden geschehen im Namen der Minne. Die Leidens-
fähigkeit („leit"), ein Merkmal der Hohen Minne, findet etwa Ausdruck im stoischen Ertragen Theuerdanks all der Anschläge auf sein Leben, ist aber gleichzeitig
als Ausprägung mystischen Leidens zu sehen. Während sich Freydals Bewährungsproben in Turnieren und Mummereien erschöpfen, besitzen die Geverlicheiten
Theuerdanks Anklang an die Aventiuren eines Artusritters.[130] Mit dem in den Bewährungsproben gewonnenen Ruhm können Frau und Land gewonnen werden.
Dies ist ebenso ein prägendes Motiv eines Artusromans. Auch die unbestimmte
Zeitgestaltung, wie sie im *Theuerdank* und *Freydal* umgesetzt ist, folgt strukturell der
Zeitgestaltung eines Artusromans, die Bachtin mit der Bezeichnung Abenteuerzeit
versah. Die höfische Deutung geht für den *Theuerdank* nicht vollends auf.[131]

Im *Theuerdank* ist vielmehr eine Akzentverschiebung von höfischen zu heldenepischen Einflüssen festzustellen. Sie ist etwa erkennbar an den Rollenbezeichnun-
gen, die verwendet werden: Der Protagonist wird nicht mehr einheitlich „Ritter"
genannt, sondern er wird zunächst auch mittels der Doppelformel als „Held und
Ritter" und später nur mehr als „Held" bezeichnet.[132] Die heldenepische Attribuierung als „degen/tegen" wird ebenfalls verwendet.[133] Über die Wortwahl findet eine
Schwerpunktverlagerung aus der ritterlich-höfischen Konnotation in eine heldenepische statt.[134] Die Eigenschaften, die dem Ritter zugeschrieben werden, betonen
nun verstärkt die körperlichen Fähigkeiten des Protagonisten: Eigenschaften wie
„streytpar"[135], „starck"[136] und „mandlich"[137] sind zu nennen.

---

[129] Müller, *Gedechtnus*, S. 112.

[130] Zu arthurischen Mustern im Maximilianischen Großtext vgl. Williams, *The Arthurian Model*, S. 3-22.

[131] Das zeigt Kohnen, die die Lesart der Geverlicheiten als höfische Aventiure gar als „abge-
wiesene Alternative" interpetiert. Kohnen, *Das mer gehoert zuo eim Ritter auserkorn*, S. 275.
Dem ist zu entgegnen, dass die höfische Deutung zwar in der Tat nicht konsequent verfolgt werden kann, dass aber durch die terminologische und strukturelle Nähe die Anklänge an die höfische Epik dennoch bestehen bleiben und als solche verstanden werden.

[132] Zu Beginn des *Theuerdank* wird – sogar an exponierten Stellen wie dem Titelblatt oder der
Widmung – noch die Doppelformel „held vnd ritter" verwendet, danach wird „ritter" jedoch kaum mehr genannt. Das übersieht etwa Schulze, der für den gesamten Text den Gebrauch der Doppelformel konstatiert. Vgl. Schulze, *Dietrich von Bern und König Artus – Ma-
ximilian/Theuerdank*, S. 24f.

[133] Pfintzing, *Theuerdank*, S. 382.

[134] Schulze bezeichnet die Betitelungen „held" in der heroischen Epik und „ritter" im höfischen Roman als deren „Leitterminologie". Schulze, *Dietrich von Bern und König Artus –
Maximilian/Theuerdank*, S. 24.

[135] Vgl. den vollständigen *Theuerdank*-Titel: *Die geuerlicheiten vnd einsteils der geschichten des loblichen streytparen vnd hochberumbten held vnd Ritters herr Tewrdannckhs.*

[136] Pfintzing, *Theuerdank*, S. 163.

[137] Pfintzing, *Theuerdank*, S. 259.

Als ein weiterer Einfluss aus der Heldenepik ist die Gefolgschaftsthematik zu nennen, die umso mehr in den Fokus rückt, je größer die Gefährdung der Protagonisten im Verlaufe des Maximilianischen Großtextes wird. Inhaltlich ist diese Zunahme an der Entwicklung des Gewalthandelns abzulesen, das als Jagd oder Turnier beginnt und sich zu „Scharmützeln" und zahlreichen Kriegen intensiviert.[138] Die Notwendigkeit, auf Gefolgschaft zu vertrauen und den Gefährdungen mit ihnen zusammen zu begegnen, wächst im Verlauf der Texte: Im *Freydal* streitet der Ritter für sich alleine, im *Theuerdank* vertraut er (jedoch nicht durchgängig) auf seinen Herold und im *Weißkunig* befehligt er ganze Heere. Dementsprechend nimmt der Anteil der Erzählung zu, der sich mit der Beziehung zwischen Protagonisten und Gefolgschaft beschäftigt.

Ein prägnantes Merkmal des Maximilianischen Großtextes sind die Anspielungen auf literarische Texte verschiedener Provenienz, die auf den verschiedenen Ebenen der Lexik, Motivik oder der Struktur ablaufen. Die aufgegriffenen höfischen und heldenepischen Muster werden gestalterisch nicht durchgehalten, sondern auf sie wird lediglich oberflächlich angespielt. Die höfisch-ritterliche Aventiurefahrt, die im *Theuerdank* angedeutet wird, ist dort nicht wie in den literarischen Vorbildern als soziale Notwendigkeit bestimmt. Im Artusroman geht ihr eine Krise der Artusgesellschaft voraus, die im schuldhaften Versagen oder der Fehlleistung eines Protagonisten besteht und nur durch dessen ritterliche Tat zu überwinden ist. Im *Theuerdank* gibt es keine Momente krisenhafter Bedrohung, die die Handlungen des Ritters rechtfertigen könnten. Die literarischen Zitate der höfischen Epik und der Heldenepik hatten also nicht die Funktion, strukturelle Vorbildwirkung zu entfalten. Ihnen liegt vielmehr eine rezeptionsästhetische Funktion des zweifachen Erinnerns zugrunde: Eingeflochten im Maximilianischen Großtext erinnern sie an die jeweiligen literarischen Traditionen, die wiederum ebenfalls das Erinnern zum Ziel hatten. Der Protagonist Theuerdank wird als Nachahmer der überlieferten Literatur dargestellt. Als der Bote Ehrenreichs ihn erreicht und ihm von der Werbung der Königin Mitteilung macht, ruft er aus: „Dann yetz ist kommen der tag / Das Ich wol bewern mag / Das So Ich aus den Cronicken / Gelernt hab vnnd historien."[139] Seine Abenteuerfahrt ist als imitierendes Handeln nach überlieferten literarischen Mustern zu deuten.[140] Dass auf diese Muster zurückgegriffen werden kann, setzt eine historische Distanz zwischen den Taten des Helden und den Mustern, an denen er sich orientiert, voraus.[141] Diese Distanz wird zwar in den Texten selbst geleugnet, ist in ihnen jedoch stets gegenwärtig.

---

[138] Vgl. auch Kapitel 7.2.1.1.
[139] Pfinzing, *Theuerdank*, S. 35.
[140] Vgl. Strohschneider, *Ritterromantische Versepik im ausgehenden Mittelalter*, S. 378.
[141] Vgl. Strohschneider, *Ritterromantische Versepik im ausgehenden Mittelalter*, S. 378.

So wie einige historische Begebenheiten in den literarischen Mustern der höfischen Epik und der Heldenepik verarbeitet und präsent gehalten wurden, werden auch die höfischen und heldenepischen Muster im Maximilianischen Großtext vergegenwärtigt und nutzbar gemacht: Maximilian und die Gelehrten, die an seinen Werken mitarbeiteten, fassten die literarischen Vorbilder als Teil der Historie auf, in die sie die Herrscher-Alter-Egos stellen wollten.[142] Wie schon einmal erwähnt, ging es ihnen darum, beide Facetten der Protagonisten zu betonen, die kriegerische und die höfische. Beide Facetten werden als eng zusammengehörig präsentiert. Diese Vermischung spiegelt sich wiederum auch in der Textsorte des Heldenbuchs.

Ein zentraler Bestandteil der Hofkultur und der höfischen Repräsentation sind Feste bei Hof. Solche Feste richtet Königin Ehrenreich nach den überstandenen Geverlicheiten für den Helden aus. Die Feierlichkeiten umfassen festliches Essen[143] und Tänze.[144] Auch im *Weißkunig* werden repräsentative Feste erwähnt, die jedoch vor allem in der Elterngeschichte stattfinden.[145] Weißkunig erwirbt während seiner Lehrung Wissen über das Ausrichten höfischer Feste. Er lernt alle Speisen und Getränke, die ein König kennen müsse.[146] Auch das „saitenspil" nach Vorbild Alexanders des Großen sowie den Gesang nach Art Königs David erlernt er.[147] Zwar wird im Text ein Ausblick darauf gegeben, dass Weißkunig darin sämtliche andere Könige übertreffen werde,[148] jedoch werden die Maximilianischen Herrscherprotagonisten in den Texten vor allem zu höfischen Festen eingeladen und veranstalten sie nicht selbst. Im Falle des *Weißkunig* fehlt die Beschreibung von selbst ausgerichteten höfischen Festen wohl, weil andere Darstellungsabsichten im Mittelpunkt stehen: die Beschreibung Weißkunigs als gelehrten Herrscher im zweiten und als kriegerischen Herrscher im dritten Teil der Erzählung. Aus dem Grund wird das Wissen über höfische Repräsentation gewissermaßen ausgelagert: Der Erzähler im Text verweist darauf, dass er „ungezweiflt"

---

142 Vgl. Müller, *Gedechtnus*, S. 190f.

143 „Vil güter visch / Wild pret unnd annder speys darbey / Reinfal Reinisch wein und Malfasey / Aufs kostlichst was all ding zügericht." Pfintzing, *Theuerdank*, S. 468f. Die aufgezählten Speisen gehören den sogenannten Herrenspeisen an. Vgl. Bumke, *Höfische Kultur*, S. 240ff.

144 Vgl. Pfintzing, *Theuerdank*, S. 472, S. 491. Ein besonderer Aufwand wird etwa durch das Eindecken mit Tischtüchern betrieben, Spielleute begleiten den Tanz nach dem sechsten Stechen. Vgl. Pfintzing, *Theuerdank*, S. 508.

145 Vgl. *Der Weiß Kunig*, S. 11ff., S. 40ff. [Schultz: S. 10ff., S. 31ff.].

146 Vgl. *Der Weiß Kunig*, S. 79 [Schultz: S. 82, S. 84].

147 Vgl. *Der Weiß Kunig*, S. 78f. [Schultz: S. 80].

148 Die Textstelle lautet: „Nun hat dieser Junger kunig, mit den panggeten, vnd Mumereyen, wunder verpracht, dann als Er in sein Regirung kam, ubertraff Er, mit den panggeten und Mumereyen, alle kunig, [...] Wiewol Er der streitperist kunig ist gewest, so mag ain jeder aus diser meiner schrifft versteen, das Er auch der frölichist kunig gewesen ist. [...]" *Der Weiß Kunig*, S. 80 [Schultz: S. 82, S. 84].

sei, dass „ain aigen puech, davon beschriben"[149] werde. In dieser erzählerischen Lücke spiegeln sich aber auch die in der historischen Realität fehlenden Finanzen Maximilians. Im Falle seines Hochzeitsfestes, das ebenfalls nur mit wenig Aufwand gefeiert und im *Weißkunig* dementsprechend kurz beschrieben wird, wird jedoch absichtlich auf Prunk verzichtet, weil nur kurze Zeit vor dem Eheschluss Maximilians und Marias von Burgund der Vater Marias, Karl der Kühne, verstorben war.[150]

Generell wurde mit der Ausrichtung höfischer Feste als Bestandteil der höfischen Repräsentation eine soziale Funktion erfüllt: Dem Herrscher bot sich mit Ausrichtung eines Festes die Möglichkeit, die Adligen seines Landes stärker an sich zu binden. Die Turniertänze, wie sie sich im *Freydal* spiegeln, waren exklusive Veranstaltungen, die ausschließlich Adlige besuchten. Ihre Erwähnung im *Freydal* war als Identifikationsangebot an den Adel gedacht: Ihm wurde auf diese Weise von Seiten des Herrschers versichert, dass die Hofkultur weitergeführt werde und Bestand haben sollte. An dieser Versicherung änderte auch die umgekehrte Einladungsstruktur nichts. Zwar waren im *Freydal* die Fürstenhöfe als Gastgeber dargestellt und der Herrscherprotagonist als Gast. Jedoch bleibt die Intention der Darstellung dadurch unberührt: Turniere und exklusive Feste werden als fester Bestandteil der Hofkultur vorgeführt.

Höfisches Verhalten führt zum Erwerb von symbolischen Kapital, insbesondere durch die Rolle des Ritters im Minnedienst. Dieses Verhalten wird auch auf höfischen Festen zelebriert, die eine soziale Funktion bei der Schaffung einer elitären Gruppenidentität erfüllen. Im Verlauf der Texte gehen die höfischen zugunsten der heldenepischen Einflüsse zurück: Mit zunehmenden kriegerischen Auseinandersetzungen rückt die Gefolgschaftsthematik in den Mittelpunkt.

7.2.2 Das Baburnama

7.2.2.1 Jagd und die Ausbildung im Kriegswesen

Nach dem Unfalltod seines Vaters war Babur im Alter von elf Jahren sofort gezwungen, zusammen mit den Gefolgsleuten, die ihm die Treue hielten, seine ererbten Besitzungen zu verteidigen. Im *Baburnama* wird nicht beschrieben, ob Babur zu diesem Zeitpunkt bereits militärisch ausgebildet wurde oder kriegstheoretische Abhandlungen rezipiert hatte. Da sich jedoch im weiteren Textverlauf Selbstaussagen Baburs wiederholen, in denen er in der Retrospektive seine frühen Kriege betrachtet und seine Performanz als Kriegsherr in ihnen als ‚zu uner-

---

[149] *Der Weiß Kunig*, S. 80 [Schultz: S. 84].
[150] Vgl. Holleger, *Kaiser Maximilian I.*, S. 36f.; vgl. *Der Weiß Kunig*, S. 115f. [Schultz: S. 135]. Wenn Maximilian jedoch feierte, dann folgte er dem burgundischen Vorbild und inszenierte ein aufwändiges Zeremoniell, auch wenn er von Haus aus eher die sparsame Hofhaltung Friedrichs III. kannte. Vgl. Wiesflecker, *Kaiser Maximilian I. Bd. 5*, S. 384.

fahren' bezeichnet,[151] ist davon auszugehen, dass er den Großteil der kriegstheoretischen und -praktischen Kenntnisse erst während späterer Kriege erwarb. Babur selbst bewertet die Erfahrung in der Kriegsführung als wesentliche Voraussetzung für erfolgreiche Heerführerschaft.[152] Im *Baburnama* werden zahlreiche Kriege beschrieben, die Babur während seiner Qazaqlıq bestritt, sodass sich seine Kriegserfahrung als entsprechend umfangreich darstellt, als er in den entscheidenden Krieg gegen die Hindus zieht. Dass er aus diesem letzten großen Krieg erfolgreich hervorgeht, stärkt den Eindruck, dass Kriegserfahrung als wichtige Komponente hervorgehoben werden sollte.

Das Thema der Kriegsführung wird im *Baburnama* bereits direkt zu Beginn verhandelt. Zeitlich etwas später wird auch die Jagd behandelt, bei der ebenfalls Erfahrungen physischer und taktischer Art erworben werden und die als „sportlich-aristokratische[r] Zeitvertreib"[153] betrachtet wird.

In vielen Textstellen wird die Jagd rein ressourcenorientiert betrachtet.[154] Babur beschreibt Größe und Qualität von Jagdgebieten, die Jagdmöglichkeiten darin und den Tierbestand.[155] Er schildert Treibjagden, das Jagen mit Jagdkreisen und die verschiedenen Tierarten, die bejagt werden können.[156] Auch den Vogelfang und Fischfangmethoden beschreibt er.[157] Die Jagd wird außerdem im *Baburnama* mit dem Krieg in Verbindung gebracht: Die Fähigkeiten zur Körperbeherrschung, zum Mut und zum Gewalthandeln, die bei der Jagd benötigt werden, sind ebenfalls im Krieg notwendig. Wenn Babur Gefolgsleute charakterisiert, nennt er ihre Qualitäten als Jäger und als Krieger oft in einem Zusammenhang.[158]

Die Themenkomplexe der Jagd, des Krieges und der Literatur präsentieren sich nicht nur im *Baburnama* als eng miteinander verbunden, sondern auch im literarischen Kontext: Die Jagd- und die Kriegsthematik gehören nicht erst zu Lebzeiten Baburs zum Standardrepertoire der persischen Literatur.

Die Darstellung der Jagd wird im *Baburnama* dafür genutzt, den thematischen Komplex aus körperlicher Anstrengung, Gemeinschaftsgefühl und Kamerad-

---

151 Vgl. Thackston, *The Baburnama*, S. 149 [fol. 111], S. 150 [fol. 113].

152 Vgl. Thackston, *The Baburnama*, S. 122 [fol. 85].

153 Schönig, *Die Betrachtung der Natur im Babur-name*, S. 245.

154 Neben der Ressourcenorientierung nennt Schönig als Funktionen der Naturbetrachtung im *Baburnama* noch Baburs intellektuelle, militärische, kulinarische und medizinisch-pharmakologische Interessen (zu letzteren gehört auch die Betrachtung der berauschenden Eigenschaft eines Naturstoffes). Vgl. Schönig, *Die Betrachtung der Natur im Babur-name*.

155 Vgl. Thackston, *The Baburnama*, S. 183 [fol. 141b].

156 Vgl. Thackston, *The Baburnama*, S. 253 [fol. 204], S. 285 [fol. 232b], S. 304 [fol. 249], S. 307 [fol. 251], S. 313 [fol. 253b-254] u. ö.

157 Vgl. Thackston, *The Baburnama*, S. 181 [fol. 139bf.], S. 183f. [fol. 142-144].

158 So verfährt Babur etwa bei der Charakterisierung der Gefolgsleute Sultan-Husayn Mirzas. Vgl. Thackston, *The Baburnama*, S. 212-220 [fol. 170-175b]. Auch die Übergänge zwischen Jagd und Kriegshandlungen sind bisweilen fließend. Vgl. Thackston, *The Baburnama*, S. 429 [fol. 364b].

schaft zu entwickeln: Baburs außergewöhnliche Fähigkeiten und seine körperliche Stärke werden mit Hilfe einer Jagdszene geschildert.[159] Wenn zum Abschluss einer Jagd abends im Garten ein Majlis veranstaltet wird, wird das vorherige aggressive Gewalthandeln durch Schilderungen von Ruhe und Vergnügen kontrastiert.[160] Diese Motivik findet sich in ähnlicher Verwendung auch in den klassischen persischen Erzählungen *Shahnama* (Firdawsi) und *Haft Paykar* (Nizami). Die literarische Idealvorstellung aus den Klassikern mag hier also auf Baburs Darstellung gewirkt haben.[161] Noch weitere Zusammenhänge zwischen der Jagd und der Literatur werden deutlich: Nach einer Jagd vermerkt Babur, dass er seinen ersten Ġazal gedichtet habe.[162] Möglicherweise assoziiert er also auch hier mit der Jagd literarische Motive, die ihn zum Dichten anregen. Darüber hinaus zeigen nicht nur die Rollen des Kriegers und Jägers Nähen zueinander, auch die Rolle des Dichters wird oft in diesem Zusammenhang genannt.[163]

Babur betont in seiner Selbstdarstellung die Bedeutung von Erfahrung, die vor allem in Kriegen erworben werde. Dieser Erwerb kriegspraktischer Erfahrung ersetzte oder kompensierte wohl eine körperliche, waffentechnische oder kriegstaktisch theoretische Ausbildung Baburs. Von ihr findet sich nämlich keine Schilderung. Die Jagd scheint jedoch Funktionen einer solchen Ausbildung erfüllt zu haben, ohne dass dies explizit erwähnt wäre. In jedem Fall weist der thematische Komplex aus Jagd, Krieg und Literatur im *Baburnama* einige Nähen untereinander auf. Symbolisches soziales und kulturelles Kapital im Sinne von Ruhmzuwachs wird vor allem aus kriegerischen Auseinandersetzungen oder aber literarischem Können gewonnen.

7.2.2.2 Krieg

Aus der Überschau gesehen, scheint das *Baburnama* eine Lebensschilderung zu bieten, die eine Verbesserung der militärischen und materiellen Ausgangsbedingungen Baburs zeigt. Die Autobiographie ist jedoch auch geprägt von Baburs zyklischem Schicksalsglauben, der vor allem in der Zeit der Qazaqlïq zutage tritt. In dieser Zeit erscheint ihm sein Leben als unvorhersehbare Abfolge von Nieder-

---

[159] Vgl. Thackston, *The Baburnama*, S. 253 [fol. 204].

[160] Vgl. Hanaway, *The Concept of the Hunt in Persian Literature*, S. 24; vgl. Thackston, *The Baburnama*, S. 307 [fol. 251].

[161] Auch in der timuridischen Miniaturmalerei werden Darstellungen der Timuriden auf der Jagd vermischt mit literarischen Anspielungen auf die klassische persische Literatur (*Shahnama*, *Khusraw und Shirin*). Vgl. Lentz/Lowry (Hrsg.), *Timur and the Princely Vision*, S. 183f.

[162] Vgl. Thackston, *The Baburnama*, S. 137 [fol. 101].

[163] In den Gefolgschaftsbeschreibungen, die Babur gibt, zeigt sich auch diese Nähe. Ein Vers, den Babur von Sultan-Husayn Mirzas Gefolgsmann Muhammad-Husayn Mirza zitiert, greift die Jagd als literarisches Thema auf und verbindet sie dichterisch mit der Liebe: „Covered with dust, whom are you hunting down? / Drenched in sweat, into whose warm heart have you penetrated?" Thackston, *The Baburnama*, S. 209 [fol. 167].

lagen und Siegen.[164] Babur nennt die machtlosen Phasen seiner Herrschaft auch „Qazaqlıq" oder „Fatrat".[165] Viele seiner Kriege führt Babur während dieser Zeit der Qazaqlıq, in der er dafür kämpft, ein eigenes Herrschaftsgebiet zu erobern und zu etablieren.

In der timuridischen Historiographie wird diese Periode ambivalent bewertet: Den Gegensatz zwischen der rauen Lebenswirklichkeit der Qazaqlıq und dem persisch-kultivierten Ideal, das die Historiographen (die sich selbst in dieser Tradition sahen) ihrem Patron zuschreiben wollten, konnten die persischen Geschichtsschreiber nur mit Schwierigkeiten glätten.[166]

Die Qazaqlıq erfüllte für die Herrscher auch machtpolitische Funktionen. Während dieser Zeit wurde die Loyalität zwischen Anführer und Gefolge erprobt und gefestigt. Die Gruppe verteidigte den Herrscher im Kampf; der wiederum entlohnte sie materiell mit Beute, Geschenken und militärischen Rängen. Auch Koalitionen mit lokalen Anführern und Heiratsbündnisse fielen häufig in die Qazaqlıq-Periode.[167] Gelang es dem Herrscher dann tatsächlich, sich in einem Herrschaftsgebiet zu etablieren, bekleideten meist die treuesten seiner Anhänger die wichtigsten Hofämter und bildeten den Machtkern an seinem Hof.[168]

Aufgrund der prominenten timuridischen Vorreiter und aufgrund ihrer machtpolitischen Bedeutung kann man die Qazaqlıq wohl als timuridische Herrschertradition bezeichnen; sie bot dynastieinternes Identifikationspotential. Zu der Identitätsvorstellung, die ihr zugrunde lag, gehörten wohl auch das Kriegerethos und der nicht-sesshafte Lebensstil.[169]

Seine Qazaqlıq sieht Babur als eine feste Zeitspanne mit einem Anfangs- und Endpunkt und betrachtet sie als obligatorische Phase in seinem Herrscherleben.[170] Zwar sind auch militärische Niederlagen zu Zeiten Baburs kaum dazu geeignet, Ruhm und Ehre einzubringen,[171] im Rahmen der Qazaqlıq und des zyklischen Schicksalsglaubens erhalten sie jedoch Bedeutung: Die Qazaqlıq markiert eine notwendige Entwicklungsphase im Leben eines Timuridenherrschers, zu der auch

---

[164] Dale bezieht sich auf eine Äußerung Baburs, der feststellt, dass er vier- oder fünfmal in seinem Leben einen plötzlichen Umschwung zwischen Bedrängnis und Sorglosigkeit erlebt hätte. Vgl. Thackston, *The Baburnama*, S. 132 [fol. 96]; vgl. Dale, *The Garden of the Eight Paradises*, S. 67.

[165] Den Begriff der Qazaqlıq verwendet er synonym mit Fatrat. Vgl. Mano, *Baburnama*, S. 16 [fol. 11a].

[166] Vgl. Subtelny, *Timurids in Transition*, S. 28-32.

[167] Vgl. Subtelny, *Timurids in Transition*, S. 31.

[168] Vgl. Subtelny, *Timurids in Transition*, S. 32.

[169] „The early Timurid polity [...] emphasizes equestrian skills, archery, hunting, campaigning, and an itinerant lifestyle based on the movement between wintering and summering places, favourite hunting grounds, and various camp or garden residences." Subtelny, *Timurids in Transition*, S. 28.

[170] Vgl. Thackston, *The Baburnama*, S. 49 [fol. 14]. Ähnlich betrachtete Babur seine bedeutenden Eroberungen als zeitliche Fixpunkte, auf die er sich immer wieder bezog.

[171] Vgl. Thackston, *The Baburnama*, S. 98 [fol. 60].

Niederlagen gehören durften. Neben die militärische und politische Entwicklung fiel auch der geistige Reifeprozess des Herrschers in diese Zeit. Als Babur mit nur einer Hand voll Gefolgsleuten den Winter im armseligen Ort Khujand verbringen muss, kommentiert er das mit den Worten: „Tā özumni bilip edim bu yosunluġ ranj u mašaqqatnı bilmäydür edim."[172] Dale sieht diesen Kommentar als Erkennen und Reflektieren der eigenen Person an und als Zeichen dafür, dass sich Babur als autonomes Individuum betrachtet.[173] Wenn Dale mit seiner These Recht hat, wird der Zusammenhang zwischen dieser Selbsterkenntnis und der Lebensphase der Qazaqlıq nicht zufällig in diese Textstelle eingebaut, sondern das militärische Reifen wird mit der geistigen Entwicklung bewusst verbunden. Für diese These sprechen noch weitere Textstellen, in denen Verbindungen zwischen persönlichen Initiationsereignissen und militärischen Schlüsselerlebnissen geschaffen werden: Baburs erste Rasur, die als turkomongolischer Initiationsritus gefeiert wird, fällt mit seinem Eintritt in das neue Herrschaftsgebiet Kabul zusammen.[174] Außerdem wurde in einem früheren Kapitel bereits die Verknüpfung zwischen erster Hochzeit, erster Liebe und dem ersten militärischen Verlust Samarkands erläutert,[175] als Baburs Gefolgsleute ihm die Loyalität versagen.

Auffällig ist, dass nicht nur militärische Erfolge mit persönlichen Initiationserlebnissen verbunden werden, sondern auch die schmerzhafte militärische Niederlage in Samarkand. Dieser Befund stärkt den Eindruck, dass Niederlagen als fester Bestandteil der Qazaqlıq sozusagen zum Leben dazugehören.

Es wird ein enger Konnex zwischen Leben und Krieg hergestellt. Das Reifen der Herrscherperson wird mit dem Erfahrungszuwachs in den kriegerischen Auseinandersetzungen verknüpft.[176] Babur stellt auf diese Weise seine Identität als Kriegsherr als Teil seiner Persönlichkeit dar.[177]

---

[172] In englischer Übersetzung: „Since I had known myself, I had not known such grief and affliction." Thackston, *The Baburnama*, S. 92 [fol. 54b].

[173] Vgl. Dale, *The Garden of the Eight Paradises*, S. 96f. Dale ist der Meinung, dass der Gebrauch des reflexiven Pronomens „özüm" insbesondere auf Baburs Selbsterkenntnisprozess hindeute. Als weitere Indizien für seine These führt Dale eine ähnlich lautende Phrase aus dem modernen Türkisch an, mit der die persönliche Reife einer Person angezeigt werde, und er verweist auf Ali-Sher Beg Nawa'i und Haydar Mirza Dughlat, die mit ähnlichen Worten eine Grenze zwischen der Kindheit und dem reiferen Erwachsenenleben beschreiben. Vgl. ebd.

[174] Vgl. Thackston, *The Baburnama*, S. 161 [fol. 120]. Erskine und Leyden berichten über ein Fest, das normalerweise mit dem Ritus in Verbindung steht: „Among the Türki tribes, the time of first applying the razor to the face is celebrated by a great entertainment. Bābur's miserable circumstances did not admit of this." Erskine/Leyden, *The Memoirs of Zehir-ed-din Muhammed Baber*, Bd. 1, S. 202, Anm. 3.

[175] Vgl. Kapitel 5.2.2.4.

[176] Vgl. dazu auch Dale, *Steppe Humanism*, bes. S. 37-39 und S. 43f.

[177] Das wird durch weitere Befunde bestätigt: Babur verwendet in seiner Lebensbeschreibung generell militärische Schlachten (vor allem die Eroberungen Samarkands und Hindustans) als zeitliche Orientierungsmarker, um auch anderes Geschehen zu verorten. Vgl. Thackston, *The Baburnama*, S. 43 [fol. 8b], S. 46 [fol. 11], S. 172 [fol. 131].

Militärische Niederlagen werden in Baburs Selbstdarstellung nicht ausgespart, sie werden allerdings in Erzählzusammenhänge eingebettet, die sinnstiftend wirken. Die Literatur und die Historiographie stellen Erzählmuster zur Verfügung, die eine Sinnstiftung für schwierige Zeiten ermöglichen. So überträgt Babur seine militärische Niederlage in Samarkand und die Illoyalität seiner Gefolgsleute in einen neuen Sinnzusammenhang: den der mystischen Liebe, der das Leiden inhärent ist.[178]

In seiner Autobiographie verwendet Babur viel Raum darauf, die Kriegsordnungen, die er in den verschiedenen gewalttätigen Auseinandersetzungen aufstellt, detailliert zu beschreiben.[179] Grundsätzlich folgt er dabei noch der von Genghis Khan erdachten Kampftechnik, bei der das Heer aus einem rechten Flügel (Baranğar), einem linken Flügel (Javanğar) und dem Zentrum (Qol) besteht (vgl. Abb. 1). Auch erwähnt er die Flankenangreifer, die neben den beiden Flügeln agieren.[180] Er führt jedoch im Laufe der Jahre auch Variationen und Differenzierungen durch: So unterteilt er das Zentrum in eine rechte und eine linke Seite (Ong Qol und Sol Qol) und das sogenannte herrscherliche Aufgebot (Xāṣṣa Tabin), die Leibgarde des Herrschers. Innerhalb des letzteren unterscheidet er ebenfalls noch einmal eine rechte und eine linke Flanke (Ong Yan und Sol Yan) und den Boy, eine Einheit, deren Bedeutung Babur mit ‚geschlossen' oder ‚sicher' angibt, und der die engste Leibgarde des Herrschers darstellte.[181]

Das Militär rekrutierte sich vor allem aus der turkomongolischen Steppenbevölkerung und bildete so ethnisch einen Gegenpol zu der sesshaften persoislamischen Gelehrten- und Verwaltungsschicht der Timuriden. Diese ethnische Herkunft macht sich bei einigen ursprünglich mongolischen Gepflogenheiten im Heer bemerkbar, die das *Baburnama* wiedergibt. So geht etwa die Organisation der Armee auf turkomongolische Bräuche zurück: Das Heer war hierarchisch organisiert und die Krieger in der Schlachtformation wurden gemäß einem Dezimalsystem eingeteilt. An der Spitze agierten die Tümän Begi, die jeweils 10.000 Soldaten befehligten, danach kamen die Ming Begi, die jeweils 1.000 Soldaten kommandierten und dann die Yüzi Begi, die jeweils 100 Soldaten anführten. Schließlich gab es noch Befehlshaber über 10 Soldaten.[182] Die Positionen in den einzelnen Divisionen (Baranğar, Javanğar und Gol) waren vererbbar oder wurden

---

[178] Vgl. Kapitel 5.2.2.4.

[179] Dale ist der Meinung, diese Offenheit in militärischen Angelegenheiten ziele besonders auf die Rezeption dieser Textstellen durch Humayun und seine Nachkommen. Vgl. Dale, *The Garden of the Eight Paradises*, S. 343. Aber auch seine militärischen Gefolgsleute spricht Babur mit dieser Thematik insbesondere an.

[180] Vgl. Thackston, *The Baburnama*, S. 326 [fol. 267].

[181] Vgl. Thackston, *The Baburnama*, S. 259 [fol. 209b]; vgl. Doerfer, *Türkische und mongolische Elemente im Neupersischen Bd. 4*, S. 91.

[182] Vgl. Thackston, *The Genghisid and Timurid Background of Iran and Central Asia*, S. 25.

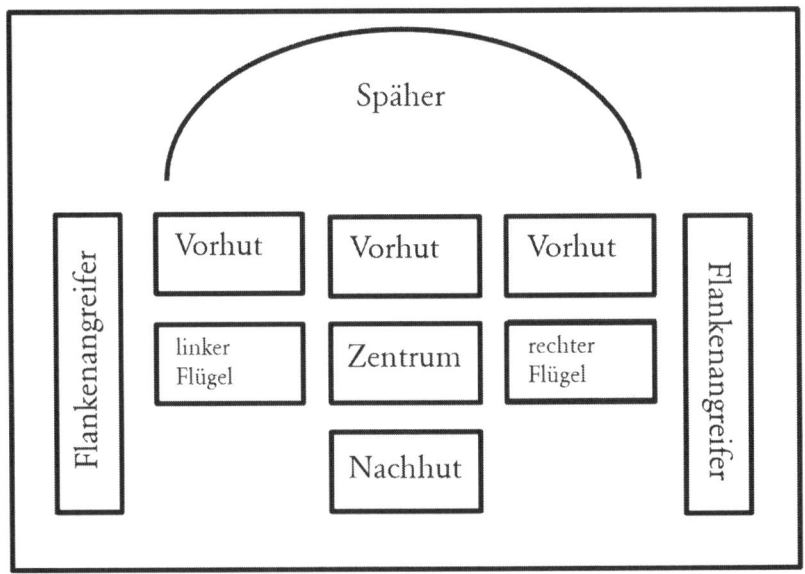

Abb. 1: Vereinfachte Darstellung der typischen Schlachtformation einer turkomongolischen Armee (in Anlehnung an Doerfer, *Türkische und mongolische Elemente im
Neupersischen Bd. 4*, S. 90).

gemäß der Ränge den Beteiligten zugeteilt.[183] Ein weiterer turkomongolischer
Einfluss auf Baburs militärische Gepflogenheiten war die Verleihung einer
Yakschwanz-Standarte, die Babur als Ehrung für militärische Verdienste vor-
nahm.[184]

Babur nennt bei seinen Kampfschilderungen einige der am Kampf beteiligten
Gefolgsleute und ordnet sie einer Division zu.[185] Er nennt ihre Namen, ihre Position, aber auch ihren Rang und schildert ihre Kampfesleistungen. Außergewöhnliche Leistungen würdigt er mit einer eingehenden Beschreibung: Als sein
langjähriger Gefolgsmann Dost Beg stirbt, zeigt sich Babur betroffen („Basî muta'assir u muta'allim bolduk.“[186]) und widmet ihm einen ganzen Abschnitt mit

---

183 So beschreibt es Babur für die Mongolen unter dem Befehl seines Onkels: „In the right
    and left wing the higher a man's rank, the closer to the edge he stands.“ Thackston, *The
    Baburnama*, S. 136 [fol. 100b]. Babur betont die Unveränderlichkeit des Systems der Mon-
    golen: „Among the Moghuls the arrangement of the army is exactly as Genghis Khan left
    it. Right wing, left wing, center – from father to son they remain where they were as-
    signed.“ Ebd.
184 Vgl. Dale, *The Garden of the Eight Paradises*, S. 296.
185 Bei der Beschreibung der Schlacht von Panipat zählt Babur die einzelnen Gefolgsmänner
    in den einzelnen Divisionen auf. Vgl. Thackston, *The Baburnama*, S. 325 [fol. 266].
186 In englischer Übersetzung: „We were terribly shocked and saddened.“ Thackston, *The Ba-
    burnama*, S. 287 [fol. 234]

Würdigungen seiner militärischen Leistungen.[187] Den schriftlichen Erinnerungen an die genannten Krieger entsprechen in der Funktion – wenn auch ins Gegenteil verkehrt – die abwertenden Äußerungen, die Babur über illoyale oder feige Gefolgsleute im *Baburnama* fixiert: Sowohl die Leistungen als auch das Versagen sollen für die Nachwelt festgehalten werden. Babur möchte auf diese Weise Memoria stiften. Potentielle Rezipienten wie Nachfahren oder hochrangige Gefolgsleute erhielten so Einblick in das militärische Anspruchsdenken Baburs. Sie sollten sich an den von Babur gelobten Leistungen orientieren und das von ihm negativ bewertete Verhalten vermeiden.[188] Babur lobt nicht nur seine Gefolgsleute, sondern auch sich selbst: „Agarči kišimiz az edi, valî xaylî tüzük va maḍbūṭ yasal taʿbiya u tartib qılıp edim. Heč maḥall anča tartib u nasaq bilä yasamaydur edim.“[189] Auch diese eigenen Verdienste in der Kampfvorbereitung oder im Kampf selbst sind für den Erhalt in der Nachwelt bestimmt.

Babur rekurriert auch auf die göttliche Unterstützung, die ihm in militärischen Auseinandersetzungen zuteil wurde – etwa als er seine Armee das fünfte Mal nach Hindustan führt: „Bešinči nawbat Tengri taʿālā öz faḍl u karamı bilä Sulṭān Ibrāhīm dek ǧanīmnı maqhūr u abtar qılıp Hindustān dek mamālikīni bizgä muyassar u musaxxar qıldı.“[190] Dass übernatürliche Unterstützung für militärische Vorhaben bedeutsam ist, zeigt das Auftreten eines Astrologen, der eine schlechte Vorhersage für den ‚Heiligen Krieg‘ getroffen hatte und Baburs Bemühen, diesen Einfluss von seinen Gefolgsleuten fernzuhalten.[191] Auch der verbreitete Glaube an die Kraft des Yadači wurde für die Kriegsführung eingesetzt: Man versuchte das Wetter so zu beeinflussen, dass dem Gegner daraus Nachteile entstanden.[192]

Das *Baburnama* bietet also einen Überblick über die verschiedenen Einflüsse, die zu Zeiten Baburs auf den Ausgang eines Krieges wirken konnten: Das waren sowohl eigene Verdienste als auch die der Gefolgsleute, dazu übernatürliches Wirken. Die Verschiedenartigkeit dieser Faktoren und die eingeschränkten Mög-

---

[187] Babur erzählt die militärische Laufbahn Dost Begs nach und geht bei einigen Kämpfen, die sein Beg ausgefochten hat, näher ins Detail. Vor allem würdigt er seinen lebensrettenden Einsatz für Babur. Thackston, *The Baburnama*, S. 287 [fol. 234].

[188] Babur zielte mit dieser Namensaufzählung auch darauf ab, das Totengedächtnis seiner Gefolgsleute zu pflegen. Dass für ihn das Bewahren von Erinnerung von großer Wichtigkeit war, zeigen etwa auch seine Grabbesuche bei bedeutenden Sufi-Scheichs und ebenso seine Sorge um die Erinnerung an die eigene Person, die ihn beim Verfassen des *Baburnama* antrieb. Zum Totengedenken im Islam allgemein vgl. Pahlitzsch, *Memoria und Stiftung im Islam*, S. 71ff.

[189] In englischer Übersetzung: „Although our men were few, I had arranged them in an excellent formation. Never before had I made such a good battle array.“ Thackston, *The Baburnama*, S. 259 [fol. 209].

[190] In englischer Übersetzung: „The fifth time, God through his great grace vanquished and reduced a foe like Sultan Ibrahim and made possible for us a realm like Hindustan.“ Thackston, *The Baburnama*, S. 329 [fol. 269].

[191] Vgl. Kapitel 6.2.2.2.

[192] Vgl. Kapitel 6.2.2.2.

lichkeiten, um sie zu beeinflussen, beschreibt Babur so, dass die Rezipienten eine Vorstellung von der Komplexität des Kriegsgeschehens erhalten. Er macht damit nachvollziehbar, wie und warum ein Kriegsherr die Kontrolle über einen Krieg verlieren konnte.

Eine militärhistorisch bedeutende Schlacht, die auch im *Baburnama* beschrieben wird, ist die Schlacht von Panipat, die Babur 932/1525 gegen Sultan Ibrahim ausficht. Sie gilt aus dem Grund als bedeutsam, weil Baburs Truppen damals in Indien die Feuerwaffen einführten.[193] Für Babur selbst galt der Sieg als der erste Schritt, um sich im neuen Herrschaftsgebiet Indien zu etablieren. Da Babur wusste, dass seine Truppen deutlich in der Unterzahl kämpfen würden, setzte er auf eine defensive Taktik, bei der er aus befestigten Stellungen heraus mit Feuerwaffen schießen ließ. Dafür wurden Karren in einer Reihe aufgestellt und zusammengebunden, hinter denen sich die Waffenträger verschanzten.[194] Auf diese Weise ließ sich die geringere Zahl an Kämpfern ausgleichen. Diese Taktik übernahm er wohl von den Osmanen, die so 920/1514 die Schlacht um Tschaldiran gegen die Safawiden unter Shah Ismail gewonnen hatten.[195] Als die Parteien aufeinanderstießen, gelang es Babur zudem, Bogenschützentruppen in den Rücken der Gegner zu beordern, die von dort in das Kampfgeschehen eingriffen.

Die Schlacht von Panipat zeigt deutlich die Doppelstrategie, die Babur bei der Kriegsführung verfolgte. Er setzte zum einen auf Neuerungen im Kriegswesen: Er übernahm neue Kampftechniken und vertraute neu entwickelten Waffen. Zum anderen behielt er die althergebrachte mongolische Kampfformation bei und setzte auf Bogenschützen, die als Merkmal der mongolischen Steppenkrieger gelten. Auch die Vorbereitungen auf den ‚Heiligen Krieg' gegen die Hindus bestätigen den Eindruck eines sowohl mit progressiven als auch traditionellen Mitteln kämpfenden Herrschers: Babur lässt einen Mörser bauen, den er Ġāzi nennt[196] und schildert etwa zu dieser Zeit die Verwendung einer ganzen Reihe von anderen großen Waffen: Neben den Mörsern setzt er Luntenmusketen, Feldschlangen und Ballisten ein.[197] Er beschreibt die Funktionsweise dieser Waffen und schildert die Erfolge, die damit gefeiert werden konnten.[198] Gleichzeitig beschwört er die Tradition des ‚Heiligen Krieges', die er fortsetzen wolle.

Die Beschreibungen im *Baburnama* lassen darauf schließen, dass Babur innovative wie traditionelle Elemente in seinen Kriegen vor allem funktional und gemäß taktischer Überlegungen einsetzte. Jedoch ließ sich mit der gewählten mi-

---

[193] Vgl. Gommans, *Mughal Warfare*, S. 147.

[194] Vgl. Thackston, *The Baburnama*, S. 323-325 [fol. 264-265b].

[195] Vgl. Thackston, *The Baburnama*, S. 323 [fol. 264], und wieder S. 372 [fol. 310bf.].

[196] Vgl. Thackston, *The Baburnama*, S. 400 [fol. 336bf.].

[197] Vgl. Thackston, *The Baburnama*, S. 434f. [fol. 370f.].

[198] Vgl. Thackston, *The Baburnama*, S. 436 [fol. 371b]. Dale hält sich bei seiner Beurteilung der Bedeutung der neuen Waffen Baburs zurück und meint, dass diese keine entscheidende Rolle in den Schlachten gespielt hätten. Vgl. Dale, *The Garden of the Eight Paradises*, S. 295.

litärischen Doppelstrategie nicht nur vorteilhaft und funktional-flexibel in Hinblick auf die Kriege, sondern auch politisch-ideologisch in Hinblick auf die Gefolgsleute agieren. Mit der gleichzeitigen Betonung innovativer und traditioneller Elemente ließ sich an das Selbstverständnis seiner Krieger rühren. Traditionelle Identifikationsangebote sprachen diejenigen an, die sich der mongolischen Tradition verpflichtet fühlten und ihren Platz in der Schlachtformation ererbt hatten. Andere, wie etwa ranghohe Begs, mochten Babur dazu gedrängt haben, den innovativen Entwicklungen der Waffentechnik zu folgen. Alle Gefolgsleute wollten schließlich sichergehen, einem möglichst machtvollen Herrscher zu folgen.

Als Höhepunkt der gewalttätigen Auseinandersetzungen Baburs wird die Entscheidungsschlacht gegen die Hindus markiert: Es ist dies der einzige Krieg, der in ästhetisch abweichender Form dargestellt wird. In einem heroisch-überhöhten Bericht (Fathnāma) schildert der gelehrte Gefolgsmann Shaykh Zayn das Kampfgeschehen in poetischer Form. Diesen Bericht fügt Babur in den Prosatext seiner Autobiographie ein.[199] In Versform wird darin der Heerführer Babur geehrt und auch andere Krieger, die sich verdient gemacht haben, werden lobend erwähnt. Zahlreiche *Koran*-Zitate verweisen auf die göttliche Mission, die Babur mit diesem Krieg erfüllen wollte, und sie verleihen dem Text Autorität und Sakralität. Sie werden vor allem an den Textstellen eingefügt, in denen die hinduistischen Gegner diskreditiert und die Sieger überhöht werden.[200] Neben den *Koran*-Zitaten werden auch Verse aus dem *Shahnama* Firdawsis in den Bericht eingefügt, um die Darstellung heroisch zu gestalten und poetisch aufzuwerten.[201] Die besondere ästhetische Form des Berichts korrespondiert also mit der herausgehobenen Bedeutung dieses Krieges.

Die beiden Werke, aus denen im Fathnāma zitiert wird, der *Koran* und das *Shahnama*, stellen Textautoritäten in der geistlichen und in der weltlichen Sphäre dar. Durch die Zitate werden diese Autoritäten aufgerufen und verleihen auch dem Fathnāma Shaykh Zayns und dem Krieg Baburs eine besondere Würde: Dadurch, dass die beiden Zitatquellen Autoritäten der beiden Sphären darstellen, werden auch die beiden Komponenten des ‚Heiligen Krieges‘ betont und aufeinander bezogen: die religiöse Fundierung und die gewalttätige Auseinandersetzung.

In dieser Textpassage findet jedoch nicht nur eine Verbindung der geistlichen und der weltlichen Sphäre statt, sondern auch eine von Literatur und Krieg: Das literarisierte, eingefügte Fathnāma präsentiert Babur als Kriegshelden. Seine Rolle als Literat und Gelehrter, in der er auch als Autor und gleichzeitig Erzähler der

---

[199] Vgl. Thackston, *The Baburnama*, S. 379-387 [fol. 316-324b].

[200] Vgl. Thackston, *The Baburnama*, S. 379-387 [fol. 316-324b].

[201] Vgl. Thackston, *The Baburnama*, S. 385 [fol. 323f.]. Allgemein werden Verweise auf das *Shahnama* im *Baburnama* nicht nur an dieser Stelle, sondern auch an anderen Stellen – meist im Zusammenhang mit militärischen Eroberungen – eingefügt. Vgl. auch Thackston, *The Baburnama*, S. 135 [fol. 99].

Geschichte agiert, tritt an dieser Stelle hinter die Rolle des Kriegshelden zurück und bleibt nur im Kontext präsent. Dieser erzählerische Kniff der Fremddarstellung Baburs ermöglicht einen ästhetischen Abstand zu ihm: Er wird wie in der Geschichtsschreibung von einer höheren, scheinbar allgemeingültigen Warte aus präsentiert. Literatur, Krieg und Religion gehen eine enge Koalition ein: Die ästhetischen Möglichkeiten der Literatur werden verwendet, um sakral aufgeladenes Gewalthandeln zu erhöhen, einen Held, der im Dienst Gottes handelt, zu kreieren und der Memoria zuzuführen.

Die Schilderung der Kriege im *Baburnama* lässt Rückschlüsse auf die Sichtbarkeits- und Körperpolitik der Timuriden zu. Die Selbstbeschreibung Baburs setzt damit ein, dass er sich als körperlich tüchtig präsentiert: Aus seinem Verhalten und aus seinen Äußerungen soll der Leser auf seine Sportlichkeit, seine Reaktionsschnelligkeit und seine Kampfstärke schließen. In einer Episode etwa weicht er geschickt herabstürzenden Felsbrocken aus. An einer anderen Stelle rühmt er sich, mit nur 33 Schwimmzügen einen Fluss durchquert zu haben.[202] Stets beschreibt er sich als einen an der Spitze seiner Krieger kämpfenden Kriegsherrn: Er agiert dort als Bogenschütze und feuert seine kämpfenden Gefolgsleute an. Während der Belagerung Samarkands schlägt er als sichtbare Unterstützung seines eigenen Gefolges sein Zelt auf der Ulughbeg-Mirza-Medrese auf.[203]

Als Teil der Sichtbarkeitspolitik timuridischer Kriegsführung können die abgetrennten Köpfe der Gegner als Beweis des Sieges über sie gelten: Wurden Gegner getötet, erhielt Babur oft deren Köpfe von seinen Gefolgsleuten ausgehändigt.[204] Dies ermöglichte die Identifikation vor allem der gegnerischen Anführer. Auch nach dem Sieg über Sultan Ibrahim gelingt es den Gefolgsleuten Baburs, den Leichnam des Lodi-Sultans zu finden und Babur den Kopf als Beweis seines Todes zu überbringen.[205] Ein weiterer, speziell timuridischer Brauch bestand darin, aus den Köpfen der Getöteten eine weithin sichtbare Pyramide zu schichten. Dieser Brauch, der bereits bei den mongolischen Vorfahren und dem Dynastiegründer Temür Beg gepflegt wurde, kann auch als Wiedererkennungszeichen der Dynastie bezeichnet werden.[206] Durch seine Anwendung gibt sich Babur als Timuride in der Nachfolge Temür Begs zu erkennen.

---

[202] Vgl. Thackston, *The Baburnama*, S. 428 [fol. 363b].

[203] Vgl. Thackston, *The Baburnama*, S. 127 [fol. 91].

[204] Vgl. Thackston, *The Baburnama*, S. 129 [fol. 93b] u. ö.

[205] „It was midafternoon when Tahir the Axman, Khalifa's brother-in-law, discovered Sultan Ibrahim's body amidst many corpses and brought in his head." Thackston, *The Baburnama*, S. 327 [fol. 267b]. Die Beschreibung des Fundes des Herrschers ‚zwischen den anderen Körpern' sollte wohl die besondere Unwürdigkeit des Todes und die Unfähigkeit Sultan Ibrahims als Herrscher und Kriegsherr betonen.

[206] Vermutlich bezieht Temür Beg diesen Brauch von den Mongolen, die im 14. Jahrhundert vor den von ihnen zerstörten Städten Menschenknochen stapelten, um von ihrer Eroberung Kunde zu verbreiten.

Gefolgsleute oder andere Anführer, die einen Krieg vermieden, bewertet Babur als Feiglinge.[207] Sie weichen von seinem Ideal der Sichtbarkeitspolitik ebenso ab wie die Hindus, die in der Heimlichkeit versuchten, ihn zu vergiften oder ihn bei einem nächtlichen Überraschungsangriff zu töten.[208] Demgegenüber erkennt Babur Leistungen an, die in Kämpfen erbracht werden: Vor allem Siege in Unterzahl oder gegen starke Gegner wie die Usbeken sind ihm ein Lob wert.[209]

Die Kriege, die Babur beschreibt, verknüpft er mit seiner eigenen Lebensentwicklung und betont durch ihre Schilderung seine Verbindung zur turkomongolischen Kriegerkaste. Generell werden Kriege als Bestandteil von Baburs Identität und derjenigen der gesamten Timuridendynastie dargestellt.

Babur setzte auf die volle Sichtbarkeit im Krieg: Er bevorzugt die direkte Konfrontation, eine sichtbare Rolle als Heerführer und eine klare Kommunikation über den Ausgang der Kämpfe und die Bilanz der Getöteten. Mit der schriftlichen Fixierung der Bewertungen seiner Gefolgsleute und seiner eigenen Performance schafft er Memoria und zeigt seinen Lesern auf, welches Verhalten im Krieg zu Erfolg oder Misserfolg führt.

Der Krieg ist Baburs politisches Mittel erster Wahl. Die Alternativwege der Verhandlungen oder des materiellen Ausgleichs werden in Quantität und Qualität von den Darstellungen der kriegerischen Auseinandersetzungen überragt.

7.2.2.3 Gefolgsleute, Verbündete und Gegner

Babur ist von dem Moment des Todes seines Vaters an auf die Loyalität der Gefolgsleute angewiesen, die sich bis dahin in den Diensten seines Vaters befunden haben. Für ihn ist zu diesem Zeitpunkt bereits absehbar, dass unsichere Zeiten heraufziehen werden: Zahlreiche andere Timuridenherrscher konnten ihm die Loyalität seiner Gefolgsleute streitig machen. Wie Babur besaßen sie einen Herrschaftsanspruch aufgrund ihrer Herkunft. Die Fähigkeit, Gefolgschaft an die eigene Person zu binden, entschied, welche der Timuridenherrscher ihren Herrschaftsanspruch würden durchsetzen können. Nur wem es dann glückte, seine Macht über ein Gebiet dauerhaft zu stabilisieren, konnte sich als Herrscher etablieren.

So verschiedenartig wie die Zusammensetzung der Gefolgsleute, so gestaltete sich das Verhältnis zwischen dem Herrscher und ihnen. Das Gefolge Baburs wurde – vereinfacht gesprochen – von den zwei Großgruppen der turkomongolischen Krieger und der persoislamischen Gelehrten geprägt. Diese beiden Gruppen unterschieden sich ethnisch und hinsichtlich ihrer Profession, und sie vertraten gegenüber Babur unterschiedliche Interessen. Ihre Unterscheidung in Männer des Schwertes und Männer der Schreibfeder, die einem zeitgenössischen Fürstenspiegel

---

207 Vgl. Thackston, *The Baburnama*, S. 70 [fol. 35].
208 Vgl. Thackston, *The Baburnama*, S. 367ff. [fol. 305ff.], S. 436 [fol. 371bf.]
209 Vgl. Thackston, *The Baburnama*, S. 206f. [fol. 165f.].

entstammt,[210] spiegelt sich auch in den zwei Divānen[211] wider, die an einem timuridischen Hof eingerichtet waren: dem persischen Divān, der die generelle und im Speziellen die finanzielle Verwaltung übernahm, und dem turkomongolischen Divān, der für die militärischen Belange des Hofes zuständig war. Die Einrichtung der Divāne ist nur allgemein für timuridische Höfe bekannt, über die Divāne an Baburs Hof und über seine Verwaltung und sein Steuersystem ist wenig bekannt.[212]

Quer zu diesen beiden Großgruppen bildeten sich Expertengruppen unter den Gefolgsleuten heraus, die mit ihrem Spezialwissen verschiedene Funktionen für den Herrscher erfüllten: Mediziner heilten und sammelten Wissen über Krankheiten. Waffenexperten kümmerten sich um Innovationen in der Waffentechnologie. Zu den Experten gehörten auch die, die Teilhabe an übernatürlichem Wissen behaupteten: Sufis traten als Vermittler des göttlichen Wissens auf, Astrologen erstellten Prophezeiungen und die Yadači-Experten wollten das Wetter beeinflussen. Gerade diese Expertengruppe ist wichtig für die Verbreitung von Neuigkeiten. Vor allem für die Einflussnahme auf Meinungen sind auch sie neben den Gelehrten und den Kriegern als einflussreiche Gefolgschaftsgruppe anzusehen.[213]

Die verschiedenen Gefolgschaftsgruppen geraten zu verschiedenen Zeiten der Herrschaft in den Blick des Herrschers: Werden die Soldaten und die militärische Elite vor allem bei der Eroberung von Herrschaftsraum und dessen Verteidigung benötigt, gewinnt die Verwaltung in der darauffolgenden Phase an Bedeutung, in der es darum geht, Steuern einzusammeln. Die Sufis sicherten die Macht des neuen Herrschers im Volk ab, während das künstlerische Gefolge mit Panegyrik die Herrschaftssicherung symbolisch und für die Elite sichtbar betrieb.

Neben der funktionalen Unterscheidung der Gefolgsleute in Expertengruppen wird im *Baburnama* noch eine weitere Unterscheidung betont: die in ältere, langjährige und in jüngere Gefolgsleute. Während Babur den älteren Weisheit zuspricht und die Fähigkeit, selbst über ihr Schicksal zu entscheiden,[214] erwartet er

---

[210] Unter Männer des Schwertes fasst Kashifi die Soldaten und ihre militärischen Anführer zusammen. Als Männer der Schreibfeder bezeichnet er die Männer der Verwaltung. Darunter befanden sich diejenigen, die für die Finanzen verantwortlich waren und die, die Recht sprachen, sowie diejenigen, die als Schreiber beschäftigt waren. Kashifi schreibt parteiisch über den Hauptunterschied zwischen den beiden Personengruppen: „Men of the pen never aspire to take over a kingdom, whereas men of the sword often do; moreover, men of the sword empty a sultan's treasury, while men of the pen fill it." Zitiert nach Subtelny, *A Late Medieval Persian Summa on Ethics 36/4*, S. 611. Subtelny bezieht sich hier auf das *Akhlaq-i Muhsini* von Husayn Vaʿiz-i Kashifi, das – so Subtelnys These – 907/1501–1502 am Hof Sultan-Husayn Mirzas entstand, dem es auch gewidmet ist. Es wende sich jedoch in erster Linie an dessen Sohn Abuʾl-Muhsin Mirza. Vgl. ebd., S. 602ff.

[211] Der Begriff Divān kann sowohl eine Gedichtsammlung als auch ein Verwaltungsorgan (wie im vorliegenden Fall) bezeichnen.

[212] Vgl. Dale, *The Garden of the Eight Paradises*, S. 406. In seinem Werk *Mubayyan* erläutert Babur allerdings seine Ideen zur Besteuerung.

[213] Vgl. Moin, *The Millennial Sovereign*, S. 69f.

[214] „Such men have enough sense and intelligence to distinguish between prudence and imprudence and to discern good from evil." Thackston, *The Baburnama*, S. 354 [fol. 294b].

von den jüngeren unbedingten Gehorsam.[215] Seinen langjährigen timuridischen Gefolgsleuten vertraut Babur auch bei seinem wichtigsten militärischen Feldzug: Als er in Hindustan einfällt, gehören zwar auch Afghanen, später auch Hindus zu seiner Truppe – die Führung belässt er jedoch so lange es geht bei seinen timuridischen Mirzas.[216]

Zwar machten sich die genannten Unterscheidungsmerkmale der Ethnie, der Profession, der Teilhaberschaft an Expertenwissen und des Alters bei der Herausbildung von Gruppen innerhalb der Gefolgschaft bemerkbar, jedoch gab es zwischen den einzelnen Gruppen immer Übergänge und Überschneidungen: So konnten etwa Sufischeichs auch militärische Funktionen übernehmen und militärische Gefolgsleute sich als Gelehrte betätigen. Babur reagierte auf seine unterschiedlichen Gefolgschaftsgruppen und ihre Bedürfnisse mit verschiedenen Rollen, die er einnahm: die als Gelehrter, als Gläubiger oder als Heerführer und Krieger. Die Verschiedenartigkeit der Gefolgschaftsgruppierungen macht deutlich, dass für den Herrscher unterschiedliche Strategien gefragt waren, um von all diesen Leuten Loyalität entgegengebracht zu bekommen. Der Rollenwechsel stellte eine der Strategien dar.

Als wichtigste Strategie, um sich die Loyalität seiner Gefolgsleute zu sichern, ist die Entlohnung anzusehen. Loyalität und Lohn sind Gegenstände des Tauschverhältnisses zwischen Herrscher und Gefolgsleuten. Die Gefolgsleute setzten ihre Dienste als Verhandlungsmasse ein, während es im Gegenzug die Aufgabe Baburs war, dafür zu sorgen, dass sie von ihm versorgt werden konnten.[217] Er musste versuchen, sich Zugang zu Prestige- und Versorgungsgütern zu verschaffen und diesen Weg zu behaupten.[218] Für die Entlohnung boten sich dem Herrscher vor allem drei Möglichkeiten: die direkte Wiederverteilung der Beute, die durch militärische Eroberungen akquiriert werden konnte, die Verteilung von Herrschaftsgebieten und Einkünften daraus sowie Gehälter, die aus dem zentralen Schatz bezahlt wurden.[219] Darüber hinaus waren Rangerhebungen, Titel und Geschenke, die Gefolgsleute empfangen konnten, ein Mittel des Herrschers, um Loyalität zu erreichen.[220] Auch behauptete Babur göttlichen Beistand für seine Mitkämpfer. Eine besondere Art, eine Bindung zu seinen Gefolgsleuten aufzu-

---

[215] „I expected that if I went into fire and or water and emerged, they would come in with me and emerge along with me and be at my side wherever I went." Thackston, *The Baburnama*, S. 354 [fol. 295].

[216] Vgl. Dale, *The Garden of the Eight Paradises*, S. 410.

[217] Paul betrachtet dies als Merkmal bzw. Aufgabe der Nomadenherrschaft allgemein. Diese Konstellation lässt sich aber auch auf Babur – mindestens für die Zeit seiner Qazaqlıq – übertragen. Vgl. Paul, *The State and the Military*, S. 35.

[218] Vgl. Paul, *The State and the Military*, S. 35.

[219] Vgl. Paul, *The State and the Military*, S. 35. Die letztgenannte Möglichkeit stellt jedoch unter Nomadenvölkern eine Ausnahme dar. Vgl. ebd., S. 37.

[220] Umso empörter gerierte sich Babur, als gerade erst von ihm im Rang erhobene Gefolgsleute ihren Dienst bei ihm quittierten. Vgl. Thackston, *The Baburnama*, S. 354 [fol. 295].

bauen, stellten die Majālis dar, auf denen das Knüpfen sozialer Bande bei Wein, Poesie und Musikdarbietungen im Mittelpunkt stand.[221] Die Majālis sprachen die verschiedenen Gefolgschaftsgruppen an, die in Gemeinschaft mit dem Herrscher feierten. Im *Baburnama* wird die Entwicklung des Protokolls eines Majlis von der Runde der Kriegerelite der Qazaqlıq-Tage hin zu einer Hofzeremonie späterer Zeit dargestellt.[222]

Nicht immer verfügte ein Herrscher über ausreichende Möglichkeiten, um seine Gefolgsleute zu entlohnen. In der Zeit der Qazaqlıq blieb neben den immateriellen Optionen als Lohn vor allem die direkte Verteilung der Beute, wenn ein Herrschaftsgebiet erobert werden konnte. Wenn nicht ausreichend Beute vorhanden war oder die Macht über das Herrschaftsgebiet bald wieder verloren ging, waren unsichere Loyalitätsverhältnisse zwischen Herrscher und Gefolge die Konsequenz. Militärische Niederlagen waren oft Anlass für Gefolgsleute, Babur zu verlassen und in den Dienst eines anderen, augenscheinlich potenteren Timuridenanführers zu wechseln.[223] Das taten sie auch, wenn sie ihrer Meinung nach für ihre Dienste nicht ausreichend honoriert wurden.[224] Unter den Gefolgsleuten, die Babur ihre Treue entzogen, befanden sich manchmal sogar die, die bereits lange in seinen Diensten standen oder schon seinem Vater gedient hatten.[225] Die Gefolgsleute schätzten situationsbezogen ihre wirtschaftlichen Vorteile ab und schlossen sich dem Herrscher an, von dem sie sich den größten Anteil an der Beute oder andere Entlohnung versprachen. Die Gefolgsleute jedoch, die auch während der Qazaqlıq im Gefolge des Herrschers blieben, die ihm also mitunter einen unentlohnten Vertrauensvorschuss gaben, besetzten nach der Festigung seiner Machtposition und seines Herrschaftsgebietes häufig die höchsten Positionen an seinem Hof.[226]

Als eine weitere Möglichkeit der Entlohnung der Gefolgsleute wurde die Verteilung von Herrschaftsgebieten genannt. Der Besitz eines Herrschaftsgebietes ermöglichte den Empfängern, Einkünfte daraus zu akquirieren. Die Grundstruk-

---

[221] Eine ähnliche Funktion dürfte Baburs Anknüpfen an die mongolische Tradition gehabt haben, bei der er an diejenigen, die sich im Kampf besonders ausgezeichnet haben, beim Festbankett den Ülüsh, die „champion's portion", also eine Essensportion, verteilte. Dabei ging es ihm auf der einen Seite wohl darum, seine mongolischen Wurzeln zu betonen. Auf der anderen Seite war dies eine weitere Methode, um seine Gefolgsleute an sich zu binden. Vgl. Thackston, *The Baburnama*, S. 65 [fol. 31].

[222] Vgl. Dale, *The Garden of the Eight Paradises*, S. 429.

[223] Vgl. Thackston, *The Baburnama*, S. 93 [fol. 55]. Babur zählt in dieser Textstelle sorgfältig alle Namen derer auf, die nach der militärischen Niederlage aus seinem Dienst schieden. Augenscheinlich wollte er, vielleicht auch als Warnung an die anderen Leute in seinem Dienst, die Namen der illoyalen Gefolgsleute überliefern.

[224] Vgl. Thackston, *The Baburnama*, S. 89 [fol. 51].

[225] Als Beispiel ist der Gefolgsmann Shaykh Mazid Beg Qauchin zu nennen, der bereits in den Diensten von Baburs Vater gestanden hatte und Babur 904/1498 nach dem Verlust von Samarkand und Andizhan verlässt. Vgl. Thackston, *The Baburnama*, S. 8993 [fol. 55].

[226] Vgl. Subtelny, *Timurids in Transition*, S. 32.

tur dieses Systems war eine feudalistische, die seit Shahrukh das Timuridenreich prägte. Die Timuridenherrscher versuchten, die militärische Elite durch die Vergabe von Lehen, sogenannten Soyurghalen, an ihre Person zu binden. Aus diesen Lehen konnten die Militärs eigenständig Einkünfte erzielen. Selbst waren sie von den Steuern aus den Soyurghalen befreit, nicht jedoch die Bevölkerung des Gebietes, die diese Abgaben an die neuen Landeigner abführen mussten. Die militärische Elite, die es so zu relativem Wohlstand brachte, war im Gegenzug den Herrschern zum Kriegsdienst verpflichtet, zu dem sie eine Anzahl an weiteren Kriegern beisteuern mussten. Das verliehene Lehen brachte der militärischen Elite fiskalische, administrative und juristische Souveränität, die sie nicht selten nutzte, um ihre Macht zu erweitern. Schlussendlich entstanden auf diese Weise noch mehr regionale Machtzentren, weil die militärische Elite mehr und mehr danach strebte, unabhängig von den Timuridenherrschern zu agieren. Das System der Soyurghale war maßgeblich für die politische Fragmentierung des Timuridenreiches verantwortlich.[227] Auch im *Baburnama* spiegelt sich die Landverteilung durch den Herrscher an altgediente militärische Gefolgsleute wider, etwa wenn Babur im Verlauf seines Hindustanfeldzugs sein altes Herrschaftsgebiet Kabul in die Obhut von Khwaja Kalan und Humayun übergibt.[228]

Wenn Babur von seinen Eroberungen Samarkand, Kabul und Hindustan berichtet, wechselt er von einem gegenwarts- und situationsbezogenen Erzählen zu einem enzyklopädischen Erzählen, mit dem er die jeweilige Eroberung als besonders reich darstellen möchte: reich an Geschichte, Fauna, Flora und weiteren Ressourcen. Das Ziel dieses Wechsels des Erzählstils ist die Markierung einer ‚poetischen Landnahme' analog zu der kriegerischen Vereinnahmung: Das eroberte Gebiet wird auf diese Weise inventarisiert und sein Inventar dem Rezipienten vorgeführt. So stellt sich Babur als begabter Heerführer dar, der sich als ausreichend mächtig zur Eroberung dieser Gebiete erweisen konnte. Der Blick Baburs gilt bei seinen Beschreibungen zum einen den Ressourcen dieser Gebiete, zum anderen auch militärischen Aspekten wie der Infrastruktur. Neben seiner Selbstdarstellung als potenter Herrscher zielt er darauf ab, seinen Rezipienten Informationen über die gewonnenen Gebiete zu geben. Für potentielle Rezipienten wie hohe Gefolgsleute war der Ressourcenreichtum der eroberten Gebiete von Bedeutung, weil sie ihre Bezahlung aus den neugewonnenen Ländern erwarten durften. Die literarische Darstellung zielt also darauf ab, die Gefolgsleute vom Ressourcenreichtum der neuen Länder zu überzeugen und an sich zu binden.[229] Die ganze Bandbreite der

---

[227] Vgl. allgemein zur Funktionsweise und zu den Folgen der Soyurghale Subtelny, *Socioeconomic Bases of Cultural Patronage under the later Timurids*; vgl. Roemer, *The Successors of Timūr*.

[228] Babur betont jedoch, dass Kabul sein Herrschaftsgebiet bleibe. Vgl. Thackston, *The Baburnama*, S. 424 [fol. 359b].

[229] Außerdem konnten infrastrukturelle Hinweise etwa nützlich werden, wenn die Gefolgsleute oder Baburs Nachfahren (als weitere potentielle Rezipienten) selbst einmal in die Situation geraten sollten, dasselbe Gebiet verteidigen oder zurück erobern zu wollen.

Möglichkeiten auf seiner Seite des Austauschverhältnisses kann Babur erst im weiteren Verlauf seiner Herrschaft einsetzen, als neu erworbene materielle Ressourcen eine höhere Entlohnung seiner Anhänger zulassen.

In dem gesamten Komplex des Austausches spiegelt sich die Idee des Kreislaufs der Gerechtigkeit, ein Konzept, das sich in den Fürstenspiegeln muslimischer Dynastien der Zeit häufig findet. Die Beschreibung des Kreislaufes ist in einer vierzeiligen und in einer achtzeiligen Version bekannt. Bei den Timuriden waren beide Versionen im Umlauf, sodass Babur vermutlich beide gekannt haben wird.[230] Die achtzeilige Version lautet übersetzt wie folgt:

> The world is a garden for the state to master. / The state is power supported by the law. / The law is policy administered by the king. / The king is a shepherd supported by the army. / The army are assistants provided for by taxation. / Taxation is sustenance gathered by subjects. / Subjects are slaves provided for by justice. / Justice is that by which the rectitude of the world subsists.[231]

Die Idee von Gerechtigkeit, die das Kreislauf-Konzept abbildet, besteht in der Prosperität, die die aufgezählten Teile der Gesellschaft erreichen soll, in der Aufrechterhaltung des Gleichgewichts in der Gesellschaft und in der Stabilität der Regierung. Das Konzept spiegelt außerdem die besondere Bedeutung der beiden Gefolgschaftsgroßgruppen wider: die der nomadischen, militärischen sowie der sesshaften, steuerzahlenden Gruppe, die beide für Wohlstand und Stabilität in der Gesellschaft sorgten. Die Vorstellung des Kreislaufs der Gerechtigkeit beinhaltet, dass der Herrscher als ein in den Kreislauf eingebundener Bestandteil betrachtet wird und nicht etwa mit absoluter Macht ausgestattet eine weit übergeordnete Position einnimmt.

Darling ist der Meinung, dass Babur das Konzept des Kreislaufs der Gerechtigkeit zwar kannte, dass es jedoch weniger einflussreich auf ihn und seine Herrschaftsprinzipien gewesen sei als etwa die Lektüre des *Shahnamas* oder der *Khamsas* von Nizami oder Amir Khusraw.[232] Sie erkennt jedoch selbst an, dass sich das Konzept sowohl in seiner eigenen Herrschaftsausübung widerspiegele als auch in den Maßstäben, die Babur an die Machtausübung anderer Timuridenherrscher anlege – vor allem an die seines Cousins Sultan-Husayn Mirzas. Zudem habe der timuridische Autor Ikthiyar al-Husayni nach einer Diskussion mit Babur einen Traktat über die Prinzipien von Herrschaft geschrieben, der genau das Kreislauf-

---

[230] Vgl. dazu auch Darling, *Do Justice, Do Justice, For That is Paradise*, S. 8; vgl. grundlegend Darling, *A History of Social Justice and Political Power in the Middle East*. Die vierzeilige Version lautet in der englischen Übersetzung: „There can be no government without men, no men without money, no money without prosperity, and no prosperity without justice and good government." Die Übersetzung stammt von Lewis, *Islam Bd. 1*, S. 185. Die vierzeilige Version ist so etwa bei Ibn Qutayba überliefert.

[231] Die Übersetzung stammt von Lentz/Lowry, *Timur and the Princely Vision*, S. 12. Die achtzeilige Version ist etwa aus dem *Nasayih-i Iskandar* bekannt, das für den Timuridenprinzen Baysunghur (799–837/1397–1433) angefertigt wurde.

[232] Vgl. Darling, *Do Justice, Do Justice, For That is Paradise*, S. 8.

konzept aufgreife.[233] Darling begründet ihre zurückhaltende Beurteilung des Einflusses des Kreislaufs der Gerechtigkeit auf Babur nicht weiter. Ihr Eindruck mag aber vielleicht dadurch zustande gekommen sein, dass es Babur erst am Ende seines Lebens – nach seiner Eroberung Hindustans – gelingt, die Prinzipien des Konzepts tatsächlich umzusetzen. Eine Verwirklichung des Kreislaufprinzips war für Babur nicht früher möglich, da ihm die notwendigen materiellen Ressourcen noch nicht zur Verfügung standen. Da das Konzept des Kreislaufs ansonsten weite Verbreitung im Timuridengebiet fand und sich auch – wie oben gezeigt – im *Baburnama* widerspiegelt, kann grundsätzlich von einem Einfluss auf Babur ausgegangen werden, der sich eben erst spät bemerkbar machen konnte.

Dass Babur zum Ende seiner Herrschaft über größere materielle Ressourcen verfügt als zu Beginn, ist auch an der Anzahl und vor allem der Bedeutung seines Gefolges abzulesen: Nach und nach treffen bedeutende Künstler oder Gelehrte wie der Geschichtsschreiber Khwandamir, der Rätselmacher Mawlana Shihab und der Dulcimerspieler Mir Ibrahim an seinem Hof ein.[234] Ihre Ankunft markiert die nun besondere Stellung Baburs als Herrscher, da sich namhaftes Gefolge meist am Hof des bedeutendsten Machthabers einfand. Gerade jedoch zu Beginn seiner Herrschaft, als weder Babur noch sein Gefolge absehen können, ob es dem Timuriden dauerhaft gelingen wird, sich als Herrscher zu etablieren, sind die Beziehungen zwischen den Gefolgsleuten und Babur fragil: Überläufer und Verrat sind während Baburs Qazaqlıq gewöhnliche Begleiterscheinungen.

Neben den verschiedenen, bereits erwähnten praktischen Strategien, mit denen sich Babur die Loyalität seines Gefolges sichern will, spiegelt sich im *Baburnama* auch Baburs theoretische Ansicht zum Verhältnis zwischen Herrscher und Gefolge wider – und zwar vor allem in zwei Textstellen: Die erste enthält eine Ansprache an sein Gefolge, die Babur hält, nachdem bedeutende Gefolgsleute seinen Hof verlassen haben. In einer Analogie betont er die Abhängigkeit des Herrschers vom Gefolge.[235] In der zweiten Textstelle rät Babur seinem Sohn Humayun dazu, sich zwar stets von seinen Gefolgsleuten beraten zu lassen, die endgültigen Entscheidungen jedoch unabhängig von ihnen zu treffen.[236] Deutlich wird in den beiden Textstellen, dass Babur also auf der einen Seite nach einem gewissen Grad an Entscheidungsgewalt strebte, jedoch immer die enge Einbindung des Herrschers in den Kreis der Gefolgschaft betonte. Sein politisches Handeln ist stets in diesem Spannungsfeld zu betrachten.

---

[233] Vgl. Darling, *Do Justice, Do Justice, For That is Paradise*, S. 8. Ikhtiyar al-Husayni schrieb nach seinen Diskussionen mit Babur eine Zusammenfassung von Tusis *Aklaq-i Nasiri*. Vgl. ebd.

[234] Vgl. Thackston, *The Baburnama*, S. 403 [fol. 339].

[235] „Rule and conquest do not come about without tools and implements. Kingship and princehood are not possible without liege men and domains." Thackston, *The Baburnama*, S. 354 [fol. 295].

[236] „Don't leave the decision to your brother and your begs, but invite them in twice a day, consult with them on whatever has come up, and make your decision with the agreement of these supporters of yours." Thackston, *The Baburnama*, S. 414 [fol. 349b].

Babur sah sich zwar als Herrscher in privilegierter Position, erkannte aber immer seine Rückgebundenheit an das Gefolge an, denen er in der Gemeinschaft der Majālis begegnete. Auch auf seinen militärischen Feldzügen, den Jagden, seinen Pilgerreisen zu heiligen Stätten und den Wechseln von Winter- und Sommerquartieren machte sich Babur selbst zum Bestandteil der jeweiligen Netzwerke und Expertengruppen.[237]

Die facettenreiche Darstellung des Verhältnisses Baburs zu seinem Gefolge zielte wohl zum einen auf die Rezeption durch die Gefolgsleute, dann aber auch auf die Rezeption durch seine direkten Nachfahren ab. Das zeigen Baburs Äußerungen in seinem Brief an Humayun.[238] Dieser und weitere Nachfahren sollten auf die verschiedenen Verhaltensweisen der Gefolgsleute vorbereitet werden und auch die Möglichkeiten kennenlernen, mit denen Illoyalität begegnet werden kann. Die detaillierten Beschreibungen Baburs konnten ihnen dann als Vorbild oder Anleitung dienen, um ihren Umgang mit ihrem Gefolge zu gestalten.

Das Wechselspiel aus Loyalität und Verrat, das das Verhältnis der Gefolgsleute zu Babur kennzeichnet, spiegelt sich ebenfalls in der Beziehung zu seinen Verbündeten wider. Verbindungen innerhalb der eigenen Sippe stellten für Babur oft gleichzeitig eine Gefährdungs- wie Abhängigkeitsbeziehung dar. Sie können auch als wechselnde Allianzen klassifiziert werden: Manchmal führt Babur gegen die eigenen timuridischen Familienmitglieder Krieg, dann wiederum verbündet er sich mit ihnen. Stets können einzelne Koalitionen auch wieder wechseln. Wie bereits gezeigt, gründet dieses extrem fragile Loyalitätsgebilde der timuridischen Familie in der Hochzeitspolitik, die kulturell unterschiedliche und gar verfeindete Clans miteinander verknüpfte.[239] Babur pocht wiederholt darauf, Beistand aus der eigenen Familie zu erhalten. Dort war zwar ein Bewusstsein für innerfamiliäre Loyalitätsverpflichtungen vorhanden – ihnen wurde jedoch nicht immer nachgekommen.

Über die mütterliche Seite ist Babur mit den Mongolen versippt, die mehrmals als seine Verbündeten auf den Plan treten. Trotz der Verwandtschaft betrachtet er sie stets skeptisch und hält in seiner Autobiographie sprachlich eine sehr viel größere Distanz zu ihnen ein als zu den timuridischen Verwandten.[240] Das Verhältnis Baburs zu den Mongolen ist wechselhaft. Einmal stehen sie in einer Koalitionsverbindung zueinander, einmal in einer Feindschaft gegeneinander: Bisweilen bieten sie Babur militärische Hilfe oder einen Zufluchtsort,[241] ebenso oft versagen sie ihm jedoch bereits zugesagte Hilfe oder verweigern ihre

---

237 Vgl. Moin, *The Millennial Sovereign*, S. 69.
238 Vgl. Thackston, *The Baburnama*, S. 412-414 [fol. 348-350].
239 Vgl. Kapitel 5.2.2.2.
240 Während er zumeist von ,den Mongolen' spricht, verwendet er für die Timuriden ein inkludierendes Sprechen. Auch schreibt er den Mongolen bestimmte Eigenschaften zu, ohne zu belegen, wie er zu seiner Bewertung kommt: So schreibt er etwa pauschalisierend von der „rebelliousness of the Moghul nation." Thackston, *The Baburnama*, S. 39 [fol. 6].
241 Vgl. Thackston, *The Baburnama*, S. 135 [fol. 99b].

Unterstützung von vornherein.[242] Nach Baburs Eroberung von Samarkand belagern sie gar seine Heimatstadt Andizhan.[243] Tatsächlich erscheint die Loyalität, die sie ihm entgegen bringen, als sehr brüchig und stets von aktuellen politischen Konstellationen abhängig gewesen zu sein.

Ein Bündnis, das nicht im *Baburnama* beschrieben ist, jedoch aus anderen Quellen der Zeit erschlossen werden kann, ist Baburs Zusammenschluss mit dem schiitischen Safawiden Shah Ismail, mit dem er zusammen gegen Shaybani Khan kämpft.[244] Shah Ismails Herrschaft wurde zum einen durch sein Bekenntnis zum schiitischen Glauben geprägt, dann aber auch davon, dass sich der Safawide als Messias mit übernatürlichen Eigenschaften ansah.[245] Einen Herrscher, der wie Babur grundsätzlich die volle Autorität beanspruchte, duldete Shah Ismail nicht neben sich. Man wird dieses Bündnis mit dem Shah, dessen schiitische Konfession Babur an anderer Stelle abschätzig erwähnt,[246] wohl als politisches Zweckbündnis, das von aktuellen Notwendigkeiten geprägt ist, bezeichnen können.

Der Übergang von diesen Bündniskonstellationen zu Gegnerschaften ist – wie gezeigt wurde – fließend. Während die Mongolen und die Safawiden eher zu den Verbündeten Baburs gezählt werden können, gibt es auch Verhältnisse vorwiegender Gegnerschaft: Zu den längerfristigen Opponenten gehören die Usbeken und die Hindus, zu den kurzfristigen die Afghanen und andere Nomadenstämme des Herrschaftsgebietes von Kabul.

Mit dem langfristigen Gegner Shaybani Khan konstruiert Babur einen Erzfeind, der mit seinem Gefolge immer wieder in das angestammte Herrschaftsgebiet der Timuriden vordringt. Babur beschreibt Shaybani im *Baburnama* unter anderem mit einem indirekten Vergleich zu seiner eigenen Person. Dieses Stilmittel wählt er in seiner Autobiographie mehrere Male, um seine eigenen Leistungen herauszustellen. Babur kommt bei seinem Vergleich zu dem Schluss, dass sich Shaybani Khan zwar wiederholt militärisch als siegreich gegenüber ihm erwiesen habe, er jedoch auf der anderen Seite ein ungebildeter Banause sei, der sich zu Unrecht anmaße, berühmte Religionsgelehrte und Künstler seiner Zeit zu berichtigen.[247] Da sich Babur selbst in seiner Autobiographie als universalgelehrter Herrscher darstellt, zeigt er sich zumindest in Hinsicht der Gelehrsamkeit als gegenüber seinem ärgsten militärischen Kontrahenten überlegen.[248]

---

[242] Vgl. Thackston, *The Baburnama*, S. 89 [fol. 51].

[243] Vgl. Thackston, *The Baburnama*, S. 90 [fol. 51bf.].

[244] Eine Beschreibung der Koalition bietet das *Tarikh-i-Rashidi* Haydar Mirzas Dughlat. Die Forschungskontroverse über die Lücke im *Baburnama*, die sich an der Stelle findet, an der Baburs Safawiden-Bündnis chronologisch hätte geschildert werden müssen, wurde bereits ausführlich im Kapitel 3.4.1 beschrieben.

[245] Vgl. Moin, *The Millennial Sovereign*, S. 76.

[246] Vgl. Thackston, *The Baburnama*, S. 106 [fol. 68b].

[247] Vgl. Thackston, *The Baburnama*, S. 256 [fol. 206b].

[248] Babur gibt in seiner Autobiographie Kostproben seines Wissens in vielen Bereichen: Allen voran in der Literatur, dann auch der Geschichtsschreibung, der Religion, der Astronomie,

Eine weitere langfristige Oppositionsgruppe stellen die Hindus, die Babur als in militärischer, aber auch in kultureller und zivilisatorischer Hinsicht unterlegen beschreibt. Für ihre militärischen wie zivilisatorischen Defizite wählt Babur deutliche, teils verachtende Worte.[249] Im *Baburnama* erwähnt er aber nicht, dass er für seine Truppen auch hinduistische Söldner anwarb. Ihrer Religion gegenüber zeigt er sich zunächst durchaus aufgeschlossen und besucht ihre heiligen Stätten.[250] Später bezeichnet er hingegen den Glaubensunterschied als hauptsächlichen Kriegsgrund, um gegen die Hindus ins Feld zu ziehen.

In seiner Autobiographie benennt Babur oft recht deutlich, gegen wen er seinen Herrschaftsbereich abgrenzt und informiert so seine Leser über Freunde und Feinde. Häufig weicht er selbst jedoch in anderen Zusammenhängen diese Grenzziehung durch Relativierungen oder Differenzierungen wieder auf. Seine Verachtung gegenüber Shaybani Khan relativiert er an anderer Stelle, wenn er ihn mit den Hindus vergleicht: Im Gegensatz zu den Indern wüssten die Usbeken alles über Schlachten und Kampftaktiken, lobt Babur.[251] Seine Grenzziehung gegenüber den Hindus weicht Babur in seiner Darstellung jedoch nicht auf.

Grundsätzlich ist Babur bestrebt, sich selbst als charismatischen, militärisch versierten und unumstrittenen Anführer darzustellen, der aus dem Kreis seiner Gefolgsleute heraus agiert. Er schildert sich ebenso als verlässlichen Verbündeten und als streitbaren Gegner. Baburs Beschreibungen verfolgen dennoch nicht immer das Ziel, nur die eigenen ehrenvollen Taten zu verewigen. Er schildert auch seine militärischen Niederlagen oder Situationen, in denen er zum Rückzug gezwungen war, weil sich Gefolgsleute ihm gegenüber illoyal verhielten. Die Bündniswechsel bei seinen militärischen Koalitionen beschreibt Babur ebenso wie lobenswerte Leistungen seiner Gegner, die er offensichtlich ebenfalls als bewahrenswert empfindet. Aufgrund der Differenzierungen und Relativierungen, die Babur vornimmt, entsteht ein Bild der geschichtlichen Situation, das man nach heutiger Sicht wohl als realistisch bezeichnen würde. Bemerkenswert ist in jedem Fall, dass selbst bei der Darstellung der Gegner Eindeutigkeit und Hierarchisierung vermieden werden. Babur zieht zwar Grenzen, weicht diese an anderen Stellen jedoch meist wieder auf.

7.2.2.4 Höfisches Verhalten und höfisches Fest

Die beiden Lebensstile, die zur Zeit der Timuridenherrschaft vor allem gepflegt wurden, waren im Grunde miteinander nicht vereinbar: Die wirtschaftliche Grundlage des nomadischen Lebensstils bildete die Beutewirtschaft, die auf Ko-

---

der Geographie, der Musik, der Malerei und Kalligraphie, der Flora und Fauna usw. Vgl. dazu auch Kapitel 8.2.2.1.

[249] Vgl. ausführlich dazu Kapitel 6.2.2.3.

[250] Vgl. Thackston, *The Baburnama*, S. 285 [fol. 232bf.].

[251] Vgl. Thackston, *The Baburnama*, S. 324 [fol. 265].

sten der sesshaften Bevölkerung geschah, die von der Landwirtschaft und dem Handel lebte. Anders herum waren die sesshaften Gelehrten nicht wehrhaft und allein nicht in der Lage, sich gegen die Angriffe von außen zu verteidigen, wie sie etwa von Shaybani Khan geführt wurden.[252]

Die beiden konträren Lebensstile implizierten Vorstellungen und Traditionen, die für die Identitätsstiftung der ihnen jeweils anhängigen Bevölkerungsgruppen in der Gesellschaft notwendig waren. Auch lagen ihnen verschiedene ‚Gesetze‘ zugrunde, an denen die beiden Bevölkerungsgruppen ihr Handeln ausrichteten. Die zu unterschiedlichen Zeiten regierenden Timuridenherrscher versuchten diese Gesetze je nach ihrer eigenen Präferenz durchzusetzen: Anhänger vor allem der nomadischen Lebensart wie Temür Beg sahen die teilweise auf die Mongolen zurückgehenden unfixierten Kodizes der Töra und Yasa als verbindlich für ihr Handeln an.[253] Sein Nachfolger Shahrukh (reg. 807–850/1405–1447) hing dem persoislamischen Lebensstil an und empfand daher die Shariʿa als normgebend. Um diese unterschiedlichen, gleichzeitig geltenden Gesetze in Einklang zu bringen, nahmen muslimische Rechtsgelehrte Anpassungen vor. Diese betrafen vor allem Vorschriften bei Speisen oder beim Alkoholgenuss. Ließ sich der Konsum vergorener Stutenmilch aufgrund ihrer rituellen Funktion noch rechtfertigen, stießen die Rechtsgelehrten beim Weingenuss jedoch auf Schwierigkeiten. Aus diesem Grund erklärten die Timuriden von Zeit zu Zeit öffentlich ihre Entsagung des Weins (freilich ohne deswegen flächendeckend auf Wein zu verzichten).[254] Nicht nur die Regeln der Shariʿa prägten jedoch den persoislamischen Lebensstil, auch das kultivierte Verhalten Adab, das in Teilen der Literatur der Zeit als ethische Richtschnur formuliert wurde und ebenfalls religiöse, vor allem sufische Ideen widerspiegelte, galt als Imperativ dieses Lebensstils.[255]

Dass es zu Baburs Zeiten zwingend notwendig war, den Anhängern beider Lebensstile gerecht zu werden, um auf der einen Seite ein Herrschaftsgebiet erobern und auf der anderen Seite dessen Versorgung und Verwaltung sichern zu können, ist exemplarisch an Baburs Leben und Handeln abzulesen. Er inszeniert sich im *Baburnama* als Repräsentant beider Lebensstile und ihrer Verhaltenskodizes.

---

[252] Vgl. Thackston, *The Baburnama*, S. 233 [fol. 187b]. Dieses Urteil fällt Babur über die Gelehrten Herats, die sich nicht gegen die Angriffe Shaybani Khans zu rüsten wussten. Seine Einschätzung bewahrheitet sich insofern, als dass sie direkt im Anschluss daran ihre Herrschaft über die Chechaktu-Region verlieren. Vgl. ebd.

[253] Vgl. Subtelny, *Timurids in Transition*, S. 16f. Die aus der genghissidischen Tradition um Genghis Khan stammende Yasa und die turkomongolische, von Temür Beg herrührende Töra überschnitten sich teilweise inhaltlich bei den Regeln, die sie enthielten. Teils wurden die Begriffe auch austauschbar verwendet. Dennoch scheint es Bestimmungen gegeben haben, die spezifisch waren. Generell scheinen ihre Regeln jedoch in eine ähnliche Richtung zu weisen: „The underlying goal of the Timurid *törä*, like the regulations of the Chinggisid *yasa* before it, was the maintenance of a warrior culture in order to counteract the assimilative pull of Iranian civilization." Subtelny, *Timurids in Transition*, S. 28.

[254] Vgl. Subtelny, *Timurids in Transition*, S. 27.

[255] Vgl. Dale, *The Garden of the Eight Paradises*, S. 370f.

Babur durchlebt viele Jahre der für die Kriegerkultur obligatorischen Qazaqlıq, auf der die Törä Geltung besitzt,[256] und er schreibt seine Autobiographie in Tschagataisch, der Sprache der Kriegerelite. Bei repräsentativen Handlungen agiert er konform der Törä und Yasa, die etwa die Sitzordnung,[257] die Geschenkeverteilung[258] und die räumliche Distanz bei Begrüßungen[259] regeln. Babur betrachtet Törä und Yasa jedoch durchaus auch kritisch und äußert über sie den programmatischen Satz: „Harkimdin yaxšı qāʿida qalǧan bolsa anıng bilä ʿamal qılmaq keräk. Agar ata yaman iš qılǧan bolsa yaxšı bilä badal qılmaq keräk."[260] An anderer Stelle beschwert sich Babur dann jedoch, wenn die Regelungen dieses althergebrachten Ehrsystems nicht eingehalten wurden.[261] Auch registriert er Verstöße gegen das System penibel und benennt die Fehler, die begangen wurden.[262] Solche kamen vor, obwohl vor dem Zusammentreffen hochrangiger Timuriden bereits darüber verhandelt worden war, welche Ehrerbietungen sich die Herrscher gegenseitig erweisen sollten.[263] Auch Shaybani Khan wird von Babur massiv dafür kritisiert, dass er sich nicht an den höfischen Verhaltenskodex halte: Shaybani teile den Timuriden weder Ehrenplätze zu, noch verhalte er sich dem Protokoll gemäß ihnen gegenüber.[264] Babur registriert auch solche Verletzungen, die sich gegen ihn richten: Shah Beg beleidigt Babur, indem er auf einen an Babur gerichteten Brief sein Siegel an eine Stelle setzt, an die es normalerweise nur gehört, wenn rangniederen Personen geschrieben wird. Babur sieht in diesem Verhalten die Ursache für die folgende Eskalation des Konflikts und kommentiert es mit einem Vers, der die Intensität der Provokation ausdrückt: „Siteza ba jāʔī rasānad suxan / ki vīrān kunad xānidān-i kuhan."[265]

Babur hingegen behauptet von sich, selbst beim informellen Weintrinken in geselliger Runde die Einhaltung von Verhaltensregeln zu beachten: So gibt er sei-

---

256 Vgl. Subtelny, *Timurids in Transition*, S. 31.

257 Vgl. Thackston, *The Baburnama*, S. 231f. [fol. 186f.]. Der Platz mit dem Kissen rechts neben dem Herrscher gilt als Ehrenplatz.

258 Vgl. Thackston, *The Baburnama*, S. 140 [fol. 102b].

259 Vgl. Thackston, *The Baburnama*, S. 232 [fol. 186].

260 In englischer Übersetzung: „Rather, it is necessary to act in accordance with a good rule when someone leaves one behind; if an ancestor has set a bad precedent, however, it should be replaced by a good one." Thackston, *The Baburnama*, S. 232 [fol. 186b].

261 Vgl. Thackston, *The Baburnama*, S. 232 [fol. 187].

262 Als auf einer Zeremonie gleich zwei hochrangigen Timuriden gehuldigt wird, entsteht daraus ein Aufstand. Babur beurteilt das Geschehen als absehbar: Es sei unüblich, zwei Prinzen gleichzeitig eine Aufwartung zu machen. Vgl. Thackston, *The Baburnama*, S. 71 [fol. 36].

263 So spiegelt es etwa eine Textstelle wider, in der Babur auf den Timuridenherrscher Badiʿuzzaman Mirza trifft: „It had been settled that I would kneel as soon as I entered. Badiʿuzzaman Mirza would rise and come forward, and there we would meet each other." Thackston, *The Baburnama*, S. 232 [fol. 186].

264 Vgl. Thackston, *The Baburnama*, S. 117 [fol. 80].

265 In englischer Übersetzung: „A mere word can stir up strife that will bring down an ancient line." Thackston, *The Baburnama*, S. 258 [fol. 208].

nem Wunsch nicht nach, auf einem Fest Wein zu trinken. Dies könne der Gastgeber des vorherigen Festes als Beleidigung auffassen, auf dessen Fest Babur nicht getrunken habe.[266]

Die Bedeutung der Shariʿa als zweites wirkungsmächtiges Regelsystem neben Törä und Yasa wird im *Baburnama* dann offenbar, wenn Babur in Konflikt mit religiösen Vorstellungen gerät und sein eigenes Handeln als sündhaft bewertet. Das ist etwa bei seiner anstößigen Dichtung oder beim Alkoholkonsum der Fall. Dass er sich auch tiefergehend theoretisch mit dem islamischen Recht auseinandersetzt, beweist das Buch über Fiqh, das er für Humayun verfasst.

Größere Beachtung scheinen jedoch die Vorstellungen des Adab bei Babur gefunden zu haben. Im *Baburnama* bezieht er sich indirekt immer wieder auf sie, indem er auf den *Gulistan* (Rosengarten) und den *Bustan* (Obstgarten) von Saʿdi referiert. Im *Gulistan* sind halb in Vers, halb in Prosa zahlreiche Weisheitssprüche verzeichnet, die als Ganzes gesehen eine ethische Richtschnur bilden, an der der Einzelne sein Verhalten ausrichten solle. Themen, die behandelt werden, sind das Verhalten der Herrscher, das Verhalten der Derwische, die Vorzüge der Genügsamkeit, die Vorteile des Schweigens, Liebe und Jugend, Schwäche und Alter, der Einfluss der Erziehung und die Bildung im Umgang mit Menschen. Adab, das als Idee und Wert hinter den Weisheitssprüchen Saʿdis steht, gilt ebenso als Schlüsselwort der Sufis. Adab regelt bei ihnen unter anderem das Verhältnis zwischen Lehrer und Schüler, zielt aber auch auf das allgemeine sittlich angemessene Verhalten.[267] Der *Gulistan* war eine der Dichtungen, die Sufis bei Fragen zu Sitte und Moral rezipierten. Babur zitiert an verschiedenen Stellen im *Baburnama* aus dem *Gulistan* und drückt mit seinen Zitaten stets aus, dass ein von der ethischen Richtschnur abweichendes Verhalten glücklos bleibe. Als Beispiel mag Baburs Bemerkung zur Nachfolgeregelung für Sultan-Husayn Mirza angeführt werden. Babur kommentiert die Lösung, dass beide der Söhne für die Nachfolge bestimmt werden, mit einem Vers aus dem *Gulistan*: „Dah darveš dar gilimî bixuspand u du pādišāh dar iqlimî nagunjand.“[268]

Für Babur hält diese Konstellation erwartungsgemäß nicht lange und nach nur zwei Jahren Herrschaft wird Herat von den Usbeken eingenommen. Adab gilt ihm also als ein Ideal, dem es sich zu folgen lohnt. Dass Saʿdis Verse die Form eines Sprichworts haben, unterstützt Baburs didaktischen Impetus, weil diese literarische Kleinform dadurch charakterisiert wird, dass sie von ihrer Textfunktion her Anspruch auf Allgemeingültigkeit erhebt.

Das höfische Leben, das eher dem Ideal des persoislamischen Lebensstils entspricht, pflegt Babur während seiner Zeit bei Sultan-Husayn Mirza oder während der Friedenszeiten in Kabul und Hindustan. Während dieser Zeit beschäftigt er

---

[266] Vgl. Thackston, *The Baburnama*, S. 235 [fol. 189b].
[267] Vgl. Schimmel, *Mystische Dimensionen des Islam*, S. 326.
[268] In englischer Übersetzung: „Ten poor men can sleep under one blanket, but two kings cannot fit into one clime.“ Thackston, *The Baburnama*, S. 228 [fol. 183].

sich mit seinen gelehrten Arbeiten: Er schreibt Gedichte,[269] verfasst Traktate (*Mubayyan*[270]) und fertigt Übersetzungen an (*Walidiyya*[271]). Er befasst sich mit den kulturellen Besonderheiten der jeweiligen Region[272] und besucht die Gräber von Sufiheiligen zum Todesgedenken.[273] Weitere höfische Gepflogenheiten gehen aus den Charakterbeschreibungen im *Baburnama* hervor, in denen Babur immer auf die kulturellen Fähigkeiten der beschriebenen Gefolgsleute verweist. Zu diesen Fähigkeiten zählen die Kalligraphie, die Malerei, das Bogenschießen, Backgammon und Polo[274] oder das Spielen von Instrumenten wie Qopuz und Sāz.[275] Überhaupt spielt die Musik eine wichtige Rolle unter den Fähigkeiten der ranghohen Timuriden: Sie gehört sozusagen zum kulturellen Kanon. Babur schildert eine Auseinandersetzung zwischen Bannaʾi und Ali-Sher Beg Nawaʾi, die den Stellenwert der Musik illustriert: Als Bannaʾi zunächst im Bereich der Musik noch kaum Wissen besitzt, wird er von Nawaʾi verlacht. Diese Erniedrigung weckt den Ehrgeiz Bannaʾis, der sich daraufhin mehr mit der Musik befasst und schon bald danach von Babur für seine Kompositionen gelobt wird.[276]

Auf dem höfischen Fest kamen die Vertreter der verschiedenen Lebensstile zusammen. Vor allem die Majālis wurden von der Kriegerelite und den Gelehrten, den Sufis und Verwaltungsmitgliedern gleichermaßen besucht. Das Fest als gemeinsames Erlebnis bot dem Herrscher daher die Möglichkeit, das soziale Band zwischen ihm und seinem gesamten Gefolge zu stärken. Zu den sozialen und kulturellen Bestandteilen der Majālis gehören der Weingenuss, die literarische Rezitation, die musikalische Unterhaltung und bisweilen auch der Tanz.[277]

Neben den zahlreichen Majālis beschreibt Babur auch ein größer dimensioniertes, repräsentatives Fest, das er für die Gesandten und Adligen der Hindus, Usbeken und Qızılbaš ausrichtet.[278] Steht bei den Majālis eher die soziale Zusammenkunft mit dem Gefolge im Vordergrund, geht es bei diesem Fest vor allem um die politische Funktion der Repräsentation.

Sorgfältig schildert Babur die Sitzordnung und die einzelnen Programmpunkte des Festes. Die Gesandten sitzen an der Seite Baburs unter einem Baldachin. In

---

[269] Die Gelegenheiten, die Babur zum Dichten veranlassen, sind jedoch zahlreich und nicht zwangsläufig mit der Sesshaftigkeit verknüpft. Babur verfasst Poesie auch während seiner Qazaqlıq.

[270] Vgl. Thackston, *The Baburnama*, S. 312 [fol. 252b] und Anm. 5.

[271] Vgl. Thackston, *The Baburnama*, S. 410 [fol. 346].

[272] Babur zählt detailliert die einzelnen Bauwerke auf, die er in Herat besichtigt hat. Ein ‚Reiseführer' begleitet ihn zu den einzelnen bekannten Bauwerken. Babur legt Wert darauf, die Plätze gezeigt zu bekommen, die er noch nicht kennt. Vgl. Thackston, *The Baburnama*, S. 237 [fol. 191].

[273] Vgl. Thackston, *The Baburnama*, S. 175 [fol. 134].

[274] Vgl. Thackston, *The Baburnama*, S. 46ff., S. 218 [fol. 11ff., fol. 175].

[275] Vgl. Thackston, *The Baburnama*, S. 56 [fol. 22].

[276] Vgl. Thackston, *The Baburnama*, S. 223 [fol. 179bf.].

[277] Vgl. Thackston, *The Baburnama*, S. 233 [fol. 187f.] u. ö.

[278] Vgl. Thackston, *The Baburnama*, S. 416-418 [fol. 351b-353b].

seiner Nähe werden außerdem Gefolgsleute, Verwandte und die Nachkommen des Sufi-Anführers Khwaja Ubaydullah Ahrar platziert. Einen Programmpunkt bildet der Geschenkeaustausch: Vor dem Essen werden zunächst Geschenke an Babur überreicht. Gold, Silber, Münzen und Stoffe werden ihm präsentiert und übergeben. Nach dem Essen vergibt Babur Geschenke: Ehrengewänder und auch andere Gaben werden dem Rang gemäß verteilt. Babur vermerkt genau, welches Geschenk er welcher Person überreichen lässt, und fügt manchmal hinzu, für welche erbrachte Leistung er die jeweilige Gabe vergibt. Ein Festmahl und Unterhaltung durch Kämpfe, Tanz und Akrobaten bilden weitere Programmpunkte des Festes.[279]

Eine Feierlichkeit in dieser Größenordnung wird im *Baburnama* kein zweites Mal beschrieben. Das liegt sicherlich daran, dass Babur erst relativ spät über die finanziellen Möglichkeiten zur Veranstaltung derartiger Festlichkeiten verfügte. Seine Motivation, dieses Fest auszurichten, wird vor allem politischer Natur gewesen sein, da er dort Gesandte aus verschiedenen Teilen des Kulturraums empfing.

Babur versucht, sich im *Baburnama* als Anhänger sowohl des turkomongolischen als auch des persoislamischen Lebensstils und als Kenner der zugrunde liegenden Regeln darzustellen. Die Verhaltensregeln der beiden Traditionen entsprangen teils aus konträren Vorstellungen, sodass der gleichzeitige Anspruch auf Gültigkeit dieser Regeln theoretisch zu Konflikten führen konnte. Den widersprüchlichen Bestandteilen der Lebensstile und ihrer Regeln weicht Babur nach Möglichkeit aus oder thematisiert sie nicht weiter. Er versucht stattdessen vor allem, eine Balance zwischen den Gefolgsleuten beider Lebensstile herzustellen, um ihre Interessenslagen auszugleichen, aber auch, um das Identifikationspotential der Lebensstile zu erhalten. Vor allem Majālis eignen sich dafür, alle Gefolgsleute zu einem gemeinsamen, identifikationsstiftenden Erlebnis mit dem Herrscher zusammenzuführen. Dieser betätigt sich in Bezug auf sein Gefolge sozusagen als Ambiguitätsmanager.

7.3 Vergleichende Perspektive

7.3.1 Ausbildung im Kriegswesen

Die Ausbildung im Kriegswesen, die beide Herrscherprotagonisten in den Analysetexten absolvieren, verläuft nach verschiedenen, gewissermaßen didaktischen Ansätzen: Der theoretischen Grundkonzeption bei Maximilian steht die praktisch orientierte Herangehensweise Baburs gegenüber. Der detaillierte Plan, dem Weißkunig während seiner sogenannten Lehrung folgt, sieht sowohl den Erwerb theoretischer als auch praktischer Fertigkeiten eines militärischen Heerführers vor. Anders hingegen verläuft die Ausbildung Baburs, der seine Kenntnisse in der

---

[279] Vgl. Thackston, *The Baburnama*, S. 416 [fol. 351bff.].

Kriegsführung wohl primär aufgrund eigener Erfahrungen erwirbt oder von den Erfahrungen seiner Gefolgsleute und Verbündeten zehrt.

Im *Weißkunig* spiegelt sich eine eher systematische Herangehensweise bei der Ausbildung des Königs wider, die sich vor allem in der Konzeption der Lehrungs-Kapitel niederschlägt. Kennzeichen dieser Kapitel ist die theoretische Fundierung der Ausbildung und eine umfassende Herangehensweise bei der Vermittlung aller kriegsrelevanten praktischen Fähigkeiten: Von der theoretischen Belehrung schreitet der Unterricht des jungen Weißkunig mehr oder weniger systematisch zur Lehre der Kriegsfertigkeiten vor, die nacheinander vermittelt werden. Vorbild dieser sukzessiven und systematischen Vorgehensweise könnte das *Kriegsbuch* Ludwig Hohenwangs gewesen sein, das sich in der Büchersammlung Maximilians befand.[280] Das Werk stellte eine volkssprachliche Übersetzung der Militärtheorie *Epitoma rei militaris* des Vegetius' dar, die im 15. und 16. Jahrhunderts große Verbreitung fand. Ähnlich wie im *Weißkunig* wird darin in den einzelnen Kapiteln die (optimale) systematische Ausbildung in einzelnen Kriegsfertigkeiten oder -disziplinen beschrieben.[281]

Das Primat der praktischen Anwendbarkeit wird in den theoretisch orientierten Kapiteln des *Weißkunig* stets betont: Der Erwerb allen Wissens solle diesem Ziel dienen.[282] Möglicherweise steckt hinter diesem Akzent der Kaiser selbst, der seinen Gelehrten, die sich lieber auf Buchwissen bezogen, dieses Primat diktierte.

Im *Baburnama* spiegelt sich keine derartige Theoriefundierung der Kriegskenntnisse Baburs wider, und auch seine praktischen Kenntnisse beschreibt er zunächst nicht explizit. Aufgrund seiner Jugend zum Zeitpunkt seiner Machtergreifung ist von Mängeln in dieser Hinsicht auszugehen, die Babur auch selbst zugibt. Dass Babur diese fehlenden Kenntnisse als Manko empfindet, ist aus seinen Äußerungen herauszulesen, in denen er sich als ‚zu unerfahren' bezeichnet.[283] Die Qazaqlıq als (nahezu) obligatorische Phase timuridischer Herrschaftsetablierung wird dann als maßgebliche Ausbildung im Kriegswesen gedient haben. Während dieser Zeit wurden Taktiken erprobt, Kampfordnungen einge-

---

[280] Vgl. Gottlieb, *Büchersammlung Kaiser Maximilian I.*, S. 106.

[281] Auch andere theoretische Werke in Maximilians Büchersammlung könnten als Vorbilder für die systematische Vorgehensweise der Lehrungs-Kapitel gewirkt haben. Wie bereits im Kapitel 2.2.1.2 erwähnt, finden sich einige theoretische Werke zum Krieg oder dazugehöriger Thematik wie etwa Wappenbücher, ein „buechel von feurwerch", ein „gemalt buech von streitt instrument" und andere „Streittbuecher" in der Büchersammlung Maximilians. Vgl. Gottlieb, *Büchersammlung Kaiser Maximilians I.*, S. 106f. Dass mit den „Streittbuechern" Werke über die Kriegskunst gemeint sind, ist aufgrund der anderen in ihrer Umgebung in der Büchersammlung aufgestellten Werktitel wahrscheinlich. Ansonsten firmieren jedoch unter der Bezeichung Streitbuch meist Bücher, in denen polemische Schriften – meist über religiöse Themen – verbreitet werden. Vgl. *Deutsches Wörterbuch von Jacob und Wilhelm Grimm Bd. 19*, Sp. 1343. Zur Bedeutung der Sortierung der Maximilianischen Büchersammlung vgl. Fürbeth, „*Historien" und „Heldenbücher"*, S. 151-165.

[282] Vgl. Müller, *Gedechtnus*, S. 242.

[283] Vgl. Thackston, *The Baburnama*, S. 143 [fol. 106b].

übt und aus den geschlagenen Schlachten wurde Erfahrungswissen generiert. Die genghissidischen Kampfordnungen wird man etwa auf Erfahrungswissen zurückführen können. Dieses Erfahrungswissen Baburs und seiner Gefolgsleute macht einen Großteil der Kriegskenntnisse aus, die sich im *Baburnama* widerspiegeln.

Generell zeichnet sich also im Maximilianischen Großtext eine eher theoriegeleitete und systematische Herangehensweise an das Erlernen der Kriegsführung ab, während das *Baburnama* die fortwährende praktische Erprobung von Erfahrungswissen postuliert. Grund für diese unterschiedlichen Konzeptionen könnten die Gefolgschaftsgruppen gewesen sein, auf die die Texte Wirkung zeigen sollten. Richtet sich der Maximilianische Großtext hinsichtlich der Kriegstaten ansonsten eher an die militärische adlige Elite, so kann der Bereich zur Bildung und Ausbildung nicht ohne grundgelehrte Konzeption auskommen, um auch die Gelehrten anzusprechen. Bei Babur bestimmt die äußere Voraussetzung des überraschenden Todes seines Vaters auch die Konzeption seiner Ausbildung im Text. Da er zu diesem Zeitpunkt erst elf Jahre alt ist, kann diese noch nicht als abgeschlossen gelten und Babur als erfahrener Kriegsherr auftreten. Babur muss jedoch sofort kriegstaktische Überlegungen anstellen, um seine Macht zu erhalten.

Nicht nur an dieser Stelle wird im *Baburnama* die gezwungermaßen starke Einbindung der militärischen Gefolgsleute beim herrscherlichen Kriegshandeln deutlich, sodass Babur alle militärischen Erfolge und auch die Niederlagen schließlich als Gemeinschaftswerk von sich und seinem Gefolge präsentieren kann. Damit schafft er eine Identifikationsgrundlage für sein militärisches Gefolge. Auch Maximilian wendet sich mit seinem Text an das militärische Gefolge, erwähnt jedoch seine Überlegenheit ihnen gegenüber. Bei der Beschreibung seiner Ausbildung im Kriegswesen spricht er darüber hinaus seine Gelehrten an.

7.3.2 Krieg und Frieden

Beide Herrscher weisen sich in ihren Selbstzeugnissen als herausragende Kriegsherren aus. Die Anzahl und die Intensität der Schilderungen kriegerischer Auseinandersetzungen sind im Maximilianischen Großtext (dort vor allem im *Weißkunig*) und im *Baburnama* enorm hoch. Der Krieg ist als eines der wesentlichen Themen der Texte beider Herrscher auszumachen. Neben der Selbstinszenierung als Kriegsherr betonen die Herrscher andererseits ihre ausgeprägte Gläubigkeit. Das gewalttätige Handeln auf der einen Seite und die Gläubigkeit auf der anderen Seite erzeugen für die Herrscher jedoch keine Widersprüche, die sie in ihren Texten verhandeln würden. Moralische Bedenken formulieren sie nicht. In den Selbstzeugnissen kommt vielmehr vor allem eine Kriegslust der Protagonisten zum Ausdruck.[284]

---

[284] „Kain kunig, hat disem Jungen weißen kunig, mit streiten heerfueren, Jagen vnd paisen nit geleichen mugen." *Der Weiß Kunig*, S. 90 [Schultz: S. 96]. Baburs Kriegslust ist etwa an seiner Empörung über feige Heerführer abzulesen, die sich einem Kampf nicht stellten, ob-

Obwohl Kriege oder Gewaltausübung generell ursprünglich in beiden Religionen abgelehnt oder nur in geringem Maße als gerecht angesehen wurden, spiegeln sich nur selten Rechtfertigungen für das umfangreiche Gewalthandeln der beiden Herrscher in den Texten wider. In den Texten lassen sich sporadische Erklärungen finden: Im Falle des Maximilianischen Großtextes wird manchmal der gegnerischen Partei die Aggression zugeschrieben und sie damit als Verursacher eines begonnenen Krieges ausgewiesen.[285] Auch andersgläubige Aggressoren werden als Begründung für einen Krieg herangezogen: Da „die unglaubigen veindt Jesu Crist"[286] in das Land Ehrenreichs eingedrungen seien, Christen ermordet und Städte erobert hätten, bittet die Königin Theuerdank um einen Krieg gegen sie.[287] Der Wunsch nach Rache konnte ebenfalls einen Krieg begründen: Im *Weißkunig* sollen Christen gerächt werden, die eine Schlacht gegen die „Unglaubigen" verloren.[288] Ein großer Teil der Kriege wird jedoch nicht motiviert und Gründe für das Gewalthandeln werden nicht genannt.

Das gilt ebenso für das *Baburnama*, in dem Babur häufig keine Ursachen und Begründungen für kriegerische Auseinandersetzungen nennt. Bei seinen kriegerischen Beutezügen lässt sich jedoch ein wirtschaftliches Motiv vermuten, da er seine Gefolgsleute und sich selbst versorgen musste. Eine Rechtfertigung liefert Babur bei Kriegszügen gegen Andersgläubige, so etwa gegen die Bajauren oder die Hindus, die er mit dem Glaubensunterschied begründet.[289]

In den Selbstzeugnissen Baburs und Maximilians wird Krieg als politisches Mittel erster Wahl vorgestellt. Eine Reflexion über die Herstellung und Erhaltung von Frieden als erstrebenswertes politisches Ziel des Herrschers erfolgt nicht, obwohl theoretisches Vordenken dazu bereits seit der Antike bekannt ist.[290]

---

wohl dieser seiner Meinung nach unausweichlich gewesen sei. Vgl. Thackston, *The Baburnama*, S. 70 [fol. 35].

[285] Als ein weißer Fürst „unpillig" erschlagen wird, sieht Weißkunig es als notwendig an, ihn zu rächen und in das Land des blauen König einzufallen, den er als Verursacher ausgemacht hat. Vgl. *Der Weiß Kunig*, S. 233 [Schultz: S. 266f.]. Wenn das im Grunde im christlichen Glauben abgelehnte Gewalthandeln in der Bellum-Iustum-Lehre bei Augustinus oder in Bezugnahme auf ihn bei Thomas von Aquin gerechtfertigt wird, dann u. a., um sich gegen eine feindliche Aggression zu verteidigen und dadurch Frieden wiederherzustellen. Vgl. Hertz, *Die thomasische Lehre vom bellum iustum*, S. 20, S. 23f. Diese Verteidigungshaltung gegen feindliche Aggression wird auch in der literarischen Darstellung im Maximilianischen Großtext konstruiert. Maximilian nimmt sie darüber hinaus auch in seinen politischen Flugschriften ein, in denen er sich als der Angegriffene darstellt. Vgl. Diederichs, *Kaiser Maximilian I. als politischer Publizist*, S. 94.

[286] Pfintzing, *Theuerdank*, S. 537.

[287] Vgl. Pfintzing, *Theuerdank*, S. 537.

[288] Vgl. *Der Weiß Kunig*, S. 255 [Schultz: S. 291, S. 296]. In der zweiten Textstelle im *Weißkunig*, in der ein Feldzug gegen die Osmanen erwähnt wird, wird als Begründung lediglich angegeben, dass ein solcher Zug „der Cristenhait zu trost, vnd den Unglaubigen zu swechung" durchgeführt werden soll. *Der Weiß Kunig*, S. 281 [Schultz: S. 321, S. 323].

[289] Vgl. Thackston, *The Baburnama*, S. 270 [fol. 218].

[290] Vgl. Hödl, *[Art.] Friede*, Sp. 920f.

Die Texte beider Herrscher unterscheiden sich hinsichtlich der Darstellungsintention der zahlreichen Kriege. Im Falle des Maximilianischen Großtextes kann diese einseitige Art der Darstellung politischer Mittel als eine Abgrenzung gegenüber der bedächtigen Politik des Vaters Friedrich III. angesehen werden. Maximilian wollte sich in der schriftlichen Fixierung seiner Selbstzeugnisse als tatkräftiger, wehrhafter und kriegerischer Herrscher der Nachwelt überliefert wissen und sich damit von der Reputation absetzen, die sein Vater in seiner Regierungszeit erworben hatte.[291] Dass Maximilian in der Realität nicht nur das Mittel des Krieges einsetzte, sondern etwa auch als „Meister der diplomatischen Techniken" galt,[292] bleibt in der literarischen Darstellung weitgehend ausgespart. Auf diese Weise verband Maximilian in seinen Selbstzeugnissen vor allem den Krieg mit seinem Namen.

Williams verweist auf zeitgenössische Texte, in denen Maximilian mit Prophezeiungen zur Wiederkehr des Friedenskaisers in Zusammenhang gebracht wird.[293] Die Idee des Friedenskaisers geht auf einen älteren messianischen Glauben zurück, der während der gesamten Zeit des Mittelalters und Teilen der Frühen Neuzeit immer wieder präsent gehalten wurde. Er besagt, dass ein Herrscher kommen werde, dem es gelänge, Weltfrieden und Ausgleich zwischen widerstrebenden Mächten herzustellen.[294] Von dem angekündigten Friedenskaiser werde erwartet, dass er mit der Hilfe eines zu gründenden Ritterordens ein starkes Reich wieder errichten werde. Der Glaube an einen Friedenskaiser wird aufgrund der Deutung des Namens als Friedensbringer in besonderer Weise an Kaiser mit dem Namen Friedrich geknüpft.[295] Doch auch Maximilian wird mit der Friedenskaiser-Idee verbunden: In der *Pronosticatio* Johannes Lichtenbergers (1488), der zeitweise am Hof Friedrichs III. wirkte, wird Maximilian als Friedenskaiser dargestellt, der das Heilige Römische Reich als Vorläufer des Reichs Gottes auf Erden regieren werde.[296] In dem späteren *Buchli der hundert capiteln mit vierzig statuten* (1509) des sogenannten Oberrheinischen Revolutionärs haben sich die Friedenskaiser-Hoffnungen, die auf Maximilian ruhten, bereits verlagert: Zwar wird anfänglich Maximilian noch mit dem ersehnten Friedenskaiser identifiziert. Doch als er die Erwartungen des Autors nicht erfüllen kann, wird die Prophezeiung auf die Ankunft eines sagenhaften Kaisers Friedrich verlagert, der notwendige Reformen im Reich durchführen werde.[297]

---

291 Vgl. die detaillierte Analyse im Kapitel 5.2.1.3.

292 Noflatscher, *Maximilian im Kreis der Habsburger*, S. 44.

293 Vgl. Williams, *The Arthurian Model*, S. 8f.

294 Vgl. Struve, *[Art.] Friedenskaiser*, Sp. 921-923.

295 Vgl. Struve, *[Art.] Friedenskaiser*, Sp. 921-923.

296 Vgl. dazu auch die Erläuterungen bei Talkenberger, *Sintflut*, S. 56-110.

297 Vgl. Franke/Zschäbitz (Hrsg.), *Das Buch der hundert Kapitel und der vierzig Statuten des sogenannten Oberrheinischen Revolutionärs*.

Auch Müller verweist auf zeitgenössische Texte, die Maximilian in die Nähe eines Friedenskaisers rücken. Er bezieht sich auf Lobreden, die den militärischen Erfolg Maximilians als Sieg der inneren Kräfte über die Fortuna deuten.[298] Er verweist außerdem auf den *Caesar* Johann Alexander Brassicans, der Maximilian als Friedensfürsten preist.[299]

Für den Maximilianischen Großtext ist insgesamt jedoch nicht von nennenswerten Einflüssen einer Friedensfürstenkonzeption auszugehen. Der Krieg bleibt immer bestimmendes Element der Politikdarstellung. Das innere Erleiden im *Theuerdank* steht noch nicht im Dienste eines Rex-Pacificus-Ideals, sondern dient dem individuellen, mystischen Streben.

Die Aussagen im *Koran*, die zur Rechtfertigung eines Krieges herangezogen werden können, lassen nur wenige Optionen für Gewalthandeln zu: So darf ein Krieg zur Selbstverteidigung geführt werden und um die Freiheit der Religionsausübung zu schützen. Es unterscheiden sich jedoch die Interpretationen dazu, ob ein Angriffskrieg gegen Andersgläubige geführt werden darf.[300] Die hanefitische Rechtsschule, zu der auch Babur einen Traktat beitrug, ließ diese Möglichkeit zu seiner Zeit wohl zu. Dazu passt, dass Babur seine Kriege gegen die Bajauris und die Hindus mit religiösen Argumenten rechtfertigte. Die vielen anderen Kriege, die Babur gegen Dynastieangehörige oder andere Muslime führte, werden jedoch von Babur zumeist nicht gerechtfertigt, auf sie blickte er unabhängig vom religiösen Diskurs. Alternative Möglichkeiten zur Konfliktlösung werden von Babur nicht diskutiert, auch wenn er sie sicher wahrnahm. Der Krieg bleibt in der Darstellung Baburs zumeist die einzige Wahl bei den politischen Mitteln.[301]

Hinter der kriegerisch geprägten Selbstinszenierung ist der Einfluss der nomadischen, turkomongolischen Tradition der Timuriden zu vermuten, auf der die Kriegerkultur fußt und auf die sich Regeln der Törä und Yasa beziehen (und nicht auf die Shariᶜa). Babur spricht mit dieser Darstellung insbesondere seine militärischen Gefolgsleute an und unterbreitet ihnen auf diese Weise ein Identifikationsangebot, das ihnen ihre große Bedeutung für den Herrscher vor Augen führen sollte. Babur folgt den dynastischen Traditionen in seiner Kriegsführung, indem er sich auf seine Vorfahren Temür Beg und Genghis Khan bezieht. Für Babur ist das Zitat ihrer Bräuche eine Möglichkeit, Angst und Schrecken zu verbreiten und gleichzeitig die dynastische Identität zu pflegen. Völlig identifiziert sich Babur jedoch bei der Kriegsführung nicht mit der turkomongolischen

---

[298] Vgl. Müller, *Gedechtnus*, S. 236f., mit Bezug auf Sauromannus, *Oratio*, fol. bb¹v.

[299] Vgl. Müller, *Gedechtnus*, S. 237f.

[300] Zur Diskussion der Rechtfertigungsgründe vgl. Al-Dawoody, *The Islamic Law of War*, u. a. S. 67-69, S. 102-105.

[301] Zu den Suren im *Koran*, die Kampf und Gewalt gegen Andersgläubige fordern (9,29 und 2,190f.), treten jedoch solche, die fordern, Andersgäubigen freundlich und gewaltlos entgegenzutreten (16,125 und 29,46). Generell wurde jedoch vor allem die Sure 2,256 als Absage an jede Gewaltanwendung gedeutet. Vgl. Bobzin, *Der Koran. Eine Einführung*, S. 85.

Tradition: Die Meinung Genghis Khans, der Krieg führe zum Ziel des Friedens, indem die vollständige Ausmerzung des Gegners betrieben werde, teilt Babur offensichtlich ebenso wenig wie auf der anderen Seite die Friedensvorstellungen seiner Religion, des Islams.[302]

Die Selbstdarstellung als gläubige Herrscher erfolgt bei Maximilian und Babur unabhängig von der Kriegsherrenrolle, in der sie sich ebenfalls präsentieren. Glauben und Krieg werden als getrennte Bereiche präsentiert, sodass Widersprüche oder Konflikte zwischen den beiden Rollen nicht thematisiert werden müssen. In der literarischen Rolle als Kriegsherr geht es Maximilian darum, sich darstellerisch von seinem Vater Friedrich und dessen zögerlicher Politik abzusetzen. Babur stellt sich in die dynastische Tradition, die für ihre herausragenden Kriegsherren berüchtigt war und ist. Beiden kommt es darauf an, mit ihrer Darstellung ihre militärischen Gefolgsleute anzusprechen und ihnen ein Identifikationsangebot zu unterbreiten.

Unter den Rezipienten, die für die Herrscher von Bedeutung waren, wurde der Frieden nicht immer als erstrebenswert angesehen. Gerade die militärischen Gefolgsleute waren daran interessiert, dass der Herrscher ihre Dienste benötigte. Friedliche Mittel der Politik, die in der historischen Realität angewendet wurden, werden denn auch weitgehend aus der Darstellung in den Selbstzeugnissen ausgeschlossen: Maximilians diplomatisches Geschick oder die Einführung des Ewigen Landfriedens unter seiner Ägide[303] spiegeln sich nicht in seinem Großtext wider. Auch die alternativen Verhandlungsmethoden Baburs werden nicht geschildert. Festzuhalten ist, dass die Kriegsherrenrolle der beiden Herrscher in der Literatur überbetont wird und in der historischen Realität durch vielfältige andere politische Mittel ergänzt wird, die nicht literarisch verarbeitet werden. Der Krieg wird in den Texten als vorrangiges politisches Stilmittel beider Herrscher präsentiert.

7.3.3 Kriegsniederlagen

Bei der Darstellung militärischer Niederlagen zeigt sich eine Differenz zwischen den Texten der beiden Herrscher: Kriegsniederlagen werden im Maximilianischen Großtext nicht direkt eingestanden. Wenn eine Niederlage geschildert wird, dann wird hinzugefügt, dass sich der Protagonist später dafür rächen werde. Manchmal werden Gründe für den Misserfolg genannt, die dann außerhalb der Verantwortung des Protagonisten liegen. Im *Baburnama* hingegen wird das Elend geschildert, das eine militärische Niederlage nach sich zog, und auch Baburs Niedergeschlagenheit findet Ausdruck. Für Babur waren diese Beschreibungen möglich, da

---

[302] Vgl. Nagel, *Timur der Eroberer*, S. 212.
[303] Der Ewige Landfrieden hob im Reich das Fehderecht auf und ersetzte es durch den Rechtsweg.

sich mit dem Muster der timuridischen Qazaqlıq ein identitätsstiftendes Konzept anbot, mit dem Niederlagen als nahezu obligatorische und in jedem Fall sinnvolle Elemente eines Herrscherlebens gedeutet werden konnten.[304] Es ist zudem anzunehmen, dass der Sieg in Hindustan es Babur erleichtert, das Elend seiner Anfangstage zu schildern, weil sein letztendlicher Erfolg nun umso strahlender erscheint.

Babur erzählt seine Geschichte als eine Geschichte des Aufstiegs. Sie erinnert damit an die Geschichte Temür Begs, der aus schwierigen Verhältnissen kommend zu einer strahlenden Herrschergestalt reifte. Dass ein Herrscher nicht immer mit Siegen in seinen Auseinandersetzungen rechnen könne, versucht Babur auch seinem Sohn Humayun zu vermitteln. Er schreibt an ihn gerichtet im *Baburnama*, dass es vielmehr darum gehe, Gelegenheiten zu nutzen. Herrschaft dulde keine Pause: „Hama čizî zi rūy-i kadxudā'î / sukūn miyābad illā pādišāhî.“[305]

Den Hintergrund für die Darstellung militärischer Niederlagen im Maximilianischen Großtext bildet die im Mittelalter viel diskutierte Frage, warum Gott bisweilen die Gerechten strafe und die Ungerechten belohne. Für die Protagonisten des Maximilianischen Großtextes wird immerhin der Schutz Gottes behauptet; sie werden an die reale Person des Kaisers rückgebunden, indem eine Referenz der Literatur zur Wirklichkeit behauptet wird. Auch galten Schlachten im Denken der Mehrheit als ein Gottesgericht.[306] Deswegen war für den Maximilianischen Großtext, der auf die historischen Niederlagen Maximilians reagieren musste, eine Auseinandersetzung mit der Frage unvermeidlich, warum die von Gott geschützten Protagonisten militärische Niederlagen erlitten.

Von den Maximilianischen Texten betrifft diese Frage vor allem den *Weißkunig*, da im *Freydal* keine Kriege vorkommen und im *Theuerdank* zwar Auseinandersetzungen geschildert werden, aber keine Niederlagen. Die Auseinandersetzungen werden literarisch verhüllt und erst in der Clavis mit einer Wirklichkeitsreferenz versehen. Im *Weißkunig* wird auf klassische Erzählmuster aus der mittelalterlichen Historiographie zurückgegriffen. Zu ihren Merkmalen gehört, dass Niederlagen zwar erwähnt, dann aber geschönt oder umgedeutet, in ihrer Größe und Bedeutung allerdings nicht offen beschrieben werden.[307] Diese Erzähltechniken helfen dabei, eine Auseinandersetzung zu der heiklen Frage nach dem Schutz Gottes zu vermeiden.

---

[304] Von Kügelgen weist darauf hin, dass die „Offenheit und Innenschau“ Baburs in der Literatur seiner Zeit generell nicht ungewöhnlich gewesen sei. Vgl. von Kügelgen, *Zur Authentizität des „Ich“ in timuridischen Herrscherautobiographien*, S. 397.

[305] In englischer Übersetzung: „When one is master one may rest from everything – except being king.“ Vgl. Thackston, *The Baburnama*, S. 413 [fol. 348b].

[306] Vgl. Fichtenau, *Der junge Maximilian*, S. 38.

[307] Vgl. Riedl, *Der Quellenwert des Weißkunig*, S. 111. Dieser Befund entspricht dem Ergebnis, zu dem Clauss bei seiner Untersuchung mittelalterlicher Historiographie zum Thema Kriegsniederlagen kommt. Zur Bewältigung von Kriegsniederlagen vgl. das entsprechende Kapitel bei Clauss, *Kriegsniederlagen im Mittelalter*, S. 254-305.

Typische Gründe, die im *Weißkunig* als Erklärung für Kriegsniederlagen genannt werden, sind Bestechungen (wie sie der blaue König einsetzt), untreue Gefolgsleute oder schlechtes Wetter. Solche Erklärungen finden sich auch in mittelalterlichen Chroniken wieder. Diese Muster sorgen – ähnlich wie die timuridische Qazaqlıq – dafür, dass die angedeuteten Niederlagen als Elemente des Herrscherlebens geschildert werden können.

Die Herrscher stellen ihren persönlichen Umgang mit militärischen Niederlagen unterschiedlich dar. Während Babur Verzweiflung und Elend während seiner Qazaqlıq-Zeit offen schildert, werden derartige Gefühle im Maximilianischen Großtext nicht beschrieben. Zwar ist von Kaiser Maximilian I. durchaus bekannt, dass er in seinem Leben Neigungen zur Schwermut aufwies;[308] für die literarischen Texte jedoch wird das Thema der Schwermut und der Melancholie regelrecht ausgeschlossen, wie Tersch gezeigt hat.[309] Dieser Ausschluss der Schwermut-Thematik, ein Bruch in der Herrscherselbstdarstellung, ist möglicherweise durch mittelalterliche, moralisch-theologische Vorstellungen bedingt, in denen Melancholie abwertend beurteilt wurde. Für die Nachwelt jedenfalls sollte keine Verbindung zwischen den Maximilian-Alter-Egos und dieser Thematik überliefert werden.

Die Texte beider Herrscher zeigen, dass eine konventionelle Erzählsituation (‚Niederlage in einer militärischen Auseinandersetzung‘) und die Darstellung des damit verbundenen persönlichen Umgangs eng an bereits vorhandene Erzählmuster und Identifikationsmodelle gebunden wird: Darstellungen von Kriegsniederlagen in der mittelalterlichen Historiographie oder von der timuridischen Qazaqlıq besitzen die notwendige Festigkeit und Bekanntheit als Erzählmuster, damit ein Rückgriff auf sie zweckmäßig für die Gestaltung der aktuellen Erzählsituation erscheint. Zum einen ermöglicht die Rückbindung an Erzählmuster, die neuen Erzählelemente sinnvoll in einen Rahmen zu integrieren, der eine Umdeutung und Neuerzählung zulässt. Zum anderen handelt es sich bei dieser Erzähltechnik aber auch um eine Ausprägung der in beiden Kulturräumen vorherrschenden Ästhetik des Wiedererzählens.

Die Existenz von Erzähl- und Identifikationsmustern, die sich für ein Rückbinden und Wiedererzählen eignen, mag auch darüber entschieden haben, ob ein Element aus der historischen Wirklichkeit in die literarischen Texte eingebunden wurde oder nicht. So ließe sich etwa bei der Melancholie Maximilians fragen, ob erzählerische Anknüpfungspunkte fehlten, um sie darzustellen. Dasselbe kann bei der erfolgreichen Hochzeitspolitik Maximilians gefragt werden, die sich nicht im Text widerspiegelt. Ihre Tragweite wurde zwar sowieso erst nach der Bearbeitungszeit des *Weißkunig* deutlich, doch die Hochzeiten ereigneten sich vor oder während der Abfassungszeit der Texte. Sie wurden einfach nicht in den thematischen Fokus

---

[308] Vgl. Hollegger, *Kaiser Maximilian I.*, S. 249; vgl. Tersch, *Politik und Emotion im ‚Weißkunig‘*, S. 69.

[309] Vgl. Tersch, *Politik und Emotion im ‚Weißkunig‘*; vgl. Kapitel 6.2.1.2.

der Schilderungen gerückt. Der Schwerpunkt lag eindeutig auf den Kriegsbeschreibungen, die Maximilians Politik stattdessen kennzeichnen sollten.

Aus der Darstellung der militärischen Niederlagen lässt sich schlussfolgern, dass mit Hilfe bekannter, konventioneller Erzählmuster Brüche in den Herrscherselbstdarstellungen verfüllt werden konnten. Die Ausklammerung der Schwermut-Thematik zeigt jedoch auch, dass es Themen gab, die nicht an Erzählmuster rückgebunden wurden oder werden konnten.

7.3.4 Kriegsführung zwischen Tradition und Innovation

Die politische Umbruchszeit, wie sie die Herrschaft Maximilians und Baburs prägte, spiegelt sich auch in den gegenläufigen Tendenzen von Traditionsfortführung und Traditionsbruch in der Kriegsführung wider, die sowohl die historische Wirklichkeit als auch die literarische Darstellung prägten.

Die Herrscher achteten darauf, dass sie ihre Selbstinszenierungen als Kriegsherren an althergebrachte Rollenbilder anknüpften, die aus literarischen Klassikern oder der Geschichtsschreibung bekannt waren. Diese Rollenbilder waren durch ein Ritter- (Maximilian) oder ein Nomadenideal (Babur) geprägt, das traditionell den Kriegern der Zeit als Vorbild diente.

Babur und Maximilian zeigten sich aber ebenso als Vorreiter der technischen Entwicklung im Kriegswesen. Babur setzte früh auf Mörser und Feuerwaffen, die – wie gezeigt – für den indischen Kulturraum zur Zeit seiner Eroberung noch unbekannt waren. Maximilian förderte die Entwicklung und Verbesserung des Geschützwesens und initiierte außerdem die Söldnertruppe der Landsknechte.

In den Texten werden sowohl Innovationen als auch Traditionen dargestellt: Die moderne Kriegsführung, aber auch tradierte Kriegsherren-Rollenbilder spiegeln sich in den Selbstzeugnissen wider. Die beiden Herrscher verbinden dabei in ihren Werken die innovativen und traditionellen Elemente so, wie es ihnen am vorteilhaftesten für ihre Selbstdarstellung erschien.

Mit ihrer Darstellung zielten sie auf eine bestimmte Wirkung beim intendierten Publikum: Mit der Beschreibung fortschrittlicher Militärtechnik und mit den konservativen Elementen des Ritter- und Nomadenideals sollte die militärische Elite angesprochen werden. Sie sollte sich als Teil der Gefolgschaft eines technisch fortschrittlichen, aber auf Tradition bedachten Herrschers wähnen. Die Identifikation mit einem Rollenideal diente dabei eher der emotionalen Ansprache, während die technische Fortschrittlichkeit auch das Vernunftdenken der Gefolgsleute befriedigen sollte.

Die Gefolgschaftsgruppe der Militärelite war für den Machterhalt der Herrscher essentiell wichtig. Babur und Maximilian waren daher darauf bedacht, kohäsive Kräfte auf diese Kreise auszuüben, um sie an ihre Person zu binden. Die Mischung der Aufnahme traditioneller und innovativer Elemente in ihre Texte geschah also aus politischem Kalkül.

Zwischen der Kunst und dem Krieg wird in den Analysetexten eine enge Koalition geknüpft: Der Krieg wird mit literarischen Mitteln (im Falle Baburs) und mit
den künstlerischen Mitteln der Holzschnitte (im Falle Maximilians) heroisch und
ästhetisch überhöht gestaltet, sodass er als ein besonderes Geschehen erscheint.

Im *Baburnama* wird eine poetische, ästhetisch anspruchsvolle Sprache verwendet, um den (‚heiligen‘) Entscheidungskrieg in Indien zu schildern und damit
den Höhepunkt der Eroberungen Baburs zu kennzeichnen. Die Formulierungen
in dieser Kriegsbeschreibung sind verschachtelter und bildreicher als die restliche
Prosa des *Baburnama* und stammen von Baburs Gelehrten Shaykh Zayn. Die Beschreibung ist gespickt mit *Koran-* und *Shahnama*-Zitaten, sodass ihr dadurch Autorität verliehen wird. Auch an anderen Stellen des *Baburnama* werden *Shahna-*
ma-Zitate im Zusammenhang mit Kriegen verwendet.

Dass Babur ästhetisches Empfinden und Kriegsüberlegungen nicht trennt, wird
zudem an seiner Beschreibung von Herrschaftsräumen deutlich: In dem einen
Moment schildert er ein idyllisches Stück Land und im nächsten Moment weist er
seine Leute an, die Wege zu reparieren, damit die Kriegsmaschinerie durch dieses
Land passieren könne.[310]

Im Maximilianischen Großtext wird der Krieg vor allem im dritten Teil des
Weißkunig auf ästhetische Art und Weise dargestellt. Der Text fällt zwar in diesem
dritten Teil knapp aus, doch auch in diesem Teil werden (wie in den anderen Teilen des *Weißkunig*) allegorische Verschlüsselungen als literarisches Stilmittel verwendet. Vor allem aber die zahlreichen kunstvollen Holzschnitte verleihen den
dargestellten Kriegshändeln eine ästhetisch höherwertige Atmosphäre.

Nicht nur die Kriegsbeschreibungen werden überhöht, auch bei der Gestaltung der Rolle des Kriegsherrn wird auf literarische Anspielungen zurückgegriffen, um die Charakterformung zu betreiben. Anleihen aus der Heldenepik beider
Kulturräume stellen die Helden als kriegerische und kämpferische Herrscher heraus, die nicht nur für persönliche Belange, sondern auch für die der jeweiligen
Gemeinschaft eintreten: Im *Baburnama* kämpft Babur auch im Namen der Timuridendynastie gegen die Usbeken. Seinen späteren Kampf gegen die Hindus be-
streitet er für seine Glaubensgemeinschaft. Theuerdank verteidigt Königin Ehrenreich und ihre Untertanen gegen namenlose Feinde. Auch in diesem Text deutet
sich am Ende ein Glaubenskrieg an. Mit Anspielungen an die höfische Epik weisen sich die Helden zudem als kultivierte Charaktere aus. Generell wird mit Hilfe
der Anspielungen an literarische Muster ein facettenreiches Bild der Herrscher
gezeichnet.[311]

---

[310] Vgl. Thackston, *The Baburnama*, S. 396 [fol. 332b-333].
[311] Vgl. Kapitel 8.2.1.2, 8.2.2.2.

Im Maximilianischen Großtext wird der Krieg glorifiziert und die Fähigkeit zum Waffenbau hervorgehoben: Das geschieht durch eine Textstelle im letzten Kapitel des *Theuerdank*, in dem der grundlegende Unterschied zwischen Mensch und Tier referiert wird: Vernunft und Verstand werden genannt, deren Gebrauch dem Menschen vor allem beim Waffenbau nützlich seien.[312] Das Bauen von Waffen wird hier als der primäre zivilisatorische Vorteil des Menschen gegenüber dem Tier präsentiert. In der gelehrten Diskussion der Zeit werden hingegen die Fähigkeiten, Unrecht und Recht voneinander zu scheiden und mit Anderen zu kommunizieren als Vorteile des Menschen dargestellt. Für diese Fähigkeiten sollte man Sprache und Vernunft einsetzen, die laut Aristoteles, dessen Feststellungen die Diskussion prägten, Mensch und Tier voneinander unterscheiden.[313] Die Aussage im *Theuerdank* rekurriert auf eine gelehrte Diskussion, verwendet die Anspielung aber, um friedlichen Konfliktlösungsmitteln eine Absage zu erteilen.

Im Maximilianischen Großtext wird der Krieg überhöht dargestellt und der Waffenbau als zivilisatorische Errungenschaft über der Kommunikationsfähigkeit und über dem Gerechtigkeitsstreben rangierend angeführt. Damit übertrumpft der Krieg sogar die Bedeutung der Literatur, die das wichtigste Kommunikationssystem der damaligen Zeit darstellt. Literatur und Holzschnittkunst werden für die Ästhetisierung der Darstellung des Krieges eingesetzt.

7.3.6 Eine neue Herrschaftskonzeption?

Das Bild von Herrschaft, wie es sich in den Texten widerspiegelt, erweist sich nicht als ein in sich stimmiges Konzept, sondern enthält Widersprüche, die vor allem den Bereich der Gefolgschaftswerbung betreffen.

In den Analysetexten formulieren die Protagonisten den durch ihre Geburt erworbenen Anspruch, als Herrscher regieren zu wollen. Von ihren Gefolgsleuten erwarten sie Gehorsam und Loyalität und betrachten sie als Instrumente ihrer Herrschaft. Ihre Entscheidungen möchten sie in letzter Konsequenz unabhängig von anderen Menschen treffen. Babur drückt diese Überzeugung in den Zeilen an seinen Sohn Humayun aus, dem er zu unabhängigen Herrscher-Entscheidungen rät. Vorherige Beratungen mit den Brüdern und Gefolgsleuten empfiehlt er ihm trotzdem.[314]

Im Maximilianischen Text spiegelt sich eine ablehnende Haltung der Herrscher-Alter-Egos gegenüber Beratungen mit ihren Gefolgsleuten wider. Diese Ab-

---

312 Vgl. Pfintzing, *Theuerdank*, S. 560.

313 Diese Feststellung trifft Aristoteles in seiner *Politik*, wenn er sein Konzept des Menschen als Zoon Politikon erläutert. Zur Unterscheidung von Mensch und Tier und zum Menschen als Zoon Politikon vgl. *Politik* I, 2; III, 6; VII, 13.

314 Vgl. Thackston, *The Baburnama*, S. 414 [fol. 349b].

262

lehnung steht im Gegensatz zur politischen Realität, in der der Herrscher schon im Mittelalter ‚consilium et auxilium‘ bei seinen adligen Eliten einholte.[315]

Auch wenn die Texte die Unabhängigkeit des Herrschers betonen, wird im Verlauf der Handlung die Abhängigkeit der Herrscherprotagonisten von ihren Gefolgsleuten deutlich. Vor allem in den Kriegen, von denen Weißkunig und Babur zahlreiche bestreiten, sind die anführenden Herrscher dringend auf die Loyalität ihrer militärischen Gefolgsleute angewiesen. Wiederholt kommt es jedoch zum Scheitern dieser Loyalität und als Folge davon zur Niederlage in den jeweiligen Feldzügen.

Im Maximilianischen Großtext wird das Scheitern der Loyalitätsbeziehungen stets als von den Untergebenen verursacht dargestellt. Als Grund für Illoyalität wird die materielle Einflussnahme des blauen Königs genannt, gelegentlich auch die Angst der Gefolgsleute vor einer feindlichen Übermacht. Die Beziehung zwischen Herrscherprotagonisten und Kriegsgefolge erscheint insgesamt als extrem fragil.

Im *Baburnama* spiegeln sich verschiedene Gründe für das Scheitern von Loyalitätsbeziehungen wider: Als sich Babur zu Beginn seiner Herrschaft als nahezu mittellos darstellt und auf erfolgreiche Eroberungen angewiesen ist, um mit der Beute sein Gefolge entlohnen zu können, erscheint die Fluktuation unter seinen Leuten deutlich höher als zum Ende, denn nicht alle Eroberungen in der Anfangszeit gelingen. Als Babur das ressourcenreiche Hindustan einnehmen kann, kommt es immer noch vereinzelt zu Illoyalitäten, für die Babur dann andere Gründe nennt als die materielle Entlohnung: Die Andersartigkeit der Kultur und das extreme Klima hätten etwa auf einige Gefolgsleute abstoßend gewirkt, so lautet seine Erklärung im Text. Allerdings gibt Babur hier auch zu, dass die Zeit noch nicht ausgereicht habe, um den eroberten Schatz unter dem Gefolge zu verteilen. Gerade jedoch nach der lukrativen Hindustaneroberung stoßen namhafte Leute zu Baburs Hof dazu, sodass für diese Zeit nicht wirklich mit einem starken Abgang von Gefolge gerechnet werden muss.

In den vier Selbstzeugnissen der beiden Herrscher spiegelt sich in unterschiedlichem Maß eine Ungleichzeitigkeit in der Auffassung über das Funktionieren von Herrschaft vor allem hinsichtlich des Aspekts der Gefolgschaftswerbung wider. Während die Gefolgsleute im Maximilianischen Großtext eher der feudalen Auffassung anhängen, für ihren Kriegsdienst auch eine Gegenleistung erhalten zu müssen, ist aus den Äußerungen vor allem Weißkunigs herauszulesen, dass er Loyalität allein kraft seiner Stellung als „natürlicher“[316] Herr erwartet. Diese Überzeugung klingt an ein absolutistisches Herrscherbild an, das den Herrscher als

---

315 Zwar zeigt sich im Text eine ablehnende Haltung der Herrscher-Alter-Egos gegenüber Beratungen, dennoch werden herrscherliche Beratungen auf einigen Holzschnitten dargestellt. Zur Bildsprache bei Beratungen vgl. Boßmeyer, *Visuelle Geschichte in den Zeichnungen und Holzschnitten zum „Weißkunig“ Kaiser Maximilians I.*, S. 85-87.

316 *Der Weiß Kunig*, S. 163 [Schultz: S. 196].

Fixpunkt und absolutes Zentrum des Herrschaftsgebildes ausweist. Politische Mitwirkung der Gefolgsleute ist nicht erwünscht, nur bedingungsloser Gehorsam. Babur auf der anderen Seite verfolgt ebenfalls den Anspruch, Loyalität von seinen Gefolgsleuten zu erhalten und sich als ihr Herrscher zu präsentieren. Jedoch erklärt er nicht wie Weißkunig seine Unabhängigkeit von seinem Gefolge, sondern stellt sich als von ihm abhängig dar. Eines seiner Stilmittel, um für Loyalität zu werben, ist die Veranstaltung von Majālis, die er einsetzt, um beim Trinken und bei kultureller Unterhaltung eine Gemeinschaft aus den verschiedenen Gefolgschaftsgruppen und seiner Person zu formen. Diese Form der Vergemeinschaftung hebt die Grenzen zwischen den Teilnehmern zumindest für die Zeit der Veranstaltung auf, wirkt aber auch darüber hinaus weiter.

Zeitlich schließen sich historisch sowohl im Habsburger Reich als auch im Großmogulreich auf lange Sicht zentralistischere Herrschaftssysteme an, die stärker an die Person des Herrschers gebunden sind. Eine Tendenz, die in diese Richtung weist, kann in den Texten der beiden Herrscher festgestellt werden, wenn auch mit unterschiedlichen Ausprägungen: Während im Maximilianischen Großtext wiederholt der Anspruch auf eine autoritäre Herrscherposition propagiert und verfochten wird, wirbt das *Baburnama* eher für den Zusammenhalt innerhalb des Herrscherzirkels und verweist auf die gegenseitigen Abhängigkeiten, stellt aber Babur als zentrale Person vor. Die Abhängigkeit von seinen Gefolgsleuten stellt Babur meist deutlich heraus. Die bereits erwähnte Konzeption des timuridischen Kreislaufs der Gerechtigkeit, die auch Babur vertritt, geht von einem geschlossenen Herrschaftssystem aus, das den Herrscher zu Gegenleistungen gegenüber seinen Gefolgsleuten verpflichtet. Babur stellt aber auch seine Fähigkeit zu flexiblem Handeln dar, indem er versucht, mit verschiedenen Mitteln ihre Loyalität zu erreichen. Seine Rolle entspricht eher der eines Verhandlers oder Vermittlers;[317] einen Anspruch auf uneingeschränkte Herrschaft formuliert er nicht.

Für die Maximilian-Alter-Egos wird literarisch ein unanfechtbarer Herrschaftsanspruch geäußert. Weißkunig sieht sich in einiger Distanz zu seinen Gefolgsleuten und eignet sich ihr Wissen an, um sich unabhängig zu machen. Die Distanzstellung wird im *Freydal* auch bildlich ausgedrückt: Die Illustrationen zeigen den Ritter bei den Mummereien als Fackelträger verkleidet stets abseits von den anderen Teilnehmern. Um dieses distanzierte Herrscherbild zu betonen, wurden einige Aspekte aus der historischen Wirklichkeit nicht literarisch verarbeitet: An höfischen Festen, insbesondere Mummereien, nahm Maximilian in der Realität begeistert teil und stand stets im Zentrum des Geschehens. Außerdem spiegeln seine Selbstzeugnisse eher Konfrontationslust als seine realen Talente als Verhandler wider.

Dass an dieser Stelle in dem ansonsten auf Wirklichkeitsreferenz Wert legenden Maximilianischen Großtext ein anderes Herrscherbild nachgezeichnet wird

---

317 Vgl. Dale, *The Garden of the Eight Paradises*, S. 91.

als es die Geschichtsschreibung wiedergibt, ist mit der politischen Zielrichtung zu erklären, die Maximilian in seinen Texten propagieren wollte: Nicht die kleinen politischen Schritte, die eher der Realität entsprachen, sollten literarisiert nacherzählt werden, sondern Maximilians ungebrochener Alleinherrschaftsanspruch. In der Literatur sollte das Herrscheridealbild festgelegt werden, das es anzustreben galt: der hierarchisch hervorgehobene, unabhängige Herrscher. Babur dagegen vertritt keinen absoluten Alleinherrschaftsanspruch, sondern sieht sich als Teil des Kreislaufs der Gerechtigkeit. Damit ist zumindest für den Maximilianischen Großtext eine Tendenz hin zu einer veränderten, neuen Herrschaftskonzeption festzustellen.

7.3.7 Ambiguität als Merkmal des Verhältnisses der Herrscher zu ihren Gefolgsleuten, Verbündeten und Gegnern

Alle vier Analysetexte werden von agonalen Aktivitäten der Herrscherprotagonisten geprägt: Dazu zählen das Kriege-Führen, die Turniere, die Wettkämpfe generell und die Jagden, aber auch kulturelle Wettbewerbe wie Dichterwettkämpfe oder das Schreiben ‚um die Wette‘. Darüber hinaus stellen die Herrscherprotagonisten Vergleiche mit anderen Herrscherfiguren an, die darauf abzielen, sich mit ihnen zu messen.[318] Die Aktivitäten mit agonalem Charakter dienen dazu, die Herrscherprotagonisten hervorzuheben: Durch Wettkampf- und Vergleichssituationen soll ihre Außergewöhnlichkeit betont werden.

Eine deutliche Abgrenzung wird in den Texten zu der Personengruppe der dort so genannten ‚Ungläubigen‘ aufgebaut, mit denen im Fall des *Weißkunig* die Osmanen gemeint sind und im Falle des *Baburnama* die Hindus (Kāfirlar). Schon bei diesen Gruppen zeigt sich ein Unterschied zwischen der historischen Situation, in der es durchaus kooperativen Kontakt zwischen den Herrschern und den jeweils andersgläubigen Gegnern gab, und der literarischen Darstellung: Wie bereits erwähnt, vereinbarte Maximilian in der historischen Realität Waffenstillstände mit den Osmanen, schickte eine Gesandtschaft zu ihnen, empfing eine und erwog gar eine Koalition.[319] Babur heuerte Kämpfer aus den Reihen der Hindus für seine Truppe an.[320] Diese Ereignisse blieben jedoch in der literarischen Beschreibung unerwähnt. Geschildert wird jedoch Baburs Kontakt zu den andersgläubigen Yogis,

---

[318] Wie bereits erwähnt, spricht Weißkunig etwa davon, dass Alexander der Große sein Vorbild beim Kriege-Führen und Länder erobern sei. Julius Caesar habe er mit seinen Leistungen gar übertroffen. Vgl. *Der Weiß Kunig*, S. 78f. [Schultz: S. 80]. Babur vergleicht sich mit seinem Cousin Sultan-Husayn Mirza und kommt zu dem Schluss, dass seine eigenen Leistungen die des Sultans übertäfen. Vgl. Thackston, *The Baburnama*, S. 122 [fol. 85ff.].

[319] Zu Maximilians Kontakt mit den Osmanen vgl. Wiesflecker, *Kaiser Maximilian I. Bd. 2*, S. 151-165; vgl. Wiesflecker, *Kaiser Maximilian Bd. 4*, S. 221-232.

[320] Dale spricht von einer „Indianization or at least incorporation of Afghan-Indian troops" in Baburs Militär. Dale, *The Garden of the Eight Paradises*, S. 414.

den er erst neugierig suchte, von dem er dann jedoch eher enttäuscht berichtet. Diese Enttäuschung Baburs reiht sich schließlich ein in seine allgemein herabwürdigende Erzählweise, mit der er die Andersgläubigen schildert.

Im Gegensatz zu den Andersgläubigen wird die Oppositionsstellung zu den als Erzfeinden konstruierten Gegnern, dem blauen König und Shaybani Khan, nicht konstant aufrechterhalten: Weißkunig koaliert sogar einmal mit dem blauen König und Babur nennt bei seiner Personenbeschreibung Shaybanis auch einige positive Aspekte am Usbekenherrscher.[321]

Diese Befunde passen sich in den Gesamteindruck ein, dass viele Beziehungen zu anderen Personengruppen – ob Freund oder Feind – in den Texten als von Ambiguität geprägt dargestellt werden: Ob die Protagonisten dabei erfolgreich sind, bei den sozialen Gegenparts ihrer Beziehungen Anerkennung für ihre Machtposition zu erreichen, ist oft uneindeutig. Musterbeispiele dafür sind etwa die Bündnisse Weißkunigs mit der braunen Gesellschaft oder die Koalitionen Baburs mit den Mongolen, die jeweils von wechselnden Loyalitäten geprägt werden. Auch die gleichzeitigen Abhängigkeits- wie Gefährdungsbeziehungen Freydals zu den „miszgönnern"[322] und Theuerdanks zu den drei Hauptleuten sind durch Ambiguität gekennzeichnet: Zwar werden die beiden Protagonisten durch ihre Gegner in Gefahr gebracht – oder zumindest potentiell gefährdet –, benötigen diese Situation der Bedrängung jedoch wiederum, um ihre Kraft und ihren Mut unter Beweis stellen können. Mit diesen Mutproben erringen sie Ruhm als symbolisches soziales Kapital.[323]

Betrachtet man den formulierten Herrschaftsanspruch, so zeigt sich ein bedeutsamer Unterschied zwischen dem Maximilianischen Großtext und dem *Baburnama*: Die Maximilian-Alter-Egos bestehen auf ihre herausgehobene Position und erheben deutlich Anspruch auf uneingeschränkte Herrschaft und auf unbedingten Gehorsam ihrer Gefolgsleute unabhängig von jeglicher Gegenleistung.[324]

---

[321] Vgl. *Der Weiß Kunig*, S. 290 [Schultz: S. 336]; vgl. Thackston, *The Baburnama*, S. 227 [fol. 182].

[322] Von Leitner, *Freydal*, S. XVIII.

[323] Zusammengefasst zu den Gefährdungen durch Gegner, den Abhängigkeiten von den eigenen Gefolgsleuten und den inneren Gefährdungen, die allesamt in den Selbstzeugnissen der Herrscher eine neue Sinnzuschreibung erfahren, vgl. Rzehak, *Literatur und politischer Umbruch*.

[324] Der Anspruch der Maximilianischen Herrscherprotagonisten, der im Großtext formuliert wird, sieht den Gehorsam des Gefolges ohne Zugeständnisse von der Herrscherseite vor. Davon unabhängig zu denken ist der intendierte historische Rezeptionsprozess, bei dem unterschiedliche Interessensgruppen der Gefolgsleute jeweils Identifikationsangebote in den Selbstzeugnissen finden. Die verschiedenen Gefolgschaftsgruppen sollten durch diese Identifikationsangebote signalisiert bekommen, dass sie für den Herrscher eine wichtige Rolle spielen. Diese Art von emotionaler Ansprache hat letztlich nichts mit dem in den Texten geäußerten absoluten Herrschaftsanspruch zu tun, mit dem der Herrscher von allen Gefolgschaftsgruppen unbedingten Gehorsam einfordert: Emotionaler Appell und Herrschaftsanspruch sind gleichzeitig gültig.

Der uneingeschränkte Gehorsam, den sie von ihren Gefolgsleuten verlangen, stellt keine historische Tatsache, sondern eher ein Ziel dar, das nicht erreicht worden ist, aber erreicht werden sollte.

Babur stellt sich eher aus einer Verhandlungsposition heraus agierend dar und richtet Majālis zur Vergemeinschaftung aus oder verteilt Ränge, Geschenke oder Ämter, um die Loyalität seiner Gefolgsleute zu erreichen. Im *Baburnama* werden also eher Vergemeinschaftungs- und Belohnungsstrategien abgebildet, mit denen die unterschiedlichen Gefolgschaftsgruppen an den Herrscher gebunden werden sollten. Herrschaftstheoretisch richtet sich Babur nach dem zu seiner Zeit bekannten Kreislauf der Gerechtigkeit.

Der Unterschied, der sich hier in der Herrscherauffassung widerspiegelt, wird in dieser Arbeit als Indiz für den Beginn einer Rationalitätsentwicklung auf europäischem Boden gewertet, so wie sie Toulmin (*Kosmopolis*) und Bauer (*Die Kultur der Ambiguität*) als grundlegend für die (Wieder-)Auseinanderentwicklung von christlicher und islamischer Welt annehmen.

Toulmin ist der Überzeugung, dass der westliche Kulturraum auf der Basis der wissenschaftstheoretischen Erkenntnisse Descartes und seiner Nachfolger begann, nach Gewissheiten und Vereindeutigungen zu streben, während diese Entwicklung den östlichen Kulturraum zunächst nicht berührte. Mit dem Gewissheitsstreben in der Folge von Descartes' theoretischen Überlegungen gehe eine Abnahme der Ambiguitätstoleranz einher. Diese Ambiguitätstoleranz habe aber zur Zeit der Humanisten (also auch zur Zeit Maximilians) noch geherrscht oder sei sogar von ihnen propagiert worden. Erst in der Folge, vor allem der Erkenntnisse Descartes im 17. Jahrhundert, habe das Streben nach Gewissheit und Eindeutigkeit um sich gegriffen und habe sich schließlich als dominierendes Denkmuster durchgesetzt. Erst ab Mitte des 20. Jahrhunderts, zu Zeiten der Postmoderne, sei im Denken des Westen wieder zunehmend Ambiguitätstoleranz festzustellen.

Bauer greift die Thesen Toulmins auf und ergänzt die Skizze der Ambiguitätsentwicklung für die Länder mit vorherrschend islamischem Glauben: In ihnen habe sich die Haltung der Ambiguitätstoleranz – die ja bis Descartes noch beide Kulturräume prägte – länger gehalten. Erst mit der Kolonialisierung dieser Länder durch westliche Staaten sei den Kolonisierten dieser Wert von den Kolonisierern als minderwertig vermittelt und zurückgedrängt worden. Die Ambiguitätsintoleranz verbreitete sich in den islamisch geprägten Ländern, während der Westen sich unter dem Trauma der Weltkriege, die den Glauben an Gewissheit und absolute Positionen nachhaltig erschütterten, und unter dem Einfluss neuer wissenschaftstheoretischer Positionen wieder auf eine Haltung der Ambiguitätstoleranz besann. Sichtbar im heutigen Kontakt ist häufig dann das konfliktreiche Aufeinandertreffen ambiguitätsintoleranter und ambiguitätstoleranter Positionen.

Babur betrieb eine Art Ambiguitätsmanagement, mit dem er jeweils versuchte, die unterschiedlichen Interessengruppen seiner Gefolgsleute zu berücksichtigen. Die Vereindeutigung in der Beziehung zum Kollektiv, die Maximilian als Herrschaftsanspruch formuliert, lässt sich mit seinen Bemühungen in der historischen Realität zusammensehen, die ebenfalls Vereindeutigungen darstellten: die Einführung des Ewigen Landfriedens und des Reichskammergerichts etwa, um das Rechtssystem zu zentralisieren. Auch sein Universalherrschaftsanspruch, den er auf neu entdeckte Länder ausdehnen wollte, lässt sich in dieser Tradition einordnen. Die Eindeutigkeitsansprüche, wie sie im Maximilianischen Großtext geäußert werden, sind als erste Anzeichen für die von Toulmin skizzierte Rationalitätsentwicklung zu sehen. Diese Art Ansprüche werden im *Baburnama* nicht geäußert.

8 Machtsicherung auf kulturellem Gebiet.
Die Gelehrsamkeit der Herrscher

Die Epoche unter Maximilian und Babur gilt in beiden Kulturräumen als Blütezeit der Wissenschaft und Kunst. Es wirkten zahlreiche Gelehrte mit klangvollen
Namen (unter anderem Albrecht Dürer, Johannes Stabius, Konrad Celtis[1] sowie
Bihzad, Ulughbeg Mirza und Ali-Sher Beg Nawaʾi) und auch Babur und Maximilian trugen zum kulturellen Aufschwung bei, indem sie nicht nur – wie andere
Herrscher – als Mäzen wirkten, sondern sich auch selbst wissenschaftlich und
künstlerisch betätigten.

Die beiden Sphären von Wissenschaft und Kunst werden im Folgenden zusammen betrachtet.[2] Auch das Handwerk wird – so, wie es sich in den Texten spiegelt – zum Bereich der Gelehrsamkeit gezählt.[3] Die Herrscher eigneten sich in diesem Bereich Wissen im Sinne von „inkorporiertem Kulturkapital"[4] an, das für die
symbolische Aufwertung ihres Herrscheramtes dienlich war. Mit inkorporiertem
Kulturkapital ist notwendigerweise eine Phase des Lernens oder Unterrichts, also
das Investieren von Zeit, verbunden. Die Kapitalsorte stellt das Ergebnis eines Ver-
innerlichungsprozesses dar, wie ihn etwa die Wissensrezeption voraussetzt.[5] Das
inkorporierte Kulturkapital ist eine Unterform des kulturellen Kapitals. Seine Akquise zielt darauf, soziale Anerkennung und soziales Prestige zu erlangen, so wie es
für die Form des symbolischen Kapitals allgemein charakteristisch ist.[6]

---

[1] Eine Übersicht vor allem über die Gelehrten, die mit ihrem literarischen Schaffen die Arbeiten in Maximilians Hofkanzlei prägten, gibt Müller, *Gedechtnus*, S. 55-64.
[2] Wissenschaft und Kunst stellten im habsburgischen Kulturraum um 1500 keine funktional
ausdifferenzierten Systeme dar und können daher auch nicht trennscharf von einander betrachtet werden. Grimm verweist auf frühere Positionen, die auf die Trennung von Poesie
und Wissenschaft drängten, nimmt aber für das humanistische Paradigma ebenfalls an, dass
Wissenschaft und Kunst eine im Gelehrsamkeitsmodell der erweiterten Artes Liberales versammelte Einheit bilden. Vgl. Grimm, *Literatur und Gelehrtentum in Deutschland*, S. 90. In der
islamischen Welt gehörte die Literatur, die eng mit den anderen Künsten verbunden war,
ebenso wie andere Disziplinen (religiöse, juristische, philosophische, sprachwissenschaftli-
che) in dieser Zeit zum Komplex der Gelehrsamkeit. Vgl. Gilliot, *[Art.] Scholars*, S. 700.
[3] Das Handwerk kann nicht getrennt von Wissenschaft und Kunst betrachtet werden: Zum
einen kommt es zu Überschneidungen im Kunsthandwerk (etwa bei der Kalligraphie oder
der Plattnerei), zum anderen waren die Vorstellungen davon, wie Wissenschaft und Kunst
betrieben werden sollten, zu Zeiten der beiden Herrscher handwerklich geprägt in dem
Sinne, dass Perfektion darin durch das strenge Befolgen von Regeln erreicht werden sollte.
Vgl. Kapitel 2.2.1.1, 2.2.2.1.
[4] Bourdieu trennt das „inkorporierte Kulturkapital" vom „objektivierten" und vom „institu-
tionalisierten Kulturkapital". Vgl. Bourdieu, *Ökonomisches Kapital, kulturelles Kapital, soziales
Kapital*, S. 186-190.
[5] Vgl. Bourdieu, *Ökonomisches Kapital, kulturelles Kapital, soziales Kapital*, S. 186f.
[6] Zum Verhältnis der Kapitalsorten vgl. Bourdieu, *Ökonomisches Kapital, kulturelles Kapital, soziales Kapital*, S. 183-198.

Durch ihre Selbstdarstellung als gelehrte Herrscher generierten die beiden Herrscher ein Mehr an kulturellem Kapital, das als soziales und ökonomisches Kapital an anderer Stelle gemangelt haben mochte und diesen Mangel ausgleichen konnte. Baburs intensiver Erwerb an kulturellem Kapital erfüllte zudem die Ansprüche seiner Elite an ihn. Die Wissensformen, die in den Selbstzeugnissen dargestellt werden und deren Erwerb auf soziale Anerkennung und soziales Prestige ausgerichtet sind, umfassen sowohl theoretische Kenntnisse als auch praktische Fertigkeiten, sowohl explizites als auch implizites Wissen. Diese Wissensformen werden unterschiedlich zueinander in Beziehung gesetzt, ohne dass jedoch ihr Status für die Herrscherprotagonisten eine große Rolle spielt: Aufgrund der exponierten sozialen Stellung galt den beiden Herrschern der Status einer Wissensart innerhalb der Gesellschaft generell eher als nachrangig. Durch ihre Autorität konnten sie eine Wissensart – etwa durch die Darstellung in ihren Selbstzeugnissen – aufwerten. Jedoch beeinflussten anders herum die in den Fürstenspiegeln der damaligen Zeit geforderten Wissensarten ihre Selbstbeschreibungen, die sie gemäß der klassischen Forderungen der Fürstenspiegel als gebildete Herrscher ausweisen sollten.

Die Herrscher agierten am Hof immer auch in Auseinandersetzung mit ihren Gelehrten. Diese hoben sich aufgrund ihrer Merkmale von anderen Gefolgsleuten ab: der Teilhabe an Sonderwissen, des Gebrauchs einer Fachsprache und der Ausübung eines spezifischen Habitus'.[7] Dadurch, dass die Herrscher sich selbst als Gelehrte darstellten, bildeten sich Wissensgemeinschaften, aber auch -konkurrenzen zwischen ihnen und ihren gelehrten Gefolgsleuten.

8.1 Historische Hintergründe: Gelehrsamkeit zur Zeit der beiden Herrscher

Anders als für einige Herrscher des deutschen Mittelalters galt für das Zeitalter Maximilians I., dass ein Machthaber eine umfangreiche Bildung erlangen musste.[8] Maximilians Erziehung sollte auf Basis eines Erziehungstraktats Enea Silvio Piccolominis stattfinden, der auf eine breite Bildung des Oberhauptes abzielte. Einen ungebildeten König verglich Piccolomini in seinem Traktat gar mit einem gekrönten Esel.[9]

---

7 Vgl. dazu die Beschreibung der Rolle des Experten, wie sie im DFG-Graduiertenkolleg 1507: *Expertenkulturen 12. bis 18. Jahrhunderts* vertreten wird, an der diese Charakterisierung orientiert ist.

8 Vgl. Singer, *Die Fürstenspiegel in Deutschland*, S. 36f. Bumke konstatiert noch für die zweite Hälfte des 12. Jahrhunderts, dass die deutschen Fürsten in der Regel ungebildet waren. Vgl. Bumke, *Höfische Kultur*, S. 604.

9 Vgl. Piccolomini, *Briefwechsel II*, S. 104. Der Erziehungstraktat *De instutione liberorum* war ursprünglich von Piccolomini für die Erziehung Ladislaus Postumus, des späteren ungarischen Königs, verfasst worden.

Schon in den älteren Fürstenspiegeln galt die Sapientia (neben der Fortitudo) als obligatorischer Bestandteil des Bildungskatalogs.[10] Die frühneuzeitlichen Fürstenspiegel weiteten den Tugendenkatalog so sehr aus, dass das geforderte Ideal eines Princeps Optimus bisweilen utopische Züge annahm.[11]

In seinen jungen Jahren gehörte Maximilians Leidenschaft vor allem der Jagd und den Turnieren, sodass er ermahnt werden musste, sich nicht nur körperlich zu betätigen, sondern auch geistig zu kultivieren.[12] Dieser Zustand änderte sich mit seinem Eintreffen in Burgund, wo damals das kulturelle Leben intensiv gepflegt wurde. Als Kaiser gefiel sich Maximilian dann, möglicherweise durch sein ‚burgundisches Erlebnis' beeinflusst, in der Rolle als Förderer von Wissenschaften und Kunst und wurde von den Gelehrten, die er an seinem Hof beschäftigte, beinahe als einer von ihnen verehrt.[13]

Baburs Leben wurde, wie bereits mehrmals erwähnt, von zwei Traditionen geprägt: der persoislamischen der sesshaften Gelehrten und der turkomongolischen Krieger-Tradition. Die diesen beiden Traditionen Zugehörigen entwickelten Affinitäten zu unterschiedlichen Disziplinen: Während die ursprünglich nichtmuslimischen Mongolen auch nach ihrer Konversion den säkularen Wissenschaften wie der Astronomie und der Mathematik wohlwollend gegenüberstanden, drückten die sesshaften Gelehrten der ʿUlamaʾ ihre Voreingenommenheit gegenüber diesen Disziplinen aus.[14] Die religiösen Wissenschaften waren demgegenüber ihr vornehmlicher Studieninhalt.

Im *Baburnama* spiegeln sich Baburs umfassende geistliche wie weltliche Kenntnisse wider. Wie bereits sein Vater strebte auch Babur danach, in beiden Bereichen gut ausgebildet zu sein. Generell ist davon auszugehen, dass den heranwachsenden timuridischen Herrschern politische und militärische Fähigkeiten

---

[10] Vgl. Müller, *Gedechtnus*, S. 144.

[11] Vgl. Singer, *Die Fürstenspiegel in Deutschland*, S. 31. Das Attribut ‚utopisch' bezeichnet im Kontext dieser Arbeit ein Herrscherideal, das zwar einen wünschenswerten Zustand widerspiegelt, dessen Erreichbarkeit jedoch aufgrund der Höhe der zu erfüllenden Anforderungen als unrealistisch angesehen wird. Drei Maximilian gewidmete Fürstenspiegel weisen etwa sehr umfangreiche Bildungsforderungen auf. Die Vorstellung vom Princeps Optimus bzw. Perfectus klingt im *Brief für Maximilian I.* (1472) von Domenico de Domenichi und im *De perfecto principe* (um 1490) von Antonio da Conti an, im letzteren wird auch die Bedeutung von Erziehung und Bildung herausgestellt. Im zweiten Teil der *Lehre, so dem Kaiser Maximilian in seiner ersten Jugend gemacht ...* (um 1470) werden vor allem Fragen der Kriegsführung behandelt. Zur Aufstellung und Beschreibung der Fürstenspiegel vgl. Singer, *Die Fürstenspiegel in Deutschland*, S. 69ff.

[12] Vgl. Wiesflecker, *Kaiser Maximilian I. Bd. 1*, S. 73ff. Der bereits genannte Fürstenspiegel von Domenico de Domenichi stellte gar eine Art Ermahnungsbrief an Maximilian dar, den Domenichi in Einverständnis mit Friedrich III. schrieb, um eine vermeintlich bedenkliche Entwicklung Maximilians zu verhindern. Vgl. die Wiedergabe des Briefes bei Jedin, *Ein Prinzenspiegel für den jungen Maximilian*, S. 56-61.

[13] Vgl. Müller, *Gedechtnus*, S. 239.

[14] Vgl. Dale, *The Garden of the Eight Paradises*, S. 141; vgl. Allsen, *Culture and Conquest in Mongol Eurasia*, S. 161-175.

vermittelt wurden. Ansonsten war für die Erziehung ein seit dem 12. Jahrhundert kaum verändertes Curriculum typisch, in dem der Schwerpunkt auf den religiösen Studien lag.[15]

Dass die Eigenschaft der Gelehrsamkeit für einen timuridischen Herrscher eine Notwendigkeit darstellte, ist auch aus den unter den Timuriden verbreiteten Fürstenspiegeln abzulesen.[16] Ähnlich den Fürstenspiegeln betonen literarische Klassiker, wie unter anderem das *Shahnama* und die Werke von Nizami und Sa'di, die Bedeutung eines weisen Herrschers.[17]

Da Babur bereits in jungen Jahren Herrscher wurde, ist für ihn keine institutionalisierte Ausbildung anzunehmen, wie sie etwa in einer Medrese erfolgte. Eine solche Ausbildung hätte länger gedauert als bis zu seinem elften Lebensjahr, in dem er die Herrschaft übernahm.[18] Er wurde vermutlich innerhalb von Gelehrtenbeziehungen unterrichtet, so wie es in vormodernen islamisch geprägten Gesellschaften Usus war.[19] Die Gelehrtenbeziehungen waren Teil eines umfangreichen Patronagesystems, das ebenso wie die vielen regionalen Herrschaften den

---

[15] Die klassische Abfolge des Studiums im islamisch geprägten Kulturraum sah zuerst eine propädeutische Wissensvermittlung in den arabischen Sprachwissenschaften vor (Grammatik, Logik, Rhetorik; diese drei Disziplinen entsprechen auch dem Trivium der Septem Artes Liberales), die die Grundlage für die *Koran*-Exegese (Tafsir) und die prophetische Tradition (Hadith) bildete. Darauf aufbauend folgte die Ausbildung in der Jurisprudenz (Fiqh). Neben diesen traditionellen Wissenschaften, die auch in den Medresen gelehrt wurden, umfassten die philosophischen oder rationalen Wissenschaften mit der Philosophie, der Mathematik und der Astronomie vor allem nicht-religiöse Disziplinen. Welche Arten der Wissenschaften bei der Vermittlung mehr betont wurden, hatte auch mit der Politik und den Vorlieben der jeweiligen Herrscher zu tun. Shahrukh und Ulughbeg werden in der Forschungsliteratur als Herrscher dargestellt, die entgegengesetzte Interessen verfolgten. Der Vater (Shahrukh) förderte vor allem die religiösen Wissenschaften, während der Sohn (Ulughbeg) seine besondere Aufmerksamkeit den säkularen Wissenschaften, vor allem der Astronomie, entgegenbrachte. Diese politischen Ausrichtungen schlugen sich bis in den Textkanon nieder, der von den Gelehrten in der Medrese vermittelt wurde. Vgl. zu dieser Thematik Subtelny, *The Curriculum of Islamic Higher Learning in Timurid Iran in the Light of the Sunni Revival under Shāh-Rukh*, S. 210-236.

[16] Zu diesen Werken zählen etwa das *Qabusnama*, das *Akhlaq-i Muhsini*, das *Kutadgu Bilig* und das *Nasayih-i Iskandar*. Von diesen Werken ist zwar nicht bekannt, ob Babur sie rezipierte, aber sie kursierten zumindest in seinem unmittelbaren Umfeld, sodass es wahrscheinlich war, dass er sie kannte.

[17] Auch die Fabeln des *Kalila va Dimna* – ebenfalls als Fürstenspiegel lesbar – waren unter den Timuriden bekannt: Für Baysunghur Mirza wurden in Herat gleich zwei Kopien angefertigt, eine im Jahr 1429 und eine 1431. Vgl. Lentz/Lowry, *Timur and the Princely Vision*, S. 332.

[18] Diese Aussage gilt vor allem, wenn die Ausbildung im jugendlichen Alter erfolgte. Chamberlain weist jedoch darauf hin, dass die Ausbildungszeit sich im islamisch geprägten Kulturraum nicht nur auf die Jugend beschränkte. Vgl. Chamberlain, *Knowledge and Social Practice in Medieval Damascus*, S. 178.

[19] Vgl. Berkey, *The Transmission of Knowledge in Medieval Cairo: A Social History of Islamic Education*, S. 16-18, S. 28; vgl. Bulliet, *The Patricians of Nishapur: A Study in Medieval Islamic Social History*, S. 49-55; vgl. Chamberlain, *Knowledge and Social Practice in Medieval Damascus*, S. 178ff.

kulturellen Wettbewerb zwischen einzelnen Städten antrieb. Über diese Unterrichtsart hinaus wird Babur Eigenstudium betrieben haben, das er womöglich an den Ausbildungsinhalten eines klassischen Studiums orientierte.[20]

Babur und Maximilian rezipierten gelehrtes Wissen und zeigten vielfältige Interessen. Maximilian betätigte sich als Förderer der Wissenschaften und Unterstützer gelehrter Institutionen. Er richtete fünf Lehrstühle an der Wiener Universität ein und gründete außerdem ein Collegium Poetarum et Mathematicorum.

8.2 Die literarische Darstellung der Gelehrsamkeit

Zur Gelehrsamkeit als kulturelles Kapital, wie es in den Texten dargestellt wird, zählen Wissen und Fähigkeiten im Bereich der Kunst, des Handwerks und der Wissenschaft. In den vier Analysetexten stehen sie gleichberechtigt nebeneinander und werden daher im Folgenden zusammen betrachtet: Für Weißkunig gehört zu seiner Lehrung die Wissensaneignung sowohl in wissenschaftlichen, künstlerischen als auch handwerklichen Disziplinen. Im *Baburnama* sind Rollenüberschneidungen etwa bei den Gelehrtenbeschreibungen zu beobachten: Ali-Sher Beg Nawaʾi, Angehöriger des Hofes Sultan-Husayn Mirzas, ist sowohl als Poet als auch als Wissenschaftler tätig.[21] Auch Babur selbst nimmt unterschiedliche Rollen ein.[22]

8.2.1 Maximilianischer Großtext

8.2.1.1 Der gelehrte Herrscher

Der Name des Maximilian-Alter-Egos Weißkunig wird als ‚weiser König‘ ausgedeutet. Das Attribut der Weisheit wird auf diese Weise der Identität des Protagonisten, aber auch seines realen Vorbilds eingeschrieben.[23] Eine solche Charakteri-

---

20 Nawaʾi gibt in seinem Werk *Majalis al-nafayis* einen Einblick in die typische Ausbildung der Dichter zu seiner Zeit: Die meisten Poeten studierten die klassischen Standardtexte und begannen während der Zeit bereits mit dichterischen Kompositionen. Einen Überblick gibt Subtelny, *The Poetic Circle*, S. 29.

21 Nawaʾi ist einer der bekanntesten Dichter der Zeit, betätigt sich aber auch mit Sprachuntersuchungen: In dem Traktat *Muhakamat al-lughatain* vergleicht Nawaʾi die tschagataische und die persische Sprache.

22 Babur betätigt sich dichterisch, sucht aber auch in der Religion und der Astronomie nach Erkenntnissen.

23 Im *Weißkunig* kommt es zweimal zu einer Namensgebung: Einmal ist der Anlass die Taufe des jungen Herrschers, bei der der alte Weißkunig „dem kindt, ainen wunderlichen namen schöpfet, der vor nye gehört was, Dann Er aus zwayen namen, die in Irem leben, die streitparisten gewesen sin, ainen namen schöpfet, zu ainer offenbarung, das dasselb kindt, in seinen Jaren, soviel verpringen wurde, als dieselben zwen streitperisten heten gethan." *Der Weiß Kunig*, S. 56 [Schultz: S. 49]. Die Namensgebung als junger Weißkunig findet etwas später statt: Nach dem gelungenen Beweis seiner religiösen Kenntnisse erhält er von

sierung betont die Bedeutung der Gelehrsamkeit als Merkmal des dargestellten Herrschers.[24]

Im *Weißkunig* wird das Heranwachsen des neuen Königs thematisiert,[25] für dessen Schilderung wohl das antike Puer-Senex-Motiv verwendet wurde:[26] Mühevolles Lernen wird nicht beschrieben,[27] sondern vor allem das perfekte Ergebnis der Ausbildung. Schwachstellen des Herrschers treten nicht zutage, da er gar nicht in einem Stadium des Unwissens dargestellt wird. Dass die umfassende Ausbildung des Herrschers mit ihrem Beginn bereits als erfolgreich abgeschlossen gelten kann, passt zu der Feststellung Müllers, dass die Lehrung einer ökonomischen Kalkulation gleiche:[28] Weißkunig verschwendet keine Zeit mit der Akquise von überflüssigem Wissen, denn das sei „ain verhinderung annderer werck.“[29] Auch die Einflussgröße der Religion könnte determinierend auf die Darstellung des Wissenserwerbs eingewirkt haben. Thomas von Aquin, der sich mit dem Verhältnis von Religion und Wissensstreben auseinandersetzt, schreibt, dass das Wissensstreben nicht zu einem Überfluss an Wissen führen solle.[30]

In allen drei Werken des Maximilianischen Großtextes, vor allem aber in der Erziehungsgeschichte Weißkunigs, ist das Ideal des Princeps Optimus der humanistischen Fürstenspiegeltradition erkennbar, in der sich aufgrund der Summe geforderter Tugenden eher eine „Idee vom Fürsten“[31] widerspiegelt, als dass ein rea-

---

seinen „maistern“ diesen Namen. *Der Weiß Kunig*, S. 61 [Schultz: S. 56]. Die Namensgebungen betonen also jeweils unterschiedliche, in der Darstellung jedoch ähnlich gewichtete Aspekte: Die Benennung durch den Vater soll vor allem auf die Streitbarkeit seines Sohnes verweisen, während seine Lehrmeister ihn als besonders weise darstellen möchten.

24 Die Verkleidung Freydals als Student am ersten Turnierhof erfüllt eine ähnliche Symbolfunktion. Vgl. von Leitner, *Freydal*, S. XVII.

25 Im *Freydal* und im *Theuerdank* setzt die Handlung ein, wenn der Held zwar noch jung, aber nicht mehr in der Phase des Heranwachsens ist.

26 Die Verbindung von Jugendkraft und Altersweisheit gilt als verbreiteter Lobtopos der Antike. Vgl. Curtius, *Europäische Literatur und lateinisches Mittelalter*, S. 108-112. In der Literatur des Mittelalters findet der Topos ebenfalls Verwendung, etwa im *Gregorius*: Gregorius lernt so schnell, dass er bald weise ist wie ein alter Mann („er was [dâ enliuge ich iu niht an] // der jâre ein kint, der witze ein man“). Hartmann von Aue, *Gregorius*, V. 1180.

27 Eine Ausnahme bildet hier das geheime Herrscherwissen, das sich Weißkunig mit „grosser mue“ aneignet. Vgl. *Der Weiß Kunig*, S. 64 [Schultz: S. 60].

28 Vgl. Müller, *Zwischen Repräsentation und Regierungspraxis*, S. 64.

29 *Der Weiß Kunig*, S. 63 [Schultz: S. 58].

30 Thomas' von Aquin *De regimine principum* befand sich in Maximilians Bibliothek. Vgl. Gottlieb, *Büchersammlung Maximilians I.*, S. 107. Die Ideen daraus könnten ebenso auf den Kaiser gewirkt haben wie der Erziehungstraktat Enea Silvio Piccolominis (*De institutione liberorum*), in dem vor einem Übermaß an Bildung bei der Erziehung gewarnt wird. Ebenso wie die Muße dürfe die Arbeit nicht übertrieben werden: „Nosse oportet vitam nostram in duas partes esse divisam, in studium ac remissionem“, schreibt Piccolomini, *Briefwechsel II*, S. 110.

31 Singer, *Die Fürstenspiegel in Deutschland*, S. 31. Eine utopische Tendenz zeigt sich auch in der erwähnten Übermenschlichkeit der beiden Protagonisten Freydal und Theuerdank. Die Menge der Tugenden und der Fähigkeiten, die von einem Fürsten gemäß humanistischer Fürstenspiegeltradition erwartet wurden, waren aufgrund ihrer Vielfalt und Quantität uto-

listisches Fürstenbild gezeichnet wird. Gleichzeitig lässt die breit gefächerte Bildung, die Weißkunig zuteilwird, das Ideal der Renaissance eines Uomo universale durchscheinen.[32] Als „Grundzug" der Humanismus-Fürstenspiegel wird meist der „Glaube an Vernunft, an Erziehbarkeit und Formbarkeit des Menschen"[33] angesehen, auf den jedoch mit dem *Weißkunig* nur angespielt wird, da – wie beschrieben – die Tugenden und Fähigkeiten des Helden von Beginn an bereits fertig ausgebildet sind.[34] Die Begründung für die umfassende Ausbildung liefert der alte Weißkunig, der dem jungen rät: „Wiewol ain jeder kunig ist wie ain ander mensch, so muessen doch die kunig, die selbs regiern, mer wissen dann die fursten und das volk, damit das ir regierung bey inen beleibt."[35] Gelehrsamkeit wird also als eine Strategie der Machtsicherung dargestellt. Im *Theuerdank* bildet sie – möglicherweise unter dieser Perspektive – eine Voraussetzung für die Hochzeit des Helden mit Ehrenreich: Neydelhart verweist Theuerdank darauf, dass die Königin keinen Helden heiraten wolle, der folgende Attribute nicht besitze: „wol getan / Unnd von Edler art geboren / Darzů mit mannheyt erkoren / Begabt mit vernufft und weyshait / Erfaren in geschicklichait / Durstig in ritterlicher that / Unverdries zůfechten frů unnd spat / Wider der werden künigin feindt."[36]

Die einzelnen Bestandteile der Bildung werden im *Weißkunig* geschildert.[37] Den Anfang und die Grundlage der Ausbildung bildet der Wissenserwerb im religiösen Bereich, der gleichzeitig einen Initiationsprozess für den jungen König in Gang bringt: Mit religiösem Wissen ausgestattet wird er zu einem kulturellen Menschen, also einem vollwertigen Teilhaber am kulturellen System.[38] Eine innere Ordnung des Wissenserwerbs gemäß der zeitgenössischen Systematik ist nicht auszumachen, jedoch gehorcht die Reihenfolge ihrer Vermittlung einer Zwangsläufigkeit: „So fluß ain kunst, aus der andern, gleicher weiß, ainer keten,

---

pisch. Im Maximilianischen Großtext wird allerdings durchaus der Anspruch vertreten, dass ihre Hauptperson diese Tugenden und Fähigkeiten tatsächlich besitzt. Sie ist schließlich einzigartig und übermenschlich.

32 Müller ist der Meinung, man könne bei den Charakterisierungen, die Maximilian von sich in der Volkssprache entwerfen lässt, statt von einer „universalen Bildung" eher von einem „Spezialistentum des Fürsten für alles und jedes" sprechen, wobei er nicht deutlich macht, worin seiner Meinung nach hier die Unterschiede bestehen. Müller, *Zwischen Repräsentation und Regierungspraxis*, S. 54. Der gleichzeitig historisch auf den Plan tretende Typus des Universalgelehrten, wie er sich in Maximilians Umfeld etwa in Konrad Celtis, Johannes Stabius, in Konrad Peutinger oder Johannes Cuspinian personifizierte, ist in diesen Entwicklungszusammenhang des genannten Uomo universale einzuordnen.

33 Singer, *Die Fürstenspiegel in Deutschland*, S. 33.

34 „Er het auch an Ime die kunigclich tugend, vnd aigenschafft [...]." *Der Weiß Kunig*, S. 59 [Schultz: S. 54].

35 *Der Weiß Kunig*, S. 64 [Schultz: S. 60].

36 Pfintzing, *Theuerdank*, S. 339.

37 Müller weist darauf hin, dass im Verlauf der Entstehung der Maximilianischen Selbstzeugnisse die Anzahl der Disziplinen der Lehrung zugenommen habe. Vgl. Müller, *Zwischen Repräsentation und Regierungspraxis*, S. 52.

38 Vgl. Kapitel 6.2.1.1.

die mit glidern gemacht wirdt."[39] Gegenüber der im Mittelalter üblichen hierarchischen Unterordnung der Artes Mechanicae unter die Artes Liberales ist im *Weißkunig* eine Reihenfolge gewählt worden, bei der zwar die Artes Liberales als Grundlage präsentiert werden,[40] jedoch die Artes Mechanicae als gleichrangig dargestellt sind.[41] Für die Artes Mechanicae bedeutete diese Gleichrangigkeit eine Aufwertung, da sie eigentlich als dienende Künste den freien Künsten gegenüber als minderwertig galten.[42] Diese Aufwertung wird sich anschließend auch in der Realität in den folgenden Jahrhunderten vollziehen. Für Weißkunig erfüllen die Artes Mechanicae vor allem praktische Zwecke: Zum einen sind sie ihm im Kriegswesen dienlich, zum anderen bei der Ressourcenerschließung.[43]

Auch die Tätigkeit des Schreibens und die damit verbundene „Secretarikunst" erfahren im *Weißkunig* eine Aufwertung: Der junge Herrscher erlernt das Schreiben direkt nach seiner Unterweisung in der Heiligen Schrift. Zudem wird das „secretari ambt" in einem späteren Kapitel als zentraler Bestandteil der Regierungstätigkeiten des Königs dargestellt.[44] Diese Aufwertung findet ebenfalls vor einem realhistorischen Hintergrund statt: Für die Zeit von Maximilian ist ein steigender Bedarf an Schriftlichkeit festzustellen – es wird gar von einer „Blüte der Kalligra-

---

[39] *Der Weiß Kunig*, S. 63 [Schultz: S. 58]. Müller weist darauf hin, dass dieses Bild ebenfalls dem Erziehungstraktat Enea Silvio Piccolominis entstammt, der bei der Erziehung Maximilians zugrunde gelegt wurde. Vgl. Müller, *Gedechtnus*, S. 145. Bei Piccolomini heißt es: „Concatenate sunt inter se discipline, nec unam quisquam adipisci potest, nisi lumen alterius consequatur." *Briefwechsel II*, S. 137. Übernommen wurde hier die Metapher der Kette, die die Disziplinen zusammenhalte. Ein weiterer Anklang an den Erziehungstraktat Piccolominis könnte in der Empfehlung gesehen werden, viele Sprachen zu erlernen, um sich mit seinem Volk verständigen zu können und sich auf diese Weise seine Gunst zu sichern. Vgl. Piccolomini, *Briefwechsel II*, S. 121. Auf weitere mögliche Parallelen verweist Cremer, *Kindlichait, Junglichait, Mandlichait, Teʒʒrlichait*, S. 106ff.

[40] Das entspricht der Grundausbildung, die an den artistischen Fakultäten stattfand. Sie wurde nach dem Vorbild der Antike in Septem Artes Liberales vorgenommen, die sich in ein geisteswissenschaftliches Trivium und ein naturwissenschaftliches Quadrivium aufteilten.

[41] Im *Weißkunig* wird folgende Reihenfolge bei der Ausbildung gewählt: Nach seiner religiösen Bildung erlernt der junge König die Kunst des Schreibens, erst danach wird er in den Septem Artes Liberales geschult. Mit der „Swartzkunst" wird dann Wissen in einer Ars Magica vermittelt, bevor schwerpunktmäßig die Artes Mechanicae unterrichtet werden. Unterbrochen wird diese Phase durch die Lehrung in der „Ertzney" (Secunda Philosophia) und ein weiteres Mal der Musik (hier jedoch mit dem Akzent auf ihrer praktischen Ausführung) bevor sich innerhalb der Artes Mechanicae der Fokus auf die Jagd und vor allem auf die Kriegskunst verengt. „Alles Wißbare scheint gleich wichtig", lautet das Urteil Müllers. *Zwischen Repräsentation und Regierungspraxis*, S. 61.

[42] Die Artes Liberales wurden von den Artes Mechanicae unterschieden, weil sie der „Weisheit, Gottes- und Selbsterkenntnis" dienen sollten und nicht „der Wirkung in äußerer Materie", wie es als Merkmal der ‚dienenden Künste' galt. Krafft, *[Art.] Artes mechanicae*, Sp. 1063-1065.

[43] Vgl. Kapitel 7.2.1.1. Weißkunig besitzt viele Bergwerke, die ihm „Gold, Silber, pley, kupffer, Salz, Stachl, Eysen, vnd annders" liefern. *Der Weiß Kunig*, S. 82 [Schultz: S. 84].

[44] Vgl. *Der Weiß Kunig*, S. 71 [Schultz: S. 70].

phie"[45] gesprochen –, der insbesondere in der Verwaltung und am Hof entsteht, sodass die ausgiebige Schilderung im *Weißkunig* auch als Reaktion auf diesen Bedarf anzusehen ist.

Die Bedeutung der Musik wird ebenfalls hervorgehoben, wenn sich Weißkunig sowohl das theoretische Wissen (als Bestandteil der Artes Liberales) über sie aneignet als auch die praktische Ausführung pflegt: In der Nachahmung König Davids habe er die geistliche Musik (Kirchenmusik), in der Imitation Alexanders des Großen die militärische Musik (Feldmusik) gefördert und beide genannten Herrscher darin übertroffen.[46]

Die Wissenssorten, die sich Freydal, Theuerdank und Weißkunig aneignen, werden von Gleichrangigkeit gekennzeichnet: Praktisches und theoretisches Wissen wird, wie bereits angedeutet, hierarchisch auf derselben Ebene angesiedelt dargestellt. Deutlich wird die Notwendigkeit, die Vereinbarkeit beider Arten von Wissen zu betonen: Im *Freydal* wird zunächst ein Gegensatz zwischen geistiger und körperlicher Bildung aufgebaut, denn als der junge Ritter in Studentenkleidung auf dem Turnierfeld erscheint, hält es das Publikum nicht für möglich, dass ein Student auch ein guter Turnierkämpfer sein könne.[47] Freydals Kampfeskünste beweisen ihnen dann aber das Gegenteil.

Einklang zwischen dem theoretischen und praktischen Wissen wird hergestellt, indem die Abhängigkeit beider Wissensarten voneinander betont wird: Theoretisches Wissen muss praktisch erprobt werden – das zeigt etwa der *Theuerdank*. Dort testet der Held sein angelesenes Wissen, indem er Ehrenreich und ihr Reich beschützt.[48] Der Ritter ist dank der Weisheit, die er aus der Lektüre gewinnt, auch gegen die Lehren des „bôss geist" gefeit und überwindet ihn in der Disputation.[49]

Ähnlich handelt Weißkunig, der aufgrund der Anweisungen, die er in einem Buch liest, auf die Jagd geht, da diese vor weltlichen Lastern schütze.[50] Beim Ritterspiel stellt er dann fest, dass allein praktische Übung eine Verbesserung der Fähigkeiten herbeiführe, nicht aber die Textlektüre. Das Verhältnis zwischen theoretischem und praktischem Wissen wird also durch Gleichrangigkeit und durch Abhängigkeit voneinander bestimmt.[51]

---

[45] Mazal, *[Art.] Schreibmeister, -schule*, Sp. 1556f.
[46] Vgl. *Der Weiß Kunig*, S. 78 [Schultz: S. 80]. Auch im Erziehungstraktat Piccolominis wird König David mit seinem Lautenspiel als musikalisches Vorbild für den jungen König genannt. Vgl. Piccolomini, *Briefwechsel II*, S. 153.
[47] Vgl. von Leitner, *Freydal*, S. XVII.
[48] Vgl. Pfintzing, *Theuerdank*, S. 35.
[49] Vgl. Pfintzing, *Theuerdank*, S. 41–49.
[50] Vgl. *Der Weiß Kunig*, S. 85 [Schultz: S. 92].
[51] Das zeigt sich besonders deutlich bei Disziplinen, die beide Wissensarten vereinen: Die Musik wird als Bestandteil der Artes Liberales geschildert. Später wird sie noch einmal als praktische Disziplin vorgestellt, wenn sie als Feld- bzw. Kirchenmusik beschrieben wird. Vgl. *Der Weiß Kunig*, S. 63 [Schultz: S. 58]; S. 78f. [Schultz: S. 80].

Für die Herrscherprotagonisten ist es möglich und nützlich, sowohl geistig als auch körperlich herausragend gebildet zu sein. Die körperliche Ertüchtigung basiert auf einer theoretischen Grundlage und kann durch sie initiiert sein. Stets ist aber auch die praktische Erprobung des theoretischen Wissens notwendig.[52] In allen drei Werken des Maximilianischen Großtextes wird auf die Vereinbarkeit des theoretischen mit dem praktischen Wissen hingewiesen und damit auch eine Gleichrangigkeit der das jeweilige Wissen verkörpernden Gefolgsleute ausgedrückt. Außerdem werden im *Weißkunig* und im *Theuerdank* zeitliche Verknüpfungen der aktuellen Situation des Wissenserwerbs mit dem späteren regierungspraktischen Nutzen der Kenntnisse hergestellt, sodass letztendlich die Aneignung jedweder Art von Wissen in jeder Disziplin politisch verwertbar erscheint und dadurch gerechtfertigt wird.[53]

Im Wissenserwerb zeigt sich vor allem Weißkunig als einzigartig und außergewöhnlich: Er überbietet im Zuge seiner Lehrung alle Anderen – sogar seine Lehrer und die Meister der jeweiligen Disziplin. Dazu passt die bildliche Darstellung: Auf dem eingefügten Accipiesholzschnitt ist anstatt des gewöhnlich an exponierter Stelle abgebildeten Lehrers der junge Weißkunig angeordnet. Am Fuße der Treppe, also an untergeordneter Position sind die personifizierten sieben freien Künste dargestellt. Sie sind vor allem anhand ihrer Anzahl, nicht aber aufgrund ihrer Attribute zu identifizieren.[54] Zu den typischen Attributen der Dialektik gehört etwa das aufgeschlagene Buch,[55] das jedoch auf dem Holzschnitt in den Händen Weißkunigs zu finden ist. Aufgrund der Anordnung und der Attribuierung der Figuren auf dem Holzschnitt entsteht der Eindruck einer Umkehrung der Lehrsituation: Nicht Weißkunig wird belehrt, er lehrt selbst.[56] Er stellt

---

52 Müller sieht das im Zusammenhang mit der historisch einsetzenden wachsenden Bedeutung der Empirie und ihrer Verfahren. Vgl. Müller, *Zwischen Repräsentation und Regierungspraxis*, S. 49.

53 Beispielhaft ist das Erlernen des „secretari ambts" zu nennen: Hier wird im letzten Abschnitt eine Vorausschau auf die spätere Regierungstätigkeit Weißkunigs gegeben, der stets selbst alle Schreibarbeiten gelenkt und beaufsichtigt habe. Vgl. *Der Weiß Kunig*, S. 71f. [Schultz: S. 70].

54 Zu den Abbildungen der sieben freien Künste auf Bilddokumenten der Zeit Maximilians vgl. Kirk, *Unterrichtstheorie auf Bilddokumenten des 16. und 17. Jahrhunderts*, S. 330-377. Auf den leeren Spruchbändern der personifizierten Künste hätten vermutlich die Benennungen der sieben freien Künste gestanden. Der Grund für die leeren Bänder mag der unvollständige Herstellungsprozess gewesen sein, dem das gesamte Werk und möglicherweise auch dieser Holzschnitt unfertig zurückblieb.

55 Vgl. Kirk, *Unterrichtstheorie in Bilddokumenten des 15. bis 17. Jahrhunderts*, S. 337.

56 Vgl. Kaulbach, *Neues vom Weißkunig*, o. S. Dietl hat, wie in einem früheren Kapitel (6.3.1) bereits erwähnt, diesen Holzschnitt hingegen als weitere Christus-Analogie gedeutet: Sie ist der Meinung, der Holzschnitt sei nach dem ikonographischen Muster des 12-jährigen Christus im Tempel dargestellt. Weißkunig ähnele Jesus, der die Hohepriester belehre. Vgl. Dietl, *Zwischen Christus und Tristan*, S. 39. Ob freilich, wie von Dietl vermutet, der Holzschnitt mit der Nr. 29 (*Der Weiß Kunig*; Schultz: S. 59/fol. 109b) eine Anspielung an den 12-jährigen Jesus Christus im Tempel sein soll, darf aufgrund der Formfestigkeit der Accipiesholzschnitte, die hier markantere Berührungspunkte mit dem Holzschnitt aufwei-

sich als ‚Maß aller Dinge' dar und seine Fähigkeiten reichen sogar darüber hinaus: „Dann Er verstundt, die [= sieben freien Künste; Anm. d. Verf.] weiter, wann die durch die geschrifft begriffen sein."[57] Im *Weißkunig* wird vor allem die Hauptperson als einzigartig charakterisiert: Weißkunig wird die Fähigkeit zu außergewöhnlich tiefem Denken zugesprochen. Seinem Wissen wird ein exklusiver Charakter zugesprochen, indem es in die Schrift- und Sprachlosigkeit verlagert wird. Auf diese Weise ist es für Zweite nicht nachvollziehbar. Durch die Verlagerung des Wissens in die Unsagbarkeit entgeht der Erzähler zudem der Notwendigkeit, die Dimension des Wissens näher beschreiben zu müssen, entkommt also gewissermaßen der Beweispflicht. Diese Auslassung könnte ein rhetorischer Kniff sein, um potentielle Mängel oder Kompetenzlücken des Herrschers in Stärken umzudeuten, indem man sein Wissen als nicht beschreibbar bezeichnet. Dann wäre dies ein weiterer Bruch in der Herrscherselbstdarstellung.

Mit der Darstellung der außergewöhnlichen Denkfähigkeiten Weißkunigs wird nicht nur die utopische Dimension seiner Wissensaneignung akzentuiert, sondern auch die Bedeutung der schriftlichen Fixierung von Wissen abgewertet. Historischer Hintergrund mag die Verbreitung des Buchdrucks und die steigende Alphabetisierung gewesen sein, die Maximilian zwar selbst für seine Propaganda ausnutzte, die er jedoch, was die Aneignung exklusiven Wissens anging, auch fürchten musste.

In ähnlicher Weise wird in einigen weiteren Stellen der Leser vom vollständigen Textverständnis ausgeschlossen. Der Text zielt teilweise in eine geheime Dimension, die Weißkunig als alleinigen Wissensträger kennt,[58] teilweise aber auch auf die Gemeinschaft mit seinen Gelehrten, an deren Wissen der König teilhat. Hier verweisen die Textstellen auf die exklusive Wissensgemeinschaft des Kaisers mit der Elite.[59] Ebenfalls in diesem Zusammenhang sind die „Rätselreden"[60] einzuordnen, die Weißkunig erfindet und auslegt.

---

sen, bezweifelt werden. Zwar finden sich noch weitere Analogien zwischen dem König und Christus im *Weißkunig*. Jedoch spricht auch die Siebenzahl der versammelten Artes eher für ihre Deutung als personifizierte Künste. Letztendlich laufen aber beide Deutungen darauf hinaus, dass die Positionen von Lehrern und Belehrten vertauscht dargestellt werden.

57 *Der Weiß Kunig*, S. 63 [Schultz: S. 58].

58 „Solt Ich dasselb gehaim wissen hierinnen beschreiben, vnd offenbaren, ist on not, dann es gehört allein den kunigen zu." *Der Weiß Kunig*, S. 64 [Schultz: S. 60].

59 Der Grund, aus dem ein Kaiser oder Heerführer Kenntnisse in der Malerei benötigt, wird vom Erzähler verschwiegen: „Aber aus was Ursach, gezimbt mir in disem puech nit zu öffnen, noch davon zuschreiben, Sonnder es solle den kunigen, vnd hauptleutn vorbehalten sein." *Der Weiß Kunig*, S. 75 [Schultz: S. 74].

60 Die Bezeichnung „Rätselrede" stammt von Müller und meint die dunklen Reden Weißkunigs während seiner Lehrung, die der Auslegung bedürfen. Die Rätselreden verweisen darauf, dass sich Weißkunig als Teilhaber gelehrten Wissens sieht, das er nicht nur in seinen dunklen Reden verhüllt, sondern auch durch eine anschließende Auslegung dem Leser entschlüsselt. Vgl. Müller, *Zwischen Repräsentation und Regierungspraxis*, S. 59f. Etwa, um die Außergewöhnlichkeit seines religiösen Wissens zu beweisen, erfindet Weißkunig eine Rätselrede, die er danach selbst auslegt. Vgl. *Der Weiß Kunig*, S. 61 [Schultz: S. 56]. Müller

Weißkunigs Bildung ist nicht an Institutionen wie etwa Universitäten gebunden, sondern findet an elitäreren Orten statt: Die Meister-Schüler- oder Vater-Sohn-Situation ist vermutlich die exklusivste Möglichkeit, Wissen weiterzugeben. Herrscherwissen wird Weißkunig jedoch nur teilweise von seinem Vater vermittelt, der ihm einen Teil vorenthält: „Der vater wolt dem Sun in diser Underweisung, nit ganntze offenbarung thuen, Aus der Ursach, den Sun in seinem verstandt zu versuchen."[61] Diesen geheim gehaltenen Teil eignet sich der junge Weißkunig schließlich selbst an und erzählt ihn seinem Vater in Form von fünf Artikeln.[62] Als Quintessenz seiner Ausführungen ergibt sich ihm die Maxime „halt maß" [63], die er sich als Handlungsanweisung für seine künftige Regierung auferlegt. Dieses aus eigenem Antrieb und unabhängig von Autoritäten (wie etwa dem Vater) angeeignete Herrscherwissen dient dem Kampf gegen innere Gegner, wie sie etwa die Hauptleute im *Theuerdank* (in der Deutung auf übertragener Ebene) darstellen.[64] Sowohl das exklusive Herrscherwissen als Mittel zur Bekämpfung der inneren Gegner als auch das nach außen gerichtete regierungspraktische Wissen dienen letztendlich wiederum der Machtsicherung. Die Propagierung von Bildung im Sinne des Humanismus wird gewissermaßen nur vorgetäuscht: Zwar nimmt das Konzept Einfluss auf die Erziehungsgeschichte Weißkunigs, die ihn als universal gelehrt darstellt; durch die Beschränkung auf die Nützlichkeit für Regierungszwecke und die Zugangsbegrenzung wird es jedoch konterkariert: Es dient hier nicht der Vervollkommnung der Person, sondern wird instrumentalisiert für Machterhaltungszwecke.

Exklusives Wissen besitzen die Herrscherprotagonisten, die sich mit diesem Wissensvorsprung Macht sichern können. Es wird aber ebenso als politisches Mittel der Gegenseite dargestellt, die sich durch Zurückhalten von Informationen ei-

---

geht davon aus, dass es bei den Rätselreden vor allem darum gehe, den „Arkancharakter von Wissen" zu betonen und weniger darum, Wissensinhalte auszustellen. Müller, *Zwischen Repräsentation und Regierungspraxis*, S. 60.

61 *Der Weiß Kunig*, S. 64 [Schultz: S. 60].

62 „Der Erst von der Almechtigkait gots, der ander von dem Einfluß der Planeten, der drit von der vernunft des menschn, der viert, von der zu vil senftmutigkait in der Regirung, der funft Artickl zu streng in dem gewalt." *Der Weiß Kunig*, S. 65 [Schultz: S. 60]. Der vom jungen Weißkunig genannte vierte Artikel („zu vil senftmutigkait in der Regirung") kann als Kritik am Vater gelesen werden, der in der Realität als Friedrich III. als „Schlafmütze" in die Geschichtsschreibung eingegangen ist. Lhotsky, *[Art.] Friedrich III.*, S. 486. An mehreren Stellen des Maximilianischen Großtextes wird Kritik an den Vaterfiguren geübt, detailliert ist dies Bestandteil der Analyse des Kapitels 5.2.1.3.

63 *Der Weiß Kunig*, S. 65 [Schultz: S. 60]. Die Mäßigung (lat. temperantia, mhd. mâze) gehört zu den vier Kardinaltugenden und gilt gar als „Mutter der höfischen Tugenden". Gerwing/Knoch, *[Art.] Mäßigkeit*, Sp. 371. Durch die Propagierung des Prinzips der Mäßigung sollte verhindert werden, dass die Ausübung von ritterlichen Tugenden wie Tapferkeit oder Kraft übertrieben wurde.

64 Vgl. dazu auch Kapitel 6.2.1.2.

nen Vorteil im Kampf gegen die Herrscherprotagonisten verschaffen kann.[65] Das exklusive Wissen nimmt hier eine bestimmende Rolle als Machtinstrument ein.

Die Schilderungen der Wissensaneignung Weißkunigs dienen darüber hinaus als Handlungsanweisungen und Vorgabe eines Wissenskanons, mit denen Nachfolger zu Regenten ausgebildet werden sollten. Außerdem richteten sich die Texte an die militärischen wie gelehrten Eliten, die die Gefolgschaft des Königs bildeten. Mit der Wertschätzung der unterschiedlichen Disziplinen bei der Beschreibung der Ausbildung Weißkunigs wird die heterogene Gefolgschaft gewürdigt, deren Bindung an das Herrscherhaus dadurch gestärkt werden sollte. Auch Bereiche der höfischen Repräsentation – etwa die Festkultur – werden als Gegenstand der Lehrung dargestellt und dienen letztendlich ebenso einem politischen Kommunikationsziel: der Memoria. Die Darstellung der Ausbildung dient weiterhin der Erfüllung von Erwartungen, die an den Wissensstand eines Herrschers gestellt werden. Zwar wird das Verhältnis zwischen der realen Person Maximilians und seinem literarischen Alter Ego immer wieder als disparat aufgezeigt, doch bot die Literatur einen geeigneten Raum, der Nachwelt den Idealzustand zu überliefern.[66]

Die Lehrung im *Weißkunig* ist als perfekt durchkomponiert anzusehen: Der junge König durchläuft eine Ausbildungsphase, in der die Abfolge des Lernstoffes festgelegt ist und die Disziplinen ein in sich geschlossenes System bilden. Die Zeit, die der König für jedes Fach aufwendet, ist eng begrenzt, aber dennoch treibt er seine Fähigkeiten bis zur Perfektion und sogar darüber hinaus bis ins Utopische. Die ausgewählten Disziplinen werden als gleichwertig gekennzeichnet, die Bildung ist universal, aber unbedingt regierungspraktisch ausgerichtet. Auf diese Weise wird sämtlichen Erwartungen, die an die Darstellung des Wissenserwerbs eines Königs gestellt werden, begegnet: Er soll umfassend gebildet sein und – wie es einem Herrscher ansteht – alle Anderen übertreffen. Da ihn als Herrscher stets eine Fülle an Aufgaben erwartet, muss er sein Lernpensum in kürzest möglicher Zeit absolvieren und die Inhalte bereits auf seine späteren Aufgaben ausrichten. Die Darstellung der Gleichrangigkeit aller Disziplinen rea-

---

[65] Geheimnisse und (damit einhergehend) Verrat sind Folgen exklusiven Wissens, das im *Theuerdank* und im *Weißkunig* eine prominente Rolle spielt. Im erstgenannten Text sind die Hauptleute Geheimnisträger. Bei ihnen zeigt sich eine Diskrepanz zwischen ihrem Innenleben, das dem Leser offenbart, dem Helden aber vorenthalten wird, und ihren öffentlichen Äußerungen, die sie Theuerdank gegenüber tätigen. Da einzig dem Leser diese Differenz deutlich wird, dient sie wohl der Unterstützung der Charakterzeichnung: Die Hauptleute sollen als besonders bösartige Figuren und Theuerdank als ahnungsloser Held gezeichnet werden. Vgl. Pfintzing, *Theuerdank*, S. 239 u. ö. Wiederholt begehen auch die Gefolgsleute Weißkunigs Verrat an ihrem König. Angestachelt werden sie dazu vom blauen König. Vgl. *Der Weiß Kunig*, S. 220-222 u. ö. [Schultz: S. 252 u. ö.].

[66] Wie bereits erwähnt, galt Maximilian eher als langsamer und nicht besonders fleißiger Lerner, der sich statt seiner Studien lieber dem Kriegsspiel und der Jagd widmete. Zudem schienen sich schon in jungen Jahren weitere Neigungen bemerkbar zu machen: „seine Eßgier, auch schon eine starke Neigung zum anderen Geschlecht." Jedin, *Ein Prinzenspiegel für den jungen Maximilian*, S. 55.

giert auf die Notwendigkeit, Gefolgsleute aller Couleur anzusprechen und ihre Leistungen zu würdigen.

8.2.1.2 Der literarisch Handelnde

Die Literatur nimmt unter den Künsten eine herausragende Stellung ein, da die Herrscher sie direkt zu beeinflussen wussten. Für Maximilian und seine Gelehrten stellte sie ein exklusives Kommunikationssystem dar, in dem sie sich verständigen konnten. Hier griffen sie am ehesten auf einen gemeinsamen Wissensbestand zurück.

In den drei volkssprachigen Selbstzeugnissen Maximilians haben wohl literarische Klassiker ihre Spuren hinterlassen, die er und seine Gelehrten als literarische Zitate in die Texte einflochten: *Tristan*,[67] der *Roman de la Rose*,[68] die Kaiserviten Suetons,[69] *Orendel*,[70] das *Eckenliet*,[71] *Wigalois*,[72] der *Pfaffe Amis*,[73] der Artusroman und die Heldenepik,[74] *Parzival*,[75] Hadamars *Jagd* und Seuses *Vita*[76] werden als mögliche Einflüsse genannt. Neben thematischen und strukturellen Vorbildwirkungen wird auch auf eine Reihe kleinerer literarischer Übernahmen hingewie-

---

[67] Die außergewöhnliche Lehrung, die Weißkunig durchläuft, führt Dietl auf Einflüsse des *Tristan* Gottfrieds von Straßburg zurück. Vgl. Dietl, *Zwischen Christus und Tristan*, S. 40ff. Auch Williams findet strukturelle Anklänge an den *Tristan* im ersten Teil des *Weißkunig*. Vgl. Williams, *The Arthurian Model*, S. 14.

[68] Für die allegorischen Verschlüsselungen, die im *Theuerdank* Verwendung finden, sieht Schmidt die Vorbilder im *Roman de la Rose*. Vgl. Schmidt, *Literatur und Kunst unter Maximilian I.*, S. 325.

[69] Die Art der Herrscherselbstdarstellung Weißkunigs finde – laut Schmidt – ihr Beispiel in den spätantiken Kaiserviten Suetons. Vgl. Schmidt, *Literatur und Kunst unter Maximilian I.*, S. 325. Weißkunig weist selbst darauf hin, dass er Julius Caesar als Vorbild begreife. Vgl. *Der Weiß Kunig*, S. 78 [Schultz: S. 80].

[70] Wie bereits erwähnt konstatiert Müller, dass die Engelserscheinung, die zum Heidenkampf rät, und der Verzicht auf den Ehevollzug im *Theuerdank* ähnlich bereits im *Orendel* umgesetzt wurden. Vgl. Müller, *Gedechtnus*, S. 323, Anm. 25.

[71] Müller erinnert der Auftrag der drei Jungfrauen im *Freydal* an das *Eckenliet*. Vgl. Müller, *Gedechtnus*, S. 106.

[72] Dietl findet „den Ritter mit dem Rad" Wigalois im Protagonisten Theuerdank gespiegelt. Vgl. Dietl, *Zwischen Christus und Tristan*, S. 37.

[73] Miedema vermutet den *Pfaffen Amis* als Vorbild für die inhaltliche und strukturelle Gestaltung des *Theuerdank*. Vgl. Miedema, *Das ‚Ambraser Heldenbuch' und der Theuerdank*, S. 16.

[74] Müller, Strohschneider und Williams beschäftigen sich mit dem Aufgreifen spezifischer Merkmale der Artusromane und der Heldenepik im Maximilianischen Großtext. Vgl. Müller, *Gedechtnus*, S. 112 u. ö.; vgl. Strohschneider, *Ritterromantische Versepik im ausgehenden Mittelalter*, S. 376f. u. ö.; vgl. Williams, *The Arthurian Model*.

[75] Strobl findet in der Gestaltung der Geverlicheiten ein Vorbild im *Parzival*. Vgl. Strobl, *Studien über die literarische Tätigkeit Kaiser Maximilian I.*, S. 7f.

[76] Auf mögliche Einflüsse der *Jagd* Hadamars von Laber auf die Allegorisierung der Werbung um eine edle Dame und den Vorbildcharakter der *Vita* Heinrich Seuses für die Gestaltung des mystischen Glaubenswegs im *Theuerdank* wurde im Rahmen dieser Arbeit hingewiesen. Vgl. Kapitel 7.2.1.1, 6.2.1.2.

sen.[77] Zudem sind wahrscheinlich Zitate aus anderen Quellen vorgenommen wordem.[78]

Nicht nur in der Forschungsliteratur, auch in den Texten selbst wird auf Vorbilder verwiesen: Weißkunig stellt Alexander den Großen, König David und Julius Caesar als Vorbilder für sein Handeln dar.[79] Auch bildliche Zitate finden sich im *Weißkunig*: Wie bereits erwähnt, wird bei der Geburt des jungen Königs ikonographisch an ein Marienbild erinnert und auch andere Holzschnitte werden als bildliche Anspielungen an biblische Szenen gesehen.[80] Zudem ist eine Anspielung an die *Melencolia I* von Albrecht Dürer[81] erkennbar.[82]

---

[77] Strohschneider sieht in einer Aventiure des *Theuerdank*, in der der Held einem zahmen Löwen in einem Käfig in den Rachen greift, eine „Umformulierung von Inhalten ritterlichen Daseins" (S. 432), in diesem Fall Iweins. Anders als Iwein, der den Löwen in der unberechenbaren Aventiure-Welt aufgefunden habe, treffe Theuerdank den Löwen in einem Käfig an: „Die Abdrängung ritterlichen Handelns in Spielräume und befriedete Reservate könnte sinnfälliger nicht ins Bild gesetzt werden", so Strohschneider. *Ritterromantische Versepik im ausgehenden Mittelalter*, S. 433. Ziegeler sieht in der Szene, in der Theuerdank eine Entscheidungshilfe durch einen Boten Gottes erhält, Ähnlichkeiten zu Rudolfs von Ems *Guotem Gerhard* oder dem *Münchener Oswald*. Vgl. Ziegeler, *Der betrachtende Leser*, S. 75. Auch Bürger fallen eine Reihe an Ähnlichkeiten auf: Eine frühere Bearbeitungsstufe des Charakters Fürwittigs erinnert ihn an den alten Hildebrand im Spielmannsepos (S. 59), die Zurückweisung der Versucher durch Theuerdank an Passionsspiele (S. 66; Bürger bezieht sich hier auf Scherer, *Geschichte der deutschen Litteratur*, S. 264), die drei Gegenspieler Theuerdanks sieht er nach dem Muster der Fastnachtspiele gestaltet (S. 69), die Brautfahrt Theuerdanks findet er im Spielmannsepos wieder (S. 73) und auch Anklänge an die Heldensage macht er aus (S. 74). Vgl. Bürger, *Beiträge zur Kenntnis des Teuerdank*.

[78] Den Zusammenhang der zu erlernenden Disziplinen aus dem Lehrungs-Kapitel des *Weißkunig* findet Müller im Erziehungstraktat Enea Silvio Piccolominis vorgestalet, dem er noch weitere Einflüsse zuschreibt. Vgl. Müller, *Gedechtnus*, S. 145 u. ö. Dass ein König mehr wissen müsse als alle anderen, vermutet Müller bei Helinand de Froidmont entnommen. Vgl. Müller, *Gedechtnus*, S. 145. Für den ersten Teil des *Weißkunig* wurden wohl Aufzeichnungen zu einer Jugendgeschichte Maximilians (Handschrift D), eine Druckschrift über den Romzug Friedrichs (*Der Außzug von Teutschen Landen*) und eine gedruckte deutsche Fassung des Reiseberichts von Friedrichs Gesandten Nikolaus Lankmann zugrunde gelegt. Vgl. Tersch, *Maximilian I.*, S. 128; vgl. Pesendorfer, *Der Weißkunig Kaiser Maximilians*, S. 32-50; vgl. Burger, *Der Weißkunig. Die Selbststilisierung des ‚letzten Ritters'*, S. 34-38; vgl. Strobl, *Studien über die literarische Tätigkeit Kaiser Maximilian I.*, S. 53-149.

[79] Vgl. *Der Weiß Kunig*, S. 78 [Schultz: S. 80]. Als großer Verehrer Alexanders des Großen gilt auch Karl der Kühne, der Vater von Maria von Burgund. Vgl. Demandt, *Alexander der Große*, S. 431f. Maximilians Aufenthalt in Burgund könnte Einflüsse aus dieser Verehrung empfangen haben.

[80] Vgl. dazu Kapitel 6.2.1.2; vgl. Dietl, *Zwischen Christus und Tristan*, S. 38.

[81] Vgl. Tersch, *Politik und Emotion im ‚Weißkunig'*, S. 65ff.

[82] Aufgrund der Vielfalt zitierter Muster nicht nur literarischer Art ist Strohschneider zu widersprechen, der als Gemeinsamkeit der Anspielungen ihre Herkunft aus dem Heldenbuch ansieht (auch, wenn er dieses selbst als inkonsistente Gattung ansieht). Vgl. Strohschneider, *Ritterromantische Versepik im ausgehenden Mittelalter*, S. 421.

Die literarischen Anleihen, die in den Maximilianischen Texten getätigt werden, dienen neben der Gestaltung einzelner Erzählelemente primär dazu, die unterschiedlichen Facetten des Herrscherbildes zu betonen.[83] Wird er in der Rolle des Ritters sowohl als tapferer Kämpfer als auch als einem Ideal verpflichteter Herrscher dargestellt, ergänzen die Anklänge an die Heldenepik – wenn auch nur indirekt – das heroische Element in der Charakterzeichnung. Als höfisch-sittlicher Herrscher beweist er sich im Minnedienst und im kultivierten, ehrhaften Verhalten. Er zeigt sich außerdem als Universalgelehrter, der in vielen Disziplinen großes Sachwissen zur Schau trägt. Dazu tritt das Bild des mystisch Gläubigen, der sich von den teuflischen Anfechtungen auf seinem Weg zur göttlichen Vereinigung nicht beirren lässt. Mit dieser Darstellung wird auf die Forderungen aus den Fürstenspiegeln der Zeit geantwortet, die einen Princeps Optimus als Ideal präsentieren.

Die Rezeption der Ursprungstexte scheint dabei nur indirekt in den neuen Texten durch, da die Übernahmen zumeist nur angedeutet werden, jedoch ohne tiefere strukturelle oder inhaltliche Konsequenz bleiben. Die Wirkung der Rezeption von Literatur wird im *Theuerdank* aber auch direkt thematisiert: Die gelesenen Texte animieren den Helden dazu, ihre Gültigkeit zu testen. Sie dienen ihm als Grundlage für seine Bewährung als Ritter.[84] Für sein Verhalten in den verschiedenen Geverlicheiten mögen sie handlungsanleitend gewesen sein. Da er stets unbeschadet aus den Abenteuern entkommt, erweisen sich die Geschichten als valide. Auf die Möglichkeit, sich durch Literatur belehren zu lassen, verweist auch die an Karl V. gerichtete Widmung des *Theuerdank*: Neben Nutzen und Vergnügen[85] soll sie Belehrung bieten. Sie soll außerdem dazu anleiten, Gefahren zu vermeiden.[86] So wie die Literatur hier auf der einen Seite einen Wahrheitsanspruch vertritt, wird sie auf der anderen Seite für die Darstellung eines (Herrscher-)Ideals verwendet. Der Wahrheitsanspruch wird auf diese Weise auf das Herrscherideal übertragen.

Mit Alexander dem Großen, Julius Caesar und König David leiten Weißkunig drei Herrscher in seinem Handeln an, die ihm durch Lektüre bekannt gewesen sein dürften und als geschichtlich verbürgt gelten. Durch die Überbietung der dem Kanon der perfekten Herrscher angehörenden Machthaber stellt sich Weißkunig abermals als Idealherrscher dar. So leitet ihn die Geschichte gewissermaßen

---

83 Dieser Eindruck entsteht nicht nur durch das Zitieren literarischer Vorbilder. Im *Freydal* werden auch die performativen Künste – das Turnieren, der Kampf mit verschiedenen Waffen, die Mummereien, der Tanz – konserviert und das Maximilian-Alter-Ego als vorbildlich in ihrer Ausübung dargestellt.

84 Vgl. Pfintzing, *Theuerdank*, S. 34.

85 Dies entspricht der ‚Prodesse-et-delectare'-Forderung Horaz'.

86 Im Prolog schreibt Pfintzing über den Nutzen der Lektüre des *Theuerdank* für Karl V.: „Dann Ich keinen zweiffel trag Ewer küniglich Mayestat werde […] leer vnnd vnderweisung nemen […] sich den geferlicheytten des wannckelparen gelücks wie gedachter Ritter herr Tewrdanckh gethan hat so offt nicht zúunderwerffen." Pfintzing, *Theuerdank*, S. 3f.

als seine Lehrerin zwar in seinem Handeln an, gleichzeitig übertrifft er jedoch drei ihrer herausragenden Herrscher: Damit stellt er sich als Princeps Optimus sowohl in der Literatur als auch der Geschichte dar. Ebenso wie die drei genannten Herrscher, die sowohl in der Geschichtsschreibung als auch der Literatur auftreten, erscheint er an der Schnittstelle zwischen Literatur und Geschichte.

Maximilian und seine Gelehrten rezipierten in der historischen Realität eine breite Menge vor allem an volkssprachiger Literatur. Das ermöglichte ihnen, in der Rolle als Autoren bekannte literarische Muster in ihre Texte einzuflechten. Im Text ist der Protagonist Theuerdank ebenfalls als Rezipient tätig und begreift die Literatur als handlungsanleitend. Durch die Rückbindung Theuerdanks an die Person des Kaisers ergibt sich wiederum eine enge Verflechtung der literarischen mit der historischen Welt, in der die literarischen Muster als Handlungsoptionen vorgestellt werden.

Eine Verbindung zwischen Text und außertextueller Wirklichkeit wird auch in der Darstellung der Mäzenatenrolle geschaffen: Zwei Holzschnitte aus dem *Weißkunig* unterstreichen die Verbindung der literarischen Darstellung der kaiserlichen Aktivitäten als Mäzen mit der historischen Realität. Der erste Holzschnitt zeigt Weißkunig im Zentrum seiner Gelehrten stehend, die für ihn malen und schreiben, während er Anweisungen an sie verteilt.[87] Ein weiterer Holzschnitt zeigt nicht Weißkunig, sondern Maximilian – als solcher erkennbar an der Bügelkrone und dem Orden vom Goldenen Vlies, dem von einem Gelehrten das fertige literarische Werk des *Weißkunig* übergeben wird.[88] Dass der Holzschnitt in das Kapitel „Wie der jung weiß kunig die alten gedachtnus insonders lieb het" eingefügt ist, unterstreicht die doppelte Gültigkeit des Textes: Inner- wie außerliterarisch hat der Kaiser sich als Mäzen betätigt, um die Erinnerung an die Herkunft seines Geschlechts und die Taten seiner Vorfahren zu bewahren. Das ist letztendlich auch als Dienst an Gott anzusehen.[89]

Die Literatur als Teil der Gelehrsamkeit spielt unter den Künsten für den Kaiser eine besondere Rolle. Er nutzt ihre Bekanntheit, um sich mit Hilfe literarischer Muster als idealer Herrscher darzustellen. Er nimmt direkten Einfluss auf sie und bedient sich dabei gezielt der Gestaltungsmöglichkeiten mit der Grenze zwischen Fakten und Fiktionen, um seine politischen Kommunikationsziele zu

---

87 Vgl. *Der Weiß Kunig*, Holzschnittnr. 199 [Schultz: S. 67/fol. 122b].

88 Auch die dazugehörige Bildunterschrift bei Schultz führt nicht Weißkunig, sondern Kaiser Maximilian als Handelnden an: „Kaiser Maximilian ehrt das Andenken der Vorväter". Vgl. Schultz, *Der Weisskunig*, S. 67, fol. 122b. Boßmeyer weist darauf hin, dass generell einige Holzschnitte explizit auf die Person des Kaisers verweisen. Vgl. Boßmeyer, *Visuelle Geschichte in den Zeichnungen und Holzschnitten zum „Weißkunig" Kaiser Maximilians I.*, S. 99.

89 Vgl. *Der Weiß Kunig*, S. 68f. [Schultz: S. 66]. Weißkunig sendet Gelehrte in Klöster, um Genealogieforschung zu betreiben und lässt darüber Bücher schreiben. Außerdem veranlasst er die Gelehrten zur Numismatik, worüber ebenfalls Bücher verfasst werden. Ebenso lässt er die guten Taten vorangegangener Kaiser schriftlich fixieren. Vgl. ebd.

verwirklichen. Diese beinhalten, dass ein Ideal abgebildet werden sollte, für das Memoria gestiftet wird.

8.2.1.3 Das Verhältnis von Religion, Kunst und Wissenschaft

Im Maximilianischen Großtext werden Religion, Kunst und Wissenschaft im Einklang präsentiert. Religiöses Wissen wird dabei als Grundlage für die anderen beiden Bereiche der Gelehrsamkeit dargestellt:[90] Es ermöglicht dem Menschen den Übergang aus dem Natur- in den Kulturzustand. Dieser Übergang wird im *Weißkunig* durch das Bild des Pfropfens ausgedrückt.[91]

Im *Theuerdank* weist der Held einen Gelehrten (in dessen Gestalt sich der Teufel verbirgt) darauf hin, dass man nicht seiner Natur folgen dürfe, um nicht wie ein „vnuernüfftigs thier"[92] zu handeln. Das Tier wird als der Natur zugehörig ausgewiesen, der gegenüber „vernufft vnnd götlich leer"[93] den Vorrang verdienen, wie Theuerdank ergänzt. In diesem Zusammenhang ist auch das letzte Kapitel des *Theuerdank* zu verstehen, in dem der Mensch im Vergleich zum Tier zwar als vergleichsweise schutzlos beschrieben wird, sich jedoch aufgrund seiner Vernunft als überlegen herausstellt. Das antike Argument der Schutzlosigkeit des Menschen[94] wird in der politischen Theorie des 13. Jahrhundert verwendet, um die Gemeinschaft als notwendiges Ziel des Menschen darzustellen.[95] Hier ist noch einmal auf die Ähnlichkeit zu Textstellen im Werk *De regimine principum* von Thomas von Aquin zu verweisen.[96] Auffällig ist nicht nur der Vergleich mit dem

---

[90] Müller ist hingegen der Meinung, dass zentrale Forderungen der Herrscherethik über die Lehrung eingeführt anstatt aus den christlichen Geboten abgeleitet werden. Vgl. Müller, *Gedechtnus*, S. 241. Sieht man jedoch, wie es hier geschieht, die Religion und den Glauben als Grundlage der Lehrung, so ist Müllers Auffassung zu modifizieren.

[91] Vgl. detailliert dazu Kapitel 6.2.1.1.

[92] Pfintzing, *Theuerdank*, S. 43.

[93] Pfintzing, *Theuerdank*, S. 43.

[94] Müller führt die Herkunft dieser Textstelle auf den Traktat *De opificio Dei* Lactanz' zurück. Vgl. Müller, *Gedechtnus*, S. 129 u. ö.

[95] Vgl. Friedrich, *Menschentier und Tiermensch*, S. 51.

[96] Die Textstelle lautet bei Thomas von Aquin: „Aliis enim animalibus natura praeparavit cibum, tegumenta pilorum, defensionem, ut dentes, cornua, ungues, vel saltem velocitatem ad fugam. Homo autem institutus est nullo horum sibi a natura praeparato, sed loco omnium data est ei ratio, per quam sibi haec omnia officio manuum posset praeparare, ad quae omnia praeparanda unus homo non sufficit." Thomas von Aquin, *De Regimine Principum*, 1. Buch, 1. Kapitel, S. 1. Im *Theuerdank* lautet die Textstelle: „Manicher über got den hern klagt / Wie Er hab die menscheit geplagt / Das Er Sy habe beschaffen / Nackhet plosz an alle waffen / Damit Sy möchten weren sich / Vnnd doch allen tiern mildigklich / Hab geben yedem nach seiner art / Dem Ochssen grosse horner hart / Dem Löben sterck in sein clawen / Wie das ein yeder mag schawen / Damit Sy werden geboren / Vnnd widersteen eins andern zorn / Auch fristen damit Ir leben / Vnd denckhen nit was Er hat gebn / Vns dagegen für ein genad / Das ein yeder mensch an Im hat / Vernunfft vnd syndlichen verstandt / Daraus Er mag machen zühandt / Gar leichtlichen lytz vnnd auch weer." Pfintzing, *Theuerdank*, S. 560.

Tier, sondern auch der Kontrapunkt, der im *Theuerdank* gesetzt wird: Verweist Thomas im Zusammenhang dieser Textstelle auf die Notwendigkeit für die Menschen sich zusammenzuschließen, um sich gegenseitig zu unterstützen, wird im *Theuerdank* hingegen die Einzigartigkeit des Ritters dadurch betont, dass er allein in der Lage gewesen sei, sich all der Anschläge zu erwehren.[97] Diese absolute Position des Herrschers, der nicht auf sein Gefolge angewiesen ist, ist ein wiederkehrendes Motiv im Maximilianischen Großtext, auf das noch zurückzukommen sein wird.

Werden die Textstellen zum Verhältnis von Natur und Kultur aus dem *Weißkunig* und dem *Theuerdank* zusammengelesen,[98] sind als Unterschiede zwischen Tier und Mensch Fähigkeiten zum religiösen Glauben und zur Vernunft zu identifizieren. Diese beiden Fähigkeiten, die diesen Unterschied ausmachen, erscheinen auf diese Weise in der Darstellung in einen Einklang gebracht. Berücksichtigt man dazu noch den mystischen Hintergrund,[99] der als geistige Grundlage des Leidens- und Erfahrungswegs Theuerdanks angenommen wurde, so kann man für den Maximilianischen Großtext wohl Einflüsse aus einer Form der Vernunftsmystik annehmen, dergemäß Vernunft nicht nur zur wissenschaftlich-künstlerischen (Er-) Kenntnis führe, sondern auch zur Gottes(er-)kenntnis.[100] Im Gegensatz zur Auffassung bei Thomas von Aquin werden die (Er-)Kenntnisse jedoch nicht aus der menschlichen Gemeinschaft heraus gewonnen, sondern vom Helden allein. Dies stellt eine Position dar, die der Mystik insofern nahesteht, als sich der mystisch Gläubige um eine persönliche, also einzig ihm zukommende Gotteserfahrung bemüht.

Die herausgehobene Stellung des Individuums findet jedoch auch ihre Rechtfertigung bei Thomas, weil es sich bei Theuerdank um einen zukünftigen Regenten handelt: „Si ergo naturale est homini quod in societate multorum vivat, necesse est in hominibus esse per quod multitudo regatur."[101] Thomas sieht den

---

[97] Bei Thomas liest sich die Stelle dazu wie folgt: „Nam unus homo per se sufficienter vitam transigere non posset. Est igitur homini naturale, quod in societate multorum vivat." Thomas von Aquin, *De Regimine Principum*, 1. Buch, 1. Kapitel, S. 1f. Im *Theuerdank* steht: „Allein das mein gemüt bezwingt / Züuerwunderen nit ein klein / Das ein einiges mensch allein / Souil böser menschen anschleg / Ist enndtgangen So in vil weg." Pfintzing, *Theuerdank*, S. 561. Die Verwunderung darüber, dass Theuerdank alleine gegen die Gefahren bestanden habe, wird im Folgenden noch ein paar Mal wiederholt.

[98] Gemeint sind hier die bereits genannten Textstellen: Zum einen das Bild zum Pfropfen im *Weißkunig*, das im Kapitel 6.2.1.1 näher ausgeführt wird, und zum zweiten das letzte Kapitel im *Theuerdank* und der Besuch des Ritters vom Teufel in Gelehrtengestalt ebenfalls im *Theuerdank*.

[99] Zum mystischen Hintergrund vgl. dazu Kapitel 6.2.1.2.

[100] Störmer-Caysa macht zwei Wege aus, die in der Nachfolge Richards von St. Viktor als Weg zu Gott aufgefasst werden: Während der Franziskanerorden den Weg zu Gott über die Liebe suchte, waren die Dominikaner und mit ihnen Meister Eckhart und Heinrich Seuse der Meinung, dass „die Vernunft das Vermögen sein müsse, das Gott am nächsten kommt." Störmer-Caysa, *Einführung in die mittelalterliche Mystik*, S. 108.

[101] Thomas von Aquin, *De Regimine Principum*, 1. Buch, 1. Kapitel, S. 2.

König als beste Form der Regierung einer Gemeinschaft; dieser müsse jedoch auf das Gemeinwohl hinwirken und dürfe nicht seine eigenen Vorteile zum Ziel seiner Regierung machen. Im *Theuerdank* findet das seine Bestätigung in der Aussage, die grammatisch in der ersten Person Plural steht und das Gemeinwohl repräsentieren soll: „Wir bedürffen des Helden werd / Als wol yetzo die sachen stan / Unnd in der welt durch einander gan."[102] Nicht nur der Glaube und die Vernunft als Quellen sowohl der künstlerisch-wissenschaftlichen als auch der Gottes-Erkenntnis werden also in Einklang gebracht. Auch der Machthaber mit seinen Pflichten der Gesellschaft gegenüber wird in das Gedankengebäude integriert.

Glaube und Vernunft, Religion und Wissenschaft werden im Maximilianischen Großtext als miteinander verbundene Bereiche dargestellt. Das Streben in diesen Bereichen wird jedoch nicht durchgängig als vorbildlich angesehen. Um gutes von schlechtem Streben zu unterscheiden, ist eine besondere Fähigkeit notwendig, die die Protagonisten im *Theuerdank* und im *Weißkunig* für sich behaupten. Der Teufel in Gelehrtengestalt rät Theuerdank dazu, nach weltlicher Ehre zu streben, um sich unsterblich zu machen. Der Ritter lehnt das ab und entgegnet, dass er vielmehr dem Streben nach göttlicher Ehre den Vorrang geben wolle und dafür auf den Verbleib in Gottes Gnade hoffe.[103] Sowohl die Qualität der angestrebten Memoria als auch das Ziel des Strebens werden also religiös rückgebunden. Der Teufel versucht, Theuerdank umzustimmen, indem er seine eigene Reputation unterstreicht und seine Gelehrsamkeit rühmt: Er habe exklusives Wissen erlangt, lange Zeit studiert und sein Wissen in der Praxis erprobt.[104] Dass Theuerdank dennoch erkennt, dass er einem derart ausgewiesenen Gelehrten nicht trauen kann, liegt an seiner Unterscheidungsfähigkeit von Gut und Böse. Er beweist seine Fähigkeit, sich nicht von bösen Mächten verführen zu lassen. Weißkunigs Erkenntnis, dass die „Swartzkunst" gottlos sei – freilich nachdem er sie erlernt hat – ist ebenso ein Ausdruck dieser Fähigkeit.[105]

Die Unterscheidungsfähigkeit zwischen Gut und Böse liegt dem *Theuerdank* als Hauptthema in Gestalt der Wegmetaphorik zugrunde.[106] Im *Weißkunig* findet die Fähigkeit bildliche Darstellung auf zwei der Holzschnitte. Der erste zeigt den jungen Weißkunig zwischen einem Engel und einer alten Frau, die als Symbol für Habgier gedeutet wird.[107] Der zweite trägt in der Ausgabe von Schultz die Unterschrift „Des jungen w(eiß) k(unig) ascendenten in seiner geburt"[108] und

---

[102] Pfintzing, *Theuerdank*, S. 562.

[103] Vgl. Pfintzing, *Theuerdank*, S. 46f.

[104] Vgl. Pfintzing, *Theuerdank*, S. 42. Dass diese Merkmale tatsächlich als Gütekriterien für Bildung angesehen werden, ist am *Weißkunig* abzulesen, in dem auch die Bildung des jungen Königs mit ähnlichen Merkmalen charakterisiert wird.

[105] Vgl. *Der Weiß Kunig*, S. 66ff. [Schultz: S. 64].

[106] Vgl. dazu Kapitel 6.4.3.

[107] Vgl. *Der Weiß Kunig*, Holzschnittnr. 23 [Schultz: S. 65/o. fol.]. Vgl. zur Habgier-Deutung auch Jussen/Koslofsky, *Kulturelle Reformation*, S. 379.

[108] Schultz, *Der Weisskunig*, S. 63.

verweist wohl auf das wechselhafte Horoskop, das dem jungen Weißkunig bei seiner Geburt gestellt wurde.[109] Der Holzschnitt kann ebenso als Hinweis auf Weißkunigs Unterscheidungsfähigkeit zwischen Gut und Böse gelesen werden: Der junge König ist darauf in einer Zwischenstellung zwischen einer engelhaften Figur mit einem Fortuna-Rad und einer Figur abgebildet, die der bösen Figur des Neydelhart aus dem *Theuerdank* ähnelt. Im Text der umliegenden Kapitel wird deutlich, dass sich Weißkunig aus den beiden bildlich dargestellten Zwischenstellungen mit Entscheidungen für das Gute befreit.[110]

Die Akzentuierung der Fähigkeit dazu, Gut und Böse unterscheiden zu können, rührt wohl aus der biblischen Darstellung König Salomos, der Gott um diese Weisheit bittet (Kön 3,2-15).[111] Sollte diese Anspielung zutreffen, wird an dieser Stelle einmal mehr ein Zusammenhang zwischen einem perfekten Herrscher, so wie ihn in diesem Fall König Salomo darstellt, und den Maximilian-Alter-Egos hergestellt.

Glaube und Vernunft und damit die Voraussetzungen für die Betätigung in Religion, Wissenschaft und Kunst, werden im Maximilianischen Großtext in Einklang gebracht. Die Herrscherprotagonisten mit ihren Pflichten werden in diesen Sphären als integrierend wirkende Kräfte dargestellt. Sie schildern sich auch hier wieder als herausragend, weil sie Erkenntnisse allein – und nicht in einer Gemeinschaft – gewinnen. Als zentrale Fähigkeit erweist sich die zur Unterscheidung von Gut und Böse, deren Darstellung auch als Warnung an potentielle Verräter gedacht sein mochte.

8.2.1.4 Der Erfinder und Forscher

Vor dem historischen Hintergrund der frühen Neuzeit und des mit ihr einsetzenden Erkenntnisdrangs ist die Rolle zu verstehen, die die Helden in den Texten als Forscher und Erfinder einnehmen.

Für Weißkunig stellen die Artes Mechanicae das Gebiet dar, in dem er Neuentwicklungen auf Basis seiner eigenen Ideen vorantreibt: Nachdem er das Malen erlernt hat, das er als Grundlage für das Führen von Heeren und für Neuentwicklungen begreift,[112] kümmert er sich um Erfindungen im Bereich des Schwarzpulvers,[113] um eine neue Anfertigungstechnik für die Harnische der Landsknechte,[114]

---

[109] Vgl. dazu Kapitel 6.2.1.2.

[110] Während seiner Lehrung erlernt Weißkunig darüber hinaus, böse Laster zu vermeiden, indem er verschiedene andere Aktivitäten ausübt: Jagen oder sein Interesse an Singvögeln führt er als Beispiele dafür an. Vgl. *Der Weiß Kunig*, S. 87, S. 91f. [Schultz: S. 94, S. 97, S. 100].

[111] Eine Quelle könnte der Erziehungstraktat Piccolominis sein, der sich auf die genannte *Bibel*-Stelle bezieht. Vgl. Piccolomini, *Briefwechsel II*, S. 117.

[112] Vgl. *Der Weiß Kunig*, S. 75 [Schultz: S. 74].

[113] Vgl. *Der Weiß Kunig*, S. 100 [Schultz: S. 112].

um die Erfindung neuer Waffen[115] und um das Gießen neuer Geschütze.[116] Näher werden diese Erfindungen vor allem aus dem Bereich der Artillerie in den Kapiteln nicht beschrieben. Es wird sogar explizit betont, dass die Erfindungen der Geheimhaltung unterliegen.[117] Mit der Erwähnung der Geheimhaltung wird die Einzigartigkeit der Erfindungen Weißkunigs (und damit auch Maximilians) betont. Um den Wissensvorsprung des Königs nicht zu verkleinern, dürfe das Herrscherwissen Anderen nicht zur Verfügung gestellt werden.

Mit der Hinwendung Weißkunigs zum Bereich der Kriegstechnik werden die Artes Mechanicae aufgewertet. Sein Interesse an ihnen geht deutlich über eine bloße Wissensakkumulation hinaus: Ihm geht es um Neuerungen und Verbesserungen.[118] Seine wissenschaftliche Forschung steht dabei ganz im Dienst seiner Politik. Sein Anliegen ist es, durch einen technischen Vorsprung einen Machtgewinn gegenüber anderen Herrschern zu erzielen.[119]

Eine Verschränkung von „ritterliche[m] Bewährungsbedürfnis und frühmoderne[n] Wissenstrieb"[120] konstatiert Strohschneider bei seiner Interpretation der Handlungen Theuerdanks. Der Held begibt sich aufgrund seiner Neugier selbst in gefährliche Situationen (Geverlicheiten): So zeigt er etwa Interesse an einem Schleifrad und gerät bei der Erprobung in Gefahr. Solche banalen Alltagssituationen, in denen Theuerdank sich ritterlich bewähren möchte, deutet Strohschneider als Zeichen für den Bedeutungsverlust des ritterlichen Abenteuers.[121]

Betrachtet man die Fürwittig-Episoden, die in einer ähnlichen Art wie die genannte Schleifrad-Episode gestaltet sind, und bezieht sie auf das übergreifende religiöse Schema des mystischen Wegs, so bietet sich noch eine andere Deutung an: Die Neugier, die der Ritter am Pass Fürwittigs zeigt, ist negativ konnotiert und bringt ihn in Gefahr. Erst durch ihre Überwindung kommt der Held in seinem Erkenntnisprozess voran. Die Darstellung von Weißkunigs Bemühungen bei der Entwicklung von Geschützen[122] zeigt, dass forschende Neugier generell auch posi-

---

114 Vgl. *Der Weiß Kunig*, S. 97f. [Schultz: S. 108ff.]. An dieser Stelle werden die Landsknechte, die das von Maximilian neu aufgestellte Söldnerheer des Reiches bildeten, unverschlüsselt genannt.

115 Vgl. *Der Weiß Kunig*, S. 99f. [Schultz: S. 110].

116 Vgl. *Der Weiß Kunig*, S. 99 [Schultz: S. 110].

117 „Und ain jeder mag mir in warhait gelaubn, das Ich von seinem Newen geschutz, nit den hundertistn tail beschrib, Dartzu so were Es nit guet, das solichs beschribn solt sein, Als Er [= Weißkunig; Anm. d. Verf.] dann selbs nit hat haben wellen, das nym Ich aus dem, das Er dieselbn kunst selbs widerumb in gehaim, vnd mit stilsweigen abgethan hat." Vgl. *Der Weiß Kunig*, S. 100 [Schultz: S. 110].

118 Als Unfalo Theuerdank neue Geschütze zeigen möchte („Etwas news wirt Ich Eüch sehen lon"), folgt der Ritter ihm gern: „Solh sein red gefielen dem Held." Pfintzing, *Theuerdank*, S. 230.

119 Vgl. Müller, *Gedechtnus*, S. 246.

120 Strohschneider, *Ritterromantische Versepik im ausgehenden Mittelalter*, S. 405.

121 Vgl. Strohschneider, *Ritterromantische Versepik im ausgehenden Mittelalter*, S. 405f.

122 Vgl. *Der Weiß Kunig*, S. 100 [Schultz: S. 110, S. 112].

tiv beschrieben werden kann. Thomas von Aquin, dessen Einfluss bereits an einigen Stellen des Maximilianischen Großtexts gezeigt wurde, stellt Neugier, wenn sie in Maßen gezeigt wird, als natürliche Eigenschaft des Menschen dar.[123] Es ist daher zu vermuten, dass die Neugier in den Fürwittig-Episoden vor allem deswegen negativ bewertet wird, weil sie im Übermaß und in den falschen Situationen zutage tritt. Theuerdank übertreibt seine Neugier und sein Bewährungsstreben, das hier sowohl im Sinne der geistlichen als auch der weltlichen Ritterschaft zu verstehen ist. Im weiteren Verlauf der Erzählung schreitet der Held auf dem mystischen Weg voran. Sein Fortschritt zeigt sich, wenn er auf die von außen auf ihn oder Ehrenreich einwirkenden Gefährdungen reagiert, anstatt sich selbstverschuldet in gefährliche Situationen zu begeben.

Auf Basis der Religion und der Vernunft können Kunst und Wissenschaft gedeihen, das zeigt die Interpretation der Pfropfen-Metapher im *Weißkunig*. Das vor dem religiösen Hintergrund ambivalent bewertete Streben nach Wissensakkumulation, Neuentwicklungen und nach Gedechtnus kann in den religiösen Überbau integriert werden, wenn es erzählerisch gerechtfertigt und rückgebunden wird.

Neben dem Streben nach militärischem Fortschritt bemüht sich der Held auch um Neuerungen im Bereich der Repräsentation, etwa bei den Verkleidungen Freydals, die „vor nie mehr gesehen"[124] wurden.

Neuheit stellt für die Herrscherprotagonisten keinen Wert an sich dar: In den ausgesuchten Bereichen der Kriegspraxis und der Repräsentation versuchen sie, durch Erfindungen zusätzliches symbolisches (soziales) Kapital zu generieren, das ihnen Macht sichert. Neugier, die als Antriebskraft für die Erfindungen wirkt, wird dabei nur als positive Eigenschaft dargestellt, wenn sie in gemäßigter Form auftritt.

8.2.2 Das Baburnama

8.2.2.1 Der gelehrte Herrscher

Babur erlangt sein Wissen vermutlich innerhalb von Gelehrtenbeziehungen. Im Verlauf seiner autobiographischen Erzählung wird immer wieder seine Einbindung in das Naqshbandi-Netzwerk erwähnt, in dem er vermutlich auch unterrichtet wurde.[125] Ebenso werden zahlreiche Majālis geschildert, auf denen in eli-

---

[123] Vgl. Thomas von Aquin, *Summa Theologica II/II*, Q. 35, A. 4; vgl. dazu auch Müller, *[Art.] Neugierde*, S. 733.

[124] Von Leitner, *Freydal*, S. XXX. Ebenso auch am 51. Hof (S. XXXII) und am 60. Hof (S. XXXIV).

[125] Babur stellt seinen eigenen Vater als Schüler des Naqshbandi-Scheichs Khwaja Ubaydullah Ahrar vor, sein eigener Tutor war zunächst Khwaja Qazi. Auch mit Khwaja Yahya pflegte er Austausch. Khwaja Kalan wird als Mitglied in Baburs Kreisen während und kurz nach der

tären Kreisen Wissensvermittlung betrieben wird. Eine weitere Art der Ausbildung, das eigenständige Studieren, findet nur indirekte Erwähnung im *Baburnama*.[126] Die Zeit des Studiums ist im Selbstzeugnis verflochten mit der Zeit, in der Babur die Kriegsführung erlernt: Nach seiner militärischen Niederlage in Samarkand begibt er sich zu seinem Onkel nach Tashkent, bei dem er Zuflucht, aber auch Rat in poetischen Fragen sucht.[127]

Als Heerführer habe er zahlreiche Fehler aus Unerfahrenheit begangen, lautet Baburs selbstkritische Einsicht.[128] Dass im militärischen Bereich das Eingestehen von Schwäche möglich ist, hängt mit dem timuridischen Identifikationsmuster der Qazaqlıq zusammen, das für die Beschreibung der Reifezeit eines Herrschers zur Verfügung steht.[129] Anscheinend betrifft dieses Muster ebenso die Zeit des geistigen Studiums, wie die poetische Ratsuche bei seinem Tashkenter Onkel zeigt.

Die Unerfahrenheit, die Babur sowohl im militärischen Agieren als auch in seinen poetischen Bemühungen schildert, kennzeichnet darüber hinaus seinen Umgang mit seiner ersten Frau Ayisha Sultan Begim in der Szene, in der auch sein Weg auf dem Sufipfad initiiert wird: Er sei nach seiner ersten Hochzeit noch sehr verschämt („ḥijāb") gewesen, beschreibt er seinen Zustand.[130] Während in der Textstelle, die in Tashkent spielt, die militärische Unreife (als Ursache seines Exils dort) mit der poetischen Unerfahrenheit verknüpft wird, beginnt in der Textstelle der ersten Hochzeit das religiöse Reifen und wird mit Baburs ersten dichterischen Versuchen verbunden. Poetisch-geistiges, militärisches und religiöses Reifen werden über die Nähe der Textstellen in Verbindung gebracht und auf diese Weise in einem notwendigen Miteinander präsentiert.

Eroberung Indiens beschrieben. Vgl. Thackston, *The Baburnama*, S. 41 [fol. 7]; S. 50 [fol. 16] u. ö.; S. 115 [fol. 78b]; S. 423ff. [fol. 359ff.]. Später in Indien tritt Khwaja Khawind Mahmud in Baburs Dienste. Vgl. Foltz, *The Central Asian Naqshbandi Connections of the Mughal Emperors*, S. 231.

126 In Baburs enzyklopädischer Beschreibung Indiens bezieht er sich an einer Stelle auf Werke der indischen Historiographie, die er rezipiert habe, um seine Schilderung verfassen zu können. Vgl. Thackston, *The Baburnama*, S. 179 [fol. 137b]. Laut Subtelny spielte diese Art der Ausbildung, das eigenständige Studium, in der islamisch geprägten Welt eine bedeutende Rolle. Es wurde jedoch in der Hierarchie der Studienarten unter die Belehrung durch einen Lehrer eingestuft. Die letztgenannte Art der Belehrung unterstreicht die große Bedeutung der Mündlichkeit in der Wissensvermittlung. Vgl. Subtelny, *The Curriculcum of Islamic Higher Learning in Timurid Iran in the Light of the Sunni Revival under Shāh-Rukh*, S. 214; vgl. auch Berkey, *The Transmission of Knowledge*, S. 216.

127 Vgl. Thackston, *The Baburnama*, S. 136 [fol. 99bf.].

128 Vgl. Thackston, *The Baburnama*, S. 143 [fol. 106b]; S. 149 [fol. 111]; S. 150 [fol. 113] u. ö. Babur gesteht seine Fehler erstaunlich offen ein und beschreibt teilweise gar, auf welche Weise seiner Meinung nach in den jeweiligen Situationen militärisch klüger gehandelt hätte werden können, als er das getan habe.

129 Vgl. dazu ausführlich Kapitel 7.2.2.1.

130 Vgl. Thackston, *The Baburnama*, S. 112 [fol. 75].

Bei der zeitgenössischen Idealvorstellung davon, wie gelehrt ein Herrscher sein sollte, sind zwei gegensätzliche Positionen festzustellen: Die Fürstenspiegel und die klassische persische Literatur vermitteln die Vorstellung, dass ein Herrscher universal gelehrt sein müsse. Demgegenüber herrscht in der Mystik die Ansicht vor, dass der gelehrte Verstand der Feind der wahren Liebe sei, die zur Vereinigung mit Gott führe.[131] Khwaja Ubaydullah Ahrar, der geistige Anführer des mystischen Naqshbandi-Ordens, vertrat innerhalb des Sufismus jedoch eine andere Meinung und argumentierte, dass ein Sufi sich eine Einnahmequelle suchen solle, um nicht von Zuwendungen abhängig zu sein.[132] Das konnte auch ein gelehrter Beruf sein.

Vor diesem Hintergrund ist nachvollziehbar, warum Herat als timuridische Hauptstadt der Gelehrsamkeit bezeichnet wurde. In Herat gehörten zahlreiche Sufis zu den Gelehrten. Zwar gingen diese oft keinem weiteren Broterwerb mehr nach und waren reine Berufsmystiker,[133] als Gelehrte waren sie jedoch unabhängiger als reine Mystiker, da sie auch für Hofämter eingesetzt werden konnten.

Babur beschreibt im *Baburnama* zahlreiche Gelehrte Herats, die sich oft in mehr als einem künstlerischen oder wissenschaftlichen Gebiet herausragende Kenntnisse angeeignet hatten.[134] Er verweist auf das Ausnahmewissen dieser Gelehrten und auf die Perfektion, mit der Fähigkeiten ausgeübt und verfeinert wurden.[135] Als Vorbild und Prototyp des Herater Kreises gilt Jami, der in der Forschungsliteratur als ein umfassend gebildeter Zeitgenosse Baburs dargestellt wird. Er bestimmte den literarischen Kanon seiner Zeit mit, indem er zu einer Auswahl an klassischen Texten Imitationen schuf.[136] Babur widmet ihm eine besondere Art der Darstellung: Während er die anderen Herater Gelehrten ausgiebig schildert, verzichtet er bei Jami auf eine nähere Beschreibung.[137] Stattdessen schreibt Babur nur andeutungshaft über Jami. Dieses Verhalten rührt wohl daher, dass es einem Autor als Selbsterhöhung angelastet werden konnte, wenn er sich allzu detailliert über berühmte Persönlichkeiten äußerte.[138]

---

[131] Vgl. Schimmel, *Mystische Dimensionen des Islam*, S. 204.

[132] Vgl. Paul, der sich auf Aussprüche des Khwajas im *Faqarāt* und auf Textstellen in Hagiographien des Khwajas bezieht. Paul, *Die politische und soziale Bedeutung der Naqšbandiyya in Mittelasien im 15. Jahrhundert*, S. 39f.

[133] Vgl. Paul, *Die politische und soziale Bedeutung der Naqšbandiyya in Mittelasien im 15. Jahrhundert*, S. 46.

[134] Vgl. etwa die Beschreibung Khwajas Abdullah Murvarid, den Babur als außergewöhnlichen Dulcimer-Spieler bezeichnet. Er sei ebenso ein talentierter Kalligraph, ein guter Gesprächspartner und außerdem ein Dichter. Vgl. Thackston, *The Baburnama*, S. 218 [fol. 175].

[135] Vgl. Thackston, *The Baburnama*, S. 221 [fol. 177b].

[136] Imitation war eine der grundlegenden ästhetischen Prinzipien timuridischer Dichtung. Vgl. Losensky, *Welcoming Fighānī*, S. 136f. Eine Übersicht über die Werke Jamis gibt Losensky, ebd., S. 170f.

[137] Vgl. Thackston, *The Baburnama*, S. 221 [fol. 177b].

[138] Vgl. Subtelny, *The Poetic Circle*, S. 26.

Babur sieht sich im Kreis der Herater Gelehrten unter Gleichgesinnten. Anstatt jedoch seine Ausbildung zu schildern oder sich umfangreiches Wissen selbst zuzuschreiben, tritt seine Gelehrtheit indirekt zutage: Nach seinen Eroberungen gibt Babur etwa enzyklopädische Beschreibungen der neuen Herrschaftsgebiete. Er fügt viele Zitate aus der klassischen Literatur in seinen Text ein und spielt auch auf Kontextwissen an. Und er weist sich durch die genaue Beschreibung anderer Gelehrter und ihrer Œuvres als Kenner aus.[139]

Unter den gelehrten Disziplinen spielt für Babur die Literatur die größte Rolle: Er fügt eigene und fremde Verse in seine Autobiographie ein, kommentiert die Poesie anderer Dichter und berichtet davon, dass er sich im sozialen Umfeld vieler Dichter bewege.[140] Das sprachliche Wissen Baburs, das die Grundlage für die Beschäftigung mit der Literatur bildet, tritt an vielen Stellen des *Baburnama* zutage[141] und auch detaillierte *Koran*- und Hadithkenntnisse lässt er in seine Auseinandersetzung mit der Literatur einfließen:[142] Sie bilden die Grundlage für den *Mubayyan*, das Buch, das Babur über islamische Jurisprudenz verfasst.[143]

Babur zeigt jedoch nicht nur für die Literatur, sondern allgemein für den weitgefassten Bereich der Kultur Interesse: Er äußert sich über Musik,[144] Malerei,[145] Geschichte,[146] Architektur[147] und Kalligraphie.[148] Geographisches,[149] medizinisches[150] und ökologisches[151] Wissen ist ebenfalls seinen Ausführungen zu ent-

---

[139] Zu seiner Beschreibung der Gefolgsleute Sultan-Husayn Mirzas, unter ihnen zum größten Teil Gelehrte, vgl. Thackston, *The Baburnama*, S. 205-228 [fol. 163b-183].

[140] Zu Baburs Rolle für die Literatur vgl. ausführlich Kapitel 8.2.2.2.

[141] Er macht sich etwa Gedanken über die Aussprache und die Zusammensetzung von hindustanischen Wörtern, etwa beim Wort Kashmir, einer Stadt in Hindustan. Vgl. Thackston, *The Baburnama*, S. 332 [fol. 272b].

[142] Er fügt *Koran*-Verse in den Fließtext des *Baburnama* ein, verfährt hier also ähnlich wie mit den literarischen Klassikern, aus denen er immer wieder zitiert. Vgl. Thackston, *The Baburnama*, S. 255 [fol. 211]. In der Beschreibung Samarkands referiert er auf Khwaja Isma'il, den Verfasser der Hadith-Sammlung *Sahih Bukhari*, mit der er vertraut zu sein scheint. Vgl. Thackston, *The Baburnama*, S. 55 [fol. 45].

[143] Vgl. Thackston, *The Baburnama*, S. 312 und S. 499, Anm. 5.

[144] Vgl. Thackston, *The Baburnama*, S. 305 [fol. 249b].

[145] Babur äußert ein Urteil über den berühmten Miniaturmaler Bihzad. Vgl. Thackston, *The Baburnama*, S. 226 [fol. 181b].

[146] Babur berichtet etwa aus der Geschichte Samarkands. Vgl. Thackston, *The Baburnama*, S. 82ff. [fol. 44bff.].

[147] In Herat unternimmt Babur – wie bereits erwähnt – Besichtigungstouren, um sich die bedeutenden Gebäude der Stadt anzuschauen. Vgl. Thackston, *The Baburnama*, S. 237f. [fol. 191f.].

[148] Vgl. Thackston, *The Baburnama*, S. 226 [fol. 181b].

[149] Babur ordnet die Städte, von denen er berichtet, jeweils in die Klima-Einteilung nach Ptolemäus ein. Vgl. Thackston, *The Baburnama*, S. 35 [fol. 1], S. 169 [fol. 128].

[150] Babur beschreibt, wie er sich aus Gerstenmehl eine scheußlich schmeckende Medizin herstellt. Vgl. Thackston, *The Baburnama*, S. 403 [fol. 339].

[151] In seiner Beschreibung Hindustans finden sich viele Details über Flora und Fauna des Gebiets. Vgl. Thackston, *The Baburnama*, S. 340ff. [fol. 280ff.].

nehmen. Besonders erwähnenswert sind zwei weitere Bereiche, in denen Babur sich als Wissensträger darstellt: Das sind zum der kulinarische und ästhetische Genuss und die Astronomie.

In der persischen Dichtung ist der Genuss ein immer wiederkehrendes Thema[152] und auch Babur weist sich selbst wiederholt als Genießer aus. Vor allem der süße Geschmack der Früchte und die Qualität des Weines beschäftigen ihn. Beide beschreibt er detailliert.[153] Dass Babur Genuss und Askese mit den verschiedenen Stationen auf dem Sufipfad und unterschiedlichen Lebensstilen verknüpft, ist an einem in das *Baburnama* eingefügten Brief an Khwaja Kalan ablesbar. Diesen schreibt er, als er bereits dem Alkohol abgeschworen hat, ihn jedoch wehmütig mit einer alten Lebensphase und der alten Heimat in Verbindung bringt. Auch an die süßen Früchte seiner Heimat muss er denken: „Ol vilāyatlarnıṅg liṭāfatlarını kiši nečük unutqay? ʿAlāʾl-xuṣūṣ mundaq ṭāyib u tārik bolġanda qavun va üzüm dek mašrūʿ ḥażżnı kiši ne ṭawr xāṭirdın čıqarġay?"[154] Mit dem Verlassen der alten Heimat hat für Babur eine neue Lebensphase als Abstinenzler begonnen, die ihn auf dem Sufipfad weiterführt.

Baburs Fähigkeiten zum Genuss zeigen sich in seinen kulinarischen Kenntnissen, die vor allem seine zeitlich frühere Lebensphase als Qalandar kennzeichnen,[155] und in seiner Vorliebe für ästhetischen Genuss: Babur nimmt die Schönheit der Natur wahr und unternimmt Ausflüge zu Plätzen, die er als besonders sehenswert beschreibt.[156] Die Pracht dieser Orte gibt den Anwesenden bisweilen Anlass zu dichten, sei es im Rahmen eines Majlis[157] oder bei anderen Gelegenhei-

---

[152] Vgl. dazu etwa die Gedichte von Hafiz, in denen Aufforderungen zum Genuss der Liebe, des Weins und des guten Lebens allgemein immer wieder vorkommen.

[153] Geschmack und Eigenschaften der Früchte einer Region beschreibt Babur in den einzelnen Abschnitten, in denen er die Gebiete charakterisiert (etwa in den Ausführungen über Andizhan). Vgl. Thackston, *The Baburnama*, S. 36 [fol. 2]. Zu Baburs Äußerungen zu Wein aus Buchara vgl. Thackston, *The Baburnama*, S. 87 [fol. 49]. Als Babur nach der Eroberung Hindustans dort Melonen- und Weintraubenanpflanzungen in Auftrag gibt, äußert er sich sehr froh darüber, dass die erste Ernte erfolgreich verläuft. Vgl. Thackston, *The Baburnama*, S. 444 [fol. 380b].

[154] In englischer Übersetzung: „How can one forget the pleasure of that country? Especially when abstaining from drinking, how can one allow oneself to forget a licit pleasure like melons and grapes?" Thackston, *The Baburnama*, S. 423 [fol. 359].

[155] Ebenso wie der asketisch lebende Sufi, dessen Lebensstil Babur in Hindustan annimmt, versucht der Qalandar die Einswerdung mit dem Göttlichen zu erreichen, setzt jedoch dafür auf seinem Weg konträre Mittel ein: Durch die Überwindung der äußeren Aspekte von Religion kann die Fanā erreicht werden. Das falsche sittliche Verhalten kann dabei metaphorisch zum Ausdruck kommen, kann aber auch – wie in Baburs Fall – real gelebt werden. Fanā bezeichnet den angestrebten Zustand der Selbstentäußerung. Vgl. Aslan, *Kein Gott außer Gott*, S. 235. Vgl. dazu auch Rzehak, *Baburs Selbststilisierung als (mystisch) Liebender*, S. 263-279.

[156] Einer dieser Plätze liegt bei einer Quelle in Hindustan. Da ihm dieser Ort sehr gut gefällt, lässt Babur oberhalb der Quelle zur Zierde ein achteckiges Wasserreservoir in den Stein hauen. Vgl. Thackston, *The Baburnama*, S. 390 [fol. 328].

[157] Vgl. Thackston, *The Baburnama*, S. 301 [fol. 246b-247].

ten.[158] In Baburs Schilderungen von Natur und Gärten klingt der antike Locus-amoenus-Topos an, auf den auch in der Dichtung der Zeit oft angespielt wird.[159]

Neben Baburs Kenntnissen im Bereich des Genusses ist sein Wissen in der Astronomie und Astrologie besonders hervorzuheben. Dies nutzt er zum einen praktisch, indem er sich anhand der Sternenkonstellation orientiert,[160] und den richtigen Zeitpunkt einer Schlacht abwartet,[161] zum anderen verweist er auf die Leistungen seines timuridischen Vorfahren Ulughbeg und ordnet sie gar in weltgeschichtliche Zusammenhänge ein: „Uluġbeg Mīrzā bu raṣad bilā Zīj-i Kūrgānīni bitiptür kim ʿālamda ḥālā bu zij mustaʿmal dur. Özgä zij bilā kamʿamal qılurlar."[162] Babur stellt die timuridischen Erkenntnisse also als weltweit relevantes, einzigartiges Wissen dar.

Theoretische wie praktische Kenntnisse Baburs treten in den Schilderungen im *Baburnama* indirekt zutage. Sie werden nicht gegeneinander ausgespielt, sondern ergänzen sich gegenseitig: Es gehörte sowohl zu seinem Herrscherselbstbild, sich als kämpferischen und körperlich leistungsfähigen Anführer darzustellen,[163] als es auch dazugehörte, sich als intellektuell geschulten Gelehrten zu beschreiben. Beide Arten der Kenntnisse dienten oft politischen Zwecken. Das praktische Können nutzte Babur für seine Kriegsführung und auch das theoretische, enzyklopädische

---

[158] In den Hügeln von Matcha ritzt Babur neben einer Quelle Verse in einen Felsen: „I have heard that glorious Jamshed wrote on a stone at a spring, / ‚Like us many have spoken over this spring, but they were gone in the twinkling of an eye. / We conquered the world with bravery and might, but we did not take it with us to the grave.'" Thackston, *The Baburnama*, S. 135 [fol. 99].

[159] Curtius beschreibt den Locus amoenus als typischerweise „schönen beschatteten Naturausschnitt. Sein Minimum an Ausstattung besteht aus einem Baum (oder mehreren Bäumen), einer Wiese und einem Quell oder Bach. Hinzutreten können Vogelgesang und Blumen. Die reichste Ausstattung fügt noch Windhauch hinzu." *Europäische Literatur und lateinisches Mittelalter*, S. 202. Die typischen Merkmale eines islamischen Gartens klingen an Curtius' Aufzählung an: „The medieval islamic garden was a *hortus conclusus*, walled off and protected from the outside world. [...] Its essential features included running water [...] and a pool to reflect the beauties of sky and garden: trees of various sorts, some to provide shade merely, and others to produce fruits: flowers, colorful and sweet-smelling grass, usually growing wild under the trees; birds to fill the garden with song; the whole cooled by a pleasant breeze." Meisami, *Allegorical Gardens in the Persian Poetic Tradition: Nezami, Rumi, Hafez*, S. 231.

[160] Vgl. Thackston, *The Baburnama*, S. 252 [fol. 203].

[161] So gilt es als ungünstig, wenn man bei einer Schlacht mit den Plejaden im Rücken kämpft. Vgl. Thackston, *The Baburnama*, S. 125 [fol. 89] und Anm. 142. Andere ungünstig bezeichnete Sternenkonstellationen während eines Kampfes beachtet Babur jedoch nicht. Vgl. Thackston, *The Baburnama*, S. 373 [fol. 311b].

[162] In englischer Übersetzung: „Ulughbeg Mirza used this observatory [auf dem Kohak in Samarkand; Anm. d. Verf.] to compile the *Zij-i-Gurkani*, which is the table used throughout the world now, others being little used." Thackston, *The Baburnama*, S. 85 [fol. 46b]. Die Zahl der weltweit gebauten Observatorien schätzt Babur auf ‚nicht mehr als sieben oder acht‘, von denen er fünf beschreibt. Vgl. ebd.

[163] Babur stellt sich selbst etwa als Mitkämpfer an der Seite seiner Gefolgsleute dar. Vgl. Thackston, *The Baburnama*, S. 128 [fol. 92].

Wissen setzte er politisch ein, wie sich an den Schilderungen seiner Eroberungen zeigen lässt: Die detaillierte Beschreibung von Geschichte, Architektur und Natur seiner drei großen Errungenschaften Samarkand, Kabul und Indien diente seinen (potentiellen) Rezipienten – seinen Gefolgsleuten – als Möglichkeit zur Identifikation mit den eroberten Ländern. Diese Länder, vor allem Kabul und Indien, mussten ihm und seinen Gefolgsleuten aufgrund der kulturellen Unterschiede zunächst fremd erscheinen. Es ist denkbar, dass einzelne Textstücke aus diesen enzyklopädischen Schilderungen dem Gefolge in der Funktion einer ‚poetischen Landnahme‘ vorgelesen wurden, um ihnen die Identifikation mit den neu errungenen Landstrichen zu erleichtern. Eine weitere Funktion besteht darin, sie über die Eroberungen zu informieren.[164] Dieses Wissen erscheint hier weniger als Bestandteil der allgemeinen Bildung und dient eher der Zweckerfüllung. Dem Machtstreben wird es untergeordnet dargestellt.

Das neue Herrschaftsgebiet Indien beschreibt Babur in seiner Autobiographie auch im Bereich der Gelehrsamkeit als defizitär. Er spricht den Indern sämtliches Wissen, Talent und Fertigkeiten ab, das er seiner Dynastie vorher zugeschrieben hatte:

> Hindustān kamliṭāfat yer vāqiʿ boluptur. Elidä ḥusn yoq, va ḥusn-i ixtilāṭ u āmeziš u āmaduraft yoq, va ṭabʿ u idrāk yoq, va adab yoq, va karam u muruvvat yoq, va hunar-larıda va išläridä siyāq u andām u raja u gūnyā yoq, va yaxšı at yoq, va yaxšı et yoq, va üzüm va qavun va yaxšı mevalär yoq. Yax yoq, va savuq su yoq, va bāzārlarıda yaxšı aš va yaxšı nān yoq, va ḥammām yoq, va madrasa yoq. Šamʿ yoq va mašʿal yoq, šamʿdān yoq. [...] Daryālarıdın va qara sularıdın özgä kim jarlar va čuqurlarda aqadur, bāg u ʿimārātıda aqarlar yoq, va ʿimāratlarıda ṣafā u havā, andām u siyāq yoq.[165]

Die Inder besitzen Babur zufolge also kein Adab („adab yoq"). Das ist in diesem Zusammenhang vor allem auf das Verhaltensideal bezogen. Auf einem der wichtigsten Interaktionsfelder Baburs und seiner Gefolgsleute, der Dichtung, besäßen sie ebenfalls kein Talent, so die Darstellung im *Baburnama*. Die indische Kriegsführung kritisiert Babur hier zunächst indirekt, er wird in einer späteren Textstelle jedoch deutlicher in seiner Wertung: „Bi Hindustān[166] eli, ʿalāʾl-xuṣūṣ Afġānlar, ʿajab hoš u xiraddın yıraq va raʾy u tadbīrdın qıraq ellär bolur emiš – nê yaġılıq yürüš va

---

164 Die Beschreibung Hindustans etwa ist in kleinere thematische Abschnitte unterteilt, die sich zum Vorlesen gut eigneten. Vgl. Thackston, *The Baburnama*, S. 330-353 [fol. 270-293b].

165 In englischer Übersetzung: „Hindustan is a place of little charm. There is no beauty in its people, no graceful social intercourse, no poetic talent or understanding, no etiquette, nobility, or manliness. The arts and crafts have no harmony or symmetry. There are no good horses, meat, grapes, melons, or other fruit. There is no ice, cold water, good food or bread in the markets. There are no baths and no madrasas. There are no candles, torches, or candlesticks. [...] Aside from the streams and still waters that flow in ravines and hollows, there is no running water in their gardens or palaces, and in their buildings no pleasing harmony or regularity." Thackston, *The Baburnama*, S. 350f. [fol. 290bf.].

166 Dieses Wort wurde von Thackston in seiner Ausgabe auf Basis der persischen Übersetzung korrigiert.

turušın qıla aldılar, nê dostluq rāh, u ravišin bilä aldılar.“[167] Ihre Künste und ihr Handwerk kritisiert er in ihrer Gesamtheit, dazu die Ästhetik ihrer Architektur.

Über diese Defizite hinaus zeigt die Textstelle ex negativo auch die Idealvorstellung Baburs von einem guten Leben, bei dem sich Gelehrsamkeit und Genuss verbinden: Gutes Essen, gute Unterhaltung, ein angenehmes Klima und ästhetische Formgebung gehören für ihn dazu. Der fließende Übergang zwischen Genuss und Gelehrsamkeit wird in dieser Textstelle deutlich: Kulinarische und ästhetische Freuden basieren auch auf dem Wissen um deren Gestaltung, das Babur den Indern allerdings abspricht.

Neben dieser Idealvorstellung formuliert Babur im *Baburnama* weitere Maßgaben – etwa bei kriegerischen oder ästhetischen Leistungen. Seine rhetorischen Mittel dafür sind Vergleiche und Bewertungen. Die Textstellen, in denen Babur Kritik äußert, sind Legion. Er schreckt nicht davor zurück, zeitgenössisch hoch angesehene Künstler wie Bihzad oder Ali-Sher Beg Nawa'i zu beurteilen.[168] Selbst seinen eigenen Sohn kritisiert er hart für dessen Schreibstil.[169] Lediglich vor Jami, dessen Ruhm er anerkennt, macht er mit seiner Kritik Halt: Ihn beschreibt er – wie bereits erwähnt – gar nicht erst näher.[170] Mit Hilfe der beiden rhetorischen Mittel der Bewertung und des Vergleichs bringt sich Babur selbst in eine Machtstellung: Seine eigene Eroberung Samarkands vergleicht er mit der Einnahme Herats durch Sultan-Husayn Mirza und findet zahlreiche Gründe, warum seine Verdienste höher einzuschätzen seien als die des Mirzas.[171] Babur nimmt sich das Recht zu urteilen und eine Richtschnur zu spannen. Wie seine Bewertungsmaßstäbe konkret aussehen, beschreibt er meist nicht.[172] Auf diese Weise macht er die Machtposition, von der aus er urteilt, unangreifbar.

Nicht nur mit rhetorischen Mitteln schafft Babur Exklusivität, auch die Wissensvermittlung selbst geschieht unter Zugangsbeschränkungen: Die Schüler-Lehrer-Beziehungen, in denen Wissensweitergabe erfolgt, bilden exklusive Strukturen.[173] Das Prestige der Ausbildung bemisst sich dabei an der Reputation der Lehrer.[174] Der Zugang zu den Majālis, auf denen das Urteilsvermögen der Teil-

---

[167] In englischer Übersetzung: „These Hindustan people, especially the Afghans, are amazingly devoid of sense and wisdom and far off the path of tactics and strategy. Neither were they able to come out and make a stand like an enemy nor did they know how to adhere to the path of amity.“ Thackston, *The Baburnama*, S. 279 [fol. 226bf.].

[168] Vgl. Thackston, *The Baburnama*, S. 226 [fol. 181b] (Bihzad), S. 213f. [fol. 170bf.] (Nawa'i).

[169] Vgl. Thackston, *The Baburnama*, S. 413f. [fol. 349f.].

[170] Die Gründe, weswegen er Jami nicht kritisiert, wohl aber Nawai und Bihzad, deren Ruhm vergleichbar groß gewesen sein dürfte, werden nicht deutlich.

[171] Vgl. Thackston, *The Baburnama*, S. 122 [fol. 85ff.].

[172] Über Nawa'is persische Verse schreibt er lediglich, sie seien „not bad but most are flat and of low quality.“ Thackston, *The Baburnama*, S. 203 [fol. 171].

[173] Zu ihnen gehören auch die bereits erwähnten Beziehungen Baburs zu den Sufi-Khwajagan.

[174] Vgl. Subtelny, *The Curriculum of Islamic Higher Learning in Timurid Iran in the Light of the Sunni Revival under Shāh-Rukh*, S. 217.

nehmer bei der Rezitation von Literatur und dem Vortrag von Musik geschärft wird, ist ebenfalls üblicherweise beschränkt,[175] wie es sich auch in einem Vers aus dem *Baburnama* widerspiegelt: „Aḥbāb ki bazmıda gulistān xas tur, / yoq lik alar bazmıda bizgä dastūr. // Ol jamˁda gar ḥużur u[176] jamˁiyyat bar, / yüz šukr bu jamˁ beḥużūr ermästür.“[177]

Neben den Schüler-Lehrer-Beziehungen und den Majālis stellt auch der Orden der Naqshbandiyya einen exklusiven Ort der Wissensvermittlung dar. Die Exklusivität von Wissen wurde also sowohl in säkularen als auch in religiösen Zusammenhängen gesichert. Die genannten sozialen Formen sind durch eine scharfe Trennung von Teilnehmenden und Außenstehenden gekennzeichnet und der Zugang ist strikt reguliert.[178] Es findet eine Selektion statt, an wen das Wissen weitergegeben wird, und an wen nicht. Dass die Wissensweitergabe Regulierungen unterlag, zeigt eine Äußerung Baburs, der anerkennt, dass ein Schüler Jamis andere Mullās an seinem Wissen teilhaben ließ: „Harkimni mullā desälär, anıng alıda juzv tartmaqdın[179] ˁārı yoq edi.“[180] Diese Äußerung impliziert, dass ein anderes Verfahren durchaus üblich war und der Status als Mullā zum Wissensempfang qualifizierte.

Die außergewöhnliche Wissensfülle Baburs, die er sich im Text indirekt selbst zuschreibt, soll ihn als erinnerungswürdig darstellen. Adab und Genussfähigkeit gehören zu dem Herrscherideal, das Babur zu repräsentieren beabsichtigte. Mit der Formulierung des Ideals antwortet Babur auf Idealvorstellungen aus Fürstenspiegeln und stellt sich in deren Tradition. Baburs Beschäftigung mit den verschiedenen Wissensgebieten drückt seine Wertschätzung für ihre Tradition und die Gefolgsleute aus, die auf den einzelnen Gebieten Experten waren. Gleichzeitig sichert er auf diese Weise im *Baburnama* dynastierelevantes Wissen und legt eine Art Wissenskanon fest. Er schützt und archiviert also Wissensbestände.[181]

---

[175] Auf eine entsprechende Anekdote, die Subtelny wiedergibt, wurde bereits verwiesen. Vgl. Subtelny, *Scenes from the Literary Life of Timūrid Herāt*, S. 149f. Auch auf einigen persischen Miniaturen werden Majlis-Szenen abgebildet: Ihre Exklusivität wird auf den Bildern durch die Darstellung von Wächtern angedeutet, die die mit Mauern umgebenen Gärten schützen, die als Ausrichtungsort der Majālis dienen.

[176] Dieses Wort ist von Thackston in seiner Ausgabe auf Basis der persischen Übersetzung (und der Ausgabe Ilminskys) hinzugefügt worden.

[177] In englischer Übersetzung: „We have no invitation into the assembly of those beloved ones at whose banquet a rose garden is but chaff. / If there are ease and comfort in that gathering, a hundred thanks that this gathering is not indisposed." Thackston, *The Baburnama*, S. 287 [fol. 237].

[178] Vgl. Paul, *Die politische und soziale Bedeutung der Naqšbandiyya*, S. 72-76.

[179] Die beiden Wörter „juzv" und „tartmaqdın" wurden von Thackston in seiner Ausgabe auf Basis der persischen Übersetzung korrigiert.

[180] In englischer Übersetzung: „He had no objection to letting anyone who called himself mulla copy his notes." Thackston, *The Baburnama*, S. 222 [fol. 178b].

[181] Baburs Sorge um seine Wissensbestände macht er im *Baburnama* im Kontext eines Monsunsturms deutlich: Als dieser sein Zelt zerstört und seine Bücher und Manuskripte durch-

Zu diesen Beständen zählen auch Informationen über wirtschaftliche Ressourcen, die durch das *Baburnama* an die Nachkommen weitergegeben werden sollten. Dazu gehören Angaben über Einkünfte aus verschiedenen Gebieten Indiens ebenso wie die Beschreibung von Jagdgebieten oder die Qualität von Früchten und der Umfang ihrer Erträge.[182] Die Wissensbestände sind nicht nur wirtschaftlicher Natur, sondern auch geschichtlicher, künstlerischer, geographischer, astronomischer, medizinischer, kulinarischer oder ökologischer Herkunft.

Nach einer Zeit dichterischer, religiöser und militärischer Reife stellt sich Babur in indirekter Weise als gelehrter Herrscher dar. Über die Betonung der Defizite der Inder tritt ex negativo Baburs Vorstellung eines Herrscherideals zutage, das er versucht zu erfüllen. Er interessiert sich für fast alle Bereiche des Wissens und behandelt Wissensformen meist gleichrangig, räumt jedoch der Literatur eine herausragende Position unter ihnen ein. Sein Wissenserwerb dient ihm der Machtsicherung. Seine eigene Machtposition macht er rhetorisch unangreifbar und präsentiert sich als Mittelpunkt exklusiver Wissensgemeinschaften.

8.2.2.2 Der literarisch Handelnde

Das herausragende Kunstsystem, in dem Babur mit seinen Gelehrten kommunizierte, war die Literatur. Die meisten Gefolgsleute, die Babur als dem inneren Zirkel eines Herrschers angehörig beschreibt, werden als literarisch gebildet und häufig auch dichterisch tätig dargestellt. Zwischen der Gelehrsamkeit und der Literatur herrschte eine enge Verbindung: Das Beherrschen der poetischen Regeln galt als Ausweis der eigenen Gelehrsamkeit und Kultiviertheit.[183] Die Treue zu den etablierten Mustern in Stil und Ästhetik stammte auch aus der Ausbildung der Literaten, die oft eine hohe Anzahl an überlieferten Versen memorieren mussten.[184]

Besaß ein Herrscher wie Babur literarische Kenntnisse und Fähigkeiten, konnte sich entlang des gemeinsamen Wissensbestands zwischen ihm und seinen Gelehrten ein eigenes Gruppenbewusstsein herausbilden, mit dem die gegenseitige Loyalität gestärkt wurde.[185] Zu dem gemeinsamen Wissensbestand gehören die

---

nässt, ruhen er und seine Leute nicht eher, bevor sie nicht die Papiere und Bücher zum Trocknen gebracht haben. Vgl. Thackston, *The Baburnama*, S. 440 [fol. 376b].

[182] Vgl. Thackston, *The Baburnama*, S. 278 [fol. 225b], S. 230 [fol. 184b], S. 35 [fol. 1].

[183] Vgl. Losensky, *Welcoming Fighani*, S. 140.

[184] Vgl. de Bruijn, *[Art.] Iran, vii. Literature*, S. 55f.

[185] Dem ist hinzuzufügen, dass gute Bildung im Kulturraum des mittelalterlichen Islam in der Bevölkerung verhältnismäßig weit verbreitet war. Das galt wohl auch für die literarischen Kenntnisse, die in Baburs Kulturraum Verbreitung fanden. Um Exklusivität und das angesprochene Gruppenbewusstsein herauszubilden, waren daher abgeschlossene Orte wie die Maǧālis vonnöten. Potentiell konnten Bildung und Literatur aber aufgrund ihrer Verbreitung auch gewissermaßen als Brücke zwischen den einzelnen Bevölkerungsteilen wirksam werden. Vgl. Berkey, *Transmission of Knowledge*, S. 217.

bereits klassisch gewordenen Texte der persischen Literatur (etwa die *Khamsa* von Nizami, das *Shahnama* Firdawsis und die Werke Saʿdis). Weitere klassische Werke, an die Babur anspielt oder aus denen er zitiert, stammen von Hafiz, ʿAttar oder gehören zur persischen Historiographie.[186] Aber auch die Literatur zeitgenössischer Autoren wie Nawaʾi[187] und Jami zählt zum Wissensbestand.

Das *Baburnama* ist durchsetzt mit Anspielungen und Zitaten auf die erwähnten Texte.[188] Die im *Baburnama* zutage tretenden literarischen Muster dienten unter anderem dazu, verschiedene Facetten des Herrschers zu betonen. In fast allen Fällen wurde dabei auf zu Klassikern gewordene Werke zurückgegriffen.[189] Spielte Babur auf diese Texte an, konnte er davon ausgehen, dass seine Gelehrten diese Anspielungen verstanden.

Vom Genre her handelt es sich bei den genannten Klassikern nicht um genuine Fürstenspiegel, da sie nicht primär und paränetisch an einen Herrscher gerichtet sind. Als literarische Werke vermitteln sie aber ebenfalls ideale Vorstellungen von einem Machthaber, jedoch meist auf eine eher indirekte Weise:[190] Ein Zitat aus dem *Gulistan* fügt Babur etwa als Bekräftigung seiner Auffassung darüber ein,

---

186 Zu den literarischen Einflüssen auf das *Baburnama* vgl. Dale, *Steppe Humanism*, S. 41f.

187 Nawaʾis *Majalis al-nafayis*, also die Dichterbiographie (Tadhkira), könnte Vorbild für die kurze Beschreibung der Gefolgsleute gewesen sein, die Babur anfertigte. Eine Beschreibung des *Majalis al-nafayis* findet sich bei Subtelny, *The Poetic Circle*, S. 19ff.

188 In den vergangenen Kapiteln wurde bereits auf einige Funktionen der Anspielungen hingewiesen, etwa auf die aus dem Shahnama Firdawsis, dem Gulistan Saʿdis oder den Texten Haft Paykar und Layli und Majnun von Nizami. Vgl. Kapitel 7.2.2.2 (*Shahnama*), Kapitel 7.2.1.4 (*Gulistan*) und Kapitel 6.2.2.2 (*Layli und Majnun* und *Haft Paykar*). Auch auf Parallelen zur ʿAttars Vogelgesprächen und der literarischen Verarbeitung des Paars Mahmud von Ghazni und Ayaz wurde aufmerksam gemacht. Zu Mahmud von Ghazni und Ayaz vgl. Kapitel 5.2.2.4. Zu ʿAttars Vogelgesprächen vgl. Rzehak, Baburs Selbststilisierung als (mystisch) Liebender im Baburnama, S. 274f. Anspielungen an die Dichtung Hafiz' wurden ebenfalls analysiert. Vgl. Kapitel 6.2.2.2.

189 Mit Hilfe der literarischen Klassiker inszeniert sich Babur als mystisch Liebender, der den Glaubenspfad zu einer Vereinigung mit Gott verfolgt (*Layli und Majnun*). Dann dienen sie ihm der Verortung in ein ethisches Wertegerüst, eines Bekennens zum Adab (*Gulistan*). Schließlich verwendet er literarische Anleihen in Kriegszusammenhängen, um etwa die Beschreibungen der Kämpfe zu poetisieren (*Shahnama*). Im Zusammenhang mit herrschaftspraktischen Überlegungen bemüht Babur mit der Literatur eine Autorität, die mit Erfahrungswerten aufwartet (*Shahnama*). Außerdem markiert er mit literarischen Anspielungen verschiedene Stationen auf seinem Lebensweg (*Haft Paykar* und Hafiz). Der *Gulistan* und der *Bustan* Saʿdis und auch das *Shahnama* Firdawsis spiegeln zudem eine tradierte Herrscheridee wider, nach der Babur seine Selbstdarstellung formt und an die er ebenfalls mit Zitaten aus diesen Texten anspielt.

190 In den genannten Werken ist die Herrscheridee Bestandteil der Erzählung und kann durch eine Analyse herausgearbeitet werden. In einem genuinen Fürstenspiegel wie etwa dem *Qabusnama* werden hingegen direkte Handlungsvorgaben an den Herrscher formuliert.

dass Herrschaft unteilbar sei.[191] Ein anderes Mal kommentiert er resigniert das illoyale Verhalten einer seiner Gefolgsmänner mit einem Vers von Saʿdi.[192]

Babur verquickt durch die zahlreichen Zitate aus den literarischen Werken seine eigene Lebensdarstellung mit der Literatur, sodass Fakten und Fiktionen miteinander vermischt werden. Er demonstriert seinen eigenen routinierten Umgang mit der klassischen Literatur, indem er Zitate und Anspielungen in sein Werk einfügt. Seine Parodien auf berühmte Verse[193] oder seine Verweise auf Ähnlichkeiten zwischen einzelnen Versen[194] weisen ihn als Literaturexperten aus.

Insgesamt gesehen ist Baburs Selbstzeugnis von zwei entgegengesetzten Tendenzen geprägt: Zum einen richtet er seinen Text an ein elitäres Publikum, das – wie gezeigt – eine umfassende literarische Bildung aufweisen musste, um sämtliche Zitate zuordnen und Andeutungen verstehen zu können.[195] Zum anderen plädiert er jedoch dafür, in einem einfachen, leicht verständlichen Prosastil zu schreiben. Seinen Sohn kritisiert er etwa für einen verschlungenen Schreibstil, den er mit einem Rätsel vergleicht.[196] Ihm schwebte vermutlich der eigene Stil als Ideal vor. Grundsätzlich sollte ein Text über eine Verstehensebene verfügen, die leicht verständlich war. Möglicherweise eignete sich dieser schlichte Prosastil für Vorlesesituationen, an denen die turkomongolische Kriegerelite teilnahm.

Mit der Verwendung der beiden unterschiedlichen Techniken – des Einflechtens literarischer Zitate und des unkomplizierten Prosastils – konnte Babur eine umfassende Rezipientenorientierung erreichen, die alle Gefolgsleute, Gelehrte und Krieger, mit einschloss. Auch die Verwendung der Sprache passt dazu: Ver-

---

191 Vgl. Thackston, *The Baburnama*, S. 228 [fol. 183].

192 „Brackish earth does not yield hyacinths, so waste not seeds of hope therein. / Doing good to the evil is as bad as doing evil to the good." Thackston, *The Baburnama*, S. 244 [fol. 197].

193 „How happy that time when, unbridled and unconstrained, / we spent a few days in Gulkana with persons of ill repute." Thackston, *The Baburnama*, S. 169 [fol. 128b]. Beveridge (*The Bābur-Nāma in English*, S. 201, Anm. 1) vermutet, Babur beziehe sich hier parodistisch auf folgenden Ġazal aus dem *Dīvān* von Hafiz: „O Zāhid! pass from the circle of profligates to safety: Lest ruined make thee, the society of – some ill of fame." Aus der Übersetzung von Wilberforce Clarke, *The Dīvān-i-Ḥafiz*, S. 286.

194 Vgl. Thackston, *The Baburnama*, S. 250 [fol. 164]. Babur vergleicht einen Vers von Sultan-Husayn Mirza mit einem von Jami.

195 Gelehrsamkeit war auch bei verschlüsselten Textsorten vonnöten, die sich bei den Timuriden und damit auch bei Babur großer Beliebtheit erfreuten. So traf etwa das Rätsel den timuridischen Literaturgeschmack. Es gab sogar eigens Rätselmacher, die sich damit beschäftigten, Rätsel zu erdenken. Vgl. Thackston, *The Baburnama*, S. 224 [fol. 180b] u. ö. Ebenso war das Chronogramm beliebt, mit dem Daten verrätselt wurden. Vgl. Thackston, *The Baburnama*, S. 387 [fol. 325] u. ö. Babur entwickelte eine Geheimschrift, die Baburi-Schrift, mit der er Verschlüsselungen vornahm, die nur Eingeweihten verständlich waren. Die Schrift verwendet er im *Baburnama* zwar nicht, erwähnt sie dort aber verschiedentlich. Vgl. Thackston, *The Baburnama*, S. 186 [fol. 144b] u. ö.

196 Vgl. Thackston, *The Baburnama*, S. 413 [fol. 349b].

fasst Babur seine ersten Verse noch auf Persisch und lässt so seinen gelehrten Hintergrund erahnen,[197] schreibt er später fast ausschließlich auf Tschagataisch, der Sprache der Kriegerelite. Es ist zu vermuten, dass die Gelehrten die Turksprache ebenfalls verstanden,[198] jedoch bedeutete die Verwendung des Tschagataischen ein besonderes Bemühen um die Loyalität der Krieger von Seiten Baburs.

Eine besondere Form der Ansprache an seine Gefolgsleute wählt Babur, wenn er seine Aussagen betonen will: Er wechselt dann von der Prosa- in die Versform. Das ist etwa der Fall, wenn er eine Aufforderung an seine Gefolgsleute formuliert,[199] wenn er an ihren Gemeinschaftssinn appelliert,[200] ihnen Mut macht[201] oder sich mit ihnen auseinandersetzt. Die Montagetechnik von Lyrik in der Prosa erfüllt noch weitere Zwecke: Die Verse an ausgewählten erzählerischen Passagen übernehmen kommentierende,[202] unterstreichende[203] oder sogar autorisierende[204] Funktionen im Text.[205] Die Lyrik dient in diesen Fällen als Beglaubigung der Erzählpassagen in Prosa.

Als sein enger Vertrauter Khwaja Kalan sein Gefolge verlässt, weil er – so Babur – Hindustan verabscheut, drückt Babur in Versform und der Sprache der mysti-

---

[197] Dale vermutet, dass Babur zwar während seines Heranwachsens in Andizhan fast ausschließlich von Sprechern des Tschagataischen umgeben war, dass Dichtung (in Versform) aber größtenteils auf Persisch vorgetragen wurde. Das mag der Grund sein, weswegen die ersten dichterischen Versuche in der Sprache erfolgten, die Babur mit dem Dichten assoziierte. Vgl. Dale, *The Garden of the Eight Paradises*, S. 256.

[198] Mit Ali-Sher Beg Nawaʾi dichtete auch ein weiterer bedeutender Timuride auf Tschagataisch. Wie bereits eingangs der Arbeit ausgeführt, bereitete Nawaʾi mit seinem Traktat *Muhakamat al-lughatain* den Boden dafür, dass Tschagataisch unter den Gelehrten an Ansehen gewann.

[199] Er bittet drei seiner Gefolgsleute in Versform darum, zu ihm zu reisen. Vgl. Thackston, *The Baburnama*, S. 442 [fol. 378b].

[200] Dichtung und Qazaqlıq dienen der timuridischen Identitätsstiftung und der Stiftung von Gemeinschaft. Vgl. Thackston, *The Baburnama*, S. 241 [fol. 193b]. Zum Zusammenhang zwischen Qazaqlıq und Identitätsstiftung vgl. Subtelny, *Timurids in Transition*, S. 28ff.

[201] Vor dem ‚Heiligen Krieg' gegen die Hindus richtet sich Babur an seine Gefolgsleute und beschwört in Versen ihren Mut. Vgl. Thackston, *The Baburnama*, S. 377 [fol. 314b].

[202] Babur kommentiert die Ermordung eines Überläufers zu Shaybani Khan mit einem Vers. Vgl. Thackston, *The Baburnama*, S. 249 [fol. 201b]. Derselbe Vers dient ihm schon früher als Kommentar einer Ermordung eines unliebsamen Gefolgsmannes. Vgl. Thackston, *The Baburnama*, S. 201 [fol. 160]. Auch die Verwendung von Sprichwörtern kommt dieser Kommentar-Funktion nahe.

[203] Dass Babur bei einem Kampf ohne Blessur davon gekommen sei, verdanke er Gott, so lautet es in der Prosa. Das unterstreicht er durch einen eingefügten Vers. Vgl. Thackston, *The Baburnama*, S. 246 [fol. 199].

[204] Die Scheidung Sultan-Husayn Mirzas von seiner Frau Bikä Sultan Begim findet Rechtfertigung bei Babur mit einem Verszitat von Saʿdi. Vgl. Thackston, *The Baburnama*, S. 211 [fol. 169].

[205] Generell ist zur Montage von Lyrik in der Prosa zu sagen, dass dies keine spezielle literarische Technik Baburs war, sondern dass dies in der persischen Geschichtsschreibung als gewöhnliche Technik verwendet wurde.

schen Dichtung seinen Trennungsschmerz aus.[206] In seiner Lyrik setzt Babur den Khwaja an die Stelle der göttlichen Instanz, mit der er im Sinne der Mystik Vereinigung anstrebt. Da das Leiden, das Babur durch den Weggang des Khwajas widerfährt, als Bestandteil der Sufi-Identität gilt, der sich Babur zugehörig fühlt, gelingt es ihm, den illoyalen Weggang seines Gefolgsmannes anhand eines literarischen Musters umzudeuten. Es erscheint nun als Notwendigkeit, Leid zu ertragen, um die Vereinigung mit Gott zu erreichen.[207] Politische Schwäche wird einmal mehr durch literarische Gestaltung in einem neuen Kontext sinnstiftend umgedeutet.

Baburs Autorschaft und das Dichten im Gefolgschaftskreis ist – so spiegelt es sich im *Baburnama* wider – agonal geprägt: In der Gemeinschaft wird eine dichterische Aufgabe erdacht, die dann von den Gefolgsleuten um die Wette gelöst wird.[208] Der Wettkampfgedanke prägte auch die Majālis, auf denen Dichtung rezitiert wurde. Aus den teilnehmenden Gefolgsleuten bildete sich durch das Gemeinschaftserleben und den gemeinsamen Kulturgenuss ein innerer Zirkel heraus, der den Herrscher umgab. Die Literaturkritik, die auf den Veranstaltungen geübt wurde, und die auch im *Baburnama* zutage tritt, ist an der Schnittstelle von Politik und Dichtung angesiedelt. Der Wettkampfgedanke, der der Kritik zugrunde lag, konnte Konkurrenzkämpfe unter den Gefolgsleuten entfachen. Diese Kämpfe wurden mit den Mitteln der Literatur ausgetragen, betrafen aber auch die Politik. Mit Hilfe von Bewertungen anderer Dichter und Vergleichen mit anderen Herrschern nimmt Babur soziale und politische Selbstverortungen vor.

Die Kommunikation zwischen Herrschern im Medium der Literatur fand nicht nur auf die genannte agonale Weise statt: Auch Aufforderungen zum Koalieren wurden dichterisch übermittelt. So sendet Babur seinen *Dīvān* an Pulad Sultan und versieht die Rückseite des Buches mit Versen, in denen er auf seine Bereitschaft aufmerksam macht, ein militärisches Bündnis einzugehen.[209]

Ein Zusammenhang zwischen der politischen Situation und dem Kunstsystem spiegelt sich auch in der Ästhetik der Literatur der Zeit wider. Babur und seine Gelehrten übten praktische Fähigkeiten des Dichtens: Sie studierten ein, wie Verse nach formalen Vorgaben, also etwa dem Metrum, erwartungsgemäß zusammengesetzt werden. Sie kompilierten Werke, meist in Form eines Dīvāns, aus ih-

---

[206] Vgl. Thackston, *The Baburnama*, S. 272 [fol. 219]. Zu einer weiteren Auseinandersetzung zwischen Babur und Khwaja Kalan in Versform vgl. Thackston, *The Baburnama*, S. 355 [fol. 295b].

[207] Weitere Verse, die auf diese Weise gedeutet werden können, dichtet Babur, als ihn weitere Gefolgsleute in Indien verlassen, um nach Kabul zurückzukehren. Vgl. Thackston, *The Baburnama*, S. 391-392 [fol. 329b-330].

[208] Vgl. Thackston, *The Baburnama*, S. 312 [fol. 252b].

[209] Vgl. Thackston, *The Baburnama*, S. 291 [fol. 237bf.].

rer eigenen oder der Dichtung anderer Timuriden.[210] Diese literarischen Tätigkeiten trugen zum Archivieren des Formen- und Themenbestands sowohl der zeitgenössischen timuridischen Dichtung (in persischer oder tschagataischer Sprache) als auch der klassischen persischen Dichtung bei. Auch in der zeitgenössischen Dichtung wurde oft auf die klassische Literatur zurückgegriffen.[211]

Durch das Einflechten der verschiedenen Texte in sein Selbstzeugnis betreibt Babur Kultursicherung: Er legt über einzelne Zitate und Anspielungen eine Art literarischen Kanon fest, den er in seinem Selbstzeugnis überliefert. Mit Hilfe der Zitate, die jeweils verschiedene Aspekte des Herrschers betonen, fixiert er darüber hinaus ein spezifisches Herrscherideal. Literarischer Kanon und Herrscherideal werden durch Baburs Konservierungsbemühungen autorisiert und weitertradiert. Diese Fixierungen können als ästhetisch-künstlerische Gegenstrategie zu den politischen Gefährdungen gesehen werden, die dem Kanon und dem Ideal schaden konnten.

Baburs Gründe für das Verfassen des *Baburnama* scheinen indes nicht nur politisch zweckgerichteter Art gewesen zu sein. Sein Weg auf dem Sufipfad wird durch verschiedene Schreibprozesse begleitet, die ihn beim Streben nach religiöser Erkenntnis und Weiterentwicklung unterstützen. Das Verfassen der religiösen Texte *Mubayyan* und *Walidiyya* etwa dienten ihm zur Selbsterkenntnis, Bekehrung und Therapie. Im Kontext des Sufipfades gehört diese Zeit zur Abwendung von allem Sündhaften und Weltlichen, das auf dem ersten Abschnitt des Pfades praktiziert werden soll.[212]

Beide Arten zu schreiben, die politisch zweckgerichtete und die religiös motivierte, richteten sich sowohl nach außen an eine Gruppe von Rezipienten als auch nach innen an Babur selbst. Wirkungen im oben beschriebenen Sinne sollte der Text bei den Gefolgsleuten, bei anderen Herrschern und bei den Nachfahren entfalten. Für sich selbst, so stellt Babur es dar, bedeutete das Schreiben religiöse Weiterentwicklung. Die Darstellung dieser Weiterentwicklung wirkte dann wiederum auf die genannte Rezipientengruppe.

Babur agiert in den bisher direkt oder indirekt beschriebenen literarischen Handlungsrollen als Rezipient, Kritiker und Autor sowie als Mäzen.[213] Seine Rolle als Mäzen wird ihm durch ökonomisches Kapital ermöglicht, das ihm im Verlaufe seines Lebens im zunehmenden Maße zur Verfügung steht, wie es das *Baburnama* zeigt. In frühen Jahren ersetzt Babur noch die Darstellung eigener Kulturförderung durch die Kritik an der Mäzenatenschaft anderer Herrscher: Ziel seiner Kritik ist etwa Sultan-Husayn Mirza, in dessen Gefolgschaft sich Nawaʾi be-

---

[210] Babur etwa stellte eine Auswahl aus Ali-Sher Beg Nawaʾis vier Dīvānen zusammen, die er nach dem Metrum ordnete. Vgl. Thackston, *The Baburnama*, S. 303 [fol. 248b].

[211] Zur Ästhetik der timuridischen Literatur allgemein vgl. Losensky, *Welcoming Fighani*.

[212] Vgl. Kapitel 6.2.2.2.

[213] Vgl. Kapitel 2.2.2.2.

fand. Babur lobt Nawaʾi für seine großzügige Mäzenatenschaft[214] und greift damit gleichzeitig indirekt Sultan-Husayn Mirza an: Da Nawaʾi sich eigentlich in der Gefolgschaft des Sultans befand, wäre er üblicherweise Ziel der Zuwendungen des Herrschers gewesen (und nicht anders herum). Insgesamt erhöht Babur die Darstellung seiner Lebensleistungen durch diese Art der Vergleiche, da er seine Ausgangsbedingungen als deutlich schlechter als die anderer Herrscher schildert.

Den Wechsel eines Dichters vom Hof Shaybani Khans an seinen Hof nutzt Babur, um gegen seinen Erzfeind zu sticheln. Babur tritt mit dem Dichter Bannaʾi in einen poetischen Dialog: Bannaʾi bittet Babur darin – wie es üblich ist – um materielle Zuwendung. Gleichzeitig stellt sich der Dichter als mittellos dar.[215] Babur hat zuvor im Text bereits angemerkt, dass sich Bannaʾi vorher am Hof Shaybani Khans aufgehalten habe. Die Darstellung der Mittellosigkeit des Dichters kann daher nicht nur als literarischer Topos, sondern auch als Diskreditierung des Usbekenführers als geiziger Mäzen gelesen werden, der seine Dichter nicht ausreichend entlohne.

Die Literatur wird von Babur – das zeigt das *Baburnama* – häufig zweckgerichtet verwendet. Sie erfüllt für ihn politische und religiöse Funktionen, und er kommuniziert mit ihrer Hilfe mit seinen verschiedenen Gefolgschaftsgruppen. In dieser nach außen gerichteten Kommunikation versucht er sich mit seinem Gefolge zu vergemeinschaften und ihnen Identifikationsangebote zu unterbreiten.

8.2.2.3 Das Verhältnis von Religion, Kunst und Wissenschaft

Von Baburs Ahnen Ulughbeg, dem im *Baburnama* viel Wertschätzung entgegengebracht wird, ist bekannt, dass er aufgrund seines weltlichen Erkenntnisstrebens in den Bereichen der Astronomie und der Naturwissenschaften während seiner Regierungszeit in einen Konflikt mit der religiösen Elite Samarkands geriet. In Baburs Beschreibung der Errungenschaften Ulughbegs, die er in das *Baburnama* einfügt, ist dieser Streit jedoch ausgeklammert.[216] Das kann als Indiz dafür gewertet werden, dass Babur sich um einen Ausgleich zwischen den Repräsentanten der weltlichen Wissenschaften und der Religion bemühte. Dafür spricht ebenfalls, dass er bei den Kurzcharakterisierungen, die er von seinen Gefolgsleuten oder seinen Verwandten im *Baburnama* anfertigt, neben den künstlerischen oder wissenschaftlichen Talenten auch stets Besonderheiten der religiösen Bildung oder Glaubensausübung mit aufzählt,[217] die er gleichberechtigt neben den künstleri-

---

214 Vgl. Thackston, *The Baburnama*, S. 214 [fol. 171].
215 „I have neither grain on which to be nourished / Nor grain sack with which to be clothed. / How can he who has neither food nor clothing / Devote himself to learning and art?" Thackston, *The Baburnama*, S. 123 [fol. 87].
216 Vgl. Thackston, *The Baburnama*, S. 84f. [fol. 46f.].
217 Babur erwähnt etwa, wenn einer der Verwandten oder Gefolgsleute den Grad eines Mullās erreichte, wenn einer den *Koran* abschrieb oder eine Zusammenstellung ähnlicher *Koran-*

schen Begabungen nennt. Aufgrund der dem *Baburnama* zugrunde liegenden Struktur des Sufipfades ist allerdings davon auszugehen, dass die Religion für Babur eine wichtige Grundlage für andere intellektuelle Beschäftigungen darstellt.[218]

Im *Baburnama* deutet sich ein möglicher Konflikt zwischen weltlichen und religiösen Tätigkeiten an. Wie bereits kurz erwähnt, finden sich in einigen anderen timuridischen Texten Rechtfertigungen und religiöse Gegenargumente gegen die *Koran*-Sure 26,224, in die eine ablehnende Haltung gegenüber den Dichtern hinein gelesen werden kann.[219] Im *Baburnama* wird keine Reserviertheit gegenüber der Dichtung deutlich und es findet sich auch keine Rechtfertigung dafür, zu dichten. Beim Dichten obszöner Verse überfällt Babur allerdings Reue, weil ihm sein Handeln als Verstoß gegen religiöse Vorschriften erscheint.[220] Grundsätzlich scheint ihm also das Konfliktpotential zwischen weltlichen und religiösen Tätigkeiten bewusst zu sein.

Wie bereits festgestellt wurde, bemühte sich Babur nicht nur darum, sich als belesener und religiöser Herrscher darzustellen, sondern er wollte als universalgelehrt gelten wie Jami. Dieses Streben nach Perfektion vereinte Gelehrte und Sufis, bei denen es zu Überschneidungen bei den Aktivitäten kam: Die Sufis aus dem Herater Kreis, die Babur bei seinem Besuch Sultan-Husayn Mirzas kennenlernte, beschäftigten sich mit geistlichen und mit gelehrten Themen.[221] Die Sufis verfolgten das Ziel, durch die Vereinigung mit dem Göttlichen eine Art perfekten Zustand zu erreichen. Perfektion strebten auch die Gelehrten an. Eine weitere Gemeinsamkeit der Gelehrten und der Sufis war ihr Wirken innerhalb von Netzwerken, die nach außen abgeschlossen und nach innen durch einen engen Zusammenhalt gekennzeichnet wurden. Da es jedoch immer Überläufer von einem zu einem anderen Hof gab, kam es zu personellen Wechseln innerhalb der Gefolgschaft. Es bestand also wohl eine gewisse Offenheit für neu hinzukommende Gelehrte in den Netzwerken, sodass ein Wissensaustausch stattfand.[222]

Der Blick in die timuridische Geschichte, aber auch Beschreibungen im *Baburnama* zeigen, dass Konfliktpotential zwischen der Religion auf der einen Seite und der Kunst und Wissenschaft auf der anderen Seite bestand. Baburs Bemühen zielt darauf, einen Ausgleich zu schaffen: Ulughbegs Geschichte erzählt er konfliktbereinigt. Seine Reue über eigene Verfehlungen beim Dichten drückt er durch das

---

Verse anfertigte. Vgl. Thackston, *The Baburnama*, S. 55 [fol. 21b], S. 222 [fol. 178b], S. 224 [fol. 180b].

218 Zum Phänomen des Sufipfads im *Baburnama* vgl. Kapitel 6.2.2.2; vgl. Rzehak, *Baburs Selbststilisierung als (mystisch) Liebender im Baburnama*, S. 263-279.

219 Vgl. Kapitel 2.2.2.

220 Vgl. Thackston, *The Baburnama*, S. 312f. [fol. 252bf.]; vgl. dazu auch Kapitel 6.2.2.2.

221 Vgl. Paul, *Die politische und soziale Bedeutung der Naqšbandiyya in Mittelasien im 15. Jahrhundert*, S. 46.

222 Dies entspricht auch den Gepflogenheiten unter Gelehrten im islamisch geprägten Kulturraum allgemein, die sich mit Briefen, über reisende Gelehrte oder gegenseitige Treffen fachlich verständigten. Vgl. Gilbert, *The Ulama of Medieval Damascus*, S. 19-22.

Verfassen religiöser Texte aus. Sein Interesse für eine andere Religion verhehlt und rechtfertigt er nicht; wenn es ihm jedoch von Vorteil erschien, äußert er sich allerdings negativ über sie und ihre Anhänger.

8.2.2.4 Der Erfinder und Forscher

Als Besonderheit seiner Persönlichkeit wird oft Baburs Verhältnis zu seiner nichtmenschlichen Umwelt bezeichnet: So zeigt er eine ausgeprägte forschende Neugier für seine Umgebung mitsamt ihrer Geschichte, ihrer Flora und ihrer Fauna.[223] Teils steht sein Interesse dabei im Dienst wirtschaftlicher Überlegungen: Seine Beschreibung des neuen Herrschaftsraums lässt sich etwa als Inventarisierung von Ressourcen lesen.[224] Teils spiegelt sich in Baburs Verhalten auch forschender Wissensdrang wider.

Im neuen Herrschaftsraum Indien begutachtet Babur ihm unbekannte Phänomene. So bringt man ihm ein Flughörnchen (Rūbah-i parān), damit er es aus der Nähe betrachten kann.[225] Baburs Wissensdrang wird noch an anderen Stellen deutlich: In Herat lässt er sich bei seinem Besuch zu einer Vielzahl an Plätzen und Gebäuden führen, die er besichtigen möchte, darunter Schreine, Gräber, Gärten, Moscheen und Medresen.[226] Auch bei seiner Beschäftigung mit der Literatur und ihren Formen tritt sein Wissens- und Erfindungsdrang zutage: Als er beim Dichten zunächst unentschlossen bei der Verwendung eines Reims ist, fragt er seinen mongolischen Onkel, den er für einen Gewährsmann auf diesem Gebiet hält. Der kann ihm jedoch keine zufriedenstellende Antwort geben. Als Babur später eine Lösung für sein literarisches Problem findet, fügt er es als eine Art Forschungsergebnis in seine Aufzeichnungen ein.[227] Wie bereits erwähnt, erfindet Babur außerdem eine Geheimschrift, die Baburi-Schrift, um Verschlüsselungen vornehmen zu können.[228]

In seinem Wissensdrang geht es Babur nicht allein um die Neuheit von Erkenntnissen. Dass die Neuheit keinen spezifischen Eigenwert für Babur besitzt, zeigen etwa seine ambivalenten Bewertungen: Während er auf dem Gebiet militä-

---

[223] Vgl. Schönig, *[Art.] Bābur-nāma/Vaqāʾiʿ.*

[224] Das ist etwa bei den Eroberungen von Samarkand, Kabul und Hindustan zu beobachten. Besonders deutlich wird es, als Babur nach der Eroberung Hindustans zusammenstellt, wie hoch die Einkünfte aus den Gebieten sind, die sich unter seiner Kontrolle befinden. Vgl. Thackston, *The Baburnama*, S. 351 [fol. 292].

[225] Vgl. Thackston, *The Baburnama*, S. 176 [fol. 135]. Eine umfassende Untersuchung der im *Baburnama* erwähnten Tiere und Pflanzen bietet Hauenschild, *Botanica und Zoologica im Babur-name.*

[226] Babur zählt alle Gebäude und Plätze auf, die er besichtigt hat. Vgl. Thackston, *The Baburnama*, S. 229-231 [fol. 191-191b].

[227] Vgl. Thackston, *The Baburnama*, S. 136 [fol. 100]. Babur schreibt, dass er herausfand, dass zum Zwecke des Reimens t und d austauschbar sind, außerdem gh und q und k und g.

[228] Vgl. Kapitel 8.2.2.2; vgl. Thackston, *The Baburnama*, S. 186 [fol. 144b] u. ö.

rischer Ausrüstung nach Neuentwicklungen strebt[229] oder die Innovation und Exzeptionalität eines Musikers lobt,[230] verurteilt er andere Neuerungen. Dazu gehören die des Poeten Hilali, der in seiner Dichtung die angestammten literarischen Rollen des Shahs und des Derwisches vertauscht und den Shah zum Geliebten sowie den Derwisch zum Liebhaber macht.[231] Babur legt an die Neuerungen stets seine eigenen Maßstäbe an. Es spielt dabei keine Rolle, ob es sich um Innovationen im musikalischen, literarischen oder politischen Bereich handelt. Grundsätzlich ist davon auszugehen, dass er zwischen dem Bewährten und den Neuerungen sorgfältig abwägt, aber dazu tendiert, sich auf Autoritäten zu beziehen.

Baburs Wissensdrang ist auch aus den Abschnitten des *Baburnama* herauszulesen, die im enzyklopädischen Erzählstil abgefasst sind: Nach der Eroberung Samarkands, Kabuls und Hindustans fasst Babur Wissenswertes über die neuen Herrschaftsgebiete zusammen. Während er über Samarkand als einem Stammherrschaftsgebiet der Timuriden wahrscheinlich schon vor seiner Eroberung einige Kenntnisse besaß, wird er sich Wissen über die Gebiete Kabuls und Hindustans vermutlich neu angeeignet haben. Seine intensive Beschäftigung mit dem neu eroberten Gebiet erfolgte sicherlich aus wirtschaftlichen Überlegungen. Baburs Interesse an den Nutzpflanzen oder den fremden Maßeinheiten lässt sich hier wohl verorten. Trotz der tiefgehenden Auseinandersetzung mit dem neuen Kulturraum spiegelt sich eine Annäherung auf persönlicher Ebene im *Baburnama* nicht wider. Dies wäre aber wohl erwartbar gewesen: Wenn grundlegendes Wissen über die Geschichte und Traditionen fremder Kulturräume und damit über die Gründe der Verhaltensweisen ihrer Einwohner erworben wird, ist ein wachsendes Verständnis für fremde Gewohnheiten und Lebensräume häufig die Folge. Eine Annäherung drückt Babur jedoch vor allem bezüglich des Reichtums seines neuen Herrschaftsgebiets Hindustans aus, der ihm die Argumente dafür liefert, sich dort niederzulassen.

Trotz seiner Beschäftigung mit dem Kulturraum grenzt Babur sich in seiner Selbstdarstellung immer wieder stark vom für ihn fremden Hindustan ab. Da Babur sich sowohl im literarischen als auch im religiösen Bereich auf überlieferte Autoritäten zurückbezieht, wird er sich durch die Sesshaftwerdung in einem kulturell ganz anders geprägten Gebiet insbesondere von seinen kulturellen Wurzeln abgeschnitten gefühlt haben. Dass sein Exil nicht ganz freiwillig geschah, kann als weiterer Grund für die ablehnende Haltung gelten.

Baburs forschende Neugier entspringt häufig vor allem wirtschaftlichen Überlegungen, verweist aber auch auf persönliche Interessen. Ähnlich wie im Maximilianischen Großtext spiegelt sich im *Baburnama* ebenfalls politisch-militärischer Entwicklungsdrang wider: Babur setzt auf den Einsatz neuer Kriegsmaschinerie

---

229 Vgl. Thackston, *The Baburnama*, S. 363 [fol. 302].
230 Vgl. Thackston, *The Baburnama*, S. 227 [fol. 182].
231 Vgl. Thackston, *The Baburnama*, S. 225 [fol. 181b]; vgl. Kapitel 6.4.5.

und neuer Taktiken, um sich einen entscheidenden Vorteil im Machtkampf mit anderen Herrschern zu verschaffen. Der Wille zu Weiter- und Neuentwicklungen steht in diesem Fall ganz im Dienst der Machtpolitik. Dem entgegen steht Baburs kulturelle Prägung, der eher der Rückbezug auf Autoritäten entspricht. Auch in dieser Hinsicht spiegeln sich im *Baburnama* ambivalente Tendenzen wider.

8.3 Vergleichende Perspektive

8.3.1 Das Verhältnis zwischen den Herrschern und den Gelehrten

An der Abfassung des Maximilianischen Großtextes waren zwar viele Gelehrte beteiligt, den Haupttenor bestimmte jedoch letztendlich der Kaiser. Er verfügte auch, dass als Sprache die Volkssprache Frühneuhochdeutsch gewählt wurde und nicht Latein, die Gelehrtensprache, die noch für die ersten Entwürfe der *Lateinischen Autobiographie* verwendet wurde. Maximilian visierte als Rezipienten seiner Texte verdiente Leute aus seinem Umkreis an.[232] Dieser Rezipientenkreis war heterogen zusammengesetzt und daher zielen die bei der Textkonzeption eingesetzten Stilmittel und die Sprache zum Teil auf unterschiedliche Gruppierungen aus diesem Kreis: Die eingeflochtenen indirekten literarischen Zitate richten sich mutmaßlich vorrangig an die Gelehrten. Ihre Rätselfähigkeiten werden durch die allegorischen Verhüllungen gefordert, mit denen die historischen Personen im Text verschlüsselt sind. Direkte Übernahmen wie etwa die Brautwerbungsgeschichte im *Weißkunig*[233] oder das letzte Kapitel im *Theuerdank*, das eine Paraphrasierung eines Kapitels aus einem Lactanztraktat darstellt,[234] sind vermutlich ebenfalls in erster Linie für die Gelehrten als solche erkennbar. Ähnlich verhält es sich mit den kunstgeschichtlichen Anspielungen, die die Holzschnitte enthalten, oder mit den Rätselreden im *Weißkunig*. Die literarischen Zitate zielen dabei nicht ausschließlich auf die Wirkung in einer aktuellen Rezipientensituation ab; sie verleihen dem Text eine eigene Aura der Gelehrsamkeit, die auch in der Nachwelt wirken soll.

Neben der Strategie, durch literarische Anspielungen und Verschlüsselungen beim gelehrten Publikum Rätseltätigkeiten auszulösen, ist auch eine gegenläufige Textstrategie auszumachen: Es finden sich zahlreiche Rezeptionserleichterungen, die auf ein nicht vollständig alphabetisiertes (Vorlese-)Publikum, etwa den Adel, hinweisen.[235] Die vielen Holzschnitte dienen dazu, die Lektüre oder das Vorgelesene zu ergänzen, das Verständnis zu sichern und dazu, Glaubwürdigkeit herzustellen. Auch die Wahl der Volkssprache zielte auf dieses Publikum, das des Latei-

---

232 Vgl. Müller, *Gedechtnus*, S. 76f.

233 Vgl. Tersch, *Maximilian I.*, S. 128; vgl. Pesendorfer, *Der Weißkunig Kaiser Maximilians*, S. 32-50; vgl. Burger, *Der Weißkunig. Die Selbststilisierung des ‚letzten Ritters'*, S. 34-38.

234 Vgl. Müller, *Gedechtnus*, S. 327, Anm. 84; vgl. dazu auch Kapitel 8.2.1.3.

235 Auch dem nicht vollständig alphabetisierten Publikum können die literarischen Muster bekannt gewesen sein.

nischen nicht mächtig war. Die Kapitelüberschriften im *Theuerdank* stellen kleine inhaltliche Zusammenfassungen des Geschehens in den einzelnen Kapiteln dar und dienen der Verständnissicherung.[236] Die strukturellen Eigenheiten der Texte erleichterten ein Vorlesen: Die inhaltlich abgeschlossenen und nicht aufeinander bezogenen Geverlicheiten können einzeln vorgetragen und die Lektüre danach ein anderes Mal fortgesetzt werden.[237] Dass die Verfasser mit Vorlesesituationen rechneten, zeigen auch die programmatischen Verse zu Beginn des *Freydal*, in denen zum einen dazu aufgefordert wird, den Text zu lesen, zum anderen, ihn zu hören.[238] Dass mündliche Literatur grundsätzlich Bestandteil von Maximilians Kulturpolitik war, zeigt seine Mäzenatenschaft für humanistische Festspiele,[239] volkstümliche Liedermacher und Theater.[240]

Die beiden gegenläufigen Strategien der Textverschlüsselungen und Rezeptionserleichterungen ermöglichen es, ein von den Bildungsvoraussetzungen her einigermaßen heterogenes, jedoch immer elitäres Publikum anzusprechen. Die Texte richteten sich an unterschiedliche Rezipientengruppen: an solche, die eine Fachsprache gebrauchten und an einem Sonderwissen teilhatten,[241] und an solche, die auf der Ebene der Erzählung angesprochen werden sollten.[242] Die Hauptintention des Maximilianischen Großtextes, den Kaiser als außergewöhnlichen Herrscher mit allen positiven Tugenden und Eigenschaften zu präsentieren, wird allen Rezipientengruppen vermittelt. Das Erkennen der literarischen Muster und daraus folgend das Bewusstsein dafür, anderen Rezipienten ein gewisses

---

236 Diese Art der Inhalte zusammenfassenden Kapitelüberschrift war üblich für diese Zeit und kein Spezifikum des *Theuerdank*.

237 Der innere Aufbau einer Geverlicheit unterstützt einen durch Mündlichkeit geprägten Rezeptionsprozess. Die Binnenstruktur einer Geverlicheit wird geprägt durch ein wiederkehrendes Schema, das aus sechs Teilen besteht: 1. Schilderung eines Einfalls, wie dem Helden Schaden zugefügt werden könne, durch einen der Hauptleute, 2. Vorbereitungen des Sabotage-Plans; der ideale Verlauf des Sabotageaktes wird referiert, 3. Durchführung des Plans, 4. Theuerdank gerät in Gefahr, 5. Auflösung der Gefahr und 6. Zusammentreffen mit dem Gegner. In den ersten beiden Bestandteilen des Schemas wird eine Vorausschau auf das Geschehen gegeben und der Leser erfährt, wie die Geverlicheit planmäßig ablaufen soll. Das Geschehen der nächsten beiden Bestandteile verläuft entlang der Handlung. In den letzten beiden Bestandteilen wird ein Rückblick auf den tatsächlichen Verlauf der Geverlicheit gegeben. Durch diesen Aufbau vollzieht der Leser jede Geverlicheit dreimal nach. Die Wiederholungen des potentiellen oder tatsächlichen Verlaufs bieten die Möglichkeit, die Geverlicheiten den Rezipienten in die Erinnerung einzuprägen und wirken für den ungeübteren Leser oder bei einem Vorlesepublikum rezeptionserleichternd.

238 Die Verse beginnen mit der Leseransprache („Nun wer von kurtzweil lesen wil") und weisen in der vorletzten Zeile auf eine zukünftige mündliche Vorlesesituation voraus: „als ir hie horen werden". Von Leitner, *Freydal*, S. XV. Die Kürze der *Freydal*-Kapitel ist wohl der Fragmenthaftigkeit des Werks geschuldet. Anhand des ersten Kapitels ist aber erkennbar, welcher Umfang ursprünglich vorgesehen war und dass dieser für das Vorlesen geeignet gewesen wäre.

239 Vgl. Müller, *Maximilian und die Hybridisierung frühneuzeitlicher Hofkultur*, S. 3-21.

240 Vgl. Wiesflecker, *Kaiser Maximilian I. Bd. 5*, S. 361, S. 394-396.

241 Vgl. die Einleitung des 8. Kapitels.

242 Vgl. Kohnen, *Das mer gehoert zuo eim Ritter auserkorn*, S. 277.

Textverständnis voraus zu haben, mochte ein besonderes Zugehörigkeitsgefühl bei dem gelehrten Publikum zur Folge gehabt und ihre Loyalität zum Herrscherhaus, der der Kaiser bedurfte, gestärkt haben.[243]

Gelehrte werden also in der historischen Realität als Rezipienten angesprochen, sie werden im Maximilianischen Großtext aber auch als Gelehrtenfiguren dargestellt. In der Erzählung zeichnen sie sich insbesondere durch ihre Teilhabe an Sonderwissen aus.[244] Dieses Wissen ist als Besonderheit insofern gefährdet, weil sie es mit Weißkunig teilen müssen: Sein Ziel ist es, sich durch die Aneignung ihres (Sonder-)Wissens von seinen Gelehrten unabhängig zu machen. Ein Zurückhalten des Wissens seitens der Gelehrten verhindert nicht, dass der König es sich auf anderem Wege aneignet.[245]

Dieser Wunsch nach der Unabhängigkeit des Herrschers bezeichnet Müller als „gängiges Element der Fürstenerziehung.“[246] Er verweist aber auch auf eine Begründung, die in einer früheren Version der Erziehungsgeschichte zu finden ist: Im Falle eines Exils solle der Herrscher fähig sein, seinen Lebensunterhalt zu bestreiten.[247]

Mit der Aneignung des Wissens wird hier also eine ganz lebenspraktische Sichtweise verknüpft. Die Herrscherprotagonisten zeigen sich im Maximilianischen Großtext in einer hervorgehobenen, machttechnisch absoluten Position. Weißkunig verfolgt den Wunsch, als Herrscher auf die Anforderungen vorbereitet zu sein, die seine Regierungszeit an ihn stellen wird. Dazu eignet er sich Wissen und Fähigkeiten unabhängig von ihrem Status an[248] und betont stets ihre regierungpraktische Relevanz. Er rüstet sich damit für seine Herrschaft und für den Fall scheiternder Gefolgschaftswerbung sogar für ein Leben im Exil. Gleichzeitig

---

[243] Diese Art der Geheimkommunikation passte zudem in die zeittypischen Erscheinungen von Arkanwissen und Geheimsprachen. Zu diesen zeittypischen Erscheinungen vgl. Strasser, *Von der Lingua Adamica zur Lingua universalis*, S. 517-592.

[244] Die anderen beiden bereits genannten konstitutiven Merkmale eines Gelehrten, der Gebrauch der Fachsprache und der Habitus, treten in der literarischen Darstellung eher in den Hintergrund. Der Grund dafür könnte sein, dass die Beschreibung des Herrschers im Vordergrund stehen sollte und eine differenzierte Darstellung der Gelehrten daher nicht betrieben wurde. Vgl. zum Gelehrtenhabitus um 1500 allgemein Algazi, „*Geistesabwesenheit*“, S. 215-234.

[245] Als Weißkunig das Malen erlernt, bleibt ihm „die haimlichait, vnd Nutzperkait [...] in dem rechten grundt [...] verporgen“. Er übt danach so fleißig, dass er auch den „grundt“ des Malens erlernt. Vgl. *Der Weiß Kunig*, S. 75 [Schultz: S. 74]. Auch das geheime Herrscherwissen, das ihm sein Vater nicht vollständig offenbart, eignet er sich durch eigene Lektüre an. Vgl. *Der Weiß Kunig*, S. 64 [Schultz: S. 60].

[246] Müller, *Zwischen Repräsentation und Regierungspraxis*, S. 68, Anm. 19. Müller bezieht sich auf die *Briefe* Enea Silvio Piccolominis an Sigismund von Tirol (vom 5. Dezember 1443), S. 88-89.

[247] Vgl. Müller, *Zwischen Repräsentation und Regierungspraxis*, S. 55.

[248] Weißkunig lässt sich die verschiedenen Disziplinen nicht nur zeigen, sondern übt sie auch selbst aus, wie die Abbildungen auf den Holzschnitten zeigen. Vgl. *Der Weiß Kunig*, Holzschnittnr. 27 [Schultz: S. 76/fol. 138b] u. ö.

ist das Handeln Weißkunigs als Warnung an seine Gefolgsleute zu verstehen, sich nicht ungebührlich zu verhalten: Als derart universal gebildeter Herrscher sei er nicht auf ihr Wissen angewiesen. Maximilian konnte durch den Kontakt mit Frankreich, aber auch Burgund eine Idee für einen zentralistischer organisierten Staat und dessen Vorteile entwickeln, die ihn bei seinem Unabhängigkeitsstreben beeinflusst haben mag.

Das Streben nach Autonomie der Protagonisten äußert sich in den Analysetexten auch durch das Einnehmen einer Oppositionsstellung gegenüber der Gelehrtenmeinung. Theuerdank und Weißkunig lehnen die Medizin ab, die Gelehrte empfehlen, und verweisen auf ihre Fähigkeit, die Signale ihres Körpers zu deuten und sich selbst zu heilen.[249] Theuerdank weist außerdem die Ratschläge des gelehrten Doktors von sich, in dessen Gestalt der Teufel versucht, ihn negativ zu beeinflussen. Auffällig ist die Diskrepanz zwischen der Skepsis, die Theuerdank den Gelehrten entgegenbringt, und dem Vertrauen, das er in die Hauptleute setzt, bei denen Zweifel angebracht wären. Während das Kriegsgefolge anscheinend über einen Vertrauensvorschuss Theuerdanks verfügt, werden die Gelehrten von vornherein skeptischer beurteilt. Dieser Eindruck relativiert sich bei der Betrachtung des *Weißkunig*, in dem schwerpunktmäßig Kriegsgefolge kritisiert wird. Gesamthaft gesehen, werden im Maximilianischen Großtext also alle Gefolgsgruppen kritisiert.

Noch in einer weiteren Hinsicht setzt sich Weißkunig von seinen Gefolgsleuten ab: Einerseits grenzt er sich als Herrscher mit hoher Herkunft und als Auserwählter Gottes von der bürgerlichen Elite ab, die ihre Gelehrsamkeit zu der Zeit häufig als eigene Leistung im Gegensatz zur Geburt des Adels inszenierte. Andererseits geht er auf Distanz zur adligen Elite, indem er seinen Erwerb eigentlich nicht statusgemäßer Fertigkeiten wie die Sekretärskunst oder das Pferdeaufzähmen schildert. Er distanziert sich also hier von den Gefolgschaftsgruppen unterschiedlicher Herkunft.[250]

Das Verhältnis Weißkunigs zu seinen Gelehrten wird gesamthaft eher als ein prekäres dargestellt. Neben dem Bestreben, sich von seinen gelehrten Gefolgsleuten unabhängig zu machen, begreift Weißkunig das Verhältnis zu seinen Gelehrten auch als ein kompetitives. So schreibt er etwa mit ihnen „zu wet."[251] Mit diesem Verhalten Weißkunigs wird darauf abgezielt, den Herrscher als seinen Gelehrten überlegen darzustellen. Da dies ständisch gesehen als Selbstverständlichkeit gelten muss, erscheint dieser Wunsch erstaunlich. Er spiegelt die scheinbare Notwendigkeit, sich mit den aufstrebenden Gelehrten auseinanderzusetzen und ihnen durch Demonstration der Überlegenheit Grenzen aufzuzeigen. Diese Absetzbewegung der Herrscherprotagonisten im Maximilianischen Großtext be-

---

[249] Vgl. *Der Weiß Kunig*, S. 70f. [Schultz: S. 68]; vgl. Pfintzing, *Theuerdank*, S. 315ff.
[250] Vgl. Reich/Schanze, *Der Kaiser als Experte*, S. 151.
[251] *Der Weiß Kunig*, S. 62 [Schultz: S. 58].

schränkt sich – wie erwähnt – nicht auf gelehrte Gefolgsleute, sondern betrifft auch die militärischen Gefolgsleute. Insgesamt ist das Phänomen zu beobachten, dass Macht der omnipotenten Herrscherperson zugeschrieben wird, die sich ohne Zutun der Gefolgsleute profilieren will.

Babur verfasste seine Autobiographie wohl allein. Wie bereits kurz erwähnt, wird vermutet, dass er während der Zeit der Qazaqlıq und bei seinen militärischen Feldzügen Notizen anfertigte, die er später aus der Retrospektive überarbeitete.[252] Dafür spricht der stilistische Zustand des überlieferten Werks, in dem der erste Teil narrativ ausgestaltet wurde, während spätere Teile vor allem kürzere, tagebuchartige Einträge enthalten.[253] Das Werk kann an vielen Stellen in narrative Sinneinheiten unterteilt werden, die die ungefähre Länge eines Vorleseabschnitts besitzen.[254] Es ist also denkbar, dass Teile aus dem Werk von Babur oder von den Gelehrten auf den zahlreichen Majālis vorgelesen wurden. Auf ihnen wurde eine Netzwerkbildung mit Gelehrten, aber auch mit Kriegsgefolge betrieben, von denen sich die Herrscher im Anschluss gesteigerte Loyalität erhofften. Anhand dieser Netzwerke verschafften sich die Gefolgsleute wiederum Nähe zum Herrscher. Gleichzeitig fand in diesen Beziehungsgeflechten gemeinsames Lehren und Lernen statt und Wissen wurde homogenisiert. Durch die Exklusivität des Zirkels konnte eine Selbstversicherung und Identitätsbildung auch durch die Abgrenzung nach außen hin stattfinden. Der Omnipräsenz der Dichtung im timuridischen Kulturraum wurden mit den Majālis exklusive Strukturen entgegengesetzt. Der innere Zirkel des Herrschers durfte sich durch die Teilnahme an Majālis als besonders hervorgehoben betrachten.

Eine ähnliche Funktion als exklusive Orte der Wissenszirkulation übernehmen im Habsburger Reich am ehesten die literarischen bzw. gelehrten Gesellschaften wie die Academica Platonica in Ingolstadt, die Sodalitas Litteraria Danubia in Wien und die Sodalitas Litteraria Augustana in Augsburg.

Im *Baburnama* und im Maximilianischen Großtext sind Wechselspiele zwischen rezeptionserschwerenden und -erleichternden Strategien festzustellen. Wa-

---

[252] Vgl. Dale, *Steppe Humanism*, S. 50f.

[253] Diese späteren, mutmaßlich noch nicht überarbeiteten Einträge sind so gestaltet wie beispielhaft folgender: „On Friday the twenty-sixth, at this same camp, I gave the as-yet-unborn Hindal to Mahım and wrote letters for Yusuf Ali Rikabdar to take to Kabul." Thackston, *The Baburnama*, S. 273 [fol. 220]. Baburs Vorhaben war es mutmaßlich, das gesamte Werk im narrativen, kohärenteren Stil des ersten Teils, der das Geschehen in Ferghana wiedergibt, abzufassen. Die Verschlechterung seines gesundheitlichen Zustands mag zum Scheitern des Plans geführt haben: Im *Baburnama* bricht die Erzählung von Baburs Leben ca. vier Monate vor seinem Tod ab. Die zeitlich kleinschrittig erfolgenden Beschreibungen im Kabul- und Hindustanteil stellen demnach eine erste, noch zu überarbeitende Version dar, deren Tagebuchcharakter in der späteren Überarbeitung zurückgenommen und durch einen kohärenten Text ersetzt werden sollte.

[254] Als Beispiele sind etwa die enzyklopädisch erzählenden Abschnitte über Samarkand und Kabul zu nennen, während der Abschnitt über Hindustan aufgrund seiner Länge möglicherweise in mehreren Etappen vorgelesen werden musste.

ren Anspielungen an literarische Muster eher an die gelehrten Gefolgsleute mit ihren Rätselfähigkeiten und ihrer literarischen Bildung gerichtet, gehörten Holzschnitte oder die klare Prosa und die Verwendung der Volkssprache Tschagataisch bzw. Frühneuhochdeutsch eher zu den Elementen, die den militärischen Gefolgsleuten die Rezeption ermöglichen sollten.

Im Kreis eines solchen Gefolges musste es als Grundvoraussetzung für einen Herrscher gelten, über eine möglichst umfassende Wissensfülle zu verfügen, um diesem Gefolge intellektuell ebenbürtig (oder besser: überlegen) zu sein. Babur schildert dazu ein Ereignis vom Hof Shaybani Khans, an dem ein Musiker Herrscherkritik betrieb, indem er auf einem minderwertigen Instrument spielte. Nur ein entsprechend gebildeter Herrscher, wie in diesem Fall Shaybani Khan, wird diese Art der Kritik erkennen und darauf reagieren können.[255] Babur setzt seine eigene gelehrte Literaturkritik als kompetitives Element ein, um seine Gefolgsleute an die von ihm zugedachten Hierarchiestellen zu positionieren. Der Grad an Gelehrtheit eines Herrschers entscheidet also auch über die Sicherheit seiner Machtposition im Kreise seines Gefolges.

In beiden Kulturräumen zeichnete sich ein doppeltes, ähnlich gelagertes Konfliktpotential ab: Die Gefolgschaft rekrutierte sich für die unterschiedlichen Aufgaben am Hof aus unterschiedlichen Ständen (Maximilian) oder Ethnien (Babur) und war in unterschiedlichen Wissensbereichen spezialisiert. Dennoch kam es zu Konkurrenzsituationen unter den Gefolgschaftsgruppen, da sie alle um die Gunst des Herrschers buhlten. Für die Herrscher war es daher notwendig, den unterschiedlichen Bedürfnissen und Fähigkeiten der Gefolgsleute gerecht zu werden und mit ihren Texten möglichst viele ihrer Anhänger zu erreichen. Das versuchten sie über den Einsatz unterschiedlicher Stilmittel wie dem Einflechten literarischer Muster, der Bebilderung und der Wahl der Sprache. Mit dem Wechselspiel aus Rezeptionserleichterungen und Textverschlüsselungen zielen die Herrscher auf die Herstellung jeweils unterschiedlich gearteter gesellschaftlicher Exklusivitäten ab.[256]

Die Herrscherprotagonisten der Analysetexte setzen darauf, sich durch eine große Wissensfülle im Kreis ihrer Gefolgsleute zu behaupten und sich gegen gelehrte Herrscherkritik zu wappnen. Als Mittelpunkt eines exklusiven Zirkels und Teil eines Gelehrten-Netzwerks agierte der Protagonist Babur eher eingebunden in den Kreis seiner Gefolgsleute und nicht aus hervorgehobener Position heraus. Die Maximilianischen Protagonisten versuchten hingegen, sich von den verschiedenen Gefolgschaftsgruppen abzusetzen.

---

[255] Babur hält Shaybani Khan grundsätzlich für einen ungebildeten Herrscher, der sich unrechtmäßig über seine ihm intellektuell überlegenen Gelehrten erhebe, indem er ihre Bilder und Texte korrigiere. In dieser Sache habe er jedoch recht gehandelt, so Babur, als Shaybani Khan dem Musiker als Strafe Gewalt habe antun lassen. Vgl. Thackston, *The Baburnama*, S. 227 [fol. 182f.].

[256] Vgl. (für Maximilian) Müller, *Gedechtnus*, S. 276-280.

Augustinus klassifiziert die Neugier als Laster und als Versuch, sich von der Offenbarung unabhängig zu machen. An Wissen sei nur so viel zu erlangen, wie man es zum Erreichen des Heils benötige. Alles schwer zu Erschließende sei vom zu erstrebenden Wissen von vornherein auszuschließen, da Gott alles zum Heil Notwendige offenbare.[257] Im Gegensatz zu Augustinus geht Thomas von Aquin von einer Natürlichkeit des Wissensstrebens aus und bezeichnet Neugier vor allem dann als lasterhaft, wenn sie die Gotteserkenntnis gefährde, übertrieben werde oder die Erkenntnis nur mangelhaft über die Schöpfung auf die Erkenntnis Gottes rückbezogen werde.[258] Dass der Maximilianische Großtext eher von einer liberaleren Auffassung beim Wissensstreben (möglicherweise in Anlehnung an Thomas von Aquin) geprägt ist, zeigt die umfassende Lehrung im *Weißkunig*, zu der auch geheimes, also nach Augustinus schwer zu erschließendes Herrschaftswissen zählt. Die bei Thomas erwähnte Ablehnung eines Überflusses an Wissen wird im *Weißkunig* ebenfalls explizit ausgedrückt, wenn auch nicht mit einer religiösen, sondern einer eher ökonomisch-rationalen Begründung: „Seine maister bewegten auch, das nit guet oder Nutzlichen were, Ine mit diser lerung weiter zu beladn, dann wann man ainen menschen, mer lernen wil, dann not thuet, das ist ain uberfluß, vnd ain verhinderung annderer werck."[259] Im Maximilianischen Großtext, speziell im *Theuerdank*, wird das Gewinnen von Erkenntnissen als Verdienst des Helden allein dargestellt.[260] Diese Tendenz kann in Einklang mit dem Glauben gebracht werden, weil es sich mit dem Protagonisten um einen zukünftigen Herrscher handelt, der – so stellt es Thomas von Aquin dar – in seiner Position gegenüber der Gemeinschaft hervorgehoben ist und daher im Gegensatz zu der restlichen Glaubensgemeinde eine singuläre Position beanspruchen darf.[261]

Betrachtet man die Etappen des inneren Kampfes, auf den die Clavis verweist, fällt auf, dass Theuerdank gegen die vom Teufel gesandte Neugier (in Person von Fürwittig) ankämpft, die deutlich als schlechte Eigenschaft gekennzeichnet wird, die es zu überwinden gilt.[262] Auch das Erlernen der „Swartzkunst" im *Weißkunig* berührt die Frage, wie weit das Wissensstreben führen darf: Lehnt der alte Weißkunig von vornherein besagte Kunst als „verdambnus der Seel" ab, so wendet der junge Weißkunig unter Rückbezug auf Sankt Paulus ein, dass erst alles erlernt, dann aber das Böse gemieden und das Gute behalten werden solle.[263]

---

257 Die relevanten Textstellen zur forschenden Neugier finden sich bei Augustinus in den *Confessiones*, V, 3, 4 und X, 35, 55; vgl. dazu auch Müller, *[Art.] Neugierde*, S. 733.

258 Vgl. Thomas von Aquin, *Summa Theologica II/II*, Q. 35, A. 4; vgl. dazu auch Müller, *[Art.] Neugierde*, S. 733.

259 *Der Weiß Kunig*, S. 63 [Schultz: S. 58].

260 Vgl. Pfintzing, *Theuerdank*, S. 35.

261 Vgl. Thomas von Aquin, *De Regimine Principum*, 1. Buch, 1. Kapitel, S. 2.

262 Vgl. Pfintzing, *Theuerdank*, S. 567.

263 *Der Weiß Kunig*, S. 67 [Schultz: S. 64].

Neugier wird also im christlich geprägten Text ambivalent bewertet und muss differenziert betrachtet werden: Wie bei Thomas von Aquin wird auch im Maximilianischen Großtext von einem durch die Vernunft vorgegebenen, rechten Maß an Neugier ausgegangen, das noch in Einklang mit der göttlichen Ordnung stehe, aber nicht überschritten werden dürfe. Das Wissensstreben wird also mit dem Glauben in Einklang gebracht. Die Prinzipien der Vernunft und des Glaubens werden in den fünf Artikeln des Herrscherwissens im *Weißkunig* durch die Maxime „halt Maß!" miteinander verbunden und in einen Ausgleich gebracht.

Baburs Dynastievorfahren Ulughbeg und Shahrukh werden, wie bereits erwähnt, in der Forschung oft als Repräsentanten einer weltlichen (Ulughbeg) bzw. religiösen (Shahrukh) Herrschaft angesehen.[264] Im *Baburnama* würdigt Babur Ulughbegs Verdienste und äußert sich detailliert über die Astronomie. Mit intensiven Studien zu religiösen Themen, etwa aus dem Bereich des islamischen Rechts, und auch durch seine enge Einbindung in das Sufi-Netzwerk der Naqshbandiyya achtet Babur jedoch ebenso darauf, stets in der religiösen Sphäre verhaftet zu bleiben und Interessenkonflikte zu vermeiden. Babur stellt sein Wissensstreben in seiner Autobiographie gar als einen Wesenszug seiner Person dar und referiert ausfürlich über die Bereiche Flora, Fauna und Geschichte seines Herrschaftsraums. Sein Interesse für die heiligen Stätten anderer Religionen erscheint im *Baburnama* allerdings ambivalent: Baburs erster Versuch, Gurh Kattri, die heilige Stätte der Yogis und Hindus, zu besuchen, scheitert an der vermutlich religiös motivierten Verweigerung des Anführers, sie dorthin zu führen. Jedoch gelingt der Besuch beim zweiten Versuch. Babur zeigt sich allerdings vom Besuch der Stätten enttäuscht.[265] Diese Situation deutet Baburs Hin- und Hergerissenheit zwischen Wissensstreben und Religiösität an.

Beide Herrscher zeigen sich in ihren Texten bemüht, keine Konflikte zwischen den religiösen und den weltlichen Wissenschaften aufbrechen zu lassen. Ihr Interesse gilt dementsprechend dem Ausgleich beider Sphären, wie exemplarisch an der Bewertung der Neugier im Maximilianischen Großtext und Baburs Beschreibung seiner Vorfahren gezeigt wurde. Es lag nicht im Interesse der beiden Herrscher, in ihren Texten eine Oppositionsstellung gegen die Geistlichkeit und ihre Interessen zu beziehen. Insbesondere das religiöse Kapital, das sie ihren literarischen Alter Egos in ihren Texten zuschrieben, bot eine Möglichkeit, um ihre Alter Egos gestalterisch aufzuwerten.[266] Der Referentialisierungsanspruch an die historische Wirklichkeit, der für die Textsorte der Selbstzeugnisse gilt, musste dafür

---

[264] Vgl. Dale, *The Garden of the Eight Paradises*, S. 139.

[265] Zum ersten Versuch, Gurh Kattri zu besichtigen vgl. Thackston, *The Baburnama*, S. 186f [fol. 145bf.], zum zweiten Versuch vgl. ebd., S. 285 [fol. 232bf.].

[266] Detailliert dazu in Kapitel 6.2 und seinen Unterkapiteln. Die Selbstdarstellung als Gottes Auserwählter und die Beschreibung des Kampfes gegen innere Anfechtungen dienen ebenso dazu, sich als Eigner religiösen Kapitals auszuweisen, wie die Schilderung des Kampfes gegen Andersgläubige.

nicht preisgegeben werden. Das bildet etwa einen Unterschied zum ökonomischen Kapital, das den Protagonisten nicht einfach zugeschrieben werden konnte, ohne den Referentialisierungsanspruch aufzugeben.

8.3.3 Innovation und Archivierung

Die Ästhetik und die Literatur im Speziellen sind in beiden Kulturräumen an traditionelle Vorstellungen gebunden. Klassische Textautoritäten und deren Imitation prägen die vier Analysetexte, wobei begrifflich zu differenzieren ist: Autobiographische Texte stellen Mischformen dar, die sich zum einen aus der Nachahmung der außerliterarischen Wirklichkeit (der Mimesis im Sinne Aristoteles') und zum anderen aus der Imitation literarischer Vorbilder speisen. Frei fiktionale, neu hinzugefügte Erzählelemente sind für die Zeitstufe, Textsorten und Kulturräume nicht zu erwarten.

Bei der Imitation literarischer Vorbilder wird auf bekannte literarische Texte zurückgegriffen. Voraussetzung für dieses Verfahren ist eine Periode in beiden Kulturräumen, in denen diese literarischen Texte zu Klassikern geworden sind, auf die im Zitat mit der Gewissheit zurückgegriffen werden kann, dass beim Rezipienten die Anspielung verstanden wird.

Aus der Vielzahl direkt und indirekt zitierter Muster aus Texten, die in der damaligen Zeit als klassisch empfunden wurden, wird in den Selbstzeugnissen der Herrscher eine Art literarischer Kanon hergestellt und weitertradiert. Beide Herrscher tragen damit auf ihre Weise dazu bei, dass der Kanon in dieser Form fortbesteht. Mit dieser Konservierungs- und Stabilisierungsstrategie wird nicht nur ein Literaturkanon festgelegt und weitergegeben. Auch Aspekte des Herrscherideals, das in den timuridischen und den Habsburger Fürstenspiegeln gefordert und auf das mit der Herrscherselbstdarstellung reagiert wird, werden in den Selbstzeugnissen gebündelt, dadurch als gültig markiert und weitertradiert. Mit Hilfe der literarischen Muster wird also auf Forderungen der Fürstenspiegel der Zeit geantwortet, die ein Herrscherideal propagieren.

Die literarischen Muster dienen dazu, den Herrscher als Experten nicht nur für Literatur als einem Bereich der Gelehrsamkeit, sondern ihre Alter Egos in den Texten auch als Experten im Bereich der Religion, des Krieges und des sittlich-moralischen Verhaltens auszuweisen. Indem auf berühmte Vorbilder in der Literatur angespielt wird, werden auch deren Eigenschaften aufgerufen und für die Konstruktion eines idealen Herrscherbildes in den Selbstzeugnissen beansprucht. Müller hat diese literarische Registratur unterschiedlicher Facetten des Herrscherbildes bei Maximilian mit der Formel „Archiv und Inszenierung"[267] auf den Punkt gebracht. Zu seiner These muss hinzugefügt werden, dass nicht nur die herrscherlichen Glanztaten in den vier Analysetexten archiviert werden, sondern

---

[267] Müller, *Archiv und Inszenierung*, S. 115-126.

eben auch eine Vielzahl literarischer Muster. Dadurch wird eine Ästhetik vermittelt, die erwartbar nicht auf Neuerfindungen und freie Fiktionen setzt.

Demgegenüber betont Miedema die Innovation des Maximilianischen Großtextes, die darin bestehe, dass die literarischen Vorbilder nicht imitiert, sondern „kombiniert, adaptiert und überboten"[268] werden. Aus Lesersicht ist jedoch zu bezweifeln, dass bei der Rezeption des Maximilianischen Großtextes der Eindruck einer Neuerung entsteht. Eher wird wohl das Wiedererkennen der zitierten bekannten Muster die Rezeptionssituation prägen, die zwar modifiziert wurden, aber noch identifizierbar sind.

Innovativer ist hingegen der Einsatz jener literarischen Zitate, die dafür verwendet werden, um Widrigkeiten, Gefährdungen und Abhängigkeiten, die den Herrschern in der historischen Realität aufwarteten, in der literarischen Welt der Selbstzeugnisse sinnstiftend umzudeuten. Mit Hilfe des literarischen Musters des mystischen Leidensweges können innere wie äußere Anfechtungen als Bewährungsproben für den Gläubigen interpretiert werden. Diesen Anfechtungen muss er sich stellen, um daran zu leiden und zu wachsen, um schlussendlich eine mystische Vereinigung mit dem Göttlichen erreichen zu können. Über ihr Potential zur Umdeutung hinaus weisen diese literarischen Muster den Herrscher auch als Träger religiöser Gläubigkeit aus.

Zum Eindruck der Stabilisierungs- und Konservierungsbemühungen auf inhaltlicher Ebene trägt ebenfalls die gewählte Ästhetik der Selbstzeugnisse bei: Die Texte stellen teilweise ästhetische Extrempositionen dar. Diese äußern sich etwa im Maximilianischen Großtext durch ein starres Erzählschema und eine Vielzahl von Wiederholungen etwa bei der Darstellung der 64 Höfe, an denen Freydal kämpft, oder der Anzahl an Geverlicheiten (es sind 88), die Theuerdank aufwarten. Im *Baburnama* bewirken etwa die eingefügten enzyklopädischen Beschreibungen einen längeren Stillstand im Erzählfortschritt und zwar genau an den Stellen in der Erzählstruktur, an denen ein politischer Umbruch geschieht: Die Eroberungen Samarkands, Kabuls und Hindustans zählen dazu. Die zahlreichen Beschreibungen von Verwandten mit ihren Gefolgsleuten stellen ebenfalls Textstellen dar, an denen die Handlung stillsteht. Diese Stellen markieren oft einen politischen Übergang, weil sie dort eingefügt werden, wo der Tod einer der Timuridenverwandten erzählt wird.

Ihre Kenntnisse der Literatur dienen den Herrschern dazu, einen ästhetischen Kontrapunkt zu den fortwährenden machtpolitischen Auseinandersetzungen zu formulieren. Die Statik und Stabilität der Ästhetik wirkt als Gegensatz zu der politischen Instabilität der Zeit. Mit der gewählten Ästhetik und der Darstellung des politischen Umbruchs beeinflussen sie ihr Bild in der Nachwelt bis heute maßgeblich.

---

[268] Miedema, *Das ‚Ambraser Heldenbuch' und der Theuerdank*, S. 105; vgl. dazu in ähnlicher Weise auch Burkart, *Paradoxe Innovation*, S. 231-234.

Der Vergleich der beiden Herrscher zeigt, dass ähnliche Voraussetzungen in der literarischen Form- und Inhaltsbildung und eine ähnlich hohe Bedeutung der Literatur als Kommunikationssystem in beiden Herrschaftsräumen dazu führen, dass dieselben Mechanismen in der Selbstdarstellung der Herrscher greifen. Auch historische Hintergründe mögen hier einen Einfluss ausgeübt haben: Zwar sind auf zeitlich synchroner Ebene historisch so gut wie keine Berührungspunkte festzustellen, jedoch wirken in beiden Kulturräumen starke antike Einflüsse, wie etwa durch das Herrscheridealbild Alexanders des Großen, die ihre Spuren hinterlassen haben könnten.

Die beiden Herrscher setzen in ihrer Darstellung auf kulturelles Kapital als Gegengewicht zu politischer Schwäche. Die hier vertretene These lautet, dass die künstlerisch-gelehrten Mittel, die auf Stabilisierung und Traditionsbezug setzen, als Gegenstrategie zu den realen historischen Unsicherheiten und Umbrüchen zu sehen sind. Zu ihnen zählen die literarische Umdeutung von politischen Widrigkeiten mit Hilfe von tradierten literarischen Mustern, die Konservierung eines literarischen Kanons sowie eines Herrscherideals und die Erzählästhetik des zeitlichen und erzählerischen Stillstands.

9 Schlussfolgerungen

Die im Hauptteil der Arbeit durchgeführten Analysen der historischen Situation und der literarischen Texte geben detailliert Auskunft über die Verflechtungen von Macht und Literatur. Das Verhältnis dieser beiden Sphären zueinander lässt sich – das wurde bereits in Kapitel 2 festgestellt – griffig auf die Formel ‚kulturelle Blüte in Zeiten des politischen Übergangs' bringen: Dieser Zusammenhang prägt den geschichtlichen Kontext und er schlägt sich in der literarischen Darstellung nieder.

Die literarische Analyse in den Kapiteln 5-8 wurde mit Hilfe der vier Vergleichskategorien Dynastie, Religion, Kriegsführung und höfische Repräsentation sowie Kunst und Wissenschaft bestritten. Diese Kategorien stehen zu den Bereichen von Macht und Literatur in einem untergeordneten Verhältnis. Sie stellen die Machtbereiche dar, in denen symbolisches Kapital erworben wird, die also zusammengenommen in den Selbstzeugnissen die dargestellte Macht ausmachen.

Die literarische Analyse mit Hilfe der genannten Kategorien und die Analyse des geschichtlichen Kontexts förderten eine große Menge an Ähnlichkeiten zutage, die in Anzahl und Qualität gegenüber den Unterschieden überwiegen. Dass sich in den Texten eine markante Auseinanderentwicklung von islamischem Osten und christlichem Westen widerspiegele, ist aufgrund dieser Ähnlichkeiten zumindest für diesen Zeitpunkt nicht in gravierendem Ausmaße festzustellen. Ein Unterschied lässt sich dennoch herausarbeiten.

Im folgenden abschließenden Teil der Arbeit werden die prägenden Ähnlichkeiten und Unterschiede, die das Verhältnis von Literatur und Macht – so wie es die Analyse hervorgebracht hat – kennzeichnen, in vier Schlussfolgerungen zusammengefasst, die jeweils die Unterkapitel dieses Schlusskapitels bilden. Drei dieser Unterkapitel thematisieren je eine Ähnlichkeit. Die Ähnlichkeiten lauten: Beide Herrscher nutzen die Literatur, um Macht zu generieren (Kapitel 9.1), beide Herrscher nutzen die Literatur, um Kontingenz zu bewältigen (Kapitel 9.2) und beide Herrscher nutzen das Ambiguitätspotential der Literatur, um Gegensätzliches zusammenzubringen (Kapitel 9.3). Ein Unterkapitel befasst sich mit dem Unterschied: Maximilian nutzt die Literatur zur Vereindeutigung von Herrschaftsbeziehungen, während Babur als ‚Ambiguitätsmanager' gegenüber seinen Gefolgsleuten agiert (Kapitel 9.4). Der Unterschied stellt dabei den interessantesten Ansatzpunkt für mögliche weitere Forschung dar, weil er auf eine (mögliche) beginnende Auseinanderentwicklung in der Auffassung von Herrschaft im islamischen Osten und christlichen Westen verweist.

9.1 Beide Herrscher nutzen die Literatur, um Macht zu generieren

Sowohl die Macht als auch die Literatur sind von fiktionalen Strukturen geprägt. Für die Zeit um 900/1500 ist die offene Selbstanzeige dieser Fiktionalität jedoch sowohl für die Machtinstanzen als auch insbesondere für die Textsorte des Selbstzeugnisses keine Option. Im umkämpften Machtbereich wird sich insbesondere der ästhetischen Eigenschaften der Literatur bedient, um die machtinhärenten fiktionalen Strukturen zu verdecken.[1]

Eine Besonderheit der Zeit um 900/1500 in beiden Kulturräumen ist die Bedeutung der Literatur, mit deren Hilfe als Sinnproduktionssystem weitreichende Umdeutungen krisenhafter Situationen vorgenommen werden konnten. Die Literatur bildete in beiden Dynastien als Zentrum der kulturellen Blüte das herausragende Kommunikationssystem und war im Krisenfall daher geeignet, für die Generierung verschiedenen symbolischen Kapitals eingesetzt zu werden.[2]

Nach Bourdieu besitzen alle drei Kapitalsorten – soziales, ökonomisches und kulturelles Kapital – im Feld der Macht Gültigkeit, wobei eine Sorte durch eine andere ersetzt werden kann. Im Rahmen dieser Arbeit wurde zusätzlich das religiöse Kapital (Charisma) als relevantes Kapital im Feld der Macht der Vormoderne identifiziert.[3] Die Verfügungsgewalt der Akteure hängt insgesamt von dem Besitz von möglichst viel Kapital ab. Im Fall der beiden Herrscher erweist sich die Literatur als dafür geeignet, neues symbolisches (soziales, kulturelles, religiöses) Kapital zu erzeugen, das fehlendes Kapital im Bereich der Politik und Ökonomie kompensieren kann. Auf diese Weise ist die Aufrechterhaltung von Macht in Krisenzeiten mit Hilfe der Literatur möglich.

9.1.1 Ausgleich des Mangels an ökonomischem Kapital

Beide Herrscher befanden sich fortwährend in finanziellen Nöten. Dies äußerte sich etwa in der mangelnden Loyalität ihrer Gefolgsleute, wenn diese für ihre Dienste keine entsprechende Gegenleistung erhielten. Es fehlte sowohl an ökonomischem als auch an sozialem Kapital. Der Dienstverweigerung ihrer Gefolgsleute standen die Herrscher oft machtlos gegenüber. Da solche Zurückweisungen jedoch die Leben beider Herrscher stark prägten, kam es auch zur literarischen Darstellung ihrer Machtlosigkeit. Diese Brüche wurden häufig umgedeutet: Sie

---

[1] Diese wirksame enge Allianz zwischen Macht und Literatur erweist sich im Bereich der Propaganda und Öffentlichkeitsarbeit sowohl um 900/1500 als auch heute noch nutzbar und ist bereits seit der Antike bekannt. Während jedoch die Macht dauerhaft auf die Verhüllung ihrer fiktionalen Grundstruktur angewiesen ist, um wirksam zu werden, hat sich die Literatur im Europa des 18. Jahrhunderts als ein eigenes funktional autonomes Sozialsystem ausgebildet.

[2] Vgl. Kapitel 2.2.

[3] Vgl. Kapitel 6.

wurden in den Texten mit literarischen Mustern aufgefüllt und mit neuem Sinn geladen.[4]

Verfügte der Herrscher über ökonomisches Kapital, wie Babur am Ende seiner Herrschaft, wuchs die Anzahl bedeutender Künstler und anderer bedeutender Gefolgsleute im Gefolgschaftskreis an. Dieser Zusammenhang zwischen sozialer und wirtschaftlicher Macht wird im timuridischen Kreislauf der Gerechtigkeit formuliert, der einen Zusammenhang zwischen der Prosperität aller Teile der Gesellschaft und der Stabilität der Regierung postuliert.[5]

Die Thematik mangelnder wirtschaftlicher Ressourcen, die beide Herrscher lange Zeit beschäftigte, wird – vor allem aus dem Maximilianischen Großtext – ausgespart. Dort jedoch, wo sie aufgegriffen wird, wird eine enge Verbindung zwischen ökonomischem Kapital und Wissensbeständen geknüpft. So wird etwa Wissensakquise im *Weißkunig* als ökonomische Kalkulation präsentiert und Wissen als wirtschaftliche Ressource. Über kulturelles Kapital, zu dem auch Wissensbestände zählen, verfügen die Herrscher gemäß ihrer Selbstdarstellung in einem weit größeren Maße als über ökonomische Reserven. Der Zusammenhang, der in den Selbstzeugnissen zwischen ökonomischem und kulturellem Kapital geknüpft wird, lässt vermuten, dass die Herrscher sich ihre Machtposition zunutze machen wollten, um dem kulturellen Kapital eine höhere Wertigkeit als dem ökonomischen Kapital zuzusprechen.[6] Die Verschiebung der Wertigkeiten ist ebenso wie die Konvertibilität zwischen den Kapitalsorten nach Bourdieu grundsätzlich möglich.[7] Letzteres spiegelt sich im *Weißkunig* wider, wenn der junge König verteidigt, Geld – also ökonomisches Kapital – für die Gedechtnus zu verwenden, um sich in der Nachwelt Erinnerung zu verschaffen.[8]

Das mangelnde ökonomische Kapital wird in den Selbstzeugnissen also durch kulturelles Kapital ersetzt und kompensiert, indem sich die Herrscher umfassende Wissensressourcen in zahlreichen Bereichen zuschreiben und ihren zeitweisen Mangel an ökonomischem Kapital damit verdecken und ausgleichen.

9.1.2 Herrscherideal als literarisches Darstellungsziel

Die literarische Analyse im Hauptteil dieser Arbeit zeigt, dass eine Ursache für die Ähnlichkeiten in der literarischen Darstellung in dem Bestreben begründet liegt, ein Herrscherideal nach überlieferten – teilweise aus der Antike stammenden – Maßstäben abbilden zu wollen. Die realen politischen Bedingungen determinieren jedoch die literarische Gestaltung des Herrscherbildes, das dadurch

---

[4]   Vgl. Kapitel 7.2.1.3, 7.2.2.3.
[5]   Vgl. Kapitel 7.2.2.3.
[6]   Vgl. Kapitel 8.
[7]   Vgl. Kapitel 2.
[8]   Vgl. Kapitel 5.2.1.3.

brüchig wirkt. Die Formel der ,kulturellen Blüte in Zeiten politischen Übergangs‘ lässt sich in diesem Zusammenhang wiederfinden.

In kultureller Hinsicht sind ästhetische Ideale (Imitation, Wiedererzählung) und ein literarischer Kanon identifizierbar und ein Rückbezug auf diese möglich.[9] Auch in der Politik kursieren (Herrscher-)Ideale. Jedoch erweisen sich sowohl die ästhetischen als auch die realen politischen Bedingungen um 900/1500 nicht in dem Zustand, um diese bruchlos im Selbstzeugnis abzubilden, wenn gleichzeitig Glaubwürdigkeit für die Kommunikationsinhalte erreicht werden wollte.

Die Existenz der Brüche in den Herrscherselbstdarstellungen kann der Darstellungsintention des Herrscherideals entgegenlaufen. In ihnen spiegelt sich die Zeit des Übergangs auf ästhetische Art und Weise wider. Wenn Wenzel (für den deutschsprachigen Raum) davon ausgeht, dass das ganze Phänomen der Selbstbiographie als „Indikator einer Zeit des Übergangs" zu werten ist,[10] kann hinzugefügt werden, dass sich dieser Übergang nicht nur in der Herausbildung des Genres ursächlich niederschlägt, sondern auch ästhetische Folgen in den Texten zeigt. Wenzel ist des Weiteren der Meinung, dass das Verfassen eines Selbstzeugnisses der Selbstverortung und Orientierung in der Zeit des Übergangs dienen konnte.[11] Daran anschließend wurde in dieser Arbeit die These verfolgt, dass vor allem in der ästhetischen Gestaltung der Brüche in den Selbstzeugnissen Sinnstiftung stattfindet. Für die literarische Interpretation sind diese Brüche als zentrale Ansatzpunkte zu bezeichnen.[12]

Das Herrscherideal, das in den Analysetexten hervortritt, basiert auf verschiedenen Identifikationsmodellen. In den Texten wird auf reale Herrschervorbilder der Vergangenheit zurückgegriffen, etwa auf Alexander den Großen, Julius Caesar, König Salomo oder König David. Im Falle Baburs werden auch Herrscher der eigenen Dynastie (Temür Beg, Genghis Khan, Ulughbeg Mirza) als Vorbilder begriffen. Auch Nicht-Identifikation dient dem Entwurf eines Herrscherideals ex negativo: Dem alten Weißkunig, dem blauen König, Shaybani Khan oder den indischen Machthabern werden Eigenschaften zugeschrieben, von denen sich die Selbstdarstellungen Baburs oder Maximilians abheben.[13]

Die Merkmale, die sich Babur und Maximilian in ihrer Selbstdarstellung zuschreiben, sind in beiden Fällen als Antworten sowohl auf die realen Vorbilder als auch auf zeitgenössische Fürstenspiegel zu sehen. In diesen Fürstenspiegeln wird zumeist das Bild eines Princeps Optimus entworfen, das seinem idealen Ausmaße nach als utopisch bezeichnet werden darf.

---

[9] Vgl. Kapitel 2.2.1.1, 2.2.2.1.

[10] Wenzel, *Autobiographie*, S. 573.

[11] Wenzel, *Autobiographie*, S. 573.

[12] Vgl. Kapitel 5.2.1.2, 5.2.2.5, 5.3.3, 7.3.3, 8.3.3.

[13] Vgl. Kapitel 7.2.1.3, 7.2.2.3.

Die Kenntnis der Vorbilder und die Notwendigkeit, ihnen nachzueifern und sich von Negativbeispielen abzugrenzen, erzeugte für die Herrscher einen hohen Anpassungsdruck. Auf diesen Druck reagierten sie in ihren Selbstzeugnissen und machten sich dafür die gestalterischen Freiräume der Literatur zunutze: Sie zitierten literarische Muster und verwendeten sie für die Verstärkung und die Umdeutung einiger Facetten ihrer Herrscherselbstdarstellung.

Die zahlreichen literarischen Muster in der Herrscherselbstdarstellung fungieren als ‚Füllmittel‘ für Brüche und erzeugen so ein kohärentes Herrscherbild. Zwar treten bei der Rezeption Brüche zutage, die jedoch mit einem literarischen Muster gefüllt ein neues Deutungsangebot bildeten. Unzulänglichkeiten im Herrscherselbstzeugnis – so wie die Darstellung des Leidens nach Niederlagen oder des Ertragens der Geverlicheiten – werden auf diese Weise zu neuen Bedeutungsträgern. Ein Herrscherideal lässt sich auf diese – neue – Weise ebenfalls erzeugen.

9.2 Beide Herrscher nutzen die Literatur, um Kontingenz zu bewältigen

Es sorgen noch weitere Phänomene für Brüchigkeit in der Herrscherselbstdarstellung: Zufälle oder andere aus Herrschersicht sinnlose Widrigkeiten, die ein Scheitern des Handelns bedingen können, werden ebenfalls mit den Mitteln der Literatur in einen neuen Sinnzusammenhang gebracht. Einige der Lebenserzählungen werden auf einen höheren Sinn hin gedeutet und in Geschichten der Reife und Entwicklung umgedeutet. Die literarische Gestaltung der Lebenserzählungen wird als ein machtvolles Instrument gegen die scheinbare Zufälligkeit und Sinnlosigkeit des menschlichen Lebens eingesetzt, die in den Selbstdarstellungen möglichst nicht zutage treten sollte. Damit trägt die Literatur dazu bei, den Herrscher als göttlich gelenkt und nicht als fremdbestimmt zu überliefern.[14]

9.2.1 Sinngebung für Zufälle

Zufälle erscheinen in den Analysetexten als Brüche in der Selbstdarstellung und müssen erzählerisch in einen neuen Sinnzusammenhang eingebunden werden. Während sie aus heutiger Sicht vermutlich als zusammenhanglos angesehen würden, werden zeitgenössisch Gründe für ihr Eintreten gesucht: Zu diesen Ereignissen zählen etwa Sternenkonstellationen, denen im *Baburnama* und im Maximilianischen Großtext Bedeutung für einen Kriegsausgang oder ein Horoskop zugesprochen werden. Zahlenkombinationen oder zeitlich zusammenfallende Ereignisse werden unter Babur ebenfalls als Zeichen interpretiert. Zur Sinngebung dieser Zeichen beschäftigte er Experten oder betätigte sich selbst damit.[15]

---

14 Vgl. Kapitel 6.2.1.2, 6.2.2.2, 6.4.3, 8.
15 Vgl. Kapitel 6.2.1.2, 6.2.2.2, 6.2.2.3, 6.3.2.

In den Selbstzeugnissen werden erzählerische Strategien umgesetzt, mit denen die Zufälle in einem neuen Sinnzusammenhang eingebettet werden. Auch werden Gegenstrategien gegen die Zufälle vorgestellt: Scheinbar zufälliges militärisches Glück oder Pech Baburs wird in das Muster der Qazaqlıq eingebettet. Auch den Geverlicheiten im *Theuerdank*, zu denen oft zufälliges Geschehen gehört, wird ein Sinn zugesprochen, wenn ein erfolgreiches Absolvieren zum Ruhmerwerb führt.[16]

In den Analysetexten beider Kulturräume wird die eigene Leistung dem Zufall entgegengesetzt. Schließlich wird auch das Leiden als Gegenstrategie gegen die Erfahrung heilloser Kontingenz stilisiert. Beispielhaft wird das an Theuerdank sichtbar: Der Ritter reift heran und setzt sich zunehmend erfolgreich gegen Fortuna, die chaotische Widerstandskraft, zur Wehr, sodass ihr Einfluss abnimmt. Demgegenüber steigt im Laufe der Erzählung die fremdverschuldete Bedrohung von außen an, die Theuerdank nicht mehr nur erleiden kann, sondern mit eigener Leistung bekämpfen muss.[17]

Zufälle im eigenen Leben werden in der Lebensbeschreibung als sinnhafte Zeichen wiedergegeben oder in einen neuen Sinnzusammenhang gestellt. Damit bleibt das Herrscherleben in seiner Darstellung kohärent und die prinzipiellen Schwierigkeiten, die die Zufälle den Herrschern bereiten, werden zwar deutlich, jedoch sinnhaft eingebunden.

9.2.2 Reaktionen auf Schwierigkeiten und Scheitern

In Herrscherautobiographien ist die Thematisierung von Schwierigkeiten und Scheitern unwahrscheinlich, da von einem Herrscher – so der in den Fürstenspiegeln formulierte Anspruch – vorbildliches und siegreiches Handeln erwartet wird. Schwierigkeiten und Scheitern spiegeln sich jedoch in den vier Analysetexten bereits ästhetisch in der Fragmenthaftigkeit, also in der Unfertigkeit der Lebensbeschreibung wider. Auch hinter dem Ausklammern von Themenbereichen sind Schwierigkeiten zu vermuten: Die Beschreibung eines möglicherweise mühsamen Lernprozesses Weißkunigs ersetzt das Puer-Senex-Motiv.[18] Die Thematisierung der möglichen Schwermut Weißkunigs infolge einer Kometenerscheinung wird nicht nur ausgeklammert, sondern sogar, wie gezeigt wurde, vorauseilend negiert.[19] Eine eigene Schuld an militärischen Niederlagen gesteht Weißkunig nicht ein. Im Gegensatz dazu schildert Babur sein militärisches Scheitern. Das ist jedoch als Bestandteil des übergreifenden Qazaqlıq-Musters zu werten.[20]

---

16 Vgl. Kapitel 7.2.2.2, 6.2.1.2, 6.3.1.
17 Vgl. Kapitel 6.2.1.2.
18 Vgl. Kapitel 8.2.1.1.
19 Vgl. Kapitel 6.2.1.2.
20 Vgl. Kapitel 7.2.2.2, 7.3.3.

Die Lücken im Maximilianischen Großtext, in denen der geplante Kreuzzug hätte erzählt werden sollen, sind – wie erwähnt – als ein Scheitern anzusehen: Da das reale Geschehen nie stattfinden konnte, war auch eine Erzählung darüber nicht möglich. Die leeren Seiten im *Theuerdank* spiegeln die Hoffnung des Kaisers wider, nach dem Druck des Buches noch einen Kreuzzug zu organisieren. Eine Beschreibung hätte man dann in die Lücken nachtragen können.[21]

Im Maximilianischen Großtext spiegelt sich eine weitere Schwierigkeit, wenn es um die Darstellung der dynastischen Hochzeit geht. Das Scheitern, das Maximilian in der historischen Realität bei dem ‚Brautraub‘ Annes de Bretagne widerfährt, wird im *Weißkunig* erzählerisch einem anderen König angelastet, vermutlich, um es zu verdecken.[22]

Die umfangreichste Geschichte über Schwierigkeiten und Scheitern beider Herrscher ist die über das Verhältnis ihrer Alter Egos zu ihren Gefolgsleuten und Verbündeten. In den Analysetexten spiegeln sich vielfach Verrat, fehlende Loyalität und auseinanderbrechende Bündnisse wider. Die Beziehung zu ihren Gefolgsleuten ist in der Struktur von Fiktionalität geprägt.[23] Teils ist die Untreue auf die fehlende Bezahlung der Gefolgsleute zurückzuführen, die im *Weißkunig* allerdings bestritten wird. Loyalität, wie sie die Herrscher erwarten, tritt nicht ein. Stattdessen spüren die Herrscher die Abhängigkeit von ihrem Gefolge und reagieren darauf – im Falle Weißkunigs – mit dem Betonen eigener Unabhängigkeit, also im Grunde genommen mit Konfrontation. Aufgrund der Schwierigkeiten in diesen sozialen Beziehungen fehlt den Herrscher-Alter-Egos neben dem bereits erwähnten ökonomischen auch noch soziales Kapital, das ihre politische Macht vergrößert hätte.[24]

Darstellungen von Schwierigkeiten und Scheitern seitens der Protagonisten werden oft ausgeklammert oder umgedeutet. Das Verhältnis zu den Gefolgsleuten bleibt ein dauerhaft gefährdetes, aus dem kaum symbolisches soziales Kapital gewonnen werden kann.

9.2.3 Reifeprozess als Kontingenzbewältigung

Übergreifend ist zu erkennen, dass die Zunahme an Herrschaft und Macht gleichzeitig zumeist eine Zunahme der Gefährdungen der Herrscher bedeutete. Diese Gefährdungen werden mit der kulturübergreifend bekannten Wegmetaphorik sinnvoll umgedeutet: Ihre Mühe und ihr Leiden wird die Herrscher letzt-

---

21 Vgl. Kapitel 3.4.2, 6.4.4.
22 Vgl. Kapitel 5.2.1.2.
23 Vgl. dazu die theoretischen Erläuterungen im Kapitel 2. Besonders an die Definitionen von Herrschaft und Macht von Max Weber sei erinnert, in denen die Unsicherheit in der Beziehung zwischen Herrschern und Gefolgsleuten deutlich wird.
24 Vgl. Kapitel 7.2.1.3, 7.2.2.3.

lich über einen schwierigen schmalen Pfad zu einer Vereinigung mit der göttlichen Instanz führen und erhält so einen höheren Sinn.[25]

Die Lebensbeschreibungen sind eingebunden in das Ordnungssystem der Zeit, mit dem sich die Herrscher-Alter-Egos auseinandersetzen: So inszeniert sich Babur als Herrscher über die Zeit, während sich Weißkunig mit der Zeit gleichsetzt und sich damit als dem menschlichen Gemüt überlegen beschreibt.[26]

Die Wegmetaphorik und der Umgang mit der Zeit dient den Herrschern in den Phasen des politischen Übergangs der Orientierung: Die Schwierigkeiten in ihrem Leben werden sinnvoll umgedeutet; die Zeit bzw. das menschliche Gemüt machen sie sich darstellerisch untertan. Der Orientierung dienen auch die Konfliktlinien und Grenzen, die innerhalb der Texte entworfen werden, da in der Abgrenzung zum Fremden auch die Selbstbildung im Sinne der Konstruktion einer Identität erfolgt.[27]

Fragen nach der Identität, der Individualität und nach der Entwicklung der Protagonisten werden vor allem im Zusammenhang mit autobiographischen Textsortenzuordnungen immer wieder gestellt. In der Literaturgeschichtsschreibung wird den vormodernen Selbstzeugnissen des islamischen Kulturraums und des christlichen Mittelalters ein Defizit bei der Darstellung von Individualität attestiert.[28] Für die vier Analysetexte ergibt sich jedoch ein durchaus differenziertes Bild.

Individualität im Sinne der Widerspiegelung persönlicher Eigenarten wird den Herrscher-Alter-Egos im Maximilianischen Großtext in der späteren Forschungsliteratur meist nicht zugesprochen. Anders hingegen blickt die Forschung auf Babur, dem man die Darstellung einer individuellen Persönlichkeit im *Baburnama* zugesteht.[29]

Eng mit der Frage nach der Individualität ist die Frage nach der Persönlichkeitsentwicklung verknüpft: Ist ein Reifeprozess im Leben des Protagonisten in den Texten feststellbar? Für die Texte *Theuerdank*, *Freydal* und *Baburnama* gilt, dass sie teleologisch erzählt werden, sodass die Erzählung grundsätzlich auch einen Reifeprozess widerspiegeln könnte.[30]

---

25 Vgl. Kapitel 6.4.3.

26 Vgl. Kapitel 6.2.2.1, 6.2.1.2.

27 Vgl. Kapitel 7.2.1.3, 7.2.2.3. Vgl. Greenblatt, *Selbstbildung in der Renaissance*, S. 35ff.

28 Vgl. Kapitel 1.5, 3.1. Für den arabisch-persischen Kulturraum konstatiert dies Misch, *Geschichte der Autobiographie Bd. 3/2. Teil/2. Hälfte*, S. 908, unter Bezug auf Rosenthal, *Die arabische Autobiographie*, S. 40. Die Forschung zu den Autobiographien des europäischen Mittelalters wird – daran sei an dieser Stelle erinnert – lange Zeit durch die These Burckhardts geprägt, dergemäß ein Individualitätsbewusstsein erst in der italienischen Renaissance ,erwache' und sich dann zeitlich fortschreitend entwickele.

29 Eine Ähnlichkeit zu der Renaissance-Autobiographie Benvenuto Cellinis, dem ebenfalls eine individuelle Lebensbeschreibung gelungen sei, wird behauptet. Vgl. Dale, *Steppe Humanism*, S. 38f. Vgl. Kapitel 1.7.

30 Der *Weißkunig* wird grundsätzlich zwar nicht teleologisch erzählt, jedoch kann die Lehrung des jungen Königs als Reifeprozess gesehen werden: Die Akquise von kulturellem Kapital muss immer von der Person selbst erfolgen und bedarf daher immer der Zeit, die investiert

Da die Handlung im *Freydal* zum Großteil von den Kämpfen des Ritters an den verschiedenen Turnierhöfen geprägt ist, die schematisch und repetitiv erzählt werden, scheidet dieser Text aus der Betrachtung aus.

Theuerdank kann in seinen Geverlichkeiten zwar Ruhm erringen, Erfahrungen scheint er nicht zu sammeln.[31] Erst die mystische Bedeutung seiner Reise lässt eine Deutung als Reifeprozess zu: Hatte der Held – auf eine ähnliche Weise wie Seuse in seiner *Vita* – sein Bewährungsstreben aufgrund seiner Neugier zunächst zu weit getrieben, kämpft er zunehmend gegen fremdverschuldete Gefährdungen und zähmt seinen Übermut. Ein Entwicklungsprozess kann darin gesehen werden.[32]

Im *Baburnama* wird ein Reifeprozess an mehreren Textstellen angedeutet. Aus der Retrospektive bezeichnet der Protagonist früheres Handeln als unerfahren. Zudem werden im Text einige Initiationsriten erwähnt, die den Übergang in eine neue Lebensphase markieren. Als Reifezeit werden auch die Qazaqlıq und die Entwicklung der eigenen Dichtung präsentiert.[33] Als zentraler Bestandteil dieser Reifezeit sind Momente der Selbsterkenntnis anzusehen: Das Verfassen der religiösen Texte *Mubayyan* und *Walidiyya* dienen der Reue, der Bekehrung und der eigenen Heilung. Ein Bemühen um Selbsterkenntnis lässt Babur auch während seiner Verliebtheit in Baburi erkennen.[34]

Der Reifeprozess, der im *Theuerdank* und im *Baburnama* dargestellt wird, ist – wie auch die Darstellung von Individualität – im Zusammenhang mit dem mystischen Streben der Protagonisten zu sehen. Die Beschreibungen persönlicher Kämpfe, persönlichen Leidens und Strebens deuten die Vorstellung von Individualität an. Gleichzeitig werden Kämpfe und Leiden als sinnvoll vorgestellt: Sie ermöglichen den Protagonisten Erfahrungen, an denen sie wachsen und reifen, und bringen die Helden voran in Richtung Vereinigung mit dem Göttlichen. Die Mystik stellt den einzelnen Gläubigen in den Mittelpunkt und bleibt dabei Teil einer Religion, die eigentlich die Gemeinschaft der Gläubigen betont. Sie ermöglicht den Herrschern so die Darstellung ihrer Herausgehobenheit und gleichzeitig ihrer Gläubigkeit.

Die Beschreibung des Reifeprozesses und des mystischen Strebens sind als Teil der Urerzählung menschlichen Lebens zu betrachten, zu der die Erwartung gehört, dass es gut ausgeht und dass die eigenen Mühen belohnt werden. Zumindest in der literarischen Darstellung wollten die Herrscher das gute Ende verwirklicht sehen oder sie verschoben es ins Göttliche und enthoben es so menschlicher Darstellbarkeit.

---

werden muss. Sie nimmt außerdem Einfluss auf die Persönlichkeit. Da Weißkunig sich in kürzester Zeit alles Wissen aneignet, verkürzt er jedoch seinen Reifeprozess stark.

31 Vgl. Kapitel 6.2.1.3. So lässt er sich immer wieder von denselben Hauptleuten zu Wagnissen überreden, ohne misstrauisch zu werden.

32 Vgl. Kapitel 6.2.1.2, 6.4.3.

33 Vgl. Kapitel 8.2.2.1. Vgl. Dale, *The Poetry and Autobiography of the Baburnama*, S. 659.

34 Vgl. Kapitel 7.2.2.2, 7.2.2.1, 8.2.2.1, 6.2.2.2.

9.3 Beide Herrscher nutzen das Ambiguitätspotential der Literatur, um Gegensätzliches zusammenzubringen

Ambiguität, bei der im Sinne Bauers „einem Begriff, einer Handlungsweise oder einem Objekt gleichzeitig zwei gegensätzliche oder mindestens zwei konkurrierende, deutlich voneinander abweichende Bedeutungen zugeordnet sind",[35] lässt sich grundsätzlich als Bestandteil der Selbstdarstellung der Herrscher sehen. Der Widerspruch, der der Ambiguität strukturell inhärent ist, kann von den Rezipienten der Texte auch als Bruch in den Selbstdarstellungen wahrgenommen werden. Die beiden Herrscher bedienen sich bei der Gestaltung ihrer autobiographischen Texte der Fähigkeit der Literatur, Ambiguitäten abzubilden, aufzulösen oder herzustellen. So stellen sie widersprüchliche Entwicklungen einer Übergangszeit dar und schaffen in ihren Texten Identifikationsangebote für ihre verschiedenen Gefolgschaftsgruppen, auch wenn diese Gruppen gegenläufige Interessen vertreten.

9.3.1 Ambiguitätsmanagement: Die Rezeption der Selbstzeugnisse

Müller macht als zentrales Ziel der Maximilianischen Werke, zu denen er in seiner Arbeit auch noch die Bildwerke und die lateinischen autobiographischen Texte zählt, die Gedechtnus aus. Als vorrangiges Ziel Maximilians sieht er also an, dass sich spätere Generationen an den Kaiser und sein Wirken erinnern sollten.[36]

Die Analyse im Hauptteil hat darüber hinaus gezeigt, dass die Erinnerungsfunktion aller Analysetexte sowohl eine pro- als auch eine retrospektive Seite besitzt und dass die Erinnerungsziele in aktuelle und ferne Ziele differenziert werden können. Zwischen den Kommunikationszielen kann es dabei zu Widersprüchen kommen und auch die Adressatengruppen unterscheiden sich.[37]

Um die Kommunikationsziele beschreiben zu können, ist die intendierte Rezeption zu betrachten. Leider können – wie schon früher ausgeführt – über sie nur Vermutungen angestellt werden. Maximilians Texte wurden nach seinem Tod rezipiert. *Theuerdank* wurde zwar bereits 1517 gedruckt, danach jedoch erstmal eingelagert. *Weißkunig* wurde – in seiner Fragmentform – erst 1775 gedruckt, *Freydal* sogar erst 1882. Textinterne Merkmale sprechen jedoch dafür, dass auch eine Rezeption vor dem Tod angestrebt wurde. *Theuerdank*, *Freydal*, und *Weißkunig* sind in einzelne Sinnabschnitte gegliedert, sodass mündliche Rezeptionsformen möglich waren.[38] Bei Baburs Autobiographie ist ebenfalls aufgrund ihrer Strukturierung anzuneh-

---

[35] Bauer, *Die Kultur der Ambiguität*, S. 27. Vgl. dort ebenfalls die vollständige Definition, die hier nur verkürzt wiedergegeben wird.
[36] Vgl. Müller, *Gedechtnus*, S. 80ff.
[37] Vgl. Kapitel 3.2, 5.2.2.5, 8.3.1, 8.2.1.2, 8.2.2.2.
[38] Vgl. Kapitel 3.2, 8.3.1.

men, dass einige Teile mündlich bereits zu seinen Lebzeiten in seinem Gefolgschaftskreis vorgetragen wurden. Babur schrieb bis einige Monate vor seinem recht
frühen Tod an seiner Autobiographie. Der unfertige Überarbeitungsstatus deutet
darauf hin, dass Babur seinen Tod nicht vorhergesehen und also keine Maßnahmen für die Fertigstellung seines Buches eingeleitet hatte.[39]

Die Rezeption der Selbstzeugnisse, die möglicherweise vor dem Tod der beiden Herrscher stattfand, verfolgt aktuelle, prospektive Kommunikationsziele: Die
vorbildhafte Selbstdarstellung zielt auf die Wertschätzung durch Andere. Gefolgsleute sollten sich loyaler verhalten und die Nachkommen einen Maßstab
vermittelt bekommen, an dem sie ihr Verhalten ausrichten konnten. Das militärische Anspruchsdenken Baburs und Maximilians wird in den Texten deutlich und
dient als Orientierung für ihre Anhänger. Mit der Fixierung der Namen ihrer Gefolgsleute in den Texten wollten die Herrscher ihnen schmeicheln, aber auch ihre
Memoria sichern. Ebenso konnten sie damit aber auch illoyales Verhalten an-
prangern.[40]

Um die Gefolgsleute an die Herrscherperson zu binden, reagierten die Herrscher flexibel auf die verschiedenen Anforderungen, die ihnen von Seiten ihrer
Gefolgsleute gestellt wurden: Sie betrieben eine Art ‚Ambiguitätsmanagement‘
zu dem Zweck, den verschiedenen Interessen ihrer Gefolgsleute gerecht zu werden. Wie in Platons Verständnis von ‚politischer Kunst‘ versuchten die Herrscher
mit unterschiedlichen Textpassagen verschiedene Interessen, Temperamente und
Tüchtigkeiten ihrer Gefolgsleute ineinander zu weben. Die angestrebte Rezeption
bei Gefolgschaftsgruppen, die entgegengesetzte Ziele verfolgten, schlägt sich in
Ambiguitäten im Text selbst nieder. Zu diesen Ambiguitäten zählen auch die verschiedenen Rollen, in die die Herrscher in ihrer Selbstdarstellung schlüpfen. Diese tragen teilweise widersprüchliche Facetten: Demut, Armut und Askese als
Bestandteile der Gläubigerolle sind schwerlich mit prunkvoller Herrscherrepräsentation in Einklang zu bringen.[41] Ebenso führen die unterschiedlichen Identifikationsangebote im Text für gelehrte Gefolgsleute auf der einen Seite oder für
das Kriegsgefolge auf der andern Seite zu Ambiguitäten.[42]

Dass letztendlich bei allen (gegensätzlichen) kommunikativen Intentionen, die
beim Verfassen der Texte gehegt wurden, noch dazu eine gewisse Unsicherheit über
den tatsächlichen Kommunikationsverlauf herrschte, daran erinnert die Figur des

---

[39] Vgl. Kapitel 3.2, 8.3.1.
[40] Vgl. Kapitel 7.2.1.1, 7.2.2.2.
[41] Wie Maximilian Demut und Herrschaftsrepräsentation zusammenbringen wollte, zeigt
Kellner: Sie weist auf Maximilians Wunsch hin, in der St.-Georgs-Kapelle unter dem Altar
in Wiener Neustadt begraben zu werden, sodass der Messe lesende Priester über ihm stehe
und ihn mit den Füßen trete. Was auf den ersten Blick wie Demut aussieht, war jedoch als
Anspruch auf Herrschaftsrepräsentation zu sehen: Der Begräbnisort unter dem Altar war
Heiligen vorbehalten. Vgl. Kellner, *Formen des Kulturtransfers am Hof Kaiser Maximilians I.*,
S. 90.
[42] Vgl. Kapitel 3.2, 7.2.1.3, 7.2.2.3, 7.3.7, 8.2.2.2, 8.3.1.

Ernhold, der im Text zwar als treuer Begleiter Theuerdanks dargestellt, in der Clavis dann aber aufgeschlüsselt wird als „gerucht/vñ gezeügnus/d'warhait so einem yeden menschen/bis in sein grůben nachuolgt Sy sein gůt/oder pösz."[43]

Dass letztendlich die aufgezeigten Kommunikationsziele einen maßgeblichen Effekt auf die Rezeption der Nachwelt gehabt haben, ist durchaus zu erkennen. Im heutigen Nationalstaat Usbekistan, der in Baburs ersten Herrschaftsgebieten entstanden ist, wird der Timuride als idealer Herrscher wahrgenommen. In der westlichen Rezeption werden ihm aufgrund seiner offenen Erzählweise vergleichweise moderne Züge unterstellt, die ihm den Ruf einbrachten, machiavellistisch gehandelt zu haben. Demgegenüber wird Maximilian als gläubiger Herrscher rezipiert, obwohl sein Handeln im Bereich der Religion ebenso als instrumentell aufgefasst werden könnte.[44] Als wirkungsvoll erweist sich die zeitweise Abgrenzung der Protagonisten von den Vater-Alter-Egos im Maximilianischen Großtext: Friedrich III. wird fast bis in die heutige Zeit im Unterschied zu Maximilian als bedächtiger, gar behäbiger Herrscher rezipiert und auch im Maximilianischen Großtext teilweise so dargestellt.[45]

Die Selbstdarstellungen haben scheinbar maßgeblich dazu beigetragen, dass die beiden Herrscher in das kulturelle Gedächtnis der beiden Kulturräume eingegangen sind, in dem ihr Herrscherbild immer noch Wirkung zeigt.

Die kommunikativen Ziele der beiden Herrscher, die sie für die Rezeption ihrer Selbstzeugnisse verfolgen, erweisen sich als vielfältig und von (vermeintlichen) Widersprüchen geprägt: Gelehrte Inhalte standen in Kontrast zu militärischem Wissen, religiöse Beteuerungen zu kriegstechnischem Fortschrittsdenken. Die Literatur als Medium, das Ambiguität abbilden kann, erweist sich als Instrument, mit dem die beiden Herrscher Ambiguitätsmanagement betreiben und vielfältige Rezeptionsziele verfolgen konnten.

9.3.2 Tradition und Innovation

Die beiden Tendenzen der Traditionsverhaftung und des Innovationsstrebens, die sich in den herrscherlichen Texten niederschlagen, sind durch ihre Gegensätzlichkeit ebenfalls als eine Erscheinung der Ambiguität anzusehen. Sie spiegeln sich unter anderem in der Benennung als Renaissance wider, die eine Wiedergeburt des Alten im Neuen bezeichnet.[46] In der Einleitung dieser Arbeit wurde als Ähnlichkeit zwischen den beiden Dynastien die Bezeichnung als Renaissance

---

43 Pfintzing, *Theuerdank*, S. 567; vgl. Kapitel 6.3.1.
44 Vgl. Kapitel 1, 1.7, 6.2.1.1, 6.2.2.1, 6.4.2.
45 Vgl. Kapitel 5.2.1.3, 5.3.5, 7.3.2.
46 Jede Epoche ist von einer Gleichzeitigkeit traditioneller wie innovativer Elemente geprägt. In Zeiten, die mit der Bezeichnung Renaissance versehen werden, tritt diese Prägung jedoch in den Vordergrund, weil in ihnen die Innovation aus einer Wiederentdeckung einer Tradition besteht.

identifiziert, die eine nähere Analyse der Herrscherselbstzeugnisse rechtfertigte. Eine Problematisierung dieser Bezeichnung erfolgte bisher noch nicht. Tatsächlich wird der Begriff in der Forschungsliteratur mit unterschiedlichen Inhalten gefüllt, die differenziert betrachtet werden müssen.

Schmidt verbindet, wie bereits in der Einleitung erwähnt, mit dem Phänomen der Renaissance das erstmalige Auftreten getrennter Sphären von Religion und Politik, das vor allem auf das Wirken des politischen Theoretikers Machiavelli zurückzuführen sei. Als Mangel des islamischen Kulturraumes führt er an, dass dort ein Denker wie Machiavelli gefehlt und daher keine Trennung von Religion und Politik stattgefunden habe.[47] Blickt man diesbezüglich auf die Analyseergebnisse der Herrscherselbstzeugnisse, so erweist sich der Vorwurf Schmidts als paradox, wird doch – wie bereits erwähnt – von anderer Seite Babur gerade mit dem Denken Machiavellis in Verbindung gebracht. Forster und Rushdie, die diese Assoziation äußern, präzisieren den Grund für ihre Überlegungen nicht.[48] Eine Ursache für ihre Assoziation könnten die Textstellen des *Baburnama* sein, in denen Babur religiöse Handlungen im Dienst seiner politischen Eroberungen durchführt und dies auch transparent macht. Seine Inszenierung, als er vor dem Krieg gegen die Hindus dem Alkohol abschwört, ist diesen Handlungen zuzuordnen:

> Beg u nökär uluğ – kičik barča rağbat bilä muṣḥafnı eliggä alıp ošbu maḍmūn bilä ʿahd u šarṭ qıldılar. Ṭawr tadbīrî edi. Yavuqtın yıraqtın dost u dušman körgäli ešitkäli yaxšı boldı.[49]

Dementsprechend könnte dieses bewusste und explizit benannte Instrumentalisieren der einen Sphäre im Dienste der anderen darauf hindeuten, dass Babur beide Sphären getrennt dachte.

Sieht man also – wie Schmidt – die Renaissance in Europa als einen Zeitraum an, in dem die Sphären von Religion und Politik auseinandertraten, während sie im islamischen Kulturraum verschränkt blieben, so könnte man im *Baburnama* Indizien für ein Auseinandertreten finden. In jedem Fall müssten weitere Texte aus beiden Kulturräumen hinzugezogen werden, um diese These Schmidts näher zu untersuchen.

Ein weiterer Inhalt, der unter der Bezeichnung der Renaissance firmiert, ist die Wiedergeburt der Antike. Der Einfluss der Antike ist in beiden Kulturräumen spürbar. In Baburs Gebiet ist jedoch von einer stärkeren Kontinuität antiker Ein-

---

[47] Vgl. Schmidt, *Sind die Türken Europäer?*, S. 162.
[48] Vgl. Kapitel 1, 1.7, 6.4.2; vgl. Forster, *The Emperor Babur*, S. 292; vgl. Rushdie, *Introduction*, S. xii.
[49] In englischer Übersetzung: „Beg and liege man, great and small alike, all willingly took Korans in their hands and swore oaths to this effect. It was a really good plan, and it had favorable propagandastic effect on friend and foe." Thackston, *The Baburnama*, S. 377 [fol. 315]. Den Hintergrund des Zitats bilden Baburs Vorbereitungen zum ‚Heiligen Krieg‘, zu denen viele Glaubensakte gehörten. Unter anderem schwört er dem Alkohol ab, kündigt das Aussetzen der Tamġa an und lässt seine Gefolgsleute auf den *Koran* schwören.

flüsse durch die Jahrhunderte hinweg auszugehen als im europäischen Raum. Im mittelalterlichen Denken bildete die ‚Wiederentdeckung der Antike‘ im Italien des 14. Jahrhunderts einen sehr viel stärkeren Kontrast zu den bisherigen kulturellen Strömungen als das in Baburs Kulturraum der Fall war.

Die vier Analysetexte offenbaren direkte antike Einflüsse vor allem bei der Formulierung von Herrscheridealen. In beiden Kulturräumen gilt die antike Gestalt Alexanders des Großen als Herrscherideal, das in den analysierten Selbstzeugnissen offen in Erscheinung tritt: Weißkunig vergleicht sich vor allem hinsichtlich der Kriegsfertigkeiten mit Alexander, während Babur ihn als Ahnen in seiner Genealogie erwähnt.[50]

Kennzeichnend für die Rezeption des Makedonen ist, dass er in beiden Kulturen als vorbildlicher Herrscher, aber auch als Repräsentant der jeweiligen religiösen Werte gesehen wird – bzw. als Gegenentwurf hierzu. In der Literatur beider Kulturräume wird Alexander christianisiert bzw. islamisiert dargestellt – oder aber für seinen heidnischen (antiken) Glauben kritisiert. So widersprüchlich diese Zuschreibungen sind, so widersprüchlich und divers sind auch die Tugenden und Laster, Eigenschaften und Talente, die ihm in der Rezeption beider Kulturen zugeordnet werden.[51] Die sich über die Jahrhunderte verändernde Rezeption führte zu einer nahezu „freischwebenden Verfügbarkeit"[52] Alexanders.

Weitere spezifische Einflüsse, die auf die Alexanderrezeption zurückzuführen sind und in der Selbstdarstellung Maximilians und Baburs wiedergefunden werden können, sind daher schwierig zu identifizieren. In den Analysetexten wird Alexander der Große zudem nicht als das eine, zentrale Herrschervorbild präsentiert. Dennoch kann die Figur einen Einfluss ausgeübt haben: Die Flexibilität und gleichzeitig umfassende Anschlussfähigkeit seiner Gestalt mochte für Babur und Maximilian, die in einer Zeit des Übergangs lebten, vorbildhaft gewesen sein. Mit ihrer eigenen komplexen Selbstdarstellung konnten sie auf ähnliche Effekte wie bei der Alexanderrezeption hoffen: dass sie also auch in späterer Zeit als vorbildliche Herrscher wahrgenommen werden, da sich ihre Selbstdarstellung immer noch als anschlussfähig erweist.[53] Eine Voraussetzung für eine Selbstdarstellung mit dieser Zielsetzung bildet das Bewusstsein Maximilians und Baburs von der Historizität eines Herrscherideals und dem Übergangscharakter ihrer aktuellen geschichtlichen Situation.

Maximilian bezieht sich im *Weißkunig* mit Julius Caesar noch auf einen weiteren antiken Herrscher. Caesar gilt wie Alexander der Große als ‚Standardherr-

---

50 Vgl. Kapitel 3.3, 5.2.2.1, 6.4.5, 7.2.1.2, 8.2.1.2.

51 Vgl. das Kapitel *Alexander im Spiegel der Nachwelt*, S. 405-456.

52 Demandt, *Alexander der Große*, S. 448.

53 Dass die Herrscherperson in ihrer Darstellung durchaus als komplex und schwer fassbar gelten konnte, zeigen Urteile der Forschung, die etwa Maximilian als „eine der vielseitigsten Herrschergestalten des ausgehenden Mittelalters" ansehen. Es sei „schwer, sein Wesen eindeutig zu erfassen." Diederichs, *Kaiser Maximilian I. als politischer Publizist*, S. 65.

schervorbild' in der deutschen Literatur, wird jedoch ebenso wie Alexander dem Alter Ego Maximilians an Fähigkeiten unterlegen dargestellt.[54]

Der Rückbezug auf antike Herrschervorbilder ist für die Analysetexte zwar festzustellen, kann aber nicht als spezifisch konturierbar bezeichnet werden.[55] Zudem ist die Rezeption der antiken Herrscherideale kein spezifisches Merkmal einer Renaissance. Eher sind die Herrschervorbilder kontinuierlich rezipiert und nicht wiederentdeckt worden: Alexander tritt bereits als prägende Figur sowohl in der persischen klassischen Literatur als auch in den mittelalterlichen Romanen (und früher) auf. Das Herrscherideal, das beide Herrscher in ihren Texten postulierten, ist eher an andere althergebrachte Vorstellungen gebunden. Inszeniert sich Maximilian oft als ‚letzter Ritter',[56] bezieht sich Babur auf Nomadenideale seiner Vorfahren Genghis Khan und vor allem Temür Beg zurück. Der Kaiser verhilft selbst vor allem dem Mittelalter zu einer Renaissance, ohne sich jedoch der neuen kulturellen Strömung der antiken Renaissance zu verschließen.[57] Ein ähnliches Wirken ungleichzeitiger Entwicklungen ist für die Zeit der Timuriden festzustellen, in der mehrere Strömungen zur Identifikation zur Verfügung stehen, von denen für Babur vor allem die persoislamischen und die turkomongolischen von Bedeutung waren.[58]

Die Bezeichnung als Renaissance stellt sich also auch in ihrer Bedeutung als ‚Wiedergeburt der Antike' für die Analysetexte als nicht unbedingt passend dar, weil bei Babur und Maximilian weniger antike, sondern eher nomadische und mittelalterliche Einflüsse betont werden.

Ein dritter Umstand, der mit der Renaissance häufig verbunden wird, ist die Blüte der Kunst, die diese Zeit prägte. Diese Blüte kennzeichnet schließlich sowohl die Epoche der Timuriden als auch der Habsburger unter Maximilian und gilt für die Musik und die Malerei, aber – wie gezeigt – vor allem für die Literatur. Wenn die Bedeutung des Renaissance-Begriffs auf die Blüte der Kunst beschränkt wird, lässt sich die Bezeichnung für beide Kulturräume rechtfertigen, die zudem ein ähnliches Kunstverständnis verfolgten. Dieses Kunstverständnis wird gekennzeichnet durch Formbeherrschung und handwerkliche Perfektion. Charak-

---

54 Vgl. Kapitel 3.3.1, 6.4.5.

55 Babur und Maximilian konnten an den antiken Herrschern interessiert gewesen sein, weil sie trotz persönlichen Scheiterns inmitten einer Zeit des Übergangs eine Neuordnung bewirken konnten: Die Zeit des Übergangs verlief bei Alexander dem Großen zwischen der griechischen Klassik und dem Hellenismus und bei Caesar zwischen der römischen Republik und der Kaiserzeit.

56 Die Zuschreibung als ‚letzter Ritter' stammt freilich erst aus dem 19. Jahrhundert.

57 Der Schwellenzeitraum um 1500 in Europa gilt als eine Zeit der Ungleichzeitigkeiten. Huizinga zeichnet in seinem Werk *Herbst des Mittelalters* das 14. und 15. Jahrhundert in Mitteleuropa als eine Epoche des Verfalls nach, in der jedoch bereits der Keim des Neuen, der Renaissance, steckte.

58 Vgl. Kapitel 7.2.2.3.

teristisch ist ebenso, dass sich die Kunst dieser Zeit in ihrer Ästhetik und ihren Themen vor allem auf Traditionen und überlieferte Autoritäten zurückbezog.[59]

Das Zitieren literarischer Klassiker und das Tradieren traditioneller Facetten eines Herrscherideals sind als Archivierungsbestrebungen und Kanonbildung zu begreifen. Auch Wiederholungen und die Vorhersehbarkeit der Handlung vermitteln einen Eindruck von Stabilität. Innovativ sind im Bereich der literarischen Verarbeitung jedoch die Neukombination, Adaption und die Versuche der Überbietung der literarischen Klassiker. Vor allem aber der Einsatz literarischer Muster zur Umdeutung und Sinngebung politischer Brüche in der Selbstdarstellung ist als Innovation zu bezeichnen.[60]

Eine weitere Neuerung deutet sich vor allem in der Erzählweise des *Baburnama* an, in dem Babur auch einen Einblick in seine Gedanken- und Gefühlswelt zulässt. Seine Selbstdarstellung wirkt dadurch deutlich moderner als die Maximilians, sein Handeln berechnender.[61]

In der Herstellungstechnik der Selbstzeugnisse zeigt sich für den Maximilianischen Großtext ein Nebeneinander von Innovation und Tradition. So wurde auf die moderne Drucktechnik zurückgegriffen und auch die Inhalte der Holzschnitte sind ebenfalls auf der Höhe der Zeit: Sie bilden militärische Innovationen der Zeit ab und weisen – kunstgeschichtlich gesehen – Renaissancemerkmale in ihrer Gestaltung auf. Die Neuerungen der Drucktechnik werden insofern allerdings konterkariert, als die gewählte Schriftart, die sogenannte Theuerdanktype, eine Handschrift nachahmt. Auch wird nicht ein Massenpublikum mit den Texten anvisiert, so wie es die Drucktechnik erstmals ermöglicht, sondern ein handverlesener Kreis aus Rezipienten, der sich um das Haus Habsburg verdient gemacht hatte.[62]

Beide Herrscher zeigen in ihrer Selbstdarstellung einen ausgeprägten Wissenstrieb, der häufig als Reflex auf die wissenschaftlichen Fortschritte der Zeit gedeutet wird.[63] Die Herrscher bewerteten Neuerungen jedoch nicht per se als positiv. Ihr Maßstab zur Beurteilung orientierte sich vielmehr an traditionellen Autoritäten. Fortschritt stand vor allem im Dienst der Politik: Technischer Vorsprung sollte einen Machtgewinn gegenüber anderen Herrschern sichern.

Die kulturelle Blüte, die als gemeinsamer Kern der Renaissance-Bezeichnung beider Kulturräume identifiziert wird, ist als kulturelle Gegenstrategie zu den politischen Ungleichzeitigkeiten und Unsicherheiten zu sehen, die sich in den autobiographischen Darstellungen der beiden Herrscher widerspiegeln. Das gleichzeitige Gegeneinanderlaufen traditionsbetonender und innovativer Entwicklungen

---

[59] Vgl. Kapitel 2.2.1.1, 2.2.2.1.
[60] Vgl. Kapitel 8.3.3.
[61] Vgl. Kapitel 6.4.2.
[62] Vgl. Kapitel 3.2, 3.4.2.
[63] Vgl. Kapitel 8.2.1.4, 8.2.2.4.

kann im Medium der Literatur aufgefangen und dargestellt werden. Diese Ambiguität abbilden zu können ist eine spezifische Leistung der Literatur.

9.3.3 Fakten und Fiktionen

Die literarischen Gestaltungsmöglichkeiten, die sich durch die unterschiedliche Verarbeitung von Fakten und Fiktionen ergeben, sorgen für Ambiguität in den Texten. Autobiographische Texte sind sowohl als Geschichtsschreibung als auch als Literatur lesbar. Ihre Stellung zwischen Geschichtsschreibung und literarischem Text lässt sich jedoch nicht einfach durch eine Gegenüberstellung von Fakten und Fiktionen beschreiben, da ihr Verhältnis sich zumindest im europäischen Kulturraum in der Vormoderne anders darstellt als landläufig im heutigen Verständnis.[64] Fakten und Fiktionen stehen im Verständnis der Vormoderne eher in einem abgestuften Verhältnis zueinander, und auch der Übergang von Geschichtsschreibung und Literatur gestaltet sich daher fließend. Für die Literatur gilt ein Wahrheitsanspruch, der daher rührt, dass nicht freie Fiktionalität, sondern funktionale Fiktionalität die Texte prägt. Diese zeichnet sich dadurch aus, dass im Sinne eines Integumentums zum ‚wahren Kern' der Erzählung durch eine Entschlüsselungsleistung vorzudringen ist. Diese Ästhetik prägt Literatur und Geschichtsschreibung der europäischen Vormoderne und scheint auch in ähnlicher Weise dem *Baburnama* zugrunde zu liegen. Der fließende Übergang zwischen der Geschichtsschreibung und der Literatur und die Rezeptionsmöglichkeiten, die durch diesen Übergang im Schwebezustand gehalten werden, münden wiederum in einen Zustand der Ambiguität, den die Texte widerspiegeln. Ob also die Liebe zwischen Babur und Baburi als historisch real, als literarisches Motiv oder als religiöser Ausdruck zu werten ist, darf unentschieden bleiben, da alle drei Lesemöglichkeiten im Erzählzusammenhang sinnvoll erscheinen. Diese Unentschiedenheit kann als Bestandteil der Erzählstrategie gelten.[65]

In den Texten Baburs und Maximilians wird auf Basis des abgestuften Verhältnisses von Fakten und Fiktionen die Selbstdarstellung gestaltet. Mit Hilfe unterschiedlicher Techniken werden Fakten und Fiktionen so geformt, dass die Brüche, die in der Realität das Leben der beiden Herrscher prägten, in der literarischen Darstellung verdeckt oder verfüllt werden. Literarische Zitate werden

---

[64] Vgl. Kapitel 2. Die Diskussion über das Verhältnis von Fakten und Fiktionen in der Vormoderne ist rege sowohl in den Philologien als auch in der Geschichtswissenschaft geführt worden. Vgl. grundlegend dazu Haug, *Literaturtheorie im deutschen Mittelalter*; Knapp, *Historie und Fiktion in der mittelalterlichen Gattungspoetik Bd. 1* und *Bd. 2*; Müller, *Literarische und andere Spiele*; Iser, *Das Fiktive und das Imaginäre*; White, *Metahistory*; White, *The Content of Form*; Paravicini, *Die Wahrheit der Historiker*.

[65] Vgl. Kapitel 6.2.2.2.

zur Umdeutung oder Sinngebung eingesetzt, um Brüche in der Erzählung aufzufüllen. Darstellungsziel ist es, ein kohärentes Herrscherbild zu schaffen.[66]

Grundsätzlich, so die Annahme, wird durch die Selbstzeugnisse der Authentizitätsanspruch des Lesers geweckt und aufrechterhalten, der zwar – etwa durch fiktionale Elemente oder fehlende Referentialisierungen – immer wieder irritiert, jedoch nicht nachhaltig gestört wird. Auf diese Weise bleiben die Aussagen der Texte glaubwürdig. Zu den angesprochenen Erzähltechniken, mit denen Fakten und Fiktionen geformt werden, zählen die Reduktion, die Personifizierung, die Ästhetisierung, die Modellierung, die Verfremdung, die Übertreibung und vor allem die Auslassung.[67]

Prägnant ist etwa die Arbeit mit Auslassungen bei beiden Herrschern, wenn es um die Konstruktion von Feindbildern geht. In ihren Selbstzeugnissen erfolgt eine deutliche Abgrenzung von den militärischen Gegnern und religiös Andersdenkenden: den Hindus und Osmanen. Vermutlich, um den Eindruck dieser Abgrenzung aufrechtzuerhalten, werden historische Koalitionen oder die Integration der Andersgläubigen in die eigenen Truppen in den Texten verschwiegen.[68]

Der Einsatz dieser Techniken führt dazu, dass die Selbstzeugnisse mit der historischen Realität in spezifischer Weise in Beziehung stehen: Zum einen vermischen sich in ihnen die literarischen Einflüsse mit der Lebensbeschreibung der Herrscher. Teilweise wird die Lebensbeschreibung nach literarischer Idealvorstellung gestaltet und teilweise wird in den Texten literarisch auf Ereignisse aus der historischen Realität reagiert, indem Umdeutungen oder Sinngebungen vorgenommen werden. Literarische Vorbilder nehmen nicht nur Einfluss auf das Handeln realer Personen, sondern auch auf das der Protagonisten in den Selbstzeugnissen – so wie dies das Muster der ‚mystisch Liebenden‘ zeigt.[69]

Der Maximilianische Großtext verfügt mit den Holzschnitten über ein zweites Kommunikationssystem, mit dessen Hilfe Fakten und Fiktionen in ein spezifisches Verhältnis zueinander gesetzt werden: Die Bilder stellen Geschichte verkürzt dar, weil Kausalitäten oder andere Zusammenhänge nicht auf ihnen abgebildet werden können. Literatur und historische Realität werden auf ihnen vermischt, da nicht immer die Protagonisten auf ihnen gezeigt werden, sondern auch historische Personen. Grundsätzlich dienen die Abbildungen dazu, die

---

[66] Vgl. Kapitel 8.3.3.

[67] Vgl. Kapitel 8.2.1.1, 8.2.2.2. Dass erzählerische Auslassungen aus politischen Gründen erfolgen, zeigt auch die Arbeitsweise Maximilians und seiner Gelehrten. Sie verwendeten den Bericht über die Gesandtschaft und Brautwerbung von Friedrich III. als Vorlage für den *Weißkunig* und ließen Stellen im Vergleich zur Vorlage aus, wenn sich dies als vorteilhaft für Maximilians erwies. So wird etwa eine Stelle getilgt, in der Friedrich die Krone von Mailand empfängt, wohl weil der Kaiser aufgrund seiner Heirat mit Bianca Maria Sforza die Empfindlichkeit der Mailänder schonen wollte. Vgl. Strobl, *Studien über die literarische Tätigkeit Kaiser Maximilian I.*, S. 41f.

[68] Vgl. Kapitel 7.3.7.

[69] Vgl. Kapitel 6.2.1.2, 6.2.2.2, 6.4.3.

Glaubwürdigkeit und Beweiskraft des Textes zu stärken. Manchmal stehen die Holzschnitte aber auch im Widerspruch zur Textaussage.[70]

Die Literatur erweist sich bei beiden Herrschern als geeignetes Kommunikationsmedium, um Ambiguitäten abzubilden, aufzulösen oder auch herzustellen. Im Falle des Maximilianischen Großtextes werden sie in dieser Eigenschaft durch die Holzschnitte ergänzt. Die Herrscher stellen sich in ihren Texten als Ambiguitätsmanager dar, die die Kluft zwischen den verschiedenen Interessen ihrer Gefolgsleute, zwischen Innovation und Tradition und zwischen Fakten und Fiktionen mit den Mitteln der Literatur zu verfüllen wussten, ohne dies jedoch auf Kosten der einen oder anderen Seite durchzuführen: Stets bleiben mehrere Deutungs- und Lesmöglichkeiten bestehen, werden Eindeutigkeiten zumeist vermieden und die Interessen beider Seiten bewahrt.

9.4 Maximilian nutzt die Literatur zur Vereindeutigung von Herrschaftsbeziehungen, während Babur als ‚Ambiguitätsmanager' gegenüber seinen Gefolgsleuten agiert

Die Darstellung der Ambiguitäten in den Selbstzeugnissen ist eng verknüpft mit einem Unterschied zwischen den Texten, den die Analyse zutage förderte. War in allen Analysetexten noch als Ähnlichkeit auszumachen, dass mit der Literatur Ambiguitäten abgebildet werden, so ist vor allem im Maximilianischen Großtext festzustellen, dass mit Hilfe der Literatur Ambiguitäten auch aufgelöst und Vereindeutigungen dort durchgeführt werden, wo eigentlich Ambiguitäten herrschen.

Diesen Unterschied zu betrachten ist insbesondere interessant, weil er möglicherweise einen Hinweis auf die sich zeitlich anschließende Auseinanderentwicklung der beiden Kulturräume geben kann. Da – nach der eingangs der Arbeit zitierten Definition nach Schmidt – die Literatur auch als Seismograph für später erfolgende Entwicklungen gelten kann, weil in ihr unsanktioniert Gedankenspiele und Experimente stattfinden können,[71] ist es möglich, Unterschiede zwischen den Texten als Indizien für geschichtliche Entwicklungen zu deuten.

9.4.1 Das Verhältnis zu den Gefolgsleuten

Ein Unterschied, der zwischen dem Maximilianischen Großtext und dem *Baburnama* festgestellt werden kann, ist in der Formulierung des Herrschaftsanspruchs gegenüber den eigenen Gefolgsleuten zu finden, der im Falle von Maximilians Texten als eine Vereindeutigung dieses Anspruchs gelesen werden kann.

---

[70] Vgl. Kapitel 2.2.1, 6.2.1.2, 7.2.1.2, 7.3.5, 8.3.1, 9.3.3.
[71] Vgl. dazu die im Kapitel 2.2 zitierte Definition des Literatursystems.

Für die Ausübung von Herrschaft vertrauen beide Machthaber darauf, für ihre Befehle bei ihren Gefolgsleuten Gehorsam zu finden.[72] Das Verhältnis zwischen den Gefolgsleuten, die diesen Gehorsam zeigen sollen, und den Herrschern ist von Ambiguität geprägt: Es ist gekennzeichnet durch Unsicherheit, Widersprüche, Verrat, wechselnde Loyalitäten und befindet sich oft in einem Schwebezustand zwischen Gelingen und Scheitern. Die Beziehung ist aus Sicht der Herrscher-Alter-Egos als gleichzeitige Gefährdungs- und Abhängigkeitsbeziehung zu bezeichnen. Von einigen Akteuren erfahren sie nacheinander Nutzen und Schaden; langjährige Feinde können zu Verbündeten oder Versippten werden. Starre Konfliktlinien gibt es einzig zu den Andersgläubigen, also den Osmanen und den Hindus – wenn auch nur in der literarischen Darstellung.[73]

Die Herrscherprotagonisten versuchen, die verschiedenen, teils gegenläufigen Interessengruppen unter ihren Gefolgsleuten mit ihren Texten gleichermaßen anzusprechen und ihnen darin Identifikationsangebote zu unterbreiten. In ihrer Vorstellung von Herrschaft ist es ihre Aufgabe, dem Gefolge gegenüber eine Führungsposition zu behaupten. Dabei formulieren sie unterschiedliche Ansprüche: Weißkunig strebt danach, die Beziehungen zu seinen Gefolgsleuten zu vereindeutigen und erhebt einen absoluten Herrschaftsanspruch. Er fordert bedingungslosen Gehorsam von seinem Gefolge, ohne dass es Gegenleistungen von seiner Seite aus erwarten dürfe. Er geht damit seinen Leuten gegenüber auf deutliche Distanz. Dieser Eindruck verstärkt sich durch die ‚Unabhängigkeitserklärung‘, die er im Lehrungs-Kapitel abgibt: Er eignet sich alles Wissen und Können seiner Untergebenen an, um nicht auf sie angewiesen zu sein.[74] Auch die für das Mittelalter typische politische Beratung im Kreis der Elite (consilium) lehnt der Herrscherprotagonist ab: Er will alleine entscheiden.[75] Die Formulierung eines Anspruchs auf absolute Herrschaft wird unterstützt durch die – eher typisch mittelalterliche – Zuschreibung göttlicher Attribute, mit der Weißkunig als der Menschheit entrückt präsentiert wird.[76]

Eine vereindeutigte Herrscher-Gefolge-Beziehung wird also auf der einen Seite mit traditionellen, eher mittelalterlichen Darstellungsmitteln (Zuschreibung göttlicher Attribute) angestrebt, auf der anderen Seite aber auch durch die Ablehnung mittelalterlicher Herrschaftsmittel, wenn sie den Herrscher in seiner Machtausübung einengen konnten (Beratungssituationen). In jedem Fall lief der formulierte Herrschaftsanspruch der Maximilianischen Protagonisten auf ein ver-

---

72   Diese Vorstellung basiert auf der eingangs der Arbeit (vgl. Kapitel 2) vorgestellten Definition von Herrschaft von Max Weber. Vgl. *Wirtschaft und Gesellschaft*, S. 28.
73   Vgl. Kapitel 7.2.1.3, 7.2.2.3, 7.3.7.
74   Vgl. Kapitel 7.2.1.3.
75   Vgl. Kapitel 7.3.6.
76   Vgl. Kapitel 6.2.1.1, 6.3.1.

eindeutigtes, distanziertes Verhältnis des Herrschers zu seinem Gefolge hinaus, das ihm – ohne eine Gegenleistung zu erhalten – gehorchen sollte.[77]

Demgegenüber agiert Babur in seinem Text in einem höheren Maße als Ambiguitätsmanager denn als Befehlshaber. Zwar ist auch er der Meinung, sein Gefolge habe ihm zu gehorchen und seine Befehle auszuführen, jedoch sieht er seinen Platz als Herrscher nicht – wie die Maximilianischen Protagonisten – als weit über ihnen angesiedelt an, sondern er schildert sich als ihrem Netzwerk zugehörig. Zu dem Netzwerk, das Babur und seine Gefolgsleute umfasste, gehörten auch die Sufis, sodass die Verbindung zum Göttlichen ebenfalls über einen eher gleichgeordneten Verband erfolgte.[78]

Seine Abhängigkeit von seinen Gefolgsleuten beschreibt Babur deutlich. Er unterstreicht diese Schilderung mit dem Gebrauch poetischer Metaphern, die ihn als in der Verliebtheit gefangenen Liebenden darstellen, die aber aufgrund ihrer Konventionalität darauf schließen lassen, dass im übertragenen Sinne weniger die Abhängigkeit in der Liebe, denn vielmehr die Abhängigkeit von seinem Gefolge gemeint ist.[79]

Der Eindruck, Babur platziere sich als Herrscher eher in die Mitte seiner Gefolgsleute, wird durch die Beschreibung zahlreicher Majālis unterstützt. Diese stellten zwar wohl exklusive Veranstaltungen dar, auf die nicht jeder Eintritt erhielt; auf der Feier selbst konnten sich die hierarchisch auf ähnlicher Stufe angesiedelten Teilnehmer jedoch untereinander verständigen. Die Majālis bildeten also ein wichtiges Kommunikationsforum für Babur und sein Gefolge: Auf ihnen fand – zumeist im Medium der Dichtung – der politische Diskurs statt.[80]

Im *Baburnama* wird auch die wirtschaftliche Beziehung, die zwischen Herrscher und Gefolge besteht, nicht – wie im Maximilianischen Großtext – ausgeblendet. Die zahlreichen Szenen, in denen Geschenke verteilt werden, illustrieren das herrscherliche Bemühen, Gegenleistungen für den militärischen, gelehrten oder anderweitigen Einsatz des Gefolges zu erbringen. An diesen Stellen spiegelt sich das in vielen Teilen der islamischen Welt prägend wirksame Konzept des Kreislaufs der Gerechtigkeit, das auf Baburs Handeln Einfluss nahm. Dieses verbreitete Konzept verdeutlicht die starke Einbindung der Herrscherperson, die nicht aus einer durch unbedingten Gehorsam gekennzeichneten absoluten Position heraus politisch agierte, sondern als Teil eines festen Gefüges, in dem auch sie Anforderungen genügen musste, damit Herrschaft gelang. Prosperität, Gleichgewicht und Stabilität als Werte und Funktionsprinzipien des Kreislaufs der Gerechtigkeit sollten alle Teile des Kreislaufs erreichen. Das Konzept basierte also auf einem Aus-

---

[77] Das Scheitern dieser Idee macht der Text vielfach deutlich. Jedoch wird von Seiten der Protagonisten der theoretisch absolute Herrschaftsanspruch – trotz der Misserfolge – nie aufgegeben.

[78] Vgl. Kapitel 6.4.5, 7.2.2.4, 8.3.1.

[79] Vgl. Kapitel 5.2.2.4, 7.2.2.3.

[80] Vgl. Kapitel 2.2.2.2, 7.2.2.3, 7.2.2.4, 7.3.6, 8.2.2.2.

gleich zwischen seinen Gliedern und nicht darauf, eines auf Kosten des anderen zu bevorzugen.[81]

Die Position Baburs in der Mitte der Gefolgsleute war nicht durch vereindeutigte, festgelegte Beziehungen zum Gefolge charakterisiert, sondern durch Kooperation und Aushandlungsprozesse, die den Timuriden in seinen Verhandlungsfähigkeiten herausforderten, wenn er die verschiedenen Interessen seines Gefolges adressieren wollte. Diese Situation vermieden die Maximilianischen Protagonisten, wenn sie nicht aus einer verhandelnden, sondern aus einer absoluten Position heraus regierten und Gehorsam ohne Gegenleistung einforderten.

Grundsätzlich kann argumentiert werden, dass Macht aus Gründen der Effizienz immer nach rationalen Strukturen strebt, also zu einem vereindeutigten Verhältnis des Herrschers zum Gefolge tendiert und eine absolute Position errichten will. Der Befund aus dem *Baburnama* jedoch zeigt, dass dieses Verständnis von Macht möglicherweise als kulturgebunden gelten muss.[82] Macht, wie sie im *Baburnama* ausgeübt wird, wirkt eher in der Form des Kreislaufs der Gerechtigkeit oder in der Form eines Netzwerkes, wie es Babur und seine Gelehrten und Sufis bildeten. Sie ist jedoch immer – das zeigen alle Analysetexte – auf die Anerkennung durch Dritte angewiesen, um wirksam zu werden.

Literatur eignet sich, wie bereits mehrmals erwähnt, als Experimentierfeld für zukunftsweisende Ideen und für Gedankenspiele. Der Befund, dass die Maximilianischen Protagonisten eine elaborierte Machtposition mit vereindeutigten Beziehungen zu ihren Gefolgsleuten anstrebten, während Babur sich eher als Manager der Interessen seiner Gefolgsleute inszenierte, kann auf die übergeordnete Wissenschafts- und politische Ideengeschichte bezogen werden. Demnach wären die Handlungen der Maximilian-Alter-Egos in Bezug auf ihr Gefolge als erste Anzeichen einer Entwicklung zu deuten, die eine Abnahme der Toleranz gegenüber Vieldeutigkeiten, Ungewissheiten und Ambiguitäten vor allem im Habsburger Kulturraum bedeutete – und zwar insbesondere im Bereich der Macht.[83]

Im Zusammenhang mit dieser These lassen sich die Texte dann einordnen in die von Toulmin (*Kosmopolis*) und Bauer (*Die Kultur der Ambiguität*) skizzierte Ambiguitätsentwicklung. Toulmin und Bauer nehmen in ihrer Theorie nicht diejenigen Entwicklungen der westlichen Welt in den Blick, für die sie häufig Lobpreisungen erfährt, sondern deren Schattenseiten. Zu den negativen Folgen der Entwicklungen der westlichen Welt gehören die Auswirkungen des europäischen

---

81 Vgl. Kapitel 7.2.2.3, 7.3.6.

82 Gleichzeitig muss das Verständnis von Macht dann auch als zeitgebunden gelten: Blickt man auf den europäischen Kulturraum, so entwickeln sich darin die Ausprägungen der Macht von absoluten wieder zu dezentraleren Formen.

83 Zu betonen ist, dass diese Entwicklung außerhalb der Thematik der Gefolgschaftsbeziehungen nicht festzustellen ist und Vieldeutigkeiten, Ungewissheiten und Ambiguitäten sich vielfach im Maximilianischen Großtext (und natürlich auch im *Baburnama*) widerspiegeln.

Kolonialismus, die die kolonialisierten Länder bis heute verarbeiteten, so eine These Bauers.[84]

Im Maximilianischen Großtext können erste Anzeichen für eine Ambiguitäts-entwicklung gesehen werden, die im Westen die zunächst noch vorherrschende Ambiguitätstoleranz eindämmen sollte. Stattdessen ging hier die Entwicklung hin zur Vereindeutigung und Rationalität.

Mit dem Ausblick auf die Gewissheits- und Rationalitätsentwicklungen der Zeit Descartes' kann für die Zeit Maximilians das Vereindeutigungsstreben im Bereich des Herrschaftsanspruchs als erstes Indiz einer übergreifenden Entwick-lung angesehen werden. Der Bereich der Macht wäre demnach als Ort dieser be-ginnender Entwicklung zu identifizieren.

Babur gilt als Begründer des sich zeitlich an seine Herrschaft anschließenden Mogulreichs, in dem ebenfalls Tendenzen von Formalisierung und Standardisie-rung festgestellt werden können, die mit der schnellen Expansion des Reiches einhergingen.[85] Das Verhältnis der Herrscher in der Nachfolge Baburs gegenüber ihrem funktional und ethnisch unterschiedlich geprägten Gefolge blieb jedoch immer von Aushandlungssituationen geprägt, in denen die Mogulherrscher ver-suchten, ihre Gefolgschaftsgruppen dem Ritual und der Ideologie des Mogulrei-ches einzuverleiben.[86] Ihr Erfolg darin steht auch mit der Blüte und dem Nieder-gang des Reichs in Verbindung: Akbar als Herrscher in einer Glanzzeit des Mogulreichs galt als geschickter Manager der verschiedenen Interessen seines Ge-folges, während Aurangzeb zunehmend an dieser Aufgabe scheiterte.[87]

Ein auffälliger Unterschied zwischen den Analysetexten zeigt sich also in der Darstellung des Verhältnisses zwischen Herrscherprotagonisten und Gefolgsleu-ten. Im Maximilianischen Großtext ist das Bestreben erkennbar, dieses Verhältnis zu vereindeutigen und den Herrscher in einer absoluten Machtposition zu zei-gen. Im *Baburnama* hingegen stellt sich Babur als Netzwerker inmitten seines Ge-folges dar. Die Formulierung eines absoluten Herrschaftsanspruchs erscheint in diesem Vergleich somit als Besonderheit der europäischen Texte und kann als Vorverweis auf die makrohistorische Gesamtentwicklung abnehmender Ambigui-tätstoleranz – vor allem zunächst im westlichen Kulturraum – gedeutet werden.

---

84 Vgl. Kapitel 1.1, 7.3.7.
85 Vgl. Kapitel 7.3.6; vgl. Gommans, *Mughal Warfare*, S. 87.
86 Vgl. Gommans, *Mughal Warfare*, S. 56.
87 Vgl. Gommans, *Mughal Warfare*, S. 56, S. 61.

Die Kategorie des Rechts ist in dieser Arbeit nicht als eine Kategorie zur Analyse literarisch dargestellter Macht verwendet worden.[88] Zum einen sind die Textstellen zum Recht in den Analysetexten nicht so ergiebig, dass eine Analyse differenzierte Ergebnisse geliefert hätte. Zum anderen lassen sich die Befunde unter diesen Punkt des Schlusskapitels zum Unterschied bei der Darstellung der Herrschaftsbeziehungen subsummieren. Das Mittel des Rechts wird im Maximilianischen Großtext – nicht aber im *Baburnama* – eingesetzt, um diese Beziehungen zu vereindeutigen: Die Darstellung der Rechtssysteme in den Analysetexten, speziell im *Baburnama* und im *Theuerdank*, fügt der oben angeführten These zur Ambiguitätsentwicklung also noch eine Facette hinzu.

Im *Baburnama* werden verschiedene Rechtsnormen erwähnt, die nebeneinander bestehen und Geltung besitzen.[89] Babur schreibt ein Buch über Fiqh, richtet sich aber neben dem islamischen Recht auch nach dem mongolischen Recht von Törä und Yasa – etwa beim Erstellen von Sitzordnungen, bei der Geschenkübergabe oder bei Begrüßungsritualen. Darüber hinaus übt er als Herrscher selbst Recht aus, wenn er kurzerhand für Gefangene, Verbrecher oder Verräter Strafen ausspricht. Diese Rechtsausübung durch den Herrscher kann auf den Kreislauf der Gerechtigkeit bezogen werden, in dessen achtzeiliger Version es heißt:

> The world is a garden for the state to master. / The state is power supported by the law. / **The law is policy administered by the king** [Hervorh. durch d. Verf.]. / The king is a shepherd supported by the army. / The army are assistants provided for by taxation. / Taxation is sustenance gathered by subjects. / Subjects are slaves provided for by justice. / Justice is that by which the rectitude of the world subsists.[90]

Auch einige ethische Regeln des Adab, wie sie Saʾdi im *Gulistan* formuliert, nehmen im *Baburnama* einen ähnlichen Charakter wie Rechtsnormen an.

Das Verhältnis der unterschiedlichen Rechtssysteme zueinander wird von Babur nicht thematisiert. Eine kritische Äußerung von ihm zu Törä und Yasa spiegelt lediglich seine Meinung über die Qualität der Regeln wider, nicht aber über die Konfliktlage mit anderen Regeln.[91] Dass die Regelungen jedoch zueinander in Widerspruch stehen konnten, wird etwa deutlich, wenn Babur seinen Alkoholkonsum bereut. Die Shariʿa verbietet Alkohol. Im Kreis der turkomongolischen Kriegerelite wird ihm aber eine gemeinschaftsstiftende Wirkung zugesprochen. Eine Auflösung dieser Widersprüche – etwa durch eine Priorisierung der

---

[88] Aus diesem Grund wird – anders als in den bisherigen Unterkapiteln dieses Schlussfolgerungskapitels – in diesem Unterkapitel nicht nur auf Ergebnisse des Hauptteils zurückgegriffen. Die Beobachtungen zum Rechtssystem sind an dieser Stelle zum Teil neu, schließen aber an die bisher referierten Analyseergebnisse direkt an.

[89] Vgl. Kapitel 7.2.2.4.

[90] Die Übersetzung stammt von Lentz/Lowry, *Timur and the Princely Vision*, S. 12.

[91] Vgl. Thackston, *The Baburnama*, S. 232 [fol. 186b].

Gesetzesnormen – wird nicht angestrebt. Babur findet eine eher individuelle Lösung für diesen Konflikt.

Ein anderes Bild zeigt sich im Maximilianischen Großtext: Im *Theuerdank* findet sich eine Gerichtsszene, in der die drei Hauptleute zum Tode verurteilt werden, weil sie sich mit strafbaren Handlungen gegen Theuerdank und das Reich der Königin gewendet haben. In der Erzählung spiegelt sich in dieser Gerichtsszene eine historische Entwicklung wider: Zu den Reformgesetzen, die auf dem Reichstag 1495 in Worms verabredet wurden, gehörte die Einrichtung des Reichskammergerichtes und die Einführung des Ewigen Landfriedens, der das Fehdewesen im Reich beendete. Die gewisse Unabhängigkeit vom König, mit der das Gericht seitdem urteilte, wird im *Theuerdank* durch die Rollenverteilung verdeutlicht: Da es einen Richter und den Ernhold als Kläger gibt, ist Theuerdank nicht unmittelbar in den Prozess involviert.[92]

Strohschneider stellt für das Geschehen im *Theuerdank* eine „Zunahme der Regelhaftigkeit der Handlungen"[93] fest, die sich etwa bei der Bestrafung von Verbrechern zeigt. Es bestehen nicht mehrere Rechtssysteme gleichbedeutend nebeneinander wie bei Babur, sondern das Verbrechen wird gemäß nur einer Rechtsnorm durch nur eine Rechtsinstanz beurteilt. Die Verrechtlichung hat schließlich eine Abnahme der Ambiguität und eine Zunahme der Rationalität auch in diesem Bereich zur Folge.[94]

Das Rechtssystem ist neben dem Herrschaftsanspruch der zweite Bereich, der in seiner Darstellung im Maximilianischen Großtext durch ein Vereindeutigungsstreben gekennzeichnet wird, das sich im *Baburnama* nicht findet. Die Gerichtsszene lässt sich als Anklage gegen die Gefolgschaft Theuerdanks und der Königin lesen, da sich das Vergehen der Hauptleute mit Beginn des Prozesses nicht mehr nur auf Theuerdank beschränkt, sondern als gesamthaft gegen das Reich gerichtet erscheint.[95] Auf diese Weise werden die drei Hauptleute, die nach der Hochzeit Theuerdanks und Ehrenreichs zum Gefolge des neuen Königs gehört hätten, nicht nur als persönlich schuldig dargestellt, sondern als Verräter aus den eigenen Reihen gegen das Reich des neuen Herrscherpaares. Damit findet sich im Bereich der Rechtsprechung eine Verbindung zum im vorherigen Abschnitt erläuterten vereindeutigten Herrschaftsanspruch Weißkunigs seinem Gefolge gegenüber: Verräter werden mittels der rationalisierten Rechtspraxis verurteilt und handlungsun-

---

[92] Die Tatsache, dass Maximilian in dieser Art, d.h. auch mit dieser Rollenverteilung, die neuen Regelungen in sein Selbstzeugnis einfließen ließ, spricht für die These Thiels, der davon ausgeht, dass der Kaiser beim Reichstag von Worms 1495 keineswegs aus Geldnot heraus einen für ihn nachteiligen Kompromiss schließen musste, sondern selbst Reformen vorantreiben wollte. Vgl. Thiel, *Der Reichstag zu Worms im Jahre 1495*, S. 551-573.

[93] Strohschneider, *Ritterromantische Versepik im ausgehenden Mittelalter*, S. 432.

[94] Zur historischen Entwicklung vgl. Thiel, *Der Reichstag zu Worms im Jahre 1495*, S. 569.

[95] Vgl. Strohschneider, *Ritterromantische Versepik im ausgehenden Mittelalter*, S. 415f.

fähig gemacht. Auf diese Weise wird Ambiguität in den Herrschaftsbeziehungen reduziert.

Das Vereindeutigungsstreben und die Zunahme der Regelhaftigkeit in den Handlungen im Maximilianischen Großtext verbinden die Entwicklungen in den Gefolgschaftsbeziehungen und im Rechtssystem. Der vereindeutigte Herrschaftsanspruch, den die Maximilian-Alter-Egos gegenüber ihren Gefolgsleuten behaupten, wird durch die Einführung eines Gerichtswesens, wie es sich im *Theuerdank* widerspiegelt, in gewisser Weise beeinträchtigt, denn das Gericht urteilt in relativer Unabhängigkeit vom König – sowohl im literarischen Text als auch in der historischen Entwicklung. Das zeigt, dass es bei der Entwicklung, die der Maximilianische Großtext widerspiegelt, mehr noch als um die Zentrierung absoluter Macht in den Händen des Herrschers um die Rationalisierung, Vereindeutigung und die Abnahme von Ambiguitäten im Bereich der Macht und des Rechts geht.

9.4.3 Streben nach Universalherrschaft

Bauer bezeichnet den „Universalisierungsehrgeiz" der westlichen Welt als eine Besonderheit, die sie vom Rest der Welt unterscheide.[96] Weder hätten die Seefahrer des islamisch geprägten Kulturraums den Drang gehabt, ihre Entdeckungen als herausragende Leistungen in ihrer Geschichtsschreibung zu beschreiben, noch sich bemüßigt gefühlt, eine Monopolstellung über den Handel zu erreichen oder andere Völker zu unterwerfen.[97]

Besieht man sich das *Baburnama* vor dem Hintergrund vor allem der letzten dieser Aussagen, muss nach einer Einordnung des ‚Heiligen Krieges' gefragt werden, in dem Babur die Hindus unterwirft. Doch auch, wenn Babur sich durchgängig abschätzig über seine Gegner äußert und seine Überlegenheit äußert, kann man seinen Sieg wohl als Teil des politischen Konzepts des Kreislaufs der Gerechtigkeit deuten: Babur blieb keine andere Möglichkeit, als nach Indien einzufallen, wollte er seine Gefolgsleute mit Ressourcen und Lohn gemäß der Vorstellung des Kreislaufs versorgen. Kabul als armes Herrschaftsgebiet bot ihm keine ausreichenden Möglichkeiten, und aus seinen angestammten Gebieten wurde er militärisch durch den übermächtigen Shaybani Khan unter Druck gesetzt.[98]

Ein Streben nach universaler Herrschaft lässt sich auch aus dem Maximilianischen Großtext nicht ablesen, wohl aber aus dem historischen Kontext des Kaisers: Maximilian äußerte ab 1507 wiederholt den Plan, das Papstamt ausfüllen zu wollen und sich so gleichzeitig zum weltlichen und geistlichen Herrscher zu krönen.[99] Begleitet wurde dieser Plan von der Propaganda seiner Gelehrten, die etwa

---

[96] Bauer, *Die Kultur der Ambiguität*, S. 369.
[97] Vgl. Bauer, *Die Kultur der Ambiguität*, S. 366-369.
[98] Vgl. Kapitel 6.2.2.3.
[99] Vgl. Kapitel 4.2.1.

eine Geburt siamesischer Zwillinge, die am Kopf zusammengewachsen waren, als Zeichen für eine baldige Vereinigung der Ämter von Kaiser und Papst deuteten.[100] Als Vorbild für Maximilians Streben nach geistlicher wie weltlicher Herrschaft kann – wie bereits erwähnt – die Geschichte des Priesterkönigs Johannes angesehen werden, die Maximilian in sein *Ambraser Heldenbuch* aufnehmen ließ. Eine Erklärung für die Aufnahme des Textes in diese Sammlung höfischer, heldenepischer und kleinepischer Texte besteht darin, dass Maximilian sich mit der Figur des Priesterkönigs identifizierte und mit der Parallelsetzung mit ihm und der Geschichte auch seine Ambitionen auf die universale Führung in der Welt ausdrücken wollte. Der Priesterkönig galt als Herrscher über einen Teil des ,Orients', und auch Maximilian wolle den ,Orient' beherrschen, so die Deutung.[101]

Auch das Darstellungsziel der Universalherrschaft begleiteten die Gelehrten Maximilians vielstimmig: Celtis bezeichnete Maximilian im *Ludus Dianae* als Herrscher der Welt,[102] ebenso unterstützten die Gelehrten Hutten und Pirckheimer die Idee einer Weltenmonarchie.[103] Zudem wurden in der *Ehrenpforte* und im *Triumphzug* Maximilians außereuropäische Interessen festgehalten.[104]

Dass sich dieselben universalen Ansprüche nicht im Maximilianischen Großtext formuliert finden, muss erstaunen. Ebenso sind auch die ersten Ansätze einer nationalen Propaganda, wie man sie Maximilian zuschrieb[105] und mit der er für einen stärkeren inneren Zusammenhalt des Reiches warb, nicht Bestandteil des Maximilianischen Großtextes. Obwohl sie in gedanklicher Verbindung zum absoluten Herrschaftsanspruch stehen, wird Maximilians Streben nach nationaler Einheit und Universalherrschaft also nicht in den volkssprachigen Selbstzeugnissen widergespiegelt. Der Grund dafür könnte sein, dass für die Selbstzeugnisse eine stärkere Notwendigkeit zur Wirklichkeitsreferenz galt als für die anderen Propagandamedien. Das liegt daran, dass die Selbstzeugnisse in ihrer Erzählung an das Leben des Kaisers gebunden waren – mit nur einem gewissen Spielraum. Dieser Spielraum wäre durch die Darstellung gelingender nationaler Propaganda und umfassender außenpolitischer Machtausübung gesprengt worden, sodass sich deren Darstellung in den Selbstzeugnissen des Kaisers verbot. Ähnliche Be-

---

[100] Sebastian Brant legte die Wundergeburt angesichts der Ergebnisse des in Worms tagenden Reichstags als Bild einer verheißungsvollen Einigkeit zwischen den Reichständen und Herrscher aus. Die eigentliche Bedeutung des Ereignisses jedoch sei die Ankündigung einer Vereinigung des Papstes mit dem Kaiser. Vgl. Scholz-Williams, *Vergegenwärtigung der Vergangenheit*, S. 21f.; vgl. Wuttke, *Wunderdeutung und Politik*, S. 222. Hayton und Müller erwähnen nur Brants Auslegung der Geburt als Zeichen für die Vereinigung der Fürsten mit Maximilian. Vgl. Hayton, *Astrology as Political Propaganda*, S. 71; vgl. auch Müller, *Poet, Prophet, Politiker*, S. 108-111.

[101] Vgl. Kapitel 1.3; vgl. Amann, *Kaiser Maximilians erfolgreiches alter ego im Kampf um weltliche und geistliche Macht*, S. 145.

[102] Vgl. Celtis, *Ludi scaenici*, V. 18.

[103] Darauf verweist Scholz-Williams, *Vergegenwärtigung der Vergangenheit*, S. 21.

[104] Vgl. Kleinschmidt, *Kaiser Maximilians I. Theorie der internationalen Beziehungen*, S. 308-312.

[105] Vgl. Diederichs, *Kaiser Maximilian I. als politischer Publizist*, S. 96-98.

weggründe sind – das wurde im Hauptteil bereits gezeigt – für das Fehlen einer Kreuzzugserzählung anzuführen.[106]

Für die Erzählung nationaler Einheit und Universalherrschaft blieben Maximilian Medien mit einem höheren Fiktionalitätspotential, für die aber die Darstellung des vereindeutigten Herrschaftsanspruchs aus dem historisch gebundenen Maximilianischen Großtext vorbereitend gewirkt haben mag. Baburs Handeln, wie es sich im *Baburnama* widerspiegelt, lässt sich im Rahmen des Kreislaufs der Gerechtigkeit erklären und ist nicht als Streben nach Universalherrschaft zu sehen.

---

[106] Vgl. Kapitel 3.4.2, 5.2.1.4, 6.2.1.3.

10 Fazit und Ausblick

Die Herrschaft Baburs und Maximilians kann als Vorbereitung der Regierung der epochemachenden Herrscher Akbar und Karl V. angesehen werden. Zu Lebzeiten der beiden erstgenannten waren die Großreiche der nachfolgenden Herrscher noch nicht absehbar, und die Unsicherheit über den Bestand der eigenen Macht bestimmte daher die Selbstdarstellung Baburs und Maximilians. Die beiden schöpften die Wirkpotentiale der Literatur in ihrer Lebensbeschreibung aus, um diesen Unsicherheiten zu begegnen – und zwar auf ähnliche Weise: Mangelte es ihnen in der historischen Wirklichkeit an Macht, generierten sie in und mit Hilfe der Literatur zusätzliches kulturelles Kapital als Kompensation des Machtmangels. Unsicherheiten, Zufällen und anderen Widrigkeiten, die ihr Leben bestimmten, wurde mit Hilfe des Deutungspotentials der Literatur neuer Sinn zugesprochen. Auf gegensätzliche Strömungen in ihrer Gefolgs- und Leserschaft reagierten die Herrscher schreibend und in der Rolle als Ambiguitätsmanager, indem sie den verschiedenen Gefolgschaftsgruppen in ihren Texten unterschiedliche Identifikationsangebote unterbreiteten. Dabei kam ihnen die Möglichkeit, Gegensätze in ein und demselben Medium abbilden zu können, als besondere Eigenschaft der Literatur zupass, die diese Eigenschaft auszeichnet.

Die Analyse förderte eine Vielzahl an Ähnlichkeiten zwischen den Herrscherselbstdarstellungen zutage und zeigte, dass ein typologischer Vergleich literarischer Texte dazu beitragen kann, aktuelle kulturell bedingte Wahrnehmungsmuster aufzudecken und einzuordnen. Mit Hilfe der geschichtlichen und literarischen Kontextualisierung lassen sich sowohl vermeintliche Parallelen (Renaissance, machiavellistisches Handeln) als auch scheinbare Unterschiede (Trennung der Sphären von Religion und Politik) vertiefend betrachten. Aufgrund der Quantität und Qualität der festgestellten Ähnlichkeiten lässt sich schließlich fordern, in zukünftiger Forschung verstärkt parallele Entwicklungen zwischen christlichem Westen und islamischem Osten in den Blick zu nehmen und nicht nur auf die trennenden Elemente zu sehen.

In der aktuellen Berichterstattung werden die trennenden Elemente zwischen Westen und Osten eher überbetont. Als Ergebnis eines literarischen Vergleichs können sie bei der Deutung geschichtlicher Entwicklungen jedoch aufschlussreich sein. Als Unterschiede zwischen den Analysetexten erscheinen die Formulierung eines vereindeutigten Herrschaftsanspruchs und eine Rationalisierung im Bereich der Rechtsnormen. Im Maximilianischen Großtext möchten die Herrscherprotagonisten in einer vereindeutigten Herrschaftsbeziehung Macht ausüben, während im *Baburnama* die Tradition des damals verbreiteten politischen Konzepts des Kreislaufs der Gerechtigkeit aufrechterhalten wird. Die Vereindeutigung berührt im Maximilianischen Großtext auch den Bereich des Rechts, wenn die Verurteilung der Gegner Theuerdanks an ein Gericht abgegeben wird, das als einzige gültige Rechtsnorm dargestellt wird.

Diese Differenzen werden in der vorliegenden Arbeit als Vorzeichen auf die Auseinanderentwicklung beider Kulturräume im Bereich der Ambiguitätstoleranz gedeutet. Sie stellen Ansatzpunkte für weitere Untersuchungen dar, deren Fragen lauten könnten: Wie äußern zeitlich spätere Herrscher ihren Anspruch auf Herrschaft? Ist über die Zeit hinweg eine Entwicklung erkennbar, die eine Eliminierung der Ambiguitäten auf Ebene der Macht und des Rechts fortsetzt und wie verhalten sich die Selbstaussagen der zentralen Herrscher des islamischen Ostens und christlichen Westens dazu?

Mit der Formulierung des vereindeutigten Herrschaftsanspruchs wird im Maximilianischen Großtext im Grunde auch das Fiktionalitätspotential der Macht negiert. Wenn in Rückgriff auf Weber die „Chance, für einen Befehl […] bei angebbaren Personen Gehorsam zu finden"[1] als Kern der Herrschaft angesehen wird, zeigt sich in diesem Kern gleichzeitig das Fiktionalitätspotential der Herrschaft. Die Maximilianischen Protagonisten versuchen, diese Potentialität auszuschließen, indem sie die Unsicherheit in der Gefolgschaftswerbung bekämpfen. Damit entsteht die paradoxe Situation, dass Maximilian sich auf der einen Seite die Fiktionalität der Literatur zunutze macht, um Macht zu generieren (symbolisches kulturelles Kapital wird geschaffen, Kontingenz bewältigt und Gegensätzliches zusammengebracht), auf der anderen Seite jedoch im Bereich der Macht das Fiktionalitätspotential ausmerzen und Eindeutigkeit herstellen möchte.

Die Ambiguitätsintoleranz und das Streben nach Vereindeutigung als neue Erscheinungsformen in Maximilians Kulturraum treten also primär und als erstes im Bereich der Macht auf, an den auch das Recht eng gekoppelt ist. Fiktionalität und Ambiguität werden dem Bereich der Literatur zugewiesen und sollen aus dem Bereich der Macht und des Rechts ausgeklammert werden. So geht mit dem Vereindeutigungsstreben auch eine Vorstellung einer Ordnung von Funktionsbereichen für einzelne, einst übergreifend wirksame Merkmale wie der Fiktionalität und der Ambiguität einher (deren Wirkmächtigkeit in den Bereich der Macht aktuell allerdings wiederzukehren scheint).

---

1 Weber, *Wirtschaft und Gesellschaft*, S. 28.

11 Literaturverzeichnis

A. Texte

Abbé Hofstätter [Maximilian I.]: *Der Weiß Kunig. Eine Erzehlung von den Thaten Kaiser Maximilian des Ersten. Von Marx Treitzsaurwein auf dessen Angeben zusammengetragen, nebst den von Hannsen Burgmair dazu verfertigten Holzschnitten. Herausgegeben aus dem Manuscripte der kaiserl. königl. Hofbibliothek*, Wien 1775.

Beveridge, Henry: *The Akbar Nama of Abu-l-Fazl (History of the Reign of Akbar Including an Account of his Predecessors). Transl. from the Persian*, 3 Bde., New Delhi 1979 (Erstdruck: 1897-1939).

Arat, Reşit Rahmeti [Babur]: *Vekayi, Babur'un hâtıratı. Doğu türkçesinden çeviren Reşit Rahmeti Arat. Önsözü ve tarihi özeti yazan Y. Hilkmet Bayur*, c. i-II, Ankara 1943-1946.

Aristoteles: *Politik. Werke in deutscher Übersetzung Bd. 9. Begründet von Ernst Grumach, herausgegeben von Hellmut Flashar. Übersetzt und erläutert von Eckart Schütrumpf*, Berlin 1991-2005.

Bacqué-Grammont, Jean-Louis [Babur]: *Le livre de Babur (Babur-Nama). Mémoirs du premier Grand Mogol des Indes (1494-1529)*, (= Collection Orientale de L'Imprimerie Nationale), Paris 1985 (Erstdruck: Paris 1980).

Berezin, Il'ya Nikolaevich [Babur]: *Risâla-i mubîn*, Biblioteka vostochnykh istorikov, Kazan 1849.

Beveridge, Annette S. [Babur]: *The Bābur-Nāma in English (Memoirs of Bābur). Translated from the original Turki Text of Zahirud'din Muḥammad Bābur Pādshāh Ghāzī*, New Delhi 1979 (Erstdruck: 1922).

Beveridge, Annette S. [Babur]: *The Bábar-náma. Being the Autobiography of the Emperor Bábar, the Founder of the Moghul Dynasty in India, written in Chaghatáy Turkish; now reproduced in Facsimile from an Manuscript belonging to the late Sir Sálár Jang of Haydarábád, and edited with a Preface and Indexes*, Hertford 1979 (Erstdruck: 1905).

Beveridge, Annette S.: *The History of Humāyūn (Humāyūn-Nāma) by Gul-badan Begam. Translated, with Introduction, Notes, Illustrations and Biographical Appendix; and reproduced in the Persian from the only known MS. of the British Museum*, New Delhi 2009 (Erstdruck: 1902).

Bodrogligeti, Andras J. E. [Babur]: *Bābur Shāh's Chagatay Version of the Risāla-I Vālidīya: A Central Asian Turkic Treatise on How to Emulate the Prophet Muhammad*, in: *Ural-altaische Jahrbücher 56*, 1984, S. 1-61.

Browne, Edward G.: *The Tadhkiratu 'sh-shu 'ará ("The Memoirs of the Poets") of Dawlat-shāh bin 'Alá'u 'd-Dawla Bakhtísháh al-Ghází of Samarqand, edited in the original Persian with Prefaces and Indices*, London, Leiden 1901.

Carion, Johan: *Chronica durch Magistrum Johan Carion vleissig zusamengezogen meniglich nützlich zu lesen*, Wittenberg 1532.

Celtis, Konrad: *Ad Sigismundum Fusilium Vratislaviensem, de his quod futurus philosophus scire debeat*, in: Schnur, Harry C.: *Lateinische Gedichte deutscher Humanisten*. Ausgewählt, übersetzt und erläutert von Harry C. Schnur. 2., verb. Aufl., Stuttgart 1966, S. 46-51.

Celtis, Konrad: *Ludi scaenici*, herausgegeben von Felicitas Pindter, Budapest 1945.

Chmel, Josef: *Die Handschriften der k. k. Hofbibliothek in Wien*, Bd. 1 und 2, Wien 1840.

Cuspinianus, Johannes: *(Kaiserbuch) [Caesares] Ioannis Cuspiniani [...] De Caesaribus atque Imperatoribus Romanis opus insigne [...] cum Volphgangi Hungeri [...] annotationibus [...]*, Basileae 1561.

Devereux, Robert: *Muḥākamat al-luġhatain. By Mīr ʿAlī Shīr. Introduction, Translation and Notes by Robert Devereux*, Leiden 1966.

Ferdowsi, Abolqasem: *Shahnameh. The Persian Book of Kings. A New Translation by Dick Davis. With a Foreword by Azar Nafisi.* New York 2007.

Forster, E. M.: *The Emperor Babur*, in: *Abinger Harvest*, London 1936 (Nachdruck), S. 292-296.

Freydal [Maximilian I.]: Wien, k. und k. Hofbibliothek, Cod. Ms. 2835.

Füssel, Stephan (Hrsg.) [Maximilian I.]: *Die Abenteuer des Ritters Theuerdank – The Adventures of the Knight Theuerdank.* Kolorierter Nachdruck der Gesamtausgabe von 1517, Köln 2003.

Gedenkbuch [Maximilian I.]: K. k. Haus-, Hof- und Staatsarchiv. Cod. Ms. 13.

Gedenkbuch [Maximilian I.]: K. k. Hofbibliothek. Cod. Ms. 2900.

González de Clavijo, Ruy/Markham, Clements R. (Hrsg.): *Narrative of the embassy of Ruy Gonzalez de Clavijo to the court of Timour at Samarcand A.D. 1403-06. Transl., for the first time, with notes, a pref., and an introductory life of Timour Beg, by Clements R. Markham.* New York 1970.

Grün, Anastasius (Pseudonym: Anton Alexander Graf von Auersperg): *Der letzte Ritter. Romanzen-Kranz.* München 1830.

Grünpeck, Joseph [Maximilian I.]: *Fragmente einer lateinischen Autobiographie Kaiser Maximilians I.*, in: Schultz, Alwin (Hrsg.): *Der Weisskunig. Nach den Dictaten und eigenhändigen Aufzeichnungen Kaiser Maximilians I. zusammengestellt von Marx Treitzsauerwein von Ehrentreitz*, in: *Jahrbuch der kunsthistorischen Sammlungen des Allerhöchsten Kaiserhauses Bd. 6*, Wien 1888. S. 421-446.

Grünpeck, Joseph: *Die Geschichte Friedrichs III. und Maximilians I. Übers. von Theodor Ilgen*, Leipzig 1891.

Hadamar von Laber/Stejskal, Karl (Hrsg.): *Hadamars von Laber Jagd. Mit Einleitung und erklärendem Commentar*, Wien 1880.

Haltaus, Carl (Hrsg.) [Maximilian I.]: *Theuerdank. Mit einer historisch-kritischen Einleitung von Carl Haltaus. Nebst 6 lithographirten Blettern.* Quedlinburg, Leipzig 1836.

Hartmann von Aue: *Gregorius. Hrsg. von Paul, Hermann, neu bearb. von Wachinger, Burghart.* 16., unveränd. Aufl. Berlin 2011.

Haydar Mirza Dughlát: *The Tarikhi-i-Rashidi. A History of the Moghuls of Central Asia. Ed. Elias, Ney, Transl. Ross, E. Denison,* London 1895.

Ḥaydar, Mirzā Nāṣiruddīn [Babur]: *Tarjuma-yi Tūzuk-i Bāburī,* Delhi 1924/Karachi 1962.

Ilminski, Nikolai (Hrsg.) [Babur]: *Baber-Nameh. Diagataice. Ad fidem codicis Petro-politani,* Kazan 1857.

Jedin, Hubert: *Ein Prinzenspiegel für den jungen Maximilian* [darin: Domenico de Domenichi, *Brief für Maximilian I.* (1472), S. 56-61], in: *Archiv für Kultur-geschichte 43,* 1961, S. 52-61.

Lahawri, Abdul-Hamid: *Badshahnama. Ed. by Kabír Al-Dín and Abd Al-Rahím. 2 Bde. Royal Asiatic Society of Bengal,* Calcutta 1867-68.

Kaiser, A. [Babur]: *Des Zehir-Eddin Muhammed Baber, Kaisers von Hindustan, Denkwürdigkeiten von ihm selbst im Dschagatai-türkischen verfasst und nach der eng-lischen Übersetzung des J. Leyden und W. Erskine,* Leipzig 1928.

Der Koran. Übersetzung von Rudi Paret. Stuttgart 1996.

Laschitzer, Simon (Hrsg.) [Maximilian I.]: *Theuerdank, durch photolithographische Hochätzung hergestellte Facsimile-Reproduction nach der ersten Auflage vom Jahre 1517, neu hrsg. von Simon Laschitzer, in: Jahrbuch der kunsthistorischen Sammlungen des Allerhöchsten Kaiserhauses Bd. 8,* Wien 1888.

Leyden, John/Erskine, William [Babur]: *Memoirs of Zehir-ed-Din Muhammed Ba-ber. Emperor of Hindustan, London 1826, annotated and revised and ed. by L. King.* 2 Bde., Milford 1921.

Lichtenberger, Johannes: *Pronosticatio zu theutsch. Eyn schóne seltzen vnd vor nyt mer gehorte Pronosticatio die vßdruckt was glücks vnd vngelucks die gróße Coniunction vnd die Eclipsis gewest synt In dyeßen gegēwirdigē vnd zükünfftigen Jaren beduten vnd antzeygen vnd wirt weren etwan vyl iare,* Heidelberg nach 1488.

Mano, Eiji [Babur]: *Ẓahīr Al-Dīn Muḥammad Bābur: Bābur-Nāma (Vaqāyiʿ). Bd. 1: Critical Edition Based on Four Chaghatay Texts with Introduction and Notes.* Kyoto 1995.

Mano, Eiji [Babur]: *Ẓahīr Al-Dīn Muḥammad Bābur: Bābur-Nāma (Vaqāyiʿ). Bd. 2: Concordance and classified Indexes.* Kyoto 1996.

Musper, Heinrich Theodor (Hrsg.) in Verb. mit Buchner, Rudolf/Burger, Heinz-Otto/Petermann, Erwin [Maximilian I.]: *Kaiser Maximilians I. Weisskunig, Bd. 1 – Textband, Bd. 2 – Tafelband,* Stuttgart 1956.

Nadvi, Rashid Akhtar [Babur]: *Tarjuma-yi Tūzuk-i Bāburī,* Lahore 1965.

Ali-Sher Nawâ'i, *Majâlis al-nafâyis. Persian translation by Sultân-Muhammad Fakhrî Harâtî and Shah-Muhammad Qazwînî*, Tehran 1323/1944.

Nizami: *Das Alexanderbuch. Iskandarname. Mit 14 Miniaturen. Aus dem Persischen übersetzt von J. Christoph Bürgel*, Zürich 1991.

Nizami: *Leila und Madschnun. Aus dem Persischen übersetzt und mit einem Nachwort von Rudolf Gelpke*, Zürich 1963.

Nizami: *Chosrou und Schirin. Aus dem Persischen übersetzt von J. Christoph Bürgel*, München 1993.

Nizami: *Die sieben Geschichten der sieben Prinzessinnen. Aus dem Persischen verdeutscht und herausgegeben von Rudolf Gelpke*, Zürich 1959.

Pavet de Courteille, Abel [Babur]: *Mémoires de Baber (Zahir-ed-Din-Mohammed), fondateur de la dynastie mongole dans l'Hindoustan*, 2 Bde., Paris 1871.

Pfintzing, Melchior/Schäufelein, Hans Leonhard [Maximilian I.]: *Die geuerlicheiten vnd einsteils der geschichten des loblichen streytparen vnd hochberümbten helds vnd Ritters herr Tewrdannckhs*. Nürnberg 1517. (Exemplar der Bayrischen Staatsbibliothek, Signatur Rar 325a, handschriftlich nachgetragenes 117. Kapitel.) Digitalisat online abrufbar über die Bayrische Staatsbibliothek: http://daten. digitale-sammlungen.de/0001/bsb00013106/images/index.html?fip=193.174. 98.30&id=00013106&seite=1 [Stand: 11.01.2017].

Pfintzing, Melchior [Maximilian I.]; Appuhn, Horst (Hrsg.): *Theuerdank. Kaiser Maximilian I. 1517. Mit einem Nachwort von Horst Appuhn*, [Die Wiedergabe folgt dem Faksimile der ersten Ausgabe von 1517 von Simon Laschitzer im Jahrbuch der kunsthistorischen Sammlungen des Allerhöchsten Kaiserhauses Bd. 8, Wien 1888], Dortmund 1979.

Piccolomini, Enea Silvio: *Der Briefwechsel des Eneas Silvius Piccolomini*. Hrsg. von Rudolf Wolkan, Abt. 1-3, (= Fontes rerum Austriacarum, Abt. 2: Diplomataria et acta; 62, 67-68), Wien 1909-1918.

Piccolomini, Enea Silvio: *De clade Constantinopolitana & bello contra Turcas suscipiendo. Lib. 1*, in: Hopper, Marcus (Hrsg.)/Lycosthenes, Conrad (Bearb.): *Opera quae extant omnia*. Basel 1551, unveränderter Nachdruck: Frankfurt am Main 1967. S. 678-689.

Platon: *Respublica*. Hrsg. von Simon R. Slings. Oxford 2003.

Primisser, Alois: *Über des Kaisers Maximilian I. Gedenkbücher aus der k.k. Ambraser Sammlung*, in: von Hormayr, Joseph/Mednyánszky, Alajos (Hrsg.): *Taschenbuch für vaterländische Geschichte Bd. 4*, Wien 1823, S. 163-176.

Primisser, Alois: *Zweytes Gedenkbuch des Kaisers Maximilian I., aus den Handschriften der k.k. Ambraser-Sammlung zu Wien*, in: von Hormayr, Joseph/Mednyánszky, Alajos (Hrsg.): *Taschenbuch für die vaterländische Geschichte Bd. 5*, Wien 1824, S. 39-82.

Primisser, Alois: *Memoirenbuch Maximilians I. vom Jahre 1502*, in: von Hormayr, Joseph/Mednyánszky, Alajos (Hrsg.): *Taschenbuch für die vaterländische Geschichte Bd. 8*, Wien 1827, S. 186-219.

Saʿdi, Muṣliḥ Ad-Dīn: *Der Rosengarten. Auf Grund der Übersetzung von Karl Heinrich Graf neu bearbeitet, herausgegeben und kommentiert von Dieter Bellmann*, München 1998.

Sauromannus, Georgius: *Ad Carolum Hispaniarum Regem catholicum, et Ferdinandum archiducem Austriae, principem etc. diui Maximil. Caes. Aug. nepotes post obitum aui Oratio.* Augustae Vindelicorum 1519.

Scharf, Kurt (Hrsg.): *Hafis, Rumi, Omar Chajjam. Die schönsten Gedichte aus dem klassischen Persien. Übertragen von Cyrus Atabay. Hrsg. und mit einem Nachwort versehen von Kurt Scharf*, München 2009.

Schiltberger, Hans: *Reisebuch. Faksimiledruck nach der Originalausgabe von Anton Sorg*, Augsburg um 1476. Herausgegeben von Elisabeth Geck, Wiesbaden 1969.

Schultz, Alwin (Hrsg.) [Maximilian I.]: *Der Weisskunig. Nach den Dictaten und eigenhändigen Aufzeichnungen Kaiser Maximilians I. zusammengestellt von Marx Treitzsauerwein von Ehrentreitz*, in: *Jahrbuch der kunsthistorischen Sammlungen des Allerhöchsten Kaiserhauses Bd. 6*, Wien 1888.

Schulte, Matthäus [Maximilian I.]: *Der Aller-Durchleuchtigste Ritter / Oder Die Rittermässige hoch-theure / höchst-gefährliche und Glorwürdigste Groß-Thaten / Abentheuer / Glücks-Wechslungen und Siges-Zeichen Deß Aller-Großmächtigsten / Vnüberwindlichsten / Dapfersten / Unermüdeten und Klügsten Heldens Maximilian I. Roman. Imperat. Semper Avg. & c. Wie solche Von dem Wohl-Ehrwürdigen in Gott Geistlichen Herrn Melchior Pfintzing, [...] Vor mehr als anderthalb hundert Jahren / in alten damahls gebräuchlichen Teutschen Reimen gar zierlich verfaßt / [...] auch nachmahls unter dem Nahmen Theurdanck, Zu offentlichem Druck befördert [...]*, Augsburg 1679.

Seuse, Heinrich: *Deutsche mystische Schriften. Aus dem Mittelhochdt. übertr. und hrsg. von Georg Hofmann*, Düsseldorf 1966.

Stammler, Wolfgang [Babur]: *Die Erinnerungen des ersten Großmoguls von Indien. Das Babur-nama*, Zürich 1988.

Taube, Manfred: *Geheime Geschichte der Mongolen. Herkunft, Leben und Aufstieg Dschingis Khans. Aus dem Mongolischen übersetzt und kommentiert von Manfred Taube*, München 2005.

Schubert, Claudia/Schubert, Christoph (Hrsg.) [Maximilian I.]: *Richardus Sbrulius, Magnanimus. Die lateinische Fassung des Theuerdank Kaiser Maximilians. I.*, Remchingen 2002.

Thackston, Wheeler M.: *A Century of Princes. Sources on Timurid History and Art. Selected and Transl. by W.M. Thackston*, Cambridge 1989.

Thackston, Wheeler M. [Babur]: *The Baburnama. Memoirs of Babur, Prince and Emperor. Translated, edited, and annotated by Wheeler M. Thackston*, New York/Oxford 1996.

Thackston, Wheeler M. [Babur]: *Zahiruddin Muhammad Babur Mirza, Bâburnâma. Chaghatay Turkish Text with Abdul-Rahim Khankhanan's Persian Translation, Turkish Transcription, Persian Edition and English Translation*, 3 Bde., Cambridge/Mass. 1993.

Thomas von Aquin: *De Regimine Principum ad Regem Cypri et de Regimine Judaeorum ad Ducissam Brabantiae politica opuscula duo ad fidem optimarum editionum diligenter recusa*, Hrsg. von Matthis, Joseph, Casali 1948.

Treitzsaurwein, *Vorbericht*, in: Abbé Hofstätter [Maximilian I.]: *Der Weiß Kunig. Eine Erzehlung von den Thaten Kaiser Maximilian des Ersten. Von Marx Treitzsaurwein auf dessen Angeben zusammengetragen, nebst den von Hannsen Burgmair dazu verfertigten Holzschnitten. Herausgegeben aus dem Manuscripte der kaiserl. königl. Hofbibliothek*, Wien 1775. S. 1-4.

Tumur, Xemit [Babur]: *Baburnama*, Beijing 1992.

Vāqiʿāt-i Bāburī [Babur], British Library (London) MS. Or. 3714.

von Leitner, Quirin [Maximilian I.]: *Freydal. Des Kaisers Maximilian I. Turniere und Mummereien. Mit einer geschichtlichen Einleitung, einem facsimilirten Namensverzeichnisse und 255 Heliogravuren*. 2 Bde., Wien 1880-82.

Waldis, Burkhard [Maximilian I.]: *Thewerdanck. Des Edlen / Streitbaren Helden vnd Ritters / Ehr vnd mannliche Thaten / Geschichten vnd Gefehrlicheiten. Zu Ehren dem Hochlöblichen Hause zu Osterreich / vnd Burgundien/ [et]c. Zum Exempel aber vnd Vorbilde allen Fürstlichen Blůt vnnd Adelsgenossen Teutscher Nation. Mit schönen Figuren vnd lustigen Reimen auffs new zůgericht*, Frankfurt am Main 1553.

Wiesflecker, Hermann: *Ausgewählte Regesten des Kaiserreichs unter Maximilian I. 1493–1519* (= Regesta imperii. Bd. 14, 1–4). 4 Bände. Böhlau, Wien u. a. 1990–2004, http://www.regesta-imperii.de/regesten/suche.html [Stand: 06.08.2018].

Wilberforce Clarke, Henry: *The Dīvān-i-Ḥāfiẓ. The Dīvān, Written in The Fourteeth Century, by Khwāja Shamsu-d-Dīn Muḥammad-i- Ḥāfiẓ-i-Shīrāzī otherwise known as Lisānu-l-Ghaib and Turjumānu-l-Asrār. Translated for the first time out of the Persian into English prose, with critical and explanatory remarks, with an introductory preface, with a note on Ṣūfism, and with a life of the Author by Wilberforce Clarke*, Calcutta 1891.

Yücel, Bilâl [Babur]: *Bâbür Dīvānı. Gramer – Metin – Sözlük – Tıpkıbasım*, Ankara 1995.

Sal', M. [Babur]: *Babur-name. Zapiski Babura*, Toškent 1958.

Šamsiev, P./Mirzaev, S. [Babur]: *Zaḥiriddin Muḥammad Bobir, Bobirnoma, Toškent 1960*.

B. Forschung

Al-Dawoody, Ahmed: *The Islamic Law of War. Justifications and Regulations*, Basingstoke 2011.

Algazi, Gadi: *„Geistesabwesenheit". Gelehrte zuhause um 1500*, in: Lüdtke, Alf/Prass, Reiner (Hrsg.): *Gelehrtenleben. Wissenschaftspraxis in der Neuzeit*. Köln, Weimar, Wien 2008, S. 215-234.

Allsen, Thomas T.: *Culture and Conquest in Mongol Eurasia*, (= Cambridge Studies in Islamic Civilization), Cambridge 2001.

Althoff, Gerd: *Studien zur habsburgischen Merowingersage*, in: *Mitteilungen des Instituts für österreichische Geschichtsforschung 87*, 1979, S. 71-100.

Amann, Klaus: *Kaiser Maximilians erfolgreiches alter ego im Kampf um weltliche und geistliche Macht. Zum Priesterkönig Johannes im Ambraser Heldenbuch*, in: Fritsch-Rößler, Waltraud (Hrsg.): *cristallîn wort. Hartmann-Studien I/2007, Rahmenthema: Das Ambraser Heldenbuch*, Wien/Berlin/Münster 2008, S. 129-148.

Annas, Gabriele: *Hoftag – Gemeiner Tag – Reichstag. Studien zur strukturellen Entwicklung deutscher Reichsversammlungen des späten Mittelalters (1349-1471)*, Göttingen 2004.

Appuhn, Horst: *Nachwort*, in: Pfintzing, Melchior [Maximilian I.]; Appuhn, Horst (Hrsg.): *Theuerdank. Kaiser Maximilian I. 1517. Mit einem Nachwort von Horst Appuhn*, [Die Wiedergabe folgt dem Faksimile der ersten Ausgabe von 1517 von Simon Laschitzer im *Jahrbuch der Kunsthistorischen Sammlungen des Allerhöchsten Kaiserhauses Bd. 8*, Wien 1888], Dortmund 1979. S. 589-602.

Asher, Catherine B.: *Babur and the Timurid Char Bagh. Use and Meaning*, in: *Environmental Design 9/1-2*, 1991, S. 146-155.

Asher, Catherine B.: *The Beginnings of Mughal Architecture*, in: *The New Cambridge History of India Bd. 4, Architecture of Mughal India Bd. 1*, Cambridge 1992, S. 19-38.

Aslan, Reza: *Kein Gott außer Gott. Der Glaube der Muslime von Muhammad bis zur Gegenwart*, München 2006.

Aubin, Jean: *Le mécénat timouride à Chiraz*, in: *Studia Islamica 8*, 1957, S. 71-88.

Bachtin, Michail: *Formen der Zeit im Roman. Untersuchungen zur historischen Poetik*, Frankfurt am Main 1989.

Barthold, Wilhelm: *Uluġ Beg und seine Zeit. Deutsche Bearbeitung von Walther Hinz*, (= Abhandlungen für die Kunde des Morgenlandes 21,1), Nendeln/Liechtenstein 1966 (Nachdruck der Ausgabe: Leipzig 1935).

Bauer, Thomas: *Liebe und Liebesdichtung in der arabischen Welt des 9. und 10. Jahrhunderts. Eine literatur- und mentalitätsgeschichtliche Studie des arabischen Ġazal*, Wiesbaden 1998.

Bauer, Thomas: *[Art.] Shāir*, in: *Encyclopaedia of Islam² Bd. 12 – Supplement*, Leiden/Boston 2004, S. 717-722.

Bauer, Thomas, *The Relevance of Early Arabic Poetry for Qurʾanic Studies Including Observations on Kull and on Q 22:27, 26:225, and 52:31*, in: Neuwirth, Angelika et al. (Hrsg.): *The Qurʾān in Context. Historical and Literary Investigations into the Qurʾānic Milieu*, Leiden 2010, S. 699-732.

Bauer, Thomas: *Die Kultur der Ambiguität. Eine andere Geschichte des Islams*, Berlin 2011.

Bauer, Thomas: *Warum es kein islamisches Mittelalter gab. Das Erbe der Antike und der Orient*, München 2018.

Berger, Wilhelm: *Macht*, (= Grundbegriffe der europäischen Geistesgeschichte, hrsg. von Konrad Paul Liessmann), Wien 2009.

Berkey, Jonathan: *The Transmission of Knowledge in Medieval Cairo: A Social History of Islamic Education*, Princeton 1992.

Beveridge, Annette S.: *Preface*, in: Beveridge, Annette S. [Babur]: *The Bābur-Nāma in English (Memoirs of Bābur). Translated from the original Turki Text of Zahir-ud'din Muḥammad Bābur Pādshāh Ghāzī*, New Delhi 1979 (Erstdruck: 1922), S. xxvii-lx.

Beveridge, Annette S.: *The Haydarabad Codex of the Babar-nama or Waqiʿat-i-Babari of Zahiru-d-din Muhammad Babar, Barlas Turk*, in: *Journal of the Royal Asiatic Society of Great Britain and Ireland, 1906*, S. 79-93.

Białostocki, Jan: *Begegnung mit dem Ich in der Kunst*, in: *Artibus et Historiae 1/1*, 1980, S. 25-45.

Bobzin, Hartmut: *Der Koran. Eine Einführung*, München 2007.

Boßmeyer, Christine: *Visuelle Geschichte in den Zeichnungen und Holzschnitten zum „Weißkunig" Kaiser Maximilians I.* Textband. Ostfildern 2015.

Bosworth, Clifford E.: *[Art.] Fatḥnāma*, in: *Encyclopedia Iranica 9*, London et al. 1985, S. 422-423.

Bosworth, Clifford E: *[Art.] Naṣīḥat al-Mulūk*, in: *Encyclopedia of Islam² Bd. 7*, Leiden/Boston 1993, S. 984-988.

Bosworth, Clifford E.: *Mahmud of Ghazna in Contemporary Eyes and in Later Persian Literature*, in: *Iran 4*, 1966, S. 85-92.

Bourdieu, Pierre: *Ökonomisches Kapital, kulturelles Kapital, soziales Kapital*, in: Kreckel, Reinhard (Hrsg.): *Soziale Ungleichheiten*, Göttingen 1983, S. 183-198.

Bourdieu, Pierre: *Die feinen Unterschiede. Kritik der gesellschaftlichen Urteilskraft*, Frankfurt am Main 1988.

Bourdieu, Pierre: *Religion. Schriften zur Kultursoziologie 5* (= Pierre Bourdieu. Schriften 13, herausgegeben von Franz Schultheis/Stephan Eggers), Konstanz 2009.

Bourdieu, Pierre/Wacquant, Loïc J. D.: *Die Ziele der reflexiven Soziologie. Chicago-Seminar, Winter 1987*, in: *Reflexive Anthropologie*, Frankfurt am Main 1996, S. 95-249.

Bouvat, Lucien: *L'Empire mongol (2ème phase)* (= Histoire du monde VIII, pt. 3). Paris 1927.

Braungart, Georg: *Mythos und Herrschaft: Maximilian I. als Hercules Germanicus*, in: Haug, Walter/Wachinger, Burghart (Hrsg.): *Traditionswandel und Traditionsverhalten*, Tübingen 1991, S. 77-95.

Brinker, Klaus: *Linguistische Textanalyse. Eine Einführung in Grundbegriffe und Methoden*. Bearbeitet von Sandra Ausborn-Brinker. 7., durchges. Aufl., (= Grundlagen der Germanistik 29), Berlin 2010.

Browne, Edward G.: *A Literary History of Persia*. 4 Bde. London 1956 (Erstdruck: 1902-06).

Buchner, Rudolf: *Einleitung*, in: Musper, Heinrich Theodor (Hrsg.) in Verb. mit Buchner, Rudolf/Burger, Heinz-Otto/Petermann, Erwin [Maximilian I.]: *Kaiser Maximilians I. Weisskunig, Bd. 1 – Textband*, Stuttgart 1956. S. 385-392.

Bürger, Otto: *Beiträge zur Kenntnis des Theuerdank*, (= Quellen und Forschungen zur Sprach- und Culturgeschichte der germanischen Völker 92; herausgegeben von Alois Brandl/Ernst Martin/Erich Schmidt), Straßburg 1902.

Bulliet, Richard W.: *The Patricians of Nishapur: A Study in Medieval Islamic Social History*, (= Harvard Middle East Studies 16), Cambridge 1972.

Bumke, Joachim: *Höfische Kultur. Literatur und Gesellschaft im hohen Mittelalter*, München 2005.

Burckhardt, Jakob: *Die Kultur der Renaissance in Italien*, Wien o.J.

Burger, Heinz-Otto: *Der Weißkunig. Die Selbststilisierung des ,letzten Ritters'*, in: Ders.: *„Dasein heißt eine Rolle spielen“. Studien zur deutschen Literaturgeschichte*, München 1963, S. 15-55.

Burkart, Lucas: *Paradoxe Innovation. Funktionen des ,Alten' und des ,Neuen' am Hof Kaiser Maximilians I.*, in: Paravicini, Werner/Wettlaufer Jörg (Hrsg.): *Erziehung und Bildung bei Hofe. 7. Symposium der Residenzen-Kommission der Akademie der Wissenschaften in Göttingen*. Stuttgart 2002, S. 215-234.

Buschinger, Danielle: *Die Literatur am burgundischen Hof und ihre Ausstrahlung auf das Reich*, in: Hartmann, Sieglinde/Löser, Freimut (Hrsg.): *Kaiser Maximilian I. (1459-1519) und die Hofkultur seiner Zeit* (= Jahrbuch der Oswald von Wolkenstein-Gesellschaft 17), Wiesbaden 2009, S. 335-347.

Calverley, Edwin E.: *[Art.] Nafs*, in: *Encylopedia of Islam² Bd. 7*, Leiden/Boston 1993, S. 880-884.

Catalogue of Coins of the Sháhs of Persia in the British Museum. The Coins of the Sháhs of Persia: Safavis, Afgháns, Efsháris, Zands, and Kájárs. London 1887.

Chakrabarty, Dipesh: *Provincializing Europe. Postcolonial Thought and Historical Difference*, Princeton 2000.

Chamberlain, Michael: *Knowledge and Social Practice in Medieval Damascus 1190-1350*, Cambridge 1994.

Chmel, Joseph (Hrsg.): *Die Handschriften der k. k. Hofbibliothek in Wien, im Interesse der Geschichte, besonders der österreichischen, verzeichnet und excerpirt von Joseph Chmel*, 2 Bde., Wien 1840 und 1841.

Clauss, Martin: *Kriegsniederlagen im Mittelalter. Darstellung, Deutung, Bewältigung*, (= Krieg in der Geschichte 54), Paderborn 2010.

Clauss, Martin: *Wenn 6.000 gegen 60.000 triumphieren. Überlegungen zu Zahlenangaben in der mittelalterlichen Historiographie am Beispiel der Gesta Henrici Quinti*, in: Schütte, Merle Marie/Rzehak, Kristina/Lizius, Daniel (Hrsg.): *Zwischen Fakten und Fiktionen. Literatur und Geschichtsschreibung in der Vormoderne*, Würzburg 2014, S. 11-35.

Conermann, Stephan: *Das Mogulreich. Geschichte und Kultur des muslimischen Indien*, München 2006.

Conermann, Stephan: *Vormoderne Transkulturalitätsforschung. Einführung*, http://www.sehepunkte.de/2017/05/forum/vormoderne-transkulturalitaetsforschung-219/ [Stand: 06.08.2018].

Cremer, Folkhard: *„Kindlichait, Junglichait, Mandlichait, Tewrlichait": Eine Untersuchung zur Text-Bild-Relation des Autobiographieprojektes Kaiser Maximilians I. und zur Einordnung der Erziehungsgeschichte des ‚Weisskunig'*, Hänsel-Hohenhausen 1995.

Curtius, Ernst Robert: *Europäische Literatur und lateinisches Mittelalter. Sonderausgabe der 11. Auflage*, Tübingen 2009.

Dale, Stephen F.: *[Rez.] Thackston, Wheeler M.: The Baburnama*, in: *Journal of Islamic Studies 10/1*, 1999, S. 69-71.

Dale, Stephen F.: *The Garden of the Eight Paradises. Bābur and the Culture of Empire in Central Asia, Afghanistan and India (1483-1530)*, Leiden et al. 2004.

Dale, Stephen F.: *The Poetry and Autobiography of the Babur-nama*, in: *The Journal of Asian Studies 55-3*, 1996, S. 635-664.

Dale, Stephen F.: *Steppe Humanism: The Autobiographical Writings of Zahir al-Din Muhammad Babur, 1483-1530*, in: *International Journal of Middle East Studies 22.1*, 1990, S. 37-58.

Darling, Linda T.: *A History of Social Justice and Political Power in the Middle East. The Circle of Justice from Mesopotamia to Globalization*, London 2013.

Darling, Linda T.: *"Do Justice, Do Justice, For That is Paradise": Middle Eastern Advice for Indian Muslim Rulers*, in: *Comparative Studies of South Asia, Africa and the Middle East 22/1-2*, 2002, S. 3-19.

Daxelmüller, Christoph: *[Art.] Magie*, in: *Lexikon des Mittelalters Bd. 6*, München/Zürich 1993, Sp. 83-88.

de Bruijn, J.T.P.: *[Art.] Iran, vii. Literature*, in: *Encyclopedia of Islam² Bd. 4*, Leiden/Boston 1978, S. 52-75.

de Bruijn, J.T.P.: *[Art.] Tadhkira – In Persian Literature*, in: *Encyclopedia of Islam² Bd. 10*, Leiden/Boston 2000, S. 53-54.

Demandt, Alexander: *Alexander der Große. Leben und Legende*, München 2013.

Deutsches Wörterbuch von Jacob und Wilhelm Grimm: *[Art.] Streitbuch*, in: *Deutsches Wörterbuch von Jacob und Wilhelm Grimm Bd. 19*, Leipzig 1854-1961, Sp. 1343.

Devereux, Robert: *Introduction*, in: *Muḥākamat al-lughatain. By Mīr ʿAlī Shīr. Introduction, Translation and Notes by Robert Devereux*, Leiden 1966, S. VII-XII.

DFG-Graduiertenkolleg 1507 (Expertenkulturen des 12. bis 18. Jahrhunderts), http://www.uni-goettingen.de/de/kolleg/100303.html [Stand: 17.10.2017].

DFG-Sonderforschungsbereich 530 (Selbstzeugnisse in transkultureller Perspektive), http://www.geschkult.fu-berlin.de/e/fg530/ [Stand. 25.07.2017].

Dickie, James: *The Hispano-Arab Garden: Its Philosophy and Function*, in: *Bulletin of the School of Oriental and African Studies 31/2*, 1968, S. 237-248.

Diederichs, Peter: *Kaiser Maximilian I. als politischer Publizist*, Heidelberg 1932.

Dietl, Cora: *Zwischen Christus und Tristan: Bilder einer kaiserlichen Kindheit*, in: Hartmann, Sieglinde/Löser, Freimut (Hrsg.): *Kaiser Maximilian I. (1459-1519) und die Hofkultur seiner Zeit* (= Jahrbuch der Oswald von Wolkenstein-Gesellschaft 17), Wiesbaden 2009, S. 35-45.

Dodgson, Campbell: *An unknown Ms. of Freydal*, in: *Burlington Magazine for Connoisseurs 48/278*, 1926, S. 235-242.

Dodgson, Campbell: *Drei Studien, I. Zum Weißkunig, II. Eine Darstellung des Jagdunfalls der Maria von Burgund, III. Zu den Horoskopen des Stabius*, in: *Jahrbuch der kunsthistorischen Sammlungen des Allerhöchsten Kaiserhauses Bd. 29/H. 1*, Wien 1910, S. 1-13.

Doerfer, Gerhard: *Türkische und mongolische Elemente im Neupersischen. Unter besonderer Berücksichtigung älterer neupersischer Geschichtsquellen, vor allem der Mongolen- und Timuridenzeit Bd. 4*, Wiesbaden 1975.

Drews, Wolfgang: *Die Karolinger und die Abbasiden von Bagdad. Legitimationsstrategien frühmittelalterlicher Herrscherdynastien im transkulturellen Vergleich*, Berlin 2009.

During, Jean/Mirabdolbaghi, Zia/Safvat, Dariush: *The Art of Persian Music*, Washington D.C. 1991.

Durišin, Dionỳs: *Die wichtigsten Typen literarischer Beziehungen und Zusammenhänge*, in: Ziegengeist, Gerhrad (Hrsg.): *Aktuelle Probleme der Vergleichenden Literaturforschung*, Berlin 1969, S. 47-58.

Eckmann, János: *Die tschagataische Literatur. Das 15. und 16. Jahrhundert*, in: Bazin, Louis et al. (Hrsg.): *Philologiae Turcicae Fundamenta 2*, Aquis Mattiacis 1964, S. 304-376.

Enders, Markus: *Die ‚höchste Schule‘ (des Lebens): Seuses Lernen der ‚Kunst wahrer Gelassenheit‘ in seiner Konstanzer Zeit*, in: *Heinrich-Seuse-Jahrbuch Bd. 2*, 2009, S. 67-94.

Enderwitz, Susanne: *Autobiography and „Islam"*, in: Akyıldız, Olcay/Kara, Halim/ Sagaster, Börte (Hrsg.): *Autobiographical Themes in Turkish Literature. Theoretical and Comparative Perspectives*, Würzburg 2007, S. 35-42.

Engelke, Irmgard: ʿAlī Šīr Navāʾī *als Kritiker der Verse des Sultans Ḥusain Bāiqarā*, in: *Ural-Altaische Jahrbücher 42*, 1970, S. 91-113.

Engels, Odilo: *[Art.] Tiara*, in: *Lexikon des Mittelalters Bd. 8*, München/Zürich 1997, Sp. 759.

Etiemble, René: *Ouverture(s) sur un comparatisme planétaire*, Paris 1988.

Fähndrich, Hartmut: *Der Begriff ‚adab‘ und sein literarischer Niederschlag*, in: *Neues Handbuch der Literaturwissenschaft Bd. 5*, Wiesbaden 1990, S. 326-345.

Fichtenau, Heinrich: *Der junge Maximilian (1459-1482)*, (= Schriftenreihe des Arbeitskreises für österreichische Geschichte), Wien 1959.

Filip, Václav Vok: *[Art.] Wappenbuch, Wappenrolle*, in: *Lexikon des Mittelalters Bd. 8*, München/Zürich 1997, Sp. 2035.

Foltz, Richard: *The Central Asian Naqshbanī Connections of the Mughal Emperors*, in: *Journal of Islamic Studies 7/2*, 1996, S. 229-239.

Franke, Birgit/Welzel, Barbara: *Morisken für den Kaiser: Kulturtransfer?* In: Müller, Matthias/Spieß, Karl-Heinz/Friedrich, Udo (Hrsg.): *Kulturtransfer am Fürstenhof. Höfische Austauschprozesse und ihre Medien im Zeitalter Kaiser Maximilians I.*, Berlin 2013, S. 15-51.

Frenzel, Elisabeth: *[Art.] David*, in: *Stoffe der Weltliteratur. Ein Lexikon dichtungsgeschichtlicher Längsschnitte*, 10., überarb. und erw. Aufl., Stuttgart 2005. S. 177-182.

Friedrich, Udo: *Menschentier und Tiermensch. Diskurse der Grenzziehung und Grenzüberschreitung im Mittelalter*, Göttingen 2009.

Fürbeth, Frank: *„Historien" und „Heldenbücher" in der Büchersammlung Kaiser Maximilians in Innsbruck*, in: Hartmann, Sieglinde/Löser, Freimut (Hrsg.): *Kaiser Maximilian I. (1459-1519) und die Hofkultur seiner Zeit*, (= Jahrbuch der Oswald von Wolkenstein-Gesellschaft 17), Wiesbaden 2009, S. 151-165.

Füssel, Stephan: *Die Funktionalisierung der ‚Türkenfurcht‘ in der Propaganda Kaiser Maximilians I.*, in: Fuchs, Franz (Hrsg.): *Osmanische Expansion und europäischer Humanismus. Akten des interdisziplinären Symposions vom 29. und 30. Mai 2003 im Stadtmuseum Wiener Neustadt*, Wiesbaden 2005, S. 9-30.

Füssel, Stephan: *[Art.] Maximilian I.*, in: *Killy Literaturlexikon Bd. 8.* 2., vollständig überarb. Aufl., Berlin 2010, S. 23-25.

Füssel, Stephan: *„Barbarus sermo fugiat ..."* – *Über das Verhältnis der Humanisten zur Volkssprache*, in: *Pirchheimer-Jahrbuch 1. Bild und Wort, Mittelalter – Humanismus – Reformation*, München 1986, S. 71-110.

Füssel, Stephan: *Der Theuerdank von 1517. Kaiser Maximilian und die Medien seiner Zeit. Eine kulturhistorische Einführung*, Köln 2003.

Füssel, Stephan: *Dichtung und Politik um 1500. Das „Haus Österreich" in Selbstdarstellung, Volkslied und panegyrischen Carmina*, in: Zeman, Herbert (Hrsg.): *Die Österreichische Literatur. Ihr Profil von den Anfängen im Mittelalter bis ins 18. Jahrhundert (1050-1750), Teil 2*, Graz 1986, S. 803-831.

Gabrieli, Francesco: *[Art.] Adab*, in: *Encyclopedia of Islam² Bd. 1*, Leiden/Boston 1960, S. 175-176.

Geck, Elisabeth: *Buchkundlicher Exkurs zu Herzog Ernst, Sankt Brandans Seefahrt, Hans Schiltbergers Reisebuch*, Wiesbaden 1969.

Gerwing, Manfred/Knoch, Wendelin: *[Art.] Mäßigkeit*, in: *Lexikon des Mittelalters Bd. 6*, München/Zürich 1993, Sp. 371-372.

Gilbert, Joan E.: *The Ulama of Medieval Damascus and the International World of Islamic Scholarship*, Michigan 1980.

Gilliot, Claude: *[Art.] Scholars*, in: *Medieval Islamic Civilization Bd. 2*, New York 2006, S. 700-702.

Gommans, Jos: *Mughal Warfare. Indian Frontiers and High Roads to Empire 1500-1700*, London et al. 2002.

Görich, Knut: *Die Ehre Friedrich Barbarossas. Kommunikation, Konflikt und politisches Handeln im 12. Jahrhundert*, Darmstadt 2001.

Gottlieb, Theodor: *Büchersammlung Kaiser Maximilians I. Mit einer Einleitung über älteren Buchbesitz im Hause Habsburg*, Amsterdam 1968.

Green, Nile: *The Religious and Cultural Roles of Dreams and Visions in Islam*, in: *Journal of the Royal Asiatic Society, Third series, 13/3*, 2003, S. 287-331.

Greenblatt, Stephen: *Selbstbildung in der Renaissance. Von More bis Shakespeare (Einleitung)*, in: Baßler, Moritz (Hrsg.): *New Historicism. Literaturgeschichte als Poetik der Kultur. Mit Beiträgen von Stephen Greenblatt, Louis Monstrose et al.*, 2., aktualisierte Aufl., Tübingen u.a. 2001, S. 35-47.

Grimm, Gunther E.: *Literatur und Gelehrtentum in Deutschland. Untersuchungen zum Wandel ihres Verhältnisses vom Humanismus bis zur Frühaufklärung*, Tübingen 1983.

Gross, Jo-Ann: *Khoja Ahrar: A Study of the Perceptions of Religious Power and Prestige in the late Timurid Period*, New York 1982 [= unveröffentlichte Diss.].

Grousset, René: *L'Empire des steppes. Attila, Genghis-Khan, Tamerlan*, Paris 1939.

Grousset, René: *Les civilisations de l'Orient I: L'Orient*, Paris 1929.

Haag, Sabine et al. (Hrsg.), *Kaiser Maximilian I. Der letzte Ritter und das höfische Turnier* (= Publikation der Reiss-Engelhorn-Museen Bd. 61), Regensburg 2014.

Haltaus, Carl: *Einleitung*, in: *Theuerdank. Mit einer historisch-kritischen Einleitung von Carl Haltaus. Nebst 6 lithographirten Blettern*. Quedlinburg/Leipzig 1836. S. 1-136.

Hanaway, William: *The Concept of the Hunt in Persian Literature*, in: *Boston Museum Bulletin 69/355-356*, 1971, S. 21-69.

Harms, Wolfgang: *Homo viator in bivio. Studien zur Bildlichkeit des Weges*, (= Medium Aevum 21), München 1970.

Hartl, Ingrid: *Das Feindbild der Kreuzzugslyrik. Das Aufeinandertreffen von Christen und Muslimen*, Bern 2009.

Hauenschild, Ingeborg: *Botanica und Zoologica im Baburnama. Eine lexikologische und kulturhistorische Untersuchung*, Wiesbaden 2005.

Haug, Walter: *Literaturtheorie im deutschen Mittelalter. Von den Anfängen bis zum Ende des 13. Jahrhunderts*. 2., überarb. u. erw. Aufl., Darmstadt 1992.

Hayton, Darin: *Astrology as Political Propaganda: Humanist Responses to the Turkish Threat in Early-Sixteenth-Century Vienna*, in: *Austrian History Yearbook 38*, 2007, S. 61-91.

Heinig, Paul-Joachim: *Kaiser Friedrich III. (1440-1493). Hof, Regierung und Politik*, 3 Bde., Köln et al. 1997.

Henne, Jan/Zinsmaier, Thomas (2012): *[Art.] Überleitung*, in: *Historisches Wörterbuch der Rhetorik Bd. 10*, Tübingen. Sp. 1326-1332.

Hertz, Anselm: *Die thomasische Lehre vom bellum iustum als ethischer Kompromiß*, in: Brunner, Horst (Hrsg.): *Die Wahrnehmung und Darstellung von Kriegen im Mittelalter und in der Frühen Neuzeit*, Wiesbaden 2000, S. 17-29.

Hildebrandt, Mathias/Brocker, Manfred/Behr, Hartmut (Hrsg.): *Säkularisierung und Resakralisierung in westlichen Gesellschaften. Ideengeschichtliche und theoretische Perspektiven*, Wiesbaden 2001.

Hödl, Ludwig: *[Art.] Friede, II., Theologisch*, in: *Lexikon des Mittelalters Bd. 4*, München/Zürich 1989, Sp. 920-921.

Hollegger, Manfred: *Maximilian I. (1459-1519). Herrscher und Mensch einer Zeitenwende*, Stuttgart 2005.

Honemann, Volker: *Mittelasiatische und europäische Autobiographie des Mittelalters: Das Babur-nama und die Autobiographie Karls IV*, in: Suntrup, Rudolf/Rzehak, Kristina/Borisova, Iraida (Hrsg.): *Usbekisch-deutsche Studien III. Sprache – Literatur – Kultur – Didaktik Bd. 1*, Münster 2010, S. 45-66.

Horn, Christoph/Müller, Jörn/Söder, Joachim: *Platon-Handbuch. Leben – Werk – Wirkung*, Stuttgart 2009.

Huizinga, Johan: *Herbst des Mittelalters. Studien über Lebens- und Geistesformen des 14. und 15. Jahrhunderts in Frankreich und den Niederlanden*, herausgegeben von Kurt Köster, Stuttgart 1975.

Iser, Wolfgang: *Das Fiktive und das Imaginäre. Perspektiven literarischer Anthropologie*, Frankfurt am Main 1991.

Jancke, Gabriele: *Autobiographie als soziale Praxis. Beziehungskonzepte in Selbstzeugnissen des 15. und 16. Jahrhunderts im deutschsprachigen Raum*, Köln et al. 2002.

Jussen, Bernhard/Koslofsky, Craig: *Kulturelle Reformation. Sinnformationen im Umbruch 1400 – 1600*, Göttingen 1999.

Kantorowicz, Ernst: *Die zwei Körper des Königs. Eine Studie zur politischen Theologie des Mittelalters*, München 1994.

Kaulbach, Hans-Martin: *Neues vom Weisskunig. Geschichte und Selbstdarstellung Kaiser Maximilians I. in Holzschnitten*. Ausstellung Graphische Sammlung Staatsgalerie, Stuttgart 1994.

Kelleter, Frank: *[Art.] Edward Said: Das literaturwissenschaftliche Werk*, in: *Kindlers Literatur Lexikon Online*, 3., völlig neu bearb. Aufl., Stuttgart et al. 2009 [Stand: 05.03.2015].

Kellner, Beate: *Formen des Kulturtransfers am Hof Kaiser Maximilians I. Muster genealogischer Herrschaftslegitimation*, in: Müller, Matthias/Spieß, Karl-Heinz/Friedrich, Udo (Hrsg.), *Kulturtransfer am Fürstenhof. Höfische Austauschprozesse und ihre Medien im Zeitalter Kaiser Maximilians I.*, Berlin 2013, S. 52-103.

Khaleghi-Motlagh, Djalal: *[Art.] Adab*, in: *Encyclopædia Iranica 1*, London et al. 1985, S. 432-439.

Kirk, Sabine: *Unterrichtstheorie auf Bilddokumenten des 16. und 17. Jahrhunderts. Eine Studie zum Bildtypus der ‚Accipies‘ und seinen Modifikationen im Bildbestand der Universitätsbibliothek Helmstedt und des Augusteischen Buchbestandes der Herzog August Bibliothek in Wolfenbüttel*, Hildesheim 1988.

Kleinschmidt, Harald: *[Art.] Vegetius (Flavius V. Renatus), 1. Epitoma rei militaris*, in: *Lexikon des Mittelalters Bd. 8*, München/Zürich 1997, Sp. 1444-1445.

Kleinschmidt, Harald: *Kaiser Maximilians I. Theorie der internationalen Beziehungen*, in: Heinz/Chisholm, Michael A./Schnerb, Bertrand (Hrsg.): *Maximilian I. (1459-1519). Wahrnehmung – Übersetzungen – Gender*, (= Innsbrucker Historische Studien 27), Innsbruck Wien/Bozen 2011, S. 305-319.

Klüver, Jürgen: *Auf der Suche nach dem Kaninchen von Fibonacci: oder Wie geschlossen ist das Wissenschaftssystem?* In: Krohn, Wolfgang/Küppers, Günter (Hrsg.): *Selbstorganisation. Aspekte einer wissenschaftlichen Revolution*, Braunschweig 1990, S. 201-229.

Knapp, Fritz-Peter: *Historie und Fiktion in der mittelalterlichen Gattungspoetik Bd. 1. Sieben Studien und ein Nachwort* (= Beiträge zur älteren Literaturgeschichte), Heidelberg 1997.

Knapp, Fritz-Peter: *Historie und Fiktion in der mittelalterlichen Gattungspoetik Bd. 2. Zehn neue Studien und ein Vorwort*, (= Schriften der Philosophisch-historischen Klasse der Heidelberger Akademie der Wissenschaften Bd. 35), Heidelberg 2005.

Koch, Ebba: *Mughal Palace Gardens from Babur to Shahjahan (1526-1648)*, in: *Muqarnas 14*, 1997, S. 143-165.

Kohnen, Rabea: *Das mer gehoert zuo eim Ritter auserkorn. Überlegungen zum Theuerdank*, in: Müller, Jan-Dirk/Ziegeler, Hans-Joachim (Hrsg.), *Maximilians Ruhmeswerk. Künste und Wissenschaften im Umkreis Kaiser Maximilians I.* (= Frühe Neuzeit, Studien und Dokumente zur deutschen Literatur und Kultur im europäischen Kontext 190), Berlin, Boston 2015, S. 255-280.

Koller, Heinrich: *Kaiser Friedrich III.*, Darmstadt 2005.

Kollmorgen, Raj/Merkel, Wolfgang/Wagener, Hans-Jürgen (2015): *Transformation und Transformationsforschung: Zur Einführung*, in: Kollmorgen, Raj et al. (Hrsg.): *Handbuch Transformationsforschung*, Wiesbaden, S. 11-27.

Koppensteiner, Norbert (Hrsg.): *Maximilian I. Der Aufstieg eines Kaisers. Von der Geburt bis zur Alleinherrschaft*, Wiener Neustadt 2000.

Koschorke, Albrecht: *Der fiktive Staat. Konstruktionen des politischen Körpers in der Geschichte Europas*, Frankfurt am Main 2007.

Koschorke, Albrecht: *Macht und Fiktion*, in: Frank, Thomas et al. (Hrsg.): *Des Kaisers neue Kleider. Über das Imaginäre politischer Herrschaft. Texte – Bilder – Lektüren*, Frankfurt am Main 2002, S. 73-84.

Krafft, Fritz: *[Art.] Artes mechanicae*, in: *Lexikon des Mittelalters Bd. 1*, München/Zürich 1980, Sp. 1063-1065.

Krause, Stefan: *„Die ritterspil als ritter Freydalb hat gethon aus ritterlichem gmute". Das Turnierbuch Freydal Kaiser Maximilians I.*, in: Haag, Sabine et al. (Hrsg.): *Kaiser Maximilian I. Der letzte Ritter und das höfische Turnier*, Mannheim 2014, S. 167-184.

Kümper, Hiram: *„Groth Gethone" schallt ins Reich. Ein Versuch über Königswahl und -krönung Maximilians I. als vormodernes Medienereignis an der Schwelle zur Neuzeit*, in: Pelizaeus, Ludolf (Hrsg.): *Wahl und Krönung in Zeiten des Umbruchs*, (= Mainzer Studien zur Neueren Geschichte 23), Frankfurt am Main et al. 2008, S. 7-21.

Lamb, Harold: *Babur the Tiger. First of the Great Moguls*, New York 1961.

Land Tirol, Kulturreferat (Hrsg.), *Ausstellung Maximilian I. Innsbruck*, Innsbruck 1969.

Laschitzer, Simon: *Einleitung*, in: Laschitzer, Simon (Hrsg.) [Maximilian I.]: *Theuerdank, durch photolithographische Hochätzung hergestellte Facsimile-Reproduction nach der ersten Auflage vom Jahre 1517, neu hrsg. von Simon Laschitzer*, in: *Jahrbuch der kunsthistorischen Sammlungen des Allerhöchsten Kaiserhauses Bd. 8*, Wien 1888, S. 7-116.

Laux, Lothar: *Persönlichkeitspsychologie*, 2., überarb. und erw. Aufl., Stuttgart 2008.

Lee, Joo-Yup: *Qazaqliq, or Ambitious Brigandage, and the Formation of the Qazaqs. State and Identity in Post-Mongol Central Eurasia*, Leiden 2016.

Lehmann, Gustav Adolf: *Alexander der Große und „die Freiheit der Hellenen". Studien zu der antiken historiographischen Überlieferung und den Inschriften der Alexander-Ära*, Berlin, München, Boston 2015.

Lejeune, Philippe: *Der autobiographische Pakt*, Frankfurt am Main 2010.

Lentz, Thomas W.: *Memory and Ideology in the Timurid Garden*, in: Wescoat, James L./Wolschke-Bulmahn, Joachim (Hrsg.): *Mughal Gardens. Sources, Places, Representations, and Prospects*, Washington, D.C. 1996, S. 31-57.

Lentz, Thomas W./Lowry, Glenn D. (Hrsg.): *Timur and the Princely Vision. Persian Art and Culture in the Fifteenth Century*, Los Angeles County 1989.

Lepenies, Wolf: *Das Ende der Naturgeschichte. Wandel kultureller Selbstverständlichkeiten in den Wissenschaften des 18. und 19. Jahrhunderts*, Frankfurt am Main 1978.

Lewis, Bernhard (Hrsg.): *Islam. From the Prophet Muhammad to the Capture of Constantinople Bd. 1*, New York 1974.

Lhotsky, Alphons: *[Art.] Friedrich III.*, in: *Neue Deutsche Biographie Bd. 5*, Berlin 1961, S. 484-487, http://www.deutsche-biographie.de/pnd118535773.html [Stand: 17.08.2018].

Lhotsky, Alphons: *Bauwerke und Sammlungen Kaiser Friedrichs III. und seines Sohnes Maximilians I.*, in: Lhotsky, Alphons/Wagner, Hans/Koller, Heinrich (Hrsg.): *Aufsätze und Vorträge, Teilbd. 2*, Wien 1972, S. 239-263.

Lhotsky, Alphons: *Quellenkunde zur mittelalterlichen Geschichte Österreichs*, Graz/Köln 1963.

Liliencron, Rochus: *Der Weißkunig Kaiser Maximilians I.*, in: *Historisches Taschenbuch F. 5/Jg. 3*, begr. von Friedrich Raumer, hrsg. von W. H. Riehl, Leipzig 1873, S. 321-358.

Losensky, P.: *Welcoming Fighānī: Imitation and Poetic Individuality in the Safavid-Mughal Ghazal*, Costa Meza 1998.

Madelung, Wilferd/Rahman, Munibur/Landau, J. M./Yapp, M.E./Robinson, F.C.R.: *[Art.] Madjlis*, in: *Encyclopaedia of Islam² Bd. 5*, Leiden/Boston 1986, S. 1031-1082.

Mano, Eiji: *Foreword*, in: *Zahīr Al-Dīn Muḥammad Bābur: Bābur-Nāma (Vaqāyiᶜ). Bd. 1: Critical Edition Based on Four Chaghatay Texts with Introduction and Notes*, Kyoto 1995, S. xlv-xlvii.

Mano, Eiji: *Introduction of the First Volume*, in: *Zahīr Al-Dīn Muḥammad Bābur: Bābur-Nāma (Vaqāyiᶜ). Bd. 1: Critical Edition Based on Four Chaghatay Texts with Introduction and Notes*, Kyoto 1996, S. xxxiii-lvi.

Manz, Beatrice F.: *Tamerlane and the Symbolism of Sovereignty*, in: *Iranian Studies 21/1-2, Soviet and North American Studies on Central Asia*, 1988, S. 105-122.

Manz, Beatrice F.: *Tamerlane's Career and Its Uses*, in: *Journal of World History 13/1*, 2002, S. 1-25.

Manz, Beatrice F./Thackston, Wheeler M./Roxburgh, David J./Golombek, Lisa/Komaroff, Linda/Darley-Doran, R.E.: *[Art.] Timurids*, in: *Encyclopedia of Islam² Bd. 10*, Leiden/Boston 2000, S. 513-527.

Manz, Beatrice F.: *Women in Timurid Dynastic Politics*, in: Nashat, Guity/Beck, Lois (Hrsg.): *Women in Iran from the rise of Islam to 1800*, Urbana 2005, S. 121-139.

Mazal, Otto: *[Art.] Schreibmeister, -schule*, in: *Lexikon des Mittelalters Bd. 7*, München/Zürich 1995, Sp. 1556-1557.

Mazzadi, Patrizia: *Bianca Maria Sforza und die Beziehungen des Innsbrucker Hofes zu den wichtigen italienischen Höfen der Renaissance*, in: Hartmann, Sieglinde/Löser, Freimut (Hrsg.): *Kaiser Maximilian I. (1459-1519) und die Hofkultur seiner Zeit,*

(= Jahrbuch der Oswald von Wolkenstein-Gesellschaft 17), Wiesbaden 2009, S. 367-381.

Meier-Staubach, Christel: *Autorschaft im 12. Jahrhundert: Persönliche Identität und Rollenkonstrukt,* in: von Moos, Peter (Hrsg.): *Unverwechselbarkeit. Persönliche Identität und Identifikation in der Vormodernen Gesellschaft.* Köln/Weimar/Wien 2004, S. 207-266.

Meier-Staubach, Christel: *[Art.] Edelsteine, Symbolik der,* in: *Theologische Realenzyklopädie Bd. 9,* Berlin 1982, S. 266-277.

Meisami, Julie Scott: *Allegorical Gardens in the Persian Poetic Tradition: Nezami, Rumi, Hafez,* in: *International Journal of Middle East Studies 17/2,* 1985, S. 229-260.

Meisami, Julie Scott: *History as Literature,* in: *Iranian Studies 33/1-2,* 2000, S. 15-30.

Meisami, Julie Scott: *The Past in Service of the Present: Two Views of History in Medieval Persia,* in: *Poetics Today 14/2, Cultural Processes in Muslim and Arab Societies: Medieval and Early Modern Periods,* 1993, S. 247-275.

Merkel, Wolfgang: *Religion, Fundamentalismus und Demokratie,* in: Schluchter, Wolfgang (Hrsg.): *Fundamentalismus, Terrorismus, Krieg.* Weilerswist 2003, S. 61-86.

Merkelbach, Reinhold: *Die Quellen des griechischen Alexanderromans.* 2., neubearb. Aufl., München 1977.

Mertens, Dieter: *„Bebelius ... patriam Sueviam ... restitut". Der poeta laureatus zwischen Reich und Territorium,* in: *Zeitschrift für württembergische Landesgeschichte 42,* 1983, S. 145-173.

Mertens, Dieter: *Die Dichterkrönung des Konrad Celtis. Ritual und Programm,* in: Fuchs, Franz (Hrsg.): *Konrad Celtis und Nürnberg, Akten des interdisziplinären Symposiums vom 8.-9.11.2002 in Nürnberg.* Wiesbaden 2004, S. 31-50.

Mertens, Dieter: *Maximilians gekrönte Dichter über Krieg und Frieden,* in: Worstbrock, Franz Josef (Hrsg.): *Krieg und Frieden im Horizont des Renaissancehumanismus,* (= Acta Humaniora), Weinheim 1986, S. 105-123.

Mertens, Dieter: *Zu Sozialgeschichte und Funktion des poeta laureatus im Zeitalter Maximilians I.,* in: Schwinges, Rainer Christoph (Hrsg.): *Gelehrte im Reich. Zur Sozial- und Wirkungsgeschichte akademischer Eliten des 14. bis 16. Jahrhunderts,* Berlin 1996, S. 327-348.

Michel, Eva/Sternath, Maria Luise (Hrsg.), *Kaiser Maximilian I. und die Kunst der Dürerzeit,* München, London, New York 2012.

Miedema, Nine: *Das 'Ambraser Heldenbuch' und der Theuerdank. Mittelalterliche Epik und ihre Wiederverwendung am Hof Maximilians I.,* in: Suntrup, Rudolf/Veenstra, Jan R. (Hrsg.): *Building the Past. Konstruktion der eigenen Vergangenheit,* Frankfurt am Main et al. 2006, S. 85-106.

Misch, Georg: *Die Stilisierung des eigenen Lebens in dem Ruhmeswerk Kaiser Maximilians,* in: *Nachrichten von der Gesellschaft der Wissenschaften zu Göttingen aus dem Jahre 1930,* Berlin 1930, S. 435-451.

Misch, Georg: *Geschichte der Autobiographie Bd. 1, Das Altertum, 1. Hälfte*, Bern 1949.

Misch, Georg: *Geschichte der Autobiographie Bd. 3, Das Mittelalter. Das Hochmittelalter im Anfang, 2. Hälfte, 2. Teil*, Frankfurt am Main 1962.

Misch, Georg: *Geschichte der Autobiographie Bd. 4, Das Mittelalter. Das Hochmittelalter in der Vollendung, 1. Hälfte, 3. Teil*, Frankfurt am Main 1967.

Moin, A. Azfar: *Peering through the cracks of the Baburnama. The textured Lives of the Mughal sovereigns*, in: *Indian Economic Social History Review 49/4*, 2012, S. 493-526.

Moin, A. Azfar: *The Millennial Sovereign: Sacred Kingship and Sainthood in Islam (1400-1700)*, New York 2012.

Moranvillé, Henri: *Mémoire sur Tamerlanet et sa cour par un dominicain, en 1403*, in: *Bibliothèque de l'école des chartes 55/1*, 1894, S. 433-464.

Moynihan, Elizabeth B.: *The Lotus Garden Palace of Zahir Al-Din Muhammad Babur*, in: *Muqarnas 5*, 1988, S. 135-152.

Müller, Götz: *[Art.] Neugierde*, in: *Historisches Wörterbuch der Philosophie Bd. 6*, Basel 1984, S. 733-736.

Müller, Jan-Dirk: *[Art.] Kaiser Maximilian I.*, in: *Verfasserlexikon. 2., völlig neu bearbeitete Auflage Bd. 6*, Berlin/New York 1987, S. 204-236.

Müller, Jan-Dirk: *Archiv und Inszenierung. Der 'letzte Ritter' und das Register der Ehre*, in: Karsten, Ingrid/Paravicini, Werner/Pérennec, René: *Kultureller Austausch und Literaturgeschichte im Mittelalter*, (= Beihefte der Francia 43), Sigmaringen 1998, S. 115-126.

Müller, Jan-Dirk/Ziegler, Hans-Joachim (Hrsg.): *Maximilians Ruhmeswerk. Künste und Wissenschaften im Umkreis Kaiser Maximilians I.* (= Frühe Neuzeit, Studien und Dokumente zur deutschen Literatur und Kultur im europäischen Kontext 190), Berlin, Boston 2015.

Müller, Jan-Dirk: *Gedechtnus. Literatur und Hofgesellschaft um Maximilian I.*, (= Forschungen zur Geschichte der älteren deutschen Literatur 2), München 1982.

Müller, Jan-Dirk: *Literarische und andere Spiele. Zum Fiktionalitätsproblem in vormoderner Literatur*, in: *Poetica. Zeitschrift für Sprach- und Literaturwissenschaft 36*, 2004, S. 281-311.

Müller, Jan-Dirk: *Maximilian und die Hybridisierung frühneuzeitlicher Hofkultur*, in: Hartmann, Sieglinde/Löser, Freimut (Hrsg.): *Kaiser Maximilian I. (1459-1519) und die Hofkultur seiner Zeit*, (= Jahrbuch der Oswald von Wolkenstein-Gesellschaft 17), Wiesbaden 2009, S. 3-21.

Müller, Jan-Dirk: *Poet, Prophet, Politiker. Sebastian Brant als Publizist und die Rolle der laikalen Intelligenz um 1500*, in: *Zeitschrift für Literaturwissenschaft und Linguistik 10/H. 37*, 1980, S. 102-127.

Müller, Jan-Dirk: *Zwischen Repräsentation und Regierungspraxis: Transformation des Wissens in Maximilians Weißkunig*, in: Scholz-Williams, Gerhild/Schindler, Stephan K. (Hrsg.): *Knowledge, Science, and Literature in Early Modern Germany*, Chapel Hill 1996, S. 49-70.

Müller, Jan-Dirk: *Literatur und Kunst unter Maximilian I.*, in: Schmidt-von Rhein, Georg (Hrsg.): *Kaiser Maximilian I. Bewahrer und Reformer. Katalog zur gleichnamigen Ausstellung vom 2.8.-31.10.2002 im Reichskammergericht in Wetzlar.* Ramstein 2002, S. 141-152.

Murphy, Chris: *[Rez.] Le livre de Babur: Mémoires du premier Grand Moguls des Indes (1494-1529)*, in: *Middle East Journal 41/3*, 1987, S. 476.

Nagel, Tilman: *Timur der Eroberer und die islamische Welt des späten Mittelalters.* München 1993.

Nagel, Tilman: *Tamerlan im Verständnis der Renaissance*, in: *Oriente Moderno 15/76, Nr. 2*, 1996, S. 203-212.

Neue Zürcher Zeitung (12.4.2003): *Babur der Tiger: Eroberer, Mensch und Dichter.*

Niggl, Günter: *[Art.] Autobiographie*, in: Killy, Walther (Hrsg.): *Literaturlexikon. Autoren und Werke deutscher Sprache Bd. 13: Begriffe, Realien, Methoden (A-Lei).* Herausgegeben von Volker Meid, Gütersloh/München 1992, S. 58-65.

Nizami, K. A./Algar, Hamid: *[Art.] Nakshbandiyya*, in: *Encyclopaedia of Islam²* Bd. 7, Leiden/Boston 1993, S. 934.

Noflatscher, Heinz: *Maximilian im Kreis der Habsburger*, in: Schmidt-von Rhein, Georg (Hrsg.): *Kaiser Maximilian I. Bewahrer und Reformer. Katalog zur gleichnamigen Ausstellung vom 2.8.-31.10.2002 im Reichskammergericht in Wetzlar.* Ramstein 2002, S. 31-50.

Noflatscher, Heinz: *Räte und Herrscher. Politische Eliten an den Habsburgerhöfen der österreichischen Länder 1480–1530*, (= Beiträge zur Sozial- und Verfassungsgeschichte des Alten Reiches 14; = Veröffentlichungen des Instituts für Europäische Geschichte Mainz 161, Abteilung Universalgeschichte), Mainz 1999.

Oesterle, Jenny Rahel: *Kalifat und Königtum. Herrschaftsrepräsentation der Fatimiden, Ottonen und frühen Salier an religiösen Hochfesten*, Darmstadt 2009.

Ortner, Sonja: *Maximilian I. und die Musik*, in: Tiroler Kunstkataster; Arnold, Herta/Wiesauer, Karl (Hrsg.): *Maximilian I. – Triumph eines Kaisers. Herrscher mit europäischen Visionen*, Innsbruck 2005, S. 54-59.

ÖNB (Österreichische Nationalbibliothek) (Hrsg.): *Maximilian I. (1459-1519)*, Ausstellung, Wien 1959.

Pahlitzsch, Johannes: *Memoria und Stiftung im Islam. Die Entwicklung des Totengedächtnis bis zu den Mamluken*, in: Borgolte, Michael (Hrsg.): *Stiftungen in Christentum, Judentum und Islam vor der Moderne. Auf der Suche nach ihren Gemeinsamkeiten und Unterschieden in religiösen Grundlagen, praktischen Zwecken und historischen Transformationen*, Berlin 2005, S. 71-94.

Paravicini, Werner: *Die Wahrheit der Historiker*, München 2010.

Pascal, Roy: *Design and Truth in Autobiography*, London 1960.

Paul, Jürgen: *Die politische und soziale Bedeutung der Naqšbandiyya in Mittelasien im 15. Jahrhundert*, Berlin/New York 1991.

Paul, Jürgen: *The State and the Military – A Nomadic Perspective*, in: Schneider, Irene (Hrsg.): *Militär und Staatlichkeit. Beiträge des Kolloquiums am 29. und 30.04.2002*, (= Orientwissenschaftliche Hefte 12; = Mitteilungen des SFB „Differenz und Integration" 5), Halle 2003, S. 25-68.

Perry, John: *The Historical Role of Turkish in Relation to Persian of Iran*, in: *Iran & the Caucasus 5*, 2001, S. 193-200.

Pesendorfer, Franz: *Der Weißkunig Kaiser Maximilians I.*, (= Diss. masch.), Wien 1931.

Prietzel, Malte: *Krieg im Mittelalter*. Darmstadt 2006.

Pühringer, Andrea: *„Christen contra Heiden?" Die Darstellung von Gewalt in den Türkenkriegen*, in: Kurz, Marlene/Scheutz, Martin/Vocelka, Karl/Winkelbauer, Thomas (Hrsg.): *Das Osmanische Reich und die Habsburgermonarchie. Akten des internationalen Kongresses zum 150-jährigen Bestehen des Instituts für Österreichische Geschichtsforschung, Wien, 22.-25. September 2004*. Wien 2005, S. 97-120.

Reich, Björn/Schanze, Christoph: *Der Kaiser als Experte*, in: Reich, Björn/Rexroth, Frank/Roick, Matthias (Hrsg.): *Wissen, maßgeschneidert. Experten und Expertenkulturen im Europa der Vormoderne*, München 2012, S. 114-154.

Reynolds, Dwight F.: *Interpreting the Self. Autobiography in the Arabic literary tradition*, Berkeley 2001.

Riedl, Kurt: *Der Quellenwert des Weißkunig am Beispiel des Schweizerkrieges 1499*, in: Novotny, Alexander/Pickl, Othmar (Hrsg.): *Festschrift Hermann Wiesflecker zum sechzigsten Geburtstag*, Graz 1973, S. 107-113.

Ritschler, Alfred: *Literatur und Politik im Umkreis der ersten Habsburger. Dichtung, Historiographie und Briefe am Oberrhein*, (= Freiburger Beiträge zur mittelalterlichen Geschichte 4), Frankfurt am Main 1992.

Robert, Jörg: *Rhetorische und stilistische Praxis des Lateinischen in den deutschsprachigen Ländern in Humanismus, Renaissance und Reformation*, in: *Rhetorik und Stilistik Halbbd. 1. Ein internationales Handbuch historischer und systematischer Forschung*, (= Handbücher zur Sprach- und Kommunikationswissenschaft 31.1), Berlin/New York 2008. S. 370-383.

Roemer, Hans Robert: *The Successors of Timūr*, in: *The Cambridge History of Iran Bd. 6: The Timurid and Safavid Periods*. Cambridge 1986.

Rosenthal, Franz: *Die arabische Autobiographie*, in: Rosenthal, Franz/von Grunebaum, Gustave E./Fischel, Walter J.: *Studia Arabica 1*, (= Analecta Orientalia 14), Rom 1937, S. 1-40.

Roxburgh, David J./Manz, Beatrice F./Thackston, Wheeler M./Golombek, Lisa/Komaroff, Linda/Darley-Doran, R.E.: *[Art.] Timurids*, in: *Encyclopedia of Islam²Bd. 10*, Leiden/Boston 2000, S. 513-527.

Rudolf, Karl: *'Das gemäl ist also recht'. Die Zeichnungen zum 'Weisskunig' Maximilians I. des Vaticanus Latinus 8570*, in: *Römische historische Mitteilungen 22*, 1980, S. 167-207.

Rudolf, Karl: *Illustration und Historiographie bei Maximilian I.: Der „Weisse Kunig"*, in: *Römische historische Mitteilungen 25*, 1983, S. 35-108.

Rupprich, Hans: *Das ausgehende Mittelalter, Humanismus und Renaissance 1360-1520, 1. Teil.* 2. Aufl. neubearb. von Hedwig Heger, in: De Boor, Helmut/ Newald, Richard, *Geschichte der deutschen Literatur. Von den Anfängen bis zur Gegenwart. Bd. 4, 1. Teil: Die deutsche Literatur vom späten Mittelalter bis zum Barock*, München 1994.

Rushdie, Salman: *Introduction*, in: Thackston, Wheeler M.: *The Baburnama. Memoirs of Babur, Prince and Emperor. Translated, edited and annotated by Wheeler M. Thackston.* (Modern Library Paperback Edition), New York 2002, S. vii-xiii.

Rypka, Jan: *History of Iranian Literature.* Dordrecht 1968.

Rzehak, Kristina: *Baburs Selbststilisierung als (mystisch) Liebender im Baburnama*, in: Schütte, Merle Marie/Rzehak, Kristina/Lizius, Daniel (Hrsg.): *Zwischen Fakten und Fiktionen. Literatur und Geschichtsschreibung in der Vormoderne*, Würzburg 2014, S. 263-280.

Rzehak, Kristina: *Literatur und politischer Umbruch. Die Selbstzeugnisse Baburs und Maximilians I. als Reaktionen auf die Abhängigkeiten und Gefährdungen ihrer Herrschaft*, in: Ramponi, Patrick/Wiedner, Saskia (Hrsg.): *Dichter und Lenker. Die Literatur der Staatsmänner, Päpste und Despoten vom 16. Jahrhundert bis in die Gegenwart*, Tübingen 2014, S. 105-123.

Said, Edward W.: *Orientalism.* Reprinted with a new Preface, London 2003.

Schadek, Hans (Hrsg.), *Der Kaiser in seiner Stadt. Maximilian I. und der Reichstag zu Freiburg 1498*, Freiburg im Breisgau 1998.

Scharf, Kurt: *Nachwort*, in: *Hafis, Rumi, Omar Chajjam. Die schönsten Gedichte aus dem klassischen Persien.* Übertragen von Cyrus Atabay. Herausgegeben und mit einem Nachwort versehen von Kurt Scharf, München 1998, S. 179-217.

Scheibelreiter, Georg: *[Art.] Habsburger*, in: *Lexikon des Mittelalters Bd. 4*, München/Zürich 1989, Sp. 1815-1816.

Scherer, Wilhelm: *Geschichte der deutschen Litteratur*, Berlin 1891.

Schieffer, Rudolf: *Konzepte des Kaisertums*, in: Schneidmüller, Bernd/Weinfurter, Stefan (Hrsg.): *Heilig, Römisch, Deutsch. Das Reich im mittelalterlichen Europa*, Dresden 2006, S. 44-56.

Schimmel, Annemarie: *Im Reich der Großmoguln. Geschichte, Kunst, Kultur.* München 2000.

Schimmel, Annemarie: *Mystische Dimensionen des Islam. Die Geschichte des Sufismus*, Frankfurt am Main et al. 1995.

Schlotheuber, Eva: *Die Autobiographie Karls IV. und die mittelalterlichen Vorstellungen vom Menschen am Scheideweg*, in: *Historische Zeitschrift 281*, 2005, S. 561-591.

Schmid, Alois: „*Poeta et orator a Caesare laureatus*". *Die Dichterkrönungen Kaiser Maximilians I.*, in: *Historisches Jahrbuch 109*, 1989, S. 56-108.

Schmid, Barbara: *Schreiben für Status und Herrschaft. Deutsche Autobiographik in Spätmittelalter und früher Neuzeit*, Zürich 2006.

Schmidt, Siegfried J.: *Die Selbstorganisation des Sozialsystems Literatur im 18. Jahrhundert*. Frankfurt am Main 1989.

Schmidt, Siegfried J.: *Grundriss der Empirischen Literaturwissenschaft. Teilbd. 1: Der gesellschaftliche Handlungsbereich Literatur; Teilbd. 2: Zur Rekonstruktion literaturwissenschaftlicher Fragestellungen in einer Empirischen Theorie der Literatur*. Braunschweig 1982.

Schmidt, Helmut: *Sind die Türken Europäer? Nein, sie passen nicht dazu*, in: Leggewie, Claus (Hrsg.): *Die Türkei und Europa. Die Positionen*, Frankfurt am Main 2004. S. 162-166.

Schmidt, Hartmut: *Literatur und Kunst unter Maximilian I.*, in: Schmidt-von Rhein, Georg (Hrsg.): *Kaiser Maximilian I. Bewahrer und Reformer. Katalog zur gleichnamigen Ausstellung vom 2.8.-31.10.2002 im Reichskammergericht in Wetzlar*. Ramstein 2002, S. 325-348.

Schmidt, Siegfried J./Hauptmeier, Helmut: *Einführung in die Empirische Literaturwissenschaft*, Braunschweig 1985.

Schmolinsky, Sabine: *Selbstzeugnisse im Mittelalter*, in: Arnold, Klaus/Schmolinsky, Sabine/Zahnd, Urs Martin (Hrsg.): *Das dargestellte Ich. Studien zu Selbstzeugnissen des späteren Mittelalters und der frühen Neuzeit*, Bochum 1999, S. 19-28.

Scholz-Williams, Gerhild: *Vergegenwärtigung der Vergangenheit: Das Mittelalter im 15. Jahrhundert*, in: Poag, James F./Scholz-Williams, Gerhild (Hrsg.): *Das Weiterleben des Mittelalters in der deutschen Literatur*, Königstein 1983, S. 13-24.

Schönig, Claus: *[Art.] Bābur-nāma/Vaqāʾiʿ*, in: *Kindlers Literatur Lexikon Online*, 3., völlig neu bearb. Aufl., Stuttgart et al. 2009 [Stand: 28.03.2014].

Schönig, Claus: *Babur als Literaturkritiker*, in: Sagaster, Börte et al. (Hrsg.): *Hoşsohbet. Erika Glassen zu Ehren*, Würzburg 2011, S. 223-236.

Schönig, Claus: *Finite Prädikationen und Textstruktur im Babur-Name*, Wiesbaden 1997.

Schönig, Claus: *Die Betrachtung der Natur im Babur-name*, in: Herrmann, Bernd (Hrsg.): *Beiträge zum Göttinger Umwelthistorischen Kolloquium 2008-2009*, Göttingen 2009, S. 235-251.

Schönig, Claus: *Frauen im Bābur-nāme*, in: Fenz, Hendrik/Kappert, Petra (Hrsg.): *Turkologie für das 21. Jahrhundert. Herausforderungen zwischen Tradition und Moderne. Materialien der vierten Deutschen Turkologen-Konferenz. Hamburg, 15.-18. März 1999*, Wiesbaden 2006, S. 231-242.

Schulze, Ursula: *Dietrich von Bern und König Artus – Maximilian/Theuerdank. Ein verändertes Heldenbild und die intermediale Kohärenz des Buches*, in: Hartmann, Sieglinde/Löser, Freimut (Hrsg.): *Kaiser Maximilian I. (1459-1519) und die Hof-*

kultur seiner Zeit, (= Jahrbuch der Oswald von Wolkenstein-Gesellschaft 17), Wiesbaden 2009, S. 35-45.

Schultz, Alwin: *Einleitung,* in: *Der Weisskunig. Nach den Dictaten und eigenhändigen Aufzeichnungen Kaiser Maximilians I. zusammengestellt von Marx Treitzsauerwein von Ehrentreitz, Jahrbuch der kunsthistorischen Sammlungen des Allerhöchsten Kaiserhauses Bd. 6,* Wien 1888. S. VII-XXVIII.

Schweikle, Günther: *[Art.] Chronogramm,* in: Glück, Helmut (Hrsg.): *Metzler Lexikon Sprache.* 3., neubearb. Aufl. Stuttgart/Weimar 2005, S. 117.

Seybold, Dietrich: *Leonardo da Vinci im Orient. Geschichte eines europäischen Mythos.* Köln/Weimar/Wien 2011.

Seyed-Gohrab, Ali A.: *Laylī and Majnūn. Love, Madness and Mystic Longing in Nizāmī's Epic Romance,* Leiden et al. 2003.

Shahīd, Irfan: *The Sūra of the Poets, Qurʾān XXVI: Final Conclusions,* in: *Journal of Arabic Literature 35/2,* 2004, S. 175-220.

Sharma, Sunil: *[Art.] Love: Premodern Discourses. Persian, Arabic, the Ottoman Empire, Andalusian and South Asian Overview,* in: *Encyclopedia of Women & Islamic Cultures Bd. 3,* Leiden et al. 2005, S. 236-240.

Singer, Bruno: *Die Fürstenspiegel in Deutschland im Zeitalter des Humanismus und der Reformation,* (= Humanistische Bibliothek, Abhandlungen – Texte – Skripten, Reihe 1: Abhandlungen Bd. 34), München 1981.

Steinherz, Samuel: *Ein Bericht über die Werke Maximilians I.,* in: *Mitteilungen des Instituts für österreichische Geschichtsforschung 27,* 1906, S. 152-155.

Sternberger, Dolf: *Drei Wurzeln der Politik.* Frankfurt am Main 1978.

Stewart-Robinson, James: *[Art.] Tadhkira – In Turkish Literature,* in: *Encyclopedia of Islam² Bd. 10,* S. 54-55.

Störmer-Caysa, Uta: *Einführung in die mittelalterliche Mystik.* Überarb. und erg. Neuausg., Stuttgart 2004.

Strasser, Gerhard F.: *Von der Lingua Adamica zur Lingua universalis. Theorien über Ursprachen und Universalsprachen in der Frühen Neuzeit,* in: Jaumann, Herbert (Hrsg.): *Diskurse der Gelehrtenkultur in der Frühen Neuzeit. Ein Handbuch,* Berlin 2011, S. 517-592.

Strobl, Joseph: *Studien über die literarische Tätigkeit Kaiser Maximilian I.* Berlin 1913.

Strohschneider, Peter: *Ritterromantische Versepik im ausgehenden Mittelalter. Studien zu einer funktionsgeschichtlichen Textinterpretation der ‚Mörin' Hermanns von Sachsenheim sowie zu Ulrichs Fuetrers ‚Persibein' und Maximilians I. ‚Teuerdank',* Frankfurt am Main et al. 1986.

Struve, Tilman: *[Art.] Friedenskaiser,* in: *Lexikon des Mittelalters Bd. 4,* München 1989, Sp. 921-923.

Subtelny, Maria E.: *A Late Medieval Persian Summa on Ethics: Kashifi's Akhlāq-I Muḥsinī,* in: *Iranian Studies 36/4,* 2003, S. 601-614.

Subtelny, Maria E.: *Bābur's Rival Relations. A Study of Kinship and Conflict in 15th-16th Century Central Asia*, in: *Der Islam 66*, 1989, S. 102-118.

Subtelny, Maria E.: *Le monde est un jardin: Aspects de l'histoire culturelle de l'Iran medieval*, (= Cahiers de Studia Iranica 28), Paris 2002.

Subtelny, Maria E.: *The Poetic Circle at the Court of the Timurid, Sultan Husain Baiqara, and its political significance*, Cambridge 1979.

Subtelny, Maria E.: *Timurids in Transition. Turko-Persian Politics and Acculturation in Medieval Iran*, Leiden et al. 2007.

Subtelny, Maria E.: *Scenes from the Literary Life of Tīmūrid Herāt*, in: Savory, Roger M./Agius, Dionisius A.: *Logos Islamikos. Studia Islamica in Honorem Georgii Michaelis Wickens*, Toronto 1984, S. 137-155.

Subtelny, Maria E.: *Socioeconomic Bases of Cultural Patronage under the Late Timurids*, in: *International Journal of Middle East Studies 20*, 1988, S. 479-505.

Subtelny, Maria E.: *The Curriculum of Islamic Higher Learning in Timurid Iran in the Light of the Sunni Revival under Shāh-Rukh*, in: *Journal of the American Oriental Society 115/2*, 1995, S. 210-236.

Sudbrack, Josef: *[Art.] Weg*, in: *Lexikon für Theologie und Kirche 10*, Freiburg/Brsg., 2001, S. 996-997.

Talkenberger, Heike: *Sintflut – Prophetien und Zeitgeschehen in Texten und Holzschnitten astrologischer Flugschriften 1488-1528*, Tübingen 1990.

Tamer, Georges: *Zeit und Gott. Hellenistische Zeitvorstellungen in der altarabischen Dichtung und im Koran*, Berlin 2008.

Taylor, Christopher S.: *In the Vicinity of the Righteous. Ziyāra and the veneration of Muslim saints in late medieval Egypt*, Leiden 1998.

Tennant, Elaine C.: *„Understanding with the Eyes": The Visual Gloss to Maximilian's Theuerdank*, in: Poag, James F./Fox, Thomas C. (Hrsg.): *Entzauberung der Welt. Deutsche Literatur 1200-1500*, Tübingen 1989, S. 211-275.

Tersch, Harald: *Friedrich III.*, in: Ders.: *Österreichische Selbstzeugnisse des Spätmittelalters und der Frühen Neuzeit (1400-1650). Eine Darstellung in Einzelbeiträgen*, Wien/Köln/Weimar 1998, S. 83-90.

Tersch, Harald: *Maximilian I.*, in: Ders.: *Österreichische Selbstzeugnisse des Spätmittelalters und der Frühen Neuzeit (1400-1650). Eine Darstellung in Einzelbeiträgen*, Wien/Köln/Wiemar 1998, S. 111-149.

Tersch, Harald: *Die schwermütige Betrachtung des Kometen. Politik und Emotion im Weißkunig*, in: Arnold, Klaus/Schmolinsky, Sabine/Zahnd, Urs Martin (Hrsg.): *Das dargestellte Ich. Studien zu Selbstzeugnissen des späteren Mittelalters und der frühen Neuzeit*, Bochum 1999, S. 63-91.

Tertilt, Hermann: *Ibne. Zum Verständnis zwischenmännlicher Sexualität in der Türkei*, in: Karatepe, Haydar/Stahl, Christian (Hrsg.): *Männersexualität*, Reinbek 1993, S. 125-137.

Thackston, Wheeler M./Manz, Beatrice F./Roxburgh, David J./Golombek, Lisa/ Komaroff, Linda/Darley-Doran, R.E.: *[Art.] Tīmūrids*, in: *Encyclopedia of Islam²* *Bd. 10*, Leiden/Boston 2006, S. 513-527.

Thackston, Wheeler M.: *Translator's Preface*, in: Ders. [Babur]: *The Baburnama. Memoirs of Babur, Prince and Emperor.* Translated, edited, and annotated by Wheeler M. Thackston. New York, Oxford 1996, S. 9-19.

Thackston, Wheeler M.: *The Genghisid and Timurid Background of Iran and Central Asia*, in: Ders. [Babur]: *The Baburnama. Memoirs of Babur, Prince and Emperor.* Translated, edited, and annotated by Wheeler M. Thackston. New York, Oxford 1996, S. 20-31.

Thiel, Markus: *Der Reichstag zu Worms im Jahre 1495 und die Schaffung des Reichskammergerichts. Kompromiß eines kriegsbedrängten Kaisers oder friedensbringende Rechtsetzung?*, in: *Der Staat 41*, 2002, S. 551-573.

Tomasek, Tomas: *Gottfried von Straßburg*. Stuttgart 2007.

Tracey, Martin Joseph: *[Art.] Tugenden und Laster, Tugenden- und Lasterkataloge*, in: *Lexikon des Mittelalters Bd. 8*, München/Zürich 1997, Sp. 1085-1088.

Uhland, Ludwig: *Schriften zur Geschichte der Dichtung und Sage Bd. 2*, Stuttgart 1866.

Vladimirtsov, Boris: *Le Régime social des Mongols. Le féodalisme nomade*, Paris 1948.

Voegelin, Eric: *Das Timurbild der Humanisten. Eine Studie zur politischen Mythenbildung*, in: Ders.: *Anamnesis. Zur Theorie der Geschichte und Politik*, München 1966, S. 153-178.

von Krusenstjern, Benigna: *Was sind Selbstzeugnisse? Begriffskritische und quellenkundliche Überlegungen anhand von Beispielen aus dem 17. Jahrhundert*, in: *Historische Anthropologie 2*, 1994, S. 462-471.

von Kügelgen, Anke: *Zur Authentizität des „Ich" in timuridischen Herrscherautobiographien*, in: *Asiatische Studien. Zeitschrift der Schweizerischen Asiengesellschaft 60/2*, 2006, S. 383-436.

von Leitner, Quirin: *Einleitung*, in: Ders. [Maximilian I.]: *Freydal. Des Kaisers Maximilian I. Turniere und Mummereien. Mit einer geschichtlichen Einleitung, einem facsimilirten Namensverzeichnisse und 255 Heliogravuren Bd. 1*, Wien 1880, S. III-XV und S. XXXVI-LIV.

von Wilpert, Gero: *Lexikon der Weltliteratur*. 3 Bde. 4., völlig neubearb. Aufl., Stuttgart 2004.

Wagner-Egelhaaf, Martina: *Autobiographie*. 2., akt. u. erw. Aufl., Stuttgart et al. 2005.

Wang, Andreas: *Der Miles Christianus im 16. und 17. Jahrhundert und seine mittelalterliche Tradition. Ein Beitrag zum Verhältnis von sprachlicher und graphischer Bildlichkeit*. Frankfurt am Main et al. 1975.

Weber, Max: *Wirtschaft und Gesellschaft. Die Wirtschaft und die gesellschaftlichen Ordnungen und Mächte. Nachlaß, Teilband 4: Herrschaft.* Herausgegeben von Edith Hanke in Zusammenarbeit mit Thomas Kroll, Tübingen 2005.

Weber, Max: *Politik als Beruf. Vortrag*, in: Winckelmann, Johannes (Hrsg.): *Gesammelte politische Schriften.* 3., erneut verm. Aufl., Tübingen 1971, S. 505-560.

Webers, Linda/Hagemann, Christoph: *Frankreich unter Habsburgs Fittichen. Zur politischen Argumentation von Genealogie in der Fürstlichen Chronik Jakob Mennels*, in: Hartmann, Sieglinde/Löser, Freimut (Hrsg.): *Kaiser Maximilian I. (1459-1519) und die Hofkultur seiner Zeit* (= Jahrbuch der Oswald von Wolkenstein-Gesellschaft 17), Wiesbaden 2009, S. 305-319.

Weddige, Hilkert: *Einführung in die Germanistische Mediävistik*, München 2001.

Wehr, Lothar/Wyrwa, Dietmar: *[Art.] Stern der Weisen*, in: *Lexikon für Theologie und Kirche Bd. 9*, Freiburg et al. 2000, S. 990-991.

Wehrli, Max: *Geschichte der deutschen Literatur im Mittelalter. Von den Anfängen bis zum Ende des 16. Jahrhunderts*, Stuttgart 1997.

Weiss, Edmund: *Albrecht Dürer's geographische, astronomische und astrologische Tafeln*, in: *Jahrbuch der kunsthistorischen Sammlungen des Allerhöchsten Kaiserhauses Bd. 7*, S. 207-220.

Wenzel, Horst: *Autobiographie*, in: Röcke, Werner/Münkler, Marina (Hrsg.): *Die Literatur im Übergang vom Mittelalter zur Neuzeit. Hansers Sozialgeschichte der deutschen Literatur vom 16. Jahrhundert bis zur Gegenwart Bd. 1*, München/Wien 2004, S. 572-595.

Wenzel, Horst: *Höfische Geschichte. Literarische Tradition und Gegenwartsdeutung in den volkssprachigen Chroniken des hohen und späten Mittelalters*, Bern 1980.

Werner, Elke Anna: *[Art.] Feindbild*, in: Fleckner, Uwe/Warnke, Martin/Ziegler, Hendrik (Hrsg.): *Handbuch der politischen Ikonographie Bd. 1*, München 2011, S. 301-305.

Werner, Elke Anna: *[Art.] Schlachtenbild*, in: Fleckner, Uwe/Warnke, Martin/Ziegler, Hendrik (Hrsg.): *Handbuch der politischen Ikonographie Bd. 2*, München 2011, S. 332-340.

White, Hayden: *Metahistory. Die historische Einbildungskraft im 19. Jahrhundert in Europa*, Frankfurt am Main 1991.

White, Hayden: *The Content of Form. Narrative discourse and historical representation*, Baltimore 1987.

Wiesflecker, Hermann: *Kaiser Maximilian I. Die Fundamente des habsburgischen Weltreiches*, Wien/München 1991.

Wiesflecker, Hermann: *Kaiser Maximilians I. Das Reich, Österreich und Europa an der Wende zur Neuzeit. 5 Bde.* Wien/München 1971-86.

Wiesflecker, Hermann: *Joseph Grünpecks Redaktion der lateinischen Autobiographie Maximilians I.*, in: *Mitteilungen des Instituts für österreichische Geschichtsforschung 78*, 1970, S. 416-431.

Williams, Gerhild S.: *The Arthurian Model in Emperor Maximilian's Autobiographic Writings „Weisskunig" and „Theuerdank"*, in: *Sixteenth Century Journal 11/4*, 1980, S. 3-22.

Wirth, Uwe: *Aufpfropfung als Figur des Wissens in der Kultur- und Mediengeschichte*, in: Engell, Lorenz/Siegert, Bernhard/Vogl, Joseph (Hrsg.): *Kulturgeschichte als Mediengeschichte (oder vice versa?)*, (= Archiv für Mediengeschichte 6), S. 111-121.

Wolter-von dem Knesebeck, Harald: *[Art.] Jagd*, in: Fleckner, Uwe/Warnke, Martin/Ziegler, Hendrik (Hrsg.): *Handbuch der politischen Ikonographie Bd. 2*, München 2011, S. 20-25.

Woods, John E.: *Timur's Genealogy*, in: Mazzaoui, Michael M./Moreen, Vera B. (Hrsg.): *Intellectual Studies on Islam. Essays Written in Honor of Martin B. Dickson*, Salt Lake City 1990, S. 85-125.

Wuttke, Dieter: *Wunderdeutung und Politik. Zu den Auslegungen der sogenannten Wormser Zwillinge des Jahres 1495*, in: Elm, Kaspar/Gönner, Eberhard/Hillenbrand, Eugen (Hrsg.): *Landesgeschichte und Geistesgeschichte. Festschrift für Otto Herding zum 65. Geburtstag*, Stuttgart 1977, S. 217-244.

Zelle, Carsten: *Komparatistik und comparatio – der Vergleich in der Vergleichenden Literaturwissenschaft. Skizze einer Bestandsaufnahme*, in: *Komparatistik 2004/2005*, S. 13-33.

Ziegeler, Hans-Joachim: *Der betrachtende Leser. Zum Verhältnis von Text und Bild in Kaiser Maximilians I. Teuerdank*, in: Kühebacher, Egon (Hrsg.): *Literatur und bildende Kunst im Tiroler Mittelalter. Die Iwein-Fresken von Rodenegg und andere Zeugnisse der Wechselwirkung von Literatur und bildender Kunst*, (= Innsbrucker Beiträge zur Kulturwissenschaft – Germanistische Reihe 15), 1982, S. 67-110.

Ziegeler, Hans-Joachim: *Beobachtungen zur Entstehungsgeschichte von Kaiser Maximilians Theuerdank*, in: Müller, Jan-Dirk/Ziegeler, Hans-Joachim (Hrsg.): *Maximilians Ruhmeswerk. Künste und Wissenschaften im Umkreis Kaiser Maximilians I.* (= Frühe Neuzeit, Studien und Dokumente zur deutschen Literatur und Kultur im europäischen Kontext 190), Berlin, Boston 2015, S. 211-254.

Zima, Peter V.: *Komparatistik. Einführung in die vergleichende Literaturwissenschaft. 2., überarb. und erg. Aufl.* Tübingen 2011.

Zima, Peter V.: *Komparatistische Perspektiven. Zur Theorie der vergleichenden Literaturwissenschaft*, Tübingen 2011.